JN447160

전정판

# 정 책 학

류 지 성

도서출판 대영문화사

# 전정판 머리말

2007년 『정책학』을 발간한 후 12년이란 세월이 흘렀다. 그간 이 책을 교재로 사용하신 교수님들께 이 자리를 빌려 진심으로 감사의 마음을 전하고 싶다. 전정판을 낸 이유는 초판의 부족함을 메우기 위함이다. 전정판을 탈고한 시점에서 초판의 부족함이 얼마나 해소되었는지 자신 있게 말하기 어렵다. 그 이유는 아마도 필자의 한계 때문일 것이다. 비록 완전하지 않지만, 전정판은 다음과 같은 취지에서 집필되었다.

첫째, 라스웰을 비롯한 초창기 정책학자들의 고민을 깊이 있게 다뤄 어떤 목적으로 정책학이 독립된 분과학문으로 자리잡게 되었는지를 다뤘다. 라스웰의 정책학은 '극대화 공리'와 '인간 존엄성 원리'를 기본으로 '발전적 구성'을 유추해 내기 위함이다. 라스웰의 '발전적 구성'은 '사고의 특정 유형'으로 한 시기의 사회적 상황을 탐구할 수 있는 도구, 즉 '가상적 모형'이다.

라스웰의 정책학은 실증주의자들이 다루는 인과관계의 재현성을 감안한 합리성의 추구뿐만 아니라 다채로운 사회적 가치의 조화를 통한 민주주의의 실현이다. 하지만 오늘날 정책학은 지나칠 만큼 전자에 의존해 인간을 정형화된 개체로 취급하는 경향이 있다. 이러한 경향을 하버마스(Jürgen Habermas)는 '생활세계의 식민지화'라고 했다. 초창기 정책학자들의 고민은 오늘날 우리들의 그것과 다르지 않으며, 그들이 권하고 있듯이, 정책학은 다학제 간의 다중 접근 방법을 통해 이루어져야 한다. 전정판은 라스웰을 비롯한 초창기 정책학자들의 정책운동에 담긴 취지를 명확히 전달하는 것은 물론, 정책학의 다중 접근 방법을 소개해 기존의 부족함을 메우고 있다.

둘째, 이 세상을 더 나은 곳으로 만들기 위해 고민하는 지성들을 소개하고 싶었다. 정책이 인간의 존엄성을 충실히 실현시켜 민주사회를 만드는 것이 목적이라면,

단지 '도구적 합리성'만을 가지고 정책 과정을 일률적으로 다루는 것은 옳지 않다고 생각했다. 일찍이 이스턴(David Easton)은 '후기 행태주의의 도래'와 정책연구를 연계해 정책을 '희소한 자원의 권위적 배분'으로 보았다. 카플란(Abraham Kaplan)은 정책학을 '체험적(heuristic)' 접근을 통해 완성된다고 보며, 이러한 입장에서 과학이란 경험에 근거해 스스로를 수정해 가는 실질적인 것으로 본다. 라스웰 역시 정책분석가들은 더 나은 정책을 만들 수 있는 '통찰력'을 키워야 하며, 이것은 단순히 무생물체의 미래 상태를 예측하는 것과는 다르다고 했다.

후기 실증주의 관점에서 '사회이론'은 규범적으로 가치를 다룰 뿐만 아니라 시간과 공간에 따라 사회적 맥락을 달리하는 것으로 보며, 해석학적 접근 방법, 비판이론, 후기 구조주의, 해체주의 등이 있다. 이들의 관점에서 파생된 정책분석 접근 방법은 상대주의 접근 방법, 비판 이론적 접근 방법, 포렌식스 접근 방법, 참여적 접근 방법, 논변적 접근 방법이 있으며, 이들은 분석 중심적 접근 방법, 신실증주의적 접근 방법과 같은 실증주의적 접근 방법과 구별된다. 정책연구의 다채로운 접근 방법은, 어떤 것이 옳고 그름을 떠나서, 모두 이 세상을 더 나은 곳으로 만들기 위해, 많은 지성들이 고민한 결과이며, 상호 배타적이기보다 상호 보완적으로 이해하는 것이 옳다.

셋째, 정책은 국가 활동의 산물이기 때문에 어떤 경우라도 국가와 분리해 생각할 수 없다. '국가란 무엇인가'를 홉스, 로크, 루소 등으로 이어지는 '왕권신수설'로부터 '사회계약설'을 다루는 방법이 있으나, 이러한 논의는 국가의 본질을 파악하는 데 너무 현학적이고, 자의적이라는 생각이 들어 취급치 않았다. 대신 국가 형성의 하향식 · 상향식 접근법을 사용해 국가가 누구에 의해 어떻게 형성되어 무엇을 하는지를 살펴보았다. 자유주의, 민주주의, 자유민주주의, 국가주의, 다원주의, 집단이론, 엘리트이론, 마르크시즘, 조합주의 등과 같은 '국가와 사회의 관계'에서 다채롭게 파생되는 관점들의 기원과 가정은 물론 그들의 논리까지를 다루어 이해를 돕고자 했다.

넷째, 20세기의 가장 큰 화두는 민주주의와 합리주의라고 했다. 민주주의는 다양성을 인정하지만 합리주의는 객관적 관점에서 최선의 방법을 찾아 모든 것을 획일화하기 때문에 두 개념은 양립할 수 없다. 하지만 우리는 민주적 사회에서 관료제의 획일화된 통제 속에서 살고 있다. 결국 우리는 논리적으로 모순된 체제를 가지고 있다고 해도 과언이 아니다. 민주주의와 합리주의를 결합해 우리시대에 걸맞는 '합리적 민주주의'를 새로운 대안으로 생각해 볼 수 있다. 참여민주주의, 숙의민주주의, 담론적 민주주의는 대의민주주의의 대안으로 동의보다는 합의에 의한 시민통제를 다룬다.

혹자는 『정책학』에서 왜 민주주의를 다루느냐고 의아해 하지만 필자는 민주주의야말로 정책학의 기본 원리이며 목표이기 때문에 모든 정책 과정은 그 원리를 감안해야만 한다고 생각한다. 다수결의 원칙은 오랫동안 민주주의를 작동시키는 원리로 취급되었으나 이로 말미암아 파생되는 다수의 횡포는 사회를 분열시키고 편을 나눠 구조적으로 영속시키는 경향을 보인다. 보수와 진보가 그렇듯이 그들의 정치적 주장은 늘 평행선을 그리기 때문에 합의에 이르기 어렵다. 그들은 시민들을 위한다고 하지만, 그런 적 없고 다만 당리당략에 몰입할 뿐이다. 정치는 사회문제 해결과 아무런 관련이 없다고 아렌트(Hannah Arendt)는 말했다.

1990년대 이후, 참여민주주의, 숙의민주주의, 담론적 민주주의는 우리 사회의 구조적 모순과 갈등을 해소시킬 수 있는 대안으로 자리잡아 오늘에 이른다. 많은 학자들이 '숙의민주주의'와 '담론적 민주주의'를 같은 의미로 사용하고 있으며, 필자도 이것을 엄격히 구분하기보다 맥락에 따라 두 개념을 자유롭게 사용했다. 실제로 '숙의민주주의', '민주적 숙의'는 하버마스의 의사소통 행위이론에 입각한 비판이론가들의 사상을 떠올리게 하고, 담론적 민주주의는 후기 구조주의적 입장에서 푸코가 다룬 '담론의 형성', '담론적 실천'을 생각나게 한다.

만약 숙의민주주의와 담론적 민주주의를 구별한다면 '숙의'는 담론적 민주주의를 가능케 하는 의사소통 방법이며, '민주적 숙의'가 사회에 정착해 '숙의 문화'를 만들어내 보편화되면 사회적 제도로 자리잡게 되어 담론적 민주주의로 이어지게 된다. 따라서 담론적 민주주의는 그 시대의 지배적 사상이 되어 "사람들의 사고하는 방법을 조절하는 것(푸코식 담론)"이 되며, 하버마스 식으로 말하면 사회의 모든 주체들이 완전히 자유로운 토론을 통해 의사소통적 합리성을 실현할 수 있는 '생활세계'가 된다. 전정판에서는 참여민주주의, 숙의민주주의, 담론적 민주주의를 대의민주주의의 대안으로 사회적 '동의'보다는 '합의'에 이를 수 있는 기제로 소개하였다. 이러한 의사소통 방법은 사회적으로 첨예하게 대립된 갈등을 해소하기에 적합하며, 근래 들어, 우리 정부도 '공론화위원회'를 설치해 운영하는 모습을 볼 수 있다.

전정판은 기존의 틀(실증주의)로부터 벗어나 새로운 가능성을 선보이고 싶었다. 하지만 기존의 틀을 포기하지 않았으며 이들을 조화시킨 가운데 사회 문제들을 해결할 수 있는 방법을 찾으려 했다. 1990년대 이후 많은 정책분석가들이 '논변 시대의 도래'와 함께 그것을 실천하는 방법들에 대해 말한다. 정책학의 '논변적 접근 방법'은 기존의 실증주의적 발상을 포함하는 것은 물론 다채로운 '프레임'을 받아들여 토론을 통해 논쟁의 질을 높이는 참여적 접근 방법이다. 논변적 접근을 통한 정책분석 방법은 다양하나, 여기서 구체적으로 다루지 못해 아쉬움이 남는다.

전정판이 나오기까지 많은 분들의 도움이 있었다. 이 자리를 빌려 도움을 주신 모든 분들께 고마움을 표하고 싶다. 먼저 동료 교수님들께 감사드린다. 학위논문에 여념 없는 박사과정의 장다흰, 강태경, 정혜윤, 이경란 선생에게 고마움을 전하고 싶다. 늘 곁에서 도움을 준 제자교수 김영재 박사에게 진심으로 감사드린다. 행정학과 교재의 출판에 평생을 바치신 대영문화사 임춘환 사장님께 이 자리를 빌려 진정한 고마움을 표하고 싶다. 보이지 않는 가운데 묵묵히 일하시는 대영문화사 실무자 여러분께 감사드리며 더욱 번창하길 바란다.

우리 가족의 정신적 지주이신 아버지와 기억 속 어머니의 무한한 사랑을 느끼며, 조금이라도 이룬 것이 있다면 모두 그분들의 몫이다. 가족 뒷바라지에 여념 없는 처 신현숙, 사랑스런 혜승과 제현에게도 고마운 마음을 전하고 싶다. 이들의 배려와 희생이 없었다면, 모든 것이 가능치 않았을 것이다.

2019년 1월<br>저자 씀

# 초판 머리말

정책학의 목적은 '우리가 직면한 근본적인 문제를 해결하여, 인간의 존엄성을 충실히 실현하기 위함'이다. 이러한 연구 목적은 '구조화된 합리성'과 잘 '구성된 창의성'을 통해 더 나은 정책결정을 할 수 있는 체계적인 지식을 창출함으로써 이루어질 수 있다.

정책학은 우리가 직면한 문제를 해결하는 방법과 일련의 과정을 다루는 학문이므로, 우리는 정책연구를 통해 '사회 문제에 대하여 깊이 생각하고', '해결책을 모색하는 일'을 해야 한다. 이러한 일들은 우리가 해결해야 하는 사회 문제들이 서로 연계되어 있다는 것을 인지해, 우리 사회의 상호작용을 포괄적으로 아우를 수 있는 '지적 사고력'으로 나타나야 한다.

이와 같은 의미에서 정책학은 '정책 과정에 대한 지식'과 '정책에 필요한 지식'을 창출하는 '다학제 간(interdiscipline)'의 지적 노력으로 이해된다. 『정책학』에서 다루고 있는 '정책과 정책 과정'에 대한 논의는 다양한 학문 분야로부터 발전된 이론, 개념, 모형 등을 받아들여 동태적이고 복잡한 정책 현상을 포괄적으로 설명하는 것이다.

혹자는 정책학을 '초학문(supra discipline)'으로 간주하여 모든 학문 분야를 정책학으로 통합해 '유토피아를 건설하려는 거대한 시나리오'를 계획하는 것으로 취급하나, 이 책에서는 정책학을 독자적 학문 영역으로 간주하거나, 인접 사회과학을 통합한 단일 학문 체계로 취급하지 않는다. 대신에 정책학을 우리에게 주어진 '문제의 특성'과 '시기적 상황'에 가장 알맞은 해결 방법을 인접 학문의 다양한 지식을 받아들여 '정부 활동'의 이유와 결과를 논리적으로 설명하는 것으로 본다.

또한 정책은 정적이거나 고정되어 있는 현상이 아니라 동태적인 과정이기 때문에, 정책 과정에 나타나는 쟁점의 변화에 주목할 필요가 있다. 정책에 대한 논의는 우리의 사회에서 발생하는 문제와 그 문제를 해결하려는 정부의 노력을 대상으로 '인간이 존재하는 궁극적인 목적과 선호되는 모든 가치'를 실현시키는 방법을 추상적으로 전개하기보다는, 주어진 현실을 직시하면서 우리의 '기대감'과 '추구하는 모든 가치'를 직면한 문제와 현실감 있게 조화시켜 나가는 과정에 초점을 맞추고자 했다.

이러한 관점에서 이 책에서는 정책 과정을 의제형성, 정책결정, 정책집행, 정책평가, 정책종결 등으로 나누어 '정책 과정에 대한 지식'에 접근하며, 정책의 각 단계를 완성시키는 데 필요한 지식, 즉 '정책 과정에 필요한 지식'을 정책 단계별로 소개한다. 이 책은 모두 13장으로 구성되었으며, 제1장부터 제6장까지는 '정책과 정책학'에 대한 본질적인 측면에 대한 논의이며, 제7장부터 제13장까지는 정책 과정을 '의제형성', '정책결정', '정책분석', '정책평가', '정책종결' 등으로 나누어 접근하고 있다. 이상의 논의를 각 장별로 소개하면 다음과 같다.

제1장은 정책연구의 '필요성', '목적', '생성과 전개 과정', '특징과 접근 방법', '인접 학문과의 관계' 등을 논의하고 있다. 정책학의 기본 개념은 정책학을 처음 대하는 학생들에게 정책학에 대한 청사진을 제공할 것이라 믿는다.

제2장은 정책을 구성하는 기본 요소와 유형에 관해 논의하고 있다. 정책을 구성하는 기본 요소들에 대한 설명은 다양한 학자들의 정책에 대한 '정의'에서 시작하여, 정책을 정의하는 데 공통적으로 사용되는 개념들을 정책을 구성하는 중요 요소로 설명하고, 정책을 특성별로 범주화시켜 이해할 수 있는 '정책 유형'에 대해 논의하고 있다.

제3장은 정책환경에 대한 논의이다. 정책은 그것이 만들어지고 집행되는 환경과 끊임없이 상호작용을 함으로써 완성된다. '정치문화', '사회경제적 조건' 등으로 설명되는 '정책환경'과 다양한 학자들의 논의가 소개된다.

제4장은 정책 과정을 다루고 있다. '합리적 사고'에 의한 정책 과정에 대한 논의는 비판의 대상이 되기도 하지만, 그것을 대체할 만한 대안은 쉽게 찾아보기 어렵다. 다만, 모든 정책이 같은 경로를 따라 만들어지고 집행되는 것이 아니라는 것을 인지하고 정책의 각 단계에 대한 논의에 접근해야 한다. 여기서는 다양한 학자들의 정책 과정에 대한 분류와 이 책의 정책과 정책 과정에 대한 관점에 대하여 논

의한다.

제5장은 정책 과정의 참여자에 대한 논의로 '공식 · 비공식적 참여자'로 분류해 접근하고 있으며, 최근 민주화, 참여, 지방화 등으로 특징지어지는 다원주의 사회의 도래와 더불어 더욱 중요해진 공식 · 비공식 참여자의 역할에 대해 논의한다.

제6장은 정책 현상을 보는 독특한 이론들의 관점을 '제도주의', '기능주의', '다원주의', '엘리트이론', '무의사결정론', '마르크스이론', '조합주의' 등으로 나누어 소개한다. '국가와 사회의 관계'를 결정하는 요인과 '국가 권력이 어디에서 기인하게 되는가'라는 문제에 대한 다양한 학자들의 관점은 '국가권력이론'을 구성하는 데 기본이 되며, 정책 현상을 설명하는 '준거 틀'이 된다.

제7장부터 제13장은 '의제형성', '정책목표', '정책분석', '정책집행', '정책평가', '정책종결'로 정책 과정을 세분화하여 다루고 있다. 정책의 각 과정에서 소개되는 다양한 이론, 모형, 관점, 접근 방법 등에 대한 논의는 대표적인 학자들을 중심으로 그들의 의도를 최대한 정확히 소개하려 했다.

이 책은 정책학을 처음 대하는 학생들과 정책학을 전공하는 대학원 학생, 공무원 및 공공 부문에 관심 있는 분들의 이해를 돕기 위해 가능한 쉽게 집필했으며, 정책분석과 평가 과정에 필요한 계량적인 기법들에 대한 논의는 기본적인 논리만을 다루었다. 정책분석 및 평가에 대한 상세한 논의는 향후 과제로 남기며, 이에 대한 논의는 '사회과학방법론', '통계학'과 다양한 '정책학 각론서'를 참고하기 바란다.

이 책의 출간에 도움을 주신 분들께 이 자리를 빌어 고마움을 표하고 싶다. 먼저 필자가 재직하고 있는 단국대학교는 연구비 지원 등 물심 양면으로 많은 도움을 주었다. 또한 이 책이 나오기까지 많은 격려와 조언을 준 동료 교수님들에게 감사드리며, 특히 이 책의 구성은 물론 편집과 교정까지 궂은 일을 마다하지 않고 헌신적으로 도움을 준 김만식 박사와 김형수 박사에게 진심으로 고마움을 표한다. 아울러 대학원에 재학중이면서 조교로서 이 책의 교정에 많은 시간을 할애한 양수아 양과 국가고시 준비로 여념이 없음에도 불구하고 교정에 힘쓴 김미란, 김소요, 이유림 양에게도 진심으로 고마움 표한다.

이 밖에도 많은 분들이 큰 도움을 주었다. 특히 이 책의 출판을 흔쾌히 맡아 주신 대영문화사의 임춘환 사장님과 전문적인 편집과 교정으로 완성도를 한층 더 높인 실무자 분들께 깊이 감사드린다. 많은 분들의 도움과 격려에도 불구하고, 아쉬움이 남는 것은 본인의 미흡함 때문일 것이다. 앞으로 이 책을 읽게 될 독자들의 의견을 받아들여 좀 더 알차게 수정 · 보완해 나갈 것을 약속드린다.

평생을 헌신적인 자식 사랑으로 살아오신 아버님과 기억 속에 늘 함께 하고 계신 어머님의 무한한 사랑을 느끼며, 이 책을 통해 조그만 것이라도 성취했다면, 그것은 모두 부모님의 몫이다. 그리고 가족들 뒷바라지에 여념이 없는 처 신현숙과 사랑스러운 혜승, 제현에게도 이 자리를 빌어 고마움을 전하고 싶다. 그들의 인내와 희생이 없었다면, 아마도 모든 것이 가능치 않았을 것이다.

2007년 1월

저자 씀

Contents

# 차 례

## 제5장 정책 과정의 참여자



## 제6장 정책을 보는 이론적 관점

## 제9장 정책목표



## 제10장 정책분석론

## 제12장 정책집행론

## 제13장 정책평가론

# 제 1 장

# 정책학의 기원과 성립

## 제1절 정책학의 성립 배경

정책연구는 19세기와 20세기에 걸쳐 발현한 미국의 '실용주의(pragmatism)' 혹은 '도구주의(instrumentalism)' 사상으로부터 영향을 받아 현실의 문제를 해결하기 위한 정책 관련 지식의 필요성으로부터 시작해 오늘에 이른다. 미국의 실용주의는 퍼스(Charles Sanders Peirce, 1839~1914)로부터, 제임스(William James, 1842~1910)를 거쳐, 듀이(John Dewey, 1859~1952)에 이르러 미국 사회를 다원주의적 민주주의로 완성시키려는 실천적 사상이다.[1] 오늘날과 같은 정책연구의 필요성을 처음 주장한 학자로 우리에게 잘 알려져 있는 라스웰(Harold D. Lasswell)은 1971년 그의 저서에서 1950년대 초반 제안한 새로운 정책연구의 필요성은 듀이를 비롯한 일련의 실용주의 학자들로부터 영향을 받았다고 밝히고 있다.

정책연구는 1951년 러너(Daniel Lerner)와 라스웰(Harold D. Lasswell)이 공동으로 편집한 저서 『정책학(*The Policy Sciences*)』에서 그 필요성이 제안되어 오늘에 이른다. 그 책의 서문에서 로스웰(Charles E. Rothwell)은 "인간관계의 복잡성을 탐구하려는 새로운 시도로써 '사회에 대한 과학적 연구'가 절실히 필요하다"는 것을 강조하면서, 이러한 시도는 "정책결정자들의 판단오류를 줄이고, 결정된 일련의 행위들이 의도한 목표를 성취시킬 수 있다는 확신을 줄 수 있어야 한다"고 주장한다. 아울러 그는 '사회에 대한 과학적 연구'는 필연적으로 정책형성부터 정책산출로 이어지는 모든 정책 단계에 적용되어야 하며, 이러한 목적으로 수행된 '사회에 대한 과학적 연구', 즉 인간관계 탐구를 위한 '새로운 향상된 방법(new improved

1) 퍼스(Charles Sanders Peirce)에서 비롯된 실용주의를 명실상부하게 미국의 철학으로 자리잡게 한 것은 듀이(John Dewey)였다고 해도 과장된 말은 아닐 것이다 … 퍼스가 기호학 및 논리학과 과학적 탐구 방법 등에 관심을 가졌다면, 듀이는 그런 방법을 과학적 탐구의 논리로 발전시켰으며, 제임스(William James)가 개인의 심리에 관심을 가졌다면, 듀이는 사회 심리에 관심이 있었고, 특히 제임스나 퍼스가 본격적으로 다루지 않았던 사회적, 도덕적, 정치적인 영역에까지 실용주의 철학을 확장시켰다. 제임스가 지식의 '현금 가치'를 중시했듯이 듀이 역시 지식을 환경에 적응하기 위한 도구라고 보았다. 인간의 생각, 지식, 이론 등은 천상의 진리를 직관하기 위한 것이 아니라 인간의 생존을 위한 환경 적응의 도구이다. 이런 입장을 듀이는 도구주의라 불렀다(이유선, 2006: 32-33).

methods)'을 '정책학(policy sciences)'이라고 하자고 제안한다.

라스웰은 그 책의 첫 번째 글이자 정책학의 시금석이 된 「정책지향(Policy Orientation)」이라는 논문을 통해 '사회과학의 정책지향(policy orientation of social sciences)'을 '정책학(policy sciences)'으로 보고, 정책학의 '속성들(attributes)'에 대해 논한다. 그에 따르면, 정책학이란 "정책결정과 정책집행 과정을 설명하고, 특정 시기에 인지된 문제와 연관된 자료를 찾아내 그것의 의미를 제공하는" 일련의 지적 노력이다. 정책학은, '정책지향'에서 볼 수 있듯이, 새로운 학문 분야로 자리매김하려는 의도로 소개된 것이 아니라, 다양한 학문 분야에서 축적된 지식들을 '정책적 발상'에 적용해 우리가 직면한 문제들을 해결하려는 실용적 목적을 위해 제안되었다.

라스웰은 "우리 사회가 직면한 사회 문제들을 해결하기 위해 지금까지 습득한 지식들을 활용해 이용 가능한 모든 수단을 강구하는 것은 매우 중요하다"는 린드(Robert S. Lynd)의 입장을 받아들여, 정책학의 접근 방법은 사회에서 우리들이 직면한 근본적인 문제들에 초점을 맞추어 연구되어야 한다고 주장한다. 결국 라스웰의 '정책지향'은 '현금 가치(cash value)'가 없는 '지식'은 공허한 것이라는 실용주의적 관점뿐만 아니라, 20세기 중반의 사회상을 반영하고 있다.

1950년대 초 '정책지향'이 태동된 원인으로 많은 학자들이 그 당시 사회적 배경을 들고 있다(Miyakawa, 1999; Dunn, 1981; Lasswell, 1968). 18세기 후반부터 서구 유럽과 북미 대륙에서 본격적으로 시작된 '산업화(industralization)'는 인구의 도시집중을 가속시켰고, 이로 말미암아 사람들의 경제 및 사회 활동도 증가되었다. 이로 인해 근대 사회는 과거와 차별되는 '상호의존성(interdependence)'의 증가에 따른 복잡성을 띠게 되며, 사회는 과거와 같이 전통적인 시장에 의해 스스로 균형점을 찾기 어려워 정부의 정책적 개입이 필요했다.

실제로 산업혁명으로 인한 도시인구집중은 그 당시 사회를 불안정하게 만드는 가장 큰 원인 가운데 하나로 지목되며, 이로 인해 야기되는 '도시빈곤(urban poor)' 문제는 19세기 산업화 초기 단계의 유럽과 미국 사회에서 가장 큰 사회 문제로 간주되었다. 그 당시 도시빈곤 문제에 대한 많은 학자들의 연구가 사회 문제에 대한 경험적 연구의 발전에 큰 기여를 하게 된다(Miyakaya, 1999: 2). 그러나 산업화로 대두된 사회 문제의 다양성, 복잡성, 상호의존성 등을 감안할 때, 그 문제의 해결은 장기적인 안목에서 상당한 물적 자원의 투입을 필요로 할 뿐 아니라, 최고 정책결정자 집단을 비롯해 많은 부류의 사람들이 연계되어 있는 만큼 이해관계의 대립과 가치충돌 등으로 인한 갈등을 피할 수 없게 된다. 이러한 새로운 양상의 사회문제들은 전통적인 관점, 방법, 기술 등으로 해결할 수 있다고 기대하기 어려워 새로운 지식, 즉 '정책 관련 지식(policy－relevant knowledge)'의 필요성이 요구되었다.

인류의 근대 문명은 지난 200년이 넘도록 지속적으로 현대 과학과 기술을 발전시켜 그 분야들을 세분화시켜 왔다. 과학기술의 발달은 학문의 '세분화(specialization)'를 필요로 하고, 이것은 과학기술의 발전을 촉진시키지만, 지나친 세분화는 학자들의 교류를 단절시켜 "무엇을 위한 지식인가?"와 같은 의문을 불러일으킨다. 라스웰의 '정책지향'은 지나친 현대 과학의 세분화로부터 기인하는 과학적 지식의 취약성을 인지하고, "축적된 지식이 우리가 직면한 사회 문제들을 해결하는데 어떻게 도움이 될 수 있을까?"라는 그 당시 지식인들의 고민에 부응하려는 '정책운동(policy movement)'으로부터 태동되었다.

## 제 2 절 라스웰의 '정책지향'

라스웰(Lasswell, 1951: 4)에 따르면, '정책지향(policy orientation)'은 지나치게 세분화된 기존의 학문 분야에 영향을 미쳐 정책연구의 발전을 꾀하기 위함이며, 이것은 두 개의 방향을 '지향'한다. 첫 번째 방향은 '정책 과정'이고, 두 번째는 정책에 대한 '지적 욕구(intelligence needs)'이다. 전자는 사회과학과 심리학적 탐구 '방법론(methods)'을 적용해 정책형성과 집행 과정에 대한 과학적 연구의 발전을 위함이고, 후자는 '정보(information)'와 그것의 의미를 '해석(interpretation)'하는데 좀 더 실질적이고 구체적인 내용을 담아 정책결정자들이 활용 가능하도록 질적 향상을 추구하는 것이다.

따라서 '정책지향'은 '정책에 대한 과학적 연구(scientific study of policy)'에 초점을 맞추어, '정책 과정'과 '정책에 필요한 지식'에 대한 요구이며, 특히 '정책에 대한 지적 욕구(policy intelligence needs)'는 사회과학 분야뿐 아니라 그 경계를 넘어 정책과 연관된 모든 분야의 지식을 포함한다(Miyakaya, 1999: 4-5). 이러한 '정책지향'이 추구하는 목표를 성취시키기 위해 계획된 정책연구를 총칭해 '정책학(policy sciences)'이라고 한다.

'정책학(policy sciences)'은 단순히 '사회과학(social sciences)'이나 '심리학(psychology)' 혹은 '응용사회과학(applied social science)'과 동의어로 취급하는 것은 옳지 않으며, 이것은 1950년대를 전후로 일련의 사회과학자들과 자연과학자들의 정책 문제를 해결하려는 '지적 욕구'를 반영한 '정책지향(policy orientation)'이라는 '운동(movement)'으로 비롯된 것으로 '민주주의 정책학(policy science of democracy)'을 지향한다(Miyakaya, 1999: 5). 라스웰은 '정책지향'을 통해 향후 '정책학'이 갖추어야 할 많은 속성들에 대해 말하고 있다. 특히 '정책학'은 진정한 다원적 민주주의의 완성을 지향하며, 이것은 건전한 '인간관계(human relation)'의 증진으로 가능하다고 보고, 정신분석학, 정신 병리학, 정신의학, 심리학 등의 분야에서 축적된 '인성(personality)'에 대한 지식이 인간의 부정적이고, 파괴적인 성향을 사회를 위한 건전한 것으로 변화시킬 수 있다고 확신한다.[2)]

상기한 관점에서, 정책연구의 접근방법은 사회에서 우리가 직면하게 되는 근본적인 문제들에 초점을 맞추어 우리가 인지하지 못했던 인류문명화 과정에서 야기된 뿌리 깊은 긴장과 갈등을 해소시키려는 현대과학자들의 '협업(combined efforts)'이다(Miyakaya, 1999: 5). 이러한 과학적 협업을 통한 문제의 합리적 해결에 가장 큰 걸림돌은 '인간적 요인들(human factors)'이며, 라스웰에 따르면, 프로이드(Sigmund Freud)를 비롯한 많은 '정신 병리학자들(psychopathologists)'과 설리번

2) 라스웰은 정치학에 프로이드(Sigmund Freud)의 정신분석학을 도입해 『정신 병리학과 정치학(*Psychopathology and Politics*)』(1930), 『권력과 인성(*Power and Personality*)』(1948) 등의 저서를 집필했으며, 그 저서를 통해 인간의 '권력 지향적 욕구' 혹은 '왜곡된 지배욕구' 등을 건전한 목표로 전환시키는 방법에 대해 논하고 있다. 이러한 그의 학문적 관심은 1951년의 「정책지향」, 1971년 『정책학 시사회(*A Pre-View of Policy Sciences*)』 등에도 그대로 반영되어 다학제 간의 협업을 통한 정책연구의 필요성을 주장하기에 이른다.

(Harry Stack Sullivan)과 같은 '정신의학자들(psychiatrists)'은 사람들의 인격 형성에 영향을 미치는 중요한 요인들을 밝힘으로써 개인의 인성뿐만 아니라 인간관계까지도 긍정적이고 생산적인 것으로 바꿀 수 있다고 가정한다(Miyakaya, 1999: 9-10).

라스웰은 정책형성과 집행 과정을 좀 더 '과학적으로 움켜쥐려면(scientific grasp)', 사회과학과 심리학 분야에서 활용되는 과학적 방법을 응용하고 향상시키는 것이 필수적이라고 전제하고, 1951년 그들이 출간한 『정책학(*The Policy Sciences*)』은 우리들이 일상적으로 '선택(choice)'하는 방법을 이해하고, 연구해 발전시키는 것이라고 주장한다. 이것은 곧 정책 과정의 '합리성(rationality)'을 증진시키는 것이며, 이러한 일들은 우리들로 하여금 어떤 지식이 그런 기능을 할 수 있는지 찾아내는 것으로부터 시작되어야 한다(Miyakaya, 1999: 9-10).

'정책학(policy sciences)'을 완성시킬 수 있는 '지적 기능(intelligence function)'의 증진은 최고 정책결정자 집단과 세련된 정보를 제공하는 정책학자들의 효과적인 의사소통 기술의 향상으로 기대할 수 있으며, '지적 기능의 질(quality of intelligence function)'은 정책적 욕구가 사회에 인지되기 전에 '성공적으로 예측'될 수 있는 정도에 따라 가늠된다. 여기서 '성공적으로 예측'한다는 것은 정책 문제의 과거와 현재, 그리고 미래를 아우르는 맥락을 이해할 수 있는 '사고의 특정 유형(certain patterns of thinking)'을 지속적으로 배양함으로써 가능하다고 보며, 이를 통해 정형화된 '사고의 특정 유형'은 특정 시기에 일련의 사회적 상황을 탐구할 수 있는 도구로써, 즉 '발전적 구성(developmental constructs)'으로 활용될 수 있다(Miyakaya, 1999: 4-5).

여기서 라스웰이 제시한 '발전적 구성'은 '가상적 모형(speculative model)'을 뜻하며(Lasswell & Kaplan, 1950: xxiii), 가상적 모형의 구성은 '증거(evidence)'에 기초하되 그것을 뛰어 넘는 '상상의 산물(product of the imagination)'로 구성된다. 물론 가상적 모형구성이 상상의 산물이라 할지라도 완전히 자의적인 것은 아니며, 미래에 대한 '발전적 이미지(developmental image)'는 과거와 현재의 역사적 경향과 주어진 조건들의 연장선에서 찾아볼 수 있다는 가정 아래 미래를 예측할 수 있는 이미지를 구성하는 것을 말한다. '발전적 구성'은 '가상적'이니 만큼 '잠

정적(tentative)'이며 변화에 개방적이다.[3]

'발전적 구성'은 우리가 어디서부터 시작할 것인가를 결정할 '제도적 유형(institutional pattern)'을 정형화시키는 것으로부터 시작해, 앞으로 어느 방향으로 나아갈 것이지를 구체화시키는 것이며, 이것은 우리가 할 모든 사업들의 목표를 명확히 하고, 경향을 예의주시하며, 미래의 가능성을 추정하는 데 기여할 수 있다(Lasswell, 1951: 12). 이러한 '발전적 구성'은 범세계적 차원에서 이 세상을 변화시킬 명제들을 포함한 창의적인 것으로 진화할 것으로 기대되며, 이것은 매우 복잡한 상황에 직면해 있는 정책분석가들이나 의사결정자들에게 무엇을 어떻게 할 것인지와 관련해 좌표를 제공할 수 있다(Lasswell, 1971: 67). 결국 '정책학(policy sciences)'은 '발전적 구성'을 통해 민주주의를 실천하는 데 필요한 지식을 산출하는 것이며, 정책연구는 인간의 존엄성을 실현하는 민주주의 정책학을 지향해야 한다(Lasswell, 1951: 14).

## 제 3 절 정책학의 성립

1951년 라스웰이 '정책지향'을 제안한 이후 약 20여 년 간 '정책지향'에 공감한 많은 학자들이 정책학의 정체성에 대해 논하고 있다. 라스웰(Lasswell, 1951; 1955; 1958; 1965; 1968; 1970; 1971) 역시 많은 글을 통해 '정책학'의 '속성들(conceptions)'을 구체화시키고 있으며, '정책학(policy sciences)'의 속성을 크게 세 개의 범주로 나눈다. 첫 번째 범주는 '맥락성(contextuality)'이며, 이것은 집단적 행위의 과거와 현재의 상태를 감안해 미래를 명확히 밝히는 것을 말한다. 정책을 과학

3) '가상적 모형(speculative model)'의 예로 베버(Max Weber)의 관료제 모형을 들 수 있다. 베버는 관료제도의 '이상형(ideal type)'을 제시한 사회학자이며, 베버의 관료제 모형에서 볼 수 있듯이 가상적 모형에 의한 미래예측은 불확실성을 완전히 배제하지 못한 가운데 그 가능성을 다룬다. 실제 과거와 현재의 경향을 감안해 미래의 상태를 추론하는 다른 어떤 '엄격한 모형(rigorous model)'도 불확실성을 완전히 배제할 수 없다는 사실을 감안한다면, 라스웰의 가상적 모형인 '발전적 구성'은 미래를 예측할 수 있는 모형으로 유용성이 있다(Lasswell, 1971: 67; Lasswell & Kaplan, 1950: xxiii; Weber, 1968: 956－1002).

적으로 연구한다는 것은 정책과 관련된 모든 이들이 상호 의존되어 있다는 사실을 받아들여, 시간과 공간에 따라 변동을 거듭할 수 있다는 것을 감안해 이들이 추구하는 가치, 제도, 행위 등을 사회적·역사적 맥락에서 분석하는 것을 말한다. 두 번째 범주는 실용적인 관점에서 '문제 지향성(problem orientation)'이고, 세 번째 범주는 '다중방법론(multi-methods)'으로 정책연구는 다양한 방법으로 접근되어야 한다는 것을 말한다. 정책학자들은 상기한 세 개의 범주를 염두해 두고 '지식(knowledge)'과 '행위(action)'를 통합하고, '지식인(knower)'과 '행위자(actor)'를 중재하는 '인간적이면서도 냉철함을 겸비한(half man, half brain)' 사람으로 인식되어야 한다(Lasswell, 1970: 12).

정책학의 성립 초기에 큰 영향을 미친 학자로 드로(Yehezkel Dror)를 들 수 있다. 드로는 라스웰의 정책운동에 공감하는 것은 물론 한 걸음 더 나아가 정책학을 '새로운 초 학문(new supradiscipline)'으로 규정하고 "정책학을 더 나은 정책결정을 위해 체계적인 지식과 구조화된 합리성, 그리고 조직화된 창의성에 기여하는 것"이라고 정의한다(Dror, 1971: ix). 나아가 정책학은 '초 정책결정(meta-policymaking)', 즉 '정책결정을 어떻게 할 것인가에 대한 결정'을 통해 기존의 정책결정을 재구성하는 것이며, 이러한 의미에서 정책학은 우리 사회를 의도적으로 새롭게 만들기 위해 체계적인 지식과 구조화된 합리성을 이용하는 새로운 접근 방법이다(Dror, 1971: ix).

라스웰이 1951년 제안한 '정책지향(policy orientation)'에 대해 많은 학자들이 공감해 '정책학(policy sciences)'의 학문적 특성, 접근 방법, 연구목적, 소재 등과 관련해 다양한 논의가 이어졌으며, 오늘날과 같은 '정책학'은 1970년대 초반에 이르러 그 모양새를 갖추게 된다. 물론 이러한 '정책운동(policy movements)'에 대해 비판적인 시각이 없지 않지만, 대부분의 경우 정책운동이 지향하는 바에 공감하나 그것을 실현하는 구체적인 방법에 문제를 제기하고 대안을 제시하고 있다.

예를 들면, 케스케메티(Kecskemeti, 1952)는 라스웰을 비롯한 미국의 사회과학자들이 편집한 『정책학(*The Police Sciences*)』에 대한 논평에서 정책학이란 자연과학과 과학기술에 의해 성취된 성공들을 '복제하기(duplicate)' 위한 시도라고 하면서, 이러한 시도가 성공하려면 '인간행태(human behavior)'에 대한 포괄적인 이론의 구성이 필요하다고 주장한다. 나아가 그는 '인간행태'에 대한 포괄적인 이론은 자연과학에서 다루는 인과관계와 마찬가지로 인간행태에 영향을 미치는 모든 원인과 결과를 아우를 수 있는 것으로 나타나야 하지만 그것이 결코 쉬운 일은 아니며, 그 이유는 사회과학적 연구에서 방법론적으로 완전히 객관적이며 계량적인 연구는 가능치 않기 때문이라고 주장한다. 유사한 관점에서 부루너(Brunner, 1991: 65－98)는 1951년 라스웰의 제안으로 시작된 '정책운동(policy movement)'이 '과학적 탐구 방법(scientific inquiry)'을 활용해 정책결정의 질적 향상을 추구하는 다양한 배경을 가진 학자들의 공통된 관심으로부터 비롯되었으며, '정책운동'이 지향하는 바에 따라 연대해 새로운 전문 분야를 정당화하고 정책 전문가들의 과거와 차별된 역할과 책임을 강조하지만, 정책학은 그 본래의 취지에 부합되지 못한다고 비판한다.

정책학은 라스웰이 1951년 사회과학의 '정책지향'을 제안한 이래, 정책학의 학문적 정체성과 관련해 많은 논의와 비판이 주어져 오늘에 이른다. 정책학은 라스웰이 제안한 바와 같이 다학제 간의 협업을 통한 문제 해결을 위한 실용적인 목적으로 자리잡아 왔으나 정책학의 학문적 정체성과 관련해 극복해야 할 문제들이 있다.

첫째, 정책학은 인지된 사회 문제의 해결을 위해 다학제 간의 축적된 지식을 활용해 접근된다는 기본 가정과 관련해 정책학의 정체성 문제가 제기된다. 정책학이 유관한 학문 분야에 폭넓게 축적된 지식을 실용적인 목적으로 받아들여 해결한다지만, 오늘날 정책학은 경제학적 관점에서 '정책분석(policy analysis)', 경영학과 행정학의 관점에서 '관리과학(management science)', 정치학에서는 '정책연구(policy studies)', 사회학적 견지에서 '사회경제학(socio－economics)' 철학적 관점에서 '공공업무(public affairs)' 등으로 접근되고 있음을 볼 수 있다(Brunner, 1991: 66). 이러한 정책연구의 다학제 간의 접근은 애초에 생각했던 것처럼 모든 학문이 '정책지향'을 통해 '정책학(policy sciences)'으로 수렴되어 새로운 학문체계를 구성하기 어렵게 만든다. 이것은 정책운동이 처음 의도한 과학적 탐구에 의한 합리적이고 객관적인 분석에 대한 열망에 반하는 경향으로 극복해야 할 문제다.

둘째, 라스웰에 따르면(Lasswell, 1972: 12), 정책학은 '다중방법론(multi－methods)'을 활용해 정책결정의 합리화를 꾀할 것을 주장하지만, 오늘날 대부분의 정책분석가들은 '실증주의(positivism)' 관점에서 과학적 접근을 한다.[4] 20세기 중반부터

'행태과학(behavioral sciences)'은 '실증주의의 발흥(rise of positivism)'에 영향을 받아 '뉴턴'식으로 사고하는 것은 물론, '계량적(quantitative)', '전통적 연역적(formal-deductive)' 접근 방법을 받아들여, 모든 인간의 행태에 뉴턴의 법칙에 상응하는 행태의 정형을 발견할 수 있다면 '합리적'이고 '객관적인' 정책의 근간을 제공할 수 있다고 주장한다(Brunner, 1991: 72-74).

실증주의자들은 특정 상황에 구애받지 않고 정책대안들의 결과를 '정확히(accuracy)' 예측할 수 있다면 '합리성(rationality)'을 구현할 수 있다고 보며, 또한 예측할 때 실증주의자들의 주관을 배제한다면 '객관성(objectivity)'도 추구할 수 있다고 보아, 실증주의에 입각한 과학적 방법을 사용한다면 모든 연구가 같은 결과에 도달할 수 있을 것이라고 가정한다. 이러한 논리에 따라 우리 사회의 모든 측면을 일반화해 체계화시킬 수 있다면 정책 영역에서 상이한 가치 문제로 야기되는 갈등을 최소화시킬 수 있고, 실증주의자들은 '실증주의 과학'의 범주에서 다루지 않는 가치 문제로 인해 야기되는 논쟁으로부터 분리되거나 혹은 한 차원 높은 곳에서 중립적인 지위를 차지할 수 있다(Brunner, 1991: 74).

그러나 상기한 실증주의자들의 '가정(assumptions)'에 의한 행태연구는 모든 상황으로부터 독립적이고 주관성을 배제한 가운데, 정확하고 정밀하게 예측할 수 있는 '보편적 법칙(universal laws)'을 지금까지 발견하지 못했다(Brunner, 1991: 74). 부루너에 따르면(Brunner, 1991: 74), 실증주의자들의 논리적 가정은 '신과 같이 모든 것을 다 아는(God-like omniscience)' 경우에만 가능한 것이며, 인간에게 그런 것을 기대하기 어렵다면서, 경험적 연구의 한계에 대해 말한다. 경험적 연구를 위해 가설을 설정할 때, 연구자는 이미 '특정 상황(specific situation)'에서 유추된 연구 기대에 따라 임의적으로 가설을 설정하기 때문에 검증하기 위한 '가설'이

---

4) 실증주의란 17세기 뉴턴(Isaac Newton)에 의해 발견된 인력의 법칙과 같이 보편타당한 원리에 의해 반복되는 행태의 존재를 상정한다. 행성, 떨어지는 사과, 시계추와 같은 무생물의 다양한 움직임은 물론 생물들의 행태까지도 '법칙(laws)' 혹은 '원리(principle)'로 축약해 주어진 여건 속에서 고정적으로 나타나는 변함없는 관계로 다룬다. 실증주의는 19세기 후반 콩트(Auguste Comte, 1798~1857)를 중심으로 서유럽에서 나타난 철학의 한 경향을 지칭하며, 어떤 사실이나 현상의 배후에 초월적인 존재나 형이상학적인 원인을 상정하는 것을 지양하고, 경험적으로 주어진 사실을 인식의 대상으로 국한한다. 즉, 과학적 방법을 통해 축적된 지식만을 인정하는 태도를 '실증주의'라고 한다.

객관적이기보다는 임의적 혹은 주관적일 수밖에 없다. '특정 상황' 역시 연구자에 의해 조작되거나 스스로 변할 수 있다는 사실을 감안한다면, '객관적'이고 '합리적'인 가실을 검증한나는 것은 기내하기 어렵고, 실증된 가실이 객관적이지 못한 만큼 경험적 연구결과는 연구자가 설정한 '특정 상황'에 대한 것에 불과하다. 연구결과 역시 그 상황의 범주 내에서만 유효하다.

실증주의 비판에 대한 반응은 다양하게 나타나는데, 먼저 실증주의적 관점을 포기하고 '대안적 인식론(alternative epistemology)'을 찾는 부류, 그럼에도 불구하고 실증주의를 고집하는 부류, 마지막으로 실증주의를 포기하기보다는 완화해 '현실적합성'을 꾀하려는 학자들로 나누어 볼 수 있다. '신실증주의자(neo−positivist)'[5]들 역시 실증주의를 승계해 행태과학에서 보편타당한 법칙을 발견하겠다는 탐구목적으로 인간들이 만들어 내는 집단적 관계의 정형을 밝히려 든다. 이에 대해 호프(Hoppe, 1999: 204)는 정책연구에서 '실증주의자'들과 '신실증주의자'들의 논리는 '자기모순(self−contradiction)'일뿐 아니라, 인간의 인과관계 탐구능력을 너무 과대평가해 '자멸(self−destruct)'을 초래할 뿐이라고 비판한다.

'후기 실증주의(post−positivism)'는 실증주의의 대안적 인식론[6]으로 자리잡아 오늘에 이르며, 그 특징과 관점은 다음과 같다(Allmendinger, 2002: 87−89). 첫

5) '신실증주의(neo−positivism)'는 콩트에 영향을 받은 독일의 실증주의자들로 구성된 이른바 '빈학파(Wiener Kreis)'의 사상을 말하며, 이들을 '신실증주의' 혹은 '논리실증주의'라고 한다. 신실증주의자들은 철학에서 형이상학을 거부하고 엄격한 과학적 태도를 강조하며, '분석철학(analytic philosophy)'의 발전에 영향을 미쳤다. 정책연구에서 신실증주의자들은 실증주의자들과 마찬가지로 '과학적 방법(scientific methods)'을 통해 정책 쟁점을 연구한다.

6) '인식론(epistemology)'을 한마디로 기술하기는 어렵지만, 바비(Babbie, 2010: 4)에 따르면, 인식론은 '인지의 과학(science of knowing)'이고 '방법론(methodology)'은 '발견의 과학(science of finding out)'으로 인식론의 하위체계이다. 인식은 가장 넓은 의미의 지식을 뜻하며 우리의 관심인 사물, 현상, 대상을 탐구해 의미를 부여하는 모든 방법을 총칭해 일반적으로 '인식론'이라고 부른다. '방법론' 역시 다양하나 실증주의적 관점에서 방법론이란 연구대상의 실체를 분석하기 위해 '과학(science)'이라는 도구를 가지고 '실체를 밝히는(fact finding)' 일련의 과정으로 이해된다. 따라서 인식론은 경험에 의해 실체를 밝히고 의미를 부여하는 인간의 탐구속성을 반영한 탐구방법이며, 모든 방법론을 포함한다. 모든 이가 경험할 수 있는 것은 물론 경험할 수 없거나 실재하지 않지만 존재하는 것에 대한 탐구를 총칭해 '철학(philosophy)'이라고 한다. 과학과 철학의 관계에 대한 대표적인 논의는 비트겐슈타인(Ludwig Josef Johan Wittgenstein, 1889~1951)과 콰인(W. V. O. Quine, 1908~2000)을 들 수 있으며, 전자가 과학과 철학이 엄격히 다른 것이라고 주장하는 반면, 후자는 과학과 철학을 구별할 수 없다고 주장한다.

째, 모든 이론은 어느 정도 차이는 있지만 '규범적(normative)'이며, '가치(values)' 뿐만 아니라 사회적 · 역사적 맥락을 포함한다. 즉, 후기 실증주의자들은 실증주의적 '이해(understandings)'와 '방법론(methodologies)'을 거부하고 대신에 이론과 지식체계를 사회적 · 역사적 '맥락과 관련지어(contextualize)' 접근할 것을 권한다. 둘째, 사회적 · 역사적 맥락에 대한 이론의 적용은 그 이론을 구성하고 있는 원리나 명제와 같은 요소들에 의해 단순히 읽혀지지 않는다. 이론은 '시기와 장소(time and space)'에 따라 달리 구성되고, 해석되며, 적용될 수 있으므로 이론의 적용은 시간과 공간에 따라 사회적 · 역사적 맥락을 '중재하는(mediate)' 것으로 본다. 셋째, 이론이 '규범적(normative)'이고, 이론을 구성하는 변수들이 시간, 공간, 그리고 사회적 · 역사적 맥락과 관련지어 나타나는 것이라면, '실체(substance)'와 그 실체를 밝히기 위해 규정된 '절차(procedure)' 간의 구별은 의미가 없고, 단지 '아이디어(ideas)'와 '행위(action)' 간의 복잡하고 반복되는 관계만 존재한다.[7)]

후기 실증주의적 관점은 정책학에 큰 영향을 미치게 되며, 라스웰(Lasswell, 1971: 16)도 인간의 행태는 보편타당한 법칙에 의해 결정되기보다는 '행위자의 주관에 의해 선택'된다고 주장한다. 이러한 정책학의 인식론은 전통적인 '실용주의(pragmatism)' 등에서 그 기원을 찾을 수 있으며, 여기서 정책학의 인식론이란 '과학적 탐구 영역(criterion of scientific inquiry)' 내에 존재하는 것이 아니라, 보다 큰 목적을 위해 체계적이고 경험적인 탐구 방법을 향상시키는 '수단(means)'으로 이해된다. 라스웰은 그 '수단'을 '극대화 공리(maximization postulate)'[8)]로부터 유추해 낸다. 즉, 그는 인간행태의 선택적 특성과 실용주의적 관점을 받아들여 '극대

7) 후기 실증주의에 입각한 사회과학연구의 유형에 관한 논문에서, 레더(Lather, 2006: 35−57)는 패러다임이라는 개념을 사용해 후기 실증주의의 다양한 관점을 '해석학적 사회연구(interpretive social study)', '비판이론(critical theory)', '해체이론(deconstruction theory)' 등으로 분류해 그 특성을 논하고 있다. 번스타인(Bernstein, 1976)은 후기 실증주의 관점에 의한 사회연구를 '경험적(empirical)', '해석학적(interpretive)', '비판적(critical)' 관점으로 나누어 논하고 있으며, 유사한 관점에서 기든스(Giddens, 1972), 페이(Fay, 1975), 문(Moon, 1975) 등의 저서가 있다. 하버마스(Habermas, 1971)는 후기 실증주의적 관점을 '기술적(technical)', '실질적(practical)', '해방적(emancipatory)' 탐구 방법으로 분류한다.

8) '극대화 공리(maximization postulate)'에서 'postulate'는 이론의 근거로 삼기 위해 무엇이 사실이라고 '상정'하는 것을 뜻한다. 이론의 근간이 되는 참이라고 받아들여지는 주장을 '공리(axiom)'라고 한다. 라스웰은 'axiom' 대신 'postulate'이라는 개념을 사용한다.

화 공리'를 구성했으며 그의 표현에 따르면(Lasswell, 1971: 16), "모든 생명체는 그들이 과거와 다르게 행위할 수 있는 기회가 주어진다면 좀 더 '나은(better off)' 방법으로 행위할 것이다." 즉, 행위자는 상황에 따라 대안적 행위를 의식적으로 할 수 있다는 주장이다. 행위자는 그가 처한 다양한 상황을 정확히 읽어 낼 수도 있고, 반대로 실수를 저지를 수도 있으며, 의식적 혹은 무의식적, 의도적 혹은 즉흥적으로 인식하기도 한다. 따라서 '극대화 공리'는 시행착오를 거치며 과거보다 현재 상태를 더 나은 것으로 만들기 위해 주어진 상황을 감안해 선택하는 기준이다.

라스웰은 '극대화 공리'를 설명하면서 생명체와 무생물체의 행태를 구별한다. 무생물체의 행태는 행성의 궤도, 떨어지는 사과, 시계추의 움직임 등에서 볼 수 있는 것처럼 외부의 힘으로부터 결정되며, 자의적으로 행태를 만들어 내지는 못한다. 대신에 생명체의 행태는 외부환경을 인식하는 '자신의 내재된 지도(internal map of self)'에 크게 좌우된다. 인간들에게 '내재된 지도'란 사는 동안 '경험을 통해 얻게 된 축적된 감각'과 '타고난 기질'에 의해 형성되므로 매우 주관적이다. 따라서 사람마다 '주관적 지도(subjective map)'를 가지고 있으며, 특정 '시기(time)'에 특정 '상황(situation)'에 접하게 되면 사람들은 내재된 '주관적 지도'에 따라 판단한다. 이러한 의미에서 '극대화 공리'는 왜 사람들이 그 상황에서 그런 행위를 했는가를 추론하는 기준을 제공한다.

정책학의 '가설(hypotheses)'은 '극대화 공리'를 사용해 관찰된 행태에 대한 실질적인 추론에 의해 설정되며, 이러한 가설은 특정 사례를 통해 구체화될 때 좀 더 '명확(clarification)'하게 되거나 '수정(correction)'된다. 이러한 과정을 거쳐 성립된 가설은 탐구의 대상인 행위자의 행태에 대한 주관적 의미를 내포한다. 반면에 실증주의에 입각한 '인과 이론(causal theory)'의 가설은 관찰된 행태가 객관적 요인 혹은 원인들의 작용이라고 가정하며, 행위자의 '주관(subjectivity)'을 배제한다(Brunner, 1991: 79).

라스웰의 '극대화 공리'는 인간행태에 대한 지식이 증가할 수 있으며, 이러한 지식은 모두 맥락에 의해 좌우된다는 의미로 이해된다. 즉, 모든 행위자들은 '주관적 지도'를 가지고 있고 이것은 완벽한 것이 아니기 때문에 인간들의 모든 행위는 시행착오를 겪을 수밖에 없으나, 이러한 일이 반복되면 비교적 성공적인 행위들이 정형화되어 '사회적 제도(social institutions)'로 정착될 수 있다고 본다. 결과적으로 '극대화 공리'는 인간의 행태는 물론 사회적 차원에서 규칙성을 찾아내는 데 유용할 뿐만 아니라, 그것을 가감하고 수정하는 기본이 되어 더 나은 정책을 만들고 집행하는 데 기여하게 된다.

정책학의 인식론에서 '과학(science)'이라는 말은 '체계적(systematic)'이고 '경험적(empirical)' 탐구를 뜻하며, 이것은 더 큰 목적을 위해 실증주의에서 취급하는 '과학'을 뛰어 넘는 것이다(Brunner, 1991: 82). 이와 관련해 카플란(Kaplan, 1963: 92)은 다음과 같이 주장한다.

> 정책이 효과적이기 위해서는 과학적이어야 한다 … 여기서 과학적이라는 말은 실험실에서 사용하는 전략이나 도구를 뜻하는 것이 아니라 경험에 근거하고 스스로를 수정해 가는 실질적이고 합리적인 것을 뜻한다. 즉, 정책은 경험에 근거해 축적된 지식을 자유롭게 이용해 형성되었을 때 '과학적'이라고 할 수 있다.

카플란은 정책학을 스스로 발견케 하는 '체험적(heuristic)' 접근을 통해 완성된다고 보며, 정책학자들의 역할은, 라스웰이 지적했듯이(Lasswell, 1971: 40), 정책결정에 직접 참여하는 입장과 그 정책의 사회화 과정을 관찰하는 입장을 반영해 늘 기대에 못 미치는 정책결과를 야기시키는 오류를 최소화시키는 것이다. 이러한 정책학 연구관점은 가치중립적 입장에서 사실관계만을 다루는 실증주의자들의 관점과는 확연히 다르다. 라스웰에 따르면(Lasswell, 1971: 40), 정책학자들은 인간 상호관계에 대한 과학적 연구를 통해 더 나은 정책을 만들 수 있는 '통찰력(insight)'을 키우는 역할을 해야 하며, 이러한 능력은 단순히 무생물체의 미래 상태를 예측하는 것과는 다르다.

라스웰은 정책학을 통해서 우리들이 직면한 근본적인 문제들을 해결하게 된다면, 인류의 존엄성을 충실히 실현시킬 수 있게 되고, 이것은 궁극적으로 다원적 민주주의 완성으로 이어질 것이라고 기대했다(Lasswell, 1971: 40−44). 즉, 그는 경합하는 다양한 정책목표들을 실현시키는 과정에 특정 소수가 아닌 다수를 위해 정책을 형성하고 집행할 것을 권하며, 이러한 권고를 정책결정자들이 받아들였을 때 정책결정의 질적 향상을 기대할 수 있고, 결과적으로 모든 사람들이 사회적 가치를 공유하고 만들어 나가는 평등한 기회를 누리게 된다(Lasswell, 1971: 41). 라스웰은 정책학을 통해 다원적 민주주의를 실현하려는 일반적인 목표를 구체화시키는 하나의 방편으로, 1948년 유엔에서 채택한 '세계인권선언(the Universal Declaration of Human Rights)'을 검토해 정책학의 핵심원리들 가운데 하나인 '인간 존엄성 원리(human dignity principles)'를 유추한다. '인간 존엄성 원리'란 정책은 소수가 아닌 다수의 존엄성을 실현시키기 위한 것이어야 하며, 이러한 원리에 의한 정책은 '권력(power)', '부(wealth)', '복지(well-being)' 등과 같은 사회적으로 공유할 수 있는 가치들의 논의에 사회구성원들의 평등한 참여기회가 충분히 주어져 형성될 것이 기대되고, 사회의 기본이 되는 모든 체제는 인간의 존엄성을 실현시키고 유지하기 위해 끊임없이 평가되고 개방적이어야 한다는 것을 의미한다(Lasswell, 1971: 40).

정책학의 핵심원리는 앞서 설명한 '극대화 공리'와 '인간 존엄성 원리'로 압축되며, 전자는 정책학에서 '과학'이라는 것은 체계적이고 경험적인 탐구의 기본을 제공하는 것을 뜻하고, 후자는 정책결정의 질적 향상을 위한 기본을 제공하는 것으로 이해된다. 이러한 정책학의 핵심원리는 정책학자들의 연구결과를 정당화하고 설명할 수 있게끔 할 뿐만 아니라, 정책학의 '연구와 실천의 기준(standards of research and practice)'이 된다.

# 제 2 장

# 정책학의 접근 방법

제 1 절　실증주의와 정책연구
제 2 절　후기 실증주의와 정책연구
제 3 절　정책학의 접근 방법에 대한 통합적 개념 구성

'정책학의 접근 방법'이란 정책 현상을 탐구하기 위한 논리의 체계를 뜻한다. 정책학은 '정책'과 '정책 과정'에 대한 지식을 생산하고 응용해 우리가 직면한 근본적인 문제들을 해결하는 것을 목적으로 하는 만큼 다학제 간의 협업을 통한 높은 수준의 지식을 필요로 한다. 정책학의 지적 기반이 된 라스웰의 정책연구(Lasswell, 1951; 1971)는 응용사회과학 분야를 좀 더 체계적일 뿐만 아니라 방법론적으로 발전시켜 전략적 정책결정에 대한 가능성을 높이고, 민주주의에 대한 열망과 그것을 실현시킬 수 있는 구체적인 방법을 '실용주의(pragmatism)'를 통해 보여주고 있다.

정책학은 정치를 세련된 행정으로 대체하려는 기술관료들의 전략이 아니며, 행정관료나 정치인들이 공공 서비스를 공급하는 새로운 '사회적 기법(social technology)'도 아니다. 라스웰에게 있어서 정책학은 민주주의를 실천하는 실질적인 정치적 전략임과 동시에 제2차 세계대전 이후 인간의 존엄성을 실현하려는 의지의 발로라고 할 수 있다. 라스웰을 비롯한 실용주의자들은 정책학을 '공유한 사회 문제'를 해결하기 위해 전문가들을 비롯한 사회구성원의 의견을 수렴하는 합리적 전략으로 본다. 이러한 의미에서 정책연구는 '일반적인 정치적 사고'를 '인식적으로 우월한 과학적 지식'으로 대체하려는 것이 아니며, 정책학은 정치와 정책을 체계화시켜 새로운 방법으로 활기를 불어 넣기 위함이다(Togerson, 1995: 234, 238-239).

라스웰이 '정책지향'을 발표한 이후 많은 학자들이 '정책운동(policy movement)'에 공감해 정책학이 다양한 접근 방법으로 연구되어 오늘날과 같은 모양새를 갖추게 된다. 1950년을 전후로 시작된 정책학은 그 당시를 풍미했던 실증주의에 큰 영향을 받았음을 부정할 수 없다. 그러나 실증주의적 접근만으로는 정책학의 본래 의도를 성취할 수 없다는 비판과 함께 1980년을 전후로 '정책학'에 대한 '새로운 가정(new assumptions)'과 '준거 틀(frameworks)'이 모색된다. 이러한 학문적 경향은 사회과학 전반에 걸쳐 나타난 학문적 흐름이며 정책연구에도 큰 영향을 미치게 된다.

1980년을 전후로 정책학은 다양한 이론적 관점을 받아들여 발전되는데, 정책연구에 영향을 미친 이론적 관점으로 영국의 '일상 언어분석(ordinary language analysis)' 방법으로부터 프랑스의 '후기 구조주의(poststructuralism)'까지, '프랑크푸르트학파(Frankfurt school)'의 '비판사회이론(critical social theory)'으로부터 미국의 '실용주의(pragmatism)'에 이르기까지 다양한 가정, 관점, 이론 등을 들 수 있다(Fischer & Forester, 1993: 2). 이와 같이 실증주의적 관점에 대한 불만족으로부터 비롯된 대안적 관점들을 총칭해 우리는 '후기 실증주의(post-positivism)'라고 한다.[1] 여기서는 정책학의 접근 방법에 대한 논의를 크게 '실증주의'와 '후기 실증주의'로 나누고, 각각의 '관점(perspective)'에 의한 대표적인 접근 방법을 살펴봄으로써 정책연구의 다양성을 다루고자 한다.

## 제 1 절 실증주의와 정책연구

초창기 정책학은 라스웰의 야심찬 염원을 담아 시작되었지만 실제는 기대에 미치지 못했다. 그 이유는 초기 정책연구가 '인과관계(causation)'에 기초한 과학적 논리에 입각해 의사결정에 대한 '비결(know-how)'에 너무 집착하여 본래의 취지를 반영하지 못했기 때문이다. 즉, 그들은 '정치의 과학화(scientification of politics)'를 주장해 모든 정치행위의 인과관계를 밝혀 설명할 수 있다면 합리적 정치행위를 기대할 수 있다는 가정 아래 정책을 연구했지만 결과적으로 '과학의 정치화(politicisation of science)'를 초래했다고 비판된다(Hoppe, 1999: 204; Hoppe, 2005: 201-205). 이러한 비판에도 불구하고 실증주의적 관점에 의한 정책연구는 정책학의 발전에 큰 영향을 미쳤다. 인식론적 관점에서 정책연구에 큰 영향을 미친 실증주의적 접근 방법은 '분석 중심적 접근 방법(analycentric approach)', '신실증주의적 접근 방법(neo-positivist approach)', '비판적 합리주의적 접근 방법(critical-rationalist approach)' 등으로 나누어 볼 수 있으며, 이들의 특성을 살펴보면 다음과 같다(Dryzek, 1993: 217-222).

---

1) 후기 실증주의는 사회 문제를 이해하고 해결하기 위해서, '탈 가치적 사실(value-free facts)'에 의존하는 탐구보다는 상황적이고 구성적 담론의 형성 과정으로 이루어지는 탐구형태를 주장하며, 연구대상을 규명함에 있어서 양적 검증을 배제하지는 않지만, 그보다는 역사적, 비교학적, 해석학적, 현상학적 담론을 통한다.

## 1. 분석 중심적 접근 방법

'분석 중심적 접근 방법'은 '알고리즘(algorithms)'에 입각해 엄격한 과학적 논리의 '실천(practice)'을 목적으로 절차적 합리성에 따라 의사결정을 다룬다(Dunn, 1981: 21-23). 분석 중심적 접근 방법에 의한 정책분석은 제2차 세계대전 이후 '엔지니어(engineers)', '체계이론가(systems analysts)', '응용수학자(applied mathematicians)' 등과 같은 이들에 의해 발전되었으며, 대표적인 기법으로 '비용 · 편익분석(cost-benefit analysis)', '비용 · 효과분석(cost-effectiveness analysis)', '통계적 의사결정이론(statistical decision theory)', '기획예산 제도(planning-programming budgeting system)' 등이 있다. 분석 중심적 접근 방법은 객관적 사실관계만을 다루기 때문에 정책분석에 있어 '정치적 현실감이 부족'하다고 평가되며, 가치중립적인 입장에서 문제에 접근한다지만 '정치적 편견이 내포된 가정'을 다룸으로써 '과학의 정치화'를 초래할 수 있다고 비판되기도 한다(Hoppe, 1999: 204).

## 2. 신실증주의적 접근 방법

신실증주의[2]적 접근 방법에 의한 정책연구는 결정론적인 관점에서 '인과관계'에 초점을 맞춰 결과를 야기시킨 모든 원인을 밝혀 보편타당한 과학적 지식을 축적하는 것을 목적으로 한다. 즉, 정책 문제의 원인을 찾아내 통제함으로써 사회에 대한 정책적 간여의 영향을 유추해 낸다. 신실증주의자들은 정책을 특정 목표를 성취시키기 위한 수단이라고 보기 때문에 목표와 수단 간의 인과관계는 필요불가결하다. 즉, 목표는 정책결정자들이 선호하는 '결과(consequences)'이고, 수단은 그들에 의

2) 실증주의는 엄격한 의미에서 19세기 후반 콩트(Auguste Comte, 1798~1857)를 중심으로 서유럽에서 나타난 철학의 한 경향을 가리키고, 일반적으로 형이상학적인 사변(思辨)을 배격하고 관찰이나 실험을 통해 검증 가능한 것만을 지식으로 인정하는 인식론적 방법론을 말한다. 1924년경 빈 대학의 철학교수인 '모리츠 슐리크(Moritz Schlick)'에 의해 주도된 '비엔나 서클(Vienna Circle)'에 동참한 일련의 학자들은 콩트의 입장을 계승해 엄격한 과학적 지식탐구를 중시한다. 이들의 관점은 콩트의 실증주의적 사상과 다르지 않으나 구별해, '신실증주의(neo-positivism)' 혹은 '논리실증주의(logical positivism)'라고 하며, 이들의 사상은 후에 '분석철학(analytic philosophy)'의 출현에 영향을 미친다.

해 선택된 '원인(causes)'으로 보고 그들 간의 인과관계를 논한다.

인과관계에 기반을 둔 지식에 의존한 신실증주의자들의 정책연구는 더 이상 정책연구의 주류가 되지 못한다. 왜냐하면 신실증주의자들은 모든 인과관계를 밝힐 수 있다고 가정하지만 인간의 지적 능력은 모든 인과관계를 밝히는 데 한계가 있기 때문이다. 이와 관련해, 보부라우와 드라이잭(Bobrow & Dryzek, 1987: 132)은 "모든 인간의 행태는 그들을 지배하는 법칙에 의해 일반화시킬 수 있다고 주장하면서, 왜 정치인이나 정책결정자들의 행태는 그 법칙으로부터 큰 '면역력(immunity)'을 가지게 되었는가?"라고 비유적으로 반문한다.

## 3. 비판적-합리주의적 접근 방법

비판적-합리주의자들에 의한 정책연구는 신실증주의자들의 인과관계에 대한 관점은 공유하나 인과관계를 인지하고 습득하는 방법은 다르다. 그들은 포퍼(Karl Raimund Popper, 1902~1994)의 '반증주의(falsificationism)'[3] 관점을 받아들여 과학적 합리성을 논한다. 켐벨과 스텐리(Campbell & Stanley, 1963)는 비판적-합리주의 관점에서 정책을 연구한 대표적인 학자들이고, 이들은 '유사 실험연구(quasi-experimentation)'를 통해 정책의 영향을 평가한다. 그들에 따르면, 지식의 습득은 많은 시행착오를 거쳐 학습되는 진화 과정을 거쳐 완성된다. 이러한 논리를 정책연구에 반영해, '정책내용(policy content)'은 '가설(hypothesis)'로 보고, '집행(implementation)'을 '사회실험(social experimentation)'으로 보아 정책의 사회적 간여에 의한 정책 대상집단과 임의집단의 변화 정도를 비교해 차이가 있다면

3) 포퍼(Karl Raimund Popper, 1902~1994)는 그의 저서 『과학적 발견의 논리』에서 과학은 합리적인 가설의 제기와 그 반증을 통해 시행착오를 겪으면서 발전한다는 '비판적 합리주의'의 인식론을 주장했다. 그에 따르면, 과학이론은 문제를 해결하기 위한 가설을 제안하는 것으로부터 시작해, 그 가설이 관찰을 통해 반증되면 그 가설은 포기하고 다른 가설을 찾는 과정을 계속한다. 이러한 과정에서 살아남은 가설은 과학이론의 지위에 오르게 된다. 반증에서 살아남은 과학이론은 반증되어 버려진 이론에 비해 상대적으로 참에 가까울 수 있으나, 그것이 반드시 '참'이라고 할 수 없다. 왜냐하면 우리의 지적 능력의 한계 때문이다. 따라서 '참'에 이르는 유일한 방법은 '추측과 반박(conjecture and refutation)'이라는 시행착오를 거쳐 발전한다. 이처럼 과학은 문제를 해결하기 위해 비교적 합리적인 가설을 제시하고, 그것을 반증하는 과정을 통해 완성된다는 포퍼의 관점을 '비판적 합리주의(critical rationalism)'라고 한다.

그것을 정책의 사회적 간여에 대한 영향으로 평가한다. 지속적으로 반복되는 정책실험의 진행 과정에서 오류를 점차 제거해 감으로써 더 나은 결과 혹은 정책 관련 지식에 도달할 수 있다고 가정한다(Cook & Campbell, 1979: 28).[4]

비판적-합리주의 관점에서 정책연구는 '정책'을 '실험'으로 보고 지속적인 시간의 압박 속에서 무엇인가를 해야만 하는 강박감에 늘 고민하는 정치적 상황을 잘 반영해 다룸으로써 현실감 있다고 평가된다. 이와 더불어 비판적-합리주의자들의 사회철학인 '열린사회나 실험적 사회(open and experimenting society)'에 대한 논의는 '실용주의자(pragmatist)'들이 말하는 사회 문제를 해결하려는 자들의 공동체로써 '정부형태(polity)'에 대한 논의와 같은 맥락에서 이해된다. 이런 면에서 비판적-합리주의에 의한 정책연구는 '분석 중심적 정책연구'나 '신실증주의자들의 정책연구'와 구별된다(Hoppe, 1999: 204). 이와 관련해 캠벨(Campbell, 1982: 330-331)은 정책실험연구를 위해 문제를 정의하고, 적절한 이론을 선택할 때, 그 문제의 전체를 유형화할 수 있는 방법으로 문제와 관련된 비계량적이고 '일상적인 지식(common-sense knowledge)'에 의존하게 된다고 보았다. 그는 정책실험의 결과에 대한 해석 역시 다양할 수 있다는 것을 인정하고 개방적이어야 하며, 결국 정책실험은 '논쟁(argument)' 그 자체라고 인정한다.

비판적-합리주의적 접근 방법은 정책실험의 속성인 점증적이며, 단편적인 특성 때문에 빠른 사회 변화를 다룰 수 없다는 것과 '유사 실험연구'에 의한 영향평가 방법과 비판적-합리주의자들의 사회철학인 '열린사회(open society)'에 대한 논의가 일치하지 않는다고 비판된다.[5] 이와 더불어 비판적-합리주의적 정책연구는

---

4) 비판적-합리주의자들은 '관찰은 이론 의존적(theory-laden)'이라는 후기실증주의자들의 관점을 수용한다. 이러한 입장에서 캠벨과 스텐리(Campbell & Stanley, 1963) 그리고 쿡과 캠벨(Cook & Campbell, 1979)은 포퍼의 반증주의적 관점을 받아들여 정책실험의 '오류들(errors)'을 인정하고 그것들을 제거함으로써 정책적 간여의 사회에 대한 영향을 유추해 낸다. 그들이 지적한 정책실험의 타당성을 저해하는 요인들, 즉 오류로는 '내적 타당성의 저해요인(internal invalidity)'과 '외적 타당성의 저해요인(external invalidity)'이 있으며, 이러한 오류들을 반복적인 정책실험을 통해 제거해 나간다면 '진리(true)'에 도달할 수 있다고 가정한다. 그들이 지적하고 있는 구체적인 오류에 대한 논의는 본서 '정책평가'를 참고하기 바란다.

5) 포퍼의 사회철학인 '열린사회'는 자유로운 토론이 가능해 그 결과가 정치적 의사결정에 반영되는 사회이며, 사회구성원의 자유와 사회적 약자를 보호하는 제도를 갖춘 사회공동체를 말한다. 포퍼는 사회적 규범과 가치는 고정되어 있는 것이 아니고 필요하다면 언제든지 개선해 나가는 것이

'제1종 오류(error of first kind)'를 피하는 방법으로는 적절하나 '제2종 오류(error of second kind)'를 피하는 방법으로는 도움이 되지 못한다고 평가된다. 여기서 '제1종 오류'란 문제 해결을 위해 적절한 대안을 적절치 못하다고 판단한 경우이고, '제2종 오류'란 적절치 못한 대안을 적절하다고 잘못 판단한 경우를 말한다 (Hoppe, 1999: 205).

## 제 2 절 후기 실증주의와 정책연구

1980년을 전후해 실증주의자들에 의한 정책연구는 '이론 의존적 관찰(theory-laden observation)'[6]에 치우쳐 정책연구의 본래 취지에 부응하지 못한다는 비판이 일기 시작한다. 린드블롬과 코헨(Lindblom & Cohen, 1979)은 그들의 저서, 『쓸모 있는 지식(*Usable Knowledge*)』에서 사회 문제를 해결하기 위한 도구로써 기존의 사회과학과 사회연구에 대한 '불만족'이 저술 동기라고 밝히면서, 사회과학자들과 사회연구자들은 사회 문제 해결에 좀 더 유용하고, 쓸모 있을 뿐 아니라, 영향을 미칠 수 있는 지식을 생산해야 한다고 주장한다. 그들에 따르면, 사례연구 결과가 그 사례를 다루는 기존 이론에 의해 설명되지 못해 '사례연구와 이론' 간에 갈등을 일으키면, 사회과학자들은 그 이론을 제거하는 대신 그 사례를 무시하며, 이와 같은 과학자들의 지식탐구 행태는 '새로운 이론, 개념 틀, 패러다임'의 출현에 방해가 될 뿐이다.

같은 맥락에서 정책학도 다양한 사회 문제를 다루는 것이니 만큼 정책결정자들에게 사회 문제 해결에 도움이 되는 '쓸모 있는 지식'을 '정책적 조언(policy advice)'으로 제공해야 하며, 여기서 '쓸모 있는 지식'이란 과학적 지식뿐만 아니라 사회적

---

사회구성원들에게 주어진 과제라고 주장하면서 우리 모두가 오류를 범할 수 있다는 것을 인정하고 합리적 비판을 통해야만 점진적인 발전을 꾀할 수 있다고 본다.

6) '이론 의존적 관찰'이란 실증주의자들의 논리에 대한 비판으로 순수한 관찰은 존재하지 않으며, 관찰자의 지식, 신념, 이론 등이 관찰에 영향을 미친다는 주장이다(Cook & Campbell, 1979: 24; Kuhn, 1970: 40; 신중섭, 1992: 247-248).

규범과 가치는 물론 정책결정자들의 정치철학, 사회철학 심지어 그들의 이데올로기까지도 포함되어야 한다(Lindblom & Cohen, 1979: 5−6).

비단 '린드블롬과 코헨'뿐만 아니라 많은 학자들이 실증주의적 접근 방법에 대한 불만족에 공감해 대안적 정책연구 방법을 모색하였으며, 바이스(Weiss, 1991: 321) 역시 정책학 분야에도 새로운 대안의 탐색이 필요한 시기가 도래했다고 주장한다. 이러한 학문적 전환은 정책연구에 '해석학적(interpretative)', '체험적(heuristic)', '비판적(critical)' 접근 방법 등을 받아들이는 계기가 되며, 이러한 관점에 의한 사회연구를 총칭해 우리는 후기 실증주의라고 한다. 후기 실증주의의 관점에서 정책을 연구한 대표적인 접근 방법으로 '상대주의적 접근 방법(relativistic approach)', '비판적 접근 방법(critical approach)', '포렌식스 접근 방법(forensics approach)', '참여적 접근 방법(participatory approach)', '논변적 접근 방법(argumentative approach)' 등이 있으며, 그들의 특성을 살펴보면 다음과 같다.

## 1. 상대주의적 접근 방법

상대주의와 대응되는 개념은 '합리주의(rationalism)'이다. 과학철학의 관점에서, 과학의 '합리성'이란 경합하는 이론들의 비교 · 선택을 가능케 하는 일반적인 원리의 존재를 인정하는지 아니면 부정하는지에 따라 합리주의와 상대주의로 나뉜다. 합리주의자들은 경합하는 두 이론을 일반적인 원리나 기준에 의해 특정 이론을 우월하다고 판단한다. 반면에 상대주의자들은 이론들을 비교할 보편적인 기준과 이론들이 시간과 장소에 구애받지 않고 영속한다는 합리주의자들의 주장을 반박한다.[7] 상대주의에 따르면, 과학의 합리성은 개인이나 사회가 중요시하는 가치에 따라 지식을 탐구하는 목적이 달라지기 때문에 이론을 평가하는 기준은 개인과 사회가 추구하는 가치에 따라 변한다고 본다(신중섭, 1992: 194).

7) 실증주의자들은 사회연구도 자연과학과 마찬가지로 합리주의적 관점에서 이 세상의 '진리(true)'는 단 하나이며, 이것을 규명하는 것이 과학이라고 주장하는 반면, 후기 실증주의자들은 '진리'는 시간, 공간, 장소에 따라 다양할 수 있으며, 이러한 것을 찾아나가는 것이 사회과학이라는 인식을 공유한다(Allmendinger, 2002: 77−99; Lather, 2006: 35−57; Dryzek, 1993: 213−232).

우리들에게 '패러다임(paradigm)'으로 잘 알려져 있는 쿤(Thomas S. Kuhn)은 상기한 입장에서 과학을 논하는 과학철학자이며(Fuller, 2003; Kuhn, 1970; Fischer & Forester, 1993), 린드블롬(Charles E. Lindblom)과 윌다브스키(Aaron Wildavsky)는 상대주의의 관점에서 정책을 연구한 대표적인 학자들이다. 린드블롬(Lindblom, 1959, 1979, 1970)은 「진흙탕을 헤쳐 나가는 과학(The Science of Muddling Through)」, 『쓸모 있는 지식(*Usable Knowledge*)』, 『의사결정의 전략(*Strategy of Decision*)』 등의 글에서 볼 수 있듯이, 합리주의의 한계를 지적하면서 현실감 있는 정책결정을 논한다. 그는 다원주의적 정치상황을 고려해 현실의 정치와 정책결정이 '시행착오(trial-and-error)'를 거치며 문제를 해결할 수 있는 대안들을 '제한된 범위 내에서 비교(successive limited comparison)'하여 '당파적 상호 조정(partisan mutual adjustment)'을 통해 이루어진다고 주장한다. 여기서 '제한된 범위 내에서 비교'는 우리들에게 '점증주의'로 잘 알려져 있다.

윌다브스키(Wildavsky, 1979)는 정책연구를 정치인과 시민들이 부족한 자원을 놓고 벌이는 끊임없는 긴장을 해소시키는 '기제(art and craft)'로 본다. 그에 따르면, 정부예산이 합리적으로 편성될 것이 기대되나 예산 과정에 개입되는 현실의 정치는 정부예산의 편성과 집행과정을 합리적이기보다 정치적인 것으로 만든다고 주장한다(Wildavsky, 1979). 이와 더불어 정부 정책도 합리적으로 결정되지 않을 뿐만 아니라, 집행 과정도 애초 계획된 대로 진행되지 않으며 다만 시행착오를 거치며 점차 오류를 제거해 감으로써 목표에 근접할 뿐이라고 말한다(Wildavsky, 1984).

린드블롬과 윌다브스키의 정책연구는 상대주의 관점에서 '해석학적 접근 방법(interpretative approach)'을 통해 정책현상이 보편적 규칙에 따라 형성되고 집행되는 것이 아니라는 것을 보여주고 있다. '해석학적 접근 방법'은 '명목론(nominalism)'과 우연성(contingency)'에 입각해 사회현상을 분석한다. 즉, 모든 사회적 행위는 의미가 있으며(명목론), 우연의 연속(우연성)이라는 가정 아래 사회현상은 자연현상과 같이 결정론적인 규칙에 의해 설명되지 않고 '행위(actions)'는 행위자가 결정한 결과이며, 동시에 우연한 결정의 결과로 본다(Bevir, 2010: 4-10). 상대주의의 '경험에 입각한(the rules of thumb)' 정책연구는 '무비판적(uncritical)'이기 때문에 과학적으로 혹은 도덕적으로 부적절하다는 비판을 받기도 한다.

## 2. 비판이론적 접근 방법

비판이론은 '사회이론(social theory)'[8]의 한 유형으로 사회의 '이상적 상태'와 '현실의 사회'를 대조해 그 괴리를 분석의 핵심 주제로 삼는다. 산업사회들의 발전이 사회적 합리성에 얼마나 기여했는지를 분석할 때 비판이론가들은 '이상적 인간 해방(an ideal of human emancipation)'이 구현되는 사회를 '이상적 합리적 사회(the ideal of a rational society)'로 보고, 이것을 '실제 사회적 배열(actual social arrangements)'과 비교해 차별의 철폐에 초점을 맞춘다. 즉, 비판이론은 '이성의 이상형(ideal of reason)'을 확고히 제시한 다음, '차별의 철폐'를 위해 필요한 비판적 사고가 무엇인지를 실제 사회조직들을 통해 보여준다(Misgeld, 1985: 80).[9] 대표적 비판이론가로는 마르크스(Karl Marx), 하버마스(Jürgen Habermas) 등이 있다.

비판이론적 접근 방법을 통한 정책연구의 대표적인 학자들로 포레스터(Forester, 1985, 1989), 피셔(Fischer, 1985, 1989), 드라이잭(Dryzek, 1990) 등이 있으며, 포레스터(Forester, 1985: 264－266)는 윌디브스키의 정책연구에서 다루고 있는 문제해결을 위한 '정치적 상호작용(political interactions)'은 단편적이어서 정책현상의 실제를 올바로 분석하기 어렵다고 주장한다. '정책의 정치적 상호작용'은 정책과

---

8) 사회이론은 '사회학(sociology)'으로부터 기인하며, 사회를 이해하려는 목적으로 혹은 사회상을 반영한 사상과 관련된 주제를 주로 다룬다. 사회이론은 크게 두 범주로 나누어 볼 수 있는데, 첫 번째는 '하향식 구조주의적 접근 방법(top－down structuralist approach)'으로 '구조주의(structuralism)', '기능주의(functionalism)', '마르크시즘(Marxism)' 등이 여기에 해당하며, 이들은 사회적으로 구조화된 권력이 개인들에게 어떻게 작용하는지에 초점을 맞춘다. 반면 '상향식 해석학적 접근 방법(bottom－up interpretive approach)'은 '현상학(phenomenology)', '민속방법론(ethnomethodology)', '상징적 상호작용론(symbolic interactionism)' 등으로 권력에 반응하는 개개인들의 속성과 그들의 선택할 수 있는 능력에 초점을 두어 연구한다. 최근 상기한 두 개의 접근 방법을 접목해 '구조'와 '의도'로 나뉜 이중성을 극복하려는 시도들로 '기든스(Anthony Giddens)'의 '구조화 이론(structuration theory)'과 '하버마스(Jürgen Habermas)'의 '비판이론(critical theory)' 등이 있다(Allmendinger, 2002: 77－99).

9) 비판이론은 계몽주의 철학사상을 실천하는 비판적 철학사상으로도 이해되는데, 이 경우 비판이론가들은 '무지(ignorance)', '반성하지 않는 강제력(unreflected force)', '고통(suffering)' 등으로부터 사회적 해방을 주장한다(Misgeld, 1985: 80).

관련된 모든 사람들에게 긍정적일 것이라는 기대는 사실이 아니며, 어느 누구도 정치 체제가 무엇을 어떻게 결정할지 예단하기 어려울 뿐만 아니라, 특히 사회에 존재할지도 모르는 국민에 대한 '기만'과 '편견'이 정책을 통해 유지될 수 있는 가능성을 배제하지 못하기 때문에 특정 정책에 대한 영향을 단순히 '생산적(productive)' 영향과 '재생산적(reproductive)' 영향으로 나눈 윌다브스키의 정책연구는 현실감이 떨어진다고 비판이론가들은 말한다.

하버마스는 '의사소통 행위이론'을 통해 사람들이 '기만(deception)', '자기기만(self-deception)', '권력관계(power relations)' 등으로부터 자유롭게 소통할 수 있는 상황을 '이상적'이라고 한다. 포레스터를 비롯한 비판이론가들은 하버마스의 '이상적 의사소통의 기준'을 적용해 특정 정책이 합리적이고 진정성 있는 합의를 이끌어 냈는지를 판단하는 기준으로 정책을 분석하며, 정책을 통해 진정한 사회적 합의를 조성하는 데 기여하고, 그것을 유지하며, 감시하는 역할을 한다(Hoppe, 2005: 206). 포레스터는 하버마스의 의사소통 행위이론을 참고해 편견이 내포되거나 왜곡된 '정책 의사소통(policy communication)'을 유형화하고 있으며, 이를 극복해 신뢰를 회복하고 진실한 정책 의사소통을 가능케 하는 전략을 제시하고 있다. 정책분석가들은 '의사소통과 논변(communication and argumentation)'의 전문가로서 '경청하는 기술', '정책 대상집단을 존중하는 지혜', '불필요한 전문용어의 회피', '서로에게 도움이 되는 토론을 이끌어 내고 주도하는 방법' 등에 능숙한 전문적 기술을 겸비해야만 '비판적-의사소통-해석학적 정책분석가(critical-communicative-interpretive policy analyst)'라고 할 수 있다(Forester, 1989: 137-162).

'폭스와 밀러(Fox & Miller, 1995)'는 공공 부문의 연구경향을 '모던(modern)'과 '포스트모던(postmodern)'으로 구별해 실증주의의 한계와 후기 실증주의에 입각한 행정과 정책연구를 논한다. 그들에 따르면, 오늘날 우리 사회의 면면을 고려했을 때 객관주의, 보편주의, 과학적 도구주의 등으로 특징지어지는 실증주의적 관점은 적실성이 없으며, 현상학적, 해석학적, 비판적 관점을 망라한 후기 실증주의적 관점에서 정책에 대한 '공적인 논의(public debate)'를 정책적 '담론(discourse)'을 통해 사회적 합의를 이끌어 내야 한다. 그들은 공적인 논의가 정책적 담론으로 이어지는 데 기여할 수 있는 요인들로 '정직(sincerity)', '상황을 고려한 의도(situation regarding intentionality)', '적극적 관심(willing attention)', 독특하고 필수적인 전문성(unique and indispensable expertise)' 등이라고 주장한다(Fox & Miller, 1995: 121－127).

비판이론가들의 이론은 매력이 있지만 '이상적 의사소통 상황'에 너무 집착해 실제상황에는 타당성이 떨어진다고 비판된다. 예를 들어, 어떤 '논변(argument)'이 다른 것보다 더 나은 것이라고 누가 결정할 수 있으며, 인간이 추구하는 합리성은 늘 제한적이고 불완전하기 마련인데 사회적 합리성을 추구하기 위한 사람들의 공적 논쟁과 토론은 얼마나 적실성이 있으며, 과연 공적 논의는 얼마나 오랫동안 지속 되어야 사회적 합리성에 도달할 수 있는가와 같은 문제에 직면하게 된다는 것이다. 사회적 합리성을 추구하기 위한 토론, 논쟁, 논의, 논변 등이 집단적 의사결정으로 이어지지 않은 경우 집단적 의지를 형성하는 새로운 방법을 고안해야 하며, 동시에 이러한 논의를 종결시킬 수 있는 '합법적 권력(legitimate power)'도 존재해야만 한다(Hoppe, 1999: 207). 즉, 모든 정치 체제는 이성적 토론과 논변에 의해 해결할 수 없는 갈등을 관리할 수 있는 절차를 필요로 하며, 비판이론에 의거한 정책연구는 이러한 문제에 속수무책일 수밖에 없다고 비판된다.

## 3. 포렌식스 접근 방법

정책연구는 다양한 관점, 준거 틀, 이념, 가치체계 등에 의해 접근되어 거의 포화상태에 이르렀다고 해도 과언은 아니다. 정책을 연구하는 상이한 접근 방법들은 모두 '인과관계(causality)'나 '규범적(normative)' 신념을 중심으로 상호 연계되어 있는 사상적 집단들의 결과물이며, 이것은 인간의 정체성을 '인지하고(cognitive)', '소통하거나(communicative)', '표현하는(express)' 것이다.

다양한 사회과학적 '프레임(frame)'에 의해 정책학이 접근되고 있기는 하나, 이들은 같은 정책 문제에 대해 전혀 다른 답을 내어 놓지는 않는다. 단지 이들은 정책 문제를 구성하고 있는 많은 '주제(topic)'들 가운데 특정 주제를 다른 '프레임(frame)'보다 더 중요시 하는 차이가 있다. 다양한 사회과학적 관점들 혹은 '프레임'들은 그들 나름대로 사회 문제를 독특한 방법으로 정의하고, 그들이 선호하는 특정기준에 의해 가치판단을 하거나, 우리 사회를 그들만의 독특한 시각으로 해석해내는 차이가 있으나 본질적으로 정책연구를 훼손시키려는 것은 아니다. 후기 경험주의자들의 과학 철학적 관점에 따르면, 이러한 다양한 '프레임(frame)'이 존재한다는 것은, 물론 하나의 '프레임'이 경우에 따라서 지배적일 수 있으나,[10] 지극히 당연한 것으로 본다(Dryzek, 1993: 224).

바람직한 정책연구를 위한 '프레임'을 구성하기 위해 기존의 모든 프레임을 비교해 어떤 것은 받아들이고, 또 어떤 것은 거부할 필요는 없다. 대신 각각의 '프레임'들은 정책적 '논쟁(argument)'의 '원천(sources)'으로 이용될 수 있으며, 이러한 관점에서 정책연구의 목적은 하나의 '프레임' 혹은 복수의 '프레임'으로부터 유추된 '논쟁(argument)'을 구성하거나, 논쟁의 원천이 된 '프레임'들을 '검증(test)'하거나 '강화(strengthen)'시키는 것이다(Dryzek, 1993: 225). 여기서 '하나의 프레임 혹은 복수의 프레임으로부터 유추된 논쟁을 구성'해 혁신적으로 정책을 설계해 내는 연구를 '프레임 반영적 분석(frame－reflective analysis)'이라고 하며, '프레임들을 검증하거나 강화시키기 위한 연구'를 '프레임 비판적 분석(frame－critical analysis)'이라고 한다(Hoppe, 1999: 207).

'포렌식스 접근 방법(forensics approach)'은 '던(Dunn, 1981, 1993)', '파리스와 레이놀즈(Paris & Reynolds, 1983)', '피셔(Fischer, 1980, 1995)', '숀(Schon, 1983)', '숀과 레인(Schon & Rein, 1994)' 등에 의해 쿤(Kuhn, 1970)의 '후기 경험주의적 인식론(post empiricist epistemology)'[11]과 '펀토위츠와 라베츠(Funtowicz & Ravetz, 1993)'의 '탈정상과학(post－normal science)'적 발상[12]에 영향을 받아 오늘에 이

---

10) 후기 경험주의자로서 쿤(Kuhn, 1970)은 하나의 '프레임'이 한 시대를 풍미하게 되는 것을 '패러다임'이라고 한다.

11) 쿤(Kuhn, 1970)은 이미 우리에게 '패러다임(paradigm)'이라는 개념으로 잘 알려져 있다. 그는 저서 『과학적 혁명의 구조(*The Structure of Scientific Revolutions*)』에서 과학의 발전은 실증주의자들이 말하는 것처럼 축적되어 오늘에 이르는 것이 아니라 '패러다임'의 전환을 통해 발전한다고 한다. 패러다임이란 과학자들의 공동체가 공유하는 것이며, '정상과학(normal science)'이란 과거의 과학적 업적을 기본으로 특정 과학 공동체가 과학적 탐구 활동을 수행할 때 필요한 기본을 제공할 수 있다고 인정된 과학적 업적이다. 즉, 하나의 패러다임을 공유한 과학자들의 공동체가 수행하는 과학적 탐구 활동이 '정상과학'이다. 과학혁명이란 패러다임의 전환을 뜻한다. 그에 따르면, 과학의 발전은 전(前)과학 → '정상과학(normal science)' → 과학혁명 → 또 다른 정상과학의 순을 밟아 진화한다.

른다(Hoppe, 1999: 207). 던(Dunn, 1981)과 피셔(Fischer, 1980) 등은 '툴민(Steven Toulmin)'의 논증 모형[13]을 확장해 날로 복잡해지는 사회 문제를 제대로 인식하기 위해서 필요한 것은 단순 인과관계를 기본으로 구성된 '공식적 이론(formal theory)'이 아니라 '논리적인 설득'이며, 이것에 대한 비중이 날로 커진다고 주장한다 (Dunn, 1993: 264).

던(Dunn, 1993: 265-266)은 논증을 위한 '교류모형(transactional model)'을 제안한다. '교류모형'은 특정 '지식(knowledge)'을 거부할 것인지 아니면 받아들일 것인지를 결정하기 위해 둘 이상의 당사자들이 논증과 설득을 통해 지식의 생산과 사용 과정을 다루는 '소통행위'나 '표현하는 것'으로 구성된다. 이러한 의미에서 지식은 '교환되거나(exchanged)', '번역되거나(translated)', '이동되는(transferred)' 것이 아니라, 지식의 '참(true)', '적절성(relevance)', '설득력(cogency)'이 당사자들 간이 지식에 대한 타당한 주장에 따라 '협상(negotiation)'을 통해서 '교류된다고 (transacted)' 수상한다.

'파리스와 레이놀즈(Paris & Reynolds, 1983)'는 명확하고 적용 가능한 '포렌식스 접근 방법'을 선보인 대표적인 학자들로 평가되며, 이들 정책연구의 특징은 특징 정책과 관련된 '정책논의(policy debate)'를 모두 해석해 내나, 그들은 어떤 정책논의가 옳고 그르다고 결론을 내리지는 않는다. 다만 정책논의에서 나타나는 '이념들(ideologies)'의 문제 해결에 대한 적실성을 보여준다. 정책 문제와 관련된 모든 이념들이 모든 정책논의에 같은 비중을 가지는 것이 아니라, 특정 이념에 바탕을 둔 정책논의가 다른 이념에 기반을 둔 정책논의보다 현실감 있을 뿐만 아니라

---

12) '펀토위츠와 라베츠(Funtowicz & Ravetz, 1993)'는 오늘날 우리 사회가 과거 어느 때보다 불확실성의 확대, 가치논쟁의 심화, 위험부담의 증가, 긴박한 의사결정을 수시로 해야만 하는 상황에 직면해 있으며, 이러한 상황에서 야기되는 사회 문제를 해결하는 데 '정상과학(normal science)'만으로는 한계가 있어 '탈정상과학' 시대에 들어서게 된다고 주장한다. '탈정상과학'의 특징은 과학의 주체가 과학자들로 구성된 전문가집단으로부터 시민들과 이익집단을 포함해 확대되고, 과학적 사실도 전통적 실험 결과로 제한하지 않고 시민들의 경험과 지식, 언론의 심층 보도 등을 포함해 확장되는 것이다. 과학자의 활동 역시 실험실에 국한되지 않고 정치적 타협, 대화, 설득을 포함하는 것으로 바뀐다.

13) 툴민(Toulmin, 1958, 1969)의 논증모형은 주장(claim), 자료(data), 논거(warrant), 논거입증(backing), 요건(qualifier), 제한 요소(rebuttal) 등 여섯 가지로 구성되며, 그는 논거유형을 '실질적 논거', '권위적 논거', '동기적 논거'로 구분한다.

더 설득력이 있음을 보여준다. 환언하면, 어떤 이념이 다른 이념들보다 특정 문제 해결에 '합리적(rational)'일 수 있다는 것이다. 이러한 관점에서 정책연구의 목적은 정책을 평가 혹은 처방하거나 가설을 검증하는 것이 아니라 정책논의에 적용될 수 있는 특정 '이념의 합리성'을 증진시키는 것이며, '파리스와 레이놀즈'는 지속적인 논의를 통해 다원적 협상에 의해 결정되는 정책을 자신들의 의견을 배제한 채 보여주고 있다(Dryzek, 1993: 226).

'포렌식스 접근 방법'은 정책논의를 통해 옳고 그름을 판단하지 않음으로써 '상대주의적 접근 방법'과 유사한 측면이 있으나 '상대주의자'와 '비판적 합리주의자'들과 구별된다. 상대주의와 비판적 합리주의적 관점에서 정책분석은 정치 엘리트 집단의 정책 조언자로서 그들의 요구에 부응해 '무비판적(uncritical)'으로 일상적인 정책조정을 제안하는 경향이 있는 반면, '포렌식스 접근 방법'에 의한 정책분석가들은 '상담자(counsellor)' 혹은 '참여적 전문가(participatory expert)'로서 자신의 의견보다 정책논의에 참여한 사람들의 의견을 해석해내고 정리하는 역할을 한다. '포렌식스 접근 방법'은 '합리성'이라는 개념을 폭넓게 사용해 사회 문제에 대한 다양한 의견을 수용할 수 있다는 장점은 있으나, '상담자' 혹은 '참여적 전문가'로서 정책분석가의 역할이 제도적으로 불안정하다는 단점이 있다(Hoppe, 1993: 208).

## 4. 참여적 접근 방법

'참여적(participatory)' 접근 방법을 통한 정책연구는 지금까지 다룬 후기 실증주의 정책연구 접근 방법과 구별해 논할 필요가 있다. 참여적 접근 방법은 앞서 설명한 상대주의, 비판이론, 포렌식스 접근 방법 등에서 사용되는 개념과 주제를 폭넓게 활용해 정책분석에 시민들의 역할을 중요시하는 관점들을 종합한 접근 방법이다. 일반적으로 비판이론으로부터 영향을 받은 일련의 '참여적 접근 방법'을 선호하는 학자들은 정치적 의사결정에 시민들이 직접 참여하는 것이 본질적으로 가치가 있다고 보며, 그 이유는 참여적 정책연구가 '참여적 민주주의(participatory democracy)'에 기여하기 때문이라고 주장한다(Dryzek, 1990: 124−132).

오늘날 시민들은 점점 더 비판적이고, 국가에 덜 충성하며, 정부를 믿지 못할 뿐만 아니라 전통적으로 국민을 대표하는 의회와 정당을 신뢰하지 않는다. 시민들은 과거 어느 때보다 지적이며, 교육수준이 높고, 많은 정보를 가지고 있는 만큼 그들은 정부, 의회, 정당이 그들의 '목소리'에 귀 기울여 주길 바란다. 전통적인 '국가와 시민'과의 관계가 변했다는 것을 알아차린 많은 정치인들과 관료들은 시민들에게 더 많은 참여의 기회를 제공하려 하며, 그렇게 함으로써 그들은 괴리된 '국가와 시민' 간의 관계를 좁힐 수 있고, 그들이 만든 정책에 정통성을 확보할 수 있다고 믿는 것처럼 보인다. 정치인들과 관료들의 '시민참여'에 대한 공통적인 인식은 '시민참여'가 '대의민주주의(representative democracy)'를 대체하는 것으로 보기보다 대의민주주의를 '보완'하려는 것으로 본다는 것이다. 이로 인해 '참여'라는 개념은 '필연적으로 경쟁'하는 것으로 이해되어 정치학의 대표적 개념으로 여겨지기도 한다. 시민, 이익집단, 정책 대상집단들은 '참여'라는 개념을 서로 다르게 해석하며, '거버넌스(governance)'를 이해하는 수준에 따라 다양한 차원의 정부도 '참여'를 달리 해석해 누구에게 얼마만큼 참여의 기회가 주어져야 하는지 논란이 된다(Hoppe, 2011; Robert, 2004; Thomas, 1990).

학자들 간에도 '시민참여'가 '형식주의(tokenism)'에 따라 단순히 시민들을 달래기 위한 것으로 취급하기도 하고 실질적으로 권력을 이양하는 것으로 보기도 한다. 어쨌든 정치인이나 행정관료들의 입장에서 정치나 정책 과정에 대한 시민참여는 '정치적 편의(political expediency)'나 '권력의 유지(power maintenance)' 혹은 '권력의 재창출(power reproduction)'에 도움이 된다고 생각하는 것 같다(Hoppe, 2011: 4). '시민참여'는 매우 다의적으로 해석되어, 투명성을 강조해 시민들에게 정책정보를 알리는 것으로 사용되기도 하고, 전통적으로 정치인과 관료들의 영역에 시민들을 참여시키는 것으로 이해되기도 하며, 정책결정에 시민들과 정책 대상집단의 관점을 반영하는 것으로 취급되기도 하고, 시민들로 구성된 자문위원회에 권력을 위임하는 것으로도 사용되기도 한다(Bishop & Davis, 2002: 27).

상대주의자와 비판이론가들은 참여적 접근 방법을 '도구적(instrumental)' 또는 '맥락적(contextual)' 이유에서 선호하며, 참여적 접근 방법을 필연적으로 사용해야만 되는 상황을 다음과 같이 구체화하고 있다. 첫째, 정책 문제의 해결에 시민들의 행위가 필수적인 경우, 예를 들어 지역 문제와 관련해 시민들의 의견을 우선시해야 문제 해결이 가능할 때, 둘째, 정책 쟁점이 도덕적 요소가 강하거나, 시민들의 직접적인 욕구와 관련 있을 때, 셋째, 정책 쟁점에 대해 전문가들의 의견이 심각하게 대립될 경우, 참여적 접근 방법에 의한 정책연구는 필수적이다(Hoppe, 1999: 208).

'참여'를 '목표'로 보기보다 '도구'로 보는 학자들이나 정책분석가들은 '참여적 기법'으로 시민, 정치인, 관료, 이익집단, 의원, 전문가들로 구성된 '구조화된 토론(structured debate)'으로써 '시나리오 워크숍(scenario workshop)'과 '제안토론(propositions debates)' 등을 활용하며, 그들의 역할은 토론에 필요한 정보를 제공하고, 토론이 이루어지고 있는 상황과 조건들을 관리하는 것이다. 그들은 정책토론을 주도하지는 않지만 토론에 필요한 정보와 자료들을 제공하고 토론의 결과를 해석해 내며 결론지을 수 있도록 유도하는 역할을 한다.

'참여적 정책연구'의 장점은 시민들의 뜻이 정책에 반영된다는 것이며, 참여적 정책 기법을 통해 시민들의 정책에 대한 일반적인 지식을 좀 더 세련되게 만들 수 있다. 반면에 시민들의 정책참여가 반드시 정책토론의 질을 향상시킨다고 장담하긴 어렵다고 비판되기도 한다. 참여적 접근 방법에 대한 본질적인 비판은 '참여민주주의(participatory democracy)'에 대한 우리들의 기대와 관련되어 나타나기도 하는데, 모든 정보와 소통할 수 있는 모든 수단을 동원하여 적극적인 시민참여를 통해 만들어진 정책일지라도 전 국민을 대상으로 시행된 투표나 설문조사를 대신할 수 없다는 것이다.

이러한 의미에서 '정책학(policy science)'은 '참여민주주의', '적극적인 시민의식', 혹은 '정치 엘리트와 전문 행정관료'들 가운데 무엇을 위한 것인가라는 딜레마에 빠지게 된다. 지난날 정책연구는 정책 전문가들에 의해 '최고 정책결정자 집단에게 문제 해결을 위한 합리적 전략을 제공하는 것(speaking true to power)'이 목적이었다면, 오늘날 정책연구는 '모두가 공감할 수 있는(making sense together)' 정책을 만드는 것이 우선인 만큼 참여적 접근 방법을 좀 더 제도화시키는 방법이 모색되어야 한다(Hoppe, 1999: 208).

## 5. 논변적 접근 방법

‘논변적(argumentative) 접근 방법’은 후기 실증주의적 관점에서 피셔와 포레스터(Fischer & Forester, 1993)에 의해 처음 제안되었으며, ‘상대주의적 관점’을 배제하고, ‘비판적 합리주의’, ‘비판이론’, ‘포렌식스 접근 방법’, ‘참여적 정책분석 방법’ 등의 유용한 요소들을 통합해 실질적인 ‘정책조언(policy advice)’을 위한 새로운 정책분석 도구로 소개되었다(Hoppe, 1999: 209). 피셔와 포레스트는 『논변적 시대(*Argumentative Turn*)』(1993)라는 저서에서 정책분석을 지배하고 있는 실증주의적 접근 방법으로부터 탈피해 정책결정을 분석하고 이론을 구성하는 데 필수적인 요소인 ‘언어(language)’와 ‘논변(argumentation)’에 초점을 맞춘 새로운 접근 방법으로 전환되어야 한다고 주장한다.

‘논변적 접근 방법’은 ‘하버마스(Jürgen Habermas)’의 비판이론에 큰 영향을 받아 ‘기술관료(technocracy)’와 ‘과학주의(scientism)’를 비판하고 하버마스의 ‘의사소통 행위(communicative action)’이론[14]을 받아들여 정책연구의 대안적 접근 방법으로 제안되었다. 논변적 접근 방법은 후기 실증주의적 인식론과 연관된 사회이

14) 하버마스의 ‘의사소통 행위이론’에 따르면, ‘의사소통’을 한다는 것은 자신은 물론 상대방도 이성적이라고 전제하고 상호 ‘타당한 주장’을 제기하고 수용하는 행위를 말하며, 이러한 상태에서의 의사소통을 ‘의사소통적 이성’이라고 한다. 특정 사회에서 ‘의사소통적 이성’이 보장되고 실현되는 정도는 그 사회를 평가할 수 있는 척도가 된다. 사회가 언어를 통한 의사소통에 의해 구성되고 유지되는 한, 의사소통 행위의 합리화는 중요한 의미를 지닌다. 즉, 사회 진화란 왜곡된 의사소통을 바로잡고 동시에 억압으로부터 자유로운 의사소통이 확대되는 것을 뜻한다. 하버마스에 따르면, 우리 사회는 ‘의사소통 이성’을 통해 모든 사회적 행위가 이루어지는 ‘생활세계(lebenswelt)’와 비언어적 논리(돈이나 권력)에 따라 행위의 조정이 이루어지는 ‘체계(system)’로 나뉘며, 우리 사회의 모든 문제는 ‘체계’가 ‘생활세계’를 위협하고 도구화해 ‘식민지화’하려는 의도에서 비롯된다. ‘체계’의 출현은 우리 사회가 복잡해짐에 따라 의사소통만으로는 모든 인간 행위를 조정하기 어려워 대안으로 화폐나 권력과 같은 비언어적 논리에 의해 인간의 행위가 조정되는 것이며, 대표적으로 경제체계, 정치체계의 작용 등을 들 수 있다. 경제체계는 사회를 경제적 가치로만 규정하고, 정치체계는 권력에 대한 일방적 순응을 조작하고 강제한다. 환언하면, 문화 영역과 같이 경제와 정치체계에 포섭될 수 없는 인간의 모든 영역에 돈과 권력의 논리가 침입하게 된다. 하버마스는 기능주의적 합리성이 지배하는 사회의 의사소통은 상호 이해와 비판정신을 상실하고 ‘체계’가 요구하는 기능적 목적에 따른 행위로 변질될 수밖에 없다고 전제하고 본질적 의사소통을 통한 건전한 비판의식의 회복을 주장하며, 시민사회운동과 같은 ‘생활세계’의 민주적 잠재력, 민주적 참여, 인권의 보호, 평등, 상호 존중 등을 기반으로 하는 합리적 의사소통의 필요성을 대안으로 제시한다.

론과 정치이론을 연계해 정책을 '실행 가능한 논변(practical argumentation)', '정책판단(policy judgement)', '프레임 분석(frame analysis)', '수사학적 분석(rhetorical analysis)' 등과 같은 접근 방법을 통해 연구되어 오늘에 이른다(Fischer & Gottweis, 2012: 1). 논변적 정책연구는 1990년대 이후 정책결정과 정책이론의 발전에 기여해 후기 실증주의적 관점에 의한 정책연구가 정책학 분야에 경쟁적 이론으로 자리잡게 되었다고 평가된다(Fischer & Gottweis, 2012: 1).

논변적 접근 방법에 의한 정책연구는 '담론분석(discourse analysis)', '숙의(deliberation)', '숙의적 민주주의(deliberative democracy)', '시민배심원단(citizen juries)', '거버넌스(governance)', '전문지식(expertise)', '참여적 탐구(participatory inquiry)', '암묵 지식(tactic knowledge)', '협업적 기획(collaborative planning)', '미디어의 활용과 역할(the use and role of media)', '해석학적 접근 방법(interpretive methods)' 등의 개념들과 함께 연구의 폭을 넓히고 있다(Fischer & Gottweis, 2012: 2). 이와 더불어 논변적 정책연구는 '후기 구조주의(poststructuralism)'의 대표적인 학자인 '푸코(Michel Foucault)'와 '포스트모더니즘(postmodernism)'과 같은 '사회구성주의(social constructivism)'적 관점을 받아들여 '담론(discourse)'에 의한 정책연구를 소개한다(Fischer & Gottweis, 2012: 8). 이러한 부류의 논변적 정책연구는 푸코가 주장한 것처럼 '지식(knowledge)'이 제도화되어 '권력(power)'으로 전환되는 과정을 '담론적 형성(discoursive formation)'을 통해 보여줌으로써 논변적 정책연구가 '실행 가능한 정책'으로 전환되는 과정을 보여준다. 이에 그치지 않고 '그람시(Antonio Gramsci)'의 '헤게모니(hegemony)'이론을 받아들여 논변을 통해 만들어진 정책이 어떤 사회적 역학관계에서 이루어졌는지를 그려낸다(Howarth & Griggs, 2012: 305-342).

논변적 접근 방법은 기존의 정책연구와는 확연히 구별된다. 기존의 정책연구가 정부에서 주도한 정책이나 프로그램의 합리적 결정을 지원하기 위해 정책 전문가들을 중심으로 이루어졌다면, 논변적 정책연구는 '공적인 논쟁과 논의(public argument and debate)'가 중심이 된다. 논변적 접근 방법에 따르면, 정책결정과 분석은 더 이상 정부만의 고유 업무가 아니며, 정부를 포함한 '정책 관련 집단(policy stakeholder)', 전문가, 시민 등을 포함한 '토론회(forum)'의 몫이다(Hoppe, 1993: 209).

이를 위해 '공공토론장들(public fora)'이 활성화되어 있어야 하며, 만약 미비하다면 상기한 '포렌식스 접근 방법'과 '참여적 접근 방법'에 의해 정책에 대한 '공적 논의'가 이루어질 수 있는 사회적 맥락을 만들 것을 권한다(Hoppe, 1993: 209).

'논변적 정책분석가'의 역할은 마치 '공정거래위원회'가 시장의 조건과 야기된 쟁점들의 공정성을 평가하고 늘 시장이 '공정(fairness)'한 상태를 유지하도록 활동하는 것처럼 제기된 정책 쟁점과 아이디어에 대한 공정성을 검증하고, 필요하다면 제기된 쟁점과 관련해 정책 관련 집단을 대상으로 민주적 교육 기능을 통해 '민주적 숙의(democratic deliberation)'가 일어나도록 하는 것이다(Fischer & Forester, 1993: 6−7). 정책에 대한 '공공 논의(public debate)'가 적시에 이루어지고 종료된 다음, '논변적 정책분석가'는 '공공 논의'에서 쟁점들의 합의된 결론을 '정책설계(policy design)'와 정책집행에 반영한다. 만약 '공공 논의'를 통해 합의에 도달하지 못했다면, 논변적 정책분석가는 정부와 정책 관련 집단들에게 일련의 당파적 상호조정을 통해 합의에 이를 수 있는 전략들을 조언하는 역할을 한다(Hoppe, 1999: 209).

드라이잭(Dryzek, 1993: 229−230)에 따르면, 논변적 접근 방법은 '과학(science)', '논변(argument)', '민주주의(democracy)'를 정책연구로 아우르려는 시도이며, 궁극적으로 '담론적 민주주의(discursive democracy)'를 지향한다. 물론 '과학'이 고정된 일련의 규칙에 의해 가치중립적인 입장에서 인과관계를 탐구하는 '이미지'가 있지만, 과학의 또 다른 측면은 '자유로운 논쟁이나 논의(free debate and dispute)'이며, 가장 탁월한 과학적 논의는 '논변(argument)'을 통해 이루어질 수 있다고 한다. 특히 포퍼(Karl Raimund Popper)의 반증주의를 받아들여 오류를 인정하고 수정해 감으로써 정책적 합의에 이를 수 있으며, 아울러 포퍼가 제안한 '열린 사회모형(open society model)'을 정치와 정책연구에까지 확장시켜 논변적 정책연구를 구성하면 궁극적으로 '담론적 민주주의'를 실현할 수 있을 뿐만 아니라 1951년 라스웰이 약속한 '민주주의 정책학(policy science of democracy)'을 구현할 수 있다고 확신한다(Hoppe, 1999: 209).

## 제 3 절 정책학의 접근 방법에 대한 통합적 개념 구성

정책은 정부 활동의 결과이고 넓은 의미에서 한 국가의 이미지를 그려내는 구체적 수단이기 때문에 '다면적(multi-faceted)' 특성을 띨 수밖에 없다. 정책이 다면적 특성을 띠는 이유는 정책 유형에 따라 정책목표와 추구하는 가치가 다르기 때문이다. 당연히 정책을 연구하는 단 한 개의 '최선의 방법'은 기대하기 어렵고 필연적으로 다양한 관점과 인식론에 의해 분석된다. 실제로 정책분석가에 따라 정책은 '질적' 혹은 '양적' 분석을 통해 접근되기도 하고, '정책적 담론' 혹은 '시민 토론회'를 거쳐 완성되는 것으로 보기도 한다(Mayer et al., 2004: 170).

정책학은 많은 '학파(schools)', '관점(perspectives)', '방법(methods)' 등에 의해 접근된다는 사실을 인지하더라도, 이러한 사실은 우리들로 하여금 이 문제를 어떻게 이해할 것인지를 놓고 고민하게 만든다. 실제로 정책분석을 위한 상이한 접근 방법들을 접했을 때 매우 혼란스러우며, 다양한 정책연구를 하나로 아우를 수 있는 가능성에 대해 생각하게끔 한다.

이와 관련해 많은 학자들의 논의가 있으며(Hogwood & Gunn, 1984; Dunn, 1994; Bobrow & Dryzek, 1987; Wildavsky, 1987; Mayer et al., 2004), 이들은 정책분석과 관련해 상이한 "접근 방법들은 어떤 관계가 있으며, 이들은 상호 배타적 혹은 상호 보완적인가?" 등에 답함으로써 정책학의 정체성을 다룬다. 물론 이들의 시도가 제기된 문제를 완전히 혹은 단번에 해결할 수 있을 것이라고 단언하기 어렵지만 최소한 그들은 우리들로 하여금 정책학을 총체적으로 이해할 수 있는 좌표를 제공해 줄 수 있다고 믿는다.

메이어와 동료들(Mayer et al., 2004)은 특정 '학파'나 '관점'에 치우치지 않고 정책학 분야의 접근 방법들을 통합적으로 이해할 수 있는 '준거 틀(framework)'을 구성해 보여준다.[15] 그들은 정책분석 관련 서적들과 20여 개의 정책 사례분석연구

15) 메이어와 동료들(Mayer et al., 2004)의 정책분석의 관점에 대한 개념 틀에 대한 논의는 정책학자들의 '연구 활동'과 그것을 연계한 '정책분석 스타일(policy analysis styles)', 그들이 추구하는 '근본적인 가치(underlying values)'와 정책분석가들의 '역할'을 연계해 다양한 정책분석의 접근 방법을 포괄적으로 그려낸다. 그들의 연구는 정책학의 접근 방법을 이해하는 데 큰 도움이 되나 복

를 선정해 다음과 같은 세 문항에 차례로 답함으로써 '정책분석 스타일'을 유추해 낸다. 첫째, 정책분석가들이 정책연구를 할 때 주로 어떤 '연구 활동(research activities)'을 하는가?, 둘째, 정책연구에서 그들이 중요시 하는 '근본적인 가치(underlying values)'는 무엇인가?, 셋째, 정책분석에서 정책분석가들은 어떤 '역할(roles)'을 하는가? 메이어와 동료들은 상기한 세 가지 질문에 답함으로써 정책분석의 연구경향을 개념화해 '정책분석의 개념모형'을 제시하고 있으며, 이를 소개하면 다음과 같다.

## 1. 정책분석가의 연구 활동과 정책분석 스타일

메이어와 동료들에 따르면, 정책분석가들은 일반적으로 ① '연구와 분석(research and analysis)', ② '디자인과 추천(design and recommend)', ③ '가치와 논변의 명료화(clarify values and arguments)', ④ '전략적 조언의 제공(provide strategic advice)', ⑤ '민주화(democratize)', ⑥ '중재(mediate)'와 관련된 '활동'을 하는 것으로 밝혀졌다.

정책연구에서 정책분석가들은 하나 혹은 그 이상의 '활동'을 중복해 하는 경우가 있지만 더 많은 활동이 병용되면 정책연구는 더 의미 있고 포괄적인 연구가 되겠지만 동시에 매우 복잡한 양상을 띠게 된다(Mayer et al., 2004: 173). 실제로 정책분석을 위한 연구 설계는 상기한 여섯 개의 '연구 활동' 가운데 한 개 혹은 복수의 '연구 활동'이 주도적인 것이 되고, 나머지는 보완적인 혹은 전혀 관련 없는 '활동'이 된다. 예를 들어, '과학적 연구 활동'은 '실용적' 혹은 '중재'를 위한 '활동'과는 양립할 수 없는 것으로 보이며, 대신에 '디자인과 추천' 혹은 '가치와 논변의 명료화'와 관련된 연구 활동은 보완적인 관계로 보인다. 따라서 여섯 개의 '활동'을 보완적인 관계는 가깝게, 상대적으로 '긴장(tension)' 관계는 멀게 위치시켜 [그림 2-1]과 같이 나타낼 수 있다.

[그림 2-1]은 정책분석가들의 일반적인 연구 활동뿐만 아니라 한 쌍의 연구 활동과 가장 적실성 있는 '정책분석 스타일'을 연계한 것이며, '정책분석 스타일'이란

---

잡해 여기서는 지금까지 논의한 '정책학의 접근 방법을 이해'하기 위한 수준으로 요약·소개한다.

**그림 2-1 정책연구 활동과 연계된 정책분석 스타일**

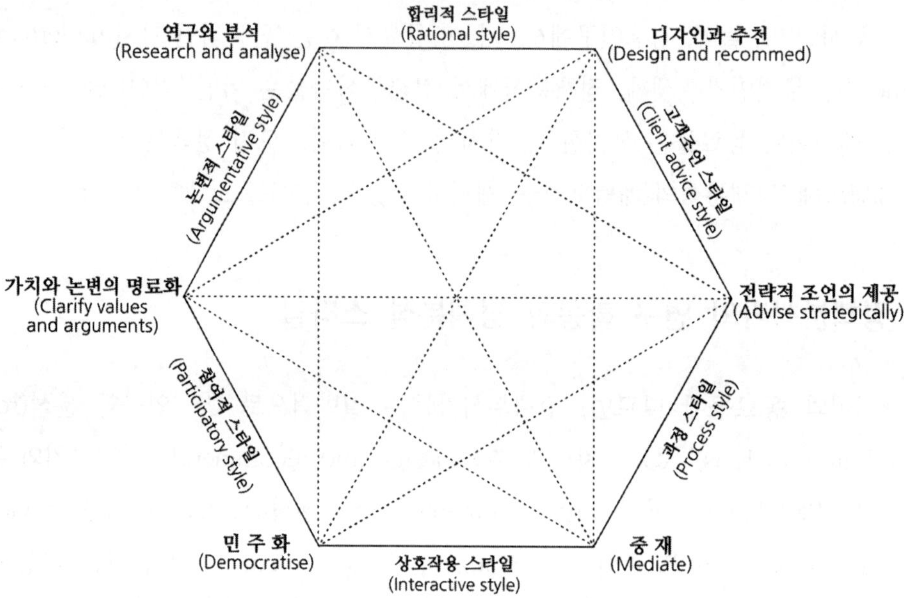


출처: Mayer et al.(2004: 179)에서 재구성.

정책분석과 관련된 다양한 학파들의 관점, 패러다임, 모델 등으로부터 유추되었으나 그들의 고유 명칭을 사용하지 않고 '정책분석 스타일'이란 용어를 대신 사용하였다. 메이어와 동료들은 '정책분석 스타일'을 ① '합리적 스타일(a rational style)', ② '논변적 스타일(an argumentative style)', ③ '고객 조언 스타일(a client advice style)', ④ '참여적 스타일(a participatory style)', ⑤ '과정 스타일(a process style)', ⑥ '상호작용 스타일(an interactive style)'과 같이 모두 여섯 개로 구분한다(Mayer et al., 2004: 179).

## 2. 정책분석가들이 추구하는 가치와 범주

메이어와 동료들은 정책분석가들이 중요시하는 '근본적인 가치'와 정책평가를 위한 '범주(criteria)'를 그들의 '연구 활동'과 연계해 조사했으며, 연구 활동별로 추

**표 2-1　연구 활동별 추구되는 기준과 가치**

| 연구 활동 | 범 주 | 가 치 |
|---|---|---|
| 연구와 분석 | 과학적 지식 | 타당성, 신뢰도, 수집된 자료의 질, 최근 지식의 활용과 융합 등 |
| 디자인과 추천 | 적합성 | 유용성, 접근성, 활용성, 조언의 소통과 표현, 대안들의 가중치, 명확한 선택 |
| 가치와 논변의 명료화 | 논변과 논의 | 형식 논리(지속성), 비형식 논리(미사여구, 궤변), 논의의 공개성 |
| 전략적 조언의 제공 | 실용성과 정치적 효과성 | 실행 가능성, 사전 대비적 사고, 복잡한 환경에 대한 통찰력, 목표의 성취 |
| 민주화 | 민주적 정통성 | 공개성, 투명성, 형평성, 조작의 유무 |
| 중재 | 수용성과 학습성 | 정책 과정과 내용에 대한 동의, 문제 해결과 협상 과정에 대한 몰입, 문제의 인지와 해결책에 대한 학습 |

출처: Mayer et al.(2004: 184–185)에서 재구성.

구되는 '범주'와 '가치'는 <표 2-1>로 요약된다.

## 3. 정책분석가의 역할

지금까지 정책분석가들의 '활동', '스타일', 추구하는 '가치'를 검토해 '개념 틀'을 구성했으며, 이에 덧붙여 정책분석가들의 '역할'을 '긍정적인(positive)' 혹은 '부정적인(negative)' 이미지로 비유해 일반화시켜 볼 수 있다. 예를 들어, 어떤 정책분석가들은 자신을 객관적인 과학적 연구를 주로 하는 '객관적 기술자(objective technician)'로 생각하는 반면, 다른 이들은 고객들과 상호작용을 중요시하는 '고객 조언가(client adviser)' 또는 '상담전문가(counsellor)'로 자처하기도 하며, 환경 문제를 주로 다루는 정책분석가는 자신을 '사회 활동가(issue activists)'로 소개하기도 한다. 정책분석가의 활동별 긍정적인 혹은 부정적인 이미지를 요약해 정리하면 <표 2-2>와 같다.

**표 2-2 정책분석가의 활동별 이미지**

| 활 동 | 긍정적 역할의 이미지 | 부정적 역할의 이미지 |
|---|---|---|
| 연구와 분석 | 독립적 과학자, 객관적 연구자 | 기술관료 |
| 디자인과 추천 | 독립적 전문가, 공정한 전문가 | 참견 잘하는 사람 |
| 가치와 논변의 명료화 | 논리학자 혹은 나레이터 | 언어 순수주의자, 저널리스트 |
| 전략적 조언의 제공 | 고객 조언가, 상담전문가 | 청부업자(hired gun) |
| 민주화 | 민주주의 옹호자 | 선교사, 이상주의자 |
| 중재 | 촉진자 | 조정자, 중재자, 상대주의자 |

출처: Mayer et al.(2004: 185)에서 재구성.

**그림 2-2 정책분석의 개념모형**

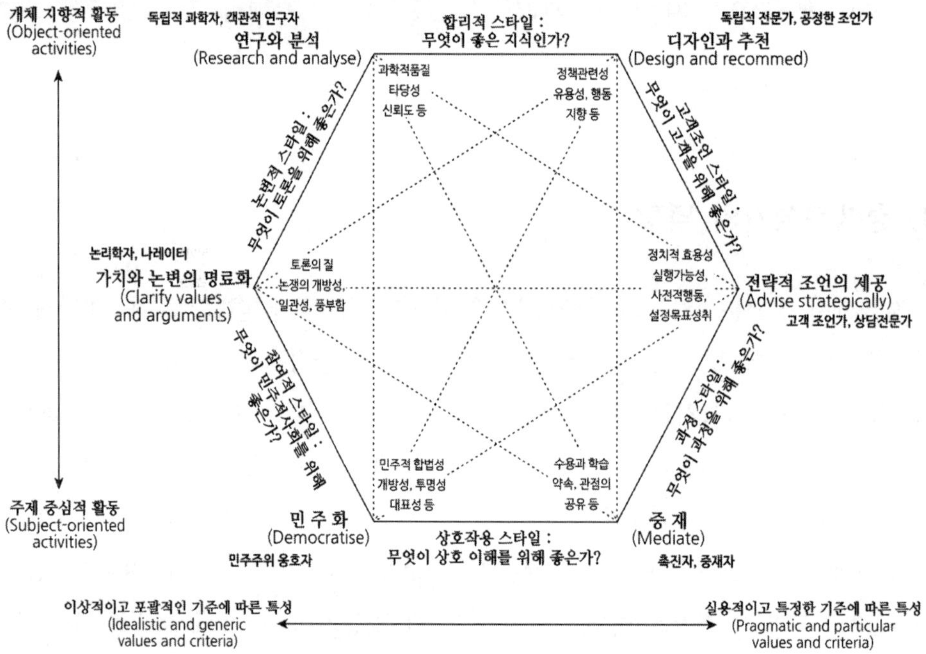


출처: Mayer et al.(2004: 186)에서 재구성.

## 4. 정책분석의 개념모형

메이어와 동료들은 '정책분석가의 활동'을 '정책분석 스타일', '근본적인 가치', '정책분석가들의 역할'과 연계해 정책분석의 개념 모형을 구성한다. [그림 2-2]는 다양한 정책분석 접근 방법들을 특성에 따라 그들 간의 관계를 나타내어 보여준다.

[그림 2-2]에서 육각형의 상단부분은 '개체 지향적 활동(object-oriented activities)'의 특성을 강하게 띠어 주로 '체제(a system)', '정책설계(policy design)', '논변적 분석(an argumentative analysis)'과 같은 개체에 초점이 맞추어져 연구되는 반면, 육각형의 하단부분은 '주제 중심적 활동(subject-oriented activities)'으로 연구초점이 시민, 정책 관련 집단, 정책분석가, 고객들 간의 상호작용에 주어진다(Mayer et al., 2004: 183).

연구 활동을 '개체'와 '주제'로 구분하는 것은 정책연구 결과의 평가 범주로도 사용될 수 있다. 예를 들어, '개체 지향적 정책분석(object-oriented policy analysis)'은 '과학적 논리의 엄격한 적용'이나 '실질적인 통찰력'을 기준으로 질적 평가가 이루어질 수 있으며, '주제 중심적 정책분석(subject-oriented policy analysis)'은 의사결정 과정에서 정책 관련 집단들 간의 상호작용을 조정하는 데 기여한 정도로 평가될 수 있다. '개체 지향적 정책연구'와 '주제 중심적 정책연구'가 만나는 지점에 위치한 '가치와 논변의 명료화'와 관련된 활동과 '전략적 조언'을 위한 활동은 '개체 지향적 연구' 혹은 '주제 중심적 연구'가 모두 가능하다(Mayer et al., 2004: 183).

[그림 2-2]는 정책연구 활동이 '육각형'의 왼쪽에 위치할수록 '타당성(validity)', '신뢰도(reliability)', '지속성(consistency)', '형평성(fairness)', '평등성(equality)', '공개성(openness)' 등과 같은 '이상적(idealistic)'이고 '포괄적인(generic)' 특성을 강하게 띠며, '육각형'의 오른쪽으로 갈수록 '가동성(workability)', '유용성(usability)', '기회(opportunity)', '실행 가능성(feasibility)', '수용성(acceptance)'과 같은 '실용적'이고 '특정한' 기준에 따라 판단될 수 있는 특성을 가진다(Mayer et al., 2004: 184).

메이어와 동료들의 '정책분석의 개념 모형'은 다음과 같은 몇 가지 면에서 유용성을 찾아볼 수 있다(Mayer et al., 2004: 186-188). 첫째, 이 모형은 폭넓은 정책분석 분야를 특성별로 경계지어 주기 때문에 정책분석가들로 하여금 자신의 정책 연구가 어디에 속하는지 검토할 수 있는 좌표를 제공해 줄 뿐만 아니라 자신의 연구와 다른 연구를 연계시켜 검토할 수 있게끔 해준다.

둘째, 이 모형은 정책분석의 접근 방법들 간의 관계를 다룸으로써 정책연구 설계를 할 때 둘 이상의 관점을 반영해 '창의적인 정책분석 디자인'을 하는 데 도움을 줄 수 있다. 정책분석 디자인은 문제 해결을 위해 창의적이고 혁신적인 '방법(methods)', '접근 방법(approach)', '행위(action)' 등이 요구되며, 이를 위해 이미 제시한 여섯 개의 정책분석 스타일을 융합하는 방법을 생각해 볼 수 있다. 예를 들어, 필요하다면 '합리적 스타일'은 '과정 스타일'과 접목시켜볼 수 있으며, 이러한 연구는 양자 간의 중재 과정에 과학적 혹은 분석적 연구를 접목시킨 정책분석 스타일이 될 것이다. 최근 융합적 정책분석 방법은 정책분석의 새로운 시도이며, 예를 들어 '고전적 델파이 방법(classical Delphi methods)'과 '시나리오 방법(scenario methods)'은 미래 예측을 위한 기법으로 주로 사용되었으나, 최근에는 '전략적 조언(strategic advice)', '중재(mediation)', 혹은 '민주화(democratization)' 등을 위한 기법으로도 활용되고 있다(Mayer et al., 2004: 187).

셋째, 이 모형은 정책분석 활동별로 연계된 가치를 다루고 있고 이것은 정책을 평가하는 데 사용될 수 있다. 정책분석 결과를 다른 관점에서 검토해 정책에 대한 '성공 혹은 실패' 또는 '연구의 장점과 단점' 등에 대한 다른 견해를 찾아내어 이것으로부터 기인될 수 있는 긴장과 갈등에 대비할 수 있게끔 한다(Mayer et al., 2004: 187).

## 5. 정책학의 접근 방법에 대한 소결

지금까지 정책학의 접근 방법을 실증주의와 후기 실증주의 관점으로 나누어 다루었고, 이를 통해 우리는 정책분석의 관점과 접근 방법이 매우 다양하고, 정책분석을 위한 '단 한 개의 최선의 방법(one best way)'은 존재하지 않는다는 사실뿐만 아니라, '정책 쟁점(policy issue)'이 다르면 정책분석의 접근 방법 역시 다를 수밖에 없다는 것을 확인 할 수 있었다. 정치적, 다원적, 타협적, 점증적인 특성이 큰 정책 쟁점이 있는가 하면, 과학적, 분석적으로 접근해야 할 쟁점들도 있으므로 정책분석을 위한 접근 방법의 선택은 '정책 문제를 구성하는 쟁점들과 정책환경을 고려해 정책결정의 맥락을 조정하는' '상황적 접근 방법(contingency approach)'을 권하는 학자들도 있다(Hogwood & Gun, 1984: 62).[16] 이러한 관점에서 메이어와 동료들의 '정책분석 스타일 모형'은 복잡하고 다양한 정책분석의 접근 방법들을 정책분석가들의 '연구 활동', '추구하는 가치', '역할'에 따라 분류해 상황별로 가시화 시킴으로써 우리들로 하여금 정책 문제 해결을 위한 최선의 정책분석 접근 방법을 선택할 수 있게끔 해준다.

16) 호그우드와 건(Hogwood & Gun, 1984: 88−107)은 정책 문제 해결을 위해 최선의 '정책 프레임'을 선택하기 위한 방법으로 '이슈 필터링(issue filtering)'에 대해 논한다. '이슈 필터링'이란 쟁점의 특성을 파악하기 위한 '점검목록(checklist)'에 따라 정책 쟁점을 검토함으로써 쟁점의 특징을 파악하는 방법이다. 구체적인 쟁점을 파악하기 위한 점검목록은 '쟁점의 맥락', '쟁점의 특성', '쟁점의 파급효과', '비용' 등과 같은 네 개의 범주로 구성되어 있으며, 이것은 정책 쟁점의 특징을 구체화하기 위함이다.

# 제 3 장

# 정책과 정책 유형

'정책'이란 어휘는 많은 의미를 내포하고 있어 쓰임새가 풍부하다는 장점이 있지만 '정책'이 무엇인지를 다뤄야 하는 입장에서 그 '다양성'은 매우 혼란스럽다. '정책'은 우리가 대중매체를 통해 늘 접하는 일상적인 의미로부터 전문적인 입장까지 다양하며, 정책학적 관점에서 정책은 정부의 '구체적 계획 혹은 제안', '의사결정', '활동', '과정' 등을 포함하는 개념이다. '정책의 정의'와 '정책의 유형'에 대한 논의를 통해 정책의 속성을 살펴보면 다음과 같다.

## 제 1 절 정책의 정의

'정의(definition)'란 관찰 대상이 지니고 있는 '필연적 특성들(essential natures)'을 찾아 문장화한 것(Babbie, 1986: 100－102)이고, 정책이 많은 '필연적인 특성'을 가지고 있는 만큼 정책에 대한 정의는 다채롭다. 정책은 '사회에 대한 정부의 개입'이라는 수단 혹은 도구적 차원에서 정의되기도 하고, 정책의 '미래 지향적 특성'과 '목표 지향적 특성'에 따라 정의되기도 하며, 정책의 '규범적 특성', 즉 '가치 지향성'에 의해서 정의되기도 한다. 학자들의 정책에 대한 정의를 소개하면 다음과 같다.

라스웰(Lasswell, 1951)은 정책을 "문제 해결을 위해 사회 변화를 전제한 정부의 활동"이라고 정의한다. 정책이 정부에 의해 사회에 소개된다는 것은 기존의 사회 질서에 변화를 초래하는 것을 뜻하며, 이러한 변화의 궁극적인 목적은 문제 해결이라고 보는 견해이다. 앤더슨(Anderson, 1975: 3)은 '목표 지향적 특성'에 따라 "정책이란 행위자 혹은 행위자들이 문제 해결을 위해 채택된 목표와 관련된 일련의 행위"라고 정의한다. 라스웰과 카플란(Lasswell & Kaplan, 1970: 71)은 "정책이란 목적, 가치, 전략을 포함한 큰 규모의 계획"이라고 하며, 그들은 정책의 특성인 계획성, 목적성, 가치함축성을 중심으로 정책을 정의하고 있다.

정책은 정부의 '행위(action)' 혹은 '무 행위(inaction)와 같은 속성에 의해 정의되기도 하는데, 다이(Dye, 1978: 3)는 "정책이란 정부가 하기로 혹은 하지 않기로 결정한 모든 것"이라고 하는가 하면, 헤크로(Heclo, 1972)는 정부에 의해 실현된 것만 아니라 실현되지 않은 것도 정책이라고 주장한다. 신엘리트론자로 잘 알려진 바크라크와 바라츠(Bachrach & Baratz, 1962)의 '무의사결정(non decision making)'도 같은 맥락에서 이해될 수 있다. 체제론자인 불딩(Boulding, 1958: 1)은 "정책이란 특정 목적을 지닌 활동을 지배하는 원리들"이라고 보며, 이스턴(Easton, 1965: 358)은 "정책이란 희소한 사회적 가치의 권위적 배분"이라고 정의한다.

한국 정책학자들의 정책에 대한 개념 정의를 살펴보면, 먼저 유훈(1990: 23)은 "정책이란 대부분의 사회구성원과 관련 있는 시급한 문제들을 권위적으로 해결함으로써 생활의 질과 공익을 향상시키고자 하는 정부 및 공공기관의 미래 지향적인 활동지침 또는 활동 목표"라고 한다. 정정길(2000: 52)은 "정책이란 바람직한 사회상태를 이루려는 정책목표와 이를 달성하기 위해 필요한 정책 수단에 대해 권위 있는 정부기관이 공식적으로 결정한 기본 방침"으로 정의한다. 채경석 외(1997: 43)는 정책이란 "권위 있는 정부기관이 당위성에 입각해 의도적으로 사회 문제의 해결이나 공익을 달성하기 위해 정책목표를 세우고, 정책대안을 탐색해 공식적인 정치 행정적 과정을 거쳐 최선의 대안을 선택한 행동지침이나 행동방침"이라고 한다. 국내·외 학자들의 정책에 대한 개념 정의에서 볼 수 있듯이, 정책은 '공공문제의 해결', '계획된 정부 활동', '권위적인 정부의 결정', '정책목표를 성취시키기 위한 전략', '정부의 행위와 무행위' 등을 포함하며, 여기서는 정책을 '공적으로 인지된 문제 해결을 위한 정부의 지속적인 의사결정'으로 취급해 접근한다.

## 제 2 절 정책의 유형

정책연구뿐만 아니라, 사회 현상을 연구하는 대부분의 학자들은 사회 현상을 유형화하거나 범주화해 설명한다. 그 이유는 복잡한 사회 현상이나 정책 현상을 단순화시킴으로써 쉽게 이해할 수 있기 때문이다. 정책에 대한 논의가 모든 정책을 나열해 진행된다면 아마도 끝이 없을 것이다. 반면에 정책이 가지고 있는 특성을 이질적인 것과 동질적인 것으로 나누어 유형화 혹은 범주화한다면 복잡하고 다양한 정책의 면면을 단순히 또는 쉽게 이해할 수 있다.

'유형학(typology)'이란 연구 대상의 전체적 특성을 포괄적으로 이해하고 측정하기 위해서 구성하는 명목적 분류이다(Babbie, 1986: 381－382). 예를 들어, 식물이나 동물도 그 특성에 따라 '파충류', '해조류', '포유류' 등으로 구분한다면 우리에게 생소한 동물이나 식물도 쉽게 또는 단순히 이해될 수 있다. 같은 논리로, 정책을 유형화한다면 모든 정책을 포괄적으로 쉽게 이해할 수 있어 능률적이라고 할 수 있다.

정책의 유형은 정책을 특성에 따라 '상호 배타적(mutually exclusive)'으로 분류해야 하며, '포괄적(collectively exhaustive)'으로 설명할 수 있는 조건들을 만족시켜야 한다(Babbie, 1986: 381－382). 이러한 입장에서 정책의 유형을 다룬 대표적인 학자로 로위(Lowi, 1972: 298－310)를 들 수 있다. 그는 정치 과정이 정책 내용에 큰 영향을 미칠 것이라는 기본적 가정과는 달리, 정책 내용 혹은 정책 유형이 정치 행태를 결정한다고 주장했다. 즉, 그는 정치 과정이 정책 내용을 결정하기보다는 정책을 독립변수로 보고 정책 유형이나 정책 내용이 정치 행태를 결정한다고 주장하며, 정책 유형이나 정책 내용을 파악하게 되면 그 정책이 어떤 정치 과정을 거쳐 결정되고 집행될 것인가를 예측 가능하다고 한다. 정책 내용이란 정책과 관련된 목표, 수단, 정책 대상집단 등이며, 이러한 정책의 구성 요소들의 상호작용이 정치 행태를 결정한다고 본다.

'총체적 이익(collective benefits)'을 추구하는 정책과 '분할적 이익(devisable benefits)'을 추구하는 정책은 그 정책과 관련하여 나타나게 될 정치 행태가 다르다. 총체적 이익을 추구하는 정책이란 정책 결과가 정책 대상집단에게 골고루 돌아가는 정책이며, 예를 들어 특정 지역에 상수도 · 하수도 · 전기 등을 공급하는 정책이다. 이러한 정책이나 프로그램은 대상 지역에 거주하는 대부분의 주민들에게 정책이 추구하는 바에 합의 · 지지 · 옹호 등을 충분히 이끌어 낼 수 있을 것이 예상되므로, 그 정책이나 프로그램과 관련해 나타날 수 있는 정치 행태는 매우 우호적일 것이다.

반면에 분할적 이익을 추구하는 정책이나 프로그램이란 정책이나 프로그램의 결과가 정책 대상집단에게 개별적으로 배분되는 정책이나 프로그램이다. 예를 들어, 도심재개발 정책이나 프로그램을 들 수 있다. 도심재개발 지역에 거주하는 주민들은 정책에 대해 각기 다른 입장을 가지고 있을 수 있는 만큼 재개발과 방법에 대해 일률적으로 찬성하지 않을 수 있다. 이 경우 다양한 정치 행태가 나타나게 되고 도심재개발 정책은 의도한 결과를 기대하기 어렵게 된다. 따라서 정책을 유형화해 이해한다면, 특정 정책과 관련해 야기될 다양한 정치적 행태를 미리 파악할 수 있어 정책의 목표를 성취시키는 데 큰 도움이 될 수 있다.

## 1. 로위의 정책 유형

가장 대표적인 정책 유형에 대한 논의로 로위(Theodore J. Lowi)의 분류를 들 수 있다. 그의 정책 유형은 정책이 사회에 미치는 영향과 정책결정 과정에 참여하는 사람들 간의 관계에서 나타나는 특성을 기준으로 한다. 이러한 기준에 의해 정책을 '분배정책', '재분배정책', '규제정책', '구성정책'으로 구분한다.

### 1) 분배정책

'분배정책(distributive policy)'은 공공 서비스 · 권리 · 혜택 등을 사회에 배분하는 것을 목적으로 하며, 하천 · 항만사업, 군수품의 구매사업, 연구개발사업 및 기업 · 농민 등과 같은 정책 수혜집단에게 공공 서비스나 혜택을 제공하기 위한 정책이나 프로그램이다(Lowi, 1964: 690). 분배정책은 정부가 사회에서 필요로 하는 재화나 용역을 산출하는 것을 목적으로 하며, 우리나라의 예를 들면, 고속도로 건설, 항만 · 공항 · 지하철 등의 건설과 같은 사회간접자본의 구축을 들 수 있다. 분배정책의 특징은 다음과 같다.

첫째, 분배정책은 국가 차원의 다양한 사업들이며, 예를 들어 도로, 항만, 공항, 지하철, 고속철 사업들과 같이 상호 연계되어 있지 않고 개별적인 만큼, 정부 차원의 세부사업의 집합이다.

둘째, 분배정책은 규제정책이나 재분배정책과는 달리 정책 수혜자와 정책에 의해 피해를 보는 집단 간의 반목이나 갈등을 거의 찾아보기 어렵다. 왜냐하면, 사업에 필요한 예산의 대부분이 일반 국민으로부터 갹출되는 세금에 의하기 때문이다. 다만, 정부의 특정 사업 유치를 위한 지방자치단체 간의 입지 선정, 고속철도 건설 과정에서 볼 수 있는 경로 및 정류장의 입지 선정과 관련해 후보 지역 간의 유치 경쟁은 발생하나 대체적으로 정책 대상집단 간의 큰 갈등은 찾아보기 어려운 정책 유형이다.

### 2) 재분배정책

'재분배정책(redistributive policy)'은 '소득에 대한 누진세율의 적용', '생활보호 대상자에 대한 생활 보조금 지급' 등과 같이 소득이전과 관련 있는 정책이다. 소득이 많은 계층으로부터 누진적으로 세금을 갹출해 저소득 계층에게 사회보장 차원에서 소득을 이전하는 정책 유형이다.

로위는 재분배정책의 특징을 '가진 자'와 '못 가진 자'와 같은 사회계층 간의 대립에서 찾고 있으며, 재분배정책의 대상은 재산권의 행사가 아니라 재산 그 자체이며, 평등한 대우의 문제가 아니라 평등한 소유의 문제라고 한다(Lowi, 1964: 691).

### 3) 규제정책

'규제정책(regulatory policy)'이란 사회구성원이나 집단의 활동을 통제해 다른 사람이나 집단을 보호하려는 정책의 유형이다. 규제정책은 규제 대상이 되는 개인이나 집단이 있기 때문에, 정부의 규제정책의 내용에 따라 큰 갈등을 불러일으킬 수 있다. 로위는 규제정책의 특성을 정부에 의한 강제력에서 찾고 있으며, 정부에 의한 강제력은 입법부의 의결을 필요로 한다(Lowi, 1964: 691).

### 4) 구성정책

'구성정책(constitutional policy)'이란 정부기관의 신설이나 변경, 선거구의 조정과 같이 정부기구의 구성 및 조정과 관련된 정책이다. 로위는 구성정책의 예로 정부의 새로운 기구의 설립, 공직자의 보수 책정, 군인 퇴직연금에 관한 정책 등을 들고 있다. 또한 구성정책은 정부를 구조화하고 운영하는 일과 관련이 있을 뿐만 아니라 선거구의 조정과도 관련이 있기 때문에 모든 정당이 큰 관심을 가지고 영향력을 행사하려 한다(Lowi, 1972: 300−302).

## 2. 앨먼드와 파월의 정책 유형

정책을 유형화한 대표적인 비교정치학자로 앨먼드와 파월(Almond & Powell, 1978)을 들 수 있다. 이들은 '기능주의(functionalism)'적 관점에서 정책을 정치 체제의 기능을 기준으로 분류한다. 그들은 정치 체제의 기능을 '체제의 유지 기능'과 '총체적 정책결정과 집행 기능'으로 범주화하며, 이들 두 범주는 각각 구체적인 체제의 기능들로 나뉜다. 특히 체제의 유지 기능과 관련해, 앨먼드와 파월은 정치 체제가 존속하기 위해서는 다음과 같은 능력을 가져야 한다고 주장한다. 즉, 체제가 존속하기 위해서 요구되는 '능력'으로는 '추출 능력(extractive capability)', '규제 능력(regulative capability)', '분배 능력(distributive capability)', '상징 능력(symbolic capability)' 등이다. 이러한 체제 능력은 정책으로 전환되어 기능하게 되며, 정책을 분류할 수 있는 기준이 된다. 앨먼드(Gabriel Almond)와 파월(G. Powell)의 정책 분류 가운데 분배정책과 규제정책은 앞서 살펴본 로위의 정책 유형과 유사하므로 추출정책과 상징정책을 살펴보면 다음과 같다.

### 1) 추출정책

추출정책이란 정부가 체제 유지를 위해 필요한 인적·물적 자원을 사회로부터 추출하는 정부의 행위를 말한다. 즉, 정부는 사회로부터 체제를 유지하기 위해 세금을 추출하고, 국방을 위해서 국민들을 대상으로 병역을 부과하기도 한다. 이와 같이 사회로부터 체제의 유지를 위해 인적·물적 자원을 동원하는 유형의 정책을 추출정책이라고 한다. 추출정책은 정부의 체제 유지를 위한 기본 기능이며, 이러한 기능이 결여되면 체제 유지가 어렵게 된다. 추출정책의 연구는 주로 정부에 의해 사회로부터 추출되는 양과 종류, 추출 방법 등에 초점이 맞춰진다(채경석 외, 1997: 85).

### 2) 상징정책

상징정책은 앨먼드와 파월이 다루고 있는 '체제 유지 기능' 가운데 하나로 정치체제의 정통성, 정당성, 신뢰감 등을 국내·외적으로 확보하기 위한 정책이다. 정부는 정치사회화 과정을 통해 국민들로 하여금 정부에 대한 정통성, 정당성, 신뢰성 등을 증폭시키려 한다. 상징정책으로는 국경일의 제정, 역사적 인물의 상징화, 정부의 정책에 대한 홍보·공보 등이 포괄적 의미에서 모두 상징정책에 속한다.

우리가 경험한 '문민정부', '국민의 정부', '참여정부'로 제시되는 역대 정부의 특성은 국민들로부터 정통성을 인정받고 정부에 대한 지지와 신뢰감 등을 이끌어 내기 위한 일련의 상징적 정책으로 이해된다. 정책의 상징성은 정책이 의도한 목표를 성취시키는 데 매우 중요한 역할을 한다. 특히 오늘날 정책의 성패는 정책 대상 집단의 지지와 호응에 크게 좌우되는 만큼, 국민으로부터 정책에 대한 지지와 호응을 이끌어 내기 위한 정부 차원의 상징적 전략은 흔히 찾아볼 수 있다.

## 3. 리플리와 프랭클린의 정책 유형

리플리와 플랭클린(Ripley & Franklin, 1982)에 의한 정책 분류는 로위의 "정책 유형이 정치 형태를 결정한다"는 기본적 가정에서 출발하나, 부가적으로 정책형성 과정뿐만 아니라 정책집행 과정에도 큰 영향을 미치게 된다고 본다. 즉, 그들은 정책 유형을 '분배정책(distributive policy)', '경쟁적 규제정책(competitive regulatory policy')', '보호적 규제정책(protective regulatory policy)', '재분배정책(redistributive policy)'으로 나누고, 이상의 정책 유형은 정책형성 과정의 정치 행태를 결정하게 될 뿐만 아니라 정책집행의 성패에도 큰 영향을 미친다고 한다.

그들은 같은 유형의 정책이라 할지라도 정책 내용에 따라 정책집행 과정에서 의도한 목표를 성취시키는 정도는 다르다고 주장한다.[1] 리플리와 프랭클린의 정책 유형 가운데 이미 설명한 분배정책과 재분배정책은 제외하고, 다른 학자들의 정책 유형과 구별되는 '경쟁적 규제정책'과 '보호적 규제정책'을 살펴보면 다음과 같다.

### 1) 경쟁적 규제정책

경쟁적 규제정책이란 다수의 경쟁자들 가운데 특정 개인이나 집단에게 권리나 서비스를 제공할 것을 결정하는 유형의 정책이다. 특정 항공사에게 특정 항공노선을 부여한다든지, 특정 버스 회사에 특정 노선의 운행을 허가하는 경우가 모두 이러한 경쟁적 규제정책의 예가 된다.

특정 방송사에게 특정 주파수나 채널을 배정하는 등의 행위 등과 같이 특정 재화나 서비스를 제공할 수 있는 권리를 잠재적 또는 실제적 경쟁자들 가운데 일정한 기준에 부합하는 개인이나 집단을 선정해 부여함으로써 특정 재화나 서비스를 제공하는 유형의 정책이다. 이러한 경쟁적 규제정책의 대상이 되는 재화와 서비스는 그것이 가지고 있는 희소성으로 말미암아 정부의 개입이 요구된다.

경쟁적 규제정책은 특정 재화나 서비스를 제공할 수 있는 권리를 갖는 데 필요한 일정한 자격이나 기준을 마련하고, 그 권리를 누릴 수 있는 기간을 정해 다수의 경쟁 잠재력을 가진 집단과 경쟁을 정례화해 선정되며, 일단 선정된 개인이나 집단들로부터 특정 재화나 서비스가 의도한대로 제공되고 있는지를 정부가 관리·감독한다. 최근 민영화에 의한 공공재화나 공공 서비스의 제공 방식에서 흔히 찾아볼 수 있으며, 국공립영유아 보육시설이나 복지시설의 운영을 민간에게 위탁해 운영하는 것은 경쟁적 규제정책의 좋은 예다.

---

1) 이러한 관점은 정책집행을 연구하는 학자들에게서 찾아볼 수 있는데, 그린들(Merilee S. Grindle)의 『제3세계 국가의 정치와 정책집행(*Politics and Policy Implementation in The Third World*)』(1980)과 고긴, 보먼, 레스터와 오툴(Goggin, Bowman, Lester, & O'Toole Jr.)의 『집행의 이론과 실제: 제3세대 연구 지향(*Implementation Theory and Practice: Toward a Third Generation*)』(1990)도 같은 맥락에서 정책 내용, 정책 유형 등이 정책과 관련해서 나타나게 되는 정치 행태를 결정한다고 본다.

### 2) 보호적 규제정책

보호적 규제정책은 일반 국민들을 보호하려는 목적으로 개인이나 집단의 행위를 포괄적으로 제한하는 유형이다. 보호적 규제정책의 예로서, 최저임금제의 도입, 항공 요금 · 버스 요금 · 택시 요금의 책정, 식 · 의약품에 대한 관리, 근로기준법, 독과점을 방지하기 위한 공정거래법, 환경 문제를 개선하기 위한 다양한 규제 등을 들 수 있다. 이러한 보호적 규제정책은 강제력을 수반하기 때문에, 규제 대상인 개인이나 기업 및 집단들로부터 규제의 정도나 내용에 따라 큰 반발이 예상되기도 한다.

## 4. 정책 유형의 유용성과 비판

대표적인 정책학자들의 정책 유형을 살펴보았다. 이 밖에도 많은 학자들이 정책 유형에 대해 논하고 있다. 미첼과 미첼(Mitchell & Mitchell, 1969)은 정책이 '문제해결 지향성'을 그 특징으로 하는 만큼, 정부가 해결하려는 문제의 속성에 따라 정책을 분류해야 한다고 주장하면서, 정책을 ① 자원의 동원과 배분, ② 분배, ③ 비용 분담, ④ 규제와 통제, ⑤ 적응과 안정, ⑥ 정치적 분업과 역할 분배 등 여섯 가지로 유형화한다.

앤더슨(Anderson, 1979)은 정책의 대상에 따라 '실질적 정책'과 '절차적 정책', 정책의 이념적 특성에 따라 '진보적 정책'과 '보수적 정책', 정책의 형태에 따라 '물질적 정책'과 '상징적 정책'으로 구분한다. 이 밖에도 프로혹(Frohock, 1979)의 정책 유형에 대한 논의가 있으며, 그는 로위의 정책 유형을 기준으로 부분적으로 세분화해 정책 유형을 논한다. 특히 프로혹(Frohock, 1979: 11－15)의 정책 분류는 분배, 재분배, 규제정책에 덧붙여 '자본화(capitalization)' 정책과 '윤리(ethical)' 정책을 추가하고 있으며, 여기서 '자본화 정책'이란 특정 산업을 육성하기 위한 각종 혜택, 도로 · 항만 등을 건설하기 위한 사회간접시설, 과학기술정책 등을 말한다. 이러한 정책들은 로위의 분류에 따르면, 분배정책에 속하나, 프로혹(Fred M. Frohock)은 분배정책을 '소비(consumption)'와 '자본화'로 구분해 소비적 분배 유형만을 분배정책으로 본다. 소비적 분배정책이란 생활보호대상자나 노령자들을 위한 프로그램들과 같이 소비자에게 재화나 서비스를 제공하는 것을 뜻한다.

'정책 유형'의 가장 큰 유용성은 다면적 특성을 가진 정책을 단순히 이해할 수 있게끔 한다는 것이며, 특히 로위의 "정책 유형에 따라 정치 과정이 달라진다"는 가정은 그 당시 큰 관심을 불러일으켜 많은 학자들의 정책 유형에 대한 논의로 이어졌다. 한편으로는 로위의 정책 유형에 공감해 이 개념을 발전시키는 학자들이 있었는가 하면, 다른 한편으로는 로위의 정책 유형을 비판하는 이들도 있었다. 로위의 '정책 유형'에 대한 비판은 크게 두 가지로 나뉘는데 첫 번째는 정책 유형의 분류 기준과 관련해 '포괄성'과 '상호 배타성' 기준을 만족시켜야 하는데 그렇지 못한 경우가 있다는 것이다. 즉, 어떤 정책은 재분배정책의 특성과 규제정책의 특성을 동시에 가지고 있어 한 유형으로만 설명하기 곤란하다. 예를 들어, '직장에서의 성차별 금지'는 규제정책으로 볼 수도 있고, 재분배정책으로도 분류될 수 있기 때문에 상호 배타적 기준에 반한다.

두 번째는 로위의 "정책 유형이 정책 과정을 결정한다"는 기본 가정에 대한 비판이다. 리처드슨(Richardson, 1982)은 서구 유럽의 국가들의 정책 유형을 비교 연구하면서 대부분의 서구 유럽 국가들의 정책들은 그 국가가 가지고 있는 속성들에 따라 정책 유형에 관계 없이 일정한 '정책 형태(policy styles)'가 있으며, 유사한 속성을 가진 국가들의 정책 형태는 비슷한 방향으로 모아진다고 주장한다. 즉, 사회가 다원화되면 될수록 어떤 유형의 정책이든 '합의적(consensus)'이고, '반응적(reactive)'인 특성을 강하게 띠게 되며, 권위주의적 특성이 강하면 강할수록 정책은 '부과(imposition)'적이고 국가에 의해 '적극적(active)'인 특성을 띠게 된다고 주장한다. 상기한 정책 유형에 대한 비판에도 불구하고, 정책을 유형화한 논의는 정책을 체계적으로 이해하는 데 큰 도움이 된다.

# 제 4 장

# 정책환경과 정책 과정

정책은 정부에 의해 인지된 사회 문제를 해결하기 위한 지속적인 의사결정 과정이며, 이러한 정책결정 과정은 정책환경에 의해 조건화된다. 정책은 주어진 정치·사회·경제적 맥락에 따라 같은 정책 문제도 다르게 인지되고 해결되기 마련이다. 정책은 환경으로부터 부단히 투입되는 자원을 받아들여 산출과 결과로 이어지기 때문에 환경과 분리해 생각하기 어렵다. 여기서는 정책환경과 정책 과정을 다룸으로써 정책에 대한 이해의 폭을 넓히고자 한다.

## 제1절 정책환경

정책과 환경은 불가분의 관계를 가진다. '체제론자들(systems theorists)'은 정책이 만들어지고 집행되는 과정을 환경과 분리해 논할 수 없다고 말한다. 왜냐하면 정책행위에 대한 요구는 정책환경으로부터 일반화되어 정치 체제로 전달되기 때문이며, 동시에 환경은 정책결정자들이 무엇인가를 결정해야 할 때 제약 요인으로 작용할 수 있기 때문이다(Anderson, 1979: 27). 정책결정자들의 정책결정 맥락에 영향을 미치는 환경적 요인들은 지형학적 특성, 인구학적 특성, 정치문화, 사회·경제적 특성 등이 있다.

### 1. 지형학적 특성과 인구학적 특성

정책환경의 지형학적 특성으로는 '천연자원의 종류와 양', '기후 조건' 등을 들 수 있다. 예를 들어, '산유국과 비산유국 간의 차이', '농경에 적당한 기후 조건' 등은 그 국가의 생존전략, 즉 정책에 큰 영향을 미친다. 인구학적 특성 역시 정책의 중요한 환경적 변수이며, 구체적인 인구학적 요인으로는 '총인구 수', '인구의 연령 분포', '인구의 지역적 분포' 등이 있다(Anderson, 1984: 23). 우리는 과거 인구의 증가가 경제 성장의 걸림돌이 된다는 판단 아래 '산아제한 정책'을 펼쳤던 시절을 기억하며, 현재는 인구의 자연 감소가 노동력 감소로 이어져 결국 국가 경쟁력 감소를 초래할 것이라는 판단 아래 적극적인 '출산 장려 정책'을 펼치고 있음을 볼 수 있다. 이와 같이 특정 사회의 지형학적 특성과 인구학적 특성은 그 사회의 정책에 큰 영향을 미치는 환경 요인이 된다.

## 2. 정치문화

모든 사회는 다른 사회와 구별되는 독특한 문화가 있으며, 이러한 문화는 특정 사회의 구성원들이 다른 사회와 구별되는 생활 양식과 소중히 생각하는 가치와 관습 등의 차이에서 비롯된다. 문화란 '공유된 의미(shared meanings)'로 정의되며(Hall, 2013: xxvii), '공유된 의미'는 다양한 방법으로 '표현(representation)'된다. 문화는 사회적 유산으로서 사회집단으로부터 사회구성원인 개인에게 전수되어 온 총체적 생활 양식이다. 이러한 문화는 사회의 행태에 영향을 미치는 중요한 요인이 된다(Anderson, 1984: 24).

'정치문화'란 특정 사회가 가지고 있는 문화의 일부로 사회구성원들에 의해 공유되는 정치적 신념, 가치, 태도 등이다. 특정 사회에서 공유된 정치적 신조는 '정부가 무엇을 해야 하며' 또 그 일은 '어떻게 수행해야 하고,' '정부와 시민은 어떤 관계를 유지해야' 한다는 기대로 표출된다. 정치문화는 한 세대로부터 후세로 전수되기 마련이며, 정치문화의 전수 과정은 사회구성원인 개인이 다른 사회구성원인 동료, 스승, 정치인 등과 접촉하거나 영향을 받아서 축적하게 된 정치적 경험 등과 같은 사회화 과정을 통해서 형성된다.

정치사회화 과정을 통해서 전수받게 된 한 개인의 정치문화는 정치적 신념으로 나타나고, 궁극적으로 그 정치적 신념은 그 개인의 정치적 행태로 표출된다. 그러나 동일한 사회라고 사회구성원 모두가 동일한 정치문화만을 향유하지는 않는다. 동일한 사회에서도 특정 지역이나 집단에 따라 상이한 하위 정치문화를 만들어 내기도 한다(Anderson, 1984: 24). 이와 관련해 앤더슨은 미국의 하위 정치문화의 이질성을 '남부와 북부', '흑인과 백인', '젊은 세대와 기성 세대' 등에서 찾는다.

정치문화는 정치 행태를 결정하는 데 큰 영향을 미치며, 결국 동일한 사회에서 공유되는 가치, 신념, 태도 등은 어떤 경우든지 정책결정자와 국민의 정치 행위를 결정하는 지침이나 기준이 되기도 하며 때로는 제약 요인으로 작용하기도 한다. 즉, 정책은 그 사회에서 공유하는 정치문화의 산물인 정치 체제가 만들어 내는 것인 만큼, 정치문화에 의해 큰 영향을 받는다. 우리의 정치문화에 큰 영향을 미친 요인으로는 유교사상, 일제 강점기, 이념 논쟁과 한국전쟁, 군사정권, 지역할거주의 등이 있다. 우리나라는 근래에 들어 '문민정부', '국민의 정부', '참여정부'의 출범과 함께 새로운 정치문화를 만들어 가는 듯 했으나 연이어 발생하는 '권력형 비리와 부정부패'로 인해 국민들로부터 긍정적인 정치문화를 창출하는 데는 역부족이었다는 평가를 받고 있다.

최근 새로운 정치문화를 만들어 내기 위해 다각적인 노력이 범국가 차원에서 이루어지고 있는 것을 볼 수 있다. 특히 '참여문화'가 정치문화로서 자리잡기 시작했고, 이러한 현상은 시민단체들의 활동이 과거 어느 때보다 활발할 뿐 아니라 그 활동 영역을 꾸준히 넓혀 온 결과라고 할 수 있다. 우리가 공유한 정치문화는 어떤 형태로든 정책에 영향을 미쳤다는 사실을 부정할 수 없다. 왜냐하면 정책은 정치문화가 만들어 낸 정치 체제의 산물이기 때문이다.

## 3. 사회 · 경제적 특성

정책은 사회를 구성하고 있는 다양한 집단 간의 갈등으로부터 시작한다(Anderson, 1984: 26). 여기서 갈등을 야기하는 다양한 집단이란 개인과 집단, 민간부문과 공공 부문 등과 같이 이해관계와 사회적 욕구를 달리하는 사회구성원과 집단 모두를 뜻한다. 사회구성원 혹은 집단들 간의 갈등은 대부분 집단 간의 경제 활동과 관련되어 나타난다. 대기업과 중소기업, 고용주와 근로자, 채권자와 채무자, 도매업자와 소매업자, 생산자와 유통업자 등의 관계에서 볼 수 있듯이, 이들의 경제 행위와 관련해 비교적 불만족스럽다고 생각하는 집단이 있다면 이를 개선하기 위한 긴장과 갈등이 야기될 소지가 크다. 따라서 이미 형성된 사회집단 간의 경제적 관계에 대해 불만족스러운 집단은 관계 개선을 위해 정부의 개입을 요구할 것이고, 반면에 경제적 관계를 주도하고 있는 집단은 정부의 개입에 대해 부정적인 입장을 취할 것이다(Anderson, 1984: 26).

예를 들어, 근로자들이 기업주와의 관계가 만족스럽지 못하다고 생각할 경우, 양자 간에 갈등이 초래될 것이며, 정부는 양자 간의 갈등 해소를 위해 '최저임금제의 도입'이나 '근로기준법' 등을 제정해 갈등을 완화시키거나 해소시키게 된다. 또한 시장의 기능에 만족하지 못하는 소비자들을 위해 정부는 '소비자보호법' 등을 통해 갈등을 해소시키는 것을 볼 수 있다. 이상에서 볼 수 있듯이, 사회집단 간의 경제적 균형점이 변하게 될 때, 이러한 변화를 통해 불이익을 받는 집단이나 개인들은 그들의 이해관계를 보호하려는 차원에서 정부의 정책적 개입을 요구하게 된다. 사회에서 분출되는 모든 경제적 요구와 갈등에 대해 정부가 정책적으로 반응할 수 있는 것은 아니다. 자원은 늘 부족하기 마련이고, 제한된 예산과 사회의 경제 규모를 감안해 정부는 공공재나 공공 서비스를 제공할 수밖에 없기 때문이다. 따라서 사회의 경제 규모나 경제 발전 수준은 정부가 정책적 개입을 할 수 있는 범위와 질적 수준을 가늠하는 중요한 기준이 되며, 사회의 경제적 조건은 만들어질 정책에 큰 영향을 미치게 된다.

사회적 갈등이나 사회 변화 역시 정부의 정책적 개입을 요구하게 되는 중요한 원인이 된다. '인권 문제', '성차별 문제' 등으로 야기되는 사회적 갈등을 해소시키기 위해 정부는 정책적 개입을 하게 된다. 물론 정부의 사회적 갈등을 해소하기 위한 개입은, 인권이나 여성의 권리를 보호하기 위한 것처럼 당연시되는 경우도 있으나, 때로는 받아들이기 어려운 사회적 요구나 갈등도 있다. 정부가 해결하기 가장 어려운 것은 최근 혐오시설 입지 선정과 관련해 야기된 지역주민과 지방자치단체 간의 갈등, 지역이기주의로 대표되는 특정 산업시설 유치 경쟁, 혹은 특정 정부기관에 대한 '지역 유치 경쟁' 등으로 비롯된 사회적 긴장과 갈등이다. 이러한 사회적 갈등은 정부가 개입하더라도 모두를 만족시키기 어려운 딜레마 상황을 연출하기 때문에 정부는 모두가 받아들일 수 있는 수준의 해결책을 모색하려면 많은 고민을 해야 한다.

## 4. 정책환경에 대한 논의

지금까지 앤더슨(Anderson, 1984)이 지적하고 있는 환경 변수인 '지형학적 특성', '인구학적 특성', '정치문화', '사회·경제적 특성' 등을 살펴보았다. 이 밖에도 많은 학자들이 정책에 영향을 미치는 환경적 요인을 다루고 있다. 에드워드 3세(George C. Edwards III)와 샤칸스키(Ira Sharkansky)는 정책을 구속하는 환경적 요소를 '경제적 범주'와 '정치적 범주'로 나누어 접근한다.

그들에 따르면, 정책에 영향을 미치는 '경제적 요소'는 사회의 '경제 발전 수준'을 가늠할 수 있는 변수들로 구성되어 있으며, 구체적으로 ① 천연자원, ② 산업과 농업의 질적 수준, ③ 사회간접시설의 수준과 전문적 인적 능력을 가늠할 수 있는 '인적·물적 자본(human and physical capital)'과 '재정적 자본(financial capital)', ④ 조세 제도, 은행, 주식거래소와 같은 재정 기구의 투자 능력, ⑤ 외국과 거래되는 상품의 질(일차 상품 혹은 부가 가치를 창출할 수 있는 상품), ⑥ 근로자들의 생산성을 가늠할 수 있는 교육과 의료기관의 능력, ⑦ 마지막으로 일반적으로 잘 발달된 경제 체제는 소득의 분배와 기회가 지역적으로 혹은 사회계층별루 편중되지 않고 균등하게 분포되어 있다는 가정 아래, '경제적 보상 체계의 특성'을 들고 있다(Edwards III & Shakansky, 1978: 214).

정책에 영향을 미치는 '정치적 요소'로는 ① 사회의 정치문화와 타협·협상 능력 등을 통해 나타나는 '정치저 실현 가능성', ② 헌법 정신과 정치 체제의 성립 등에 영향을 미친 역사, ③ 입법부·사법부·행정부와 같이 정치적 책임을 분산시키는 '정치 체제의 구조' 등이다(Edwards III & Shakansky, 1978: 233-262).

이 밖에도 많은 학자들의 정책환경에 대한 논의가 있으나 유사하며, 다만 정책환경으로서 덧붙여 설명하고 싶은 것은 '정보통신 기술의 수준'이다. 정보통신 기술의 발달 정도는 정책이 만들어지고 집행되는 과정에 큰 영향을 미치는 환경적 요소가 된다.

오늘날 정보통신 기술의 발전은 과거에 경험할 수 없었던 새로운 '정책 참여 통로'를 만들어 냈으며, 이것의 접근성·보편성·공간적 한계를 초월할 수 있는 특성 등은 새로운 정책환경으로 인식되기에 충분하다고 생각된다. 따라서 '사회의 정보통신 기술의 발전 정도'와 이와 관련된 '사회간접시설의 확충 정도'는 정책에 영향을 미칠 수 있는 또 다른 요인이 된다.

## 제 2 절 정책 과정

정책 과정은 동태적이고 복잡한 만큼, 다양한 학자들의 논의가 있다. 정책은 작업대에서 컴퓨터를 단계별로 조립하듯이 완성되는 것이 아니라 다양한 정책 참여자들의 동태적이고 복잡한 상호작용을 거쳐 모양새를 갖추게 되며, 집행 과정에서도 지속적으로 수정과 보완이 이루어져 정책 결과로 이어지게 된다. 복잡하고 동태적인 정책 과정을 쉽게 이해하기 위해 정책학자들은 정책 과정을 몇 단계로 구분해 접근한다.

정책 과정의 단계별 논의의 장점에 대해 앤더슨(Anderson, 1979: 23−24)은 다음과 같이 말한다. 첫째, 정책 과정을 통해 행위의 흐름을 설명 가능하게 한다. 둘째, 단계별 분류에 의한 정책 과정 연구는 변화에 개방적이다. 즉, 이미 제안된 정책 과정의 단계별 분류에 부가적인 단계를 필요에 따라 첨삭할 수 있어 정책에 따라 다를 수 있는 정책 과정을 설명하는 데 개방적이다. 셋째, 정책 과정을 단계별로 분류함으로써 정책 과정을 '횡단면적(cross−sectional)'이거나 '정적(static)'으로 파악하지 않고, 정책을 동적으로 발전된 과정을 중심으로 논의할 수 있다. 넷째, 정책 과정을 일반화함으로써 특정 정책이나 특정 사회의 정책 과정만을 설명할 수 있는 것이 아니라, 모든 사회의 정책 과정을 설명할 수 있는 '개념 틀(framework)'을 제공한다. 특히 정책 과정의 단계별 모형은 비교 연구를 위한 기준으로 사용할 수 있어 다른 국가의 정책 과정과 비교 연구를 가능케 한다.

사회 문제가 정부로부터 인지되어 정책 문제로 전환되고 문제 해결을 위한 정책이 만들어져 집행되어 최종 결과로 이어지는 과정을 단계별로 설명하는 학자들은 많이 있다. 대표적인 학자로 앤더슨(James E. Andeson), 존스(Charles O. Jones), 드로(Yehezkel Dror) 등이 있으며, 앤더슨(Anderson, 1979)은 정책 과정을 '문제형성', '정책형성', '대안 채택', '정책집행', '정책평가'와 같이 모두 다섯 단계로 나누고, 존스(Jones, 1984)는 문제의 '인지와 정의' 단계로부터 시작해 '조정과 종결' 단계까지 모두 11단계로 나눈다. 앤더슨과 존스는 시간의 흐름에 따라 정책이 모양새를 갖춘 정도로 정책 과정을 구분하는 공통점을 가지고 있으나, 존스의 정책 과정에 대한 논의가 좀 더 구체적이다. 반면에 드로의 정책 과정에 대한 논의는 정책이 '구체화된 정도' 혹은 '심화된 정도'에 따라 구분해 접근한다. 존스와 드로의 정책 과정에 대한 논의를 살펴보면 다음과 같다.

## 1. 존스의 정책 과정

존스(Charles O. Jones)는 사회 문제가 정부로부터 인지되어 정책 결과로 이어지는 과정을 모두 11단계로 나누고 있다. 그의 정책 과정 구분 기준은 '정책 과정의 정치'이며, 이러한 기준은 라스웰(Lasswell, 1963)이 지적하고 있듯이 정책학의 특성인 '정치적 맥락'이라고 한다(Jones, 1984: 27－30). 즉, 그는 정책의 각 과정에 영향을 미치는 참여자가 변하게 되면 새로운 정책 과정이 시작한다고 보고 정책 과정을 모두 11단계로 나누고 있다. 물론 정책의 각 단계별로 영향력을 행사하는 참여자들이 완전히 다르지 않지만 참여자의 정책 과정에 대한 역할의 비중에 따라 정책 과정을 나눈다. 존스의 정책 과정은 정책이 시간의 흐름에 따라 발전된 정도를 가늠하는 데 큰 도움이 된다.

### 1) 문제의 인지와 정의 단계

문제의 '인지와 정의(perception and definition)' 단계는 많은 사회 문제들 가운데 특정 문제를 정부가 인지하고 정의하는 과정이다. 모든 사회 문제가 정부의 정책적 개입을 통해 해결되지 않기 때문에 정부가 특정 문제를 인지한다는 것은 각별한 의미를 지닌다. 정부에 의해 인지된 문제는 문제의 특징에 따라 정의된다. 문제의 정의는 매우 중요하다. 왜냐하면 문제가 어떻게 정의되는가에 따라 해결 방법이 달라질 수 있기 때문이다. 문제의 정의는 그 문제를 보는 관점을 반영하기 때문에 다양하며, 누구의 관점이 정부에 의해 받아들여질 것인지는 그 문제와 이해관계가 있는 모든 사람들의 큰 관심사가 아닐 수 없다.

### 2) 집결 단계

'집결(aggregation)' 단계는 얼마나 많은 사람들이 제기된 문제에 관심을 가지고 있는지를 보여주는 단계이며, 이것은 '사회 문제'가 '정책 문제'로 전환되는 중요한 기준이 된다. 사회에는 많은 문제가 있으나 모든 문제가 정부의 직접적인 개입을 요하는 정책 문제로 전환되지는 않는다. 따라서 인지된 사회 문제를 공유하는 사회구성원의 규모는 중요한 의미를 지닌다. 많은 사람들이 공통적으로 인지하는 문제는 '집결' 과정을 통해 구체적 '요구(demand)'로 전환되어 나타난다.

### 3) 조직화 단계

'조직화(organization)' 단계는 사회 문제를 공유한 사람들이 집결되어 정부에 공식적인 요구를 하기 위해 조직되는 과정이다. 즉, 문제를 공유한 집단이 '협의체'와 같은 공식적인 조직을 구성하는 과정으로 문제에 대한 '협의체'는 공식적인 입장을 표명하고 정부에게 문제 해결에 대해 공식적인 요구를 하는 역할을 하게 된다.

### 4) 주장 단계

'주장(representation)' 단계는 문제를 공유한 사람들이 조직된 후, 이들의 문제 해결을 공식적으로 요구하는 과정이다. 주장 단계에서는 정부의 유관 부서와 대화 통로를 확보하고, 그것을 유지하는 방법 등이 구체화된다.

### 5) 의제설정 단계

'의제설정(agenda setting)' 단계는 공식 경로를 통해 전달된 집단적 요구가 정부에 의해 받아들여지는 과정이다. 정부는 제기된 문제를 면밀히 검토하여 그 의제를 공식적으로 취급할 것인지를 결정한다. 만약 정부가 제기된 의제를 받아들인다면, 공공의제는 정부의제로 전환된다. 공공의제가 정부의제로 전환된다는 것은 정부가 그 의제를 해결하겠다는 의지를 표명한 것이며, 이것은 어떻게 해결하겠다는 것과는 다르다. 즉, 정부에 의해 의제가 설정되었다는 것은 문제 해결을 위한 논의가 공식적으로 시작되었음을 말한다. 정부의 관심이 어떤 의제에 주어지고, 그 문제에 대해 어떤 인식과 태도를 가지게 되는지는 문제가 어떻게 해결될 것인지를 결정하는 중요한 단서가 된다.

### 6) 정책형성 단계

'정책형성(policy formulation)' 단계는 정부의제로 전환된 사회적 요구를 해결하기 위한 대안을 찾는 과정이다. 이 단계에서는 문제 해결을 위한 대안의 탐색과 대안들의 비교·분석이 이루어진다. 대안들의 비교·분석을 통해 최선의 대안이 최종 결정됨으로써 정책형성 과정이 완성된다. 이 과정은 최종 채택된 정책대안이 누구에 의해, 어떻게 구성되었는지가 논의의 핵심이 되며, 특히 정책결정 과정에서 첨예하게 대립하는 사회집단들 간의 긴장과 갈등은 정책결정이 합리적으로 이루어지기보다는 정치적으로 이루어지게 만든다. 결정될 정책은 사회의 편익을 최대한 고려하고 다수의 이익을 반영할 수 있는 수준에서 이루어질 것이 기대된다.

### 7) 합법화 단계

'합법화(legitimation)' 단계는 정부에 의해 결정된 정책이 국회의 비준을 거쳐 법제화되는 과정이다. 이 과정에서 정부가 제안한 정책은 국회의원들에 의해 수정·보완될 수 있기 때문에 정책과 이해관계가 있는 개인이나 집단들은 최종 결정될 정책안을 놓고 첨예한 대립과 갈등을 빚기도 한다. 이러한 대립과 갈등을 최소화하기 위해 국회는 분야별로 소위원회를 구성하여 정부에 의해 제안된 정책을 면밀히 검토하고 의견을 조율하는 과정을 거친다. 따라서 합법화 단계에서 입법부의 정부 정책에 대한 호응과 지지 정도는 큰 의미를 갖는다.

### 8) 예산편성 단계

'예산편성(budgeting)' 단계는 최종 결정된 정책의 집행을 위해 그 정책에 소요될 예산 규모의 적정성을 고려하는 과정이다. 정책이 의도한 목표를 성취시키기 위해 적정한 규모의 예산을 확보하는 것은 매우 중요하며, 그 이유는 실질적인 정책 결과에 직접적인 영향을 미치기 때문이다. 따라서 예산편성 과정에서는 정책집행을 위해 편성된 예산의 규모와 그것의 적정성 등이 주요 관심거리가 된다.

### 9) 정책집행 단계

'정책집행(policy implementation)' 단계는 정책 목표를 의도한 결과로 전환시키는 과정이다. 정책집행은 행정부의 유관 부서에서 담당하게 되며, 집행 과정 역시 정책형성 과정만큼 복잡하고 역동적인 것으로 인식된다. 왜냐하면 결정된 정책목표는 편성된 예산의 집행을 통해 자동으로 정책 결과로 전환되지 않기 때문이다. 정책집행 과정에서는 이전에 생각지 못했던 다양한 요인들이 원활한 집행의 장애요인으로 작용할 수 있으며, 정책환경도 늘 변하기 때문에 정책집행을 담당하는 관료나 기관은 늘 계획된 대로 정책이 진행되는지를 '감시(monitoring)'해야 한다. 이러한 관점에서 정책집행은 정책목표를 성취시키기 위한 의사결정의 연장선으로 이해되기도 한다.

### 10) 정책평가 단계

'정책평가(policy evaluation)' 단계는 정책 결과의 정책목표에 대한 성취 정도를 가늠하는 과정이다. 이 과정에서는 평가의 주체, 기준, 방법과 평가 결과에 대한 활용 방법 등이 고려된다. 정책평가는 평가의 목적과 대상을 결정하는 것으로부터 시작하여 평가 방법에 대한 합의를 거쳐 평가에 필요한 자료를 수집하고 정책 결과를 분석하게 된다. 평가 결과는 정책 조정과 종결을 위한 정보로 제공된다.

### 11) 정책조정과 종결 단계

'정책조정과 종결(policy adjustment/termination)' 단계는 정책평가로 얻은 정보를 활용해 정책을 재구성하거나 끝내는 과정이다. 즉, 정책이 처음 의도한 목표를 성취시킨 정도가 평가 과정을 통해 측정되고, 이 과정을 통해 수집된 자료와 정보는 정책을 축소·확대·현상 유지·전환 등과 같은 '정책조정'을 하는 데 이용된다. 또한 목표를 성취시켰거나 의도한 결과를 얻을 수 없다고 판단되는 정책은 '종결 과정'을 거치게 된다.

존스는 정책 과정을 앞서 소개한 것처럼 11단계로 구분하고 단계별 특성에 따라 '문제가 정부로 귀속되는 단계', '정부에 의한 행위 단계', '정부의 문제에 대한 실질적인 개입 단계', '정책 수단의 검토와 정책 변화 단계'로 범주화하고 있다. 즉, 그는 '문제의 인지와 정의 단계'부터 '의제설정 단계'까지를 '문제가 정부로 귀속되는 단계'로, 그 다음 단계인 '정책형성 단계', '합법화 단계', '예산편성 단계'를 '정부에 의한 행위'로, '정책집행 단계'는 '정부의 문제에 대한 실질적인 개입'으로, 마지막 단계인 '정책평가 단계'와 '정책조정과 종결 단계'를 '정부에 의한 정책 수단의 검토와 정책 변화 과정'으로 나누고 있다(Jones, 1984: 24).

이상과 같은 정책 과정의 단계별 논의는 복잡하고 동태적인 정책 과정을 단순화해 쉽게 이해할 수 있는 장점이 있다. 존스는 정책 과정의 단계별 논의의 특징과 한계에 대해 다음과 같이 덧붙이고 있다(Jones, 1984: 29).

첫째, 정책 과정에 대한 단계적 논의는 매우 논리적으로 보이나 모든 정책이 같은 과정을 거쳐 만들어지고 집행되는 것이 아니다. 즉, 정책 과정의 각 단계가 마치 릴레이 경주처럼 연속적으로 이어지는 것이 아니라 어떤 정책은 두 개 이상의 단계가 겹쳐서 일어나기도 하고, 생략되기도 한다.

둘째, 존스의 정책 과정에 대한 단계별 논의는 특정 정책이 단계별로 완성된 정도를 나타내는 기준이나 범주를 제안하는 것은 아니다. 그의 정책 과정에 대한 단계별 구분은 정책의 특정 단계가 아직 '미성숙'되어 다음 단계로 옮겨가기 위해서는 어떤 행위나 쟁점이 부각되어야 한다는 것을 인지하는 수준에서 이해되어야 한다.

셋째, 모든 정책 문제가 존스의 정책 과정에 대한 단계별 논의에서 볼 수 있는 것처럼 사회의 다양한 집단이나 구성원으로부터 시작되지는 않는다. 즉, 정부는 사회로부터 의제가 표출되어 정부로 진입되기를 기다리기보다는 정부 스스로 의제를 찾아내고, 만들어 내는 능동적인 역할을 한다.

넷째, 정책 과정에서 나타나는 모든 정책행위는 특정 정부기관의 독자적인 것이기보다는 다양한 정부기관은 물론 정책 환경과 복잡한 상호작용의 결과로 이해해야 한다. 예를 들어, 정책집행은 그것을 담당한 집행기관의 독자적 행위로 보기 어려우며, 이것은 다양한 정부기관과 사회집단의 상호작용의 결과로 가장 잘 설명된다. 입법부에 의한 입법 과정 역시 의원들의 독자적 판단이기보다는 정책을 둘러싸고 야기되는 다양한 사회집단과 정부와의 관계에서 나타난 '고도로 계산된 정치적 산물'로 이해하는 것이 옳다.

## 2. 드로의 정책 과정

드로(Dror, 1989)의 정책 과정은 앞서 살펴본 존스의 정책 과정과 구별된다. 존스의 정책 과정은 정책을 '시간의 흐름'에 따라 구분하는데 반해, 드로는 정책이 '구체화된 정도'로 구분한다. 드로는 합리적 사고에 의한 정책 과정의 비현실성과 그것을 대체하는 점증주의적 발상의 한계를 지적하고 '최적'의 정책결정 과정을 '상위 정책결정 단계', '정책결정 단계', '후기 정책결정 단계'와 이상의 단계들을 연계해서 최적의 정책 과정을 가능케 하는 '의사소통과 환류 단계'로 구분한다. 드로의 정책 과정을 단계별로 살펴보면 다음과 같다.

### 1) 상위 정책결정 단계

'상위 정책결정 단계(meta-policy making stage)'란 '정책결정을 위한 정책결정(policymaking on policymaking)'을 하는 과정이며, 모두 일곱 개의 단위로 세분화된다(Dror, 1989: 164). 상위 정책결정 단계는 정책결정 체제를 전체적으로 설계하고 관리하는 운영 체제를 구성하는 것이며, 동시에 정책결정을 위한 포괄적인 규칙과 원리를 설정하는 것이다. 상위 정책결정 단계는 ① 가치의 검토, ② 현실 파악, ③ 문제의 검토, ④ 자원의 조사·검토·개발, ⑤ 정책결정 체제의 설계·평가·재설계, ⑥ 문제·가치·자원 분배, ⑦ 정책결정 전략의 수립으로 구성된다. 드로에 따르면, 상위 정책결정의 일곱 단계 가운데 처음 네 단계는 사회 전체에 널리 분산된 쟁점을 다루는 일이므로 그 의미를 찾아내기 어려운 반면, 나머지

세 단계는 상위 정책결정 단계를 설계하는 데 매우 중요하고 구체적일 수 있다.

### 2) 정책결정 단계

'정책결정 단계(policymaking stage)'는 상위 정책결정 단계와 병행해 '최적'의 대안을 구체화시키는 과정이다. 즉, 정책결정 단계는 상위 정책결정 단계의 연장선에서 정책 쟁점을 좀더 세분화시킨다. 이미 상위 정책결정 단계에서 정책 쟁점과 관련된 가치, 현실, 문제, 자원 등에 대한 검토 과정을 거쳤기 때문에 이러한 일들을 정책결정 단계에서 반복되더라도 상위 정책결정 단계보다 구체적으로 이루어질 수 있다. 드로(Dror, 1989: 176)는 '상위 정책결정 단계'에서 이미 정책 쟁점과 관련된 복잡하고 경쟁적인 요구와 가치 문제가 어느 정도 해결되었기 때문에 '정책결정 단계'에서는 정책 쟁점을 합리적으로 다룰 수 있다고 한다.

'정책결정 단계'는 '규범적인 의사결정 과정(normative decision process)'의 특성을 띠게 된다. 여기서 '규범적 의사결정 과정'이란 앞서 살펴본 존스의 정책 과정과 같이 시간이 흐름에 따라 정책 과정을 나열하는 것을 뜻한다. 드로의 '정책결정 단계'는 모두 여섯 단계로 나뉘며, 각 단계들은 '상위 정책결정 단계'와 연계되어 구체화된다. '정책결정 단계'는 ① 자원의 재분배, ② 우선순위를 고려한 운영 목표의 설정, ③ 정책의 운영 목표와 직접 연계되어 있지 않은 중요한 가치들을 검토해 우선순위를 설정, ④ '좋은' 대안을 포함한 일련의 정책대안들을 마련, ⑤ 비용·편익분석을 통해 정책대안들의 결과를 예측 가능한 신뢰할 수 있는 방법을 검토, ⑥ 정책대안들의 예측되는 비용과 편익의 결과를 비교해 '최선'의 정책대안을 탐색하는 것으로 구성된다.

### 3) 후기 정책결정 단계

'후기 정책결정 단계(post-policymaking stage)'는 결정된 정책의 집행과 집행결과에 대한 평가로 구성된다. 드로(Dror, 1989: 188-193)는 '좋은' 정책을 결정하는 것과 결정된 정책을 집행하는 것은 서로 다른 일이며, 이를 효과적으로 연계하기 위해서는 정책을 집행하기 위한 적절한 '동기(motivation)'가 부여되어야 한다고 한다. 여기서 정책집행을 위한 동기부여는 구성원의 심리적인 측면보다는 조직의 측면에서 이루어져야 하며, '공식적인 정책 승인', '집행을 위한 자원의 배분', '집행 추진력' 등과 같이 조직 차원에서 집행을 통해 의도한 정책목표를 성취시키는 데 필수적인 요소들을 말한다. '후기 정책결정 단계'는 ① '정책집행을 위한 동기부여'로부터 시작해 ② 실질적인 '정책집행', ③ '집행 후 정책결정에 대한 평가'로 완성된다.

'집행 후 정책결정에 대한 평가' 단계는 '기대한 결과(expected results)'와 '실제 정책 결과'를 비교하고 그것의 괴리를 평가하는 것이며, 평가 결과는 '기대한 결과와 바람직한 결과(desired results)', '기대한 결과와 바람직하지 않은 결과(undesired results)', '기대하지 않은 결과(unexpected results)와 바람직한 결과', '기대하지 않은 결과와 바람직하지 않은 결과'로 나누어 생각해 볼 수 있다. 평가 결과가 '기대하지 않은 결과'나 '바람직하지 않은 결과'로 판명되었다고 정책이 '최적(optimal)'으로 결정되지 않았다는 것을 뜻하지 않는다. 즉, 드로의 '최적모형'은 '합리모형'과는 달리 이러한 결과를 '정상적인(normal)' 것으로 받아들인다. 왜냐하면 이러한 평가 결과를 당연히 받아들이지 않고 정책결정자들을 비판한다면 그들은 정책 문제 해결을 위해 '가장 안전한 전략(safest strategy)'만을 선택할 것이고, 그 결과 정책은 점증적으로 결정되고 정책 목표는 모호한 성격을 띠게 되어 정책결정이 전반적으로 잘못되는 결과를 초래하게 되기 때문이다(Dror, 1989: 193).

### 4) 의사소통과 환류 단계

'의사소통과 환류(communication and feedback)'는 최적모형의 마지막 단계로 앞서 소개한 모든 정책 과정과 상호 연계되어 정책을 최적의 상태로 결정하고 집행하여 의도한 결과를 유도하는 기능을 한다. '의사소통과 환류'의 유형은 첫째, 집행 중인 정책을 '재구성(remaking)'하기 위한 것, 둘째, 집행 방법을 수정 · 보완하기 위한 것, 셋째, '상위 정책결정 단계', '정책결정 단계', '후기 정책결정 단계'를 통해 학습한 환류 정보를 활용해 미래의 정책 과정에 반영하기 위한 것으로 나누어 볼 수 있다.

'의사소통과 환류'는 모든 정책 과정과 '네트워크(network)'를 이루어 매우 복잡한 양상을 띠나, 네트워크는 합리적인 방법에 의해 유지, 관리, 운영되어야 한다. 네트워크를 관리하는 합리적 기법으로는 '네트워크 분석과 설계(network analysis and design)' 방법과 '종합적 자료처리 체제(integrated data-processing systems)' 설계 방법이 있다. 이상과 같이 복잡한 '의사소통과 환류' 단계를 합리적으로 관리하는 방법 외에도 '초합리적인(extrarational)' 요소들이 자료를 수집하고 학습하는 방법으로 활용되어야 하며, 마지막으로 의사소통과 환류를 총체적으로 원활히 하기 위해 정책 공동체 간의 '긍정적인 인간 관계(positive human relations)'를 형성하는 것이 매우 중요하다(Dror, 1989: 196).

# 제 5 장

# 정책 과정의 참여자

정책은 정부로부터 문제가 인지되어 정책 결과로 이어지기까지 많은 참여자들이 간여하게 된다. 정책 과정의 참여자들은 '공식적 참여자'와 '비공식적 참여자'로 나누어 볼 수 있으며, '공식적 참여자'란 정책 과정에 공식적인 권한을 가지고 참여하는 사람을 뜻하고, '비공식적 참여자'란 공식적인 권한은 없지만 공식적 참여자와 밀접한 관계를 가지고 정책 과정에 영향을 미치는 사람들을 말한다. '공식적 참여자'는 입법부, 대통령과 국무위원, 중앙행정기관과 지방자치단체, 사법부 등이며, '비공식적 참여자'는 정당, 비정부단체, 이익집단, 일반 국민과 여론, 전문가 집단, 언론기관 등이다. 먼저 '공식적 참여자'들의 정책 과정에 대한 역할을 살펴보면 다음과 같다.

## 제1절 공식적 참여자

### 1. 입법부

입법부는 정치 체제의 중요한 제도적 장치로서 정책 과정에 고유 권한을 가지고 있다. 우리나라 입법부의 고유 권한으로는 '입법에 관한 권한', '정부 재정에 관한 권한', '일반 국정에 관한 권한'으로 분류할 수 있다.

#### 1) 입법에 관한 권한

'국회의 입법 권한'으로는 ① 헌법에 대한 개정 제안과 의결권과, ② 법률의 제정과 개정권을 들 수 있다. 법치 국가에서 법률은 모든 정부 활동의 근거가 되므로 법률의 제정 · 개정 · 폐지는 의회의 가장 중요한 권한이다. 국회의 입법 절차는 국회의원 10인 이상이 발의한 법안이나 정부에 의해 제출된 법안에 대해 국회 상임위원회와 본회의의 의결을 거쳐 확정된 사항에 대해 대통령이 공포함으로써 발효된다. 국회의 입법 활동은 정부에 의해 제출된 정책을 최종적으로 합법화시키는 중요한 과정이며, 이 과정에서 정부에 의해 제출된 법안, 즉 정책은 가감되기도 한다. 입법부는 정책형성 과정에 큰 영향을 미치는 공식적 정책 과정의 참여자로서 가장 중요한 '합법화(legalization)' 기능을 한다.

또한 입법부는 조약 체결과 비준 동의권을 가지고 있다. 입법부가 조약의 체결 · 비준에 대한 동의권을 행사하는 것은 조약이 국민의 권리 · 의무와 국가 재정에 큰 영향을 미칠 뿐만 아니라 국내법과 동일한 효력을 가지므로 이에 대한 국민적 합의를 형성하기 위한 것으로 판단된다. 아울러 입법부는 상호 원조 또는 안전보장에 관한 조약, 중요한 국제조직에 관한 조약, 우호통상항해조약, 주권의 제약에 관한 조약, 강화조약, 국가나 국민에게 중대한 재정적 부담을 지게 하는 조약 또는 입법 사항에 관한 조약의 체결 · 비준에 대한 동의권을 가진다.

### 2) 정부 재정에 관한 권한

'국회의 정부 재정에 관한 권한'으로는 '정부예산안의 심의 · 결정권'과 '정부예산 결산심사권'을 들 수 있다. 정부예산은 일년을 단위로 한 국가의 세입 · 세출에 대한 기본 계획이다. 예산은 국민의 부담인 조세를 전제로 할 뿐만 아니라, 경제에 미치는 영향이 매우 크다. 따라서 국회가 예산안을 심의 · 확정하는 것은 예산 결정 과정에 국민의 의사를 반영하는 것이며, 정부의 재정을 적절히 통제하여 정부 활동의 효율성과 질을 제고하기 위한 것이다. 또한 정부예산 결산은 일년을 단위로 국가의 수입 · 지출의 실적을 확정적인 계수로 표시한 것이며, 의회는 결산심사를 통해 정부의 예산집행에 대한 정치적 책임을 밝히고, 장래의 재정계획과 운영에 중요한 자료를 제공하는 것을 목적으로 한다.

이 밖에도 '국회의 정부 재정에 관한 권한'은 ① 기금심사권, ② 재정입법권, ③ 계속비 의결권, ④ 예비비 지출승인권, ⑤ 국채동의권, ⑥ 국가의 부담이 될 계약 체결에 대한 동의권 등이 있다. 특히 정부에 대한 계속비와 예비비에 대한 지출 승인은 계속비의 경우, 한 회계연도를 넘어 장기간 지출할 필요가 있을 때 정부는 연한을 정해(5년 이내) 계속비로서 국회 의결을 얻어야 하며, 예비비의 경우는 총액에 대해서만 국회 의결을 얻으므로, 구체적 지출에 대해서는 차기 의회의 승인을 얻어야 한다. 이상과 같은 '국회의 정부 재정에 관한 권한'은 정책형성은 물론 집행과 평가 과정까지 모든 부문에 걸쳐 영향을 미치는 중요한 공식적 참여로 본다.

### 3) 일반 국정에 관한 권한

의회의 '일반 국정에 관한 권한'으로는 ① 국정감사 · 조사권, ② 헌법기관 구성권, ③ 탄핵소추권, ④ 국무총리와 국무위원 해임건의권, ⑤ 국무총리 · 국무위원 · 정부위원 출석요구권과 질문권 등을 들 수 있다. 특히 의회의 국정감사권은 제9차 개정 헌법에 의해 1988년 부활되었으며, 의회는 매년 9월 10일부터 20일 간 국정 전반에 대해 감사를 실시한다. 의회의 국정조사는 국정의 특정 사안을 대상으로 수시로 조사할 수 있다. 의회는 국정감사 · 조사를 통해 국정 운영의 실태를 정확히 파악하고, 입법과 예산심의를 위한 자료를 수집하며, 국정의 잘못된 부분을 적발 · 시정함으로써 입법 · 예산 심의 · 국정 통제와 감시 기능을 수행한다.

이상에서 볼 수 있는 바와 같이, 입법부는 정책 과정 전반적인 분야에 영향력을 행사할 수 있는 제도적 장치를 가지고 있을 뿐만 아니라, 정책을 직접 만들 수 있는 권한도 가지고 있어 정책 과정에 대한 참여는 매우 적극적이다. 또한 의원들은 지역주민들의 민의(民意)를 대표하는 만큼 지역주민들의 중지(衆智)를 의정 활동을 통해 적극적으로 반영시키는 역할을 한다. 또한 국회사무처는 19개의 위원회별로 의원들의 의정 활동을 돕기 위해, 필요한 전문지식과 정보를 수집 · 분석하며, 의회의 취지인 행정부의 통제와 감시 기능을 지원한다.

## 2. 대통령과 국무위원

정치 체제의 특성에 따라 대통령의 지위와 권한은 다소 차이가 있지만, 일반적으로 '대통령 중심제'를 채택하고 있는 국가에서 대통령의 지위는 행정부의 수반과 국가 원수로서의 지위를 동시에 갖는다. '의원내각제'를 채택하고 있는 일본이나 영국의 경우, 행정수반의 지위는 '수상' 혹은 '총리'에 속하고, 국가원수의 지위는 '국왕'이나 '대통령'에 귀속된다. 우리나라의 경우 대통령 중심제를 채택하고 있으나 국무총리제를 둠으로써 순수한 의미의 대통령 중심 제도에 의원내각제의 특성을 가미한 형태로 운영되고 있다.

대통령의 지위와 권한은 국가마다 조금씩 다르나 여기서는 우리나라의 대통령 제도를 중심으로 정책 과정에 미치는 영향을 다룬다. 일반적으로 대통령의 권한은 헌법 개정과 국민투표에 관한 권한, 헌법기관 구성에 관한 권한, 국회에 관한 권한, 입법에 관한 권한, 사법에 관한 권한, 행정에 관한 권한, 국가긴급권 등으로 나누어 볼 수 있다. 여기서는 대통령의 권한 가운데 '행정에 관한 권한', '국회에 관한 권한', '입법에 관한 권한', '사법에 관한 권한'만을 살펴본다.

첫째, 국가 원수로서 대통령은 국민의 대표기관으로서 입법·사법·행정에 초연한 지위에서 중재자와 조정자의 역할을 할 뿐만 아니라, 행정부의 수반으로서 '행정에 관한 권한'을 행사한다. 행정수반으로서 대통령이 행사하는 권한에는 법률안제출권·정책집행권·행정입법권·정책결정권·공무원 임명권·예산안제출권·예산집행권 등이 포함된다. 이상과 같은 행정수반으로서 대통령의 권한은 독자적으로 결정하고 집행하는 것은 아니고, 헌법과 법률이 정하고 있는 절차에 따라 권한을 행사하게 된다. 또한 대통령의 권한은 국무회의의 심의를 거쳐야 하며, 국가안전보장회의·국가원로자문회의·민주평화통일회의의 자문을 거치도록 규정되어 있으며, 모든 국무회의와 자문회의의 결정 사항은 문서로 남겨야 하고, 국무총리와 관계 국무위원의 부서(副書)가 있어야 한다.

둘째, 대통령의 '국회에 관한 권한'은 국회 출석 발언권과 국회 임시집회 요구권 등이며, 대통령이 국회에 출석하여 발언하는 것은 대통령의 고유 권한이고 의무는 아니므로 국회는 대통령의 출석이나 서한에 의한 의견 표시를 요구할 수 없다. 그러나 국무총리와 국무위원은 국회의 출석 및 답변 요구에 응해야 할 의무가 있다.

셋째, 대통령의 '입법에 관한 권한'은 법률안제출권·법률공포권·법률안거부권·행정입법권·긴급입법권 등이 있다. 대통령의 입법에 관한 권한 가운데 설명을 요하는 것은 법률안제출권이다. 일반적으로 '대통령제'에서는 대통령이 법률안을 제안할 수 없는 것을 원칙으로 한다. 미국의 경우도 대통령에게 법률안제출권은 없으며, 필요할 때에는 여당 국회의원을 통해 법률안을 제안한다. 그러나 우리나라의 헌법은 대통령제를 취하면서도 정부의 법률안제출권을 인정하고 있다.

넷째, 대통령의 '사법에 관한 권한'으로는 헌법재판소 구성권과 대법원 구성권,

사면권 등이 있다. 대통령은 국가 원수로서 국가를 대표하며 입법 · 사법 · 행정에 초연한 위치에서 국가의 모든 일에 책임과 의무를 가진다. 행정수반으로서 대통령은 최고 정책결정자로서 국무회의의 의장이 되며, 정책의 결정, 집행, 통제 등을 포괄적으로 책임지게 된다. 아울러 우리나라의 대통령은 법률안제출권을 가지고 있어 정책을 직접 만들 수 있는 실질적인 권한을 가지고 있다. 물론 모든 대통령의 권한이 헌법과 법률에 정하는 바에 따라 이루어지지만, 정책 과정 전반에 걸쳐 대통령의 실질적인 영향력은 매우 크다.

국무위원은 국무회의의 구성원으로 행정 각부의 장으로 구성된다. 또한 국무위원은 국무회의의 성격에 따라 구성원과 지위가 달라질 수 있다. 우리나라의 국무위원은 의원내각제의 국무회의와는 달리 의결기관이 아니고 '심의'기관이다. 따라서 우리나라 헌법상의 국무회의는 대통령을 의장으로 하는 심의기관이며, 국무위원은 대통령을 보좌하는 기능을 한다. 국무위원은 국무총리의 제청으로 대통령이 임명하되, 그 수를 15인 이상 30인 이하로 한다고 헌법에 규정하고 있다.

대통령은 입법 · 사법 · 행정에 대한 권한을 가지고 있으며, 행정수반으로서 정책을 만들고 집행하는 실질적 권한과 책임을 가지고 있다. 대통령을 보좌하는 국무위원들은 주어진 문제에 대해서 국무회의를 통해 심의함으로써 주어진 문제에 대한 정책적 해결 방안을 논의하고 결정하는 데 큰 영향력을 행사할 수 있다. 따라서 정책 과정을 논하면서 '최고 의사결정자 집단' 혹은 '최고 정책결정자 집단'이라고 명명되는 집단은 대통령과 국무총리를 중심으로 한 국무위원들을 지칭한다.

## 3. 중앙행정기관과 지방자치단체

행정 각부는 정부의 구성 단위이며, 대통령 혹은 국무총리의 지휘 · 통솔 아래 법률이 정하는 소관사무를 담당하는 중앙행정기관이라고 정의할 수 있다. 중앙행정기관은 법률이 정하는 바에 의해 주로 집행을 담당하는 기관이다. 현재 중앙행정기관은 기획재정부, 통일부를 비롯해 총 18개의 행정 부서로 구성되며 주로 정책집행을 담당하는 것으로 인식되나, 행정 각부는 그 분야의 전문성 · 지속성 등으로 말미암아 정책의 전반적인 부분에 큰 영향을 미친다. 특히 대통령을 비롯한 국무위원들이 정치인임을 감안할 때 행정 각부의 전문 행정관료들은 그 분야의 전문가로 정책의 전반적인 과정에 영향을 미칠 수 있는 집단이라고 할 수 있다.

'지방자치'는 국가에 종속되어 있는 법적 능력을 가진 공공단체가 주민에 의해 피선된 단체장에 의해 중앙정부의 통제 아래 지역의 과업을 독자적으로 수행하는 것을 의미한다. 지방자치는 제1공화국 헌법에 지방자치에 관한 규정을 두고 있었으나 실현되지는 않았고, 1991년 제6공화국부터 지방의회가 구성되어 본격적인 지방자치 시대가 시작되었다.

지방자치단체는 국가의 일정한 지역과 그 지역주민을 구성원으로 하여 국가로부터 부여된 지방행정을 담당하는 기관이다. 지방자치단체의 주요 기능으로는 헌법에 명시되어 있는 바와 같이, ① 주민의 복리에 관한 사무처리권, ② 재산관리권, ③ 자치입법권, ④ 주민결정권을 들 수 있다.

첫째, 지방자치단체는 주민의 복리를 위한 자치행정권을 가진다. 이러한 주민복리에 관한 사무를 지방자치단체의 '고유업무'라고 하며, 지방자치단체는 지역의 특성에 따라 지역의 이익을 증진시키고자 행정 업무를 수행해야 한다. 지방자치단체는 주민의 편의와 복리 증진을 위해 노력해야 하며, 법령이나 상급 지방자치단체의 조례에 위반하여 사무를 처리할 수 없다. 아울러 지방자치단체는 중앙정부의 '위임사무'도 처리해야 할 의무가 있다.

둘째, 지방자치단체는 재산관리권과 지방행정에 관한 권리를 가지고 있다. 즉, 지방자치단체는 기본 재산을 유지하고 적립금의 설치 · 관리 및 처분을 할 수 있으며, 조세를 부과하고 사용료, 분담금, 수수료 등을 징수할 수 있고, 공공시설의 설치, 관리 및 처분을 할 수 있다. 또한 지방자치단체의 재정 기반을 확보하기 위한 법률로는 지방교부세법과 지방재정법, 지방양여금특별회계법 등이 있다.

셋째, 지방자치단체는 법령이 정하는 범위 내에서 자치에 관한 규정을 제정할 권한을 가지고 있다. 지방자치단체의 자치입법권은 법령의 범위 안에서 그 사무에 관해 조례를 제정하는 권한과 지방자치단체의 장이 법령 또는 조례의 범위 안에서 그 권한에 속하는 사무에 관해 규칙을 제정하는 권한을 가진다.

넷째, 지방자치단체는 주민의결권을 행사할 수 있다. 즉, 주민들에게 과도한 부담을 주거나 중대한 영향을 미치는 중요한 결정 사항 등에 대해 주민투표에 부칠 수 있다. 주민의결권은 헌법에 명시되어 있는 권리는 아니지만 주민투표에 의한 지방자치의 기능이라고 할 수 있다.

이상에서 볼 수 있듯이, 중앙정부와 지방자치단체는 정책을 결정하고 집행하는 과정에 큰 영향을 미칠 수 있다. 특히 중앙정부의 행정 각 부서는 지방자치단체와 비교했을 때, 정책결정 과정에 영향을 미치게 되고, 지방자치단체는 일선 정책집행 기관으로 고유 업무와 중앙정부로부터 위임받은 업무를 수행하도록 되어 있다. 그러나 지방자치단체는 지역의 특성에 맞는 다양한 지역 정책이나 프로그램을 스스로 개발하고 집행할 수 있는 기능도 가지고 있음을 볼 때, 지방자치단체를 단순히 정책을 집행하는 일선기관이라고 이해하는 것은 옳지 못하다.

## 4. 사법부

사법부는 국가나 사회에서 추구되는 공공의 이익을 직접 추구하지는 않지만, 입법부나 행정부에 의해 해결되지 못하고 분쟁이 야기된 경우, 입법부와 행정부로부터 독립적인 기관인 사법부가 당사자 간의 소송을 전제로 일정한 소송 절차에 준해 분쟁 해결을 위한 정당한 법의 적용을 보장하는 업무를 담당한다. 물론 이러한 사법부의 업무는 대부분의 경우 재판이라는 형식을 통하게 되며, 구체적인 영역으로는 ① 민사소송, ② 형사소송, ③ 행정소송, ④ 헌법소송 등으로 구분할 수 있다. 여기서는 사법부의 기능 가운데 민사소송과 형사소송을 제외한 '행정소송'과 '헌법소송'에 대해서 살펴보고자 한다.

행정소송이란 행정법규의 적용에 의해 분쟁이 발생했을 때 당사자로부터 제기된 소송을 심리하기 위한 소송 절차를 의미한다. 우리나라 헌법 제107조 제2항에서는 "명령 · 규칙 또는 처분이 헌법이나 법률에 위반되는 여부가 재판의 전제가 된 경우에는 대법원은 이를 최종적으로 심사할 권한을 가진다"고 규정하고 있다. 여기서 처분은 행정기관의 처분을 의미하며, 행정사건에 대한 관할권이 법원에 있음을 밝히고 있다. 따라서 우리나라의 경우, 행정소송의 1심은 행정법원에서 다루며, 2심은 고등법원에서 다루도록 정하고 있다.

헌법소송은 헌법의 수호를 위한 것으로 우리나라의 경우 헌법재판소 제도를 두고 있다. 헌법재판소는 ① 위헌법률심사권, ② 탄핵결정권, ③ 정당해산결정권, ④ 기관간의 권한쟁의심사권, ⑤ 헌법소원심사권 등을 가지고 있다.

법원의 결정은 정책 과정에 큰 영향을 미친다. 과거 권위주의 체제에서는 사법부의 정책에 대한 법적 판단이 비교적 미미했으나, 오늘날의 사법부는 과거와는 달리 정부의 정책 과정에 대한 법리적 심리를 매우 적극적으로 하고 있는 것으로 보인다. 최근 '신행정수도 건설'과 관련하여 법원 위헌 결정과 '새만금사업'에 대한 법원의 중지 결정 등은 정책 과정에 헌법재판소의 결정이 얼마나 중요한지를 단적으로 보여주는 좋은 예라고 할 수 있다. 이 밖에도 정부의 정책에 의해 불이익을 받게 되는 계층이나 집단들에 의한 행정소송이 해마다 증가하는 추세로 법원의 판단을 기다리고 있음을 감안할 때, 법원의 정책에 대한 영향력은 매우 크다.

## 제 2 절 비공식적 참여자

정책 과정에는 공식적 참여자들 외에도 많은 비공식적 참여자들이 간여한다. 여기서 비공식적 참여자들이란 정당, 비정부단체, 이익집단, 일반 국민과 여론, 전문가, 언론 등과 같이 정책 과정에 큰 영향력을 미치지만 정책 과정에 참여할 수 있는 공식적인 권위를 가지고 있지 않은 정책참여자를 말한다. 정책 과정의 비공식적 참여자들의 역할을 살펴보면 다음과 같다.

### 1. 정 당

우리나라 헌법에 따르면, "정당이라 함은 국민의 이익을 위해 책임 있는 정치적 주장이나 정책을 추진하고, 공직선거의 후보자를 추천 또는 지지함으로써 국민의 정치적 의사 형성에 참여함을 목적으로 하는 국민의 자발적인 조직을 말한다." 정당은 헌법상의 기관은 아니나 헌법에서 보장하는 정치적 · 사회적 제도로서, 국민들의 정치적 의사 형성에 중계 역할을 하는 사회적 기관이다. 정당은 '정치적 의사

형성'을 정치적 주장이나 정책 개발을 통해 추진할 수 있으며, 공직선거에 후보자를 추천하고 지지하는 것 이외에 여당으로서 정부의 구성, 야당으로서 정책적 견제와 경합, 정책의 입안과 선전, 여론의 형성, 정부에 대한 외부통제 기능 등을 수행한다.

정당은 이미 헌법의 규정한 바와 같이, 헌법의 근본 정신을 존중해야 하며, 정당의 목적과 활동은 국가의 존립과 민주주의 질서에 위배되어서는 안 된다. 아울러 정당은 정치적 주장이나 정책을 추진하기 위해 일정한 정강(政綱)을 가져야 한다. 정당의 정강은 단순히 정권의 획득에 그치는 것이 아니라 국민의 여론 수렴을 통한 정치적 의사 형성에 도움이 되어야 한다.

이러한 정당의 설립 목적과 기능으로 인해 정당은 정책형성 과정에 중요한 '이익표출(interest articulation)'과 '이익결집(interest aggregation)'을 고려해 정치 활동을 한다. 정부에 대한 '이익 관계의 표출'이란 정치적 요구의 한 형태로 정부에 어떤 행위를 해 줄 것을 구체적으로 요구하는 행위이다. 일반적으로 이익의 표출은 정당보다는 이익집단의 활동과 관련이 있으나 정당도 '이익표출'과 '이익결집' 기능을 한다. 물론 정당의 정치 활동은 이익집단의 활동과 구별된다. 일반적으로 이익집단은 그들의 이해 관계를 표출하는 집단이며, 이익 관계의 표출이란 이익집단이 자신들의 이해 관계를 극대화하기 위해 정부에 특정 요구를 하는 것이다. 따라서 정당은 이익집단의 '이익표출'을 중계하여 '이익 관계를 결집'하게 되고, 공식적으로 정부의 정책에 반영할 수 있도록 정치 활동을 하는 정치적 집단이다.

물론 정당은 사회에 존재하는 모든 이익집단의 이해관계를 결집하여 대변하지는 않는다. 정당은 정당 고유의 정강에 의해 정치 활동을 하게 되며, 여기서 정당의 정강이란 정당의 설립 목적과 정당 활동의 기본이 되는 목적이다. 사회에는 정치적·경제적 이념이나 신념을 달리하는 이익집단들이 존재하고 그들의 이익 관계는 때에 따라서 특정 정당의 정강과 매우 다를 수 있다. 따라서 이익집단으로부터 표출되는 다양한 이익 관계 가운데 정당은 그 정당의 '정강', 즉 정치적 단체를 구성한 목적에 부합되는 이익집단의 이해를 결집하고 대변하는 역할을 하게 된다.

미국의 경우, 비교적 보수성이 강한 '공화당'과 진보적인 성향의 '민주당'은 그들의 정강에 따라 노동정책, 복지정책, 외교정책, 기업에 대한 규제 방법, 주택정책,

농업정책 등에 대한 성향이 이미 특성화되어 있기 때문에 국민이나 이익집단은 어떤 정당이 집권하는지에 따라 정책 성향이 어떻게 변할 것이라는 것을 미루어 짐작할 수 있다. 따라서 이익집단은 그들의 이해관계와 부합되는 정당을 선택해 정치적 지지와 지원을 하게 되며, 이러한 이익집단의 지지와 지원은 투표 · 정치자금 기부행위 등으로 나타나게 된다. 정당의 입장에서, 이익집단의 정치적 지지와 지원이 정당 활동의 궁극적인 목표와 부합되므로 그들의 이해관계를 결집하여 정책 과정에 적극적으로 반영하는 역할을 하게 된다. 따라서 정당은 모든 이익집단의 이해 관계를 대변하지 않으며, 그들과 정치적 이념이나 신념을 같이하는 부류의 이익집단으로부터 표출된 이해관계를 대변하고 결집하는 역할을 한다.

사회는 다양한 계층과 부류의 사람들로 구성되어 있는 만큼, 각 정당에 대한 정치적 지지와 지원을 보내는 계층과 집단은 확연히 구분된다. 예를 들어, 정치적 진보 성향을 가진 미국의 '민주당'의 경우, 대도시에 거주하는 시민, 노동자, 소수민족, 유색인종 등으로부터 정치적 지지를 얻는 반면, 정치적으로 보수성이 강한 공화당의 경우, 주로 지방, 소도시, 도시의 근교에 거주하는 사람들과 신교도, 기업가, 전문직에 종사하는 부류로부터 전통적인 정치적 지지와 지원을 받는 것을 볼 수 있다(Anderson, 1979: 36).

이러한 논의의 적실성은 물론 미국과 같이 양당 제도가 정치적으로 정착한 경우이며, 국가에 따라서 이익집단과 정당과의 관계는 매우 다를 수 있다. 예를 들어, 복수 정당을 인정하지 않는 경우, 정당의 기능은 정치 체제를 옹호하는 기능 이외의 다른 논의를 할 수 없을 것이고, 복수 정당 제도를 가진 정치 체제라 할지라도 권위주의적 정치 체제 아래서는 앞서 언급한 정당의 기본 기능을 기대할 수 없을 것이다.

우리나라의 경우, 제1공화국 시절부터 지금까지 복수 정당제를 인정하고 있으나, 한국의 역대 정권별로 정당의 기능과 역할은 큰 차이를 보여 왔다. 특히 우리나라의 정당의 발전 과정을 살펴보면, 우리나라의 정치 발전 과정을 이해하는 데 큰 도움이 될 것으로 생각된다. 우리나라의 정당은 비교적 단명하고, 인물 중심으로 이합집산하며, 지역에 연고를 둔 정당 등으로 특징지어진다.

앤더슨(Anderson, 1979: 37)은 미국이나 영국과 같이, 양당 제도가 정착된 사회에서는 정당들이 선거에 즈음하여 그들의 전통적인 지지 계층을 대상으로 전국적인 지지나 지원을 얻어내기 위한 정책 공약을 수립한다고 본다. 반면 그는 프랑스와 같은 다수 정당을 가지고 있는 국가에서는 정당들이 사회의 특정 분야에 국한된 정치적 지지나 지원만을 받을 수 있어 국가적 차원에서 이해관계의 결집을 기대하기 어렵고, 정당의 국민에 대한 대표성이 떨어진다고 본다. 최근 우리나라의 정당이 과거와는 다른 정치적 행태를 보이고 있는 것은 사실이나 그것의 실체를 구체적으로 평가하기 위해서는 좀 더 시간이 걸릴 것으로 판단된다.

결론적으로 정책 과정에서의 정당을 단순히 이익집단으로부터 표출된 이해관계를 결집하는 '중개자(broker)'로 이해하는 것은 적절치 못하며, 정당은 정책형성 과정에서 특정 이해관계를 '옹호(advocates)'하는 활동을 하게 된다(Anderson, 1979: 37). 그러나 정당은 사적인 이해관계를 대변하기 위한 집단이 아니기 때문에 늘 공익과 국익에 따라 정책대안을 제시해야 하며, 정당 간의 정치적 입장 · 관점 · 이해관계 등에서 비롯된 갈등은 대화 · 타협 · 협의 등을 거쳐 해결해야 한다. 이러한 정치 과정은 고도의 정치적 기술을 요하며, 그 사회의 정치 발전 수준과도 깊은 관련이 있다.

## 2. 비정부단체(NGO)

최근 비정부단체는 정책 과정에 매우 중요한 영향을 미치는 비공식적 참여자로서 논의된다. 특히 비정부단체는 이익집단과는 구별되는 개념으로, 이익집단이 사적인 집단적 이해관계로부터 출발한다면, 비정부단체는 불특정 사회 문제에 대한 민간 부문의 관심으로부터 시작한다는 차이점이 있다. 따라서 '비정부단체'와 이익집단을 나누어 살펴본다.

'비정부단체(non-government organization: NGO)'라는 용어는 국제연합의 '경제 · 사회이사회(economic and social council)'의 회원으로서의 자격을 정의하면서 사용한 개념으로 정부 이외의 단체로 영리를 추구하지 않고 정부와 무관하게 활동하는 사회단체를 의미한다.

그러나 최근에는 비영리적 목적으로 사회의 다양한 문제에 관심을 가지고 활동하는 민간단체들을 일반적으로 비정부단체라고 한다. 이들 단체들의 주요 관심은 '지역 개발', '인권', '환경', '평화', '사회 정의' 등과 같이 매우 다양하며, 이들의 활동 범위는 범세계적 차원에서 공유한 문제를 다루는 단체와 주로 국내 문제와 관련해 활동하는 민간단체 등으로 구분해 볼 수 있다.

비정부단체(NGO)와 유사한 개념으로는 '비영리단체(non-profit organization: NPO)', '시민사회단체(civil society organization: CSO)', '비영리기업(nonprofit entrepreneurship: NPE)', '자원봉사단체(voluntary organization: VO)' 등이 있으며, 이들 모든 단체들은 정부와 구별되고, 대체적으로 영리를 추구하지 않으며, 공익을 목적으로 활동한다는 공통점을 가진다. 이러한 특성을 가진 대부분의 민간단체를 포괄적으로 비정부단체(NGO), 비영리기업(NPE), 비영리단체(NPO) 등이라고 한다. 샐라먼(Salamon, 1992: 150)은 비정부단체의 특성을 다음과 같이 기술하고 있다.

첫째, 공식적인 조직을 가지고 있어야 하며, 일회성 집회로 끝나거나 비공식적인 모임은 비정부단체에 포함되지 않는다.

둘째, 순수한 민간단체여야 한다. 정부로부터 자유로우며 독립적이어야 한다. 물론 정부로부터 활동에 필요한 재정적 지원을 받을 수 있지만 단체의 구성에 정부 인사가 포함되어서는 안 된다.

셋째, 비영리조직이어야 한다. 단체의 활동에서 발생하는 이익을 조직구성원에게 배분해서는 안 되며, 단체의 활동 목적에 맞게 재투입해야 한다.

넷째, 자율적 통제에 의해 단체의 구성과 활동이 이루어져야 한다. 즉, 단체의 활동을 자율적으로 관리할 수 있는 능력을 갖추고 있으며, 내부적으로 단체를 관리할 수 있는 제도와 기구가 있어 외부의 영향을 받지 않는다.

다섯째, 자율적 의사에 따라 행동한다. 단체의 활동은 단체의 설립 취지에 동의하는 구성원들이 자유로이 결정하고 행동한다.

여섯째, 공익을 추구한다. 비정부단체는 불특정 다수의 이익에 봉사하고 기여하는 순수 민간단체이다.

최근 비정부단체의 활동의 확대는 범세계적이며 우리나라도 예외는 아니다. 비정부단체 활동의 확대는 국가가 발전하면서 갖게 되는 특성과 무관하지 않다. 샐

라먼(Salamon, 1992: 153)과 에스텔(Estelle, 1983: 350-375) 등은 비정부단체의 활동이 적극성을 띠게 된 원인을 ① 복지국가의 위기, ② 지역 개발의 문제, ③ 환경의 위기, ④ 사회주의 체제의 몰락 등에서 찾고 있으며, 또한 이러한 민간단체들을 과거 어느 때보다 적극적으로 활동할 수 있게 만든 사회·경제적 배경으로는 ① 정보·통신 기술의 발달, ② 도시 중산층의 증대 등을 들고 있다. 이 밖에도 '정부의 비정부단체에 대한 재정적 지원', '정부실패', '민주화' 등이 비정부단체의 활동이 강화된 원인으로 보인다.

비정부단체의 사회적 기능으로는 '도시빈곤 문제', '환경 문제', '사회복지', '인권' 등의 분야에 적극적인 관심과 참여를 통해 사회 문제의 해결을 위한 적극적인 활동에서 찾아볼 수 있다. 이러한 일들은 과거 정부에 의해 독점적으로 수행되었으나, 최근에는 정부의 '민영화(privatization)' 혹은 '민간위탁' 등을 통해 공공 서비스를 제공하는 방법을 다양화시킴으로써 비정부단체의 사회적 기능을 크게 증가시키게 되었다. 또한 최근 사회 문제나 지역 문제의 해결을 위한 정부의 각종 자문위원회에 시민단체의 대표가 참여해 적극적인 활동을 하고 있는 것을 볼 때, 비정부단체의 정책형성과 집행 과정에 대한 영향력은 매우 크다. 따라서 정부와 비정부단체의 바람직한 관계 형성은 정책이 만들어지고 집행되는 전반적인 과정에 매우 중요하며, 비정부단체는 정부와 대립적 관계보다는 동반자로서 인식되어야 할 필요가 있다.

우리나라의 비정부단체 활동은 과거에는 주로 체제 변화에 대한 요구에 초점을 맞춘 활동이었으나 1987년 이후 합법적·평화적·점진적 시민 활동으로 변화되었다. 1987년 '경제정의실천시민연합(경실련)'의 출범을 시작으로 1990년대에는 '환경운동연합', '참여민주사회시민연대(참여연대)' 등이 활동하고 있다. 최근에는 '환경운동', '녹색생명운동', '여성운동', '인권 문제' 등과 관련된 사회 각층의 단체들이 있으며, 이들 단체들의 특성은 과거와는 달리 정부 주변적 성격에 머물지 않고 현실 참여를 통해 실질적인 문제를 해결하려는 적극적인 활동 내용에서 찾을 수 있다.

비정부단체에 대한 정부의 지원으로는 비영리단체의 자발적인 활동을 보장하고, 공익 활동 증진과 민주사회에 기여할 것을 전제로 2000년 4월 13일 '비영리단체지원법'을 제정했다. '비영리단체지원법'에 의한 '정부지원 희망단체'는 주무부처와 시·도지사에게 등록하면 보조 대상단체가 되며, 그 대상은 다음과 같은 조건을 충족시켜야 한다. ① 사업의 직접 수혜자가 불특정 다수일 것, ② 구성원 상호 간에 이익 분배를 하지 않을 것, ③ 특정 정당이나 후보를 지지, 지원하지 않을 것과 특정 종교의 교리 전파를 목적으로 하지 않을 것, ④ 상시 구성원 수가 100인 이상일 것, ⑤ 최근 1년 이상 공익 활동 실적이 있을 것, ⑥ 법인이 아닐 경우 대표자나 관리인이 있을 것 등이다.

이러한 기준에 따라 정부는 '공익사업선정위원회'를 구성하여 지원사업에 대한 심사 및 선정, 보조 금액 등을 결정한다. 정부에서 비정부단체를 포함한 민간단체에 재정적 후원을 하는 이유는, ① 비정부단체의 공익사업 활동에 대한 자발적 참여를 통해 국민에 대한 공공 서비스의 향상, ② 비정부단체의 사업 수행 능력 지원을 통한 비정부단체 활동의 사회적 기반 강화, ③ 비정부단체를 매개로 한 시민참여 활성화를 통한 참여민주주의의 확대 발전 등이다.

행정관료들은 일반적으로 비정부단체가 전문성이 없어 비정부단체가 문제 해결에 참여하게 되면 비효율적일 것이라고 생각할 수 있다. 그러나 최근 비정부단체는 과거와 차별되는 전문성과 투명성을 가지고 지역 문제나 해당 문제를 접함으로써 문제 해결에 더 나은 대안을 제시하거나 참신한 아이디어를 제공하는 등 크게 기여하고 있다. 또한 정책 과정에 비정부단체의 참여는 정책의 정당성과 공정성을 인정받는 계기가 되어 정책이 성공적으로 집행될 수 있는 가능성을 높일 수 있다. 따라서 정부는 비정부단체를 문제 해결의 동반자로서 인식하고, 정책 과정에 참여시키는 방안을 모색해야 한다.

## 3. 이익집단

이익집단이란 동일한 목표를 가지고 있거나, 공동의 목표를 추구하는 개인들의 집합체로 정의된다. 공동의 목표를 가진 개인들이 집단화하는 이유는 개인적으로 목표를 추구하는 것보다는 집단을 만들어 그들의 이해관계를 추구하는 것이 훨씬 효과적이기 때문일 것이다. 이익집단은 자신들의 이해관계에 영향을 미치게 되는 정부와 대기업 등의 활동에 민감하게 반응해 그들의 이해관계를 표출한다.

이익집단은 정부의 정책결정과 집행 과정에 큰 영향력을 행사할 수 있는 정치적 · 경제적 · 사회적 능력이 충분히 있는 것으로 이해되며, 이와 관련하여 세퍼(Scheffer, 1981: 129)는 이익집단의 정부에 대한 영향을 미칠 수 있는 능력에 대해 다음과 같이 설명하고 있다. "이익집단은 정부의 어느 곳에도 도달할 수 있을 정도로 의사소통의 길을 확보하고 있으며, 이 길이 통하는 이유는 이익집단의 정부정책에 대한 지지나 지원이 정책의 성패에 늘 중요하게 작용하기 때문이다. 따라서 이익집단의 이해관계는 늘 정부의 최우선 순위를 차지하게 된다." 미국에서 가장 영향력이 큰 이익집단 가운데 하나로 '전국총기연합(the National Rifle Association of America)'을 들 수 있으며, 이들이 개인의 총기 소지를 규제하려는 정치인을 의원선거에서 낙선시킨 예는 잘 알려진 사실이다.

이익집단의 활동은 앞서 언급한 '정당'과 구별된다. 이익집단은 궁극적으로 자신들의 이해관계를 극대화하기 위해 활동하는 반면, 정당의 목표는 정권의 창출이다. 이익집단과 정당은 그들의 목표를 달성하기 위한 불가분의 관계로 보인다. 정당의 입장에서, 이익집단이 가지고 있는 가장 큰 매력은 선거에 영향을 미칠 수 있는 유권자와 선거에 필요한 자금의 동원력이다. 따라서 정당은 그들이 목표를 성취시키기 위해서 이익집단의 정치적 지원이 절대적으로 필요하며, 반면에 이익집단은 그들의 요구를 정책에 반영시키기 위해 정당을 필요로 한다.

이익집단은 '사회운동(social movements)'과 구별된다. 일반적으로 사회운동은 우리 사회의 집단적 불만족과 관련이 있다. 즉, '사회운동'은 사회에서 불평등한 대우를 받았다고 느끼거나 혹은 사회적 · 정치적으로 억압을 받았다고 느끼는 집단이 존재할 경우 촉발된다. 예를 들면, '인권운동', '여성운동', '사회운동', '소비자보호운동' 등은 사회에서 불평등 · 불공정한 대우를 받았다고 느끼는 집단에 의한 불만의 표출로 시작되는 집단적 사회운동이다. 이러한 사회운동은 시간이 지남에 따라 강도가 약해지거나 혹은 비정부단체나 비영리단체로 전환하여 영속하는 경우도 있다. 사회운동은 불특정 다수의 권익을 대변하는 일시적인 경우가 대부분이며, 이익집단은 특정 사회집단의 사적 이해관계로부터 시작하므로 집단의 결집력이 사회운동보다 상대적으로 강하다. 이익집단은 특성에 따라 크게 세 가지로 유형화해 볼 수 있다. 이익집단의 유형으로는, ① 경제적 집단, ② 공익집단, ③ 동류이익 집단 등이다.

첫째, '경제적 집단(economic groups)'이란 대부분의 경우, 같은 직종이나 직업에 종사하는 부류의 사람들로 구성된다. 이들은 이익집단을 결성하여 그들의 경제적 이해관계를 공동으로 추구하는 것을 목적으로 한다. '경제적 집단'으로는 '전문직종별 단체 혹은 연합회', '기업 중심의 각종 단체', '노동조합', '농민단체' 등으로 자신들의 직종·직업별 경제적 이해관계를 극대화하기 위해 결집하여 활동한다. 우리나라의 경우, 전국경제인연합회, 무역협회, 대한의사협회, 대한약사회, 대한변호사협회, 전국민주노동조합총연맹, 전국언론노동조합, 벤처기업협회 등을 들 수 있으며, 이들은 자신들의 경제적 이익을 보호하고 공동의 이익을 추구하기 위해 결집된 경제적 집단이라고 할 수 있다.

둘째, '공익집단(public interest groups)'이란 특정 사회 문제에 대해 같은 문제의식을 가진 사람들이 결집해 활동하는 단체를 뜻한다. 대부분의 경우 이러한 이익집단은 사회에서 발생하는 문제들을 중심으로 공익의 실현을 목적으로 활동한다(Sinclair, 1976: 2). 이들은 정부에게 문제를 제기하기도 하지만 일반 시민들을 향해 자발적으로 문제 해결에 동참할 것을 요구하기도 하며, 이러한 단체 활동이 사회구성원 모두에게 큰 도움이 될 것이라는 자각을 하게끔 한다. 다른 유형의 이익집단은 대부분 자신들의 주장이나 쟁점을 정부가 받아들이도록 영향력을 행사하나, 공익집단은 일반 시민들에게 자신들이 제기한 주장이나 쟁점의 중요성을 알리고, 사회구성원 모두가 정부에게 문제를 제기할 것을 촉구한다. 이러한 유형의 이익집단의 활동 영역은 주로 환경, 소비자 보호, 인권, 정부혁신 등과 연계된 분야에서 찾아볼 수 있고, 우리나라에서도 최근 다양한 공익집단이 사회의 다방면에서 활동하고 있다. 공익집단은 앞서 언급한 '비정부단체'와 같은 맥락에서 이해될 수 있다. 우리나라의 공익집단으로는 경제정의실천시민연합, 환경운동연합, 녹색소비자연대, 한국소비자단체협의회, 행정개혁시민연합, 참여연대 등이 있다.

셋째, '동류 이익집단(solidarity interest groups)'이란 인종, 연령, 성별 등과 같은 특징을 공유하는 사람들이 그들의 정체성을 유지하고 발전시키기 위해 결집한 단체로 정의된다(Buchholz, 1992: 131). 예를 들어, '한국여성단체연합'은 한국 여성들의 권리 증진을 목적으로 결집해 여성 문제와 연계된 다양한 활동을 하고 있는 동류 이익집단이라고 할 수 있다. 물론 이러한 집단은 궁극적으로 경제적 이익을 추구하지는 않지만, 때로는 직장에서 여성에 대한 '동등한 대우'를 주장하면서 동류집단의 경제적 문제에 접근하기도 한다. 이러한 유형에 속하는 집단으로는 동창회, 향우회, 종교단체 등으로 자신들이 공유하고 있는 정체성을 중심으로 결집해 활동하며, 때로는 선거와 관련해 특정 후보나 정당을 지지하거나 후원하기도 한다.

## 4. 일반 국민과 여론

정책 과정의 비공식 참여자로서 '일반 국민'은 최종적인 정책 대상이기 때문에 정책이 만들어지고 집행되는 과정에 관심을 갖지 않을 수 없다. 그러나 일반적으로 정부의 모든 정책이 국민 전체에게 같은 정도로 영향을 미치지 않기 때문에, 국민들은 자신의 일상 생활에 영향을 미치는 정부의 활동에만 관심을 가진다.

우리나라 헌법은 일반 국민으로서 누릴 수 있는 권리·자유·의무 등을 명시하고 있지만, 개인으로서 사회 문제를 제기하고, 제기한 문제가 공식화되어 사회가 변화하는 것을 기대하기는 어렵다. 왜냐하면 다원화된 사회에서 개인의 요구는 집단의 요구보다 정치적 영향력이 약하기 때문이다. 따라서 정치적 영향력을 키우기 위해서 같은 문제 의식을 가진 사람들과 결집해 문제의 중요성과 심각성을 알리고, 정부로 하여금 무엇인가를 하도록 요구해야 한다.

일반 국민은 개인으로서 정책 과정에 큰 영향을 미칠 수는 없지만, 투표 행위를 통해 정치적 의사를 개진한다. 대통령을 비롯해 국회의원, 지방자치단체장, 광역 및 기초자치단체 의원 등을 선출하며, 선거 결과는 곧 일반 국민의 정치적 요구와 관련 있다. 일반 국민을 정책 과정의 비공식 참여자로 논의하는 중요한 이유 가운데 하나는 일반 국민들이 만들어 내는 '여론' 때문이다.

여론이란 사회 문제나 정부정책 등에 대한 일반 국민의 관심이나 의견으로서 얼마나 많은 사회구성원이 의견과 관심을 공유하고 있는지에 따라 여론의 정치적 영향력은 달라진다. 국민 대다수가 공유하고 있는 여론은 정책 과정에 큰 영향을 미친다. 우리는 종종 전 국민들을 대상으로 정당, 언론 매체, 혹은 전문조사기관 등이 수행하는 여론조사를 접하게 된다. 국민의 여론을 수렴해 정치에 반영하는 것은 일반 국민의 정치적 지지를 이끌어 내는 정치의 기본이며, 최근 정보・통신 기술의 발달로 여론을 수렴할 수 있는 편리하고 효과적인 방법들이 고안되어 수시로 여론을 수렴해 국정 활동에 반영되는 것을 볼 수 있다.

## 5. 전문가

전문가들은 정책 과정의 비공식 참여자로서 중요한 역할을 한다. 정부가 해결해야 할 사회 문제가 다양한 만큼, 사회 각 분야의 전문가들은 정책 과정에 큰 영향을 미친다. 사회 문제를 해결하기 위해 정책대안을 모색하는 과정에서 전문가의 전문성은 정부가 결정할 정책에 정당성을 부여기 때문에 매우 중요하다. 특히 정책적으로 해결해야 할 문제가 고도의 과학적 혹은 전문적 기술을 필요로 하는 경우, 전문가의 정책대안에 대한 의견은 정책의 정당성을 넘어 정책에 '권위(power)'와 '영향력(influence)'을 더해 줄 수 있다(Nelkin, 1984: 16). 과학적 전문성의 권위는 과학적 합리성에 따르며, 이러한 전문가의 판단은 정책대안의 최종 선택 과정에 영향을 미친다. 전문가에 의한 문제 정의, 정책대안의 실효성, 정책대안이 가져올 결과에 대한 예측 등은 정책을 기획하는 과정에 반영될 뿐 아니라 결정된 정책의 당위성을 확보해 향후 결정된 정책과 관련해 야기될 수 있는 논쟁으로부터 정부가 자유로울 수 있는 빌미를 제공한다.

예를 들어, '핵 발전소 건설' 프로그램의 경우, 시설의 안전성에 대한 전문가의 견해는 거의 절대적인 것으로 보인다. 그러나 전문가들 간에 의견이 일치하지 않을 때 논란이 발생할 수 있다. 핵 발전소의 새로운 설립에 반대하는 사회단체들도 핵 발전소와 관련된 전문가를 통해 다양한 문제를 제기할 수 있기 때문이다. 이러한 경우, 전문가들 간의 합의는 기대하기 어렵다. 전문가들이 문제 해결에 합의하지 못했을 때, 문제 해결은 전문가의 영역을 벗어나 '핵 발전소 건설'과 관련된 지역주민의 삶의 질, 환경오염 등의 문제로 비약되어 다시 정부 영역에 머무르게 된다. 정부의 정책결정은 지역주민들에 대한 설득과 보상 등을 통해 이루어질 것이 기대되지만 일단 발생한 분쟁으로 말미암아 문제 해결은 '딜레마'에 빠지게 된다.

최근 정부는 '공론화위원회' 제도를 활용해 사회적으로 첨예한 대립으로 갈등을 겪는 문제들의 해결을 모색한다. '신고리 5·6호기'의 건설 중단과 건설 재개의 예에서 볼 수 있듯이 공론화위원회는 시민참여단을 구성해 찬반양론으로 첨예하게 대립된 정책 쟁점을 '민주적 숙의(democratic deliberation)'[1] 과정을 거쳐 '집단지성'[2]을 발휘해 해결한 좋은 예이다.

## 6. 언 론

언론의 역할은 사회 각 분야의 쟁점들을 빠르고 정확하게 전달하는 데 있다. 물론 언론기관이 객관적인 사실만을 전달할 것이 기대되지만, 언론기관은 나름대로 사회적·정치적 쟁점에 대해 논평을 한다. 언론기관의 사회적·정치적 쟁점에 대한 논평은 언론기관의 정치 성향과 무관하지 않으며 나름대로 언론기관의 정치적 성향을 옹호하는 독자들에 의해 정기적으로 구독·청취·시청된다. 따라서 언론기관은 일반 국민들의 여론을 형성하는 기능을 부분적으로 수행한다.

정책 과정의 비공식 참여자로서 언론기관은 사회 문제를 정부의제로 전환시키는 촉매 역할, 여론의 형성, 사회 고발 등의 기능이 있다. 언론기관이 정책집행이나 평가보다 정책형성 과정에 집중하는 이유는 늘 새로운 정치적 쟁점만을 따라다니는 언론기관의 속성과 관련 있다.

---

1) 드라이잭(Dryzek, 1990, 2000)의 '숙의민주주의(deliberative democracy)'에 대한 논의에 따르면, 지금까지 우리가 문제 해결을 위해 사용한 '제도적 합리성(institutional rationality)'과 '객관주의(objectivism)'는 오늘날 우리가 기대한 것처럼 작동하지 않는다고 진단하고 대안으로 '담론적(discursive)', '소통적(communicative)' 합리성을 기제로 삼아 숙의 민주주의를 실현해야 한다고 주장한다. 연관된 주제로 참여민주주의, 담론적 민주주의, 숙의민주주의, 탈정상과학에 대한 자세한 논의는 이 책 제7장을 참고바람.

2) '집단지성'이란 다수의 개체들이 협력 또는 경쟁하는 과정을 통해 얻게 된 집단의 능력을 뜻하며, 이는 개체의 지적 능력을 뛰어넘는 능력을 발휘한다는 개념이다. '집단지성'은 미국의 곤충학자 윌리엄 모턴 휠러(William Morton Wheeler, 1910)가 개미들이 모여 협업을 통해 개미집을 만드는 것을 관찰하고 만들어 낸 개념이다. 이후 실험연구를 통해 제임스 서로위키(James Surowiecki)는 특정 상황에서 집단은 집단 내부의 가장 우수한 개체보다 지능적이라고 주장한다. 집단지성의 대표적 예로 인터넷을 기반으로 한 '위키피디아'를 들 수 있다. '위키피디아'는 지식과 정보의 생산자와 수혜자를 구별하지 않고 모두가 지식의 생산과 소비를 공유해 계속 진화하는 집단지성의 좋은 예다.

# 제 6 장

# 정책을 보는 이론적 관점

## 제1절 국가의 개념과 역할

### 1. 국가의 개념

정책은 국가 활동의 산물임과 동시에 한 국가의 이미지를 그려내는 구체적인 수단이기 때문에 '국가(state)'란 무엇이고, 어떻게 형성되며, 어떤 역할을 하는지를 살펴보는 것은 정책을 이해하는 데 큰 도움이 된다. '국가'라는 개념은 추상적이고 모호할 뿐만 아니라 경험적 연구로 가치가 없다고 여겨져 한 때 정치이론 분야에서 등한시되었으나, 오늘날 국가는 명확한 구조와 관찰 가능한 관계들을 내포한 개념으로 간주된다.[1] 베버(Max Weber)는 국가를 주어진 영토 내에서 정당한 물리적 힘을 독점적으로 사용하는 '인간 공동체(human community)'라고 하며, 현대 국가의 핵심적 특징을 다음과 같이 명확히 설명하고 있다.

> 국가는 법에 의해 규제되는 행정적·법적 질서와 잘 조직되어 협업하는 행정관료들로 구성된다. 이러한 질서 체계는 '구속력(binding authority)'을 가지며, 이 구속력은 국가의 모든 구성원들, 즉 출생에 의해 시민권을 획득한 모든 시민들은 물론 국가의 관할 구역에서 일어나는 모든 사람들의 행위에 적용되며, 이것은 영토를 기본으로 강제력을 지닌다. 나아가, 오늘날 국가에 의해 허용되거나 규정된 권력의 사용은 정당한 것으로 간주된다. 국가가 권력을 독점한다는 것은 현대 국가의 필수적인 조건이며, 그 이유는 국가의 '관할 구역과 조직'을 유지하기 위해서다(Weber, 1964: 156).

1) 1950년대 미국 정치학계를 풍미한 행태주의적 혁명에 의해 학문의 초점이 '제도와 구조'에서 '개인'으로 옮겨감에 따라 '국가'는 '정치 체제(political systems)'로 대체되어 유권자, 사회 활동가, 정치인, 관료 등이 집단적으로 벌이는 행태의 정형을 '투입(inputs)'과 '산출(outputs)'에 따라 일반화시킴으로써 '국가'라는 개념이 '정치 체제'라는 개념으로 대체되었다. 그러나 '국가'는 1980년대 미국 정치학계에 재등장하며, 스콕폴(Skocpol, 1985) 등은 정치 체제의 산출은 투입에 의해 모두 설명되지 않는다고 주장하면서 '국가'라는 개념을 다시 불러들여 연구할 것을 권한다. 오늘날 '국가'라는 개념은 1970년대 이후 서유럽에서 마르크스주의이론의 부활과 함께 미국 정치학의 주류로 돌아 왔으며, 특히 20세기 후반 행태주의와 체제이론의 퇴조는 '국가'라는 개념에 대한 지적 도전자가 줄어들었음을 의미한다고 드라이잭과 던리비((Dryzek & Dunleavy, 2009: 7)는 말한다.

베버는 국가란 사람들을 지배하는 사람들의 관계이며, 이러한 관계는 '정당한 폭력으로 간주되어(considered to be legitimate violence)' 유지된다. 국가가 존재하려면, 피지배자는 위정자가 가지고 있는 권위에 복종해야만 한다(Weber, 1958: 78). 베버는 사람들이 '권력자들(the powers)'에게 복종하는 이유를 세 개의 '내면 정당성(inner justification)'에서 찾고 있으며, 이것은 이미 우리들에게 잘 알려져 있는 '전통적 지배(traditional domination)', '카리스마 지배(charismatic domination)', '법적 지배(legal domination)'를 말한다. 이에 덧붙여 베버는 사람들이 실질적으로 권위에 복종하는 이유를 '두려움(fear)'과 '희망(hope)' 때문이라고 하며, 피지배자는 권위에 복종하지 않았을 경우 감당해야 할 보복에 대한 두려움과 복종했을 때 얻을 수 있는 보상을 감안해 결국 복종하게 된다(Weber, 1958: 79). 베버가 말하고 있는 국가의 필연적 특성은 '행정적, 법적, 관료적, 강제적 체계', '지배와 통제', '구속력', '권위' 등이며, 이러한 국가의 특성은 국가를 정의하는 중요한 속성이 된다.

드라이잭과 던리비(Dryzek & Dunleavy, 2009: 2)에 따르면, 국가란 "특정 영토 내에서 국민들의 절대적인 충성심에 의해 잘 조직되어 영속적으로 운영되는 단일한 '정치적 권위(political authority)'이며 이것은 사회 전체의 이익을 추구한다." 국가는 국가를 정의하는 '일곱 개의 특징'과 다섯 개의 '연계된 특징(associated characteristics)'을 가지며 이것에 대해 학자들 간에 실질적인 합의가 이루어져 있다고 한다.

먼저 국가를 정의하는 일곱 개의 특징을 살펴보면, 국가란 ① 일련의 통합된 제도다, ② 주어진 영토와 사회를 통제한다, ③ 집단적 구속력을 가지고 정책을 결정하고 집행한다, ④ 정당한 권력의 사용을 독점한다, ⑤ 주권을 추구한다, ⑥ 공적 영역(주어진 영토와 인접 해안)에서 작동한다, ⑦ 시민권을 규정하고 국내·외의 출입을 통제한다. 만약 정부가 상기한 '국가를 정의하는 일곱 개의 특징' 가운데 하나라도 결여되었다면 실제로 국가라고 할 수 없다(Dryzek & Dunleavy, 2009: 2-5).

반면에 '국가와 연계된 특징'은 일반적으로 국가가 추구하거나 지향하는 것을 뜻하며, '연계된 특징'이 없더라도 국가로 존재할 수 있다. 국가의 연계된 특징은 ① 공동의 이익을 추구한다, ② 사회의 중요한 집단들에 의해 정당한 것으로 받아들여진다, ③ 발달된 관료제도와 조세체계를 가지고 있다, ④ 헌법과 법률체계에 의해 운영된다, ⑤ 다른 국가들에 의해 국가로 인정된다(Dryzek & Dunleavy, 2009: 2-5).

상기한 모든 특징들을 만족시키는 '현대 국가(modern state)'로 성립된다는 것은 결코 쉬운 일이 아니며, 우리나라의 경우도 반만년의 역사를 가지고 있다지만 '현대 국가'에 의해 통치된 연혁은 불과 백년이 채 되지 않는다.[2] 모든 국가가 그들 나름대로 역사, 문화, 이념, 종교, 지리적 조건 등이 다른 만큼, 국가의 형태 또한 다양하다. 드라이잭과 던리비가 말한 12개의 국가의 특징을 모두 만족시킬 수 있는 국가 수는 모두 190여 개라고 하며(Dryzek & Dunleavy, 2009: 5), 국제연합(UN) 가입국은 193개국이고, 국제법상 인정된 국가 수는 242개국이다.

## 2. 국가의 형성

오늘날 국가는 '주권의 실체(sovereign entities)'로 간주된다. 여기서 주권이란 국가에 의해 특정 영토에 배타적인 '정부(government)'가 수립되었다는 것을 뜻하며, 동시에 어떤 다른 외부의 '힘(power)'이 권위를 가지고 그 영토에서 일어나는 모든 일과 국민에 대해 '간섭(intervene)'을 할 수 없음을 말한다. 주권은 국가의 가장 강력한 전제조건이며 주권의 침해는 정당한 이유 없이 용납되지 않는다(Dryzek & Dunleavy, 2009: 8). 한 지역공동체가 '주권국가'로 발전하는 과정과 형태는 매우 다양하다. 국가형성을 설명하는 대표적 시각으로 '하향식 관점(the top-down perspective)'과 '상향식 관점(the bottom-up perspective)'이 있다. '국가형성의 하향식 관점'은 '통치자의 행위'와 '국가 간의 경쟁'을 중심으로 국가의 형성을 보며, 상향식 관점은 '민족으로부터 국가로 발전'하는 것으로 본다(Dryzek & Dunleavy, 2009: 8-18).

2) 대한민국 임시정부는 1919년 3·1 운동 이후 4월 17일 수립되었고, 대한민국 수립일은 1948년 8월 15일이다.

### 1) 국가형성의 하향식 관점

국가형성의 하향식 관점은 한 국가의 생존과 성장을 결정하는 중요 요인으로 '통치 엘리트(ruling political elites)'의 행동과 역량을 든다. 드라이잭과 던리비는 국가형성의 하향식 관점을 소개하면서 올슨(Olson, 1993)을 인용해 "고대 문명은 유목민, 외부부족, 다른 사회로부터 끊임없는 침략과 공격 등을 특징으로 하며, 이러한 '약탈자(bandits)'들이 약탈행위를 끝낸 후 할 수 있는 일은 그곳에 정착하든지 아니면 그곳을 떠나는 일 중 하나를 선택하는 것이다. 만약 한곳에 정착한 '약탈자들'이 다른 약탈자의 침략을 물리치게 되면 단기적인 약탈행위보다 더 중요한 이해관계를 추구하게 되며, 이것은 곧 지역사회의 경제적 능력과 수익을 창출할 수 있는 장기적 역량을 구축하는 계기가 된다(Dryzek & Dunleavy, 2009: 9)."

이들은 한 지역과 주민을 '보호(protection)'하고 동시에 '착취(exploitation)'한다는 점에서 '범죄 조직(organized crime)'과 유사한 특징을 공유한다. 틸리(Tilly, 1985: 169-172)는 '전쟁(war-making)'과 '국가성립(state-making)'은 동시에 이루어진다고 주장한다. 그에 따르면, 국가는 범죄조직과 같이 '폭력의 수단(means of violence)'을 독점해 '권위(authority)'를 갖게 되며, 이것을 '정당화(legitimization)'해 시민들을 '보호(protection)'한다고 하지만 여기서 '국가의 보호'는 양면성을 가진다. '보호의 양면성(double-edged protection)'이란 베버가 말한 바와 같이 '두려움(fear)'과 '희망(hope)'이며, 이것은 국민들이 국가에 복종하는 이유가 된다. 국가는 이러한 과정을 거쳐 경제를 건설하고, 군사적 역량을 키우는 것은 물론 행정능력을 배양함으로써 주변 국가들과 경쟁하게 된다.

[그림 6-1]은 국가의 생존과 발전에 대한 하향식 관점을 나타낸 것으로 한 무리의 '약탈자'가 생존·발전해 어떻게 국가로 변신하게 되는지를 보여준다. 드라이잭과 던리비(Dryzek & Dunleavy, 2009: 9)에 따르면, 하향식 관점에 의한 국가형성의 '현실정치의 역학(realpolitik dynamic)' 관계는 최근에 들어 점차 제한받게 된다. 그 이유로 첫째, 1945년 이후 국제질서가 국가 간의 무제한적인 군사경쟁과 경제적 갈등을 제한하기에 이르렀고, 둘째, 자유민주주의 국가가 늘어 감에 따라 지배 엘리트들의 다른 국가에 대한 행동과 행위에 대한 강력한 도덕적 제약을 가

그림 6-1 국가의 생존과 번영의 하향식 관점

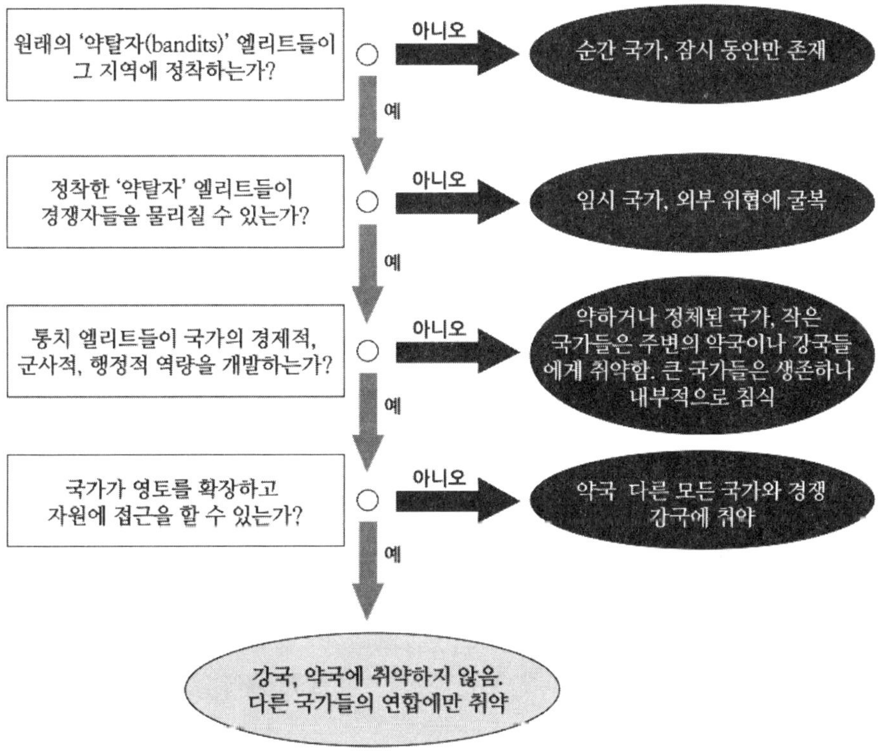


출처: Dryzek & Dunleavy(2009: 9)에서 재구성.

하는 '여론(public opinion)'이 형성되었기 때문이다.

### 2) 국가형성의 상향식 관점

상향식 관점은 국가형성을 '정치적 구조'와 '인간사회의 근본 유형'이 적절히 조화를 이루어가는 과정으로 본다. 여기서 '인간사회의 근본 유형(underlying pattern of human societies)'이란 언어, 문화, 종교, 인종, 역사적 경험 등을 공유해 모양새를 갖추게 되는 사회의 정형으로 '민족(nation)'을 뜻한다. 상향식 관점에서는 '민족(nations)'을 '국가(state)'의 가장 안정적이고 분명한 기반으로 보며, '국가'는 '민족국가(nation state)'의 줄임말이고, '민족'은 당연한 것으로 받아들여지는 '국가'의 특징이다. '민족'은 모든 세계 질서의 기본을 구성하는 중요한 요소로 주어진 영토와 인접한 바다, 영토의 경계 내에 있는 모든 자원의 소유권자다. 미국 윌슨(Thomas Woodrow Wilson) 대통령이 열렬히 주장한 '민족 자결주의(national self-determination)'는 제1차 세계대전 이후 유럽을 재건하는 주요 원칙으로 각 민족에게 한 국가를 부여함을 뜻한다. 이러한 관점은 국가와 민족은 합치되어야 한다고 주장하는 '민족주의자들(nationalists)'에 의해 지지된다(Dryzek & Dunleavy, 2009: 10-11).

상향식 관점은 특정 영토를 기반으로 한 정치조직의 다양한 '형태들(forms)'이 그들이 지배하는 사회와 어떤 관계를 맺고 있는가에 초점을 맞추며, [그림 6-2]는 민족국가, 제국, 그 밖의 정치 형태들 간의 폭넓은 상호 관계에 대한 상향식 관점을 보여준다. [그림 6-2]에서 눈여겨볼 부분은 '국가(state)'와 '제국(empire)'의 차이다. '민족국가'의 근대적 형태는 중세 후반 영국과 프랑스에서 처음 등장하였고, 이들 국가들의 특징은 단일한 권력 중심에 의해 비교적 동질적인 사회를 통치

그림 6-2 민족국가, 제국, 그리고 다른 정치 형태들 간의 상호작용에 대한 상향식 관점

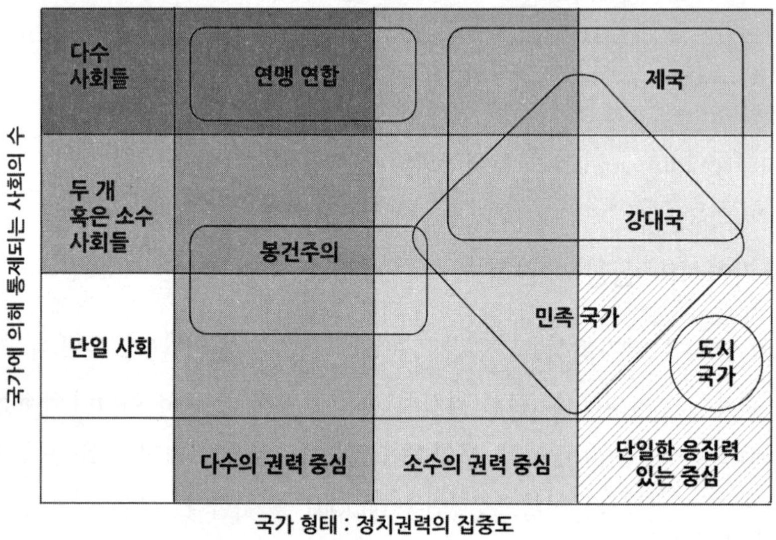


출처: Dryzek & Dunleavy(2009: 11)에서 재구성.

하는 것이다. 반면에 고대와 근대의 '제국'은 단일한 거대 권력 중심이 수많은 사회를 통치하는 형태를 띤다.[3)]

## 3. '국가와 사회의 관계'와 '공공정책'

지구상에 지배적인 정치적 형태로 출현한 '국가'는 지금까지 살펴본 상향식 관점과 하향식 관점에 의해 모두 설명될 수 있다(Dryzek & Dunleavy, 2009: 12). 1970년대 이후 '국가'를 재조명해 '국가와 사회의 관계', '국가의 구조,' '국가의 역할' 등과 같이 국가의 실체를 분석하려는 다양한 연구들이 있었고, 이러한 학문적 시도는 '정책'을 이해하는 데 큰 도움이 되며, 그 이유는 국가와 사회의 상호작용의 결과가 곧 '정책'이기 때문이다.

국가와 사회에 대한 논의의 핵심은 '국가 권력(state power)'이 사회에서 어떻게 균형을 이루게 되는가를 다루는 것이며, 이것은 한 국가의 정책이 어떻게 만들어지고 어떤 결과를 초래하는지를 실질적으로 보여주는 좌표가 된다. '국가와 사회의 관계'를 다루는 대표적인 시각으로 '국가 중심적 관점'과 '사회 중심적' 관점이 있다. 이러한 분류는 국가가 사회로부터 얼마나 자유롭게 자의적인 의사결정을 할 수 있는가에 따라 나뉜다. 즉, 국가가 향유하는 '자율성(autonomy)'의 유무에 따라, 국가를 독립변수로 취급해 자율적 개체로 취급하는 시각을 '국가 중심적 관점(state－centered perspective)'이라고 하고, 반면에 국가의 자율성은 사회에 종속되어 있어 사회적 권력 균형의 변화에 따라 국가 권력의 모양새가 달라진다고 보는 시각을 '사회 중심적 관점(society－centered perspective)'이라고 한다.

사회 중심적 관점에서 국가와 사회의 관계를 다루는 이론으로 우리들에게 익숙

---

3) 역사적으로 수많은 '제국'들이 흥망성쇠를 거듭했음을 잘 알고 있다. 예를 들어, 로마제국과 그 뒤를 이은 비잔틴제국, 현재 인도와 파키스탄에 존재했던 무굴제국, 중동과 남동 유럽에 위치했던 오스만 제국, 중부 유럽에 자리잡았던 합스부르크 제국 등이 그것이다. 알렉산더 대왕이나 징기스칸이 통치했던 제국은 엄청난 수의 사회를 통치했지만 제국건설을 위한 군사작전에 실패한 후 붕괴되어 작은 '국가'들로 나뉘게 된다. 오래된 제국들이 붕괴될 때 비로소 그 잔해로부터 민족국가들이 등장한다. 국가형성의 상향식 관점은 특정 지역과 그 지역의 민족을 연계해 권력구조가 형성되어 궁극적으로 민족국가로 발전되는 것으로 보며, 민족국가야말로 우월한 정치적 동원 잠재력과 정당성이 있다고 주장한다(Dryzek & Dunleavy, 2009: 12).

한 '자유주의', '다원주의', '집단이론', '민주주의', '자유민주주의', '마르크시즘', '엘리트이론', '체제이론' 등이 있다. 이들의 논의는 공통적으로 '사회'로부터 시작하며, '분석의 단위(units of analysis)'는 '개인(individual)', '집단(group)' 혹은 '계급(class)'이다. 자유주의, 다원주의, 집단이론, 민주주의, 자유민주주의는 사상적 근원과 관점이 중첩되며 상호 보완적이다. 엘리트이론은 사회 중심적 시각에서 국가와 사회의 관계를 조명하나 사회의 엘리트집단에 의해 국가 권력이 좌우된다고 보며, 마르크시즘은 국가 권력을 사회에 존재하는 계층 간의 상호작용에서 찾는다. 반면에 국가 중심적 관점으로 '국가주의(statism)'와 '조합주의(corporatism)' 등이 있으며 이를 소개하면 다음과 같다.

## 제 2 절 국가주의

'국가 중심적 관점'[4]은 '국가주의(statism)'라고도 하며, '국가주의자(statist)'들은 국가를 '자율적 행위자(autonomous actor)'로 보고 국가의 목표는 민간 부문의 포괄적 욕구를 반영한 것이 아니라고 한다(Krasner, 1978: 5−6). 이러한 의미에서 국가는 특별한 '동력(drives)'과 '강제력(compulsion)'을 지닌 일련의 제도와 역할인 동시에 국가 스스로 목표를 결정할 수 있는 자율적 개체이다(Krasner, 1978: 10). 여기서 '국가 목표'란 특정 사회집단의 이해관계와 구분되는 것으로, 국가가 선호하는 바에 따라 스스로 설정된 것을 뜻하며, 국가는 대내 · 외적 저항을 극복해 목표를 성취시킬 것이 기대된다. 국가목표에 대한 저항을 극복하는 '국가의 능력'은 사회 내의 집단들에게 영향을 미치는 다양한 '통제의 수단(instruments of control)'[5]에 의한다.

---

4) '국가 중심적 관점'에 의한 대표적인 연구로 스테판(Stepan, 1978, 2001, 2011), 크라스너(Krasner, 1978), 스코치폴(Skocpol, 1979, 1995, 1996), 노드링거(Nordlinger, 1981), 이반스(Evans, eds., 1985), 린츠(Linz, 1999) 등의 연구가 있다. 이들의 연구 관심은 "민주주의 국가에서 국가가 선호하는 바에 따라 어느 정도 자율적으로 '권위적인 행위', 즉 정책을 만들 수 있는가?"이며, 이에 대해 국가주의적 관점에서 답하고 있다.

국가주의자들도 다원주의자들과 같이 국가와 사회는 불가분의 관계로 본다. 왜냐하면 국가 권력의 원천이 사회로부터 기인하기 때문이다. 민주주의 국가는 국민들을 만족시키고 그들의 요구에 부응할 것이 기대되나 이러한 이유에서 국가의 목표를 사회의 모든 개인과 집단의 욕구의 총합으로 연결하는 것은 근본적인 오류를 범하는 것과 같다.

국가주의자들이 말하는 국가목표는 '국가 이익(national interests)'을 뜻하며, 여기서 '국익'이란 '사회 전체의 복리를 위한 유용성'을 제고하는 것이다. 그러나 '사회 전체의 유용성을 제고'하기 위한 구체적인 방법은 사회집단들과 개인의 선호가 다른 만큼 합의에 이르기 어려울 뿐 아니라 다양하므로 결국 최고 의사결정자 집단의 '선호(preference)'에 의해 크게 좌우될 수밖에 없다. 최고 의사결정자 집단의 선호하는 바는 '국가의 선호(state preference)'와 동일시되고 이것은 곧 '국가 목표'가 된다. 국가 목표는 국내 · 외의 저항을 극복해 '권위적 행위(authoritative action)'로 전환되어 집행된다.

'국가 선호'는 다수의 선출직을 포함한 고위 행정관료들에 의해 지지되는 것으로, 그들의 공식적 권위, 계층적 · 전략적 지위, 정보, 전문성, 이념, 숙련된 인간관계 등에 의해 사회적 쟁점들에 대해 적용되는 의사결정의 규범이나 규칙과 같다. 모든 관료들이 단일한 선호를 가지고 있지 않은 만큼, 그들이 벌이는 갈등, 경쟁, '밀고 당김(pulling and hauling)'의 산물이 곧 '국가 선호'이다(Nordlinger, 1981: 15). 국가 선호, 국가 목표, 권위적 행위, 집행으로 이어지는 일련의 결정과 행동을 가능케 하는 국가의 능력을 '국가 자율성(state autonomy)'이라고 한다. 노드링거는 '국가 자율성(state autonomy)'을 다음과 같이 말한다.

> 칸트(Immanual Kant)는 '개인의 자율성'을 '자유 의지(free will)'와 동일시한다. 모든 사회적 개체의 자율성은 그들의 '선호(preference)'와 '행동(action)'이 부합되는 정도로 가늠된다. 만약 완전히 자율적인 개체가 존재한다면 자신의 행위를 스스로 선택할 것이며, 동시에 선호하지 않는 바를 행동에 옮기지 않을 것이다. '자율적 국가(autonomous state)'란 국가의 정책적 선호를 권위적 행동으로 전환시키는 능력을 말

5) '다양한 통제의 수단'이란 엄격한 법의 집행을 말한다.

한다(Nordlinger, 1981: 8).

'국가 자율성'은 '국가 선호'를 '권위적 행위'나 '무위(inaction)'로 일치시키는 것이며, '자율성(autonomy)'은 국가의 '힘(strength)'이나 '권력(power)'과 동의어로 사용되기도 한다. 이러한 의미에서 '강한 국가(strong state)'란 큰 '능력(capacity)'를 가진 국가를 칭하며, 가장 강한 국가는 '혼합경제 체제를 가진 복지국가(mixed economy welfare state)'이다. 왜냐하면 이러한 국가는 사회적 · 경제적으로 국가의 활동이 매우 폭넓게 이루어질 뿐만 아니라, 규제, 분배, 재분배와 관련해 큰 능력을 가지고 있기 때문이다(Nordlinger, 1981: 21).

모든 국가가 자율성을 가지고 있다는 것을 인정한다면, 국가가 누리는 자율성의 변량에 대해 논할 수 있다. 국가의 '힘(strength)'은 사회와 상대적인 관계로 볼 수 있다. 모든 국가가 동일한 정도의 자율성을 가지고 있지 않는 만큼 국가가 향유하는 자율성의 정도에 따라 '강한 국가(strong state)'와 '약한 국가(weak state)'를 두 축으로 다양한 국가의 형태를 유추해 낼 수 있다. '가장 약한 국가'는 사회의 '압력단체(pressure group)'들에 의해 완전히 포획된 국가로, 이러한 국가의 정부는 전체 국민들의 일반적인 이해에 부응하기보다 사회 내의 특별한 이해관계에 반응한다. 반면에 '가장 강한 국가'는 기존의 사회와 문화를 완전히 새롭게 만들어 낼 수 있는 능력을 가진 국가로, 경제제도와 사회적 가치는 물론 사회집단 간의 상호작용의 유형까지 변화시킬 수 있는 충분한 능력을 가진다. 이런 유형의 국가는 아마도 '혁명(revolution)' 이후 집권한 정부에서 찾아볼 수 있으며, 좋은 예로 1917년 이후 구소련 정권과 1946년 이후 중국 정부를 들 수 있다(Krasner, 1978: 56). 대부분의 민주주의 국가들은 극단적으로 강하거나 매우 약하지 않으며, 어느 정도 '자율성'을 가지고 사회와 관계를 유지한다. 크라스너(Krasner, 1978: 56−58)는 자본주의 국가에서 찾아볼 수 있는 국가와 사회의 관계를 세 개의 유형으로 나눈다.

첫 번째 유형의 국가는 사회적 압력을 견딜 수 있는 능력은 있으나, 민간 부문의 행태를 변화시킬 수 있는 능력은 없는 유형의 국가다. 예를 들면, 국가의 최고 의사결정자들이 대기업들의 요구를 무시할 수는 있지만 그들로 하여금 국가의 목표를 성취시키기 위한 정부 정책에 호응을 유도하기는 역부족인 경우이다. 두 번째 유형의 국가는 사회적 압력을 견딜 수 있을 뿐만 아니라, 사회 집단들을 '국익'에 도움이 될 수 있도록 설득할 수 있는 능력도 있으나 사회 환경의 구조적 변화를 유도해 내기엔 미흡한 유형의 국가다. 세 번째 유형의 국가는 민간 부문의 행위자들의 행태를 변화시킬 수 있는 '힘'을 충분히 가지고 있고, 장기적으로 사회의 경제구조까지 점진적으로 변화시킬 수 있는 능력을 갖춘 국가이다. 이러한 국가는 세제혜택, 신용, 직·간접적 경제적 지원 등을 통해 새로운 경제 주체를 만들어 낼 수 있는 역량이 있으며, '국익'에 부응하는 기업들에게 특혜를 장기적으로 줌으로써 경제구조 변화를 유도해 낼 수 있다(Krasner, 1978: 56-57).

상기한 논의를 감안해 <표 6-1>은 국가와 사회의 관계에서 국가가 ① '사회적 압력'을 이겨낼 수 있는 능력의 유무, ② 민간 부문의 행태를 변화시킬 수 있는 능력의 유무, ③ 사회구조를 변화시킬 수 있는 능력의 유무에 따라 다양하게 나타나는 국가의 형태를 보여준다.

<표 6-1>에서 볼 수 있듯이 국가가 사회로부터 얼마나 자유로우냐에 따라 '약한', '보통', '강한' 국가로 나누어 볼 수 있다. 대부분의 민주주의 국가들은 상기한 세 범주에 속하며, '부재'나 '지배' 범주에 속하는 민주주의 국가는 거의 찾아보

**표 6-1 사회에 대한 국가의 권력**

| | 사회 압력을 이겨낼 수 있는 능력 | | 사회 행태를 변화시킬 수 있는 능력 | | 사회구조를 변화시킬 수 있는 능력 | |
|---|---|---|---|---|---|---|
| | 예 | 아니요 | 예 | 아니요 | 예 | 아니요 |
| 부재 (Nonexistent) | | x | | x | | x |
| 약함 (Weak) | x | | | x | | x |
| 보통 (Moderate) | x | | x | | | x |
| 강함 (Strong) | x | | x | | x (그러나 서서히) | |
| 지배 (Dominant) | x | | x | | x | |

출처: Krasner(1978: 57)에서 재구성.

기 어렵다. 또한 '약한' 혹은 '강한' 국가들도 모든 정책 쟁점에 같은 정도로 약하거나 강한 것이 아니라 쟁점에 따라 약하거나 강할 수 있다. 예를 들어, 금융 부문에는 국가가 강한 자율성을 가지고 정책을 만들고 집행하지만 의약 부문에는 비교적 약하거나 보통수준의 자율성만을 향유하는 경우를 들 수 있다(Krasner, 1978: 58).

헤크로(Heclo, 1974: 7)는 정책결정을 본질적으로 '역사적 과정(historical process)'으로 본다. 과거와 동일한(혹은 유사한) 정책에 대해, 모든 정책 관련 행위자들이 때로는 의식적으로 반대하고 때로는 지지하면서 새로운 정책의 모양새를 구체화시켜 가는 역사적 과정이 곧 정책결정이라고 주장한다. 국가주의 관점 역시 정책결정은 '국가의 구조'와 '정책유산(policy legacies)'을 기본으로 정치인과 행정관료들이 중심이 되어 '혁신적인 정책 전문가들의 조언'과 '정치적으로 표현된 사회집단의 요구'를 취사선택해 정부의 정책을 결정하게 된다고 한다(Weir & Skocpol, 1985: 119). 여기서 '정책유산'이란 동일한 분야의 기존 정책을 말하며, 이러한 국가주의자들의 정책결정에 대한 관점은 [그림 6-3]으로 요약해 볼 수 있다.

국가 중심적 관점에 의한 정책결정 과정을 정리하면, '국가중심부에 위치한 정치인들과 행정관료들'의 정책 쟁점에 대한 '선호'가 '국가 선호'가 되고, 이것은 '국가 이익(state interest)'으로 전환되어 목표로 설정되어 정책결정으로 이어진다. 여기서 '국가 선호'가 '국가 이익'으로 전환될 때 국가 자율성의 강약에 따라 '혁신적 정책 전문가'와 '사회집단의 요구'가 정책결정에 반영되는 정도가 달리 결정된다.

**그림 6-3 국가주의 관점에서 정책결정 과정**

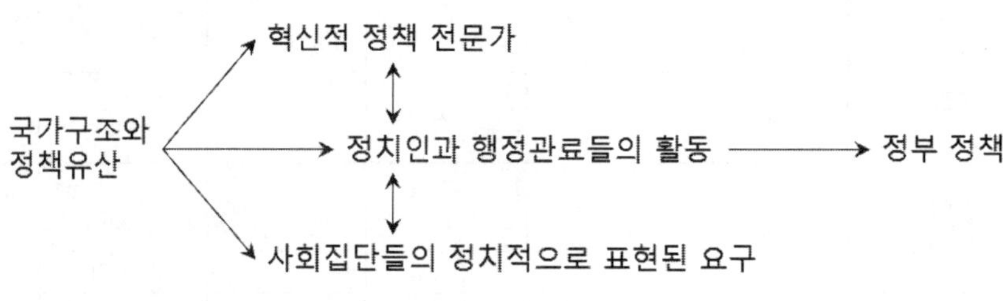


출처: Weir & Skocpol(1985: 119).

국가주의 접근 방법은 국가를 본질적으로 '특유의 동력, 강제, 목적(peculiar drives, compulsions, and aims)'을 가진 '일련의 역할과 제도(a set of roles and institutions)'로 보며, 이것은 특정 사회집단의 이해와 구별되고 차별화된다는 가정으로부터 시작한다(Krasner, 1978: 10). 여기서 '목표(goals)'는 일반적으로 물질(자원)을 목적으로 하거나, "사회를 어떻게 배열할 것인가"에 대한 신념과 관련된 야심찬 이념적인 것들과 관련이 있다(Krasner, 1978: 10). 국가주의자들은 이러한 목표들을 '국가 이익(national interests)'이라고 하며, 국가 이익의 추구 과정에서 국가는 국내·외적 저항에 직면하게 된다(Krasner, 1978: 10). 결국 최고 의사결정자들은 다른 국가뿐만 아니라 국내의 저항을 극복하기 어렵다는 것을 알고, 매우 당혹스러워 한다. 하지만 국가는 자율적으로 목표를 설정하고 국내·외적 저항을 극복해 실현하고자 한다. 국내의 저항을 극복하는 국가의 능력은 국내의 집단들에게 적용할 수 있는 '통제의 수단(instruments of control)'에 의한다(Krasner, 1978: 10－11).

이러한 관점에서, 국가주의 정책연구는 국가의 핵심 의사결정자들이 추구하는 목표를 정의하는 것으로부터 시작한다. 정의된 '목표'를 '국가 이익(national interest)'이라고 하고, 국가 이익은 '경험적－귀납적(empirical－inductive)'으로 접근된다. '국가 이익'은 정부의 핵심적 의사결정자들의 행태와 정부문서 등으로부터 유추될 수 있는데, 정부의 핵심적 의사결정자들의 '선호'하는 바가 다음의 두 조건을 만족시킨다면 이것은 '국가 이익'이라고 한다. 첫째, 국가 지도자들의 행위가 '공공이익(general interest)'과 연계되어 있어야 한다. 즉, 그들의 행위가 사회의 특정 집단이나 계층의 요구나 선호를 반영한 것은 국가 이익이라고 볼 수 없다. 둘째, '선호의 순서(ordering of preferences)'는 시간이 지남에 따라 지속적으로 나타나야 한다. 국가주의자들의 정책연구는 '국가 이익'이 어떻게 형성되었으며, 이것을 실현하기 위한 구체적 정책수단은 무엇이고 어떤 결과를 초래했는지를 사회적 역학관계에 따라 분석한다(Krasner, 1978: 35).

국가주의자들의 국가관은 마르크시즘과 다원주의적 관점과 다르다. 일반적으로 마르크시즘은 '도구주의(instrumentalism)'와 '구조주의(structuralism)'로 구분되며, 도구주의적 마르크시즘에서 국가의 행태는 사회의 직접적인 압력의 결과로 본다.

도구주의 관점은 자본가들과 고위관료들 간의 개인적 유대관계에 초점을 맞추어 국가의 역할을 분석하며, 국가를 부르주아의 집행위원회와 같다고 한다(Krasner, 1978: 21).

반면에 구조주의적 마르크시즘은 국가를 전체 자본주의 체제에서 독립적인 역할을 한다고 본다. 국가의 역할은 사회 전체의 응집력을 유지하는 것이며, 때로는 부르주아 계급의 이해에 반하는 정책을 만들기도 한다. 그러나 일반적으로 고위관료들의 행태는 자본가 계급의 선호와 일치하는 것으로 본다. 구조주의적 관점에서 국가의 역할은 자본주의 체제에 내재되어 있는 경제적·정치적 모순을 다루는 것이며, 이러한 입장에서 국가정책은 자본주의 체제의 모순으로부터 야기된 긴장을 극복하려는 '국가노력의 목록(catalogue of state efforts)'에서 찾아볼 수 있다(Krasner, 1978: 22).

이러한 마르크시즘은 국가주의 접근방법과 세 가지 측면에서 다르다. 첫째, 마르크시즘은 국가주의에서 중요시하는 '국가 이익(national interests)'을 거부하며, 국가의 역할을 자본가 계급의 선호를 반영한 것으로 본다. 국가의 행태 역시 자율성이 반영된 것이나 사회 전체의 복리를 위한 것으로 취급하지 않는다. 둘째, 국가의 행태는 경제적 목표와 밀접한 관계를 가지며, 다른 목적은 단지 도구적일 뿐이다. 특히 이념적 목표는 경제적인 것으로부터 자유로울 수 없다. 여기서 '이념(ideology)'이란 경제적 착취를 숨기기 위한 '가면(mask)'일 뿐이며, 경제적·정치적으로 힘이 없는 계급을 호도하기 위한 방편에 불과하다. 셋째, 구조주의적 마르크시스트들은 국가를 어느 정도 자율적인 개체로 취급하나, 국가의 자율성이 사회적 맥락을 넘어서 작용한다고 보지 않는다. 즉, 국가는 자본주의 체제 내에서 특별한 업무를 수행하는 것이며, 이것은 곧 사회의 특정 계급의 이해와 관련되어 있다고 본다.

다원주의 역시 국가주의와 구별되는 국가관을 가진다. 첫째, 다원주의는 국가를 스스로 동기가 부여되고 자원을 끌어 모을 수 있는 자율적 개체로 취급하는 것을 거부한다. 둘째, 다원주의는 사회구성원으로서 개인의 이해관계를 초월하는 '국가 이익(national interests)'이라는 개념을 거부한다. 셋째, 정부가 실질적인 역할을 한다는 것은 개인들이 선호하는 바를 자유롭게 행사할 수 있는 사회적 구조적 틀 내에서만 가능하다고 본다(Krasner, 1978: 30).

## 제3절 자유주의, 민주주의, 그리고 자유민주주의

자유주의, 민주주의, 자유민주주의 등과 같은 개념은 상호 배타적이기보다는 상당부분을 공유하지만 초점을 어디에 두는지에 따라 구별할 수 있는 상호 보완적 개념이다. 이 개념들 가운데 역사가 가장 오래된 것은 '민주주의'이고, 이것은 기원전 508~507년 고대 아테네의 개혁으로부터 시작되었으며, 지금 우리에게 익숙한 직접 민주주의를 처음 선보였다. 그러나 정치 체제를 작동시키는 동력으로 민주주의가 자리잡기 시작한 것은 1792년 영국의 급진적 이론가인 페인(Thomas Paine)의 저서 『인간의 권리(*The Right of Man*)』에서 '대의민주주의(representative democracy)'가 제안된 이후이다.[6] 그 후 대의민주주의는 이론과 실제에 있어 지배적인 정치형태가 되어 오늘에 이르며, 이와 관련해 달(Dahl, 1989: 28-30)은 대의민주주의를 민주주의의 핵심적 두 번째 변형이라고 한다.

민주주의는 '특권(privilege)'과 불평등의 제거를 위해 '다수의 원칙(majority rule)'과 자유선거를 기본으로 한다. 반면에 '자유주의(liberalism)'의 핵심은 국가는

6) 민주주의는 18세기로 접어들 무렵 여전히 천박한 단어였다. 가장 태평하고 교정 불가능한 반대자들만이 … 자신의 정치적 입장을 민주주의에 기반을 두었으며, 그것도 아주 비밀리에 가장 가까운 사람들에게만 자신의 정치적 입장을 밝혔다(Dunn, 2005: 71). 18세기 후반에 들어 프랑스 혁명과 미국 혁명이 민주주의를 긍정적인 것으로 받아들이는 계기가 된다. 오늘날 대표적인 자유민주주의 국가를 표방하고 있는 미국의 경우, 미국을 탄생시킨 창설자들 가운데 가장 큰 영향력을 행사한 메디슨(James Madison)은 미국 헌법을 민주주의가 아니라 '공화국(a republic)' 설립을 목적으로 만들 것을 제안했다. 메디슨은 민주주의를 견제되지 않은 시민들의 통제권으로부터 초래되는 혼란과 불안정의 대명사로 보았다. 그는 1787년 저서 『연방주의자(*The Federalist 10*)』에서 "민주주의는 소요와 투쟁을 극적으로 보여줘 왔으며, 개인의 안전이나 재산권과는 양립할 수 없는 것으로 밝혀졌으며, 사라질 때 폭력적이었던 만큼이나 존재한 기간도 매우 짧았다"고 기술하고 있다. 19세기 초반, 민주주의는 부정적인 의미로부터 점차 탈피한다. 1826년 미국 대통령 잭슨(Andrew Jackson)은 선거 과정에서 대중주의, 반 엘리트주의를 표방하고 민주정치를 구현할 것을 내세웠으며, 그 후 시간이 지남에 따라 미국은 공화국에서 더욱 민주적 국가로 변모하게 된다(Dryzek & Dunleavy, 2009: 20-22).

헌법에 의해 규제되어야 하며, 사회의 모든 구성원들은 서로로부터, 그리고 자의적인 정부로부터 개개인을 보호할 수 있는 권리를 가지고 있다는 사상이다. 개인의 중요 권리로는 재산권, 계약의 자유, 사상의 자유, 종교의 자유, 표현과 집회의 자유, 정당한 법적 절차의 권리 등이 있다. 자유주의는 1215년 영국의 왕과 귀족들이 '마그나 카르타(Magna Carta)'에 서명하면서 공식적으로 시작되었으며, 1688년부터 1689년까지 영국에서 전개된 '명예혁명(Glorious Revolution)'으로 정치 권력이 군주로부터 의회로 이전해 '입헌군주제'가 들어서면서 자유주의에 입각한 '시민권'이 구체화된다. 명예혁명의 지적 후견인으로 로크(John Locke)의 자유주의 정치사상은 이미 우리들에게 잘 알려져 있다(Dryzek & Dunleavy, 2009: 22-23).

이후 자유주의 사상은 '자본주의(capitalism)' 사상과 접목되어 함께 발전한다. 그 이유는 개인의 권리와 사적 재산권을 강조했던 자유주의적 정치철학이 자본주의적 사고와 부합했기 때문이다. 또한 영국을 비롯한 많은 국가에서 시민들의 투표권 확대는 자유주의, 자본주의, 민주주의를 결합시켜 자본주의적 경제 체제에 기반을 둔 '자유민주주의(liberal democracy)'를 태동시키기에 이른다. 우리는 이것을 '자유민주적 자본주의(liberal democratic capitalism)'라고 한다. '자유민주주의'는 '자유주의'와 '민주주의'를 혼합한 정치형태로 국가의 모든 시민들은 헌법과 법률에 의해 보장되는 '동등한 시민권'과 '정치적 권리'를 가지며, 동시에 "투표를 통해 공동으로 평등하게 국가의 중요한 사안을 결정"한다는 두 가지가 결합된 정치사상이다(Dryzek & Dunleavy, 2009: 24).

우리나라의 헌법을 살펴보면 전문에 민족단결, 자유민주주의에 입각한 입헌주의, 복지국가의 구현, 국제평화주의 등을 담고 있다. 헌법 제2장 '국민의 권리와 의무'에서는 국민의 권리와 의무의 기본 원리인 동시에 자유민주국가의 구성 원리인 인간의 존엄과 가치 및 이를 위한 기본적 인권의 보장을 규정한 다음, 평등권·자유권·참정권·수익권·생존권의 순으로 기본권을 규정하고 있다. 이는 곧 대한민국이 자유주의와 민주주의를 결합한 '자유민주주의'를 지향함을 뜻한다.

드라이잭과 던리비(Dryzek & Dunleavy, 2009: 24)에 따르면, 제2차 세계대전이 서구 민주주의 국가의 승리로 끝나고, 뒤를 이어 1950년대와 1960년대 유럽제국의 탈식민지화가 자유민주주의 국가의 수를 증가시켰으며, 자유민주주의 국가들의 특징은 그들 간에 전쟁을 하지 않는 것이라고 한다. 전 세계에 자유민주주의 국가가 증가일로에 있다 하더라도 모든 자유민주주의 국가가 동일한 구조와 제도를 가지고 있지 않으며, 자유민주주의 국가를 작동시키는 사회와의 역학관계 역시 매우 다양하다.

이 밖에도 사회 중심적 관점에서 국가와 사회의 관계를 다루는 고전적 이론으로 다원주의, 집단이론, 엘리트이론, 그리고 마르크스주의 등이 있다.[7] 이러한 이론들은 국가가 어떻게 '작동(operate)'하는지를 이해하고자 하는 사람들에게 큰 도움이 될 뿐만 아니라, 국가가 어떻게 작동하고 있고, 어떻게 작동할 수 있으며, 어떻게 작동해야만 하는지에 대한 현시대의 설명들이 갖는 미묘한 차이를 고전적 이론들과 대비해 파악하고자 하는 사람들에게도 반드시 필요하다(Dryzek & Dunleavy, 2009: 33).

## 제4절 다원주의: 집단이론

'다원주의(pluralism)'는 제한적 입헌 국가를 지지하는 '자유주의(liberalism)'의 핵심 사상을 기반으로 하며, 1950년대 자유민주주의를 분석하는 미국 정치학의 지배적인 접근 방법이었다(Dryzek & Dunleavy, 2009: 35). 이러한 의미에서 다원주의는 '자유-다원주의(liberal-pluralism)'라고도 하고, 분석의 초점이 '개인(individual)'이나 '집단(group)'에게 주어진다. 특히 개인들이 경제 · 정치적 이해를 추구하는 과정에서 '집단'을 이루게 되고, 이것이 발전되어 '사회(society)'를 구성하게 된다고 가정한다.

---

7) 드라이잭과 던리비(Dryzek & Dunleavy, 2009)는 국가와 사회의 관계를 다루는 고전적 이론으로 '다원주의', '엘리트이론', '마르크스주의', '시장자유주의'를 들고 있으나, 다원주의 관점은 '시장자유주의 관점'을 포함한다고 보기 때문에 여기서는 시장자유주의를 다원주의와 함께 다루고 대신 '조합주의' 관점을 소개한다.

## 1. 다원주의의 기본 원리

다원주의는 '삶의 다양한 방식', '지식의 다양성', '선의의 경쟁', '다양한 권력의 중심' 등을 기본 전제로 하며, 이러한 조건들은 자유민주주의 아래에서 가장 잘 성취될 수 있다고 본다. 이러한 이유에서 다원주의는 모든 형태의 '일원주의(monism)'[8]에 반대한다(Dryzek & Dunleavy, 2009: 35). 자유-다원주의적 관점에서 정치·경제학자들은 '공공선(general good)'이란 개념을 사용하는 것이 바람직하지 않다고 보며, 대신 개인들의 '효용(utility)'은 그들이 정치·경제적 이해를 자유롭게 추구할 때 가능하다고 한다(Stepan, 2001: 42).

애덤 스미스(Adam Smith)의 '보이지 않는 손(invisible hand)'과 같이, 고전적 자유주의 경제학자들은 사회를 국가의 간여 없이 스스로 규제할 수 있는 '항상성을 가진 체제(homeostatic system)'로 보고 최소한의 국가만을 필요로 한다고 주장한다(Stepan, 2001: 43). 이들에 따르면, 국가는 세 가지 '책무(duty)'를 가지며, 첫 번째는 외세의 침범과 폭력으로부터 사회를 보호하는 것이며, 두 번째는 사회구성원들을 억압이나 불공정으로부터 보호하기 위해 공정한 법질서를 유지하는 것이다. 세 번째는 공공사업과 공공기관을 설립하고 유지해야 한다는 것이다(Stepan, 2001: 43). 여기서 공공사업이란 도로, 항만, 철도, 교량, 상하수도 건설 등을 말한다.

20세기 다원주의자들은 상기한 자유주의적 시장경제학자들의 관점을 받아들여, 사회가 기본적으로 '스스로 규제(self-regulating)'할 수 있는 능력을 가지고 있다고 가정한다. 시장이 '보이지 않는 손'에 의해 스스로 균형점을 찾는 것처럼 사회의 다양한 집단들 간의 경쟁이 사회의 균형을 유지하게 된다고 주장하는데, 바로 이것이 다원주의적 집단 이론의 기본 원리다. 대표적인 '집단이론가(group theorist)'로 벤틀리(Arthur Bentley)와 트루먼(David Truman)을 들 수 있으며, 이들의 집단에 대한 연구는 '개인들이 어떻게 행동하는지'에 초점을 맞추어 시작된다. 트루먼

8) 다원주의 관점은 '진리(true)'가 다양하다고 주장하는 '상대주의(relativism)'와 관점을 공유한다. 반면에 '실증주의' 철학은 합리주의적 관점에서 '진리'가 하나라고 보고 '최선의 방법(one best way)'을 찾는 일원주의를 지향한다.

(Truman, 1959: 157)은 다양한 사회집단의 경쟁을 통해 사회적 균형을 찾아가는 과정을 다음과 같이 말하고 있다.

> 어떤 사람도 그가 속한 한 집단에 완전히 '흡수되지(absorbed)' 않는다. 그 사람이 가지고 있는 성향 가운데 일부분만이 그가 속한 집단에 연계되어 있을 뿐이다 … 한 개인은 일반적으로 다양한 집단에 소속되며 — 가족, 교회, 직장, 다양한 동호회 — 아마도 가장 활동적인 사람은 사회의 60개나 70개의 집단에 소속되어 활동한다.

트루먼은 상기한 바와 같이 '다중 중복성원(multiple overlapping membership)'에 대해 설명한 다음, 한 개인 속한 다양한 집단들 간의 '교차적 특성(cross cutting character)'에 대해 다음과 같이 말한다(Truman, 1959: 157). "이러한 다양한 집단들이 가지고 있는 '기준들(standards)'과 '요구(demands)'는 종종 다른 집단들과 갈등을 겪게 된다 … 이러한 경우 개인들은 스스로를 '조정(adjustment)'해 그가 속한 다수의 집단들 간의 균형을 찾으려 한다."

집단이론에서 사회가 스스로 균형을 이뤄 민주주의를 가능케 하는 것은 마치 자유주의 시장 경제학자들이 말하는 '보이지 않는 손'에 의해 스스로 규제해 균형을 이루는 논리와 같다. 또한 사회의 어느 한 집단이 다른 집단과 비교해 매우 큰 영향력을 가지고 있다 하더라도 그 집단의 이해관계를 자의적으로 극대화할 수 없으며, 그 이유는 '잠재집단(latent group or potential group)'의 존재 때문이라고 한다. '잠재집단'이란 이해관계를 공유하는 모든 범주의 사람들이 비록 공식적으로 집단화되어 있지 않지만 그들이 필요하다면 언제든지 집단을 형성할 수 있는 것을 뜻한다. 정부는 조직된 집단들의 영향력에 반응해야 할 뿐만 아니라, 잠재집단의 존재를 인식해 일정한 반응을 늘 유지해야만 한다(Dryzek & Dunleavy, 2009: 45).

트루먼(Truman, 1959: 512)은 잠재집단을 민주사회에 널리 퍼져있는 '게임의 규칙(rules of game)'과 연계해 다루며, 이것은 국가 '권위(authority)'의 '속성(nature)'과 '한계(limits)'를 감안한 '신념의 체계(systems of belief)'로 혹은 '합의되어 일반화된 이념'으로써 그 사회에서 통용되는 혹은 받아들여지는 '신념의 체계'로 이해될 수 있다. 트루먼이 말한 '게임의 규칙'은 '인간의 존엄성', '형평성' 등과 같은 '가치(values)'이며, 이것은 '민주적 토양(democratic mold)'으로써 민주주의 사회에서 정책결정의 기본 원리를 제공한다.

다원주의자들은 '중복성원'과 '잠재집단'을 민주사회의 균형을 만들어 내는 중요한 기제라고 가정하며, 국가는 사회집단들 간의 갈등을 타협 · 협상 · 협의 등을 통해 중개하는 것으로 본다. 이러한 다원주의자들의 논리는 마르크스주의이론의 핵심인 '계급(class)'에 의한 사회적 역학관계를 반박한다. 마르크스주의이론은 모든 사람들을 '유산계급(bourgeois)'과 '무산계급(proletariat)'으로 나누고, 이들이 통합된 '계급의식(class consciousness)'을 가지고 있다고 가정하는데, 이러한 가정은 지금까지 논의한 다원주의적 관점(중복성원, 잠재집단, 교차적 특성)을 감안한다면 받아들이기 어렵다고 거부한다(Truman, 1959: 165–166; Bentley, 1908: 207–208). 왜냐하면 사람들은 사회의 다양한 집단에 속해 그들의 이해관계를 극대화하기 위해 활동하기 때문에 일률적으로 한 사람을 유산계급 혹은 무산계급으로 나누어 같은 계층에 속한 사람들이 동일한 '계급의식'을 가지고 있다고 보기 어렵다는 것이다.

다원주의자들은 앞서 다룬 '국가주의자들'이 말하는 국가의 역할 또한 거부한다. '국가주의자'들은 '목표를 달성하기 위한 국가의 자율적 행위'와 '사회적 갈등의 규제'와 같은 행위가 국가의 몫이라고 보는 반면, 다원주의자들은 사회적 갈등의 해소가 기본적으로 다양한 집단들의 자율적 상호작용의 결과로 본다. 다원적 집단이론가들은 사회의 다양한 개인들과 집단들 간의 '교차압력(cross–pressures)'을 '타협(compromise)', '협상(bargaining)'을 유도해 내는 기제로 본다. 다원주의적 발상은 안정적이고 사회적 합의를 이끌어 낼 수 있는 상황에서는 타당해 보이나 사회적으로 갈등이 매우 심하거나 위기 상황에서는 적실성이 떨어진다고 비판되기도 한다(Nordlinger, 1972: 93–101).

## 2. 다원주의에 대한 경험적 연구

1960년대 다원주의의 대표적인 학자로 달(Robert A. Dahl)을 들 수 있다. 그는 '다원주의(pluralism)'를 '다두정치(polyarchy)'라고도 하며, 서구 산업화된 사회에서 권력이 사회의 많은 집단들에게 폭넓게 분포되어 있으며, 모든 집단들이 정책 결정에 영향을 미칠 수 있고, 사회를 지배하는 특정 집단은 존재하지 않는다고 본다. 다원주의에 대한 경험적 연구로 1961년 달의 『누가 지배하는가?(*Who Governs?*)』를 들 수 있다. 그는 '뉴헤이븐(New Haven)'이라는 도시에서 야기된 중요한 정치적 '쟁점(issue)'들에 대한 논쟁에서 누구의 대안이 정부에 의해 받아들여지는지를 연구했다. 이 연구는 '뉴헤이븐'에서 야기된 쟁점들 가운데 둘 이상의 집단이나 시민들이 크게 입장을 달리하는 문제들, 예를 들어, '공교육(public education)'이나 '도심재개발(urban redevelopment)'과 같은 쟁점들이 어떻게 해결되는지를 분석했으며, 다음과 같은 결론에 도달했다(Dahl, 1961: 316−324).

첫째, 그 도시를 '주도(dominant)'하고 있는 특정 집단이나 개인을 발견하지 못했다. 즉, 모든 정치적 쟁점에서 늘 승리하는 집단은 발견할 수 없었다.

둘째, 쟁점들에 따라 다양한 집단들이 적극적으로 활동하는 것을 볼 수 있었으며, 쟁점들이 실마리를 찾아가는 과정에 성공하거나 실패하는 '지속적인 유형(persistent pattern)'은 발견할 수 없었다. 즉, 모든 사회적 쟁점에 같은 집단이 참여하는 것이 아니라, 쟁점이 다르면 그 쟁점과 이해관계가 있는 다른 집단들이 적극적으로 활동하게 되며, 쟁점이 정부에 의해 받아들여지는 유형화된 경로는 찾아볼 수 없었다.

셋째, 어떤 쟁점에 반대하는 집단은 다른 집단과 쉽게 연계해 활동하는 것을 볼 수 있었다. 즉, 특정 쟁점에 반대하는 집단은 그들의 의도를 관철시키기 위해 좀 더 큰 정치적 역량이 필요하고, 이를 위해 다른 집단과 쉽게 연대해 정치력을 키우는 것을 볼 수 있었다.

넷째, 모든 사회적 쟁점에 지속적으로 참여하는 사람은 '시장(mayor)'이었으나, 모든 쟁점에 주도적이지는 않았다. 모든 사회적 쟁점이 시정부를 중심으로 이루어지는 것이니만큼, 시장은 모든 쟁점에 참여하지만 쟁점을 주도하지는 않는다.

달(Robert A. Dahl)의 사례연구를 기본으로 그의 동료인 폴스비(Nelson W. Polsby)는 다원주의에 대한 '일반이론'을 소개한다. 폴스비(Polsby, 1963)의 다원주의에 대한 논의를 요약하면 다음과 같다.

첫째, 다원주의에 대한 일반이론은 "권력은 평등하게 분배되어 있다"라는 주장을 하기보다는 '권력의 원천(source of power)'이 사회의 모든 집단이나 개인들에게 불평등하지만 폭넓게 분배되어 있다고 본다. 집단들이 같은 정도의 영향력을 가지고 있지는 않지만, 때에 따라서 비교적 정치력이 약한 집단의 목소리가 정책 결정 과정에 결정적인 영향력을 미칠 수도 있다는 것이다.

둘째, 전혀 정치적 영향력이 없는 집단이나 개인은 존재하지 않는다. 다원주의자들이 말하는 '권력의 원천'은 '부(money)', '정보(information)', '전문성(expertise)' 등이며, 이것들은 사회의 특정 집단이 독점하고 있는 것이 아니라 사회의 모든 집단에게 골고루 분배되어 있다고 본다. 또한 '권력의 원천'인 '부(富)', '정보', '전문성' 가운데 특정 원천이 사회를 '주도'하지 않는다.

셋째, 다원주의 정치 체제에서 권력은 세분화되어 분산되어 있다. 권력의 원천이 어느 한 집단에 의해 독점되지 않고 권력이 특정 권력의 원천에 의해 형성되는 것이 아니기 때문에, 다원주의 정치 체제에서 권력은 사회의 다양한 부문에 폭넓게 분산되어 있다.

다원주의는 마치 '정치시장(political marketplace)'과 같다. 즉, 사회집단은 그들이 가지고 있는 자원을 동원해 그들이 필요한 정치적 영향력을 얻게 되고, 반면에 정부는 사회집단의 요구에 부응해 그들이 원하는 정치적 지지와 '표(vote)'를 얻게 되어 지속적으로 권력의 중심에 있게 된다. 사회집단과 정부의 관계를 '시장'에 비유한 학자는 다운스(Downs, 1967)이며, 그는 집단과 정부가 벌이는 정치 행태를 경제이론에 적용해 서로가 필요한 것을 교환하는 것으로 본다.

다원주의 관점에서, 정부기관의 역할은 매우 다양하다. 래덤(Latham, 1952)은 다원주의 정치 체제에서 정부의 역할이 중립적인 입장에서 사회집단들 간에 야기되는 갈등을 '중재'하는 것으로 본다. 반면에 달(Robert A. Dahl)은 정부를 사회를 구성하고 있는 많은 사회집단들 가운데 하나로 본다. 이러한 관점에서, 정부는 다른 사회집단과 같이 '선호(preference)'를 가지고 경쟁하기도 하며, 동시에 사회의 다양한 집단들로부터 분출되는 요구에 반응해야 하는 개체로 인식되기도 한다. 다원주의적 관점은 '국가(state)'를 연구하기보다는 '정부(government)'를 연구한다. 이와 관련해, 울프(Wolfe, 1977: xii)는 "시간이 지남에 따라 정치학은 '국가'로부터 '정부'에 초점을 두어 연구되는 것을 볼 수 있다"고 말하고 있으며, 그 이유는 다원주의자들이 국가를 정부와 사회집단 간의 상호작용의 결과로 보기 때문이다."

## 3. 다원주의와 공공정책

'다원주의'란 정치적 영향력이나 권력이 개인이나 소수 지배 계층이 아닌, 사회의 다양한 집단에 폭넓게 분산되어 있다는 가정 아래 정부의 역할이 개인과 집단의 이익을 중립적인 입장에서 조정하는 역할을 담당하는 것이며, 이러한 과정을 통해 정책이 만들어지고 집행된다고 보는 것이다. 이러한 기본 가정에 따라, 다원화된 사회는 권력 분산이 제도적으로 이루어지고 다양한 집단들이 그들의 이익을 위해 주장을 펼칠 수 있을 뿐만 아니라, 상호 대립하는 의견은 합의 · 타협 · 협상 등을 통해 해결하는 제도적 장치가 마련되어 있는 사회이다. 따라서 정부의 역할은 다양한 사회집단들이 표출하는 의견의 조정이며, 그 결과를 정책으로 본다.

다원주의적 관점에서 정책을 연구한 학자로 린드블롬(Charles E. Lindblom, 1959, 1965, 1977, 1979, 1990)을 들 수 있다. 그의 연구는 '점증주의(incrementalism)'에 관한 일반이론으로 발전되는데, 정책결정 과정을 '블랙박스(black box)'로 취급하는 관행에서 벗어나 왜, 그리고 어떻게 정치인들과 행정관료들이 다양한 사회집단들의 영향을 받아 반응하는지를 실질적으로 보여준다.

그에 따르면, 최고 의사결정자들은 정책결정 과정에서 늘 정보부족을 경험할 뿐만 아니라 그들의 결정이 어떤 결과를 초래할 것인지를 정확히 알지 못하며, 양립 불가능한 선호를 가진 사회집단들 간의 이해관계가 만들어 내는 긴장 등으로 말미암아 해결하기 어려운 문제에 직면하게 되며, 이러한 사실은 그들로 하여금 '최선의 방법(one best way)'를 찾기보다, 주어진 상황에 '적응(accommodation)'해 모두가 수용할 만하고 좋다고 생각되는 해결책을 찾게끔 한다. 린드블롬은 이러한 상황에 적응해 의사결정에 이르는 최선의 방법을 '당파적 상호 조정(partisan mutual adjustment)'이라고 한다.

'당파적 상호 조정'에 의한 정책결정이란 새로이 결정될 정책이 기존의 많은 정책들에게 부정적인 영향을 가능한 '회피하거나(avoided)', '축소하거나(reduced)', '균형을 맞추거나(counterbalanced)', 혹은 '보충되는(overweighted)' 것을 말한다

(Brabrooke & Lindblom, 1963: 154). 정책을 잘못 만들어 정치적 손실을 입는 것을 방지하는 최선의 방법은 수차례에 걸쳐 작고 원상복구가 가능한 횡보로 현재의 상태로부터 점진적인 변화를 모색하는 것이며, 이것은 가장 논란이 되는 대안들을 걸러내고 가장 이견이 적은 대안을 점진적으로 선택하는 것을 뜻한다. 린드블롬은 이러한 일련의 정책결정 행위를 '진흙탕을 헤쳐 나가는 것(muddling through)'에 비유해 정책학이나 행정학을 '진흙탕을 헤쳐 나가는 과학(science of muddling through)'으로 묘사하기도 했다.[9]

## 제 5 절 엘리트이론

### 1. 고전적 엘리트이론

'엘리트이론(elite theory)'은 사회를 구성하고 있는 다양한 집단의 상호작용에 의해 정책이 결정된다는 다원주의 입장과는 달리 소수의 엘리트집단이 정책을 좌우한다고 본다. 고전적 엘리트이론가로 알려진 파레토(Vilfredo Pareto), 모스카(Gaetano Mosca), 미헬스(Robert Michels) 등과 1950년대 이후 근대 엘리트이론가인 밀스(J. S. Mills)와 헌터(F. Hunter) 등은 공통적으로 정치 권력이 소수집단에 집중되어 있다고 주장한다. 모스카(Mosca, 1939: 50)에 따르면, "이 세상에는 두 부류의 계층이 존재하며, 한 부류는 지배 계층이고, 다른 부류는 피지배 계층이다. 지배 계층은 소수이고, 모든 정치적 기능을 수행하며, 권력을 독점하고, 권력의 혜택을 누리는 반면, 피지배 계층은 다수이며, 지배 계층에 의해 명령받고 통제된다." 고전적 엘리트이론가로 잘 알려진 미헬스(Robert Michels)는 그의 저서 『정당

9) 브레이브룩과 림드블룸은 자신들의 다원주의 사회에서 전략적 의사결정에 대한 논의는 포퍼(Karl Popper)의 '열린사회(open society)', 듀이(John Dewey)의 '실용주의(pragmatism)', 흄(David Hume)의 자연주의에 입각한 '인성론(human nature)' 등에 큰 영향을 받았다고 밝히고 있으며, 특히 포퍼의 '열린사회에서는 오로지 점진적 사회공학(piecemeal social engineering)만이 시도될 수 있다'는 논의에 주목한다(Brabrooke & Lindblom, 1963: 18, 48).

론(*Political Parties*)』에서 사람들의 세습본능에 대해 다음과 같이 말한다(Michels, 2015: 63-64).

> 역사적으로 지배권을 보유한 모든 계급들이 그들이 장악한 정치 권력을 자신의 후손에게 직접 상속시켜주는 데 비상한 관심을 쏟았다는 사실을 간과할 수 없다. 정치 권력의 상속은 지배권을 동일한 계급 내로 유지시켜주는 가장 효과적인 수단이다 … 세습은 인간의 본능이고 … 정치 권력 역시 상속 가능한 사적 소유의 대상이며 … 이러한 욕구는 시대를 불문하고 대단히 강력하였다.

미헬스는 엘리트 계층의 존재를 그들의 세습본능으로부터 발현한다고 보고 '정당(political parties)'의 비민주적 특성에 대해 다음과 같이 설명한다. "민주주의를 표방하는 정당을 포함해 모든 정당들은 그 내부조직이 과두적일 수밖에 없으며, 실제로 모든 정당은 소규모의 리더십 파벌에 의해 통제된다"(Dryzek & Dunleavy, 2009: 60). 미헬스는 그와 동시대를 살았던 베버(Max Weber)의 관료제 이론에 영향을 받아 관료제에 의해 운영되는 거대한 조직을 엘리트의 지배와 연결시켜 "조직을 말하는 자는 곧 과두제를 말하는 것이다"라는 '과두제의 철칙(iron law of oligarchy)'을 주장한다(Dryzek & Dunleavy, 2009: 60) 그에 따르면, 조직이 오래되면 될수록, 크면 클수록 과두제적 특성을 강하게 띠며, 혁명적인 정부도 시간이 지나면 '과두제의 철칙'으로부터 자유로울 수 없다고 주장한다.

고전적 엘리트이론가들인 모스카, 파레토, 미헬스 등은 국가가 권력 엘리트에 의해 통제된다고 주장했을 뿐만 아니라, 실제 이탈리아의 무솔리니(Benito Mussolini)의 파시즘(Fascism)을 지지했고 참여했다. 그들에 따르면, 정치 엘리트들은 폭력적인 수단, 경제 혹은 자원의 독점 등을 통해 지배 계층으로 군림하게 되며, 이들은 공식적인 정치 권력을 가진 집단과 사회의 각계각층에 영향력을 행사할 수 있는 사람들로 구성된다.

보토모어(Bottomore, 1966: 14-15)는 지배 엘리트에 속하는 부류의 사람들을 ① 정치인과 행정관료, ② 군부 리더, ③ 정치적 영향력이 있는 귀족이나 왕족, ④ 대기업의 총수, ⑤ 정치 엘리트에게 복종하는 정치인, ⑥ 야당 지도자, ⑦ 노동조

합의 장, ⑧ 기업가, ⑨ 정치적으로 적극적인 지식인 등으로 분류한다.

고전적 엘리트이론가에 따르면, 이 세상은 정치 엘리트와 이해관계를 공유하는 사람들과 '나머지' 사람들로 구성되어 있으며, 정치 엘리트들이 향유하는 권력의 '원천(resources)'은 정부관료, 부(富), 기술전문가, 지식 등이다. 이들 권력의 원천은 중복될 수 있으나, 정치 권력은 단지 한 개의 '원천'에 의존해 성립되지 않는다.

20세기에 들어서 행정국가의 성립은 정치 엘리트들의 출현을 가속시켰다. 특히 19세기 입법국가와는 달리, 행정국가는 거대한 관료제에 의한 사회 개입으로 특징지어지는 만큼, 관료조직을 중심으로 사회의 엘리트집단을 형성하는 데 큰 영향을 미치게 된다. 이와 관련하여, 베버(Weber, 1947)는 관료제의 긍정적인 측면과 부정적인 측면을 다음과 같이 말한다. 관료제는 능률적으로 조직을 구성하고 업무를 수행하는 데 긍정적인 기여를 하지만, 관료제가 성숙됨에 따라 권력을 정치인이나 일반 국민이 소유하는 것이 아니라 행정관료들이 차지할 수 있는 가능성이 점점 커진다는 점을 간과할 수 없다(Dryzek & Dunleavy, 2009: 63).

## 2. 엘리트이론에 대한 경험적 연구

근대 엘리트이론가로 잘 알려진 밀스(Mills, 1956)는 1950년대 미국의 정치 체제를 주도하는 집단에 대해서 연구했다. 그는 '제도적 지위(institutional position)'가 '권력의 원천'이 될 수 있다는 가정 아래, 미국의 정치 체제를 주도하는 집단을 분석했으며, 그 결과 미국의 정치 체제는 정부, 기업, 군부 등에서 중요 직책을 점유하고 있는 '권력 엘리트(power elite)'들이 주도하고 있다고 주장한다. 즉, 정부, 기업, 군부와 같은 기관의 지도자들은 서로 중복되기도 하고, 상호 연계되어 있어 이해관계를 같이하는 권력 엘리트집단을 형성하게 된다는 것이다.[10] 이와 같은 밀스

10) 밀스는 1945년 이후 미국의 정부 규모, 관료제적 특성, 과학기술의 발전 등을 그 당시 가장 중요한 사회적 쟁점으로 보았으며, 정부, 대기업, 군의 상층부에 속하는 이들을 권력 엘리트라고 했다. 특히 핵폭탄을 개발했던 맨해튼 프로젝트를 '과학의 군사화(militarization of science)'라고 설명했는가 하면, 미국이 군사대국으로서 서방세계를 이끌어 왔고, 제2차 세계대전 시 군의 확장과 전후 그것의 유지가 대기업과 군벌 간의 동맹인 '군－산 복합체(military－industrial complex)'를 만들어 내어 권력 엘리트들을 형성하게 되었다고 주장한다(Dryzek & Dunleavy, 2009: 64－65). 유사한 맥락에서 라스웰은 이러한 1950년대 초 미국 사회의 특징을 '군사 국가(garrison

의 연구는 헌터(Hunter, 1953)의 연구와 같은 맥락에서 이해될 수 있다.

헌터는 지역사회 권력이 어떻게 분포되어 있는지를 연구하기 위해 권력을 "다른 사람들을 행동하게 만드는 사람들의 행위"라고 정의하고(Hunter, 1953: 2−3), 그들은 누구이며, 어떻게 지역주민들에게 영향력을 행사하는가를 분석했다. 헌터의 경험적 연구는 미국 조지아 주 애틀랜타(Atlanta) 시의 지역주민들 가운데 그 '지역 리더(local leaders)'로서 '명성(reputation)'이 있는 40인을 선정해 그들의 특성을 조사했다. 그 결과 '지역 리더'는 경제의 중심에 있는 사람들로, 기업가, 금융가, 상업 분야의 최고경영자가 대부분이었으며, 다음으로는 변호사, 노동계의 지도자, 고위관료 등의 순으로 조사되었다. 헌터에 따르면, 이들 지역 지도자들은 그 지역의 정책을 결정하는 데 큰 영향력을 행사하며, 이들은 정치적 영향력을 행사하는 방법으로써 그 지역의 각종 모임이나 단체를 구성해 그들의 정책을 지지하도록 유도한다.

밀스와 헌터는 사회가 소수의 엘리트집단에 의해 유도되고 통제된다는 것을 경험적 연구를 통해 보여주었다. 그러나 이들의 연구 결과에 대한 비판 역시 많다. 대부분의 비판은 그들이 경험적 연구를 위해 사용한 변수들과 측정 방법에 문제를 제기한 것으로 그들이 각각 사용한 '제도적 지위'와 '지역사회에서 정치적 명성'이라는 범주의 변수가 정치 권력을 포괄적으로 나타내 줄 수 없다는 것이다. 이러한 비판에도 불구하고, 그들의 연구는 미국 사회에서 경험적 연구를 통해 엘리트집단의 실제를 파악했다는 점에서 큰 의의가 있다. 또한 그들의 연구는 달과 폴스비와 같은 학자들이 다원론적 관점에서 경험적이고 실증적인 연구를 하는 계기를 마련하는 데 기여했다.

만약 우리가 엘리트이론에서 주장하고 있는 모든 사실들을 받아들인다면, 우리 사회가 추구하는 다원주의와 민주주의는 궁극적으로 찾아볼 수 없다는 결론에 도달하게 된다. 이에 대해 민주적 엘리트이론가들은 다음과 같이 설명한다.

우리 사회에 엘리트 계층이 존재한다는 사실을 인정하더라도 그들이 다원적 민주주의와 양립하지 못할 이유가 없다. 왜냐하면 엘리트집단들 간의 경쟁이 민주적

state)'라고 칭했다(Lasswell, 1941: 455−468).

정부를 수호할 수 있기 때문이다. 다시 말해서, 정당들 간의 주기적인 경합, 이해관계를 달리하는 이익집단의 활동, 사회 각계각층의 엘리트 계층과 행정관료들 간의 상호작용 등이 현대 국가에서 민주주의를 작동시키는 원동력이 된다고 본다. 아울러 모든 사회적 쟁점에 동일한 엘리트집단이 관여하는 것이 아니라, 다양한 분야의 엘리트집단이 활동하게 되므로 하나의 엘리트집단이 사회의 모든 분야를 주도할 수 없다. 이러한 관점에서 엘리트이론가들은 '민주적 엘리트주의(democratic elitism)'를 주장하기도 한다.[11)]

고전적 엘리트이론과 근대 엘리트이론을 종합하면 다음과 같이 일반화시켜 볼 수 있다. 엘리트이론이란 소수의 지배 엘리트들이 정책 과정의 모든 과정을 장악하고 그들의 영향력을 행사한다는 관점이다. 엘리트이론가들은 다음과 같은 가정에 의해 사회의 권력구조를 설명한다. ① 정치 권력은 불평등하게 배분되어 있다. ② 사회구성원이 정치 엘리트를 유도하는 것이 아니라 엘리트집단이 일반 국민을 일정한 방향으로 유도한다. ③ 정책대안을 검토할 때, 정치 엘리트들은 자신들이 추구하는 가치를 우선적으로 고려한다. ④ 정치 엘리트들은 자신들의 사회적 지위를 유지・발전시키는 것이 궁극적인 목적이므로 정책을 급진적으로 변화시키거나 획기적으로 개혁하기보다는 점진적인 변화만을 추구한다. 따라서 합리적인 혹은 민주적인 정책결정 과정은 기대하기 어렵고 대부분의 정책은 현상 유지를 하거나 점진적인 성격을 띠게 된다.

## 3. 신엘리트이론・무의사결정론

국가 권력의 실체를 밝히기 위한 연구는 다원주의자들과 엘리트이론가들 간의 논쟁으로 이어져 왔음을 볼 수 있다. 어느 한쪽의 주장이 옳고 그름을 떠나서 이러한 논쟁은 새로운 단계로 접어들게 되는데, 새로운 국면은 바크라크와 바라츠(Bachrach & Baratz, 1962)의, 달(R. A. Dahl)로 대표되는 다원주의적 관점에 대한 반박으로부터 시작된다.

---

11) 민주적 엘리트이론은 다원적 엘리트이론이라고도 하며, 대표적인 민주적 엘리트이론가로 슘페터(Joseph Schumpeter)를 들 수 있다(Dryzek & Dunleavy, 2009: 61).

바크라크와 바라츠는 권력이라는 것이 다원주의에서 취급하는 것처럼, 권력의 주체가 된다고 생각되는 사회집단과 그들의 행태에 의해 단순히 설명되지 않는다고 주장하면서 그들의 권력에 대한 관점을 논하고 있다. 바크라크와 바라츠(Bachrach & Baratz, 1962: 948)에 따르면, “권력은 어떤 사람이나 집단이 자신들이 추구하는 사회·정치적 가치를 실현하는 정치 과정에서, 그들에게 해로울 수 있는 쟁점을 공론화시키지 않는 범위로 제한하려는 일련의 노력에서 찾아볼 수 있다.” 즉, 권력 엘리트들은 정치적 의사 결정 과정에서 논의될 쟁점을 자신들이 안전할 수 있는 범주로 국한시키는 활동을 한다는 것이다. 그들의 논문 제목 「권력의 양면(Two Faces of Power)」에서 볼 수 있듯이, 권력은 양면성을 가지고 있으며, 권력의 첫 번째 얼굴은 중요 쟁점에 대한 사회집단의 공개적 갈등 과정을 해소하는 것이며, 권력의 또 다른 측면은 바크라크와 바라츠가 사용하는 개념인 ‘무의사결정(non-decision making)’이다. 무의사결정은 갈등을 억압하거나 은폐하는 방법인 동시에 이러한 갈등이 공식적인 정치 과정에 진입하는 것을 제한하는 행위이다.

바크라크와 바라츠는 다원주의의 실체를 분석하기 위해 달이 사용한 접근 방법은 권력을 포괄적으로 다루기보다는 일부분만을 취급하고 있다면서, 권력의 실체에 접근하기 위해서는 권력과 관련해 ‘어떤 일들이 벌어지고 있는지’는 물론 ‘왜 어떤 일은 일어나지 않는지’에도 관심을 가지고 ‘어떤 일이 일어나지 않게 제한하는 수단’에 대해 깊이 생각해 볼 필요가 있다고 주장한다.

바크라크와 바라츠(Bachrach & Baratz, 1963: 632)는 무의사결정에 대한 두 번째 논문을 발표하면서 무의사결정이란 “사회에서 통용되는 가치, 신념, 정치 제도와 정치 과정을 조작하여 의사결정이 ‘안전(safe)’한 범주 내에서 이루어지도록 제한하는 관습”이라고 정의한다. 또한 이들은 ‘무의사결정이 일어나는 상황’에 대해 설명하고 있는데, 무의사결정은 ‘사회에서 통용되는 주도적 가치’, ‘일반적으로 용인되는 게임의 규칙’, ‘사회집단들 간의 기존의 권력 균형 관계’, ‘영향력을 행사할 수 있는 수단’ 등이 단독으로 혹은 조합을 이루어 의사결정이 필요할 정도로 완전히 성숙되는 것을 효과적으로 방지하는 것이라고 주장한다(Bachrach & Baratz, 1963: 642). 이러한 측면에서 그들은 무의사결정을 단순히 ‘하지 않기로 결정하거나’ 혹은 ‘결정하지 않기로 결정한’ 현상과 구별하고 있다. 즉, 무의사결정이 일어났다는 것은 엘리트집단의 영향력 때문에 사회적 쟁점이 공식적 의사결정 과정에 진입하는 데 실패했다는 뜻이며, 그러한 쟁점은 없어지기보다는 사회에 잠재하기 마련이다.

이러한 바크라크와 바라츠(Bachrach & Baratz, 1963)의 관점은 이스턴(Easton, 1965)의 '정치체제모형(political systems model)'에서도 찾아볼 수 있다. 즉, 이스턴은 정치 체제로 투입되는 '요구(demands)'와 '지지(supports)'는 모두 정치 체제로 진입되는 것이 아니라 투입 과정에 '문지기(gatekeeper)'가 있어 투입될 요구를 선별적으로 제한한다는 것이다. 물론 체제이론에서 투입을 규제하는 목적은 정치 체제의 안정성을 확보하기 위한 수단으로 이해되고, 바크라크와 바라츠의 무의사결정에서 투입을 제한하는 것은 특정 이해관계를 보호하기 위한 수단이라는 차이점이 있지만, 모든 투입이 정치 체제로 진입하지 않는다는 공통점이 있다. 특히 바크라크와 바라츠는 정치 과정에서 요구를 선별적으로 제한하는 것이 정치적으로 중립적인 활동이 아니라, 사회적 가치의 재분배를 요구하는 사람이나 집단의 불이익으로 작용하는 것이라고 주장한다.

바크라크와 바라츠의 무의사결정론에 대해 많은 비판이 있다. 특히 다원론자들은 무의사결정이 연구할 수 있는 현상이 아니라고 주장하면서, "도대체 일어나지 않은 일과 야기되지 않은 갈등을 어떻게 연구할 수 있는가?"라는 의문을 제기한다 (Merelman, 1968; Wolfinger, 1971). 이에 대해 바크라크와 바라츠(Bachrach & Baratz, 1970)는 무의사결정론에 대한 세 번째 글에서 무의사결정의 개념을 측정 가능한 수준으로 구체화시키고 있다. 그들의 논의에 대한 대부분은 그들이 처음 제시한 '권력의 양면' 가운데 두 번째 측면, 즉 무의사결정에 초점을 맞추어 엘리트 집단이 사회에 존재하는 불만이나 갈등을 처리하는 방법에 대해 논하고 있다.

그들에 따르면, "무결정(non-decision)이란 의사결정자가 추구하는 가치나 이해관계에 대한 명백한 도전이나 잠재되어 있는 도전을 은폐하거나 무시하는 결과를 초래하는 결정"이라고 정의한다(Bachrach & Baratz, 1970: 44). 이러한 '무결정'을 실제의 사례에서 찾아낼 수 있는 방법은 정치 과정에 진입하지 못하는 기존의 갈등과 은폐된 불만들을 찾아냄으로써 가능하다고 주장한다. 예를 들어, 특정 쟁점에 대해 연구한 결과, 불만이나 갈등이 없는 것으로 밝혀졌다면, 그 쟁점에 대해 합의가 이루어졌다는 것을 뜻하며, 이것은 곧 무의사결정이 발생하지 않았다는 것을 말한다. 이와 같은 논리에 따라 바크라크와 바라츠(Bachrach & Baratz, 1970)는 무의사결정의 유형 혹은 전략을 예를 들어 소개하고 있다.

첫 번째, 무의사결정의 유형은 정치 과정에 진입하려는 요구를 제한할 수 있는 물리적 힘을 행사하는 것이다. 예를 들어, 테러리즘, 폭력을 수반한 집회 등을 통해서 특정 쟁점이 정부의 제도적 차원에 상정되지 못하도록 제한한다.

두 번째, 엘리트집단이 그들의 권력을 사용해 '쟁점의 생성'을 억제하는 방법은 매우 다양하다고 전제한다. 예를 들어, 엘리트집단 간의 결속을 통해서 그들에게 불리한 쟁점이 정치 제도 안에 진입하지 못하도록 영향력을 행사하는 것은 물론, 그들에게 불리한 쟁점이 생성되지 못하도록 원천적으로 봉쇄한다는 것이다.

세 번째, 달갑지 않은 도전을 의도적으로 빗나가게 하기 위해 기존의 '규칙(rules)'이나 제도적 '과정(procedures)'을 사용하는 방법이다. 즉, 부각된 혹은 부각될 쟁점이나 갈등을 처리하는 전략으로 제도화된 사회의 각종 '위원회(committees)' 및 '자문회의(commissions)'를 통해 현안에 대한 구체적 연구나 전문적 자문을 구하는 방법이다. 이 과정에서 부각된 쟁점의 비윤리성 혹은 반국가적인 측면을 부각시켜 쟁점의 제도적 진입을 제한한다.

네 번째, 바크라크와 바라츠(Bachrach & Baratz, 1970)에 따르면, 사람들은 '예견되는 반응(anticipated reaction)'을 감안해 자신의 요구를 단념하기도 한다면서, 이러한 '예견되는 반응'을 미리 알림으로써 무의사결정이 일어나도록 유도한다는 것이다. 예를 들어, 엘리트집단의 쟁점에 대한 부정적인 태도나 성향을 미리 알림으로써 생성될 쟁점을 억제하거나 잠재하게 만든다. 바크라크와 바라츠(Bachrach & Baratz, 1970)는 무의사결정에 대한 경험적인 연구가 앞서 말한 무의사결정 방법 혹은 전략에 의해 관찰될 수 있다고 주장한다.

지금까지 '고전적 엘리트이론', '근대 엘리트이론', '신엘리트이론'이라고 불리기도 하는 '무의사결정론'을 소개했다. 엘리트이론은 다원주의 관점을 대체하는 개념으로 연구되어 왔으며, 이러한 과정에서 엘리트이론과 다원주의이론을 접목시키려는 학문적 노력이 있었음을 알 수 있었다. 특히 바크라크와 바라츠의 연구는 이탈리아의 그람시(Antonio Gransci)와 같은 마르크스이론가들의 주장을 받아들여 사회의 엘리트집단의 존재와 그들의 권력행사를 '권력의 양면성'이란 개념을 통해 보여주고 있다(Dryzek & Dunleavy, 2009: 65).

엘리트이론은 어떤 사회 혹은 삶의 어떤 영역에서도 엘리트가 존재한다는 것은 부정할 수 없지만 중요한 것은 과연 엘리트들이 민주적으로 제약받거나 통제되는지, 그리고 사회의 다양한 영역에서 활동하는 엘리트들이 실제로 분리된 방식으로 행동하는지 아니면 통합된 방식으로 행동하는지를 다뤄 사회의 권력분배를 조명한다(Dryzek & Dunleavy, 2009: 66).

1950년대와 1960년대 다원주의와 엘리트이론 간의 논쟁을 살펴보면, 왜 국가가 다원주의적이어야 하는지 혹은 왜 국가가 엘리트에 의해 지배되어야 하는지를 다루는 논리는 없다. 다만 다원주의와 엘리트이론은 우리 사회의 권력이 어떻게 분배되어 있는지를 보여줄 뿐이다. 다원주의와 엘리트이론 간의 논쟁의 유산은 변형되거나 선택적으로 받아들여져 오늘날 국가 권력을 조명하는 기제가 된다. 고전적 엘리트이론이 유럽의 학자들에 의해 전개되었다면, 20세기 중반에 들어 미국에서 발현한 근대 엘리트이론은 미국 정치 체제의 권력분배를 완곡한 좌파 입장에서 비판하였으나 재분배가 어떻게 이루어져야 한다는 문제에 대해 대답하지 않았다.

유럽의 급진적 학자들은 밀스와 헌터를 보면서 왜 그들이 사회주의를 주장하지 않았을까 궁금해 할 수 있다. 이 궁금증에 대한 답은 1940년대 후반과 1950년대 미국 정치의 특성과 관련이 있다. 그 당시는 미국 상원의원이었던 매카시(Joseph Raymond McCarthy)에 의해 주도 되었던 반공산주의 '마녀 색출'의 시대였으며, 사회과학은 사회주의와 혼동되지 않기 위해 '행태과학(behavioral science)'이라는 이름으로 재탄생하던 시기였다. 이와 관련해 이스턴(Eaton, 1991: 209-210)은 그 당시 미국 정치학이 사회 문제보다는 기본적 '과학(science)'에 초점을 맞춘 것이 '매카시즘(MacCarthyism)'의 위험 와중에서 정치학이라는 학문의 이익을 도모하는데 큰 도움이 되었다고 회상하고 있다. 이러한 맥락에서 밀스와 헌터와 같은 근대 엘리트이론가들이 미국 정치를 비판했다는 것은 큰 용기가 아닐 수 없다(Dryzek & Dunleavy, 2009: 77).

## 제6절 마르크스주의이론

'마르크시즘(Marxism)'은 자본주의가 어떻게 발현되었고, 어떻게 작동하며, 궁극적으로 어떻게 사라질 것인가에 대한 종합적인 청사진을 제공한다. 소련 공산주의의 몰락과 중국 공산당의 시장경제 체제의 수용, 그리고 자본주의가 국제적으로 보편화되어 있는 현시점에서 마르크스주의는 더 이상 우리 사회를 구조화하는 대안적 방법으로 간주되지 않는다. 그러나 마르크스주의는 여전히 자본주의와 자유민주주의의 한계를 비판하는 데 유용하게 사용되고 있다. 이와 더불어 마르크스주의를 이해해야만 하는 이유를 굴드너(Gouldner, 1980: 8)는 다음과 같이 말한다.

> 마르크시즘을 연구하는 이유는 '유전학(genetics)'을 공부하는 이유와 같다. 마르크시즘은 '유전적 부호(genetic code)'로써 20세기 일어난 혁명들과 그것이 탄생시킨 사회들을 연결시키는 유전적 고리이다. 다른 유전학적 영향과 같이, 마르크시즘은 우리 사회와 상호작용을 통해 큰 영향을 미쳤으며 마르크시즘에 대한 이해 없이 우리는 20세기에 일어난 엄청난 역사적 사건들을 이해할 수 없다.

오늘날 마르크스주의는 자본주의의 편향성, 사회적 불평등, 그리고 자유민주주의 정치 체제 아래 야기되는 사회적 긴장과 사회계층 간의 갈등 등에 대한 '비판(critique)'으로서 계속 살아 있으며, 20세기 후반 세계적인 금융위기는 '마르크스주의자(Marxists)'들로 하여금 자본주의 정치경제가 본질적으로 한계가 있으며, 자신들의 진단이 아직도 생명력이 있다는 희망을 가지게 한다(Dryzek & Dunleavy, 2009: 98－99).

마르크스(Karl Marx)와 엥겔스(Frederick Engels)는 철학, 경제, 그리고 사회·정치적 관점과 '공산주의 이념(ideology of communism)'을 공유하고 1830년대 후반과 1840년대 초반 독일의 자유로운 사상가이자 혁명의 옹호자로서, 산업 노동자계층의 출현과 그들에 의한 미래 '개조(reshape)'를 예단하고 많은 공동연구를 했다(Marx & Engels, 1975: xiv). 마르크스와 엥겔스의 공동연구를 요약해 소개하기는 쉽지 않지만 '마르크시즘(Marxism)'은 '역사적 유물론(historical materialism)'과 '변증법(dialectics)'을 핵심으로 하며, 이것을 통합해 '변증법적 유물론(dialectical materialism)'의 관점에서 인류 역사의 발달 과정을 '인간의 물질적 속성', '분업', '봉건제도', '사회계급(프롤레타리아와 부르주아)의 출현', '자본주의 경제 체제의 특성과 모순', '소외', '이데올로기' 등을 논해 '사회주의 혁명'으로 이어지는 일련의 역사적 과정을 다룬다.

## 1. 역사적 유물론

역사적 유물론이란 역사를 유물론적 관점에서 조명하는 것으로 인간사회의 변화와 발전을 물질적 요소를 중심으로 고찰한다. 마르크스와 엥겔스는 그들의 저서 『독일 이데올로기(*The German Ideology*)』에서 헤겔의 관념론적 역사관을 비판하면서 역사적 유물론을 다음과 같이 비유적으로 말한다(Marx & Engels, 1947: 14).

> 하늘에서 땅으로 내려오는 독일철학과는 반대로 우리는 땅에서 하늘로 올라간다. 즉, 우리는 인간들이 말하거나, 상상하거나, 관념화시킨 것으로부터 출발하려는 것이 아닐 뿐만 아니라, 말해지고, 상상되고, 관념화된 인간으로부터 출발해 육체를 가진 인간들에게 도달하려는 것 또한 아니다. 우리는 현실적이며 활동하는 인간들로부터 출발하며, 그들의 현실적 삶의 과정에 근거해, 생활 과정에 녹아있는 '이념적 반영과 반향(ideological reflexes and echoes)'의 발전을 보여주고자 한다.

마르크스와 엥겔스의 역사적 유물론은 '발전 과정 속에 있는 실천적 인간'에 초점을 맞춰 물질적 생산 활동을 하는 인간을 역사의 출발점으로 본다. 즉, 인간의 역사에서 가장 중요한 것은 생존이다. 만약 생존할 수 없다면 역사는 없다. 따라서 인간의 '생존을 위한 생산 활동(노동)'은 역사의 출발점인 동시에 역사의 첫 번째 전제조건이 된다(Marx & Engels, 1947: 16). 노동을 통해 의식주가 해결되면 역사의 두 번째 전제조건인 '새로운 욕구가 창출(production of new needs)'되며, 이것을 최초의 역사적 행위로 본다(Marx & Engels, 1947: 17). '새로운 욕구의 창출'이란 의식주가 생산 활동에 의해 충족되면 여기에 머무르지 않고 새로운 생산 활동이나 생산방식 등을 추구하게 되고, 이로 말미암아 사회적 관계의 변화와 발전이 이루어져 새로운 역사가 시작됨을 말한다.

역사의 세 번째 전제조건은 '사회구성원의 재생산'이다. 인간이 다른 인간들과 만들어내는 '부부 관계', '부모와 자식의 관계' 등과 같은 최초의 사회적 관계를 만들어 내고 인구의 증가에 따라 새로운 사회적 관계가 등장하게 된다(Marx & Engels, 1947: 17－18). 인구 증가는 인간들로 하여금 사회 활동 영역을 확대시킴으로써 과거 단순한 가족 중심적 형태의 분업을 사회 중심의 복잡한 분업의 형태로 발전시키고, 궁극적으로 '생산력(productive force)'의 증가와 함께 사회관계의 변화를 초래하게 된다(Marx & Engels, 1947: 18).

마르크스와 엥겔스가 말한 역사의 전제는 '물질적 생산 활동', '새로운 욕구의 창출', '사회구성원의 재생산을 통한 인구의 증가'이며, 그들은 상기한 전제들 가운데 첫 번째 전제가 가장 중요하다고 생각되지만 모든 전제는 인류의 역사에 항상 동시에 존재해 왔다고 주장한다(Marx & Engels, 1947: 18). 인간들이 사회를 이루어 함께 특정 '생산 양식(mode of production)'을 만들어 낸다는 것은 항상 특정 '협업의 양식(mode of cooperation)'과 결부되어 나타나기 마련이며, 이러한 협업의 양식을 '생산력(productive force)'이라고 한다. 더욱이 '아주 많은 수의 생산력(multitude of productive force)'이 모여 인간 '사회의 특성(nature of society)'을 결정한다. 나아가 이것은 '인류의 역사(history of humanity)'를 '산업과 교환의 역사(history of industry and exchange)'와 연계해 취급하거나 연구해야 하는 이유가 된다(Marx & Engels, 1947: 18). 역사적 유물론이란 '인간의 물질적 생산 활동을 기본 전제'로 하며, 이것이 사회적 삶을 규정한다는 역사관이다.

## 2. 변증법

마르크시즘을 '과학(science)'으로 취급하는 이유로 마르크시즘의 ① 경험주의적 관점, ② 역사주의적 특성, ③ 경제 결정론[12] 등을 든다. 즉, 인간을 관념적으로 규정하기보다 현실적으로 파악해 경험을 중시하고, 역사주의적 관점에서 자연현상이 어떤 법칙에 의해 순환되는 것처럼 인간의 역사 역시 '확고한 필연성'으로 작동하는 '운동 법칙'이 존재한다고 보며, 경제적 요소가 사회 전반을 결정하는 요인으로 작용한다고 주장해 마르크시즘을 과학이라고 하는 것이다(손철성, 2003: 70-79).

마르크스는 '사회의 혁명적 변화'에 대한 근거를 인류 역사에 대한 종합적 분석에서 찾고 있으며, 이것을 다윈(Charles Darwin)의 자연세계의 진화에 대한 설명과 대등한 과학이라고 보았다. 마르크스는 헤겔(Georg Hegel)의 철학에 영향을 받았지만, 헤겔을 '이상주의자(idealist)'라고 한다면, 마르크스는 헤겔의 관념적 사상을 비판하고, '물질주의자'로서 역사란 생각이 아니라 경제적 힘에 의해 움직인다고 주장한다. 하지만 마르크스는 사회가 작동하는 필연적인 법칙으로 헤겔의 '변증법(dialectic)'을 받아들여 자본주의 사회를 분석하는 기제로 사용한다. 변증법이란 이미 내재되거나 수용된 '정립(thesis)'이 종국에는 그 반대인 '반정립(antithesis)'과 충돌하고 이러한 충돌로부터 새로운 '종합(synthesis)'이 나타나는데, 여기서 '종합'은 정립과 반정립의 최선을 결합한 것이다(Dryzek & Dunleavy, 2009: 81-83).

마르크스에게 있어 '정립'은 지배적 생산 양식의 발전이고, '반정립'은 정립에 대한 저항으로 지배적 생산 양식의 위기가 초래하는 불안정이며, '종합'은 새로운 생산 양식을 창출해내는 사회주의적 혁명이다. 마르크스가 말한 정 · 반 · 합의 논리에 따라 유럽의 역사에서 자본가의 출현을 살펴보면 다음과 같다.

오랫동안 유럽의 봉건제적 생산 양식은 귀족인 지주 계급과 이들에게 복종하는 농노와 소작농 계급으로 특징지어지며, 이러한 분업은 지주들에게 잉여자원을 부여했고, 잉여자원은 지주들에게 상업과 산업을 발전시키는 계기가 되었다(정립). 상업과 산업의 발전은 새로운 '자본가'라는 계급을 만들어 내었고, 이들은 봉건제의 제약으로부터 탈피해 자유로운 거래를 할 수 있기를 원했다(반정립). 1640년대

---

12) 마르크스의 경제 결정론적 관점은 『안넨코프에게 보내는 편지』(1846)에서 단적으로 나타난다. 그에 따르면, 역사 발전에서 생산 양식과 같은 경제적 토대뿐만 아니라 정치 형태와 같은 상부 구조도 우리의 의지에 의해 자유롭게 선택되는 것이 아니며, 정치 질서는 단지 시민 사회의 공적 표현에 불과하다고 주장한다(K. Marx, "Brief von K. Marx an P. W. Annenkow vom 28. Dezember 1846", 548). 정치 질서와 같은 상부 구조는 독자성을 가지고 있는 것이 아니라, 시민 사회, 즉 경제적 토대의 형식적 표현에 불과하다. 역사적 유물론은 경제적 요소가 삶의 전반을 규정하고 조건 지우는 토대로 작용한다고 보는 경제 결정론적 입장을 취하고 … 물질적 생산 활동을 사회와 역사를 움직이는 원동력으로 본다(손철성, 2003: 79).

영국의 내전, 1789년 프랑스 혁명, 1860년대 미국 내전 등은 모두 '부르주아(bourgeois)' 혁명으로 이해되며, 이 혁명을 통해 유럽의 봉건제와 미국의 노예제도의 족쇄가 풀렸고, 새로운 자본가 계급은 과거 지주 귀족들에게 대항해 정치 권력을 회득하여 '종합'을 이루게 된다(Dryzek & Dunleavy, 2009: 81-83).

마르크스의 변증법적 유물론은 여기서 그치지 않고 자본주의에 대한 '정립'과 '반정립', 그리고 사회주의 혁명으로 이어지는 '종합'으로 이어진다. 여기서 '정립'은 새로운 상품, 효율적인 생산 방법, 새로운 시장, 더 큰 이익을 창출하려는 자본주의의 욕구 등이며, '반정립'은 역동적인 자본주의가 만들어 낸 불안정으로부터 비롯된다. 자본주의가 지배적인 생산 양식으로 확립되면 자본가들은 이익을 창출하는 효율적인 방법을 지속적으로 찾게 되고, 이는 궁극적으로 도시중심부에 집중되어 있는 공장들을 만들어 낼 것이다. 이와 동시에 다수의 재산 없는 산업 노동자들, 즉 '프롤레타리아(proletariat)'들은 점점 더 비인간적인 노동에 시달리게 되면서 자신의 일과 생산물로부터 '소외(alienation)'[13]될 것이다(Dryzek & Dunleavy, 2009: 81-83). 마르크스와 엥겔스는 네 가지 형태의 '소외'를 다루고 있다. 그들에 따르면, 인간에게 '노동'이란 삶을 영위하는 근본적인 것일 뿐만 아니라 그것을 통해 자아를 실현하는 순수한 의미로 이해된다. 반면 '생산력 향상을 위한 분업', '자본가 계급의 물질적 탐욕' 등으로 말미암아 자본주의가 심화되면 될수록 노동자 계급은 노동의 본질과 달리 노동의 잉여가치에 대한 징발의 대상이 되어 자의적 노동이 아니라 타인에 의해 강요되는 '강제노동'에 시달리게 된다. 이러한 강제노

13) 자본주의 사회가 성숙해 갈수록 분업과 사적 소유가 심화되고 이것은 가진 자와 못 가진 자로 양분된 사회를 만들어 내며, 재산 없는 산업 노동자들, 즉 '프롤레타리아(proletariat)'들은 상대적 박탈감과 소외로 말미암아 반정립을 형성하는 계기가 된다. 마르크스는 소외의 형태로 ① 노동 생산물은 노동이 대상화된 것인데, 자본주의 사회에서는 자본가에 의한 사적 소유로 인해 노동자가 그 대상물을 전유하지 못하고 상실하게 되며 이로 인해 '노동 생산물로부터 소외'가 발생, ② 노동자가 생산 과정에서 편안함이나 행복보다는 오히려 불편함이나 불행과 같은 비인간화를 경험하게 되는 '생산 과정으로부터 소외'가 발생, ③ 자유롭고 의식적인 활동인 노동을 통해서 자아를 실현하는 것이 인간의 본질적인 모습인데, 자본주의적 상황 속에서는 강제 노동 및 '노동 생산물의 상실'로 인해 인간의 본질적 모습을 상실하게 되는 '유적 존재로부터의 소외'가 발생, ④ 노동자와 자본가가 생산물과 생산 과정을 둘러싸고 대립과 갈등을 빚게 되며 이로 인해 적대적 인간관계가 형성된다. 즉, 소외된 노동으로 인해서 노동자와 자본가가 서로 대립하고 갈등하는 '인간으로부터 인간의 소외'가 발생한다고 본다(손철성, 2003: 168-172). 마르크스는 '사적 소유'를 소외된 노동의 결과물로 본다.

동은 프롤레타리아 계급들에게 상대적 박탈감과 함께 그들을 소외시켜 사회는 자본가 계급과 노동자 계급으로 나뉘게 된다.

## 3. 의식, 이데올로기, 그리고 허위의식

마르크스의 변증법적 유물론에서 자본주의에 대한 반정립은 '사적 소유의 확대에 따른 노동 생산물의 소외'뿐만 아니라, '계급의식(class consciousness)'에서도 비롯된다. 마르크스가 말하는 '계급(class)'이란 '소유 관계'나 '분배 관계'와 같은 '생산 관계'에서 개인들이 차지하는 위치나 이해관계에 따라 '계급'과 함께 '계급 관계'가 형성된 것이다.[14] 마르크스에 따르면, 자본주의 사회는 '자본가(bourgeoisie)' 계급과 '무산 노동자(proletariat)' 계급으로 양분된 사회이며, 자신들이 속한 계급의 '의식(consciousness)'을 공유한다. 여기서 '의식'이란 사회적 · 역사적으로 형성되는 사물이나 일에 대한 개인적 · 집단적 감정, 견해, 혹은 사상을 뜻한다. 마르크스는 의식이 물질적 삶을 규정하는 것이 아니라, 물질적 삶이 인간의 의식을 규정한다고 본다(Marx & Engels, 1967: 14－15).

마르크스는 법률, 정치, 종교, 예술, 철학과 같이 이론적으로 체계화된 의식을 '이데올로기(ideology)'라고 하며, 이러한 '이데올로기'를 물질적 토대에 의해 규정된 상부 구조의 한 형태로 본다. 여기서 이데올로기는 '사회적 의식'이라는 의미로, 특히 경제적 생산 조건에 의해 규정되면서 이러한 현실을 반영한 '체계화된 의식'이라는 뜻으로 사용된다(손철성, 2003: 137－138).[15] 마르크스와 엥겔스는 이데올

---

14) 예를 들면, 노동의 재료와 같은 노동 대상이나 생산 도구와 같은 노동 수단을 누가 어떻게 소유하고 있는가, 분업이나 협업의 과정에서 어떤 조직 형태를 취하고 있는가, 생산된 재화를 어떻게 분배하고 있는가와 관련하여 다양한 사회관계를 맺게 된다. 즉, 생산 과정에서 생산 수단의 소유 형태를 둘러싸고 일정한 '소유 관계'를, 생산자들의 조직 형태를 둘러싸고 일정한 '조직 관계'를, 생산물의 분배 형태를 둘러싸고 일정한 '분배 관계'를 맺게 된다. 마르크스와 엥겔스는 이 중에서도 생산 수단의 소유 형태를 둘러싼 '소유 관계'가 가장 중요한 관계로 작용하면서 이것이 다른 관계들을 규정하는 것으로 보았다. 이처럼 개인들은 생산 과정에서 소유 관계를 비롯한 다양한 생산 관계를 맺게 되는데, 이 과정에서 생산 수단의 소유나 생산물의 분배를 둘러싸고 개인들 사이에 대립과 갈등이 발생하고 이 와중에서 소유 관계나 분배 관계와 같은 생산 관계에서 개인들이 차지하는 위치나 이해관계에 따라 '계급'과 함께 '계급 관계'가 형성된다(손철성, 2003: 96).

15) 이러한 이데올로기 개념에 따르면, 프롤레타리아의 의식이나 사상도 상부 구조에 속하는 사회적

로기를 계급적 이해관계가 반영되어 있는 것으로 본다. 자본가 계급과 노동자 계급은 자신들의 이데올로기를 적극적으로 옹호함으로써 이들 간에는 늘 경쟁과 긴장관계를 유지한다. 마르크스와 엥겔스는 두 계급 간의 이데올로기적 경쟁과 대립에서 지배계급의 이데올로기가 주도권을 장악해 그 시대의 지배적인 사상이 된다고 주장한다.

> 지배 계급의 '사상(ideas)'은 어떤 시대에서나 지배적인 사상이다. 즉, 사회의 지배적인 물질적 세력인 지배 계급이 동시에 그 사회의 지배적인 정신적 세력이다. 물질적인 생산의 수단을 통제하는 계급은 그 결과 정신적인 생산의 수단도 통제하며, 정신적인 생산 수단을 갖지 못한 계급의 사상은 대체로 그것에 종속된다. 지배적인 사상은 지배적인 물질적 관계들의 '관념적 표현(ideal expression)' 그 이상이 아니며, 사상으로 포장된 지배적인 물질적 관계일 뿐이다. 따라서 한 계급을 지배 계급으로 만드는 물질적 관계는 지배적인 사상이 된다(Marx & Engels, 1967: 39).

마르크스와 엥겔스(Marx & Engels, 1967: 40)에 따르면, 물질적 관계를 주도하는 자본가들은 하나의 계급으로써 지배하며, 이들 계급의 지배는 '사상가(thinkers)'로서, 사상의 생산자로서, 사상의 생산과 배급자로서 그 시대의 모든 사상을 지배하게 된다. 반면에 지배 계급에 속하지 못하는 계급의 지배적 사상에 대한 태도는 '수동적(passive)'이고 '수용적(receptive)'일 수밖에 없다. 왜냐하면 이들은 자본가 계급처럼 그들을 정당화할 '발상(ideas)'과 '환상(illusions)'을 만들어 낼 능력과 충분한 시간이 없기 때문이다. 더욱이 노동자 계급과 자본가 계급의 이데올로기적 분열이 어떤 반대나 적개심을 유발해 실질적인 충돌로 이어진다 하더라도 노동자 계급은 아무것도 얻지 못하게 될 뿐만 아니라 "지배적 사상은 지배계층의 사상이 아니다"라는 환상으로부터 탈피하지 못하고 자본가 계급이 자신들의 권력보다 월등한 권력을 가지고 있다는 것을 인정하게 된다.

자본가의 이데올로기가 자신들의 이해관계와 상충하는 데도 불구하고, 그것을

---

의식의 한 형태이므로 일종의 이데올로기라고 할 수 있다. 왜냐하면 부르주아 이데올로기와 마찬가지로 프롤레타리아 이데올로기도 물질적 토대에 의해 규정되어 형성된 사회적 의식의 한 형태이기 때문이다(손철성, 2003: 138).

수용해 자신의 의식으로 받아들이는 것을 '허위의식(false consciousness)'라고 한다. '허위의식'은 정당치 않은 비대칭적 권력관계를 지속적으로 유지케 하는 행위에 작용하는 '보이지 않는 힘'을 지칭하는 개념으로, 노동자 계급이 자신들의 이해관계를 제대로 인식하는 것을 실패했을 경우, 그들이 인지하지 못한 가운데 받게 되는 불이익과 연루되어 나타나는 제도의 재생산 과정과 관련이 있다(MacCoy, 2014: 13).

마르크스와 엥겔스는 '허위의식'을 사진기의 '암흑 상자(obscura)'와 '망막(retina)'의 '전도(inversion)' 현상으로 비유해 말한다. "만약 전체 이데올로기에서 인간들과 그들의 상황이 사진기의 암흑 상자에서처럼 '전도(upside down)'되어 나타난다면, 마치 망막에 '전도(inversion)'된 영상이 육체적 구조에서 생겨나는 것처럼, 이러한 현상은 인간들의 역사적 생활 과정에서 생겨나는 것이다(Marx & Engels, 1967: 14)."

이데올로기가 '전도 현상'을 일으켜 사람들로 하여금 '허위의식'을 갖게 하는 이유는, 사진기나 망막의 구조 때문에 전도 현상이 발생하는 것처럼, 사람들의 생활과정이나 주어진 조건 때문에 현실적 관계가 이데올로기 형태로 전도되어 나타나기 때문이다. '전도 현상'은 의도적 혹은 의식적으로 역사적 현실을 왜곡시키거나 전도시키는 것이 아니라 인간들의 역사적 생활조건 때문에 불가피하게 발생한 왜곡이나 전도이다. 결국 이데올로기란 역사적 생활 과정이나 조건 때문에 발생하는 것이며, 이것을 허위의식이라 한다.[16]

여기서 볼 수 있듯이, 마르크스는 '이데올로기'를 '사회적 응집력(social coherence)'을 높이기 위해 국가가 사용하는 하나의 '기제(mechanism)'로써 자본주의적 책략을 대변하는 것으로 본다. 즉, 지배 이데올로기는 자본주의 사회에 존재하는 '착취의 기저 형태(underlying patterns of exploitation)'를 미화하거나 정당화하는 '가면(mask)'이다(Krasner, 1978: 33).

---

16) 허위의식은 마르크스와 엥겔스에 의해 왜곡된 혹은 전도된 이데올로기를 지칭하는 개념으로 사용되었으나, 이것은 루크스(Lukes, 1974)의 '권력의 세 차원'에 대한 논의의 핵심 개념으로 사용될 뿐 아니라, 최근 페미니스트 연구의 기본 개념으로 사용된다.

## 4. 사회주의 혁명

한 시대의 지배적 사상 혹은 이데올로기는 그 시대의 '보편적 이해관계'를 내포하고 있는 것이 아니라 지배 계급의 사상일 뿐이다(Marx & Engels, 1967: 42). 특정 시대에 '혁명적 사상(revolutionary ideas)'이 존재한다는 것은 '혁명적 계급(revolutionary class)'이 존재한다는 것을 전제로 한다(Marx & Engels, 1967: 40). 마르크스와 엥겔스에 따르면 '혁명적 계급'이란 한 계급에 대응하는 다른 계급이기라기보다는 지배 계급에 대항하는 '사회 전체(representative of whole of society)'를 뜻하며, 혁명의 성공은 지배 계급을 제외한 모든 계급의 이해관계와 관련이 있다. 따라서 혁명이 성공한다면 기존의 지배 계급을 제외한 모든 계급들에게 득이 될 것이다(Marx & Engels, 1967: 41)

마르크스와 엥겔스는 프롤레타리아 계급에 의한 급진적 혁명의 필요성을 다음과 같이 말한다. "혁명이 필요한 이유는 지배 계급이 다른 어떤 방법으로도 '전복(overthrow)'되지 않기 때문일 뿐만 아니라, 지배 계급을 전복시키는 계급만이 오로지 혁명을 통해서만 모든 낡은 오물들을 씻어 버리고, 새로운 사회의 기본을 세울 수 있기 때문이다(Marx & Engels, 1967: 69)."

1848년 마르크스와 엥겔스는 '공산당 선언(Manifesto of the Communist Party)'을 통해 '프롤레타리아 독재사상'을 공식화했다. 마르크스와 엥겔스가 말하고 있는 혁명을 통해 이루고자 한 '이상적인 사회'는 사적 소유가 철폐되고 노동자에 대한 억압과 착취가 사라진 사회이며, 노동이 강제가 아닌 자발적인 활동으로 전환되어 인간들이 자아실현을 통해 총체적 인간으로 발전할 수 있는 사회이다. 공산주의 혹은 사회주의 사회는 ① 사적 소유의 폐지, ② 분업의 철폐, ③ 생산력의 고도발전, ④ 계급과 국가의 소멸, ⑤ 필요에 따른 분배, ⑥ 계획된 생산 등의 특징을 가진다. 자본주의 사회에서는 사적 소유와 분업으로 인해 개인들이 단편적인 직업에만 종사함으로써 기형적인 발전에 그쳤다면, 사적 소유와 분업이 철폐된 공산주의 사회에서는 개인들이 자신의 소질과 능력을 전면적으로 발휘할 수 있으므로 총체적인 개인으로 탈바꿈 하게 된다. 이와 관련해 마르크스와 엥겔스는 다음과 같이 말한다.

누구에게나 배타적인 활동 영역이 없고 모두가 스스로 원하는 분야에서 하고 싶은 일을 할 수 있는 공산주의 사회는, 사회가 전반적인 생산을 조정하기 때문에, 사냥꾼, 어부, 양치기, 혹은 비판가가 되지 않고서도 내가 마음대로 오늘은 이것을 내일은 저것을, 즉 아침에는 사냥을, 오후에는 낚시를, 저녁에는 양치기를, 밤에는 비판을 하는 것이 가능하다(Marx & Engels, 1967: 22).

## 5. 마르크시즘과 국가

마르크스와 엥겔스의 변증법적 유물론에 입각한 역사의 발전 과정과 사회주의 혁명에 대한 논의는 '마르크시즘(Marxism)'으로 규정되어 많은 학자들에 의해 연구되었다. 이들의 논의는 관점에 따라 '도구주의'와 '구조주의'로 나누어 볼 수 있으며(Krasner, 1978: 21), 대표적인 학자로 각각 밀리밴드(Ralph Miliband)와 풀란차스(Nicos Poulantzas) 등이 있다. 이들의 관점과 국가 권력을 소개하면 다음과 같다.

마르크스주의 관점에서 국가 권력의 실체에 접근한 대표적인 연구로 1969년 밀리밴드의 『자본주의 사회에서의 국가(*The State in Capital Society*)』를 들 수 있다. 그의 연구 초점은 정치 과정에 주어지기보다는 '경제조직(economic organization)'과 '생산의 양식(mode of production)'에 주어져 서구 산업사회에서 자본주의적 생산 양식을 주도하는 사회의 두 '계층(classes)', 즉 '자본가(bourgeoisie)' 계급과 '무산(proletariat)' 계급의 상호작용에 대해 논하고 있다. 그의 연구 관심은 "경제를 주도하는 지배 계층이 정치적으로 어떤 역할을 하는가?"이며, 궁극적으로 이 문제에 답함으로써 국가의 역할과 권력의 속성에 접근한다. 즉, 그는 '소득(income)'과 '부(wealth)'의 사회적 분배는 시간이 지남에 따라 소수의 지배계층에 집중된다는 가정 아래 국가 권력을 '경제적 영향력(economic power)'과 '정치 권력(political power)'의 상호작용의 결과로 취급해 접근한다.

밀리밴드(Miliband, 1969)에 따르면, 국가는 중립적인 기구가 아니며, 지배 계급을 위한 '도구(instrument)'이다. 이러한 국가에 대한 관점은 마르크스(Karl Marx)의 국가관이기도 하며, 마르크스와 엥겔스는 1848년 '공산당 선언(Manifesto of the Communist Party)'에서 "현대 국가는 모든 자본가 계층의 공통된 이해관계를 대변하기 위한 위원회(committee)와 같다"고 주장한다. 밀리밴드는 자본주의 사회에서 국가가 자본가 계층의 '도구'로 이해될 수 있는 세 가지 이유를 다음과 같이 들고 있다(Ham & Hill, 1984: 33).

첫째, 자본가 계급과 '국가 고위관료(state elite)'들의 사회적 출신 배경이 같기 때문에 국가는 자본가 계층과 동일한 이해 관계를 가진다. 따라서 국가기관은 그들의 이해관계를 대변하는 도구적 역할을 하게 된다. 여기서 국가의 고위관료들이란 정부, 군부, 사법부 등을 포함한 중요한 국가기관의 장을 말한다.

둘째, 자본가 계급은 그 국가의 기업과 산업을 대표하는 압력단체로서 다양한 국가기관과 개인적인 접촉은 물론, 사회의 각종 공식・비공식단체를 조직해 수시로 대화할 수 있는 '연계망(network)'을 가지고 있기 마련이다. 이러한 연계망을 통해 국가와 자본가 계급은 그들의 이해관계를 조율하게 되며, 결국 국가는 지배 계급의 이해를 대변하는 도구가 된다.

셋째, '자본의 위력(power of capital)'은 국가의 자율적 활동에 제약 요인으로 작용한다. 지배 계급은 국가의 고위관료들을 그들의 자본 축적 과정에 필요한 존재로 여기기 때문에, 지배 계급은 그들의 역할을 완전히 제거하기보다는 제한해 지배 계급의 이익을 위한 도구로 사용한다. 또한 고위관료들은 국가의 경제 발전을 유지하고 발전시킬 필요성과 고위 관직에 오래 머물고 싶은 욕망 때문에 자율적으로 국가를 관리하지 못하고, 자본가 계급의 기대에 부응할 수밖에 없다.

이러한 세 가지 이유로 인해, 국가는 장기적으로 보았을 때, 자본가 계급의 이익을 대변하는 '도구'로 이해된다. 이러한 맥락에서 밀리밴드의 국가에 대한 관점을 일반적으로 '도구주의(instrumentalism)'로 보며, 이러한 관점은 한 걸음 더 발전되어 국가의 기능을 설명하는 단계로 넘어간다. 그가 주장하는 국가의 기능은 다음과 같다(Ham & Hill, 1984: 33).

첫째, 자본주의 국가의 기능은 자본 축적 과정을 지원하는 것이다. 여기서 '자본 축적 과정을 지원하는 기능'이란 자본가들이 생산 활동을 통해서 이익을 추구할 수 있도록 조건을 조성하는 기능을 말한다. 예를 들어, 국가의 사회간접시설 확충을 위한 도로 건설, 산업단지 조성, 근로자들을 위한 주택 건설, 건강보험을 포함한 각종 사회보험 제도의 운영 등은 자본 축적 과정을 지원하는 국가의 기능으로 이해되며, 특히 근로자들을 위한 주택 공급, 각종 보험 제도의 운영 등은 자본가 계층의 임금 부담을 경감시키고, 사회의 각종 보험 제도의 운영은 건강한 노동력을 제공하기 위한 국가의 자본 축적 과정의 지원 기능이라고 한다.

둘째, 국가의 기능은 사회 질서를 유지·통제하는 것이다. 사회 질서를 유지하고 통제하는 방법 가운데 강제력을 동반하는 기능으로는 경찰과 군대의 운영을 들 수 있고, 이러한 국가의 강제력은 국내·외의 예상하지 못한 위협으로부터 자본 축적 과정을 보호하는 기능을 한다. 국가의 사회 질서 유지와 통제 기능은 학교와 같은 제도를 통한 '정치사회화(political socialization)' 혹은 국가 권력에 대한 '정당성(legitimation)'을 확보하려는 국가의 활동에서도 찾아볼 수 있다. 공교육을 통해 사회적 규범, 가치, 관습, 전통 등의 전수는 물론, 국가가 존립하는 이유 등을 정치사회화 과정을 통해 학습시킴으로써 국가의 정당성을 확보하기 위함이다.

오코너(O'Connor, 1973)는 국가의 기능을 '사회적 투자(social investment)', '사회적 소비(social consumption)', '사회적 비용(social expenses)'으로 나눈다. 국가가 수행하는 '사회적 투자' 기능은 노동생산성을 증가시키기 위한 사회간접시설의 확충이나 산업단지 조성 등이고, '사회적 소비' 기능은 노동비용을 경감시키려는 목적으로 운영되는 각종 사회보험 제도이며, '사회적 비용'은 사회의 '조화(harmony)'를 유지시키기 위한 기능으로 경찰이나 군대의 운영이다.

오코너(O'Connor, 1973)와 유사한 관점에서, 고흐(Gough, 1979)도 국가의 기능을 논하면서 장기적인 안목에서 현대 복지국가가 특정 계층의 자본 축적에 어떻게 기여하고 있는지를 설명하고 있다. 대체적으로 오코너와 고흐는 밀리밴드(Miliband, 1969)가 주장하는 국가의 기능과 역할에 대해 비슷한 견해를 가지고 있다. 밀리밴드의 국가의 역할과 기능은 마르크스주의자인 풀란차스(Poulantzas, 1973)에 의해 비판되는데, 풀란차스(Nicos Poulantzas)는 밀리밴드의 연구를 다원주의적 개념과 관점을 받아들일 준비가 되어 있는 것이라고 비판하면서 다음과 같이 논한다(Ham & Hill, 1984: 33-34).

풀란차스는 밀리밴드가 말한 국가를 자본주의의 '도구(instrument)'로 이해할 수 있는 세 가지 이유 가운데 첫 번째 이유, 즉 '국가관료들의 사회적 배경이 자본가 계급과 같다'는 것은 중요한 이유가 될 수 없다고 한다. 대신 풀란차스는 국가 권력을 이해하기 위해서는 밀리밴드의 세 가지 이유 가운데 마지막 이유에 초점을 맞추어야 한다고 주장한다(Ham & Hill, 1984: 34-35). 즉, 자본에 의해 국가에게 주어지는 '구조적 구속(structural constraints)'에 초점을 맞추어 국가와 자본가 계층의 관계를 연구해야 한다는 것이다.

풀란차스는 '구조주의자(structuralist)'의 입장에서, 국가는 단순히 정부기관의 집합체나 그것의 기능으로 설명될 수 있는 것이 아니며, 국가란 사회를 구성하고 있는 '계급들(classes)' 간의 관계에서 이해될 수 있다고 주장한다. 이러한 비판에 대해 밀리밴드(Miliband, 1977)는 구조주의적 입장은 계층들 간의 관계를 '결정론적(deterministic)' 관점에서 설명하려는 한계에 직면할 수 있다고 주장한다. 즉, 국가 권력은 사회 계층 간의 부의 이동만으로 이해될 수 있는 것이 아니며, 국가도 '자율성(autonomy)'을 가진다고 보는 것이다. 그는 자본주의 국가가 자본가 계급과 노동자 계급으로 양분된 사회이지만, 국가가 자본가 계급으로부터 자유로울 수 있는 어느 정도의 '자율성'을 가지고 있다고 본다. 그는 국가 자율성의 근거로 정부의 노동자 계급의 이해관계를 대변하기 위한 '개혁(reform)'을 들고 있다(Ham & Hill, 1984: 35-36).

풀란차스도 국가 권력을 경제적 힘과 정치적 힘의 관계에 의해 이해하기보다는 국가의 자율성을 어느 정도 인정해 다음과 같이 말한다. 자본가 계급도 그들의 이해관계가 서로 다른 만큼, 이해관계를 추구하는 과정에서 파벌을 만들 수 있고, 때에 따라서 노동자 계급의 이익을 대변하는 활동도 할 수 있다는 것을 인정할 수 있으며, 국가도 자본가 계급의 특정 이해관계에 반하는 활동을 할 수 있다.

'국가 자율성(state autonomy)'에 대한 논의는 국가의 역할에 대한 또 다른 쟁점을 부각시키는 계기가 되었으며, 이와 관련하여 손더스(Saunders, 1981)는 국가 자율성에 대한 논의가 자본주의 사회에서 국가의 역할이 무엇인지를 정확히 알려주고 있기는 하지만, 국가 자율성이 모든 국가 활동을 만족할 만큼 설명하지는 못한다고 주장한다. 이어서 그는 자본주의 사회에서 국가 활동을 다루기 위해서는 국가가 자본가 계급에 어느 정도 '종속' 혹은 '의존'하고 있는가를 규명할 수 있어야 하며, 국가기관이 자율적으로 활동할 수 있는 조건들을 구체적으로 제시할 수 있어야 한다고 주장한다(Ham & Hill, 1984: 36).

이러한 의미에서 풀란차스와 밀리밴드의 국가 권력에 대한 연구는 만족할 만한 답을 하지 못하고 있다. 이미 설명한 바와 같이, 풀란차스와 밀리밴드의 국가 권력에 대한 접근은 다소 다른 점이 있지만, 그들은 자본주의 국가를 지배 계급을 유지하기 위한 주된 수단으로 보는 데는 공통점을 가지고 있다. 이러한 마르크스주의 관점에 의한 국가 역할에 대한 논의는 앞서 설명한 국가를 사회집단의 하나로 보며 경합하고 타협하는 관계로 이해하는 다원주의 관점과는 매우 상이하다. 또한 엘리트이론의 국가관과도 차이점을 발견할 수 있다. 즉, 엘리트이론에 따르면, 국가 엘리트들은 강한 정치 권력은 가지고 있지만 사회의 특정 계급과 연계되어 있는 것으로 보지는 않는다. 왜냐하면 국가 엘리트들은 사회조직과 정치 권력을 통제할 수 있는 독립적인 권력을 행사할 수 있기 때문이다. 이러한 국가의 역할에 대한 다양한 관점은 또 다른 국가의 역할을 설명하는 '조합주의(corporatism)'이론으로 연결시켜 볼 수 있다.

## 제 7 절 조합주의

슈미터(Schmitter, 1974)는 조합주의 체제를 '사회조합주의(societal corporatism)'와 '국가조합주의(state corporatism)'로 나눈다. 국가조합주의는 '권위주의(authoritarianism)' 혹은 '반자유주의(anti-liberalism)' 등으로 이해되는 이탈리아의 파시즘(Fascism)이나 독일의 나치즘(Nazism)으로 그 기원을 찾을 수 있으며, 산업화의 단계에 따라 나타나는 '신권위주의(new authoritarianism)' 혹은 '관료적 권위주의(bureaucratic-authoritarianism)'를 지칭한다. 반면에 사회조합주의는 서구 유럽 국가와 북미 국가들의 다원주의적 정치 체제의 '부패(decay)'에 기인한 정치 형태로 국가는 자율적으로 사회의 다양한 집단들의 이해관계를 조정하는 역할을 한다.

## 1. 사회조합주의

'사회조합주의' 이론은 서구 자본주의 경제가 성숙된 이후 국가가 점차 사회에 직접적인 '개입(intervention)'의 폭을 넓혀 가는 과정에서 나타나게 되는 국가 권력의 형태를 다루는 이론이다. 윈클러(Winkler, 1976)는 산업의 고도화, 국제 경쟁의 증가, 산업 활동에 의한 이익의 감소 등으로 경제 체제가 심각한 전환기를 맞게 될 때 국가 권력은 조합주의적 특성을 띠게 되며, 조합주의를 국가가 통제하는 경제 체제 아래 민간 부문의 생산 활동이라고 주장한다. 윈클러(J. Winkler)는 경제적 관점에서 조합주의를 조명하고 있어 조합주의 체제에서 국가의 역할에 대해서는 크게 설명하고 있지 않지만, 국가가 사회의 특정 집단이나 계층에 의해 통제된다고 주장하지 않는다. 대신에 국가는 노동자와 자본가와의 관계에서 독립적이고 지배적인 역할을 하며, '가격(prices)'이나 '임금(incomes)' 정책을 통해 이들 간의 관계를 조정하는 역할을 한다.

미들매스(Middlemas, 1979: 372)는 영국의 조합주의 체제가 성립하게 된 과정을 다음과 같이 말한다. "1916년부터 1926년까지 '노동조합(labor unions)'과 '고용주연합(cmployer associations)'은 역사상 처음으로 국가와 함께 아주 밀접한 관계를 유지하게 되었다. 결과적으로 이들은 국가 권력을 공유하게 되었고, 사회집단들을 단순한 이익집단이 아닌 국가의 일부로 보았다. 따라서 노동조합과 고용주연합은 국가와 함께 '지배기구(governing institutions)'로 여겨져 정부 체제로 편입되었다." 사회의 중요 집단을 국가가 '포섭(inclusion)'한다는 의미는 이들 사회집단을 국가의 하위 체제로 귀속시켰다는 것이 아니라 정치 과정의 동반자로 생각한다는 것이다. 이러한 국가, 노동조합, 고용주연합에 의한 '조합(incorporation)'은 권력을 공유함으로써 갈등을 최소화하고 사회집단들 간의 조화를 유지하는 것을 목적으로 한다.

슈미터(Philippe C. Schmitter)는 미들매스와 유사한 맥락에서 조합주의를 사회집단 간의 이해관계를 '대표(representation)'하는 체제로 본다. 슈미터(Schmitter, 1974: 93-94)는 '이상적인 조합주의(ideal type of corporatism)'를 "조합주의란 사회의 이해관계를 대표하는 단위들로 구성된 '체제(systems)'로서, 이러한 체제의 구성은 국가에 의해 기능별로 구분되고 계층별로 나뉜 사회적 단위들로 구조화된다. 이러한 방법에 의해 구조화된 체제는 사회적 단위별로 그들의 분야에 대한 이해관계를 독점적으로 표출하고, 그들을 대표하는 '장(leaders)'을 선출하는 데 영향력을 행사하며, 그들의 이해관계와 관련하여 요구와 지지를 표명한다"고 말한다.

슈미터에 따르면, 소유의 집중 현상이 가속화되고, 국제 경쟁이 나날이 치열해짐에 따라 자본주의가 변질되어 조합주의를 탄생시킨다. 즉, 사회조합주의는 서구 유럽 국가와 북미 국가들의 다원주의적 정치 체제의 '부패'에 기인하며, 국내 자본을 좀 더 안정적으로 축적시켜야 할 필요성 때문에 국가가 사회에 직접적으로 개입하고 사회의 다양한 정치연합들과 협상하는 과정에서 출현하게 된다. 따라서 사회조합주의는 사회에서 '기득권(predominant power)'을 가진 이익집단의 대표들이 다원주의를 대체하는 것으로 이해된다.

조합주의 관점에서 국가 권력은 다양한 형태를 띤다. 윈클러는 조합주의를 경제체제를 중심으로 '노동운동지상주의(syndicalism)', 사회주의, 자본주의를 비교해 설명하고 있으며, 이와는 대조적으로 슈미터(Schmitter, 1974, 1982), 미들매스(Middlemas, 1979), 밀워드와 프란시스코(Milward & Francisco, 1983) 등은 조합주의를 정치 체제 혹은 정치 체제의 하부 체제로 다루고 있다. 울프(Wolfe, 1977)는 조합주의를 후기 자본주의의 위기에 대한 대응으로부터 발전된 것으로 본다. 그에 따르면, 후기 자본주의 체제는 분화된 사회의 다양한 집단들로부터 많은 요구가 분출되고, 국가는 이러한 요구를 모두 만족시킬 수 없는 상황에 이르게 되나, 기존의 자본주의 체제를 유지할 필요를 느껴 조합주의를 대안으로 선택하게 된다.

조합주의에 대한 논의의 대부분이 '사회 중심적(society－centered)'으로 이루어졌다면, 노들링거(Eric A. Nordninger)는 '국가 중심적(state－centered)' 관점에서 조합주의 체제의 공공정책을 다루고 있다. 노들링거(Nordlinger, 1981: 1)에 따르면, "국가도 시민사회와 같이 '선호(preferences)'를 가지고 활동한다. 민주적 국가는 이러한 선호에 따라 비교적 자율적으로 활동할 뿐만 아니라, 정치적 영향력이 큰 시민사회의 요구와 국가의 선호가 차이를 보이는 경우에도 국가는 자율적으로 시장에 개입할 수 있다." 노들링거는 국가 권력에 대한 많은 이론들이 사회 중심적으로 이루어지고 있는 것을 볼 수 있으나, 조합주의에 의한 국가 권력의 논의는 국가 중심적으로 이루어져야 한다고 주장한다. 왜냐하면 국가가 자율성을 가지고 사회의 다양한 집단의 이해관계를 조정·통제하는 것으로 보기 때문이다.

## 2. 국가조합주의

'국가조합주의(state corporatism)'는 '권위주의(authoritarianism)' 혹은 '반자유주의(anti-liberalism)' 등으로 특징지어지는 이탈리아의 파시즘(Fascism)이나 독일의 나치즘(Nazism)에서 그 기원을 찾을 수 있다(Schmitter, 1974). 국가조합주의의 한 형태로 설명되는 파시즘이나 나치즘은 제2차 세계대전 이후 소멸되었으나, 전후 라틴 아메리카 국가들에게서 빈번히 나타나는 새로운 형태의 권위주의 국가와 군사정부는 '근대화이론(modernization theory)'을 의심하게 만들었다.

근대화이론은 사회·경제적으로 발전하면 할수록 민주적 정치 체제가 성숙될 것이라는 가정에서 출발한다. 이러한 가정으로부터 한 사회의 경제 발전은 그 사회의 민주화 정도를 가늠할 수 있다고 믿으며, 대표적인 학자로는 헌팅턴(Huntington, 1968) 등을 들 수 있다. 그러나 제2차 세계대전 이후 비교적 경제적으로 풍요로운 라틴 아메리카 국가들에서 새로운 형태의 권위주의 국가가 출현한 것은 근대화이론에 의해 설명되지 않는다. 이러한 새로운 권위주의적 정치 현상을 다루는 관점으로 '신권위주의(new authoritarianism)' 혹은 '관료적 권위주의(bureaucratic authoritarianism)', '국가조합주의', 마르크스주의자 관점에서 '종속이론(dependent theory)' 등을 들 수 있다. 국가조합주의가 성립하게 된 배경은 사회조합주의와는 다르다. 사회조합주의는 산업화 과정에서 자본축적이 어느 정도 완성된 단계에 이르러 국가가 자본가집단과 근로자집단을 동시에 포용해 자본주의적 경제 발전을 유지하고 발전시키기 위해 자율적으로 활동하는 것이다. 반면에 국가조합주의는 신흥 공업국이나 개발도상국, 혹은 후발 산업국 등으로 표현되는 제3세계 국가의 정치 체제와 관련이 있다. 이들 국가에서 나타나는 국가조합주의는 '산업화의 단계들(industrialization stages)'과 연계되어 나타나는 정치 변화로 이해되며, 여기서 산업화의 단계는 경공업 중심의 산업화와 중공업 중심의 산업화 단계를 뜻한다.

### 1) 융합적 국가조합주의

오도넬(Guilermo A. O'Donnell)에 따르면, 정치 변화는 산업화 과정에서 야기되는 정치적 · 사회적 긴장에서 비롯된다. 즉, 산업화의 단계는 정치 변화와 연계되어 나타나게 되는데, 그 이유는 산업화의 단계별로 경제적 혜택을 누리게 되는 사회집단이 다르기 때문이다(O'Donnell, 1973: 79). 예를 들어, 소비재를 생산하는 경공업 중심의 산업화 단계에 접어들게 되면, 정치 체제는 전통적인 '과두정치(oligarchic system)'로부터 '민중주의(populism)' 체제로 전환하게 된다고 본다. 이러한 가내수공업이나 경공업 위주의 산업은 일반적으로 과거 수입에 의존하던 소비재를 국내에서 생산하게 되는 '쉬운 단계의 수입 대체(easy phase of import-substitution)' 산업과 관련이 있다.

이러한 경공업 위주의 산업화 단계는 정부의 보호 아래 자본가와 노동자 계층 모두를 만족시키며, 이들 두 계층은 국가의 지원 아래 자신들의 이해관계를 극대화할 수 있는 만큼 국가에 협조적이며, 국가 역시 이들 계층을 포용하여 경공업 위주의 산업화를 추진하게 된다. 결과적으로 경공업 위주의 산업화 단계에서는 국가를 중심으로 형성된 산업 엘리트집단, 노동자집단, 도시근로자 등을 포함한 각계각층의 경쟁적이고 민주적인 정치 체제가 성립되고, 사회의 모든 부문을 통합할 만큼 '융합적 국가조합주의 체제(inclusive state corporatism)'의 특성을 가지게 된다. '융합적 국가조합주의 체제'는 '융합적 민중주의(inclusive populism)'와 같은 맥락에서 이해된다(O'Donnell, 1973: 113-114).

### 2) 배타적 국가조합주의와 관료적 권위주의

'관료적 권위주의(bureaucratic authoritarianism)' 체제는 경공업 위주의 수입대체 산업 단계가 완성되면서 나타나게 되는 복잡한 사회 · 경제 문제에 대한 반응으로 출현하게 된다(O'Donnell, 1973: 99-103). 국내 시장을 겨냥한 경공업 위주의 수입대체 산업이 어느 정도 완성됨에 따라 더 이상 국내 기업이 성장할 수 있는 잠재력이 없어지면서, 국내 산업을 한 단계 성장시키기 위한 산업을 모색하게 되는 단계로 접어들게 된다.

이 단계에 이르면 많은 중간재를 외국으로부터 수입해야 하고, 수입 증대에 따라 외환 사정이 급격히 나빠지면서, 인플레이션을 유발하게 되어 국내 경제는 많은 문제에 봉착하게 된다. 이러한 문제를 해결하기 위해서 '기술관료(technocrats)'들은 장기적인 문제 해결 방안을 모색하게 되는데, 대부분의 경우 '산업의 수직적 통합 혹은 심화(vertical integration or deepening of industrialization)'를 통해 산업 구조조정을 하게 된다. 즉, 경공업 중심의 산업화 단계에서 중공업 중심의 산업화 과정으로 넘어가게 됨을 의미한다. 이러한 산업화 단계의 심화 과정은 '선진 기술', '전문성', '막대한 자본'을 필요로 하며, 국내 기업으로는 이러한 산업화의 심화 과정에서 필요한 조건을 충족시킬 수 없어 '다국적 기업(multinational corporations)'과 합작하지 않으면 안 되는 상황에 이르게 된다.

다국적 기업과 국제 금융기관은 산업화의 심화 과정에 필요한 기술, 자본, 전문 인력 등을 제공하는 대신 사회·경제적 '안정(stability)'을 요구하며, 여기서 사회·경제적 안정화란 산업구조의 전환 단계에서 야기된 정치·경제적 위기, 고도로 정치 세력화한 민중주의의 요구 등과 같은 사회·경제적 불안 요소를 예측 가능한 범위 내로 통제하는 것을 의미한다. 이와 같은 정치·사회·경제적 맥락에서 기술관료들의 역할은 매우 중요하다. 그들은 '군부(military)', '국내 자본(national capital)'과 연계되어 있을 뿐만 아니라, 산업화의 심화 과정에서 야기된 사회·경제적 위기를 극복하기 위해 다국적 기업의 요구를 적극적으로 수용하게 된다. 이러한 과정에서 기술관료들과 군부의 상호작용이 증가하게 되고, 그들은 그들이 처해 있는 사회·경제적 위기를 극복하고자 '쿠데타 연합(coup d'Eat coalition)'을 형성해 관료적 권위주의 체제가 성립된다(O'Donnell, 1973: 95).

관료적 권위주의 체제에서 국가 권력은 국가, 국내 대자본, 외국 자본에 의해 형성되고, 국가의 모든 정책은 이들이 심화된 산업화를 빠른 시일 내에 완성시키는 데 필요한 지원으로 집약되며, 사회의 다양한 요구는 강압적인 방법에 의해 무시되거나 억압된다(O'Donnell, 1973: 99-103). 이와 같은 국가조합 체제에 대한 연구는 앞서 설명한 근대화이론의 기본 가정에 대응하는 또 다른 가설로서 많은 학자들에 의해 실증적으로 연구되었다. 물론 국가조합주의에 대한 연구가 오도넬의 모형과 일치하지는 않지만 유사한 맥락에서 배타적 국가조합주의의 출현을 브라질, 페루, 칠레, 아르헨티나, 멕시코 등의 국가를 대상으로 한 경험적 연구가 있다(Cardoso, 1978; Hirschman, 1968; Collier, 1979; Stepan, 1978; Skidmore, 1977; Schmitter, 1971). 오도넬의 관료적 권위주의 모형에 의해 우리가 경험한 권위주의 정권을 설명하는 연구도 있다(한상진, 1984; 최장집, 1987). 이러한 연구에 따르면, 유신 체제의 등장을 관료적 권위주의의 성립으로 본다.

배타적 국가조합주의의 관점에서 신흥 산업국가들은 '국가', '국내 대자본', '다국적 기업' 혹은 '외국 자본'이 중심이 되어 빠른 경제 성장을 이루려고 하지만 그것은 말처럼 쉽지 않다(Evans, 1979: 4-5). 에반스(Peter Evans)는 신흥 공업국가들이 수입 대체산업을 육성해 세계의 중심 국가로 진입하려고 하지만 이러한 노력은 궁극적으로 중심 국가에 대한 종속적 관계만 심화시킬 뿐이라고 주장하면서 후발 산업국가의 '종속적 발전(dependent development)'에 대해 논하고 있다. '배타적 국가조합주의'와 '종속이론'은 유사한 관점에서 국가 권력을 다루고 있는데, 그들에 따르면 국가 권력은 '삼두마차'라 불리는 '국가', '국내 대자본', '외국 자본'에 의해 형성되며, 권력은 그들의 이해관계를 극대화하기 위한 수단으로 본다.

## 제 8 절 체제이론

'체제이론(systems theory)'은 이론이라고 이해되기보다는 '체제적 사고(systems thoughts)'나 접근 방법으로 시작되었다. '체제론자(systems theorists and analysts)'들은 체제를 실존하는 물질과 추상적 의미를 모두 포함해 '어디에나 편재(ubiquitous)'하는 개념으로 보고 체제의 특성을 다룬다. 체제이론은 1950년대 초 '생물학(biology)' 분야에서 처음 사용되었으며, 그 후 체제적 사고의 실용성 때문에 다른 학문 분야에 넓게 적용되어 오늘에 이르고 있다.

버틀랜피(Bertlanffy, 1968)는 '일반체제이론(general systems theory)'의 선구자로 알려져 있다. 생물학에서 체제이론은 생명체의 다양한 유형과 수준의 관계를 인식하기 위한 접근 방법으로 활용되었으며, 1950년대와 1960년대에 이르러 체제이론은 자연 현상뿐만 아니라, 인위적 현상까지 예측하고 이해하기 위한 새로운 이론적 관점으로 사용되었다. 여기서 인위적 현상이란 사람들이 집단적으로 만들어 낸 정치 현상을 포함한 모든 사회 현상을 뜻한다. '고전적 체제이론'의 기본적 논리를 중심으로 체제를 살펴보면 다음과 같다.

## 1. 체제의 정의와 구성 요소

버틀랜피(Bertlanffy, 1968)는 체제란 "단위의 집합체(a set of units)와 그것들의 관계(relationships)"라고 정의한다. 일반적으로 체제를 구성하고 있는 '단위'는 매우 중요하지만, 체제를 기능하게 하는 것은 단위들의 '연계 혹은 관계'다. 이러한 체제를 구성하고 있는 '단위'는 '크기(size)', '형태(shape)', '속도(velocity)', '거리(distance)', '비율(rate)' 등과 같은 속성으로 구조화되어 있으며, 체제가 체제로서 인식될 수 있는 것은 체제가 가지고 있는 속성 그 자체보다는, 속성들의 관계에 있다.

이러한 체제적 논리를 우리의 몸을 예로 들어 설명하면 소화기관은 입, 치아, 혀, 식도, 위 등의 단위로 구성되며, 이러한 단위들은 서로 연계되어 기능함으로써 음식물을 소화시킨다. 따라서 소화 체제는 단위별로 구성되고, 그 체제의 목표를 달성하기 위해서 서로 연계되어 기능하게 된다.

## 2. 체제의 범주

앞서 설명한 체제의 '단위'와 '관계'를 좀 더 복잡한 대상으로 확대시켜 볼 수도 있다. 즉, 체제의 범주는 앞서 설명한 '소화기관'의 예와 같이 둘 이상의 단위들의 최소한의 관계 속에서도 찾아볼 수 있으나, 체제는 컴퓨터 체제, 도시 체제, 경제 체제, 정치 체제, 사회 체제 등과 같이 체제의 범주를 확대시켜 체제를 구성하는 단위와 그것들의 관계를 설명할 수 있다. 체제의 범주가 커지면 커질수록 이와 관련되어 나타나는 '단위'와 '관계'는 매우 복잡한 양상을 띠게 되며, 체제를 구성하는 단위와 단위들 간의 관계가 복잡한 만큼 추상적인 특성이 강해진다.

예를 들어, 체제 범주를 사회의 한 집단으로부터 사회 전체로 확대시키면, 사회체제의 유기적인 기능은 훨씬 추상적인 측면이 크게 될 것이다. 왜냐하면 사회를 구성하는 모든 단위들 간의 인과 관계가 모두 밝혀진 것이 아니기 때문이다. 따라서 체제는 특정 단위와 단위들 간의 관계로 정의되며, 체제의 규모가 크면 클수록 그 체제를 구성하고 있는 단위의 수가 증가하게 되고, 이들 간의 상호작용은 매우 복잡한 양상을 띠게 된다.

## 3. 체제의 목적과 형태

체제를 정의하면서 사용하는 개념으로 지금까지 다룬 '단위'와 '관계'뿐만 아니라 '목적(objective)'도 매우 중요하다. 모든 체제는 목적이 있으며, 이 목적에 따라 단위가 결정되고 연계되어 기능하기 때문이다. 앞서 설명한 '소화기관'을 예로 들면, 소화기관의 목적은 음식물을 분해시켜 우리 몸에 영양분을 흡수시키고, 나머지를 배설하기 위함이다. 인간의 소화기관은 음식물을 소화시키기 위한 목적으로 기능하고 모든 인간은 '같은 형태'의 소화기관을 가지고 있지만, 모든 소화기관이 같은 모습을 하고 있지는 않다. 즉, 인간의 소화기관은 소나 말의 소화기관과 다르며, 새나 물고기와도 다르다.

모든 체제는 목적을 성취시키기 위해 단위가 구성되고, 단위 간의 상호작용을 통해 그 체제의 목표를 성취시키게 되지만, 체제의 목표가 같다고 해서 체제의 모습이 같지는 않다. 체제의 형태는 체제가 속해 있는 환경과 환경으로부터 투입되는 자원의 질과 양, 상위 체제의 특성 등에 따라 달라지기 마련이다. 특정 체제에 대한 연구는 먼저 그 체제의 목적을 명확히 하고, 그 목적을 성취시키기 위한 단위들을 구조화하는 것으로부터 시작한다. 물론 체제의 단위들은 그 체제가 속해 있는 환경과 환경으로부터 투입되는 자원의 양과 질에 의해 구성되고, 구조화된 체제의 단위들은 그 체제의 형태를 결정한다.

## 4. 체제의 수준, 포괄성, 환경

체제를 설명하는 데 필요한 부가적인 개념들로 체제의 '수준(level)', '포괄성(holism)', '환경(environment)' 등이 있다. 먼저 '체제의 수준'이란 전체 체제를 구성하고 있는 상위 체제와 하위 체제들 간의 계층화된 정도를 말한다. 일반적으로 상위 체제는 하위 체제들의 집합이며, 각각의 하위 체제들은 서로 연계되어 기능함으로써 전체 체제는 포괄적으로 유지되고 목표를 성취하게 된다. 예를 들어, 인간은 호흡기관, 소화기관, 배설기관, 감각기관, 생식기관 등과 같은 하위 체제들의 집합체이며, 하위 체제의 기능은 체제의 전반적인 기능에 큰 영향을 미친다. 소화기관과 배설기관과 같이, 체제의 '산출'은 다른 체제의 '투입'으로 전환되기도 하고, 감각기관과 같이 모든 하위 체제와 연결되어 모든 체제가 잘 작동되고 있는지를 '점검하는 장치(sensor)'로서 기능하기도 한다. 이러한 하위 체제 간의 연계를 체제 이론에서는 '접점(interface)'이라고 한다. 따라서 가장 큰 체제는 모든 하위 체제들의 집합체이며, 하위 체제들은 전체 체제가 기능하기 위해 계층적으로 구조화되어 있다.

체제를 구성하는 단위, 단위들 간의 관계, 목표, 하위 체제 등과 함께 '체제의 환경' 역시 체제에 큰 영향을 미친다. 여기서 '환경'이라는 개념은 전체 체제를 둘러싸고 있는 외부적 요인뿐만 아니라 하위 체제의 구성단위에 영향을 주는 모든 것을 말한다. 예를 들어, 지방자치단체는 중앙정부의 하위 체제이지만, 지방자치단체에서 보면 중앙정부는 환경으로 인식된다.

## 5. 체제의 기본 모형

체제와 관련해 지금까지 단위, 관계, 목적, 하위 체제, 환경 등과 같은 구성 요소들을 살펴보았다. 체제에 대한 논의를 완성시키기 위해서 지금부터 설명할 '투입(input)', '산출(output)', '처리 장치(processor)', '흐름(flow)' 등에 대한 논의가 더 필요하다. 이상의 네 가지 개념은 체제를 구성하고 있는 단위와 그들 관계의 특성을 기술하거나 설명하는 데 필요한 것들이며, 체제의 기본 모형은 [그림 6-4]로

그림 6-4 **체제의 기본 모형**

요약된다.

'처리 장치'는 흔히 '블랙 박스(black box)'라고도 하며, 처리 장치나 블랙 박스에 대해 자세히 알려진 바가 없어, 우리는 이것을 '투입을 산출로 전환하는 장치(input－to－output conversion mechanism)'라고 한다. 블랙 박스의 기능은 투입이 산출로 전환되는 과정으로 추론 가능하다. 즉, 블랙 박스의 기능이 무엇인지를 분석하려면 통제된 투입을 블랙 박스에 입력한 후, 산출의 유형을 관찰함으로써 블랙 박스에서 어떤 일이 일어나는지를 예측할 수 있다.

예를 들어, 우리가 기르는 애완견이 우리를 보고 꼬리를 치는 이유를 설명하기 위해 꼬리와 연결된 신경을 해부하여 신경 구조를 분석하는 방법이 있을 것이다. 물론 이러한 방법이 그 이유를 충분히 분석할 수 있다고 생각되지 않지만, 우리는 그 방법을 사용하지 않더라도 이미 애완견이 꼬리를 치는 이유를 잘 알고 있다. 따라서 블랙 박스에서 어떻게 투입이 산출로 전환되는지를 그 '박스'를 열어 구체적으로 분석하기보다는 투입된 정보나 자원에 의해 산출된 행태를 파악해 전환 과정을 추론할 수 있다. [그림 6－4]는 체제의 기본 모형으로 '처리 장치'가 하나로 이루어져 있으나, 상위 체제는 둘 이상의 하위 체제로 구성되며, 하위 체제의 수만큼 '처리 장치'를 가지고 서로 연계되어 기능하는 것이 일반적이다.

## 6. 체제의 환류

대부분의 체제는 가시적인 목적과 구조에 의해 유지된다. 체제가 일정한 목적과 구조를 가지고 '항상성(homeostasis)' 혹은 '균형(balance)'을 유지할 수 있는 것은 '환류(feedback)'를 통한 통제 기능이 있기 때문이다. 환류의 좋은 예로 '혈압'이 일정한 수준으로 유지되는 것을 들 수 있다. 심장은 혈액을 몸 전체에 공급하는 역할을 하며, 이 과정에서 어느 정도의 혈액을 공급할 것인지는 '압력 감지 장치(baro-sensor)'가 혈압을 일정한 수준으로 유지하도록 심장에 메시지를 지속적으로 보냄으로써 혈압을 유지하게 된다. '압력 감지 장치'는 우리의 활동 강도에 따라 몸에 필요한 산소량을 측정해 심장에 전달함으로써 심장이 빨리 뛰기도 하고 천천히 뛰기도 한다. '압력 감지 장치'는 우리 몸이 필요로 하는 산소량을 '감시(monitoring)'하고 '통제(control)'해, 이와 관련된 정보를 심장에 제공함으로써 우리 몸이 늘 최적의 상태를 유지할 수 있도록, 즉 항상성을 가질 수 있도록 한다.

여기서 체제의 '항상성'은 체제를 일정한 수준으로 유지하는 것은 물론, 체제의 목적을 보완하거나 수정하는 것까지 포함한다. 즉, 우리 몸을 포함해 사회의 모든 조직은 환경으로부터 주어지는 조건들의 변화에 반응해 균형을 잡기 위해 조정을 하게 되며, 이러한 과정에서 체제의 목표를 수정하거나 보완하게 된다. 물론 체제의 목표를 수정 · 보완하는 이유는 변화하는 환경에 부합해 체제에 가능한 해가 되지 않도록 하기 위함이다. 예를 들면, 정부의 예산 축소는 정부조직에 큰 변화를 초래하게 되는데, 정부는 항상성을 유지하기 위해 불요불급한 프로그램을 중단하거나 규모를 축소해 운영하게 되고 정치적으로 영향력이 비교적 작은 집단에 대한 공공 서비스를 대폭 감축하게 된다. 여기서 정치적으로 영향력이 비교적 약한 집단의 요구부터 감축하는 이유는 정치적 영향력이 강한 집단으로부터 지속적으로 지지와 지원을 받아야 체제를 유지할 수 있기 때문이다.

체제의 환류 작용에 '감지 장치(sensor)'의 역할은 매우 중요하다. 감지 장치는 체제의 산출로부터 자료를 받아 체제의 이상적 상태, 목적, 표준 등과 비교해 체제의 현 상태에 대한 정보를 전환 장치에 재투입하게 된다. 물론 재투입의 목적은 체제가 처해 있는 환경에서 체제의 항상성과 균형을 유지하기 위함이다. 체제의 항상성과 균형을 유지하기 위한 감지 장치에 의한 통제 기능을 우리는 '환류 고리(feedback loop)'라고 한다. 앞서 설명한 '체제의 기본 모형'에 환류 고리를 첨가해 [그림 6-5]와 같이 나타낼 수 있다.

그림 6-5 체제모형

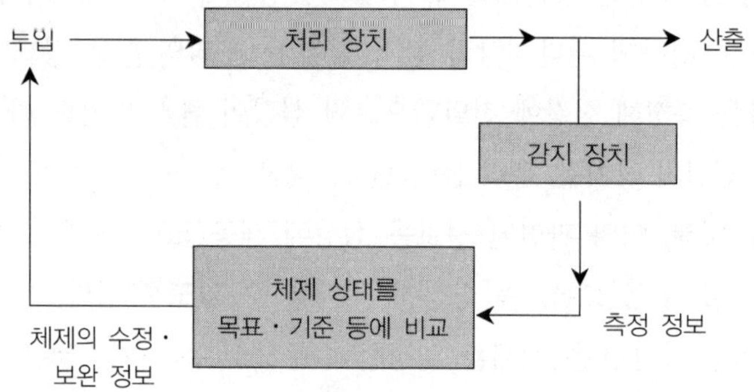


## 7. 체제의 안정과 변화

체제이론은 일반적으로 급격한 사회 변화를 설명하지 못하는 한계가 있다고 지적된다. 그러나 급격한 사회 변화를 다룰 수 있는 이론이 많지 않음을 볼 때, 이러한 체제이론의 한계는 체제이론만의 고유한 문제는 아닌 것 같다. 체제이론은 앞서 설명한 환류 고리를 통해 환경의 변화로 야기되는 체제의 부담을 조정 · 관리한다. 또한 체제이론에서는 체제의 '안정(stability)'을 유지하고 환경의 변화에 대응하기 위해 체제의 '정보(information)'와 '엔트로피(entropy)'라는 개념을 사용해 체제의 변화와 안정적 발전을 꾀한다.

만약 체제가 쇠퇴해 기능하지 못하면, 우리는 이것을 체제의 '엔트로피'가 증가했기 때문이라고 한다. '정보'와 '엔트로피'는 역진적인 관계이며, '정보'가 증가했다는 것은 '엔트로피'가 낮아졌다는 것을 뜻한다. 여기서 '정보'는 체제의 '형태(patterning)'나 '질서(order)'를 말하며, '엔트로피'는 체제의 질서나 형태가 쇠퇴된 정도를 뜻한다.

밀러(Miller, 1965: 196)는 체제의 '정보(information)'와 '엔트로피(entropy)'를 다음과 같이 비유한다. "스페인의 왕과 낙타 모양의 얼음조각상을 처음 보았을 때, 그것의 '형태'는 아주 분명해 얼음조각상이 의미하는 이미지, 즉 '정보'를 아주 쉽게 알아차릴 수 있었다. 그러나 시간이 지남에 따라 그 조각상은 녹아내려, 즉 조각상의 엔트로피가 증가하여 '정확한 정보의 형태(precise patterning of information)'를 인지할 수 없을 만큼 얼음 덩어리는 물로 변했다."

밀러의 비유에서 볼 수 있는 것처럼, '공식 조직(formal organization)'이 가지고 있는 권위, 기능, 절차, 지위 등이 어떤 이유로든지 대화가 단절되고, 구성원 간의 무관심 등으로 체제의 구조와 기능이 느슨해지거나 쇠퇴했다면, 그것은 '엔트로피'가 증가했기 때문이다. 즉, 체제가 '완전한 질서(perfect order)'를 유지하고 있다는 것은 체제 내에 엔트로피가 전혀 없다는 것을 의미한다. 체제는 단위, 단위들 간의 관계, 목표 등으로 구성되어 기능하는데, 이들 간의 관계가 느슨해지거나 쇠퇴하면 체제는 더 이상 목표를 달성하지 못하게 된다. 따라서 체제가 안정을 유지하기 위해서는 엔트로피를 최소화해야 한다.

일반적으로 체제의 불안정은 체제로 투입되는 에너지의 양보다 배출되는 에너지의 양이 많을 때 발생한다. 우리의 몸을 최적의 상태로 유지하기 위해서 적당한 운동, 영양분의 섭취, 충분한 휴식 등이 필요하듯이, 체제의 엔트로피를 최소화하기 위해서는 환경으로부터 체제에 공급되는 '정보', '에너지', '체제에 필요한 다양한 물자(material)' 등이 끊임없이 제공되어야 한다. 또한 우리 몸이 최적 상태가 아닐 때, 우리 몸은 여러 가지 형대로 우리에게 신호를 보낸다. 이것은 우리 몸의 상태를 감지하는 기능이 작동하기 때문이며, 이에 적당히 대처하지 못한다면 몸 전체에 부정적인 영향을 미치게 된다. 같은 이유로 체제가 최상의 상태를 유지할 수 있도록 다양한 감지 장치 혹은 통제 장치가 있으며, 이것을 통해서 체제의 안정과 변화를 꾀하게 된다.

## 8. 체제의 경계

지금까지 체제를 정의하는 요소인 단위, 관계, 목표를 다뤘다. 이러한 요소들로 구성된 체제는 앞서 살펴본 상위 체제와 하위 체제와의 관계처럼 계층화되어 있고, '시차의 순서(sequential)'로 구조화되어 기능하게 된다. 이러한 논리에 따르면, 이 세상은 매우 큰 하나의 체제로 구성되어 운영된다고 할 수 있다. 그러나 이러한 체제적 사고는 이론적으로는 가능할 수 있을지 모르지만, 실제로 이 세상에 존재하는 모든 체제를 하나의 큰 체제로 통합하여 이해하기란 거의 불가능하다.

이러한 관점에서 체제이론은 '경계의 문제(boundary problem)'에 봉착하게 된다. 이와 관련해 다양한 논의가 있으나, 일반적으로 체제 연구에서 범주의 문제는 체제의 목표에 준해서 연관된 흐름만을 한정적으로 측정함으로써 해결할 수 있다. 예를 들어, 우리 사회는 정치 체제, 경제 체제, 사회 체제 등의 다양한 하위 체제들로 구성되어 있고, 모든 체제가 하나의 통합된 체제를 이루어 운영되는 것은 사실이지만, 이러한 하나의 체제를 포괄적으로 설명하기란 거의 불가능하다. 따라서 체제는 체제가 지향하는 목적에 따라 그 경계를 제한하여 연구하고 관리하는 것이 일반적이다.

이러한 논리에 따라, 정치 체제에 대한 연구는 정치적 목적을 가지고 있는 단위들 간의 상호작용을 통해 나타나게 되는 정치적 산출로 범위가 한정될 수 있으며, 경제 체제에 대한 연구는 경제적 목적을 지향하는 단위들 간의 상호작용으로 범위를 제한할 수 있다. 따라서 체제별 목적에 의해 체제의 경계를 결정한다면 체제의 범위로부터 야기되는 문제로부터 자유로울 수 있다.

## 9. 폐쇄 체제와 개방 체제

체제의 '경계(boundary)'와 체제에서 필요로 하는 '자원(resources)'을 기준으로 체제를 '폐쇄 체제(closed system)'와 '개방 체제(open system)'로 나눈다. 폐쇄 체제란 환경과 전혀 상호작용을 하지 않는 가운데 기능하는 것으로 가장 단순한 형태의 체제이다. 폐쇄 체제의 예로는 '용광로(furnace)'나 '자동 온도 조절 장치(thermostat)' 등을 들 수 있다. 반면에 개방 체제란 체제의 환경으로부터 다양한 투입이 이루어지고, 때로는 환경으로부터의 투입이 체제를 혼란에 빠뜨릴 수 있는 가능성 때문에 체제로 투입되는 과정을 '통제하는 장치(regulator)'가 필요한 체제를 뜻한다. 이상과 같이, 체제의 폐쇄성과 개방성은 '체제와 환경과의 관계'와 '체제가 기능하기 위해 필요로 하는 자원'에 의해 구분된다.

쇼더벡과 동료들(Schoderbek et al., 1975: 45−46)도 체제를 개방 체제와 폐쇄 체제로 구분하는 기준으로 '경계'와 '자원'을 들고 있다. 그들이 말하는 체제가 필요로 하는 자원이란 목표를 성취시키기 위해 체제가 활동하는 데 필요로 하는 혹은 이용 가능한 모든 수단이다. 이러한 자원으로는 인력, 재력, 장비 등이 있다. 폐쇄 체제는 필요로 하는 자원이 이미 내재되어 있어 체제 경계를 넘어 환경으로부터 부가적인 자원의 유입을 필요치 않는다. 반면에 개방 체제란 체제가 기능하기 위해 필요한 에너지 혹은 자원이 체제의 경계를 넘어 환경으로부터 부단히 투입되는 체제이다.

## 10. 정책학과 체제이론의 유용성

체제이론은 사회과학 전반에 걸쳐 큰 영향을 미쳤다. 체제적 관점에서 사회연구는 사회 전체를 상위 체제로 보고 다양한 사회 기능을 하위 체제의 경계로 삼아 사회의 정치적 측면은 정치 체제, 경제적 측면은 경제 체제 등으로 구분하여 하위 체제 간의 유기적 상호 작용은 물론 하위 체제들의 기능을 논한다.

이스턴(Easton, 1957, 1965a, 1965b)은 정치학에 체제적 논리를 처음 도입한 학자로 널리 알려져 있으며, 그에 따르면 정치 체제는 사회로부터 '요구'와 '지지'를 받아 '산출(output)'로 진환시키는 역할을 하고, 여기서 '정치 체제의 산출'은 '권위적 정책이나 권위적인 의사결정(authoritative policies and decisions)'을 뜻한다. 정치 체제의 산출인 정책은 사회에 소개되어 새로운 투입으로 '환류(feedback)'되며, 이 과정을 반복적으로 거치면서 사회가 지향하는 목적을 달성하게 된다.

체제는 일반적으로 '감지 장치(sensor)', 혹은 '제어기(regulator)'가 있어 과도한 투입을 조절해 체제의 '안정(stability)'을 꾀하게 되며, 정치 체제 역시 '문지기(gatekeeper)'가 있어 그 체제의 선호에 따라 투입을 조정하게 된다. 즉 '문지기'는 체제의 선호나 특성에 따라 그 사회를 구성하는 사회집단들 가운데 특정 집단의 요구를 선택적으로 받아들이는 역할을 하며 다른 집단의 요구는 제한한다. 예를 들어, 정치적 보수성이 강한 체제는 진보적인 성향의 요구를 제한하고 보수적인 집단의 요구를 수용해 산출로 전환시킨다.

정치 체제는 체제의 유지와 번영을 위해 사회로부터 지속적인 '지지(support)'를 필요로 하며, 일반적으로 '지지'는 '세금(taxes)', '참여(participation)', '추종(compliance)' 등과 같이 체제의 존속을 위해 필요한 유·무형의 자원이다. 만약 이러한 체제에 대한 지지가 없다면, 체제는 소멸하게 된다. 따라서 정치 체제의 존속을 위해 체제의 '산출(output)'은 체제의 '투입(input)'의 조건이 된다. 즉, 정치 체제는 체제의 유지를 위해 지속적인 지지를 필요로 하는 만큼, 체제의 산출은 요구와 지지에 반응해야만 한다.

이와 같은 체제적 논리는 정책의 면면을 설명하는 데 유용하다. 체제적 관점에서 '정책환경과 정책', '정책 과정의 참여자', '의제형성' 등과 같은 논의는 정치 체제에 대한 투입을, '정책결정'은 체제의 '전환 과정(conversion process)'을, '정책평가'와 '정책종결'은 체제의 산출을 주로 다루는 것이라고 할 수 있다.

체제이론의 가장 큰 기여는 정책을 사회 제도나 구조의 산물로 이해하기보다는, '정부'와 '사회'의 상호작용의 결과로 취급해 정책 현상을 동태적으로 분석할 수 있는 '틀(framework)'을 제공하는 것이다. 즉, 정책 과정을 투입, 전환 과정, 산출, 환류, 환경 등으로 구분해 정책의 각 과정에서 중요한 역할을 하는 요인들을 찾아내고 그들의 상호작용을 밝혀 정책 문제에 대한 포괄적인 접근을 가능케 한다. 여기서 정책 현상을 분석할 수 있는 '기본 틀'이란 정책모형을 뜻하며, '모형'은 '가설적 구성(hypothetical construction)'인 만큼, 정책 과정에 대한 당위적 지식의 제공보다는 정책 과정을 직시할 수 있는 '통찰력(insight)'을 제공한다. 예를 들어, 앞으로 우리가 학습하게 될 다양한 학자들의 의제형성모형, 의사결정모형, 평가모형 등은 의제가 형성되거나 정책이 결정·평가되는 과정을 분석할 수 있는 기본적 통찰력의 제공을 목적으로 하며, 당위적 지식을 위한 모형들은 아니다.

# 제 7 장

# 참여민주주의, 숙의민주주의, 담론적 민주주의

‘참여민주주의(participatory democracy)’, ‘숙의민주주의(deliberative democracy)’, ‘담론적 민주주의(discursive democracy)’는 오늘날 ‘민주주의 논의’의 핵심이 될 뿐만 아니라 민주사회의 사회적 합의를 이끌어 내는 대안적 방법으로 간주된다. 참여민주주의는 대의민주주의의 한계로부터 시작해 이를 극복하려는 직접 참여 방법을 시민들의 국정 참여수준에 따라 단계적으로 논해 참여를 통한 실질적인 민주주의를 다룬다.

‘민주적 정통성(democratic legitimacy)’이 단순히 자유로운 경쟁을 통한 투표, 이익집단들의 결집, 헌법적 권리의 보장 등으로부터 기인한다는 기존의 발상에 덧붙여 1990년 이후 민주적 정통성을 확보하기 위한 필수적인 요소로 ‘숙의(deliberation)’가 폭넓게 받아들여지고 있으며, ‘숙의민주주의’는 우리들에게 새로운 민주주의의 가능성으로 받아들여진다. 여기서 ‘숙의’란 숙의 과정에 참여하는 다른 사람들의 의견을 자신들의 견해에 ‘반영(reflect)’하는 ‘의사소통 과정(communicative process)’의 한 유형이며, 이러한 과정은 ‘강제(coercion)’, ‘조작(manipulation)’, ‘기만(deception)’ 등으로부터 완전히 자유로운 맥락에서 진행될 것이 기대된다. 이러한 관점에서 숙의민주주의는 ‘투표 중심적(voting－centric)’ 민주주의를 ‘대화 중심적(talk－centric)’ 민주주의로 전환시키는 것을 뜻한다(Chambers, 2003: 308).

숙의민주주의에 대한 논의가 하버마스(Jürgen Habermas)를 비롯한 ‘비판 이론가들(critical theorists)’에 의해 주도되었다면, 담론적 민주주의는 숙의민주주의의 연장선에서 ‘후기 구조주의자(post structuralist)’로 우리에게 잘 알려져 있는 푸코(Michel Foucault)와 부르디외(Pierre Bourdieu)의 ‘담론적 형성(discoursive formation)’에 대한 논의에 따라 ‘민주적 숙의(democratic deliberation)’가 사회에 자리 잡아 ‘숙의 문화(deliberative culture)’[1]를 만들어 내고, 숙의 문화가 사회에 보편화되어 하나의 제도로 정착해 새로운 형태의 민주주의로 완성되는 것을 말한다.

담론적 민주주의에 대한 논의는 이에 그치지 않고 그람시(Antonio Gramsci)의 ‘헤게모니(hegemony)’이론을 통해 누가 민주적 숙의 과정에서 주도권을 쥐게 되어 어떤 ‘담론적 민주주의’가 사회에 정착하게 되는가를 조명하기도 한다. 참여민

1) 숙의 문화에 대한 구체적인 논의는 Sass, Jensen & John S. Dryzek(2014), “Deliberative Culture,” *Political Theory*, Vol. 42, No. 1: 3－25를 참고.

주주의, 숙의민주주의, 담론적 민주주의의 논리에 공감하는 다수의 정책학자들은 '논변적 접근 방법(argumentative approach)'을 통해 갈등을 빚는 정책 현안들을 해결하거나 완화해 사회적 합의에 이를 수 있는 새로운 정책분석 방법을 소개한다.

## 제 1 절 합리성의 민주화

### 1. 도구적 합리성과 객관주의

정부는 해결해야 할 경제, 환경, 외교, 에너지, 실업, 교육, 저출산, 고령화, 복지, 연금 등과 관련된 문제들로 이미 '과적된(overloaded)' 상태에서 과거와 다른 '통제할 수 없는 사회(ungovernable society)'와 문제 해결을 놓고 씨름하고 있다. 이러한 상황에서 정부가 성공하리라 생각하는 사람은 거의 없어 보이며, 정부 정책에 대한 비관적 관점이 사회에 만연되어 있는 것처럼 보인다(Dryzek, 1990: 3). 정부가 이렇게 된 원인은 한때 자신감 있게 추구되었으나 지금은 쇠퇴하고 있는, 그렇지만 우리 사회에 아직도 폭넓게 자리 잡고 있는 '합리성' 때문이다(Dryzek, 1990: 3).

18세기 계몽주의(Enlightenment) 시대에 발현한 개념인 '합리성(rationality)'은 다음과 같은 두 가지 의미를 지닌다. 첫째, '도구적 합리성(instrumental rationality)'은 목표를 성취시킬 수 있는 '제도적 장치', '선택하는 방법', '효과적이고 좋은 수단' 등을 말한다. 둘째, '사실(fact)', '가치(values)', '도덕(morals)' 등에 대한 이론이나 신념과 결부된 '합리적 선택(rational choice)'과 연계된 사상으로 모든 사람들에게 동등하게 적용될 수 있거나 접근될 수 있는 '일련의 객관적 기준(a set of objective standard)'을 뜻하며, 우리는 이것을 '객관주의(objectivism)'라고 한다(Dryzek, 1990: 4).

'도구적 합리성'과 '객관주의'는 동전의 앞뒷면과 같으며, 전자는 '합리적 행위(rational behavior)'를, 후자는 합리적인 신념이나 도덕으로 간주된다. 이 둘은 합쳐서 '합리적 인간'의 완벽한 지침을 제공한다. 즉, 도구적 합리성과 객관주의는

'현대 과학(modern science)'과 '기술(technology)'의 발전을 기반으로 한, 매우 질서 정연한 세상을 연상하게 하며, 모든 사람들이 일사불란하게 사고하고 행동하는 생활 양식을 뜻한다(Dryzek, 1990: 4). 그러나 이러한 합리적 발상은 '과학적 도구주의'에 입각하여 모든 것을 획일화해 사회의 다양성을 반영하지 못할 뿐만 아니라 궁극적으로 우리의 삶이 '기계적 합리성'에 종속될 것이라고 많은 학자들에 의해 비판된다. 드라이잭은 '도구적 합리성'과 '객관주의'의 한계를 다음과 같이 지적하고 있으며, 요약해 소개하면 다음과 같다(Dryzek, 1990: 4-7).

## 2. 도구적 합리성과 객관주의에 대한 비판

베버(Max Weber)는 관료제의 정당성과 기본 원리를 '도구적 합리성'과 '객관주이'에서 찾고 있지만, 동시에 '도구적 합리성'은 '관료화(bureaucratization)'를 가속화시키며, 이것은 전반적으로 인간의 존재를 '쇠창살(iron cage)' 안에 가두는 결과를 초래할 것이라고 우려했다. 한걸음 더 나아가 하버마스(Jürgen Habermas)는 '관료화'를 '생활세계의 식민지화(colonization of the lifeworld)'라고 표현하며, '생활세계의 식민지화'란 '도구적으로 합리화된 세상'으로, 개인들이 주관성을 결여시키고, 나아가 자아감과 공동체 의식 없이 기계와 같이 계산만 하는 '경제인(economic men)'을 만들어 내는 '체계(system)'를 뜻한다. '관료화'는 필연적으로 권력을 집중시키며, 물론 이러한 경향은 '도구적 합리성'이 사회적 비판으로부터 얼마나 자유로운가에 따라 다를 수 있지만, 어떤 경우에도 그 경향을 배제하지 못한다.

도구적 합리성은 인간을 계산만 하는 기계로 축소시키는 경향이 있기 때문에 인간을 '전체주의의 매력(totalitarian appeals)'에 빠뜨려 그 안에서 삶의 의미만을 찾게끔 한다. 이러한 경향은 우리들로 하여금 획일화된 반민주적 성향을 자연스러운 것으로 받아들이게 한다.

도구적 합리성은 우리들에게 '힘(power)'과 '기술(technology)'을 부여해 물질적 안락함을 보장하지만, 이것에 익숙해지면 그 밖의 다른 일들을 예를 들어 자유로운 상상이라든가 혹은 창의성과 같은 '인간의 자유'는 제한된다. 이와 더불어 '도구적 합리성'은 인간의 삶과 사물을 보는 관점이 유연하지 못한 만큼, 복잡한 사회 문제의 해결을 기대하기 어렵다고 비판된다. 또한 도구적 합리성은 효과적이고 적절한 정책분석을 불가능하게 만든다. 왜냐하면 도구적 합리성에 근거한 사회과학적 '도구(instruments)'와 '방법들(methods)'은 정책을 분석하거나 평가하는 데 부적절하거나 실효성이 없기 때문이다.

상기한 '도구적 합리성'에 대한 비판을 요약하면 다음과 같다(Dryzek, 1990: 4−7). '도구적 합리성'은 ① 서로 마음이 통하고, 자발적이며, 평등주의에 입각한 인간관계를 말살한다, ② '반민주적(antidemocratic)'이다, ③ 인간들을 억압한다, ④ 복잡한 사회 문제에 직면하게 되면 효과적이지 못하다, ⑤ 효과적이고 적절한 정책분석을 불가능하게 만든다, ⑥ 부적절하거나 실효성 없는 사회과학적 '도구(instruments)'와 '방법(methods)'만을 소개할 뿐이다.

한 시대를 풍미했던 '객관주의(objectivism)' 역시 근본적으로 문제가 있다고 드라이잭(Dryzek, 1990: 6−7)은 말한다. '객관주의'는 ① 과학을 '우상화(idolize)'시키는 잘못된 발상으로부터 시작되었고, ② 과학의 기준과 실행 방법, 심지어 '전문용어(terms)'까지도 주어진 틀 내에서 사용하도록 강요하며, ③ 궁극적으로 객관주의적 발상은 정치학과 정치의 발전을 가로막는다.

과학에 대한 '후기 실증주의 철학(post positivist philosophy of science)'에 따르면, 이 세상에 보편타당하게 받아들여질 "과학적 탐구의 논리"는 존재하지 않는다. 실증주의에 입각한 과학적 탐구의 논리는 쿤(Kuhn, 1970), 부리안(Burian, 1977), 메킨타이어(Maclntyre, 1977) 등의 글에서 볼 수 있듯이 '과학의 역사(history of science)' 앞에 무릎을 굽혔다(Dryzek, 1990: 6−7). 그러나 '인지적 합리성(cognitive rationality)'에 근거한 순수 객관주의적 사상에 의해 포획된 오늘날의 정치학과 정치적 논의는 그 밖의 모든 논의에 대해 배타적일 수밖에 없어 정치발전에 걸림돌이 된다고 비판된다.

### 3. 대안적 합리성의 가능성: 의사소통적 합리성

지금까지 살펴본 '도구적 합리성', '객관주의', 이에 가해진 '비판들'을 모두 감안하면, 인간의 '사유(reason)'는 더 이상 도구적 합리성과 객관주의의 전유물이 아니다(Dryzek, 1990: 9). 도구적 합리성과 객관주의는 '수정(modification)'과 '보완(supplement)'에 좀 더 개방적이어야 하며, 대안적 합리성은 '합리성'이 무엇을 뜻하는지를 재음미해 새로 구성함으로써 유추해 낼 수 있다. 드라이잭은 고대 그리스의 철학자인 아리스토텔레스(Aristoteles)로부터 현대의 다양한 정치 사상가들의 논의를 소개함으로써 도구적 합리성과 객관주의를 거부하고 대체할 수 있는 '대안적 합리성'의 가능성을 다룬다.

대안적 합리성과 연계된 가장 잘 알려진 학자로 포퍼(Popper, 1966, 1972)를 들 수 있다. 그에 따르면, 가장 효과적으로 문제 해결을 할 수 있는 유형의 사회조직은 중앙집권화된 조직이나 베버의 관료조직이 아니라 '열린사회(open society)'라고 주장한다. 열린사회란 도구적 합리주의자들이 자유롭게 다른 이들을 비판할 수 있는 사회다. '상대주의자(relativist)'로 알려진 린드블롬과 코헨(Lindblom & Cohen, 1979) 역시 '쓸모 있는 지식(usable knowledge)'이란 '획일화된 독단'이 다양한 개체들의 상호작용으로 완전히 대체되었을 때 가능하다고 주장한다. 스키너(Skinner, 1985: 12-13)는 도구적 합리성과 객관주의를 대체할 대안적 인식론은 "우리 주위에 산적해 있다"고 말한다.[2] 이 밖에도 '실용주의자(pragmatist)'로 잘 알려져 있는 로티(Rorty, 1979)는 철학을 포함해 모든 지식에 대한 주장의 옳고 그름은 시간, 공간, 문화, 경험에 의해 결정된다고 주장했다.

호르크하이머(Horkheimer, 1947: 4)는 '인생의 합리성(reasonableness of man's life)'의 정도는 우리가 속해 있는 전체와 '조화(harmony)'를 이룬 정도에 의해 결정된다고 주장한다. 이러한 인식은 '아리스토텔레스(Aristotles)'의 핵심적 정치사상인 '설득(persuasion)', '가치들의 반영(reflection upon values)', '다원적 판단(prudential judgment)', '사상에 대한 자유로운 담론(free disclosure of one's ideas)' 등과 같은 사회관계의 '실천적 사유(practical reason)'로부터 영향을 받았다(Dryzek, 1990: 10).

2) 스키너(Skinner, 1985: 12-13)는 대안적 합리성을 논하는 다양한 관점과 대표학자들로 푸코(Foucault, 1980)의 '담론(discourse)'에 대한 논의, 파이어아벤트(Feyerabend, 1975, 1978, 1987)의 인식론적 아나키즘, 데리다(Jacques Derrida)의 해체주의, 리오타르(Jean François Lyotard)의 포스트모더니즘 등을 꼽고 있다.

합리성에 대한 논의는 고대 그리스로부터 현대에 이르기까지 끊임없이 이어져 왔으며, 실제로 아리스토텔레스는 '폴리스(polis)' 밖에 고립된 개인은 합리적일 수 없다고 주장한다. 왜냐하면 그는 합리성을 '집단적 상호작용의 결과'로 보기 때문이다(Dryzek, 1990: 9-10). 이러한 맥락에서, '실천적 사유(practical reason)'란 권력이 아니라 정치에 대한 다양한 사상이며, 페이(Fay, 1975: 54)는 "정치란 사회적 목표를 설정하고, 집행하며, 결과를 평가하는 집단적 사회 활동들의 방향을 제시하고, 지시하고, 통제하는 인간들의 '숙의적 노력(deliberative efforts)'이라고 정의한다.

고전적 정치사상은 도구적 합리성과 객관주의로 대체되어 정치를 개인이나 국가의 이해관계를 추구하기 위한 도구로 전락시켜 퇴색되었으나, 아렌트(Arendt, 1958)는 "현대 사회는 '구속되지 않고' '평등주의'에 입각한 정치적 논의를 중시하는 고전적 사상에 귀 기울여야 한다"며, 고전으로의 회귀를 주장했다. 현대 사회에서 아리스토텔레스의 정치사상의 재현을 지지하는 아렌트의 뒤를 이어 메킨타이어(Maclntyre, 1984)는 정치보다는 도덕적인 측면에서 '윤리학(moral philosophy)'이 아리스토텔레스의 철학사상을 거부함으로써, '도덕적 상대주의'나 '유아론(solipsism, 唯我論)'으로 대체되어 무엇이 '합리적'인가만을 생각하는 도구주의로 변질되었다고 주장한다. 그는 사회적 가치에 대한 논리적 담론을 다시 받아들여 윤리학을 '아리스토텔레스의 재현'과 '공동체에 초점'을 맞춰 신중히 적용할 것을 당부했다(Dryzek, 1990: 10-11).

아렌트와 메킨타이어의 '실천적 사유(practical reason)'에 대한 논의는 이에 동조하는 많은 정치 사상가들로부터 큰 반향을 불러 일으키게 되며, 이들 중 번스타인(Bernstein, 1983)은 객관주의자들이 찾고 있는 합리적 선택을 위한 보편타당한 의사결정의 논리나 그것을 지배하는 완벽한 범주는 '과학 철학(philosophy of science)'으로부터 '정치이론(political theory)'을 포함한 모든 범주에서 거부되고 있다고 말하기에 이른다(Dryzek, 1990: 10-11).

그러나 이러한 논의는 도구적 합리성과 객관주의를 대체할 대안적 합리성으로 '상대주의(relativism)'를 제안하려는 것이 아닐 뿐만 아니라, 합리적 선택이 불가능하다는 문화를 확산시키려는 것 또한 아니다(Dryzek, 1990: 11). '합리적 설득(rational persuasion)'은 '과학적 패러다임(scientific paradigm)', '정치이론', '문화', '규범적 관점' 등의 경계를 넘어 얼마든지 가능한 '범주(criteria)'로 존재하며, 번스타인은 이러한 범주를 '다양하고(multiple)', '변할 수(mutable)'있으며, 비판과 방어에 개방적인 특성을 지녀야 한다고 말한다. 다시 말해서, '다른 견해들(different views)'이 있다는 사실을 인정하고 기존의 사상적 체계들에 대한 비판에 개방적이면 '합리적 논변(rational argument)'을 통해 모두가 동의할 수 있는 대안적 합리성을 구성할 수 있다고 가정한다.

유사한 맥락에서 하버마스(Habermas, 1981)는 '의사소통 행위이론(theory of communicative action)'을 통해 대안적 합리성을 다룬다. '의사소통적 행위(communicative action)'란 사회구성원들 간의 대화, 토론, 사회화 과정 등과 같은 사회적 상호작용을 통해 사회구성원들 간의 '상호 주관적 이해(intersubjective understanding)'와 '행위의 조화(coordination of actions)'를 이루어 나가는 방법이다. '의사소통적 합리성(communicative rationality)'이란 개인의 이해관계를 극대화시키는 것이 아니라, 사회구성원들 간의 '상호 주관적 담론(intersubjective discourse)'을 통해 도달하게 되는 '규범적 판단(normative judgments)'과 '행위(action)'에 작용하는 원리이다.

하버마스는 '의사소통적 합리성'에 의해 사회적 조정이 이루어지는 사회를 '생활세계(lifeworld)'라고 하며, 생활세계란 문화, 사회적 관계, '개인의 성격(individual personality)' 등이 유지되고 구성되는 '주체들(subjects)' 간의 상호작용이 일어나는 '상징적인 네트워크(symbolic network)'다(White, 1988: 102). 반면에 '체계(system)'란 기계처럼 작동하는 사회를 말한다. 사회가 복잡해짐에 따라 언어적 의사소통으로는 인간의 행위를 조정하는 것이 어려워지게 되어, 이를 보완하기 위해 권력이나 화폐와 같은 비언어적 매체를 통해 행위조정이 이루어지는 '체계'가 분리되어 '경제(economics)'와 '행정(public administration)'과 같은 독립 체계를 형성하게 된다(Misgeld, 1985: 94-95). 하버마스에 따르면, 사회의 진화는 화폐와 권력과 같은 비언어적 매체들에 의해 조정되는 '체계'와 의사소통이 언어에 의해 매개되는 '생활세계'의 분화 과정이며, 이들은 사회적 행위를 합리화시키는 서로 상반되는 두 개의 방식으로 공존하며 때로는 갈등을 불러일으킨다.

하버마스식으로 말하면, 도구적 합리성과 객관주의는 과학, 기술, 예술, 법률을 포함한 모든 사회적 행위를 독점함으로써 '전문가들만의 문화(expert cultures)'를 만들어 내게 되고, 이로 말미암아 '생활세계'의 '문화적 황폐화(cultural impoverishment)'를 초래한다. 그러나 많은 사상가들이 지적했듯이 타인의 의견을 신중히 검토해 자신의 견해에 '반영(reflection)'하고 '대화(talk)'하며, '소통(communication)'하는 문화가 자리잡아 제도화된다면 '대안적 합리성'의 가능성은 늘 열려 있다.

대안적 합리성으로써 논의되는 '의사소통적 합리성(communicative rationality)'은 사회적 상호작용이 권력의 영향으로부터 자유로운 정도에 따라, 의사소통에 참여하는 행위자들의 전략에 따라, 의사소통에 참여하는 사람들이 기만과 자기기만으로부터 자유로운 정도에 따라 가능하다. 의사소통 행위에 참여하는 사람들은 어떤 '제약(restrictions)'도 받지 않는 가운데 평등하고 자유롭게 자신의 의견을 개진하고 타인의 의견을 반영해 수렴하는 과정을 거치게 되며, 이러한 조건에서 의사소통을 지배하는 '권위'는 단지 '좋은 논변(good argument)'뿐이다. 여기서 '좋은 논변'은 경험적 '기술(description)', '설명(explanation)', '이해(understanding)', '규범적 판단의 타당성(validity of normative judgements)' 등의 진실성 여부에 의해 가늠되고 발전될 수 있다고 본다(Dryzek, 1990: 15).

'의사소통적 합리성'은 '규범적' 논의를 포함한다. 규범적 논의는 '가치(values)'를 임의로 혹은 '특이한(idiosyncratic)' 방법으로 취급하는 것이 아니라, 모든 행위자는 상대방을 설득할 수 있는 규범적 판단의 논리적 근거를 제시할 수 있어야 한다. 테일러(Taylor, 1961)는 '규범적 추론(normative reason)'의 논리를 소개한 바 있으며, 피셔(Fischer, 1980)는 규범적 추론의 논리를 응용한 정책평가 연구를 제시한 바 있다. 그들에 따르면, '가치 판단(value judgement)'은 사회에서 일반적으로 수용되는 가치의 체계와 일관성을 가져야함은 물론, 사회에서 통용되는 문화와 일치해야만 한다. '규범적 판단(normative judgement)'은 모든 사람들이 그것을 수용하는 것이 적절한 결과를 초래할 수 있다는 믿음을 가지게 될 때 정당화될 수 있다(Dryzek, 1990: 15).

사회에서 받아들여지는 '규범적 가치' 혹은 사회적 '선호(preference)'는, '사회과학자(social scientists)'들이 단순히 가정하는 것처럼 '고정(fixed)'되어 있는 것이 아니라, 그것을 찾아가는 과정과 경험에 의해 변하기 마련이다. 따라서 '의사소통적으로 합리화된 정치적 상호작용'을 통해 나타난 경험적이거나 규범적 합의는 그것에 이르게 한 조건들을 참고해 '합리적'인 정도를 가늠해 낼 수 있다. 이러한 관점에서 '의사소통적 합리성'에 이르게 하는 '바람직한 합의'는 받아들여질 만한 정당한 의견들과 행위자들이 준거한 '개념적 준거 틀(conceptual frameworks)'에 대한 '상호 이해(reciprocal understanding)'를 통해 가능하다. '의사소통적 합리성'은 효율적인 '개인의 행위'와 '사회적 배열'을 위한 보편타당한 원리들을 찾기 위함이 아니라, 사회에서 통용되는 가치, 실천 방법, 신념, 패러다임 등이 다양하다는 것을 인정하고 '논변(argument)'을 통해 합의에 이르기 위한 '절차적 기준(procedural criteria)'과 '원리(principles)'를 구성해 나아가는 것이다(Dryzek, 1990: 17).

지금까지 합리성에 대한 논의를 종합하면, '고전적 정치이론', '실천 사유', '비판이론', '의사소통적 합리성' 등이 '합리성'에 대한 일관된 논리의 한축을 이루며, 다른 한축은 '현대 정치', '연역적 이론구성', '객관주의', '도구적 합리성' 등에 의해 구축된다. 이러한 합리성의 양축은 '정치이론'으로만 존재하는 것이 아니라, 우리 사회의 실제 '정치'에도 존재한다(Dryzck, 1990: 13).

'참여'와 '자유주의'를 양축으로 민주주의의 특성을 양분해 살펴보면 첫 번째 축에 기반을 둔 정치 형태를 '참여민주주의(participatory democracy)'라고 할 수 있으며, '관료적 권위주의(bureaucratic-authoritarianism)'나 '자유민주주의(liberal democracy)'는 합리성의 두 번째 축에 중심을 둔 정치 형태이다. 합리성에 대한 논의의 양축에서 '참여'의 축에 가깝게 갈수록 정치는 점점 더 '담론적(discursive)', 교육적(educational)', 공익 지향적, 적극적인 시민의식의 요구 등과 같은 특성을 띠게 된다. 반면에 '자유주의적' 축에 가까워질수록 투표, 전략, 사적 이해관계, '협상(bargaining)', '교환(exchange)', 격식, 제한적 개입 등의 특성을 띤다. 실제 우리 사회는 두 번째 축에 의해 지배되고 있으나, 오늘날 공동체 의식, 페미니스트, 평화 등과 관련된 제도적 실험이 기존의 정치를 개신하려는 '정치운동(political movement)'으로 확산되고 있음을 감안한다면, 참여민주주의, 숙의민주주의, 혹은 담론적 민주주의로 명명되는 첫 번째 축 역시 전혀 희망이 없는 것은 아니다

(Dryzek, 1990: 13).

## 제 2 절 참여민주주의

오늘날 시민들은 정부를 포함해 전통적 대의제도인 정당과 의회에 대해 더 비판적이고, 덜 충성하며, 신뢰하지 않는 것처럼 보인다. 그러나 공공 부문에 대한 비판과 불신은 시민들의 관심과 참여가 줄었다는 것을 뜻하지 않는다. 시민들은 과거 어느 때보다 지적이며, 교육수준이 높을 뿐만 아니라 많은 정보를 가지고 있어 공공 부문으로 하여금 그들의 목소리에 귀기울여주길 바란다. 이러한 사실을 잘 아는 정치인들과 행정관료들은 시민들에게 '참여' 기회를 확대해 기존 정치에 대한 정통성을 확보하고 정책 과정에 더 유익한 정보를 투입함으로써 국가와 시민들 간의 괴리를 좁힐 수 있다고 생각한다. 즉, 정치인과 행정관료들은 공통적으로 '참여'를 '대의민주주의(representative democracy)'에 대한 '대안(alternative)'으로 취급하기 보다는, 보완하려는 관점에서 바라본다.

이러한 경향은 '참여'를 필연적으로 경쟁하는 개념으로 만들어, 입장에 따라 자의적 해석이 가능한 것으로 인식하게끔 한다. 누구에 의해 얼마나 참여의 기회가 주어져야 하는지와 관련해 시민들은 물론 정치인, 행정관료들 간에 합의된 것은 없다. 실제로 학자, 정치인, 시민들 가운데 '참여'란 '권력을 균등히 배분'하는 것이라고 믿는 사람은 거의 없는 것 같다. 이러한 관점을 반영하듯 대의민주주의 아래에서 참여의 가능성을 다루는 학자들의 접근 방법은 다양하며, 소개하면 다음과 같다.

### 1. 참여에 대한 접근 방법

아른스테인(Arnstein, 1969, 1971)은 참여를 그 수준에 따라 여덟 개의 범주로 나누어 '참여의 사다리(ladder of participation)'모형 제시하고 있다. [그림 7-1]은

**그림 7-1 시민참여의 사다리모형**

출처: 아른스테인(Arnstein, 1969: 217).

'시민참여의 사다리모형'으로 불참여(non-participation)로부터 '형식주의(tokenism)', '시민권한(citizen power)'으로 이어지는 참여의 여덟 단계를 보여준다.

유사한 관점에서 페이트먼(Pateman, 1970: 105)은 '대의민주주의(representative democracy)'와 참여의 관계에 초점을 맞추어 "참여는 시민의식을 고취시키는 데 필수적이며, 참여 없는 민주적 가치와 절차에 대한 교육은 생각할 수 없다고 주장한다. 그녀는 참여의 수준을 '허위적(pseudo)' 참여, '부분적(partial)' 참여, '완전한(full)' 참여로 구분해 대의민주주의제도 내에서 참여의 가능성을 다룬다. 아른스테인과 페이트먼이 공통적으로 참여를 최소한 참여로부터 최대의 참여까지 이루어질 수 있는 '연속체(continuum)'로 보았다면, 토머스(Thomas, 1990, 1993)는 참여를 정책 문제와 결부시켜 '정책문제의 특정 속성이 시민 참여의 정도를 가늠한다'고 주장한다.

토머스(Thomas, 1990: 437)는 해결해야 할 문제의 쟁점에 따라 참여를 통한 의사결정의 접근 방법을 다음과 같이 다섯 개의 유형으로 구분한다. ① '자율적 관리의 의사결정(autonomous managerial decision)'은 관리자가 시민의 참여 없이 홀로 의사결정을 하거나 문제를 해결하는 방법이다. ② '완화된 관리의 의사결정

(modified managerial decision)'은 관리자가 제한된 범위 내에서 시민들로부터 문제 해결을 위해 정보를 수집하지만, 그들의 의견을 반영하거나 혹은 하지 않은 채 단독으로 의사결정을 하는 유형이다. ③ '분할된 공공협의(segmented public consultation)'는 관리자가 시민들과 해결해야 할 문제는 공유하나 관리자가 단독으로 시민들의 아이디어나 제안들을 반영해 의사결정에 이르는 유형이다. ④ '통합된 공공협의(unitary public consultation)'는 관리자와 시민들이 단일체가 되어 문제를 공유하고 그들로부터 아이디어와 제안을 반영해 의사결정을 하는 유형이다. 마지막으로 ⑤ '공공 의사결정(public decision)'은 관리자와 일단의 시민들이 문제를 공유하고, 상호 협력해 서로 합의할 수 있는 해결책을 모색하는 유형이다.

샌드와 아르베르거(Shand & Arnberg)는 참여를 '관리 기법(management techniques)'과 연계해 참여의 수준별로 '최소참여'부터 '최대참여'까지의 연속선상에서 다섯 개의 유형으로 나누어 논한다. [그림 7-2]는 샌드와 아르베르거(Shand & Arnberg, 1996: 21)의 참여 연속체(participation continuum)' 모형으로 '정보(information)', '협의(consultation)', '협력(partnership)', '권한 위임(delegation)', '통제(control)'와 같은 다섯 개의 참여 전략을 그 정도에 따라 최소로부터 최대까지 구분해 보여준다.

샌드와 아르베르거가 구성한 참여의 밀도에 따른 다섯 개의 참여 유형을 소개하면 다음과 같다.

① '정보(information)'란 단지 시민들에게 정책을 알리기 위해 일방적으로 전달되는 우편물이나 정부정책에 대한 설문조사 등을 말한다. 이러한 정부의 '캠페인(campaign)'은, 정책에 대한 시민들의 호응을 이끌어 내기 위한 수단으로는 의미

**그림 7-2 샌드와 아르베르거의 참여 연속체 모형**

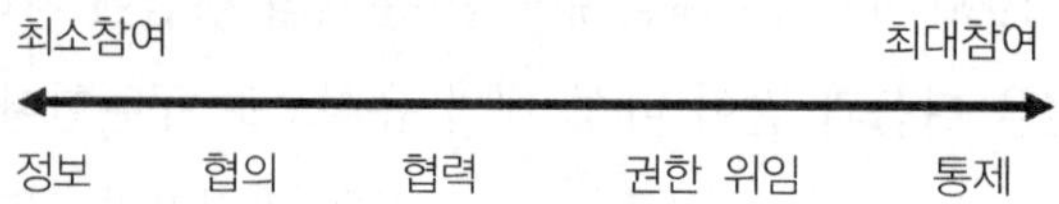


출처: Shand & Arnberg(1996: 21).

가 있지만, 정부에 의해 일방적으로 이루어지기 때문에 참여의 의미를 찾아볼 수 없다. ② '협의(consultation)'란 정부가 정책형성 과정에 시민이나 이익집단의 의견을 반영하기 위해 수렴하는 정부 정책에 대한 '공청회' 등을 들 수 있다. ③ '협력(partnership)'이란 정부와 민간 부문이 공동으로 '자문위원회(advisory boards)' 혹은 '대표협의체(representative committees)'를 구성하여 현안에 대한 포괄적 논의를 통해 의사결정에 이르는 시민참여 방법이다. 자문위원회나 대표협의체는 시간이 지남에 따라 '정책 공동체(policy community)'로 발전될 수 있다. ④ '권한 위임(delegation)'이란 문제 해결을 위한 정책대안을 통제할 수 있는 권한을 정부가 허용한 구체적인 범위 내에서 '정책 공동체'에 위임하는 참여 방법이다. ⑤ '통제(control)'란 정부를 배제한 가운데 시민들에 의해 의사결정이 이루어지는 것을 말하며, 전통적인 시민통제 방법으로 '투표(referenda)'가 있다. 최근 정보통신 기술의 발달로 인터넷을 통한 '여론조사(opinion poll)'가 사회적 쟁점들이 논의되어 해결될 수 있는 '가상의 민주주의(virtual democracy)'로 인식되기도 한다.

'참여'가 '토론과 반영'에 기반을 두어야 한다는 것은 자신의 의견을 개진할 뿐만 아니라 상대방의 다른 의견의 진정성을 감안해 받아들임(반영)으로써 합의에 이를 수 있음을 뜻한다. 정책참여는 정치인과 행정관료들에 의해 마련된 제도로써 다양한 의견을 의사결정 과정에 수렴하기 위함이다. 참여는 정책 쟁점에 대한 면밀한 검토를 가능케 할 뿐만 아니라, 정부의 입장을 시민들에게 알릴 수 있는 좋은 기회이기 때문에 쟁점에 따라 매우 효과적인 문제 해결을 위한 전략이 될 수 있다. 그러나 지나친 참여는 시민들의 기대수준을 터무니없이 높이거나 특정 이해관계에 대한 거부권으로 작용해 정책적 문제 해결을 더욱 어렵게 만들 수 있음을 간과할 수 없다. 정부는 시민참여의 득실을 감안해 참여의 제도적 장치를 배열할 것이 기대된다.

## 2. 참여의 당위성

라스웰(Lasswell, 1960)은 '민주주의 정책학(policy science of democracy)'을 '의사결정 세미나(decision seminar)'를 통해서 완성시킬 수 있다고 주장했다. 여기

서 '의사결정 세미나'는 충분한 정보를 가진 소수의 전문가들이 직접적인 의사소통을 통해 문제 해결을 하는 장소이며, 그들은 자유롭게 그들의 생각을 개진하고 다른 이들을 비판하는 등 상호작용을 통해 합리적 의사결정에 이를 수 있다고 가정한다. 그러나 라스웰의 '의사결정 세미나'를 통한 '민주주의 정책학'의 완성은 한계가 있다. 왜냐하면 참여를 소수의 전문가들만으로 제한하기 때문이다. 민주주의 정책학의 완성은 자유로운 민주적 담론을 위한 조건과 제도가 만들어지고 성숙되는 정도에 달려 있다(Dryzek, 1990: 126). 참여의 당위성은, 많은 학자들이 지적하고 있듯이, '자유민주주의와 대의제도의 한계', '집단지성(collective intelligence)', '탈정상과학(post normal science)'등에서 찾아볼 수 있다.

### 1) 자유민주주의와 대의제도의 한계

바버(Barber, 1984: 145)는 참여정치를 통한 직접 민주주의만이 '강한 민주주의(strong democracy)'를 만든다고 주장한다. 서구 유럽과 북아메리카 대륙을 비롯한 많은 국가들이 '자유민주주의(liberal democracy)'를 표방하고 있지만 자유민주주의는 인간의 본성, 지식의 추구, 정치 활동 등이 진정으로 자유롭다는 것을 전제로 하기 때문에 본질적으로 민주주의와 거리가 있다. 즉, 인간의 속성과 그들의 이해관계를 극대화하기 위한 이기적 활동 등을 감안한다면 민주적 논리는 상대적으로 약할 수밖에 없으며, 바버(Barber, 1984: 4)는 이러한 맥락에서 자유민주주의를 '엷은(thin)' 민주주의라고 한다.

자유민주주의는 '무정부주의(anarchism)', '현실주의(realism)', '미니멀리즘(minimalism)' 등과 같은 '기질(disposition)'[3]을 가지고 있는 만큼, 자유민주주의 하에

3) 무정부주의는 '무정치(nonpolitics)' 혹은 '반정치(antipolitics)'로 이해되는 자유주의의 기질이다. 이러한 기질은 개인을 자율적 개체로 보아 국가의 지배를 거부하며, 최소의 정부가 최대의 정부라고 주장한다(Barber, 1984: 6). 자유민주주의의 또 다른 기질로 '현실주의'란 자유주의자들이 추구하는 개인주의의 목적과 이상적 자유는 늘 경쟁자가 있기 마련이라는 발상으로 개인들의 이해관계 추구 과정에 발생하는 갈등을 다원적 정치 권력을 통해 조정하거나 억제하는 수밖에 없는 현실을 말한다(Barber, 1984: 11). '합리적 선택이론(rational choice theory')에서 호모 에코노미쿠스란 도구적으로 합리적인 '이기주의자(egoist)'를 뜻하며, 이들은 행위자의 선호, 효용, 목표가 사회적 · 정치적 상호작용을 통해 변하지 않는다는 것을 전제로 한다. 이러한 자유주의자들의 '불변의 가정(invariance assumption)'은 '민주적 숙의(democratic deliberation)'를 통해 변할 수

서 정치는 단지 '호모 에코노미쿠스(homo economicus)'에게 철저히 봉사하는 것으로 본다. 여기서 '호모 에코노미쿠스'는 단독으로 물질적 행복과 신체적 안전을 꾀하는 '경제인'을 뜻한다. 이러한 관점에서 '민주주의'는 자유주의적 목적을 성취시키기 위해 사용되고, 조정되며, 채택되거나 폐기되는 수단 그 이상이 아니다(Barber, 1984: 20).

바버는 자유민주주의를 '자유 시장(free market)'과 같은 허구뿐만 아니라 '대의제의 원리(representative principle)'에 크게 의존하기 때문에 민주주의 이론으로 불충분하며, 자유민주주의에 대한 기존의 논의에서 '시민권(citizenship)', '참여', '공공재(public goods)', '공민도덕(civic virtue)' 등과 연관된 확고한 이론도 찾아보기 어렵다고 비판한다(Barber, 1984: 143). 바버는 대의민주주의의 한계를 다음과 같이 지적한다.

대의제도는 민주주의의 기본속성인 '자유(freedom)', '평등(equality)', '사회정의(social justice)'와 양립할 수 없다. 왜냐하면 권한 위임은 시민의 자치권과 자율성을 희생시키고 개인의 정치적 의지를 박탈하기 때문이다(Barber, 1984: 145). 바버는 "사람들이 자신의 권한을 위임한다는 것은 자유를 잃는 것과 같다"는 루소(Jean-Jacques Rousseau)의 말을 인용해 자유와 '시민권(citizenship)'은 상관관계가 있다고 주장한다. 자유, 평등, 정의는 모두 정치적 가치로 민주주의 이론을 구성하는 중요한 속성인 동시에 자치권과 시민권의 실질적인 기제이기 때문에 그것을 떠나서 민주주의를 논할 수 없다(Barber, 1984: 146).

이 밖에도 대의제도는 '공동의사(common will)'와 '공동선(common good)'을 추구할 수 없다고 비판된다. 대의제도는 시민들의 집합적 의사가 직접참여로 이루어지기보다는 투표를 통해 간접적으로 이루어지고 다수득표를 얻은 '특정 의사'만이 정치에 반영되기 때문에, '공동의사'를 추구할 수 없다는 한계와 자유주의적 입

있다고 보는 참여민주주의자들과 양립할 수 없는 것처럼 보인다. 이러한 '불변의 가정'에 준해 이론을 전개하는 일단의 학자들을 '반민주적 진보적 극단주의자(anti-democratic liberal extremist)라고 하며, 이들은 의미 있는 '민주적 집단 의사결정'의 가능성에 대해 매우 부정적이다. 이러한 관점을 '최소 민주주의(minimal democracy)' 혹은 '미니멀리즘'이라고 하며, 여기서 '최소 민주주의'란 '독재(tyranny)'의 전횡을 방지하기 위한 최소한의 안전장치만을 제공하는 민주제도를 말한다(Dryzek, 2000: 32).

장에서 '개인적 선호나 이해관계'를 '사회적 선호'로 전환시키기 위해 끊임없이 경쟁하는 것을 볼 때, 진정한 사회적 합의, 즉 공공선을 찾아보기 어렵고 단지 경쟁을 통해 사적 이해관계 간의 균형만을 추구하는 '시장(market)'과 같다고 비판된다(Elster, 1986: 23).

지금까지 설명한 자유민주주의의 기질과 대의제도의 한계를 감안하면, 합리성과 민주주의를 접목한 라스웰의 '민주주의 정책학'에 대한 염원은 요원해 보인다. 왜냐하면 자유민주주의는 사적 이해관계의 경쟁적 추구, 편의주의적 타협, 다수의 횡포, 대의제도 등에 의존해 정책결정 과정이 이루어지기 때문이다.

자유주의와 민주주의가 조합을 이뤄 자유민주주의로 우리에게 소개된 것은 20세기에 들어서지만, 20세기 후반에 들어 자유민주주의는 세계를 지배하는 정치 이데올로기로 자리잡아 과거 어느 때보다 번창하고 있다 그러나 이러한 조합은 서로 다른 두 개의 원리들의 부자연스러운 결합이니 만큼, 정치학자들은 자유민주주의를 작동시키는 근본적 원리를 유추해내는 데 큰 어려움을 겪고 있음을 간과할 수 없다(Dryzek, 2000: 9-10).

### 2) 집단지성

참여의 당위성은 앞서 살펴본 자유민주주의와 대의제도의 한계에서 찾아볼 수 있지만, 최근 우리들에게 익숙한 '집단지성(collective intelligence)'과 '탈정상과학(post-normal science)'에서도 찾아볼 수 있다.

먼저 집단지성은 미국의 곤충학자 휠러(William M. Wheeler)의 저서, 『개미: 그들의 구조, 발달, 행동(*Ants: Their Structure, Development, and Behavior*)』(1910)에서 처음 제안된 개념이다. 개미는 개체로는 보잘 것 없지만 집단을 이뤄 높은 지능체계를 가지게 된다고 한다.

서로위키(Surowiecki, 2005)는 실험을 통해 특정 조건 하에서 "다수는 소수의 엘리트보다 더 영리하다"고 주장했다. '집단지성'이란 '집단의 능력'으로 다수의 개체들이 협력과 경쟁을 통해 도달하게 되는 결과이다. 여기서 다수란 ① 다양한 의견을 가지고 있으며(diversity of opinion), ② 어느 정도 독립적으로 자신의 의견을 논리적으로 개진할 수 있는 사람들인 동시에(independence), ③ 다수가 모인 만큼, 다양한 분야의 지식을 가지고 있고(decentralization), ④ 이러한 부류의 다수가 모여 의견들을 종합해(aggregating), '집단적 의사결정(collective decision making)'을 하게 되면 이것은 올바를 가능성이 크다는 논리다. 서로위키는 상기한 네 가지 조건 가운데 하나의 조건이라도 결여된다면 집단지성은 일어나지 않는다고 한다.

집단지성의 좋은 예로 '위키피디아(Wikipedia)'와 '크라우드소싱(crowd-sourcing)' 등을 들 수 있다. 위키피디아는 위키(wiki)와 백과사전(encyclopedia)의 합성어로 독자들이 직접 인터넷을 통해 자유롭게 저술, 편집, 수정, 보완해 나가는 새로운 시대의 백과사전을 뜻한다. 누구나 인터넷 사이트에 접속해 지식과 정보를 제공할 수 있으며, 기존의 지식과 정보의 수정·보완이 가능하다.

크라우드소싱은 '대중(crowd)'과 '외부발주(outsourcing)'의 합성어로 대중의 참여를 통해 문제 해결책을 찾는 방법이다. 공공 부문이나 민간 부문에서 문제를 공시하고 인터넷을 통해 많은 사람들로부터 해결책을 얻는 개념이다. 위키피디아와 크라우드소싱은 공통적으로 네트워크상에서 지식과 정보를 협동적으로 생산하고 공유함으로써 문제 해결 방법을 찾는 집단지성의 결과라고 할 수 있다.

### 3) 탈정상과학

과학철학자인 펀토위츠와 라베츠(Funtowicz & Ravetz, 1993; Ravetz, 1999)는 "어느 시대나 과학은 그 시대의 중요한 문제들과 함께 모양새를 갖추어 왔고, 과학은 문제들과 함께 진화한다"고 전제하고, 오늘날 위험부담이 큰 새로운 정책 쟁점들과 환경 문제는 지구 전체의 문제일 뿐만 아니라, 문제들의 복잡성, 파급성, 이질성 등을 감안할 때, 과학적 탐구의 새로운 주제가 된다고 주장한다(Funtowicz & Ravetz, 1993: 754). 지금까지 실증주의에 입각한 과학적 연구 방법은 우리의 지적 활동과 사회 활동에 합리성을 제고하는 모형으로 받아들여져 우리의 사고를 지배하였으며, 이것은 매우 성공적이었다. 그러나 위험부담이 큰 정책 쟁점들과 환경 문제에서 볼 수 있듯이 오늘날 '이상적 합리적 발상'은 더 이상 적절한 것으로 보이지 않는다(Funtowicz & Ravetz, 1993: 754).

현시점에서 우리에게 필요한 과학은 불확실성을 관리할 수 있어야 하고, 진실을 찾아내는 또 다른 방법이 존재한다는 사실을 인정해야만 한다. 즉, 우리에게 필요한 과학이란 사회가 요구하는 다양성에 대해 '인내(toleration)'할 수 있고, 폭넓은 참여를 기반으로 한 '민주적 사회'에 걸 맞는 것이어야 한다(Funtowicz & Ravetz, 1993: 754).

우리는 과거 어느 때보다 빠른 전환기에 살고 있어 앞으로 어떤 일들이 일어날지 아무도 예단하기 쉽지 않다. 이러한 불확실한 시대를 대처하는 올바른 방법은 우리가 직면한 변화 과정을 관리할 수 있는 지적 도구들과 조건들을 만들어 냄으로써 가능하며, 이것은 지구환경과 인류의 미래를 좀 더 나은 것으로 만들 수 있다고 가정할 수 있다(Funtowicz & Ravetz, 1993: 754). 이러한 취지에서 펀토위츠와 라베츠는 '탈정상과학'을 제안했다.

먼저 '탈정상반응(post−normal response)'이란 '탈정상과학'이 초래할 수 있는 위험과 보상을 감안한 도전이며, 불확실성을 받아들이고 다양성을 인정함으로써 현재의 정상과학을 재통합하려는 시도이다(Funtowicz & Ravetz, 1993: 755). '정상과학(normal science)'이란 쿤(Kuhn, 1962)이 사용한 개념으로 한 시대를 주도하는 지배적 사상이나 발상을 뜻하며, 이것을 '패러다임(paradigm)'이라고 한다. 패러다임은 영속하는 것이 아니라 새로운 사상이나 발상에 의해 도전받기 마련이며, 이러한 도전을 '과학적 혁명(scientific revolution)'이라고 한다. '과학적 혁명'을 통해 지배적인 기존의 사상이나 발상이 새로운 것으로 대체되는 것을 '패러다임의 전환(paradigm shift)'이라고 하며, 이는 새로운 '정상과학'의 탄생을 뜻한다.

이러한 의미에서 '탈정상과학'이란 기존의 지배적인 사상이나 발상으로부터 벗어나려는 시도이며, 여기서 '기존의 지배적인 사상이나 발상'은 앞서 설명한 '도구적 합리성'과 '객관주의'에 입각한 '실증주의(positivism)'를 말한다. 따라서 탈정상과학은 과학이 소수의 전문가들의 전유물이 아니며, 특히 불확실성과 위험부담이 큰 문제들의 해결은 과학자들뿐만 아니라, 그 문제들과 '연관된 공동체(peer community)'의 몫이라고 주장한다.

그림 7-3 문제 해결의 전략

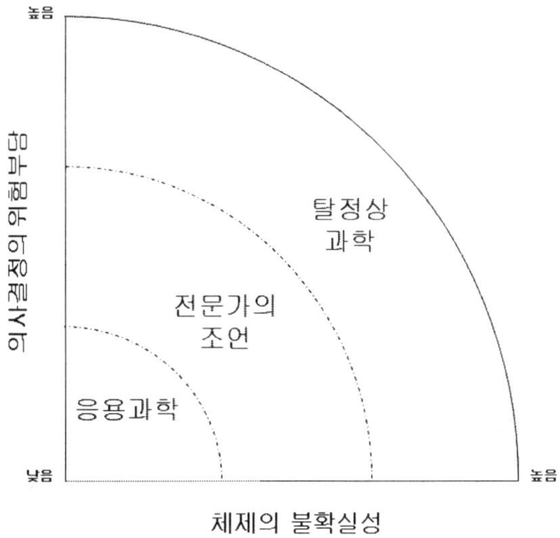


출처: 펀토위츠와 라베츠(Funtowicz & Ravetz, 1993: 750).

[그림 7-3]에서 볼 수 있듯이, 탈정상과학은 인식론적으로 불확실하거나 또는 도덕적으로 불확실성이 큰 경우와 '정책이해 관련 집단(policy stakeholder)'이 목표를 두고 갈등을 증폭시켜 의사결정의 위험부담이 큰 경우에 나타나게 된다. 우리는 이러한 상황을 '탈정상(post-normal)'이라고 하고, 이러한 문제의 해결은 '탈정상과학'을 통하게 된다. 탈정상과학적 문제 해결은 문제와 관련 있는 정당한 참여자들을 모두 포함시켜 공개된 논의를 통해 합의에 이르는 방법이다. 물론 이러한 문제 해결이 쉽고 빠르게 이루어지기는 어렵겠지만 이 방법은 현 시대의 요구에 부응하는 민주적 문제 해결 방법임과 동시에 타당한 새로운 과학적 유형이라고 펀토위츠와 라베츠는 주장한다(Funtowicz & Ravetz, 1993: 750).

## 3. 참여민주주의와 공공정책

아렌트(Arendt, 1962: 32)는 '진정한 정치(authentic politics)'란 전략적 권력보

다는 '의견의 상호작용(interplay of opinion)'을 통해 구성된다고 한다. 여기서 '의견(opinion)'은 항상 다양하고, 갈등을 겪으며, '토론(debate)'을 거친다 하더라도 쉽게 해결할 수 없다는 것을 전제로 한다. '의견의 상호작용'은 물론 '진리(true)'를 찾아내기 위한 것이 아니라 모두가 동의할 수 있는 '합의'에 이르기 위함이다. 이러한 관점에서 민주주의는 국민, 집단적 구성, 참여정치에 따른 권위의 행사 등으로 다시 정의될 수 있다(Dryzek, 1989: 99).

'합리성(rationality)' 역시 관료적, 도구적, '수단과 목표(means-ends)'에 따른 인과적 사고 등에 의해 좁게 정의하기보다는 정치 체제가 직면한 복잡하고 다양한 '집단적 문제(collective problems)'를 해결하는 '능력(capacity)'으로 보다 폭넓게 정의할 수 있다(Dryzek, 1989: 99). 아렌트(Arendt, 1962: 37)는 민주주의와 합리성은 서로 적대적이기 때문에 조화를 이루기 어렵다고 했다. 여기서 민주주의란 공익, 정치구조를 비롯한 사회를 움직이는 원리들을 사회구성원들이 자유롭게 논의할 수 있음을 뜻하며, 합리성이란 사회 문제 해결을 위한 도구적 합리성과 객관주의를 말한다.

만약 합리성을 좁게 해석하면, 합리성과 민주주의는 양립할 수 없게 된다. 따라서 합리성을 넓게 해석해 합리성이란 자유로운 정치적 '담론(discourse)'을 통해 '집단적 문제'를 구성하고, '재정의'하는 것으로 받아들인다면 민주주의와 합리성은 보완관계로 전환되어 참여를 통해 우리가 필요로 하는 실현 가능한 제도로 완성될 수 있다(Dryzek, 1989: 99).

### 1) 자유민주주의의 공공정책

오늘날 자유민주주의는 '대의적 정부', '경쟁적 선거', '대중의 국가에 대한 실질적인 압력', '정치적 영향력을 추구할 수 있는 집단들의 자유', '법으로 보장된 개인들의 권리' 등으로 특징지어진다. 자유민주주의이론은 정치와 정책결정을 유권자, 기업가적 정치인, 그리고 다양한 정치적 행위자들에 의해 추구되는 사적 이해관계의 상호작용으로 정의된다(Dryzek, 1989: 105).

자유민주주의 하에서 '공적 경로(public channels)'를 통해 사적 이해관계를 추구하는 데 따르는 위험성은 ① '철의 삼각(iron triangles)'이라 불리는 정부에 압력을 가하는 기업, 의원, 관료들에 의한 정책결정 과정의 독점으로부터, ② '다수의 횡포(tyranny of majorities)'에 이르기까지 다양하다. 결국 이러한 연유로, 자유민주적 정부는 헌법에 의해 통제되어야 한다고 본다(Dryzek, 1989: 105).

이러한 의미에서 바버(Barber, 1984)는 자유민주주의를 '엷은 민주주의(thin democracy)'라고 했으며, 정책분석 역시 '미시경제학의 반민주적 성향'과 '인과관계에 의한 사실 규명'에 크게 의존된다. 드라이잭(Dryzek, 1989: 101)은 자유민주주의와 연계되어 나타나는 정책분석의 특징을 다음과 같이 요약한다.

① 정책분석은 '정치적 논의'를 '경제적 효율성'으로 대체하려고 든다. ② 주어진 문제를 면밀히 검토하기 전에 이미 고정되어 있는 것으로 보고 가장 단순한 형태로 결론지어 문제 해결을 하려든다. ③ 정책분석가들은 '정치'를 단순히 '인과관계에 따른 기술적 조작'으로 본다. ④ 계층적·관료적 관점에서 인간을 통제하려 든다. ⑤ 가치중립적인 입장에서 단지 기존의 특정 이데올로기에 집중해 문제를 해결하려 든다.

상기한 정책분석의 면면을 살펴보았을 때, 오늘날 정책분석은 정책 쟁점과 관련된 가치 문제가 매우 복잡하고, 논쟁의 여지가 많으며, 갈등을 유발할 뿐만 아니라, 유동적이라는 사실을 간과하고 있는 것처럼 보인다. 이와 관련해 페이(Fay, 1975: 51−52)는 다음과 같이 말한다.

> 가치중립적 정책연구를 한다는 것은 일관성 없는 말이다. 왜냐하면 정책분석가들은 목표를 성취하기 위한 모든 행위가 그 목표를 설정한 사람들의 가치를 반영한 것이라는 사실을 인정하면서도 '목표(ends)'와 '수단(means)'의 관계는 모두 가치중립적이라는 입장을 취하기 때문이다. 그들이 추구하는 '가치'는 '도구적 합리성'이라고 하지만, 수단과 목표를 포함한 일련의 행위에서 볼 수 있듯이 채택된 수단은 이것을 지지하는 사람들의 가치와 인생관을 내포하기 마련이다. 따라서 목표와 수단에 대한 문제는 그 문제를 제기한 사람들이 추구하는 가치에 따라 결정되며, 정책연구는 가치중립적이라는 말은 설득력이 없다.

오늘날 정책학의 주류는 기계적 · 도구적 합리성에 대한 염원으로 집약되며, 이것은 민주주의의 희생을 감수해야 하는 결과를 초래했다. 이러한 결과는 정책연구가 합리성을 단순히 도구적, 기술적인 측면에서 찾았기 때문이며, 합리성의 효능은 해결해야 할 사회 문제가 복잡하고 다양해질수록 더욱 의심스러워진다(Deyzek, 1989: 104). 사이먼(Simon, 1981: 193-229)은 복잡한 문제를 해결하는 전략을 ① 복잡한 문제를 세분화시켜, ② 각각의 하위 범주를 해결 방법을 찾아내어, ③ 그것들을 종합해 전체적인 해결책을 제시함으로써 가능하다고 주장했지만, 복잡성이 증가한다는 것은 하위 범주들 간의 상호작용이 폭넓게 이루어진다는 것을 뜻하기 때문에 문제를 단순히 세분화하고 종합하는 방법은 복잡한 문제를 해결하는 데 도움이 된다고 보기 어렵다.

지금까지의 논의를 종합하면, 자유민주주의는 근본적으로 '합리성'과 '민주주의'의 조화를 이루는 데 한계가 있으며, 두 원리가 조화를 이루기 위해서 필요한 것은 기존의 합리성을 새로운 것으로 대체하는 것이다. '도구적 합리성'의 대안으로 '의사소통 합리성'은 시민들의 민주적 참여를 통해 합리성과 민주주의 간의 조화를 이루어 낼 수 있다.

### 2) 참여민주주의의 공공정책

'도구적 합리성'과 '민주주의'를 접목한 라스웰의 '민주주의 정책학'은 '정책 과정에 사적 이해관계의 극대화', '편의주의적 절충', '대의제도'에 의해 추구되는 만큼 한계가 있다. 반면에 참여를 통한 민주주의는 사적 이해관계의 집합체로 잘 알려진 '자유주의' 발상을 시민들로 구성된 정치 공동체의 공익과 그것을 실천하려는 논쟁과 논리로 대체되어야 한다.

많은 학자들이 '직접민주주의'는 지역사회나 직장과 같이 비교적 작은 규모에서만 가능하다고 주장하나, 참여민주주의는 좀 더 넓은 범위에서 참여의 질적, 양적인 측면을 모두 고려한 '강한 민주주의(strong democracy)'를 말한다. 물론 여기서 '좀 더 넓은 범위에서 참여'는 모두의 '보편적(universal)' 참여를 뜻하지 않는다(Deyzek, 1989: 110).

참여민주주의는 '합의(consensus)'를 위한 노력이며, '갈등(conflict)'을 필연적인 것으로 받아들인다. 갈등을 해소하는 방법은 '사적 혹은 부분적 이해관계(private or partial interest)'를 공적인 '사회적 규범'으로 재구성하는 것이며, 이것은 지속적인 토론으로 가능하다(Dryzek, 1989: 110; Barber, 1984: 132).

바버(Barber, 1984: 135)에 따르면, 다원적 민주주의는 갈등을 정치의 핵심으로 취급하나 '참여적' 혹은 '의사소통적' 민주주의는 경미한 갈등이 합의에 도움이 될 수 있다고 본다. 자유주의사상은 갈등을 만성적인 것으로 보아 법적으로 해결하거나 '참아(toleration)'낼 수밖에 없는 것으로 본다. 그러나 '강한 민주주의'는 시민참여, '공적 숙의(public deliberation)', '시민 교육(public education)' 등을 통해 갈등을 '협력(cooperation)'으로 전환시키는 정치적 발전을 가리킨다. 따라서 강한 민주주의는 갈등으로부터 시작하지만 갈등으로 끝나지 않고, 갈등을 수용하거나 최소화하려는 것이 아니라, 합의로 전환시키는 것을 말하며, 여기서 강한 민주주의는 참여민주주의를 뜻한다.

참여민주주의에서 추구하는 '합리성'은 사회 공동체를 중심으로 '토론(debate)'을 통해 의사결정의 질을 높이려는 '공적 입장(public position)'이며, 여기서 '공적 입장'은 '사적 입장'과 대칭되는 개념이다. 지속적인 토론을 통해 공적 입장이 사회규범으로 받아들여질 때, '합리적 부분'들이 모여 '포괄적 합리성'으로 이어지게 된다(Dryzek, 1989: 111).

정책결정의 합리성 역시 강한 참여민주주의의 핵심이 되는 자유롭고 지속적인 정책 '담론(discourse)'을 통해 가능하다고 본다. 왜냐하면 문제 해결을 하려는 합리적 공동체의 효능은 논리적 '대화(dialogue)'를 통해 장애 요인을 제거한 정도로 가늠될 수 있기 때문이다. '합리적 공동체의 논리적 대화'는 오늘날 우리에게 필요한 '이상적 과학 공동체(ideal scientific community)'의 필수적 요소로 여겨지며, 이러한 사실은 포퍼(Karl R. Popper)를 비롯한 많은 학자들에 의해 잘 인지되고 있다(Dryzek, 1989: 111).

여기서 장애 요인은 '관료적 획일성', '불평등한 토론', '정치적 전략', '기만', '권력행사', '조작', '편견', '자기기만' 등이며, 이러한 요인들이 정책결정 과정에 지속적으로 작용한다는 것은 '합리적 공동체(rational community)'의 출현에 대해 기존의 정책분석가들이나 정치가들의 저항이 심하다는 것을 뜻한다. '합리적 공동체'는 자유롭고 개방적인 대화를 통해 정책 과정을 변화시키려는 참여민주주의의 기본이 된다(Dryzek, 1989: 111). 드라이잭(Dryzek, 1984: 112)은 "합리적 정책연구는 특정 사회 문제에 대해 정치적 행위를 할 수 있는 공동체의 역량에 달려 있다"는 말을 인용하면서 이러한 문화가 사회에 자리잡게 되었을 때, 명실공이 합리성과 민주주의의 생산적 조화를 이룬 '민주주의 정책학'이 될 수 있다고 주장한다(Dryzek, 1989: 118).

## 제 3 절 숙의민주주의와 담론적 민주주의

'숙의민주주의(deliberative democracy)'와 '담론적 민주주의(discursive democracy)'는 모두 시민들의 참여를 기본으로 한다. 민주적 참여에 대한 논의는 참여를 수준별로 최소부터 최대까지 나누어 접근하는 참여민주주의로부터, 숙의민주주의와 담론적 민주주의에 이르기까지 폭넓게 받아들여져 민주주의이론의 한축을 이룬다.

1990년을 전후로 일련의 민주주의 이론가들로부터 소개된 '숙의' 또는 '담론적' 민주주의는 오늘날 민주주의 이론의 대세를 이루는데, 이는 '진정한 민주주의'에 대한 우리들의 염원을 반영한 것이 아닌가 싶다. 우리는 민주주의를 통해 정치적 평등과 민주적으로 반응하는 정부를 기대했으나 시간이 지남에 따라 불평등이 증가하고, 또 그것이 지속됨에 따라 실제로 민주적 원리들이 우리 사회에 작동하는가를 의심하게 한다.[4] 드라이잭(Dryzek, 2000: v)은 기존의 사회구조와 제도를 변화시켜 이러한 문제를 해결하기보다는, 모든 사회구조와 제도의 기저가 되는 '담론(discourse)'을 통해 해결하는 것이 바람직하다고 주장한다.

---

4) 자유민주주의 체제 아래에서 사회의 불평등과 관련된 논의는 Jacobs, Lawrence R. & Theda Skocpol(2005), *Inequality and American Democracy: What We Know and What We Need to Learn*, New York: Russell Sage Foundation. 참고바람.

자유민주주의가 투표와 대의제를 통해 개인들의 선호와 이해관계를 모아 집단적 결정으로 전환시키는 것을 '민주주의의 이상적 정통성'으로 본다면, '숙의'와 '담론적' 민주주의에서 민주적 정통성은 모든 개인들이 모여 '진정한 숙의(authentic deliberation)'를 통해 집단적 의사결정에 도달할 수 있는 의사소통 능력이다. 숙의민주주의와 담론적 민주주의를 소개하기에 앞서 먼저 개념들을 명확히 하고, 다음으로 숙의와 담론적 민주주의의 개념화를 통해 본질에 접근하고자 한다.

## 1. 숙의와 담론적 민주주의의 개념 정의

많은 학자들이 숙의민주주의와 담론적 민주주의를 구별하지 않고 상호 교환해 사용하고 있다. 엄격한 의미에서, 두 개념은 구별되나 서로를 가능케 하는 보완적 의미로 이해하는 것이 바람직하다. 드라이잭에 따르면, 두 개념을 서로 교환해 사용하는 것이 가능하나 최근 많은 학자들이 '숙의민주주의(deliberative democracy)'를 더 자주 사용한다고 한다. 그러나 그는 '담론적 민주주의(discursive democracy)'를 더 선호하며, 그 이유는 다음과 같다.

첫째, 숙의는 개인의 의사결정 과정을 뜻하기 때문에, 숙의 과정을 반드시 집단적 사회 과정이라고 보기 어렵기 때문이다. 반면에 '담론적 과정(discursive process)'은 사회적 상호 주체들이 모여 의사소통을 해야만 가능하며, 이것은 개인적 숙의와 다르다.

둘째, '담론(discourse)'은 두 개의 전통적 정치사상으로부터 유추된 것이며, 이것 또한 숙의와 다르다. 담론은 후기 구조주의자로 잘 알려져 있는 푸코(Michel Foucault)의 철학사상[5]과 비판이론가로 알려져 있는 하버마스(Jürgen Habermas)

---

5) 일반적으로 '담론'이란 언어학적 개념이다. 반면에 푸코(Michel Foucault)는 언어보다는 '하나의 표현 체계로써 담론(discourse as a system of representation)'을 다룬다. 그는 '담론'에 다른 의미를 부여한다. 그의 관심은 '의미 있는 문장(meaningful statements)'을 만들어 내는 '규칙과 실천(rules and practices)'에 주어지고, 이러한 규칙과 실천은 다른 역사적 시기에 나타나는 담론들을 규제한다고 본다. 즉, 푸코가 '담론'을 통해 말하고 싶은 것은 일련의 문장들과 언어를 통해 특정 역사적 시기에 있었던 특정 주제에 대해 논의하기 위함이며, 이것은 지식을 표현하는 하나의 방법이다. 이러한 의미에서 사용되는 '담론'이라는 개념은 단지 언어학적 의미에서 사용되는 개념과는 다르다. 푸코의 '담론'은 '언어와 실천(language and practice)'에 관한 것이다. 담론은 '누

의 사상[6]으로부터 유추되었으며, 푸코는 담론을 "사람들이 사고하는 방법을 조절하는 것"이라고 보는 반면, 하버마스는 "논쟁(argument)을 일으키거나 그것에 도전하는 능력으로 완전히 자유로운 것"으로 본다(Dryzek, 2000: vi).

드라이잭은 담론을 '공론장(public sphere)'에서 벌어지는 경쟁적 '주장(contestation)'으로 민주주의의 핵심이 된다고 주장하면서, 숙의민주주의와 담론적 민주주의에 대한 구별은 이미 동의어로 사용하기 때문에 큰 의미가 없으며, 생산적이지 않을 뿐 아니라, 실제로 두 민주주의이론은 유사한 속성들을 공유하고 있다고 본다[7](Dryzek, 2000: vi).

이러한 논의를 감안해 엄격한 의미에서 숙의민주주의와 담론적 민주주의를 구별하면 '숙의'는 담론적 민주주의를 가능케 하는 구체적 의사소통 방법이며, '민주적 숙의'가 사회에 정착해 '숙의 문화'[8]를 만들어 내어 보편화되면 사회적 제도로 자리잡게 되어 담론적 민주주의로 이어지게 된다. 따라서 담론적 민주주의는 그 시대의 지배적 사상이 되어 "사람들의 사고하는 방법을 조절하는 것(푸코식 담론)"이 되며, 하버마스식으로 말하면 사회의 모든 주체들이 사회 문제에 대해 완전히 자유로운 토론을 통해 의사소통적 합리성을 실현할 수 있는 '생활세계(lifeworld)'가 된다.

---

가 무엇을 말했는가?(language)'와 '누가 무엇을 했는가(practice)?' 사이의 전통적인 구별을 뛰어넘는 시도다. 푸코에 따르면, 담론은 '주제(topic)'를 구성하는 것은 물론 '우리 지식의 대상(objects of our knowledge)'을 정의하고 생산한다. 이러한 담론은 결과적으로 '주제(topic)'가 '의미 있게 논의되는 방법'과 '논리적으로 전개되는 방법'을 '지배(govern)'한다. 결국 담론은 '어떻게 아이디어가 실천(practice)되는지'에 영향을 미칠 뿐만 아니라, '다른 사람들의 행동을 규제'하는 데 영향을 미치기도 한다. 따라서 담론을 사회에서 어떤 주제에 대해 논의되는 특정 방법을 규정하는 것으로 보는 만큼, 담론은 모든 사람들에게 '받아들여질 만하고,' '지적인 방법'으로 말하고, 쓰고, 행위하는 것을 '정의(define)'한다. 동시에, 담론을 통한 '정의(definition)'는 그것에 의해 구성된 지식이나 '주제(topic)'와 관련해 '다른 식으로 말하는 것', '다른 식으로 행동하는 것'을 '제외시키고(rule out)', '제한(limit)하며', '통제한다(restrict)'(Hall, 1977: 41−51).

6) 하버마스(Jürgen Habermas)의 담론에 대한 논의는 '이 책 제7장 제1절 대안적 합리성'에서 다루고 있으므로 참고바람.

7) 이러한 점을 감안해 숙의민주주의와 담론적 민주주의를 구별하는 최선의 방법은 "숙의민주주의를 '자유입헌주의자들(liberal constitutionalists)'의 숙의민주주의에 대한 논의로 취급하는 것이다"(Dryzek, 2000: vi, 3). 즉, 그들은 입헌 과정을 숙의 과정으로 보며, 이러한 발상에 따라 대의제를 기반으로 하는 자유민주주의를 정치적 숙의의 본산지로 본다.

8) 숙의 문화(deliberative culture)와 관련된 논의는 (Sass & Dryzek, 2014: 3−25)를 참고바람.

숙의와 담론적 민주주의의 논의에 적용되는 중요한 개념들이 있다. '담론(discourse)'과 '숙의(deliberation)'를 비롯해 '논변(argumentation)', '의사소통적 실천(communicative practice)' 등은 모두 '담론적 민주주의'와 정책학의 '논변적 접근방법(argumentative approach)'을 구성하는 중요 개념들로 상호 연계되어 있지만 다른 의미를 가진다. 즉, 이들 개념은 모두 '의사소통(communication)' 유형들이지만 서로 구별되는 특징과 기능을 가지고 있다(Fischer & Gottweis, 2012: 9).

### 1) 논 변

'논변(argumentation)'이란 사람들이 '사유(reason)'를 통해 결론에 도달하는 과정을 뜻한다. 이 개념은 '담론'이라는 개념의 출현 이후 한때 부차적인 것으로 받아들여졌으나, 최근 재활성화되어 정책학의 접근 방법으로 자리잡고 있다. '논변'은 '공식적 논리(formal logic)'에 의해 접근되는 전통적인 방법이다. 하지만 최근 논변은 '비공식 논리(informal logic)'와 '실천적 사유(practical reason)' 등을 포함해, 상대방을 설득하려는 '대화(dialogue)', '협상(negotiation)'은 물론 '일상적인 대화(ordinary conversation)'까지를 모두 포함한 의사소통 방법이다. '논변'은 사람들이 서로 받아들일 수 있는 의사결정에 도달할 수 있는 의사결정 방법임과 동시에 그것을 정당화시키는 방법이다.[9)]

### 2) 숙 의

'숙의(deliberation)'와 '논변' 간의 확실한 차이는 없다. 그 이유는 '숙의' 자체가 '논변'의 한 유형이기 때문이다(Fischer & Gottweis, 2012: 9). '숙의'는 '시민배심원단(citizen juries)'이나 '협의회(consensus conference)'와 같이 사람들이 모여 이용 가능한 증거들과 경쟁적인 관점들을 심사숙고해 특정 쟁점에 대해 토론을 거쳐 결론에 도달하는 '공식적으로 구조화된 과정'을 뜻한다(Fischer & Gottweis, 2012: 9−10).

---

9) 정책학의 '논변적 접근 방법(argumentative approach)'에 대한 논의는 이 책 제2장 정책학의 접근 방법을 참고바람.

드라이잭과 헨드릭스(Dryzek & Hendriks, 2012: 34)에 따르면, 펑(Fung, 2006: 167)은 도구적 합리주의의 입장에서, 숙의의 '질(quality)'이 합리적, 논리적, 평등, 포용적인 정도에 따라 결정된다고 보며, 그 이유로 "모든 개인들은 그들의 사적 목표와 집단적 목표를 '논의(discussion)', 브레인스토밍, 정보 수집, 기획과 문제 해결을 통해 추구하기 때문"이라고 주장한다. 반면에 하버마스와 롤스(Habermas & Rawls)에 영향을 받은 일련의 '숙의학자'들은 '공적인 사유(public reason)'와 '공익(public interest)'에 초점을 맞추어 '숙의'란 주어진 쟁점에 대한 찬성과 반대를 포함한 엄격한 논의에 의해 비판적 검토를 하는 행위라고 본다. '숙의'는 개인 차원에서도 가능하나 여기서 다룰 '숙의 과정'은 '집단적 숙의'를 뜻하며, '집단적 숙의 과정'이란 사람들이 집단을 이뤄 쟁점과 관련된 정보를 교환하는 과정이다. 이 과정에서 '숙의 집단'은 쟁점을 비판적으로 검토하여 의사결정에 영향을 미칠 수 있는 '합의'에 이르게 된다.

예외적으로 맨스브리지와 동료들(Manasbridge et al, 2010: 72-80)은 개인적으로 이해관계를 추구하는 것이 용납될 수 있는 경우는 단지 숙의 과정이 개인의 사적 이해관계를 다룰 때뿐이라고 한다. 그들은 이것을 '숙의로 구성된 사익(deliberately constituted self-interest)'이라고 한다(Dryzek & Hendriks, 2012: 34).

### 3) 담 론

푸코(Michel Foucault)를 비롯한 후기 구조주의자들은 '담론(discourse)'을 '일련의 개념들과 아이디어들'로 구성된다고 보며, 이것은 '논변'을 '제한하고(circumscribe)', 논변에 영향을 미치며, 논변의 형태를 갖추게 하는 공식적 수단으로 취급한다(Fischer & Gottweis, 2012: 10-11). 푸코의 담론적 관점에서, 하제르(Hajer, 1995)는 담론을 '사회적 관계'와 '물질적 관계'의 의미를 생산해 내고 재생산해 낼 뿐 아니라 전환시키는 아이디어들, 개념들, '범주화들(categorizations)'의 구체적 '앙상블(ensemble)'이라고 정의한다. 유사한 관점에서 호워스(Howarth, 2000: 9)는 담론을 '주체와 객체(subjects and objects)'의 정체성을 구성하는 것으로 '역사적으로 구체화된 의미의 체계'로 정의한다(Fischer & Gottweis, 2012: 11).

푸코(Foucault, 1972: 34－43)는 '합리적 인간', '정형화된 인간', '계급'과 같은 어떤 대상의 정체성에 대한 표현들을 거부하고, 정체성은 '담론적 형성(discursive formation)'을 통해서만 역사적으로 구성, 재구성, 전환된다고 주장한다.[10] 푸코에게 있어 정체성이란 객체의 고유한 속성에 의해 인지되는 것이 아니라, 노동자, 여성, 주부 등과 같이 다른 객체와의 '차이(difference)'에 의해 비롯된다고 한다(Clegg, 1989: 150－151).

상기한 논의를 감안해, 담론은 ① 사람들이 세상을 경험해 인지하게 되는 '주체와 객체의 범주(the range of subjects and objects)'를 제한해 정의하고, ② 지식으로써 정당하게 받아들여질 수 있는 관점을 구체화시킬 뿐만 아니라, ③ [이러한 관점을 가진] 지식인을 구성한다(Fischer & Gottweis, 2012: 11). 따라서 담론은 '거시적 사회문화 차원(sociocultural macro level)'에서 작용하며, [사회의] 기본적 가치를 '전달함(transmitting)' 뿐만 아니라, [사회의] 공유된 신념에 응집력을 더해준다(Fischer & Gottweis, 2012: 11). 이와 같은 맥락에서 담론은 '민주적 숙의'에 필요한 '자료들(materials)'을 제공하며, [사회적으로] 구성되기 마련이다(Fischer & Gottweis, 2012: 11).

'담론'은 기존의 담론과 새로운 담론 간의 역사적으로 해결되지 않은 갈등을 내포하기 마련이고, 담론들 간의 투쟁의 결과 비교우위를 점한 담론이 사회의 지배적인 사고가 된다. 따라서 지배적인 담론은 특정 문제에 대해 누가 권위적으로 말할 수 있는가를 식별할 수 있게끔 한다.

푸코의 담론에 대한 논의는 이해하기 쉽지 않으나, 이것은 쿤(Thomas Kuhn)의 '패러다임(paradigm)'과 비유해 다루면 쉽게 이해될 수 있다. 쿤이 말한 바와 같이,

10) 언어는 후기 구조주의자들이 가장 핵심적으로 취급하는 기제이며, 그들은 언어를 통해 존재(유형과 무형을 포함)하는 모든 것에 의미가 부여되기도 하고, 그 의미가 제한되기도 한다고 주장한다. 즉, 언어를 통해서만 특정 대상, 즉 '주체성(subjectivity)'에 대한 의미가 구성된다고 본다. '특정 대상 혹은 주체에 대한 의미구성'은 '담론적 실행(discursive practice)'을 통해 가능하고, 여기서 '담론적 실행'이란 대상에 대한 헤아릴 수 없을 만큼의 대화, 글, 인지, 논쟁, 발표 등을 통해 주체의 의미를 구성하는 과정을 뜻한다. 특정 대상 혹은 주체(subjectivity)가 '담론적 실행'을 통해 하나의 '개체(individuality)'로 구성되어 정체성(identity)을 갖게 된다. 나아가 개체에게 주어진 정체성 역시 고정된 관념으로 영속하는 것이 아니라, 그 개체에 대한 새로운 '담론이 형성(discursive formation)'되면, 다른 의미가 부여되어 과거와는 다른 정체성을 띠게 된다(Hall, 2013: 29－32).

한 시대의 지배적 프레임인 '정상과학'이 다른 프레임에 의해 도전받아 새로운 '정상과학'으로 '전환(paradigm shift)'되어 그 시대를 지배하는 새로운 '정상과학'으로 자리매김하듯이, 한 시대의 지배적 사고인 '담론'도 새로운 담론에 의해 도전받아 비교우위를 점하게 되면 새로운 담론이 탄생하게 된다. 따라서 담론은 불변하는 것이 아니라, 시대, 장소 역사적 맥락에 따라 구성, 재구성, 전환되는 것이다.

예를 들어, 오늘날 사회과학의 지배적인 담론은 '실증주의'에 입각한 사실의 발견임을 부정할 수 없다. 하지만 이에 대응하는 담론들로 '후기 실증주의'적 관점들이 존재한다.[11] 이들은 사회의 지배적 사고가 되기 위해 끊임없이 갈등을 연출해 내고 비교우위를 점하기 위해 투쟁하며 경쟁한다. 이러한 의미에서 '실증주의에 대한 비판', '도구적 합리성과 객관주의의 한계', '사회 문제의 다양성과 복잡성', '집단지성', '탈정상과학', '의사소통적 합리성' 등에 대한 논의는 모두 실증주의에 대응하는 새로운 '담론형성(discourse formation)'이 시작되었음을 뜻한다. 이러한 관점에서 숙의와 담론적 민주주의에 대한 논의는 '자유민주주의'로부터 민주주의를 보는 새로운 담론이 형성되었음을 말한다.

### 4) 의사소통적 실천

'의사소통적 실천(communicative practice)'이란 하버마스식 표현으로, 담론, 숙의, 논변과 관련된 다양한 행위들을 포괄적으로 지칭하는 개념이며, 이것을 통해 합의된 결론에 도달하게 된다. '사회이론(social theory)'[12]에서 '실천(practice)'이란 일반적으로 정형화되거나, 규칙화되거나, 습관적으로 반복하는 행위를 뜻하나, 푸코는 '의사소통적 실천' 대신에 '담론적 실천(discourse practice)'이라는 개념을

---

11) 비판적 합리주의로 구분되는 포퍼(Karl Raimund Popper)의 '반증주의(falsificationism)', 쿤(Thomas Kuhn)의 '상대주의(relativism)', '해석학적 접근 방법(interpretive social science)', 프랑크푸르트학파의 '비판이론(critical theory)', '구성주의(constructionism)', 푸코(Michel Paul Foucault)의 '후기 구조주의(post structuralism)', 데리다(Jacques Derrida)의 '해체주의(deconstructivism)' 등은 모두 실증주의에 대응하는 담론이다.

12) '사회이론(social theory)'은 일반적으로 후기 실증주의자들이 말하는 이론을 뜻하고, 규범성, 역사적·사회적 맥락성 등을 특징으로 하며, 이것은 실증주의자들이 말하는 인과관계에 준한 '이론'과 다르다.

사용하여, 말하는 방법뿐만 아니라, 쟁점과 주제의 경계를 구체화시키는 통합된 규칙으로 사용한다. 이러한 의미에서 실천은 사회적 신념, 이데올로기, 정체성, 권력 등과 같은 '사회적 실체'를 반영하거나 구성하는 것을 말한다. 따라서 '의사소통적 실천' 혹은 '담론적 실천'을 연구한다는 것은 담론에 참여한 사람들이 사용한 언어, 비언어, 그들 간의 상호작용을 모두 포함해 어떤 '의미들(meanings)'을 산출했는지를 밝히는 일이다(Fischer & Gottweis, 2012: 13).

## 2. 숙의와 담론적 민주주의의 개념화

담론적 민주주의는 '대화 중심적(talk-centric)' 민주주의로써 민주적 숙의를 핵심으로 하며, 민주적 정통성은 숙의 과정을 통해 집단적 의사결정을 할 수 있는 사람들에게 주어지는 기회와 능력으로 가늠된다(Dryzek, 2009: 1381). 숙의는 '의사소통(communication)'의 한 유형이며, 이것은 숙의 과정에 참여한 사람들이 가지고 있는 서로 다른 '선호(preference)'를 연계시키는 기제로 사용된다. 숙의는 특정 형태의 의사소통 방법을 고집하지 않으나, 특정 의사소통 방법은 특정 문제에 더 적실성이 있음을 감안해 다양한 의사소통 방법을 활용한다. 의사소통 방법은 '수사학(rhetoric)', '논쟁(argument)', '증언(testimony)', '유머(humour)', '소문(gossip)', '이야기(storytelling)' 등을 일컬으며, 어떤 의사소통 방법을 다른 방법보다 더 나은 것으로 취급하지 않고 모두 동등한 숙의 과정의 한 부분으로 본다(Dryzek, 2009: 1382; Dryzek, 2000: 1).

담론적 민주주의에서 모든 형태의 의사소통 방법을 수용하는 것은 가능한 많은 의견을 '포용(inclusiveness)'하기 위한 것이지만, 모든 형태의 의사소통이 민주적 숙의에 도움이 되지 않을 수 있다. 드라이잭이 말하는 "반숙의(anti-deliberation)"적 의사소통은 '위협(threats)', '거짓(lie)', '명령(commands)', '불평등한 토론', '정치적 전략', '기만', '조작', '편견', '자기기만' 등이 포함된 것으로 이것들은 민주적 가치를 조싱할 수 없다(Dryzek, 2009: 1382; Dryzek, 1989: 111). 이러한 '반숙의적 요인들'은 담론적 민주주의의 진정한 숙의 과정에서 걸러질 것이 예상되지만 '숙의 과정을 설정(deliberative process setting)'할 때 일련의 제한과 규칙이 필요하다는 것을 인식케 한다.

드라이잭은 '담론'을 숙의 과정에 참여하는 사람들이 가지고 있는 '작지만 감각적인 정보들'을 모아 '혼연일체(coherent whole)'로 만들 수 있다는 '공유된 가정'(하버마스의 담론적 발상)이라고 정의하면서, 상기한 담론적 민주주의의 기본적 논의가 현실적으로 적합하고 정당화되기 위해 다음과 같은 가정을 한다(Dryzek, 2000: 51).

### 1) '숙의 원리(deliberative principles)'는 자유주의의 권리를 정당화한다

자유민주주의는 '다수에 의한 통제'와 '개인의 권리'로 정의된다. 물론 자유민주주의의 두 원리는 종종 갈등을 일으키기도 한다. 왜냐하면 민주적 다수가 소수의 권리를 대변하지 못하기 때문이다. 하지만 '자유적 숙의민주주의자들(liberal deliberative democrats)'은 이러한 긴장을 '사적인 이해'를 '공적인 이해'로 전환시켜 해결할 수 있다고 주장한다. 사회에는 존중되어야 할 개인들의 기본 권리가 있으며, 이것은 민주적 시민권의 효과적인 실현을 위해 반드시 필요한 것으로, 예를 들면 표현의 자유, 집회의 자유, 의무교육, 종교의 자유, 생존권 등이다. 이와 관련해 자유주의자로 우리에게 잘 알려진 롤스(Rawls, 1993)는 "모든 정치적 논의는 '공적인 사유(public reason)'에 의해 걸러져야" 하며, 여기서 '공적인 사유'란 개인들이 모두 자유롭고 평등하다는 기본을 지키면서 추구되는 이해관계를 뜻한다. 물론 롤스는 '공적인 사유'라는 기준은 헌법과 '정의(justice)'와 관련된 범주에서만 추구할 것을 권한다(Dryzek, 2000: 51).

### 2) '진정한 민주주의'로써 숙의와 담론적 민주주의: 선호의 반영

'민주주의의 진정성(authenticity of democracy)'은 민주주의를 표방하는 상징(투표나 다수의 원리)이나 경쟁적인 시민들의 존재로 성립되는 것이 아니라 '실질적인 민주적 통제'의 정도에 따라 가늠된다. '실질적인 민주적 통제'는 민주적 숙의가 문화로 정착해 제도화되어 담론적 민주주의로 이어졌을 때 가능하다. '숙의(deliberation)'란 다른 형태의 의사소통과 구별되는 개념으로 '사회 과정'을 뜻하며, 이러한 '숙의 과정(deliberative process)'에서 '숙의자들(deliberators)'은 '강제(coercion)', '조작(manipulation)', '기만(deception)'보다는, 그들 간의 설득을 포함한 일련의 상호작용을 통해 그들의 판단, 선호, 관점들을 흔쾌히 변화시키게 된다고 가정한다(Dryzek, 2000: 1).

'진정한 숙의(authentic deliberation)'를 '공적인 사유(public reason)'로 제한해 특정 논쟁 유형만을 고집하는 숙의학자들도 있으나, 드라이잭을 포함한 다수의 학자들은 공식·비공식적 논의들(수사학, 논쟁, 증언, 유머 등)을 포함시킨다. 숙의 과정에 어떤 유형의 의사소통이 이루어져도 상관없으나, '진정한 숙의가 되기 위한 조건'은 "의사소통은 첫째, '비강압적인 방법(non-coercive fashion)'으로 진행되어야 하며, 둘째, [다양한] 선호들의 '반영(reflection)'을 유도해 낼 수 있어야 한다"(Dryzek, 2001: 1)는 것이다.

여기서 '선호의 반영'이란 숙의 과정에서 타인의 주장이, 공적인 사유에서, 더 옳거나 나은 것으로 판단되어 자신의 주장에 반영해 입장을 변화시키는 것을 뜻한다. 숙의 과정을 통해 자신의 입장을 변화시킨다는 것은 쉬운 일은 아니다. 그러나 이러한 입장의 변화는 비겁하거나 배반(특정 이해관계를 대변하는 입장에서)하는 것이 아니라 '진정한 숙의의 결과'이며, '민주적 숙의의 핵심'이다. 결국, '진정한 민주주의'는 '반영적 선호들(reflective preferences)'이 집단적 결과(collective outcomes)'에 영향을 미친 정도로 가늠될 수 있다(Dryzek, 2000: 2).

### 3) '이상적 담화 상황'과 '진정한 공론장': 정치적 전환

비판이론에서 '이상적 담화 상황(ideal speech situation)'이란 담론에 참여한 모든 사람들이 '동등한 의사소통적 경쟁력'을 가지고 있다는 가정이다. 이러한 상황은 '지배(domination)', '자기기만(self-deception)', '전략적 상호작용(strategic interaction)' 등으로부터 구속받지 않는 완전히 자유로운 상태를 말한다. 이러한 상황에서 토론이 무제한 진행된다면 모든 사람들의 경험을 총체적으로 아우를 수 있을 뿐만 아니라, '합의(consensus)'에 이를 수 있다고 가정한다. 아울러 이러한 상황을 통해 얻은 결론은 사람들의 경험에 근거하기 때문에 그것이 규범적 '정의(justice)'

이건 혹은 '진실(true)'이건 상관없이 '합리적 성격(rational quality)'을 띠게 된다. 따라서 '이상적 담화 상황'이란 '의사소통적 합리성'의 원리가 구현되는 상황을 뜻한다(Dryzek, 1990: 36).

물론 이러한 '이상적 담화 상황'은 현실에 존재하지 않지만, 드라이잭(Dryzek, 1990: 37)에 따르면, 하버마스(Habermas, 1970)는 모든 개인들의 의사소통 행위가 '이상적 담화 상황'에서 이루어질 것을 기대하며, 이것은 철학자나 정치이론가의 전유물이 아니라고 주장하면서, 모든 개인적 의사소통, 집단적 의사결정, 혹은 '사회적 실천(social practice)'은 '이상적 담화의 원칙(precepts of ideal speech)'을 떠나서 정당화될 수 없다고 본다. 물론 '이상적 담화 상황'과 '가상적 합의'에 대한 논의가 법제화하거나, 제도화되어 실천할 수 있을 만큼 현실적이지 못해 '반사실적 이상(counterfactual ideal)'이라고 생각되지만, 이러한 논의는 최소한 우리들이 현실세계를 비판하는 잣대로 활용될 수 있다.

'공론장(public sphere)'[13]이란 '이상적 담화 상황'과 '가상적 합의'가 일어나는 장소를 말한다. 드라이잭(Dryzek, 1990: 37)에 따르면, 킨(Keane, 1984: 2-3)은 '공론장'을 다음과 같이 정의한다.

> 공론장이란 둘 이상의 개인들이 모이면 언제든지 존재하며 … 여기서 사람들은 언제나 그래왔던 것처럼 상호작용을 통해 정보를 교환하거나, 사회적 · 정치적 권력관계

13) 하버마스는 1961년 『공론장의 구조변동: 부르주아 사회의 범주에 관한 연구』를 발간했다. 이 책에서 그는 공론장의 기원을 중상주의시절 장거리무역을 위한 '견본시장'에서 찾고 있다. 이러한 '견본시장'이 활성화됨에 따라 상품의 교류와 각 지역에 대한 정보를 교환하는 부르주아의 사적 영역인 '공론장'이 처음 들어서게 된다. 그 후 '부르주아 핵가족의 친밀한 영역'으로부터 출발하는 비정치적 공론장이 형성되어 '문예적 공론장'을 이루며, 이것은 '커피하우스', 살롱, 만찬회 등으로 제도화된다. 여기서 부르주아는 귀족이나 왕족과는 구별되는 사회의 자산가들로 17~18세기의 유럽의 중상주의를 이끌어 온 장본인들이다. 이들은 독서, 예술, 언론, 신문의 발간, 과학, 심리학 등에 큰 관심을 가지고 스스로 계몽되고, 귀족이나 왕족과는 대응적 입장에서 사회의 한축을 담당했다. '문예 공론장'에서 사적 개인들(부르주아)이 인간으로서 주체성에 대한 의사소통뿐 아니라, 소유자의 자격으로 그들의 공동이익에 대해 공권력을 규정하려들 때, 인본위주의 문예 공론장은 정치적 공론장으로 전환된다. 따라서 정치적 공론장은 문예 공론장으로부터 시작된다. 즉, 문예 공론장은 여론을 조성해 국가와 사회 간의 욕구를 매개하는 역할을 하게 된다. 정치적으로 기능하는 공론장은 18세기 영국에서 처음 나타나며, 이것은 국가 권력이 의회로 향하는 첫 걸음이 된다. 즉, 정치적으로 기능하는 공론장 자체가 하나의 국기기관으로 자리잡는 결과를 낳는다(Habermas, 2016, 한승환 역).

> 의 폭을 넓혀왔다. 이러한 자율적 연계인 공론장의 회원들은 그들이 무엇을 할 것인지를 생각하며, 어떻게 공동체를 이루어 살 수 있을까를 고민하고 … 어떻게 공동체가 집단적 행위를 할 것인지를 결정한다.

공론장은 '이상적 담화 상황'을 '현실적 상황'으로 전환시키는 장소이며, 이것은 민주적 숙의를 통해 '정치적 실천(political practice)'이 이루어지는 곳이다. 공론장에서 일어나는 '정치적 실천'은 '정치적 담론' 혹은 '자유롭고 개방적인 정치생활(political life)' 그 자체이며, 이것은 상호 이해, 신뢰, 왜곡되지 않은 합의를 지향한다(Dryzek, 1990: 38). 이와 더불어 공론장에서 일어날 행위는, 아리스토텔레스(Aristoteles)가 말한 것처럼, '교육적(pedagogical)'인 동시에 담론적 정치이어야 한다(Dryzek, 1990: 37).

아렌트(Hannah Arendt)는 정치를 제대로 이해한다면, 정치는 사회 문제 해결과 관련이 없다는 것을 알게 될 것이라고 힘주어 말한다. 많은 비판이론가들이 공감하는 아렌트의 이러한 우려는 "목표 지향적 추구는 정치적 상호작용에 긴박함만 더할 뿐이다"로 이해된다. 즉, 집단적 행위의 효과성에 대한 논의보다는 결과에 초점을 맞춘다는 것은 '도구적 합리성(instrumental rationality)'과 같은 '힘'에 의존한다는 것을 뜻하며, 이는 '기술주의(technocracy)'나 '관료화(bureaucratization)'를 초래할 수 있다(Dryzek, 1990: 38-39). 따라서 공론장에서 일어나는 정치적 담론은 사회 문제 해결을 목적으로 하기보다는 시민들이 사회 문제 해결을 할 수 있는 역량을 키워 '합의'에 이르기 위함임을 인지하고, 이 과정에서 서로의 상이한 관점을 이해하기 위한 전문적 지식에 대한 '교육' 역시 중요하다.

공론장은 '공적(publicly)'으로 중요하게 된 사회의 사적 영역이며, 이것이 어떻게 구성되고 어떤 작용을 하는지는 중요한 의미를 지닌다. 공론장의 구성과 관련해 양립하는 두 개의 관점이 있다. 먼저 자유주의자들은 '진정한 숙의 과정'은 입법부나 대법원과 같은 공식적 제도 내에서 이루어져야 한다고 본다. 그들은 민주주의를 개인들의 의견을 종합한 것으로 보아 '사회적 담론'을 실질적인 '개체(entity)'로 다루지 않는다. 반면에 숙의와 담론적 민주주의자들은 공론장에서 상호 주체적 개인들이 의사소통적 담론을 통해 형성한 '여론(public opinion)'을 논쟁의 결과로 본다(Dryzek, 2000: 56).

우리나라의 경우 최근 '공론화위원회'를 구성해 사회적으로 첨예한 갈등을 겪고 있는 쟁점들에 대한 '합의'를 모색하고 있는 것을 볼 수 있다. '신고리 5 · 6호기 공론화위원회', '2022학년도 대학입시 공론화위원회', '대전 월평공원 공론화위원회', '제주 영리병원인가 공론조사위원회' 등이 있으며, 공론화위원회의 합의된 권고안을 정부가 받아들인 사례, 거부한 사례, 진행 중인 사례들이 있어 일률적으로 그 특징을 설명하기엔 이른 감이 없지 않다. 다만 공론화위원회에 당부하고 싶은 것은 '진정한 숙의(authentic deliberation)'란 '이상적 담화 상황'과 '가상적 합의'가 일어나는 맥락을 제공하는 것임을 감안해 단순히 투표나 여론조사가 아님을 참여자들에게 충분히 인식시키는 것은 물론 쟁점과 관련된 전문가의 지식과 정보를 활용해 숙의 과정 참여자들에게 쟁점에 대한 충분한 교육과 자유롭고 개방적인 토론을 거쳐 합의에 이를 수 있는 맥락을 제공하기를 기대한다.

#### 4) '초국가적(transnational)' 민주주의에 대한 담론: '그린(green)' 민주주의

우리는 민주주의 시대뿐만 아니라, '세계화(globalization)' 시대에 살고 있다. 여기서 '세계화'란 우리가 직면한 많은 쟁점들이 '국가(nation-states)'의 통제 범위를 점점 더 넘어서고 있음을 뜻한다(Dryzek, 2000: 115). 최근 일련의 민주주의 이론가들이 '민주주의의 국제화(internationalization of democracy)'에 초점을 맞추어 그 가능성을 논의하는 것을 볼 수 있다. 드라이잭에 따르면, 담론은 '국제적 · 초국가적 관계(international and transnational relations)'에 가장 걸맞은 개념이라고 주장한다. 그는 담론을 '작지만 감각적인 정보들'을 모아 '혼연일체(coherent whole)'로 전환시킬 수 있다는 '공유된 가정'으로 정의한 바 있으며(Dryzek, 2000: 51), 이러한 담론은 세계의 중요 쟁점을 설명하는 데 도움이 될 수 있다고 주장한다(Dryzek, 2006: 155). 특히 '지구온난화 문제'와 관련된 국제적 논의는 '담론적 민주주의'의 가장 적절한 장소가 될 수 있으며, 그 이유는 첫째, '국제기후(international climate)'라는 쟁점 자체가 세계적 담론을 통해 형성되었으며, 둘째, '국제 체제(international systems)'는 '자율적 공동체' 혹은 '초국가적 시민사회'이기 때문에 국제적 쟁점에 대한 반영적 담론을 통해 기존의 국제정치경제 질서를 재구성할 수 있다고 본다.

드라이잭(Dryzek, 2000: 6)은 오늘날 우리가 겪고 있는 '생태계의 위기'가 '인간 중심적 오만'으로부터 비롯된 것이며, 자연은 투표하지 못할 뿐만 아니라, 의지를 전달하지 못하지만, 자연과 소통할 수 있어야 생태계의 위기를 극복할 수 있다고 주장한다. 이러한 의미에서 '그린 민주주의(green democracy)'란 인간과 '비인간 세계(non-human world)'의 범주를 초월해 의사소통의 효과성을 다루는 방법이다.

일련의 민주주의학자들로부터 1990년을 전후해 전개된 숙의민주주의 혹은 담론적 민주주의에 대한 논의는 민주주의에 대한 이상적 담론으로 끝나지 않고 각국의 다양한 사례들과 함께 그 유용성이 검증되고 있다. 다음으로는 숙의와 담론적 민주주의의 특징을 정리하고, 드라이잭을 비롯한 일련의 호주 숙의민주주의 학자들이 그간 사례연구를 통해 얻은 결과를 소개해 숙의와 담론적 민주주의의 향후 연구 과제를 살펴본다.

## 3. 숙의와 담론적 민주주의의 특징

숙의와 담론적 민주주의는 정치이론에 근거해 규범적으로 접근된다. 대부분의 규범적 정치이론들이 이론적 논쟁에 치우치는 반면, 숙의와 담론적 민주주의에 대한 논의는 이에 그치지 않고 다양한 경험적 연구로 이어져 왔음을 알 수 있다. 실제로 이 분야는 정치이론과 경험적 연구가 조화를 이룬 좋은 예라고 할 수 있으며, '민주적 숙의'는 일반 시민들을 포함해 다양한 사회 활동가, 조직 개혁가, 의사결정자들에게 매력적인 것으로 받아들여지고 있다.

물론 숙의와 담론적 민주주의에 대한 부정적 견해가 없지 않다. 대부분 경우 기존의 경직된 관념으로부터 비롯된 우려로 생각되나 귀담아들을 필요가 있다. 왜냐하면 '민주적 숙의'가 이루어지는 시기, 장소, 쟁점, 역사, 문화적 맥락이 다르다는 것을 인정하고 민주적 숙의 과정을 일률적으로 취급하는 것은 옳지 않기 때문이다. 숙의와 담론적 민주주의에 대한 사회적 실험은 다양한 맥락에서 많은 사례들에 적용될 수 있는 규범적 논의를 통해 지금보다 좀 더 세련될 필요가 있다. 이러한 논의를 감안해 숙의민주주의의 특징을 살펴보면 다음과 같다.

### 1) '포용성(inclusiveness)'

'숙의(deliberation)'가 민주적이기 위해서는 '포용적(inclusive)'이어야 한다(Dryzek, 2009: 1383). 숙의 과정의 참여자들은 다양한 견해, 이해, 관점들이 있다는 것을 인정해야만 하고 이를 포용해야만 한다. 즉, 담론적 민주주의가 좀 더 민주적으로 보이는 것은 다양한 이해관계와 담론들을 포용하기 때문이다.

### 2) '다양성(diversity)'

포용성의 증가는 참여자의 다양성으로 나타나게 된다. 여기서 다양성이란 숙의 과정에 참여하는 사람들의 배경과 선호가 다르다는 것을 뜻하며 동시에 그들의 담론 역시 다양하다는 것을 말한다.

### 3) '권한부여(authorization)'

'대의이론(theory of representative)'에 따르면, 대표를 선출하는 일도 중요하지만 선출된 대표들이 누구에 의해 권한을 부여받게 되고, 권한을 부여받은 만큼 어떤 책임을 지게 되는지는 중요한 쟁점이 된다. 즉, '권한부여'와 '책임'과 관련된 쟁점은 '담론장(chamber of discourse)'에서 내린 의사결정 권위를 가늠하는 잣대가 되기 때문에 중요하다(Dryzek & Niemeyer, 2008: 489). 드라이잭과 니에메예르(Dryzek & Niemeyer, 2008: 468)는 '누가 담론에 참여하는가'는 '누가 특정 쟁점과 관련된 담론에 가장 적절한가'를 감안해 선택해야 하며, 가장 좋은 방법으로 'Q 방법론(Q methodology)'을 권한다.[14] 'Q 방법론'은 '소규모 숙의(deliberative mini-

---

14) 'Q 방법론(Q methodology)'에 대한 구체적 논의는 Davies, B. B., K. Scherlock, & F. Rauschmayer(2005) "Recruitment, Composition, and Mandate Issues in Deliberative Processes: Should We Focus on Arguments Rather Than Individuals?" *Environment and Planning C–Government and Policy*, Vol. 23, No. 4: 599–615; Dryzek, John S. & Simon Niemeter

publics)' 과정에서 이루어질 특정 토론을 대표할 최선의 참여자를 추출하는 방법이다. 이 방법에 의해 추출된 숙의 참여자들은 특정 쟁점에 대한 민주적 숙의를 대표할 수 있다고 본다.

#### 4) '책임(accountability)'

드라이잭에 따르면(Dryzek, 2000: 47), 담론적 민주주의에서 '숙의'는 스스로 '책임'을 만들어 낸다고 본다. 즉, 민주적 숙의 과정은 참여자들의 '책임'은 설명되지 않지만, 숙의자들은 숙의 과정을 통해 그것이 무엇인지를 알게 된다. 담론에 대한 책임은 처벌을 위한 것으로 취급되어서는 안 되며 의사소통적 맥락에서 다뤄야 한다(Dryzek & Niemeyer, 2008: 490). 따라서 ① 참여자들은 그들이 어떻게, 무엇을 말하는지는 모두 공적인 담론으로 받아들여진다는 사실을 염두에 두어야 하며, ② 숙의 과정에서 다른 이들의 의견을 반영해 자신의 견해를 바꾼다하더라도 그 변화가 민주적 숙의를 통한 것으로 정당화될 수 있다면, 담론에 참여하는 숙의자들은 '담론적 책임(discoursive accountability)'을 다했다고 할 수 있다(Dryzek & Niemeyer, 2008: 490).

#### 5) '공정한 토론(fair discussion)'

숙의는 모든 참여자들에게 공정한 토론의 기회가 주어져야 한다는 것을 뜻한다. 모든 토론은 숙의의 목적에 부합해야 하며, 숙의 과정은 받아들여질 만한 방법과 그렇지 않은 방법들(위협, 기만, 자기기만, 뇌물)이 있다는 사실을 인지해야 한다. 참여자들은 쟁점에 대한 다양한 관점을 소유하고 있고, 참여자들의 전문성이 다른 만큼, 담론을 통해 다양한 관점과 아이디어를 공유하게 되어 담론을 통해 상호 간 학습이 일어날 것이 기대된다. 물론 이러한 우호적인 담론적 상황은 자신의 의제를 관철시키려는 기존의 정치적 논쟁에서는 기대하기 어렵다.

---

(November 2008), "Discursive Representation," *American Political Science Review*, Vol. 102, No. 4: 481–493; Dryzek, John S.(1990), *Discursive Democracy: Politics, Policy, and Political Science*, Cambridge: Cambridge University Press, especially chapter 9를 참고.

### 6) '합의(consensus)'

대의민주주의와는 대조적으로 담론적 민주주의는 '동의(agreement)'보다는 '합의'에 초점을 맞춘다. 여기서 합의는 규범적 차원에서 이루어진 집단적 선택을 뜻한다. 숙의민주주의는 의견의 '차이(difference)'를 두려워하지 않으며, 이것은 의례에 내재되어 있는 것으로 보고 투표에 의한 다수의견에 대한 동의보다는 의사소통을 통한 집단적 합의, 즉 '의사소통적 합리성'을 추구한다(Dryzek, 2000: 24－25).

### 7) 정책 반영: 정책에 대한 포부

숙의를 통해 특정 사회적 쟁점을 민주적으로 해결할 수 있다는 주장은 매우 매력적이지만, 만약 민주적 숙의 과정이 실질적인 결과로 이어지지 않는다면, 민주적 숙의 역시 아무런 의미가 없다. 이와 관련해 드라이잭(Dryzek, 2009: 1383)은 숙의 과정이 정책에 직접적인 영향을 미칠 필요는 없지만, 어떤 경우라도 민주적 숙의는 정책에 영향을 미치게 된다고 주장한다. 그에 따르면, 특정 사회적 쟁점에 대한 민주적 숙의는 '비공식적 채널(informal channels)'을 통해 정책에 영향을 미치게 된다고 한다.

드라이잭(Dryzek, 1990: 131－132)에 따르면, '담론적 민주주의 정책학(the policy science of discursive democracy)'은 정치적 학습, 참여적 행위, 성공적 사회문제 해결 등과 같은 요소들을 모두 모아 사회 공동체를 이루어 그들의 미래를 스스로 설계하는 데 필요한 능력을 배양함으로써 가능하다. 담론적 민주주의 정책학이 구현된다면, 시민과 전문가의 구별은 의미가 없다. 담론적 민주주의 정책학은 '합리성'과 '민주주의'의 생산적 조화를 이루어 내는 것이며, 이것은 결과적으로 현대 사회에서 기술관료적 성향을 약화시키는 결과를 가져올 것이다. 하지만 이러한 조화는 ① 정책이 도구적 행위를 뛰어 넘는 것이 되었을 때, ② 과학이 전문가들만의 전유물이 아니라는 사실을 인지했을 때, ③ 문제 해결을 위한 합리성이 기술관료적 조작 그 이상의 것으로 받아들여졌을 때, ④ 민주주의가 자유주의적 이해관계를 협의하는 곳 이상으로 받아들여질 때 가능하다(Dryzek, 1990: 132).

쿠라토와 동료들(Curato et al., 2017)을 비롯한 일련의 호주 숙의민주주의 학자들은 그간 진행된 숙의민주주의 연구에서 찾아낸 연구 결과를 12개로 정리하고 있다. 그들에 따르면, 숙의민주주의는 현실적이다. 숙의민주주의에 대한 비판 가운데 하나는 숙의민주주의가 이상적 논의일 뿐이어서 현실감이 떨어진다는 부정적 견해다. 그러나 숙의민주주의에 대한 경험적 연구는 최근 많을 뿐만 아니라 다양하게 이루어져 공식적 제도는 물론 '시민포럼'과 같은 비공식적 시민참여를 통해 사회문제 해결에 기여하고 있다.

많은 사례연구에서 지적하고 있듯이 '숙의'는 민주주의에 필수적이고, 다양한 의사소통 수단을 포함하며, 모든 사람들을 위한 것으로 밝혀졌다. 아울러 참여와 숙의는 불가분의 관계이고, 숙의적 전환, 즉 자신의 의견에 타인의 견해를 반영해 전환하는 것은 시간이 걸릴 뿐만 아니라, 숙의민주주의는 사회적으로 심화된 갈등을 해결하는 데 적실성이 있다고 그들은 주장한다(Curato et al., 2017: 30−34). 마지막으로 숙의적 연구는 '다양한 방법(diverse methods)'에 의해 접근된다.

쿠라토와 동료들(Curato et al., 2017: 34)에 따르면, 숙의민주주의에 대한 연구는 설문조사 방법과 심리학적 실험과 같은 일반적인 사회과학 방법론이 사용되기도 하나, 이러한 방법론은 '극적인 숙의 여론 형성'을 효과적으로 다루지 못한다는 비판과 함께 '공공 숙의(public deliberation)'가 일어나는 광범위한 정치적 · 사회적 맥락을 제공하지 못한다는 것이 한계로 지적된다.[15] 이러한 한계를 극복하기 위해 '혁신적인 양적 방법론(innovative quantitative methods)'[16]을 사용해 '담론적 실천'이 진행되어 산출한 '숙의 내용'을 규범적 기준에 의해 '숙의의 질(quality of deliberation)'을 분석해 내고, 숙의자들의 선호와 가치가 숙의 과정을 통해 변화한 정도를 평가하기도 한다.

---

15) 실증주의적 사회과학 방법론이 민주적 숙의 과정을 분석하는 데 효과적이지 못하다는 논의는 Dryzek, John S.(2005), "Handle with Care: The Deadly Hermeneutics of Deliberative Instrumentation," *Acta Politica*, Vol. 40, No. 2: 197−211; Ercan, A., Carolyn M. Hendriks, & John Boswell, "Studying Public Deliberation After the Systemic Turn: The Crucial Role for Interpretive Research," *Politics & Policy*, Vol. 45, No. 2: 195−218을 참고.

16) '혁신적인 양적 방법론(innovative quantitative methods)'과 관련된 논의는 Black, Laura W., Stephanie Burkhalter, John Gastil, & Jennifer Stromer−Galley(2009), "Methods for Analyzing and Measuring Group Deliberation," in *The Sourcebook of Political Communication Research: Methods, Measures, and Analytical Techniques*, (ed.). R. Lance Holbert, New York: Rouledge: 323−345를 참고.

질적인 방법과 해석학적인 방법이 심층적 사례연구를 통한 공공 숙의를 경험적으로 분석하는 데 사용되기도 한다. 예를 들어, '심층 인터뷰와 관찰(in-depth interviews and observation)' 방법을 사용해 '숙의 포럼(deliberative forums)'에서 일어나는 참여자들의 관점과 행태를 검토한다(Curato et al., 2017: 34).[17] '프레임(frame)'과 '내레이션(narration)' 분석 방법이 담론을 포괄적으로 서술하거나 숙의 체제에서 일어나는 의사소통의 역학관계를 분석하는 데 사용되기도 한다.[18] 상기한 바와 같이, 숙의민주주의학자들은 다중연구 방법론을 활용해 공적인 숙의 과정의 다양한 측면을 연구하고 있는 것을 볼 수 있다. 쿠라토와 동료들(Curato et al, 2017: 34)은 전통적인 사회과학 방법론에 의해 숙의 과정을 분석하는 학자들에게 다양한 연구 방법을 통해 연구 결과를 폭넓게 이해하여 해석할 것을 당부한다.

17) '심층 인터뷰와 관찰(in-depth interviews and observation)' 방법은 Hendriks, Carolyn M. (2007), "Praxis Stories: Experiencing Interpretive Policy Research," *Critical Policy Analysis*, Vol. 1, No. 3: 278-300을 참고.

18) '프레임(frame)'과 '내레이션(narration)' 분석 방법은 Boswell, John, Carolyn M. Hendriks, & Selen A. Ercan(2016), "Message Received? Examining Transmission in Deliberative Systems," *Critical Policy Studies*, Vol. 10, No. 3: 263-283을 참고.

# 제 8 장 의제설정

## 제1절 사회 문제와 정책 문제

### 1. 사회 문제

킹던(Kingdon, 1984: 115)은 사회 문제를 정의하면서 '상황(condition)'과 '문제(problem)'의 관계에 대해 말하고 있다. 여기서 상황이란 '나쁜 날씨', '피할 수 없거나 치유할 수 없는 각종 '질병', '빈곤' 등과 같이 주어진 조건들이며, 이에 대해 우리가 무엇인가를 해야 한다고 생각할 때 그 상황은 문제로 전환된다. 문제는 단순히 주어진 상황들에 의해 자생적으로 나타나는 것이 아니라, 누군가에 의해 인식되고 해석되는 인위적 구조물이다. 사회 문제가 어떻게 정의되는가는 많은 사람들에게 큰 관심거리가 된다. 왜냐하면 정책으로부터 '누가 손해를 보고', '누가 이득을 보는가'는 문제의 정의에 크게 좌우되기 때문이다(Kingdon, 1984: 115). 던(Dunn, 1981: 97-98)은 사회 문제를 정의하는 객관적 관점과 주관적 관점에 대해 다음과 같이 설명한다.

#### 1) 객관적 관점

객관적 관점에서 문제란 문제시되는 상황 그 자체로서, 경험할 수 있는 객관적인 실체다. 문제란 '객관적인 실체(objective entities)'이기 때문에 그 실체를 규명하는 것이 문제 분석의 핵심이며, 문제시되는 상황을 '있는 그대로' 정확히 기술하면 문제가 정의된다. 이러한 관점에서 문제는 문제시되는 상황을 단지 기술하는 것에 그치지 않고 문제를 발생시킨 원인까지 밝혀야 문제가 정의된다고 주장하기도 한다.

#### 2) 주관적 관점

주관적 관점에서 문제란 객관적인 실체를 가지고 있는 것이 아니라, 문제를 정의하는 사람의 상황 판단과 추구하는 가치에 따라 달라질 수 있는 '인위적 구조물'

이다. 주관적 관점에서 문제란 모든 사람에게 같은 모습으로 나타나는 것이 아니라, 현실을 감안해 구성되는 것이라고 보기 때문에, 사회 문제는 문제의 원인을 비롯한 상황적 여건을 정확히 분석하는 것은 물론 문제와 관련 있는 사람들이 추구하는 가치를 명확히 하는 과정에서 파악되고 정의된다.

주관적 입장에서 문제는 그 상황을 개선할 수 있는 기회를 문제와 연계해 정의해야 한다는 관점도 있다. 이러한 관점에 따르면, 문제의 정의는 어떤 문제가 정부에 의해 하나의 '선택의 문제(problem of choice)'로 전환되는 것이라고 본다. 즉, 정부가 문제 해결을 위해 사회에 개입해 개선 가능성이 없는 문제는 정책 문제로 전환될 수 없다고 한다.

## 2. 정책 문제

사회의 모든 문제가 정책 문제로 전환되지 않는다. 사회 문제란 객관적으로 실재하는 것이 아니라, 어떤 '문제시되는 상황(problematic situation)'에 대해 특정 부류의 사람들이 그들이 추구하는 가치나 기준에 따라 문제 인식을 형성함으로써 사회 문제로 나타나게 된다. 예를 들어, 소득 분배의 불균형은 그것이 존재한다는 사실만으로 문제가 되는 것이 아니다. 누구도 소득 분배의 불균형을 제대로 알아채지 못하거나, 오히려 그것을 자본주의 사회에서 일어나는 자연스러운 현상으로 받아들인다면 그것은 사회 문제가 될 수 없다.

소득 분배의 불균형은 '사회적 형평성', '삶의 질' 등과 같은 기준 혹은 사회적 가치에 비추어 사회 문제로 인식될 수 있다. 정책 문제란 인지된 사회 문제들 가운데 정부가 정책적인 개입을 통해 해결을 의도한 문제를 말한다. 이와 같은 관점에서 던(Dunn, 1981: 98)은 정책 문제란 "정부에 의해 인지된 사회 문제들 가운데 정부 활동을 통해 실현될 수 있는 가치, 요구, 기회"라고 정의하며, 정책 문제의 특성은 다음과 같다(Dunn, 1981: 99).

### 1) 정책 문제의 특성

#### (1) '주관성(subjectivity)'

정책 문제가 사람들에 따라 달리 해석되는 만큼 정책 문제는 주관성을 가진다. 물론 정책 문제가 객관적으로 정의된다는 관점도 있다. 예를 들어, 대기오염 문제는 대기 중의 가스와 미립자의 농도에 따라 객관적으로 정의될 수 있다. 그러나 대기오염 문제를 정의하는 데 사용된 같은 자료는 다른 방법으로 해석될 수 있는 가능성이 늘 있다. 왜냐하면 정책 문제에 대한 정의는 문제의 본질보다는 문제에 대한 우리들의 사고의 산물이기 때문이다. 즉, 대기오염 문제는 대기 문제의 본질과 무관하지 않지만 우리가 그것을 어떻게 보는가에 따라 달리 해석될 수 있다. 결국 우리가 경험하게 되는 것은 문제 그 자체가 아니라, '문제시되는 상황'이며, 정책 문제는 우리가 만들어 낸 '개념적 구성(conceptual constructs)'이다. 따라서 정책 문제는 사회 문제에 대한 우리들의 주관적 판단에 의해 구성된다.

#### (2) '상호 연계성(interdependence)'

정책 문제는 다른 사회 문제와 전혀 관계 없는 상태에서 발생하는 것이 아니라 사회의 다양한 문제, 요인, 변수들의 상호작용의 결과이다. 사회는 많은 하위 체제들의 복합체이며, 하위 체제들은 서로 '연계(interlock)'되어 기능하기 때문에 특정 하위 체제의 문제는 다른 하위 체제의 기능에 영향을 미친다. 즉, 사회 체제가 유기적으로 연계되어 있는 만큼, 사회 문제들 역시 상호 연계되어 나타나기 마련이다.

#### (3) '인위성(artificiality)'

정책 문제는 객관적 실체이기보다는 인위적으로 구조화된 것이다. 정책 문제는 문제 상황을 변화시키려는 우리의 욕구에서 비롯된 만큼, 정책 문제는 우리들에 의해 인위적으로 구성된다. 결국 정책 문제는 사회적으로 '구성되고(constructed)', '유지되며(maintained)', '변화(change)'하는 인위적 구성물이다.

(4) '동태성(dynamics)'

정책 문제가 인위적 · 주관적으로 구성되는 만큼, 정책 문제는 사회적 상황에 따라 변하기 마련이다. 사회 문제는 늘 해결된 상태로 머무르지 않으며, '사회 문제'와 '해결 방법'의 관계는 지속적인 '흐름(flux)'으로 가장 잘 이해된다. 정치 · 경제 · 사회적 상황은 늘 유동적이고, 이와 연계된 정책 문제들 역시 유동적일 수밖에 없어 동태성을 띤다.

### 2) 정책 문제와 정책 쟁점

'정책 문제(policy problems)'와 '정책 쟁점(policy issues)'을 명확히 구분하기는 쉽지 않다. 왜냐하면 정책 쟁점은 문제 해결을 위한 실제적 · 잠재적인 행위 과정에 대한 불일치뿐만 아니라 정책 문제를 바라보는 다양한 관점을 포함하기 때문이다. 던(Dunn, 1981: 101)에 따르면, 정책 쟁점이란 정책 문제를 정의 · 분류 · 설명 · 평가하는 과정에서 나타나는 논쟁의 결과이다.

일반적으로 의제형성은 국회의원, 행정관료, 기업가, 각종 소비자 단체 및 사회집단 등과 같은 다양한 '정책 이해 관련 집단(policy stakeholder)'의 주어진 문제 상황에 대한 제 나름대로의 가정에 따라 크게 영향을 받을 수 있다(Dunn, 1981: 101). 정책 문제가 어떻게 정의되고 형성되는지는 어떤 정책 쟁점이 받아들여지는가에 달려 있다. 즉, 정책 문제는 "사회를 구성하고 있는 다양한 집단들 간의 고도로 계산된 정치적 활동의 결과"로 이해된다.

사회의 다양한 집단들은 그들의 이해관계를 반영한 정책 쟁점을 만들어 내고, 정책 문제를 정의하는 쟁점이 다른 만큼, 이것은 다양한 정치 행태를 만들어 낸다. 결국 '정치적 능력(political capability)'이 큰 집단이 늘 정책 쟁점을 주도하게 되며, 그들이 원하는 방향으로 문제를 구성하고 해결하는 데 주도적 영향을 미치게 된다.

### 3) 정책 쟁점의 계층

비교적 간단히 정의될 수 있는 정책 문제가 있는가 하면, 반대로 정책 문제의 정의에 많은 시간과 노력을 필요로 하는 복잡한 정책 문제도 있다. 이러한 정책 문제의 상대적 복잡성에 따라 그 문제를 해결하는 데 필요한 방법과 기술도 다르게 된다. 던(Dunn, 1981: 102－103)은 정책 문제의 복잡성에 따라 나타날 수 있는 쟁점을 다음과 같이 네 가지로 분류해 '계층화(hierarchy)'한다.

첫째, '중요 쟁점(major issues)'은 정부의 최상층부에서 논의되는 쟁점으로 정부 부처의 설립 목적, 정책 목표의 설정 등을 말한다.

둘째, '2차적 쟁점(secondary issues)'은 설정된 목표를 실현시키기 위한 사업계획의 구체화 과정에서 발생하는 쟁점으로, 프로그램의 우선순위를 정하거나 '정책 대상집단'이나 '정책 수혜집단'을 결정하는 과정에서 나타나는 쟁점들이다. 예를 들어, '생활보호 대상자'를 정의할 때 누구를 어떤 기준에 따라 얼마나 지원할 것인가를 놓고 벌어지는 쟁점을 들 수 있다.

셋째, '기능적 쟁점(functional issues)'은 정책을 구체적으로 실현하기 위해 세부적인 프로그램이나 '세부사업(project)'을 마련하는 과정에서 나타나는 쟁점들로서 예산의 편성, 프로그램이나 세부사업을 진행시키기 위한 재원 확보 및 조달 방법 등을 말한다.

**그림 8-1 정책 쟁점의 유형별 계층**

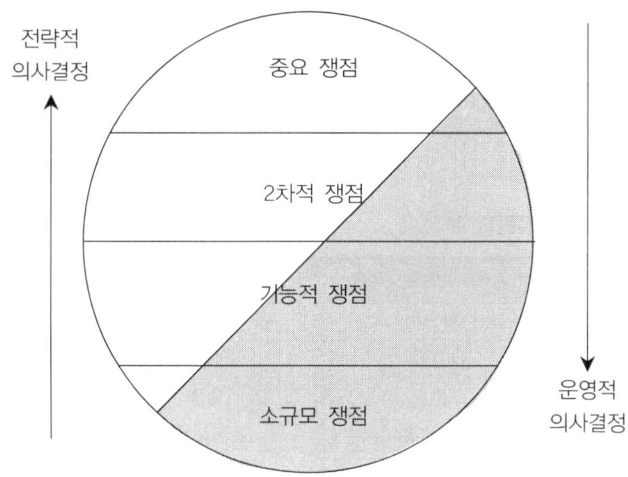


출처: Dunn(1981: 102)에서 재구성.

넷째, '소규모 쟁점(minor issues)'은 대부분의 경우 '세부사업'의 수준에서 발생하는 쟁점이다. 일반적으로 '표준운영절차(SOP)', '인력관리', '임금', '근무 시간의 확정' 등과 같이 '조직관리 수준'에서 나타나는 쟁점이다.

[그림 8-1]에서 볼 수 있듯이, 정책 쟁점은 상층부로 올라갈수록 복잡한 양상을 띠게 되고, 문제들 간의 상호 의존성과 주관성이 강하게 작용하며, 동태적인 특성을 가진다. 또한 정책 쟁점이 상층부로 올라가면 갈수록 '전략적 의사결정(strategic decision-making)'이 되고, 하층부로 가면 갈수록 '운영적 의사결정(operational decision making)'이 된다.

여기서 전략적 의사결정이란 한번 결정된 결과를 번복하는 것이 거의 불가능하거나 많은 시간을 필요로 하는 것이며, '운영적 의사결정'이란 결정 과정에 위험 부담과 불확실성이 적어 비교적 자유롭게 번복할 수 있는 것이다. 예를 들어, 이라크에 파병할 것인지 아니면 민간 차원에서 지원만 할 것인지는 '중요 쟁점'으로서 전략적인 특성이 매우 강하며, 한번 결정되면 단시일 내에 번복하기 쉽지 않다. 반면에 '운영적 의사결정'은 소규모 쟁점과 관련된 것으로 비교적 쉽게 번복 가능할 뿐만 아니라, 해결해야 할 문제가 비교적 단순하고 잘 정의될 수 있다(Dunn, 1981: 103).

### 4) 정책 문제의 세 가지 유형

던(Dunn, 1981: 103-106)은 미트로프와 사가스티(Mitroff & Sagasti, 1976)를 인용해 정책 문제의 유형을 세 가지로 분류하며, <표 8-1>은 정책 문제의 유형

**표 8-1 정책 문제의 유형별 특성**

| 요 소 | 치밀한 구조의 문제 | 보통 구조의 문제 | 산만한 구조의 문제 |
|---|---|---|---|
| 의사결정자 | 일인 혹은 소수 | 일인 혹은 소수 | 다수 |
| 대안 | 제한적 | 제한적 | 무제한 |
| 가치 | 합의 | 합의 | 갈등 |
| 결과 | 확실 혹은 위험 부담 | 불확실 | 알려진 바 없음 |
| 확률 | 계산 가능 | 계산 불가능 | 계산 불가능 |

출처: Dunn(1981: 103)에서 재구성.

별 특성을 요약 정리한 것이다. <표 8-1>에서 볼 수 있듯이, 문제는 구조의 특성에 따라 '치밀한 구조의 문제(well-structured problem)', '보통 구조의 문제(moderately structured problem)', '산만한 구조의 문제(ill-structured problem)'로 분류할 수 있다. 정책 문제의 유형에 대한 던의 논의를 요약하면 다음과 같다.

### (1) 치밀한 구조의 문제

'치밀한 구조의 문제'는 정책결정자가 한 사람이거나 소수이며, 문제 해결을 위해 취할 수 있는 대안의 수는 제한적이다. 또한 정책을 통해 해결하고자 하는 가치는 합의를 이룰 수 있으며, 특정 대안이 최종적으로 선택되어 집행되었을 경우 나타나게 되는 결과를 정확히 예측할 수 있거나, '위험 부담(risk)'이 어느 정도인지 알 수 있고, 선택된 대안의 집행으로부터 나타날 결과의 성패를 확률로 계산 가능하다.

치밀한 구조를 가진 문제의 해결은 비교적 쉽다. 왜냐하면 문제 해결을 위해 취할 수 있는 대안의 수가 제한적이며 각각의 대안들이 선택되었을 때 가져올 결과가 예측 가능하고 정책결정자가 하나이거나 소수이기 때문이다.

### (2) 보통 구조의 문제

'보통 구조의 문제'는 '치밀한 구조의 문제'와 같이 정책결정자의 수가 하나이거나 소수이며, 문제 해결을 위해 취할 수 있는 대안의 수 역시 제한적이다. 또한 문제 해결을 통해 얻을 수 있는 가치는 합의를 이룰 수 있으나, 선택된 대안이 가져올 결과가 불확실하며, 따라서 선택된 대안의 성공할 수 있는 확률은 계산할 수 없다.

**표 8-2 보통 구조의 문제: 형사 피고인의 딜레마**

| | | 형사 피고인 A | |
|---|---|---|---|
| | | 자백하지 않은 경우 | 자백할 경우 |
| 형사 피고인 B | 자백하지 않은 경우 | 각각 1년 | A: 석방<br>B: 10년형 |
| | 자백할 경우 | A: 10년형<br>B: 석방 | 각각 5년 |

출처: Dunn(1981: 104)에서 재구성.

보통 구조의 문제의 예로는 이미 많이 알려진 '형사 피고인의 딜레마(prisoner's dilemma)'가 있으며, <표 8-2>는 2명의 형사 피고인이 처한 문제적 상황을 구조화하여 보여주고 있다. <표 8-2>에 따르면, 만약 두 사람이 자백을 하지 않으면 증거 불충분으로 각각 1년형을 받을 것이고, 두 사람이 동시에 자백한다면 모두가 5년형을 받게 될 것이다. 그러나 만약 한 사람이 자백을 하고 다른 사람은 자백을 하지 않을 경우 자백한 사람은 무죄로 석방될 것이며, 반면에 자백을 하지 않은 사람은 10년형을 받게 될 것이다. 이 경우 두 명의 형사 피고인은 다른 사람의 의사결정을 전혀 알 수 없는 상황에서 자신의 형량을 최소화하려는 노력을 하게 되나 상대방이 어떤 결정을 할지 알 수 없는 상황에서 어떤 대안이 최선의 대안인지를 알기 어렵다. 이러한 문제 구조를 보통 구조의 문제라고 하며, 이것은 어떤 대안이 문제 해결을 위해 선택되어 집행되었을 때 초래할 결과를 예측할 수 없음으로써 문제 해결의 딜레마를 연출한다.

#### (3) 산만한 구조의 문제

'산만한 구조를 가진 문제'는 일반적으로 정책결정에 영향을 미칠 수 있는 사람이 다수이며, 이들이 제안하는 문제를 해결하기 위한 대안의 수도 무제한이다. 또한 문제 해결을 통해 추구하는 가치도 합의에 이르기보다는 사회구성원들 간에 갈등을 일으키며, 각각의 대안들이 집행되었을 때 가져올 결과에 대해 알려진 바가 거의 없다. 결과적으로 문제 해결을 위해 취해진 대안의 성공을 확률적으로 계산해낼 수 없다.

던(Dunn, 1981: 105)에 따르면, 정부가 해결해야 할 대부분의 정책 문제는 '산만한 구조'를 가지고 있다. 대부분의 정책 문제는 문제 해결에 이해관계를 가진 많은 집단이 다양한 이익 표출을 하게 될 뿐만 아니라, 그들이 선호하는 대안들이 상충되고, 문제를 해결해 추구하는 기본 가치가 상이하여 어떤 대안이 최종적으로 선택되어 집행되었을 때, 초래할 결과는 예측하기 어렵다. 이와 같은 정책 문제의 특성은 정부가 근본적으로 문제 해결을 추구할 수 없을 뿐만 아니라 정부정책이 인지된 사회 문제에 대한 '미봉책'에 불과할 수밖에 없다는 것을 뜻한다.

### 5) 정책 문제 정의의 중요성

정책 문제의 정의는 매우 중요하다. 왜냐하면 정책 문제가 어떻게 정의되는가에 따라 해결 방법이 크게 달라지기 때문이다. 일반적으로 정책 문제 정의의 중요성은 '제3종 오류(error of third kind)'의 방지에 있다. 제3종 오류란 문제 정의 자체가 잘못된 경우를 말한다.

문제 해결을 위해 적절한 대안을 적절치 못하다고 판단한 경우를 제1종 오류라고 하고, 적절치 못한 대안을 적절하다고 잘못 판단한 경우를 제2종 오류라고 한다. 잘못 파악되고 정의된 문제를 올바로 해결하기를 기대하기는 어렵다. 정부에서 다루어야 할 대부분의 정책 문제는 산만한 구조를 가지고 있으며, 이러한 구조의 문제는 제3종 오류를 범하기 쉽다.

'산만한 구조를 가지고 있는 문제'를 정의하는 방법은 '치밀한 구조의 문제'를 정의하여 구조화시키는 방법과는 다르다(Dunn, 1981: 106). '치밀한 구조의 문제'는 '관습적(conventional)'인 절차를 거쳐 정의하게 된다. 반면에 '산만한 구조의 문제'에 대한 정의는 문제 그 자체에 대한 특성을 분석함으로써 시작된다.

여기서 문제의 특성을 정의한다는 것은 '문제시되는 상황'을 파악한다는 것이며, 문제시되는 상황을 파악한다는 것은 우리에게 문제에 대한 '통찰력(insight)'과 '창의적 판단(creative judgment)'을 요구하는 것이다. 산만한 구조의 문제를 정의하는 데 필요한 창의적 판단과 통찰력이란 '문제의 구조화(problem structuring)'에 많은 시간과 노력을 투입해야 한다는 것을 뜻한다.

## 제2절 의제형성에 영향을 미치는 요인

사회 문제는 다수의 사회구성원들이 특정 사회적 조건에 대해 제기한 공통된 문제 의식에서부터 시작된다. 킹던(Kingdon, 1984: 95)은 우리 주변의 문제가 어떤 과정을 거쳐 사회 문제로 전환되고, 특정 사회 문제가 어떻게 정부의 관심을 이끌어 내어 정책 문제로 전환되는가를 논한다. 그는 특정 쟁점이 사회 문제로 전환되고, 의제로 발전되는 데 영향을 미치는 사회적 조건이나 상황을 다음과 같이 '사회지표', '사회적 사건', '위기', '상징' 및 '환류되는 정보'로 나눈다.

## 1. 사회지표

대부분의 경우, 정부가 사회 문제를 인지하게 되는 것은 사회집단의 정치적 압력이나 요구보다 각종 '사회지표(social indicators)'가 단적으로 보여주는 사회 상태 혹은 조건을 통해서다. 정부와 비정부단체는 끊임없이 사회의 주어진 조건에 대해 '감시(monitoring)' 활동을 하는데, 이 과정에서 유용하게 사용되는 것이 사회지표이다. 즉, '각종 경제지표', '범죄율의 증감', '고속도로 사망사고', '특정 질병의 발생 빈도', '소비자 가격지수', '인구의 증감 추이', '실업률', '영유아 사망률' 등이 그것이다. 예를 들어, 최근 우리 사회의 인구 감소 추세가 고령화 사회의 도래를 예고하고, 인구의 자연 감소가 노동력의 부족으로 이어지는 것은 물론 우리 사회의 전반적인 분야에 큰 영향을 미치게 되기 때문에 정부는 고령화 사회를 대비하기 위한 다양한 정책적 고려를 하고 있음을 볼 수 있다.

사회지표의 다른 유형으로는 '정부정책에 대한 연구 결과'를 들 수 있다. 정부와 비정부단체 혹은 학자들에 의해 사회의 특정 문제에 대한 연구 결과가 사회지표로서 문제를 제기하는 수단이 되기도 한다. 예를 들어, 우리 국민들이 이용하는 '식품에 대한 안전성에 대한 연구', '환경에 대한 연구', '대중교통 체제에 대한 연구' 등은 관련된 분야의 문제를 제기하는 좋은 지표로 활용될 수 있다. 물론 이러한 연구 결과가 그 분야에 문제가 있다 혹은 없다는 것을 확인하는 데 결정적인 영향을 주지는 않지만, 그 '문제의 성격'과 '심각한 정도', '문제적 상황의 변화 추세' 등을 나타내 주는 사회지표로 활용될 수 있다.

각종 사회 문제와 관련이 있는 정부, 비정부단체, 전문가집단은 그들과 관련된 분야의 '지표' 변화에 매우 민감하게 반응한다. 왜냐하면 특정 분야에 대한 사회지표가 늘 비슷한 수준을 유지한다면, 그들은 그 분야가 안정적 혹은 새로운 문제가 발생하지 않았다고 믿기 때문이다. 따라서 정책결정자들은 특정 부문의 사회지표 변화 그 자체를 문제라고 인식하는 경향이 있다(Kingdon, 1984: 97). 그러나 사회지표의 변화 정도는 그 분야와 관련된 '정치'에 의해 늘 과장되어 나타나기 마련이다. 사회지표와 관련해, 일반 국민들은 특정 분야의 과거 상태를 잘 알지 못하기 때문에 지표가 나타내는 정도를 훨씬 심각하게 받아들일 수 있다. 따라서 지표의 변화는 의제형성 과정에 늘 과장되어 나타날 수 있음을 알아야 한다.

사회지표는 단순히 특정 분야의 사실을 객관적으로 보여주지 않는다. 왜냐하면 특정 분야의 사회지표를 산출해 내기 위해 수집된 자료와 자료들의 분석 및 해석 방법은 그 분야에서 제기된 문제와 관련되어 늘 논쟁이 되기 때문이다. 예를 들어, 경기 침체를 나타내는 지표는 자료를 어떻게 수집·분석하고, 어떤 의미를 부여하는지에 따라 크게 다를 수 있어 종종 전문가들 간에 논쟁이 벌어지기도 한다.

이상과 같이 사회지표는 사회의 다양한 측면의 조건을 단적으로 보여주며, 지표의 변화가 때로는 사회 문제를 심각하게 받아들이는 기준이 된다. 그러나 사회지표의 조작과 의미를 부여하는 기준이 그 문제를 바라보는 입장에 따라 자의적으로 이루어질 수 있음을 간과해서는 안 된다.

## 2. 사회적 사건, 위기, 상징

킹던(Kingdon, 1984: 99-108)은 문제가 사회 문제로 인식되고 궁극적으로 정부가 해결해야 할 의제로 발전되는 데 영향을 미치는 요인으로 사회의 중요한 '사건(event)', '위기(crises)', '재난(disaster)', '상징(symbols)' 정책 과정에 영향을 미칠 수 있는 사람들의 '개인적 경험(personal experiences)' 등을 들고 있다. 사회적 위기나 재난과 같은 사건들은 특정 문제를 사회 문제로 전환시키는 중요한 계기가 되며, 이러한 계기가 마련되면 특정 사회 문제는 쉽게 정부에서 다루어야 할 의제로 발전될 가능성이 크게 된다.

예를 들어, 2003년 '대구 지하철 참사'는 우리 사회의 안전 불감증에 대한 경각심을 불러일으킨 사회적 사건으로 기억되며, 이후 지하철은 물론 공공시설에 대한 안전 기준을 새로이 마련하는 데 큰 영향을 미쳤다. 이 밖에도 홍수, 태풍, 지진, 폭설과 같은 자연 재해 역시 사회적 사건으로 재난과 관련된 문제가 의제로 발전하는 데 큰 영향을 미친다.

킹던(Kingdon, 1984: 100)에 따르면, "특정 사회적 조건이 붕괴되어 가시적인 사회적 위기 상황을 연출하게 된다면 그 조건은 의제로 전환된다." 또한 "정책 영역에서 '가시적인(visible)' 사회 문제는 재난이나 위기와 같은 극적인 상황이 필요하지 않다"고 주장한다. 즉, 정부가 특정 사회 문제를 이미 심각하게 받아들인다면, 그 사회 문제는 위기나 재난과 같은 극적인 사회적 사건이 없어도 의제로 발전할 수 있다.

사회 문제가 의제로 전환하는 데 영향을 미치는 또 다른 요인으로는 '상징(symbols)'과 '개인적 경험(personal experiences)'을 들 수 있다. 여기서 상징이란 '정책제안(policy proposals)'이나 '정치적 사건(political events)' 등에 의해 형성된 '여론(public opinions)'을 뜻한다. 즉, 일본의 독도 영유권 주장은 정치적 사건으로 우리 국민들에게 독도의 의미를 재음미하는 기회가 되었을 뿐만 아니라 일본과의 관계를 전반적으로 재고하는 계기가 되었다. 또한 '이중 국적자'에 대해 병역을 부과하는 정책제안은 일반 국민들로부터 비교적 넓은 공감대를 형성할 수 있기 때문에 쉽게 의제로 발전되고 입법화되는 것을 볼 수 있었다.

사회 문제가 의제로 전환하는 데 영향을 미치는 '개인적 경험'이란 정책 과정에 '공식적으로 참여할 수 있는 사람'들의 사회 문제에 대한 직접적인 경험이 비교적 쉽게 의제로 전환될 수 있다는 것이다. 예를 들어, 국회의원의 사회 문제에 대한 개인적 경험은 그 문제의 심각성에 따라 사회 문제가 의제로 전환하는 데 영향을 미치게 된다. 이상에서 볼 수 있는 바와 같이, 사회의 중요한 '사건(event)', '위기(crises)', '재난(disaster)', '상징(symbols)' 정책 과정에 영향을 미칠 수 있는 사람들의 '개인적 경험(personal experiences)' 등은 정부의 관심을 일순간 포착할 수 있는 요인이다.

## 3. 환 류

일반적으로 정책이 수립되고 집행되어 결과로 이어지는 과정에서, 정부는 그 정책에 대한 '감시(monitoring)' 활동을 하게 된다. 정부의 '정책 감시(policy monitoring)'

는 정책 결과에 대한 평가뿐만 아니라, 정책집행 과정에서 야기될 수 있는 불만과 정책을 결정할 때 고려하지 못했던 혹은 예상하지 못했던 다양한 요소들을 중심으로 이루어진다. 이러한 정책 감시 결과는 '환류(feedback)'되어 정책이나 프로그램을 재구성하는 정보로 사용된다.

정책 과정에 환류되는 정보의 원천으로는 '정부의 정책 감시 활동의 결과', '정책 대상집단으로부터 표출된 불만', '정책평가의 결과', '정책집행을 담당한 관료들의 경험' 등이다. 이러한 원천으로부터 수집된 환류정보는 크게 네 가지 유형으로 나누어 볼 수 있다(Kingdon, 1984: 107－108).

첫째, 정책목표가 의도한 대로 집행되었는가와 관련된 정보다. 즉, 정책집행을 담당한 기관이나 관료들의 정책 의도가 집행 과정에 제대로 반영되었는가 혹은 입법화된 법의 집행이 입법 과정에서 의도한 대로 집행되었는가와 관련된 정보가 환류된다.

둘째, 정책목표의 성취 정도와 관련된 정보이다. 정책목표는 성취 정도가 평가되고, 평가된 결과는 환류될 정보가 된다.

셋째, 프로그램이나 정책에 사용된 예산과 관련된 정보이다. 정책에 소요되는 비용이 과도해 주어진 예산 범위 내에서 이루어지기 어려운 경우, 정책결정자는 정책이나 프로그램의 규모를 축소하게 된다. 이와같이 '감량경영(cutback management)'이 필요한 경우, 프로그램이나 정책과 관련된 예산정보는 환류된다.

넷째, 예상치 못한 정책 결과는 환류 된다. 즉, 정책 과정에서 예상치 못한 문제가 발생한다는 것은 정책 문제에 대한 정의가 잘못되었거나 정책 문제를 구성할 때 생각하지 못한 부분이 있다는 것을 뜻하며, 이와 관련된 정보는 환류되어 문제를 재구성하는 정보로 활용된다.

정책 과정의 환류는 의제형성에 큰 영향을 미치는 요인이 된다. 앞서 설명한 것처럼, 환류되는 정보는 ① 결정된 정책이 의도한 대로 집행되는 정도, ② 결정된 정책이 목표를 성취시킨 정도, ③ 정책비용의 적정성, ④ 정책결정 과정에 고려하지 못한 혹은 예상하지 못한 문제의 발생 등이다.

## 제 3 절 의제설정 이론과 접근 방법

의제설정을 다루는 대표적인 이론이나 접근 방법으로 '권력구조 이론', '정치체제이론', '의제설정 모형' 등을 생각해 볼 수 있다. 먼저 권력구조 이론은 제6장에서 소개하였으므로 여기서는 루크스(Steven M. Lukes)의 '권력의 삼차원(three-dimensional account of power)'을 통해 '권력'과 '의제설정'의 관계를 살펴보기로 한다. 두 번째는 체제적 관점에서 '정치체제이론(political systems theory)'의 투입과정을 의제설정과 연계해 다루는 방법이다. 마지막으로 '사회 문제'가 '공공의제'로 전환되어 '정부의제'로 채택되는 과정을 설명하는 모형들로 콥과 엘더(Cobb & Elder, 1972), 아이스턴(Eyeston, 1978), 존스(Jones, 1984), 거스턴(Gerston, 1983), 앤더슨(Anderson, 1984) 등의 의제형성 모형이 있다. 이상의 세 가지 접근 방법을 차례로 다루어 의제설정을 살펴보면 다음과 같다.

### 1. 권력의 삼차원

루크스(Steven M. Lukes)의 저서 『권력: 급진적 견해(*Power: A Radical View*』(1974)는 권력의 사회적 실체에 대한 연구에 새로운 지평선을 열었다고 평가받는다. 그는 이 책에서 권력은 '다양한 차원(multiple dimensions)'을 가지고 있고, '권력'과 '민주주의'는 역설적으로 연계되어 있으며, 현대 사회에서 '비강압적 권력의 원천(non-coercive sources of power)'의 작용은 큰 의미를 갖는다고 주장한다.

루크스(Lukes, 1974: 37)는 "A가 B의 '이해(interests)'에 반하는 영향력을 행사했을 때, A는 B에게 권력을 행사했다"고 한다. 이러한 폭넓은 정의로부터, 그는 권력을 좀 더 만족스러울 만큼 해석해 내기 위해 '권력의 삼차원(three-dimensional account of power)'을 구성해 낸다.

루크스에 따르면, '일차원적 권력(one-dimensional power)'이란 다원주의적 관점에서 사회의 '중요 쟁점(key issues)'을 놓고 개인들과 집단들이 벌이는 '공공연한 갈등(overt conflicts)'에 작용하는 힘을 말한다. 다원주의의 대표적인 학자인

달(Dahl, 1957)은 "만약 A가 B에게 영향을 미치지 않았다면 B가 하지 않았을 행위를 B가 하도록 했다면, A는 B에게 권력을 행사 했다"고 정의한다(Haugaard, 2002: 6). 이러한 정의는 '인간의 행태'에 초점을 맞추어 권력을 가진 사람들이 의사결정 과정에서 다른 이들의 행태를 조절할 수 있다고 본다(Lukes, 1974: 18).

'이차원적 관점(second-dimensional view)'은 다원주의적 권력에 대한 반박으로부터 시작된다. 루크스는 바크라크와 바라츠(Bachrach & Baratz, 1962)의 "권력의 양면(Two Faces of Power)"을 인용해, 영향력 있는 개인이나 집단들이 사회적 갈등을 '은폐하거나', '공개되는 것을 방해하거나', '원천적으로 일어나지 못하게' 작용하는 힘으로부터 '이차원적 관점의 권력'을 찾을 수 있다고 본다(Lukes, 1974: 20). '이차원적 권력'이란 '의제형성'에 영향을 미치는 힘이며, 다원주의 이론(일차원적 관점)에서 간과한 권력의 또 다른 측면이라고 주장한다. 즉, 이차원적 관점은 사회의 '중요 쟁점'과 '잠재된 쟁점(potential issues)'을 놓고 '행위자들'이 벌이는 '공공연한 갈등(overt conflicts)'뿐만 아니라 '은밀한 갈등(covert conflicts)'까지를 포함해 '권력'을 다루며, 이것을 바크라크와 바라츠(Bachrach & Baratz, 1962)는 '권력의 양면'이라고 했다.

'삼차원적 권력이론(three-dimensional theory of power)'은 "사람들은 때때로 그들의 이해관계와 상반되는 행위를 기꺼이 한다"는 가정으로부터 시작한다. 루크스(Lukes, 1974: 23)는 "당신이 원하는 대로 다른 이들의 욕망을 사로잡을 수 있는 권력, 즉 그들의 사고와 욕망을 통제해 복종을 이끌어 낼 수 있는 권력이야말로 최대의 권력이 아닌가?"라고 반문하면서, 권력의 '세 번째 차원'을 소개한다. 즉, 삼차원적 권력은 '지배자'가 바라는 대로 '피지배자'를 행위하도록 만드는 힘이며, 이러한 일은 강제나 폭력에 의하지 않고 단지 사회에 깊숙이 퍼져있는 '이념의 체계'나 '허위의식(false consciousness)'으로 가능하다고 본다.

여기서 '이념(ideology)'은 피지배자를 통제하기 위한 지배자의 '가면(mask)'이며, 이것은 피지배자를 '허위의식'에 빠트려 자신들의 이해관계와 상충하는 데도 불구하고 그것을 수용해 자신의 의식인양 받아들이게끔 한다. '허위의식'은 정당치 않은 비대칭적 권력관계를 지속적으로 유지케 하는 데 작용하는 보이지 않는 힘을 뜻한다. 힌데스(Hindess, 1996: 68-69)에 따르면, 루크스의 '삼차원적 권력'은 상대방의 사고를 조작하고 통제하는 권력이며, 이것은 일종의 '세뇌(brainwash)'이다.

루크스(Lukes, 2005: 149)는 허위의식을 '현혹시키는 힘(the power to mislead)'에 의해 영향을 받아 이성적 판단을 할 수 없게 된 상태 혹은 착각이라고 주장한다. 이러한 허위의식이 소수의 개인에게 국한되지 않고 '사회적으로 구조화되고(socially structured)', '문화적으로 유형화된 행태(culturally patterned behavior)'를 보일 때 가장 '음흉한' 권력이 나타나게 된다고 본다. 이러한 권력은 그것에 영향을 받는 사람들이 그 사실을 알아채지 못하며, 이것이 가능한 이유는 허위의식으로 '집단화한 세력(collective forces)'과 '사회적 배열(social arrangement)'을 통해 개인들이 끊임없이 영향을 받기 때문이다(Lukes, 1974: 22).

루크스(Lukes, 1974, 2005)는 권력의 삼차원을 정리하면서, 권력을 '공공연한 갈등(overt conflicts)', '은밀한 갈등(covert conflicts)', '잠재된 갈등(latent conflicts)'과 같이 세 차원에서 다룰 수 있다고 전제하고, '잠재된 갈등'에 대해 다음과 같이 말한다(Lukes, 2005: 25−38). '잠재된 갈등'이란 허위의식에 빠져 자신의 실질적인 이해관계를 알아채지 못하는 사람들이 겪는 내재된 갈등으로 표면화되지 않은 것을 말한다.

권력자가 '허위의식'을 통해 상대방에게 영향을 미치는 것이 가능한 이유는 사람들이 가지고 있는 '적응 선호 본능(adaptive preference formation)' 때문이며, '적응 선호 본능'이란 인간들에게 내재된 기질로 주어진 환경에 따라 자신의 '욕구를 가다듬는' 혹은 '길들여지는' 성향을 말한다(Lukes, 2005: 134).

이러한 관점에서 루크스는 권력을 "A가 B에게 권력을 행사한다는 것은 B가 선호하지 않는 것을 하도록 만드는 데 작용하는 힘뿐만 아니라, B의 실질적인 이해관계가 무엇인지를 인지하지 못하게 왜곡시킴으로써 B가 선호하는 것에 영향을 미치는 것"으로 본다. 이때 B가 선호하는 것을 결정하는 행위는 A의 권력에 의한 것으로 보이지 않고, B의 비교적 자발적인 민주적 참여를 통해 이루어진 것으로 왜곡된다(Lukes, 1974: 33).

의제설정과 권력의 삼차원을 연계해 권력의 차원별 특성을 정리하면 다음과 같다. 일차원적 권력은 다원주의자들이 말하는 사회의 다양한 집단들이 그들의 이해관계를 관철시키고자 벌이는 집단들 간의 '공개된 갈등'에 작용하는 힘을 말하며,

집단들 간의 갈등은 타협 · 협상 · 협의를 통해 해결될 것을 기대한다. 이차원적 권력은 사회의 엘리트집단이 자신들에게 불리한 사회적 갈등을 '은폐하거나', '공개되는 것을 방해하거나', '원천적으로 일어나지 못하게' 작용하는 힘이며, 대부분의 경우 의제설정은 지배계층의 이해관계를 반영한 것으로 나타난다. 삼차원적 권력은 지배계층의 이념을 피지배계층이 자신의 이해관계와 상반됨에도 불구하고 받아들이게 되는데 작용하는 힘을 뜻하며, 의제설정은 늘 사회의 지배적 이념을 실현시키거나 반영하는 것으로 나타난다.

## 2. 정치체제이론

제6장에서 '체제이론'을 소개하면서 체제이론의 중심이 되는 '단위', '관계', '목표', '범위', '환경', '환류' 등에 대해 살펴보았다. 여기서는 체제적 사고를 통해 정치과정을 분석한 이스턴(Easton, 1957)의 '정치체제이론(political systems theory)'을 의제설정과 연계해 살펴본다.

'정치 체제(political systems)'에 대한 정의는 학자에 따라 다소 다르지만, 대체적으로 '합법적인 물리적 강제(legitimate physical coercion)'라는 정치 체제의 특성에는 합의하고 있는 것 같다. 이스턴(Easton, 1953; 1965a; 1965b)은 정치 체제를 '가치의 권위적 배분'이라고 정의하며, 라스웰과 카플란(Lasswell & Kaplan, 1950)은 정치 체제를 '엄격한 박탈(severe deprivation)'이라고 규정한다. 또한 달(Dahl, 1963)은 정치 체제를 정의하면서 정치 체제의 권력, 규칙, 권위 등과 같은 용어를 반복적으로 사용하고 있는 것을 볼 때, 정치 체제는 대체적으로 강요하거나 강제할 수 있는 합법적인 특성을 가진 것으로 보인다.

정치 체제에 대한 논의는 정치 체제의 '합법적 강제력'에 의해 영향을 받는 모든 부문의 상호작용을 연구 영역으로 한다. 즉, 정치 체제는 입법부 · 사법부 · 행정부와 같은 정부기관은 물론, 정부기관과 상호작용을 하는 사회의 모든 부문을 포함한다. 여기서 사회의 모든 부문은 사회의 다양한 계층은 물론, 정당, 이익집단, 대중매체 등을 말한다.

그림 8-2 체제의 정치 과정

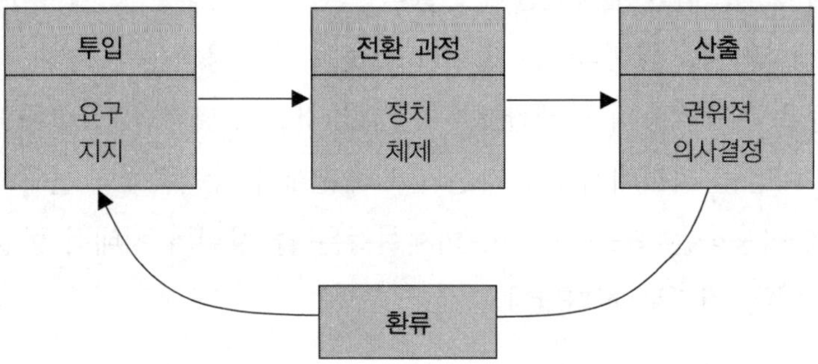


### 1) 체제의 정치 과정

체제의 정치 과정은 체제의 '투입(input)', '전환(conversion)', '산출(output)' 과정으로 나누어 볼 수 있다. 여기서 투입과 산출 과정은 체제와 환경과의 교류를 뜻하며, '전환 과정'은 체제 내의 기능이다. [그림 8-2]에서 볼 수 있듯이, 정치 체제는 환경으로부터 '요구'와 '지지'를 투입으로 받아들여 전환 과정을 거쳐 '권위적 의사결정(정책)'을 산출로 내놓는다. 정치 체제의 산출은 환류되어 체제에 필요한 정보로 재투입된다.

### 2) 정치 체제와 의제설정

이스턴(Easton, 1957: 383-400)은 정치 체제에 대한 투입을 '요구(demands)'와 '지지(supports)'로 나눈다. 정치 체제에 대한 '요구'는 다음과 같이 여섯 가지로 요약된다.

첫째, '재화나 용역(goods and services)'의 배분에 대한 요구이다. 예를 들어, 최저 임금제, 의무교육, 도로, 대중교통 체제 등과 같은 요구를 말한다.

둘째, '행위의 규제(regulation of action)'에 대한 요구이다. 행위규제에 대한 요구의 예로는 공공 시설물의 안전과 관련된 기준, 식약품에 대한 안전 기준, 독과점에 대한 규제 등과 같다.

셋째, '자원의 추출(resource extraction)'과 관련된 요구이다. 세금, 병역 등을 예로 들 수 있다.

넷째, '의사소통과 정보(communication and information)'에 대한 요구이다. 정치 체제가 추구하는 정치적 이념과 가치는 물론 특정 정치적 사건이나 정치적 사안에 대한 의사소통과 정보에 대한 사회적 요구이다.

다섯째, 정치 과정에 대한 '참여(participation)' 요구이다. 참여에 대한 요구는 사회집단에 대한 평등한 대우, 투표권, 정부에 대한 '탄원(petition)', 정당의 설립 등과 같은 형태로 나타날 수 있다.

여섯째, '안정과 질서(stability and order)'에 대한 요구이다. 사회의 폭력이나 갈등으로부터 긴장을 해소하고, 새로운 질서, 도전, 기회에 대해 긍정적으로 반응하고 적응하여 사회적 안정과 질서를 유지하는 것과 관련된 요구이다.

이스턴(Easton, 1957: 390)은 정치 체제가 기능하기 위해서 부가적으로 필요한 '지지(supports)'를 다음과 같이 설명한다.

첫째, '정치 체제에 대한 지지'이다. 정치 체제에 대한 지지는 정치 지도자와 정치 엘리트집단에 대한 옹호로서 일반 국민의 투표 행위, 정치적 호응, 정적에 대한 대응 등으로 나타난다.

둘째, '합법적 정치 체제의 권위적 정책(authoritative policies of the legitimate political systems)'에 대한 후원이나 옹호로 나타나는 지지유형이다. 이러한 '지지'는 ① 물질적으로 세금, 후원금, 정부를 지원하기 위한 자원봉사 활동, 정치 활동 등이 있다. ② 정치 체제가 만든 법과 규칙에 대한 '복종(obedience)'으로 정치적 지지가 나타나기도 한다. ③ 정치 체제의 '권위(authority)', '상징(symbols)', '의식(ceremony)' 등에 대한 존경의 표시로 '우호적 정치적 표현' 혹은 '정부의 정치적 입장에 대한 지지'를 표명하는 행위 등으로 나타날 수 있다.

이스턴(Easton, 1957; 1965a; 1965b)의 정치체제모형은 [그림 8-3]으로 요약된다. 정치 체제는 사회로부터 투입을 받아들이고, 투입은 정부 정책에 대한 '요구'와 정치 체제에 대한 '지지'로 구성된다. 정치 체제의 투입은 산출로 '전환'되어 '권위적 정책이나 의사결정(authoritative policy or decision)'으로 사회에 소개된다. 이러한 정부정책은 분배·재분배·규제·구성·추출·상징 등의 성격을 띠기 마련

그림 8-3 정치체제모형과 문지기

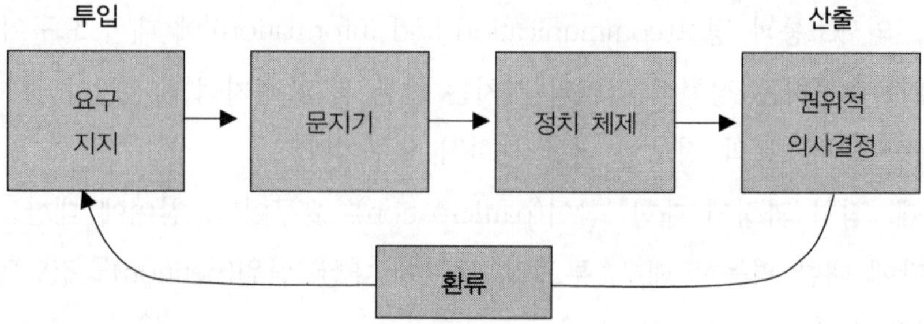


이고, 사회로부터 '환류'되어 정치 과정에 재투입되기 마련이다.

이스턴(Easton, 1957; 1965a; 1965b)의 정치체제모형에서 의제설정 과정은 투입 과정이며, 투입은 [그림 8-3]에서 볼 수 있듯이, '문지기(gatekeepers)'에 의해 통제된다. 여기서 '문지기'란 이익집단이나 정당과 같은 '비공식적 정책 참여집단'을 말한다. '문지기'는 그들의 이해관계에 반하거나 자신들에게 불리한 투입을 정치적 영향력을 행사해 통제함으로써 의제설정에 영향을 미친다.

정치 체제에 대한 투입이 '문지기'에 의해 규제된다는 입장은 이스턴의 정치 체제 모형뿐만 아니라, 바크라크와 바라츠의 '무의사결정론'에서도 찾아볼 수 있다. 정치체제모형에서 투입을 규제하는 목적은 정치 체제의 안정성을 확보하기 위한 수단이지만, 바크라크와 바라츠의 '무의사결정'에서 투입을 제한하는 것은 특정 이해 관계를 보호하기 위한 수단이라는 차이가 있다.

## 제 4 절 정책의제와 의제설정 모형

'의제설정 모형(agenda setting model)'은 사회 문제가 사회적 '쟁점'으로 부각되어 정부에 의해 '체제의제(systematic agenda)'와 '제도의제(institutional agenda)'로 전환되는 과정을 보여준다. 의제설정 과정을 다루는 대표적인 학자들로는 콥과 엘더(Cobb & Elder, 1972), 존스(Jones, 1977), 앤더슨(Anderson, 1975), 아이스턴(Eyestone, 1978), 켄드릭(Kendric, 1974), 킹던(Kingdon, 1984) 등이 있다. 이들의 논의는 대부분의 경우 '사회 문제'가 '의제'로 전환되는 과정을 다루는 것으로, 내용은 유사하나 사용하는 전문 용어에는 차이가 있다.

## 1. 정책의제

'정책의제(policy agenda)'란 다수의 사회 문제들 가운데 정책결정자가 '무엇인가를 하지 않으면 안 된다'고 느끼거나, '무엇인가를 하기로 선택한' 특정 사회 문제이다(Anderson, 1975: 47). 사회 문제가 정책의제로 전환되기 위해서 그 문제는 먼저 '쟁점'으로 발전되어야 한다. 쟁점은 사회 문제를 해결하는 방법에 대해 각기 다른 견해를 가지고 있는 사회집단들 간의 문제 해결 방법을 놓고 벌이는 논쟁으로부터 촉발된다(Eyestone, 1978: 3).

예를 들어, 의약 분업의 경우, 의사와 약사들의 서로 다른 입장은 의약 분업에 대한 쟁점들이 창출된 것이며, 이러한 사회적 쟁점은 정부에 의해 '정책의제'로 전환될 것이 기대된다. 의제설정 모형을 살펴보기에 앞서, 의제설정과 관련된 대표적인 학자들의 정책의제에 대한 개념과 유형을 먼저 소개해 의제설정의 전반적인 과정을 이해하는 데 도움을 주고자 한다.

## 2. 정책의제의 유형

### 1) 콥과 엘더의 정책의제

정책의제를 논하고 있는 많은 학자들이 있다. 이들의 정책의제에 대한 논의의 대부분은 콥과 엘더(Cobb & Elder, 1972)의 정책의제를 기본으로, 자신들의 의견을 첨언하고 있다. 따라서 정책의제에 대한 논의의 가장 기본이 되는 콥과 엘더의 정책의제를 먼저 소개한다. 그들은 정책의제를 '체제의제'와 '제도의제' 혹은 '정부의제'로 구분한다.

### (1) 체제의제

'체제의제(systematic agenda)'란 "정치 체제의 구성원들이 공유한 '쟁점의 목록'이며, 이러한 쟁점은 정부의 관심을 끌 만큼 가치가 있거나, 정부의 권위에 의해 합법적 판단이나 결정이 이루어져야 한다고 사회적으로 인식되는 것들"이다(Cobb & Elder, 1972: 85). 이러한 의제는 사회의 다양한 측면, 예를 들어 교육, 환경, 교통, 경제 등의 분야에서 제기된 사회 문제들의 쟁점에서 찾아볼 수 있다.

콥과 엘더(Cobb & Elder, 1972: 86)는 '쟁점'이 '체제의제'로 전환되는 데 필요한 조건으로 ① 특정 쟁점에 대한 사회적 관심과 인지가 폭넓게 이루어져야 하고, ② 사회구성원 간에 특정 쟁점에 대해 어떤 조치가 필요하다는 '공동의 관심(shared concern)'이 있어야 하며, ③ 특정 쟁점의 해결이 정부의 권한 영역에 속한다는 사회구성원 간의 '공동 지각(shared perception)'이 필요하다고 한다. 이러한 '공동의 관심'과 '공동 지각'은 여론 형성과 사회의 지배적 규범, 가치, 이념 등에 의해 형성되며, 대부분의 경우 쟁점 주도자들의 적극적인 활동의 결과라고 할 수 있다. 쟁점 주도자들의 대중매체에 대한 접근력, 정치적 영향력은 특정 쟁점이 체제의제로 전환하는 데 큰 영향을 미치게 된다.

### (2) 제도의제

'제도의제(institutional agenda)' 혹은 '정부의제(governmental agenda)'는 체제의제 가운데 정부에 의해 적극적이고 심각한 관심이 표명된 것이다(Cobb & Elder, 1972: 86). 제도의제는 정부 차원에서 다루어져야 하는 의제이니 만큼, 정부의 다양한 차원에서 설정된다. '제도의제'는 국회, 대통령, 행정기관, 사법부 등에서 다루어야 할 의제로 분류되며, '제도의제'는 '체제의제'보다 구체적이다. 예를 들어, 최근 저출산과 고령화가 사회적 쟁점이 되는 '체제의제'라면, 출산 장려를 위한 양육비의 보조, 외국 근로자의 국내 취업 등과 같은 구체적인 것이 '제도의제' 혹은 '정부의제'라고 할 수 있다.

체제의제는 일반적으로 문제의 특성만을 포괄적으로 나타내며, 쟁점을 해결하기 위한 구체적 수단이나 대안을 제시하지 않는데 반해, 제도의제는 특정 쟁점에 대해 정책대안이나 수단을 찾아낼 수 있을 정도로 구체적이다. 이러한 제도의제는

'구항목(old items)'과 '신항목(new items)'으로 나눌 수 있다(Cobb & Elder, 1972: 87－88).

제도의제의 '구항목'이란 정부기관에서 반복적 혹은 주기적으로 다루어야 할 의제로, 예를 들어 공무원의 임금 인상, 생활보호 대상자에 대한 생계보조비의 책정, 주기적으로 다루어야 할 예산의 편성, 집행, 감사 등이다. 이러한 쟁점들은 이미 관료들에게 익숙할 뿐만 아니라, 쟁점들의 해결 방법도 이미 정형화되어 있는 경우가 대부분이다. 반면에 '신항목'은 특별한 상황이나 사건에 의해 발생된 것으로, 노동계의 파업, 외교정책의 위기, 천연재해 등과 같이 정형화되거나 주기적으로 다루어야 할 문제라기보다 간헐적으로 나타나는 항목들을 말한다.

콥과 엘더(Cobb & Elder, 1972: 89)에 따르면, 취급해야 할 의제는 많고, 시간은 부족한 상황에서 의사결정자들은 '구항목'을 우선적으로 다루게 된다고 한다. 왜냐하면 구항목은 이미 정형화된 경로가 있어 취급하는 데 익숙해 어려움이 덜하기 때문이다.

### 2) 앤더슨의 정책의제

앤더슨(Anderson, 1975)은 의제설정을 콥과 엘더(Cobb & Elder, 1972)의 논의를 기본으로, 콥과 엘더의 '체제의제'와 '제도의제'를 '토의의제(discussion agenda)'와 '행동의제(action agenda)'로 분류한다. '토의의제'란 쟁점에 대한 논의가 필요한 의제로서 '체제의제'를 말하며, '행동의제'란 정부기관에 의해 구체적 행위가 기대되는 의제로서 '제도의제'와 같다(Anderson, 1975: 47－48).

앤더슨은 특정 쟁점이 의제로 전환되는 데 기여하는 요인으로 ① 사회적 위기나 사건, 천연 재해, ② 사회구성원의 저항이나 폭력을 수반한 사회운동, ③ 대중매체, ④ 정치 엘리트의 쟁점에 대한 성향 등을 들고 있다. 이 밖에도 다양한 학자들의 정책의제에 대한 논의가 있으며, 아이스턴(Eyeston, 1978: 78－88)은 콥과 엘더(Cobb & Elder, 1972)의 '체제의제'와 '제도의제'를 '공중의제(public agenda)'와 '공식의제(formal agenda)'로 구분한다.

## 3. 콥과 동료들의 의제형성 모형

의제형성 모형은 사회 내의 다양한 집단들의 요구가 정책결정자의 관심사로 구체화되는 과정을 분석하기 위한 것이다. 콥과 동료들(Cobb, Ross, & Ross, 1976)은 의제설정 과정을 '공중의제(public agenda)'와 '공식의제(formal agenda)'로 구분한다. 공중의제란 체제의제를 뜻하며, 이것은 일반 국민과 사회집단들의 큰 관심을 획득한 쟁점이다. 공식의제는 제도의제 또는 정부의제라고 하며, 정책결정자의 공식적인 관심의 표명으로 정부에 의해 채택된 의제이다.

콥과 동료들은 사회적 쟁점으로부터 시작된 의제들이 각각 '주도 단계(initiation stage)', '구체화 단계(specification stage)', '확산 단계(expansion stage)', '진입 단계(enterance stage)'를 거쳐 최종 '공식의제' 혹은 '제도의제'로 전환된다고 한다. 그들은 네 단계가 진행되는 과정의 특징에 따라 의제설정 모형을 '외부주도 모형', '동원모형', '내부접근 모형'으로 분류한다. 콥과 동료들(Cobb, Ross, & Ross, 1976: 128−138)의 의제설정 모형을 차례로 살펴보면 다음과 같다.

첫째, '외부주도 모형(outside initiative model)'은 쟁점이 정부 밖에서 발생해 공중의제가 성립되고 최종적으로 공식의제로 전환되는 과정을 다루는 모형이다. 즉, 사회 문제가 사회집단에 의해 쟁점으로 전환되어 정부로 귀속되는 과정을 다룬다.

둘째, '동원모형(mobilization model)'은 쟁점이 정부 내에서 발생해 공식의제 혹은 체제의제로 성립되는 과정을 다루는 모형이다. 정부에 의해 거의 자동적으로 체제의제로 전환된다 하더라도 그 정책이 의도한 바를 성취시키기 위해서 공중의제로 전환되는 절차를 밟아야 하는 의제설정이다. 즉, 정부에 의해 문제가 인지되어 자동적으로 정부의제로 전환되더라도 그 정책의 성공적 집행을 위해서 일반 국민들의 정책에 대한 옹호와 지지를 얻어내기 위해 일반 국민을 동원해야 하는 정책이다.

셋째, '내부접근 모형(inside access model)'은 정부 내에서 쟁점이 발생하고 쟁점 주도자들이 그 쟁점을 일반 국민에게 확산시킬 필요 없이 정부의제로 전환시키는 과정을 다루는 모형이다.

이상의 세 가지 의제형성 모형은 각각 앞에서 설명한 '주도 단계', '구체화 단계',

'확산 단계', '진입 단계'를 거치게 되는데, 의제형성 모형 유형에 따라 각각의 단계는 고유한 특성을 지닌다. 이러한 특성을 세 가지 유형별 모형으로 나누어 살펴보면 다음과 같다.

### 1) 외부주도 모형

#### (1) 주도 단계

'외부주도 모형'에서 주도 단계는 '쟁점'이 개인 또는 집단들에 의해 발의되는 단계이다. 예를 들어, 국민들의 집단적 불만이나 사회 문제에 대한 사회구성원들의 공통된 이해관계의 표출 등으로 사회적 쟁점이 응집되는 단계이다.

#### (2) 구체화 단계

구체화 단계는 일반 국민이나 집단에 의해 제기된 쟁점이 구체적인 요구로 전환되는 단계이다. 이 단계는 사회의 다양한 집단들이 쟁점과 관련해 자신들의 이해관계를 표명하는 과정이다.

#### (3) 확산 단계

확산 단계는 주도집단이 자신들의 쟁점에 대한 지지를 이끌어 내기 위해 사회구성원들에게 쟁점을 확대시키는 과정이다. 쟁점을 주도하는 집단은 정책결정자의 관심을 끌고, 그들의 쟁점을 체제의제로 전환시키기 위해 다양한 노력과 압력을 행사해 사회의 다양한 집단들에게 쟁점의 중요성을 알려 쟁점의 확산을 꾀하는 과정이다.

콥과 동료들은 확산 단계에서 쟁점 주도자들이 그들 쟁점의 확산을 어떻게 받아들이는가에 따라 네 가지 부류의 집단이 있다고 주장한다(Cobb & Elder, 1972: 104−108; Cobb, Ross, & Ross, 1976: 128−129). 쟁점의 확산 대상이 되는 네 개의 집단을 살펴보면 다음과 같다.

**① 동일시집단**

첫 번째 부류의 집단은 '동일시집단(identification group)'으로 주도집단과 강력한 공감대를 형성하고 있다. 이들은 쟁점 주도집단의 입장을 가장 적극적으로 지지하며, 쟁점과 관련해 갈등이 발생하면 가장 민감하게 반응하는 부류이다. 동일시집단 간의 결속력은 비교적 안정적이고 지속적으로 나타난다. 그러나 특정 쟁점에 대해 동일시집단의 규모가 비교적 작기 때문에 쟁점이 정부의제 혹은 체제의제로 전환되기 위해서는 더 많은 집단이나 사람들의 쟁점에 대한 동조 및 확산이 필요하다.

**② 주의집단**

'주의집단(attention group)'은 쟁점의 특성에 따라 의제형성의 확산 과정에 쉽게 참여할 수 있는 부류이다. '주의집단'은 '동일시집단'처럼 집단에 대한 충성과 애착은 그리 크지 않지만 제기된 사회적 쟁점이 그들과 관련이 있다는 사실을 알게 되면 쉽게 동조할 수 있는 집단이다. 따라서 주의집단은 쟁점이 자신들의 이해관계와 관련이 있을 때 적극적으로 개입하게 된다. 주의집단은 일반적으로 사회적 쟁점에 큰 관심을 가지고 있기 때문에 때로는 자의적으로 사회적 쟁점에 개입하기도 하며, 특정 쟁점이 주의집단에게까지 확산되면 정부에서 다루어야 할 제도의제로 쉽게 전환될 수 있거나 일반 국민들에게 쟁점이 확산될 수 있는 가능성이 커진다.

**③ 주의 공중**

세 번째 부류의 사람은 '주의 공중(attentive public)'으로 일반 시민들 가운데 사회 문제들에 관심을 가지고 있는 계층이다. 이들은 흔히 공공 문제에 대해 각자의 견해를 가지고 있기는 하나 결속되어 있지는 않다. 주의 공중은 집단화되어 있지는 않지만, 일반적으로 중상류 계층의 지식인들로 여론 형성에 영향을 미칠 수 있는 사람들이다.

**④ 일반 국민**

사회적 쟁점에 마지막으로 참여하게 되는 사람들은 '일반 국민(general public)'들이다. 이들은 쟁점에 대한 적극성과 관심이 적고 문제에 대한 정보 역시 미흡하다. 따라서 쟁점에 대한 관심과 지속성이 떨어질 뿐만 아니라 쟁점화된 문제의 본질도 잘 알지 못하는 경우가 대부분이다. 일반 국민들이 쟁점에 관심을 보이고 참여하기 위해서는 쟁점이 일반적이고 상징적인 특성을 가져야 한다. 이러한 부류의 쟁점에 대한 개입은 그 쟁점을 체제의제로 상정시키는 데 매우 효과적이다.

#### (4) 진입 단계

외부주도 모형에서 진입 단계는 체제의제로부터 제도의제로의 전환을 뜻한다. 또한 이것은 정책결정자들이 제기된 쟁점을 진지하게 다루게 되었음을 말한다. 콥과 동료들(Cobb, Ross, & Ross, 1976: 129－130)에 따르면, 외부 주도에 의한 의제의 확산은 정부로 진입하는 단계에서 정치 체제의 특성에 따라 쉽게 체제의제로 전환될 수 있는가 하면, 다른 한편으로는 체제의제와 제도의제 사이에 머무는 경우도 있다. 특히 특정 쟁점에 대한 정부의 결정이 심각한 반대에 직면하게 될 것이 명백한 경우, 체제의제는 제도의제로 전환되지 못한다. 즉, 정부의 공식적 결정이 유보된 상태에서 무의사결정이 있을 수 있다.

#### (5) 확산전략과 진입전략

외부접근 모형에서 확산과 진입전략은 체제의제에서 제도의제로 전환되기 위해서 쟁점 주도자들이 벌이는 정치적 전략이다. 확산과 진입전략을 콥과 동료들(Cobb, Ross, & Ross, 1976)은 다음과 같이 설명한다.

##### ① 확산전략

사회적 쟁점이 체제의제와 제도의제로 전환되기 위해서 '쟁점의 확산'이 필요하다. 쟁점의 확산은 쟁점 주도자에 의해 '동일시집단', '주의집단', '주의 공중', '일반국민'을 대상으로 이루어진다. 확산전략이란 사회적 쟁점을 체제의제와 제도의제로 전환하는 데 필요한 호응, 옹호, 지지 등을 이끌어 내는 방법이다. 하나의 쟁점이 체제의제로 전환되기 위해서 참고해야 하는 요인들은 다음과 같다.

첫째, 쟁점의 '범위(scope)', '강도(intensity)', '가시성(visibility)'은 매우 중요하다. 쟁점의 범위란 쟁점과 관련된 사람이나 집단의 수를 말하며, 쟁점의 강도란 쟁점과 관련되어 나타나는 개인이나 집단 간의 대립 정도의 크기를 뜻하고, 쟁점의 가시성이란 특정 쟁점을 인지할 수 있는 일반 국민의 수를 말한다. 쟁점의 범위, 강도, 가시성이 크면 클수록 특정 쟁점은 체제의제로 전환되기 쉽다. 따라서 쟁점의 확산전략은 가능한 쟁점의 범위, 강도, 가시성을 확보하는 구체적 수단이며 쟁점의 실현 가능성과 적실성이 쟁점의 확산에 큰 영향을 미친다.

둘째, 사회적 쟁점이 체제의제로 전환하는 데 필요한 전략으로 '상징(symbols)'을 들 수 있다. 쟁점은 상징을 통해 일반 국민의 감정을 자극하게 되며, 이러한 쟁점의 상징화는 쟁점의 가시성을 높이게 된다. 예를 들어, 성차별 문제를 여성 문제 혹은 인권 문제로 상징화시키는 데 성공한다면 쟁점에 대한 확산은 비교적 쉽게 될 수 있다. 따라서 쟁점의 확산을 위해서 쟁점을 사회에서 일반적으로 수용되는 내재된 감정과 결부시켜 상징화하는 것이 쟁점의 확산전략으로 매우 중요하다(Cobb, Ross, & Ross, 1976: 131).

셋째, 대중매체를 활용해 확산시키는 전략이다. 대중매체는 일반 국민들의 관심을 불러일으킬 수 있는 중요한 매체이다. 따라서 대중매체를 활용해 특정 쟁점을 부각시켜 여론 형성에 성공한다면 특정 쟁점은 체제의제로 전환되기 쉽다.

#### ② 진입전략

진입전략이란 체제의제가 정부에서 다루어야 할 제도의제 혹은 정부의제로 전환되는 데 필요한 전략을 말한다. 콥과 동료들(Cobb, Ross, & Ross, 1976: 131)이 지적하고 있는 진입전략은 다음과 같다.

첫째, 폭력이나 폭력 사용의 위협을 사용해 특정 쟁점이 제도의제로 전환될 수 있게 만든다. 가장 극단적인 방법이지만 가장 빠르게 정부의 반응을 얻어 낼 수 있는 전략이다.

둘째, '제도적 제재(institutional sanction)'를 동원하는 것이다. 구체적인 방법으로는 투표, 자금, 집단쟁의 등이 있다. 흔히 노동조합에서 그들의 쟁점을 관찰시키고자 '준법 투쟁'과 같은 제도적 전략을 사용해 자신들의 이해관계를 관철시키는 것을 볼 수 있다.

셋째, '중개인(broker)'을 활용하는 전략이다. 여기서 중개인이란 정당이나 영향력 있는 이익집단, 비정부단체, 대중매체 등을 말한다.

이상에서 살펴본 진입전략 이외에도 다양한 방법에 의해 체제의제가 제도의제로 전환될 수 있으며, 콥과 동료들(Cobb, Ross, & Ross, 1976: 131)은 네 번째 전략으로 정부에 직접 접근하는 방법도 덧붙이고 있다. 물론 이러한 진입전략은 확산전략으로도 사용될 수 있다.

이러한 진입전략 가운데 어떤 전략을 사용할지는 쟁점 주도집단의 사회적 지위, 쟁점의 중요성, 체제의제로서 존속 기간 등에 따른다. 특히 쟁점 주도집단이 쟁점을 중요하게 생각하는 정도가 크면 클수록, 체제의제로서 존속 기간이 길면 길수록, 정부가 제도의제로 전환하지 않을 가능성이 크면 클수록, 폭력이나 폭력의 위협 혹은 제도적 제재전략을 사용할 가능성이 커지는 반면, 중개인을 통하거나 정부에 직접 접근할 가능성은 작아진다(Cobb, Ross, & Ross, 1976: 131－132).

### 2) 동원모형

'동원모형'은 정치 엘리트들이 스스로 정책의제를 주도했지만 그 정책의 집행을 위해서 일반 국민의 지지를 필요로 하는 의제설정 과정을 다루는 모형이다. 동원모형은 외부접근 모형과 같이 사회의 다양한 집단이나 일반 국민의 요구에 의해 쟁점이 부각되는 것이 아니라, 정부에 의해 정책이 제안되고 정책의 원활한 집행을 위해 일반 국민과 다양한 사회집단을 대상으로 확산이 필요한 의제형성 과정을 말한다.

만약 정부의 이러한 노력이 결여된다면 집행 과정에서 다양한 문제에 직면할 수 있다. 콥과 동료들(Cobb, Ross, & Ross, 1976: 132)에 따르면, 정책목표를 성취시키기 위해 강제적인 방법이 부적절하거나 실질적인 도움이 되지 못한다고 생각될 경우 '동원'을 통해 의도한 바를 성취하게 된다. 예를 들어, 1970년대 새마을운동과 같이 정부에 의해 제안되었으나 일반 국민의 새마을운동에 대한 적극적인 지지와 참여 없이는 목표를 성취시키기 어렵다고 판단될 때, 정부는 의제를 일반 국민에게 확산시키려 한다. 이러한 동원모형 역시 네 단계를 거쳐 체제의제가 제도의제로 전환된다.

(1) 주도 단계

정부에 의해 쟁점이 제기된 다음, 이것을 해결하기 위한 새로운 사업계획이 발표되는 단계이다. 정부의 정책 발표는 자동적으로 제도의제로 전환되었음을 뜻한다. 물론 정부가 어떤 쟁점을 발표하기까지는 정부 내에서 쟁점과 관련해 많은 논의와 논란이 있기 마련이지만 일반 국민은 그러한 사실을 알지 못하는 경우가 대부분이다. 동원모형에서 쟁점 주도자는 대부분의 경우 정치 엘리트집단이다.

(2) 구체화 단계

동원모형의 의제설정 과정도 구체화 단계는 필요하다. 일반적으로 정부 내에서 일률적으로 만들어진 의제는 그것의 구체화 단계를 거쳐 세부적인 프로그램으로 만들어진다. 동원모형에서 구체화 단계는 어떤 쟁점을 정부가 제기하고 발표된 정책의 효과적 집행을 위해 일반 국민으로부터 지지와 협력을 얻기 위한 탐색 과정으로 이해된다. 이러한 구체화 과정을 통해 일반 국민들은 제기된 의제의 내용을 이해하고 정부의 정책에 협조하게 된다.

(3) 확산 단계

동원모형에서 정부의 계획 발표가 공식적인 정책 성립을 뜻하지만 그 정책의 효과적인 집행을 위해 일반 국민의 정책 수용과 호응이 필요하다. 외부주도 모형에서 볼 수 있는 바와 같이, 동원모형에서도 정부 내의 쟁점 주도자들은 일반 국민을 대상으로 쟁점의 확산을 시도한다. 물론 확산은 정치 엘리트집단과 동일시집단으로부터 시작해 주의집단과 주의 공중은 물론 일반 국민들을 대상으로 폭넓게 이루어진다. 정부는 정책 의도를 동일시집단은 물론 주의집단이나 주의 공중에게 구체적으로 설명하고 설득한다. 주의 공중은 여론 형성에 큰 영향을 미치는 만큼, 그들에게 쟁점의 확산을 시도한다. 동원모형에 의해 만들어진 정책은 그 특성상 주의집단과 주의 공중의 정책에 대한 지지와 참여가 반드시 필요하다.

(4) 진입 단계

진입 단계는 확산 과정을 통해 일반 국민들이 정부가 발표한 정책의 상당 부분을 중요한 문제로 생각하게 됨에 따라 제도의제가 체제의제로 전환되는 단계이다. 우리나라의 경우 동원 모형에 의해 설명되는 정책사례로 의료보험 제도의 실시 결정(1963), 새마을운동의 추진(1970), 서울시 지하철 건설 결정(1970) 등이 있다(채경석 외, 1997: 144).

#### (5) 확산전략

동원모형은 의제가 정부에 의해 생성되고, 쟁점을 동일시집단으로부터 주의집단과 주의 공중 및 일반 국민들에게 확산시키는 과정을 다루는 모형이다. 동원모형은 이미 정부에 의해 쟁점이 제도의제로 채택된 만큼, 정부 내부로의 진입전략은 필요치 않으나 확산전략은 필요하다. 콥과 동료들(Cobb, Ross, & Ross, 1976: 134-135)은 확산의 성패를 좌우하는 요인으로 계획 과정과 조직구조를 들고 있다. 동원모형에 의해 만들어진 정책의 성패는 일반 국민들의 정책에 대한 호응과 지지 정도로 가늠된다. 또한 정책결정 집단과 집행을 담당하는 일선기관과의 의사소통과 충분한 정보의 교환이 계획을 통해 체계적으로 이루어졌다면 정책은 성공적으로 집행될 수 있다.

### 3) 내부접근 모형

'내부접근 모형'은 의제형성 과정에 일반 국민이나 집단의 참여를 배제시킨 가운데 정책이 형성되는 과정을 다루는 모형이다. 이러한 유형의 의제는 정부나 정책결정자 집단에 의해 형성된다. 정책결정자 집단은 이러한 의제가 제도의제로 상정되도록 압력을 행사할 수 있는 동일시집단과 주의집단에게만 쟁점을 확산시킨다.

내부접근 모형은 의제설정 과정에 국민의 참여를 배제한다. 이러한 모형에 따른 의제형성은 일반적으로 외교정책이나 국가 기밀의 보존 등 비교적 큰 국가 이익과 관련된 정책 분야에서 흔히 볼 수 있다. 내부접근 모형도 네 단계를 거쳐 공식화되는데, 그 과정은 다음과 같다.

### (1) 주도 단계와 구체화 단계

내부접근 모형은 주도 단계와 구체화 단계를 구별하기 어렵다. 왜냐하면 쟁점과 의제가 정부에 의해 발의되고 관련 정부기관에 의해 구체화되기 때문이다. 정부와 정책결정자 집단과 같은 쟁점 주도자들은 최고 의사결정자나 정부 내의 다양한 행정기관들에게 의제를 제안하고 구체화시킨다. 내부접근 모형에서 쟁점 주도자들은 매우 동질적이며 결속력이 강한 것을 특징으로 한다.

### (2) 확산 단계

내부접근 모형에서 의제 확산 노력은 매우 제한적으로 이루어진다. 이 모형에서 확산 노력은 정책결정자들이 신속하고 우호적인 반응을 얻어내는 데 필요한 동일시집단과 선택적인 주의집단으로 한정된다.

### (3) 진입 단계

내부접근 모형에서 진입 단계는 제도의제의 성립 자체를 뜻한다. 앞서 설명한 의제설정 모형과 달리 체제의제가 제도의제로 진입하기 위한 별다른 전략이 필요치 않다.

## 4) 의제설정 모형별 특성 비교

콥과 동료들이 논의한 세 가지 의제설정 모형을 ① 전개 방향, ② 민주적 공개성, ③ 공중의 참여도, ④ 체제의제의 성립 단계, ⑤ 제도의제의 성립 단계, ⑥ 사회적·경제적 배경 등 여섯 가지 차원에서 비교하면 <표 8-3>과 같다(채경석 외, 1996: 147).

첫째, 콥과 동료들의 의제설정 모형에서 쟁점이 체제의제에서 제도의제로 전개되는 방향을 보면 외부주도 모형은 쟁점이 정부 밖에서 제기되어 정부의 내부로 향하고, 동원모형은 정책의제가 내부에서 시작하여 외부로 향하는 것을 볼 수 있으며, 내부접근 모형은 내부에서 내부로 향하고 있다.

둘째, 의제설정을 민주적 공개성 측면에서 볼 때 외부주도 모형, 동원모형, 내부

**표 8-3 콥과 동료들의 의제형성 모형: 주요 차원별 특성 비교**

| 차원 \ 모형 | 외부주도 모형 | 동원모형 | 내부접근 모형 |
|---|---|---|---|
| 전개 방향 | 외부 → 내부 | 내부 → 외부 | 내부 → 내부 |
| 공개성 | 높음 | 중간 | 낮음 |
| 참여도 | 높음 | 중간 | 낮음 |
| 공공의제 성립 | 구체화 · 확산 단계 | 확산 단계 | 공공의제 불성립 |
| 공식의제 성립 | 진입 단계 | 주도 단계 | 주도 단계 |
| 사회적 · 문화적 배경 | 평등사회 | 계층사회 | 불평등사회<br>(사회적 지위 · 부의 편중사회) |

접근 모형 순서로 민주성과 공개성의 정도가 크다.

셋째, 국민의 참여 수준에서 볼 때, 외부주도 모형, 동원모형, 내부접근 모형 순서로 일반 시민의 참여를 허용한다.

넷째, 의제설정의 각 모형이 나타나는 정치 체제의 특성은 외부주도 모형은 평등사회에서, 동원모형은 계층사회에서, 내부주도 모형은 사회적 지위와 부가 편중된 사회에서 흔히 나타난다. 그러나 이러한 의제설정 모형별 특성의 일반화는 각 모형을 포괄적으로 설명한다기보다는 단순화시켜 이해하기 위함이고, 실질적인 의제설정은 의제의 특성에 따라 경로를 달리해 쟁점에서 체제의제와 제도의제로 전환되기도 한다.

## 4. 킹던의 의제설정

킹던(Kingdon, 1984)은 의제설정과 정책제안 혹은 정책대안이 성립되는 과정을 코헨, 마치와 올슨(Cohen, March, & Olsen, 1972)의 '쓰레기통 모형(garbage can model)'을 수정 · 보완해 다루고 있다. 그는 왜 대통령을 비롯한 정책결정자들이 어떤 문제에는 민감하게 반응해 문제 해결을 하게 되고, 또 어떤 문제는 관심을 두지 않음으로써 해결의 실마리를 찾지 못하는가를 설명하려고 했다.

그가 제기한 연구 문제는 다음의 세 가지로 요약해 볼 수 있다. 첫째, 어떤 문제가 정책결정자들의 관심을 끌게 되는가? 둘째, 시간이 지남에 따라 의제가 어떻게 변화하는가? 셋째, 어떻게 정책대안들 가운데 문제 해결을 위한 정책대안이 최종 선택되는가? 이와 같은 연구 질문에 답함으로써 사회 문제가 의제로 전환되어 정책이 만들어지는 맥락을 설명하고자 했다. 그의 의제형성 과정을 살펴보면 다음과 같다.

### 1) 의제의 개념

'의제(agenda)'는 관료들이 특정 시기에 심각한 관심을 표명한 일련의 문제 목록이다(Kingdon, 1984: 3). 킹던은 의제를 '정부의제(governmental agenda)'와 '의사결정의제(decision agenda)'로 구분한다. 그에 따르면, '정부의제'는 관료들과 그들과 밀접한 관계를 가지고 있는 사람들이 심각하게 고려하는 일련의 문제 목록이며, 반면에 '의사결정의제'란 정부의제 가운데 실질적인 정부 활동을 요하는 의제 목록이다.

킹던은 의제설정 과정을 일련의 문제 목록을 좁혀 가는 과정으로 본다. 정부에서 다루어야 할 문제 목록을 좁혀 가는 과정에서, 의제는 '일반의제(general agenda)'와 '구체적 의제(specific agenda)'로 나뉜다. 일반의제는 마치 대통령이 어떤 사회 문제에 대해 생각하고 있는 것처럼 구체적이지 못하다. 반면에 직업관료들은 문제에 대해 구체적 의제를 가지고 있다. 예를 들어, 대통령은 교통 문제를 공공 부문에서 해결해야 할 중요한 의제 가운데 하나라고 생각하지만, 그 문제를 담당하는 관료는 그 문제에 대해 '차량 10부제 운행', '버스전용 차로제' 등과 같은 '구체적 의제'를 가지고 있다.

### 2) 정책의제와 정책대안

킹던은 정책의제와 정책대안의 구별이 쉽지 않지만 그들의 구별은 정책 과정을 분석하는 데 매우 유용하다고 주장한다. 대체적으로 정책의제는 대통령과 같은 정치 엘리트들이 인지한 사회 문제라고 하며, 그들이 전문가가 아닌 만큼, 그들은 주로 정책의제 설정에 관여하게 된다. 반면에 정책대안은 정책 전문가의 정책의제에 대한 구체적 해결 방안이다.

### 3) 의제설정 과정과 중요 변수의 상호작용

킹던은 먼저 정책의제와 정책대안의 설정에 영향을 미칠 수 있는 변수들과 그들의 상호작용을 살펴봄으로써 전반적인 정책형성 과정을 다룬다. 그는 먼저 정책의제 설정에 영향을 미칠 수 있는 다양한 '참여자(participants)'를 구체적으로 예를 들면서 그들의 '문제 인지 방법', '정책의제 설정', '정치화 활동' 등이 의제설정에 영향을 미친다고 본다. 더욱이 정책 참여자들의 정책의제 형성 과정의 활동은 사회 문제가 정책의제로 전환되는 데 긍정적인 영향을 미치기도 하고 부정적인 것이 되기도 한다면서, 정부의제 설정 과정의 중요 변수로 '문제(problems)', '정치(politics)', '정책(policies)'을 들고 있으며, 이들 변수들의 상호작용을 통해 의제설정 과정을 보여준다.

#### (1) 문 제

킹던(Kingdon, 1984)에 따르면, 문제는 주어진 조건들에 의해 구성되며, 주어진 조건은 문제를 정의한다. 여기서 주어진 조건은 다음과 같다.

첫째, 중요한 사회적 가치에 상반되는 조건이 주어진다면 그 조건은 문제화된다.

둘째, 다른 나라의 제도나 사례 혹은 한 사회 내의 다른 규범과 비교를 통해 주어진 조건이 문제화될 수 있다.

셋째, 어떤 유형의 조건이 다른 유형의 조건으로 전환될 때, 그 조건은 문제로 인식될 수 있다. 예를 들어, 장애인을 위한 대중교통 수단의 부재라는 조건은 대중교통 체계 문제의 범주를 벗어나 사회복지 혹은 인권 차원에서 다루어짐으로써 사회복지 문제나 인권 문제로 비약되거나 발전될 수 있다.

사회 문제는 정부의제로 전환되어 해결될 수도 있지만, 일단 사람들의 관심의 대상이 되었다가도 그 의미가 퇴색되기도 한다. 예를 들어, 다른 중요한 문제의 발생, 그 문제에 대한 과거의 실패 경험, 조건의 변화, 일반 국민들이 그 문제에 익숙해졌을 때, 문제는 퇴색한다. 결국 문제는 시간이 지남에 따라 공식화되기도 하고 그 의미가 퇴색되기도 한다. 따라서 사회집단들은 늘 관료들의 관심을 자신들의 문제에 집중시키기 위해 끊임없이 활동하며, 이러한 사회집단의 활동은 가능한 정부관료들이 문제를 인지하는 데 자신들의 관점과 일치시키려는 노력을 끊임없이 하게 된다. 왜냐하면 사회 문제를 정부가 어떻게 인지하고, 정의하는가는 곧 그것을 어떻게 해결할 것인가와 깊은 관련이 있기 때문이다.

### (2) 정 치

킹던(Kingdon, 1984: 21)은 의제설정에 영향을 미치는 변수로 '정치'를 들고 있다. 정치환경은 의제설정에 큰 영향을 미친다. 예를 들어, 새로운 정부의 출범은 사회 문제를 바라보는 관점을 바꾸어 놓을 수 있으며, 이것은 곧 의제형성에 정치가 큰 몫을 한다는 것을 말한다. 또한 잘 조직된 이익집단 역시 의제형성에 큰 영향을 미칠 수 있으며, 이들은 문제에 영향을 미칠 수 있는 변수들을 찾아내고 구체화하며, 그것들을 효과적으로 통제할 수 있는 방법을 끊임없이 찾아낸다.

정치적 변수와 관련하여 잘 조직된 이익집단보다 의제형성에 큰 영향을 미칠 수 있는 변수로, 킹던(Kingdon, 1984: 152-172)은 '사회적 분위기와 선거'를 들고 있다. 특정 사회적 쟁점에 대한 여론 형성이나 사회적 분위기의 조성은 특정 정책의제 설정에 큰 영향을 미친다. 예를 들어, '독도 영유권 문제', '촛불 시위' 등과 같은 사회적 분위기 조성은 정책의제 설정에 큰 영향을 미친다.

이익집단은 그들이 원하지 않는 정책 제안에 대한 정치적 반박이나 방해, 그리고 정부가 이미 채택한 의제에 대한 부가적인 조언에는 매우 효과적이나, 특정 사회 문제를 창출해 내는 능력이나 사회적 분위기를 조성하는 일에는 효과적이지 못하다. 결국 이익집단의 입장과 사회 분위기가 서로 대립될 때 이익집단의 목소리는 작아지기 마련이다.

의제설정에 영향을 미치는 정치 과정의 참여자는 '가시적 참여자(visible participants)'와 '숨은 참여자(hidden participants)'로 구분해 볼 수 있다. 여기서 가시적인 참여자란 대통령, 장관, 국회의원, 대중 매체, 정당 등이며, 반면에 숨은 참여자들은 '학계 전문가(academic specialists)', '전문관료(career bureaucrats)', '국회전문위원(congressional staffers)' 등이다.

킹던에 따르면, 의제설정은 가시적인 참여자에 의해 주도되고, 정책대안의 설정은 숨은 참여자들에 의해 주도된다. 숨은 참여자들은 그들의 정책대안을 연구 논문, 공청회, 대중매체 등을 통해 발표하여 정책대안으로 제시하고, 이 과정에서 문제 해결을 위한 일련의 정책대안 목록이 나타난다.

### (3) 정책의 흐름

숨은 참여자들에 의한 정책대안들의 목록은 정책결정 과정에 큰 영향을 미칠 수 있다. 킹던(Kingdon, 1984: 122−151)은 이 과정을 '정책의 원시적 상태(policy primeval soup)'라고 비유적으로 말하고 있다. 왜냐하면 이 과정에서 모든 정책대안이 떠오르게 되고, 다른 정책대안과 조합을 이루게 되며, 때로는 새로운 아이디어가 창출되기 때문에 모든 정책 문제 해결 방안이 한데 엉키게 된다는 의미이다. 이 과정에서 정책 문제 해결은 또 한번 어려움을 겪게 된다. 일반적으로 문제 해결을 위한 대안의 탐색은 선택을 목적으로 한다. 즉, 한 대안의 선택은 다른 대안의 취소로 이어지기 때문에 정치적으로 매우 복잡한 양상을 띠게 된다.

이러한 문제를 해결하기 위해, 정책대안의 선정 기준을 정하게 된다. 여기서 정책대안의 선정 기준이란 '기술적 실현 가능성(technical feasibility)'을 뜻하며, 기술적 실현 가능성을 기준으로 대안을 탐색한다는 것은 다음과 같은 몇 가지를 고려해 대안들을 탐색하는 것이다. '사회구성원이 공동으로 추구하는 가치', '미래에 나타날 수도 있는 어려움의 예견', '예산 문제', '일반 시민과 정치 엘리트의 수용성' 등이 그것이다. 이러한 기준에 따라 최종 정책대안을 결정한다는 것은 정치적으로 어려움이 따른다. 왜냐하면 정책대안을 선별한 기준에 대해 정치적 합의에 이르기 어렵기 때문이다. 따라서 합리적 정책대안에 대한 선택의 어려움은 다음과 같은 결론에 이르게 한다. 첫째, 점증주의적 관점에서 새로운 문제 해결 방안을 찾는 것을 포기하거나, 둘째, 급격한 변화와 혁신을 합리적으로 도모하되 '기존의 요소들을 재조합(recombination of already−familiar elements)'하여 최종 대안을 결정하는 것이다.

### 4) 변수들의 '만남'과 '정책의 창'

킹던(Kingdon, 1984: 174－204)에 따르면, 앞서 살펴본 '문제, 정책, 정치'라는 세 개 변수 영역은 모두 의제설정 과정에서 각기 다른 몫을 한다. 다시 말해서, 사회 문제가 정의되고 인지되는 것과는 별도로, 같은 문제 해결을 위해 정책이 개발되고, 또 정치는 정책 개발이나 문제의 인지와 관계 없이 나름대로 정치적 흐름을 계속한다. 정치적 흐름은 나름대로의 규범에 따라 떠다니게 되고, 사회 문제는 구성되어 제 나름대로 흐르게 되며, 이러한 문제를 해결하려는 정책제안 역시 각기 다른 맥락에서 흐르다가 어떤 기회가 주어지면, 이상의 세 가지 흐름이 '만나(coupling)'게 되는데, 바로 이때 인지된 문제에 대한 정책적 해결을 하게 된다.

어떤 사회적 쟁점이 정책의제로 전환되어 해결되려면, '문제의 인지', '정치적 고려', '정책제안'이라는 세 가지가 조화를 이루었을 때, '의사결정의제(decision agenda)'의 위치에 오르게 된다. 킹던(Kingdon, 1984: 174－204)은 세 가지 영역의 흐름이 만나게 되어 문제 해결을 하게 되는 것을 '정책의 창(policy window)'에 비유한다. 여기서 '정책의 창'이란 특정 정책대안을 선호하는 사람들에게 주어진 '기회(opportunity)'이며, 이 기회를 이용해 특정 문제를 해결하게 된다. 예를 들어, 모든 정책 전문가들은 자신들이 선호하는 정책대안을 가지고 있으며, 그들이 '선호하는 해결 방법(pet solution)'을 사용할 수 있는 기회를 기다리게 된다. 그들이 선호하는 문제 해결 방법이 사회에서 필요하다고 인정되면, 그들은 자신들의 해결 방법을 사용해서 문제 해결을 하게 된다. 이러한 경우를 킹던은 정책의 '창이 열렸다'고 비유적으로 표현한다. 즉, 정책의 창이란 앞서 설명한 문제, 정치, 정책제안을 연계하는 기회이며, 기회가 주어져 세 가지 변수가 '만나게' 되면, 정부의제는 '의사결정의제'로 전환하게 된다.

# 제 9 장

# 정책목표

## 제1절 정책목표의 속성

정책목표를 모든 사람들이 만족할 만큼 명확히 수립한다는 것은 말처럼 쉽지 않다. 왜냐하면 정책목표의 설정은 문제 해결을 위한 정책 수단을 포함하기 때문이다. 니에나버와 윌다브스키(Nienaber & Wildavsky, 1973: 10)는 "정책목표가 '다양하고(multiple)', '상충되며(conflicting)', '불분명(vague)'한 속성을 가질 수밖에 없다는 것을 인정해야만 정책목표에 대한 체제적인 논의를 할 수 있다"고 주장한다. 그 이유는 정책목표가 합리적으로 결정되기보다 규범적으로 결정되기 때문이다.

정책결정자들이 목표를 설정할 때, 고려해야 하는 사회적 규범과 가치들이 있다. 예를 들어, 한반도를 비핵화해야 한다는 사회적 소망, 정부는 능률적이고 효과적으로 업무 수행을 해야 한다는 사회적 기대, 절대 빈곤층의 최소화, 인권, 공익, 사회적 형평성 등과 같은 사회적 합의는 정책목표 설정의 기준이 된다. 즉, 정책목표는 공익을 실현해야 하며, 형평성이 제고되어야 한다는 우리 사회의 일반적인 관념은 정책목표의 설정 기준이 된다.

사회적으로 합의를 이루고 있는 가치들이라 할지라도, 그것의 실행을 위해 구체적인 정책 수단을 찾을 때, 정책결정자들은 큰 어려움에 봉착하게 된다. 왜냐하면 '공익'이나 '형평성'에 대한 개념이 사람마다 다를 수 있고, 해결하려는 문제에 따라 형평성과 공익은 달리 해석될 수 있기 때문이다. 사회 문제 해결을 위해 넓은 의미에서 사회적 합의는 이룰 수 있지만, 실질적인 정책 수단을 찾는 과정에서 구체적인 정책목표의 수립은 사회집단의 다양한 이해관계가 대립되는 만큼, 갈등을 늘 수반하게 된다(Edwards Ⅲ & Sharkansky, 1978: 110).

정책목표 설정이 어려운 만큼, 목표들 간의 우선순위를 결정하는 것 역시 어렵다. 대부분의 정책은 다수의 목표를 가지고 있다. 합리적 정책모형에 따르면, 정책결정자들은 정책목표가 분명히 설정된 다음 정책목표들의 우선순위를 결정하게 된다고 하지만 실제로 이러한 일들이 차례로 일어나기 쉽지 않다.

예를 들어, 대북정책의 목표는 한반도 비핵화, 평화 공존, 통일, 이산가족 상봉, 경제 협력, 대북 지원, 탈북자에 대한 지원 등과 같은 다수의 목표를 가지고 있다.

물론 이러한 정책목표들을 동시에 성취시킬 수 있다면 더 이상 바랄 것이 없겠지만, 사회 · 정치 · 경제 · 국제적 제약 요인은 모든 목표들을 동시에 성취할 수 없게 만든다.

민츠버그, 레싱가니와 테오렛(Mintzberg, Raisinghani, & Theoret, 1976: 246–275)에 따르면, 복잡한 의사결정 과정에서 정책결정자들이 정책목표를 미리 설정해 정책 문제에 접근하게 된다는 것은 사실과 다르며, 정책목표가 먼저 수립되고, 정책수단이 구체화되어 집행된다는 우리들의 일반적인 인식은 잘못된 것이라고 지적한다. 그들은 '인간의 선택 행위(human choice behavior)'는 먼저 행위의 목적을 생각하고 행동하게 되는 것이 아니라, 집행하는 과정에서 목적이 나타나게 된다고 주장한다. 유사한 관점에서 마치(March, 1994: 179–219)는 '목표(ends)'와 '수단(means)'은 동시에 선택된다고 말한다.

결국 정책결정자들은 정책 문제의 본질, 심각성, 중요성, 실현 가능성 등을 감안해 정책목표와 목표의 우선순위를 결정하게 된다. 많은 학자들이 '정책목표 설정'과 '우선순위의 결정'을 합리적으로 다루기보다 규범적으로 접근할 것을 권하고 있다(Edward III & Sharkansky, 1978; Braybrooke & Lindblom, 1970; Weimer & Vining, 1992; Hogwood & Gun, 1984; Langbein, 1980).

와이머와 바이닝(Weimer & Vining, 1992: 212)은 정책목표의 설정이 불명확성, 다양성, 갈등을 늘 수반한다는 것을 염두에 두고, '정책'과 '목표'를 엄격히 구분할 것을 권한다. 정책목표의 설정은 '정책(policies)'과 '목표(goals)'를 분명히 구분하는 것으로부터 시작해야 하며, '목표'란 정책을 통해 추구되는 '가치(values)'이고, 반면에 '정책'이란 목표가 추구하는 가치들을 실현시키기 위한 '대안'이나 '전략'이다(Weimer & Vining, 1992: 217).

예를 들어, 우리는 대중매체를 통해 "정부의 주택정책의 목표는 연말까지 2만 호를 공급하는 것이며 …"라는 표현을 보게 된다. 여기서 주택 2만 호를 공급한다는 것이 목표처럼 보이나 사실은 주택정책의 목표는 '주택 보급의 안정성 확보'인 반면, 2만 호를 공급한다는 것은 '주택 보급의 안정성 확보'를 위한 하나의 대안이나 전략이다. 따라서 정책목표와 정책대안을 구별해야 하며, 정책목표는 정책대안을 '평가(evaluate)'할 수 있도록 설정되어야 한다.

## 1. 정책목표와 정책목적

던(Dunn, 1981: 144)은 현재 추구되는 사회적 가치가 미래에 변화될 가능성이 있기 때문에, 기존의 사회적 규범에 의해 미래의 사회적 규범 상태를 정의한다는 것은 어렵다고 전제하고, 정책분석가들은 미래의 변화에 주목하여 정책목표와 정책 수단을 강구할 필요가 있다고 본다. '정책목표(policy goals)'와 '정책목적(policy objectives)'은 모두 미래 지향적인 특성을 지니나, 정책목표는 '넓은 의미(broad means)'로 표현되는 데 반해, 정책목적은 정책의 '구체적인 의도(specific aim)'로 기술된다. <표 9-1>에서와 같이, 던(Dunn, 1981: 144)은 '정책목표'와 '정책목적'을 다음과 같은 다섯 개의 영역에서 구분하고 있다.

첫째, 정책목표와 정책목적의 구체화 정도를 비교하면, 정책목표는 폭넓게, 정책목적은 구체적으로 서술된다.

둘째, 정책목표와 정책목적을 정의하는 데 사용하는 '용어(terms)'를 비교하면, 정책목표는 '공식적(formal)'으로, 정책목적은 '조작적(operational)'으로 운영된다.

**표 9-1 정책목표와 정책목적의 특성별 대조**

| 특 성 | 정책목표 | 정책목적 |
|---|---|---|
| 구체화 정도 | 포괄적 서술<br>예: … 국민 건강의 질적 수준을 높이기 위해 | 구체적 서술<br>예: 현재보다 의사의 수를 10% 증가시켜 |
| 용어의 정의 | 공식적 서술<br>예: 국민 건강의 질적 수준은 의료 서비스에 대한 접근성에 의해 … | 운영적 서술<br>예: … 의료 서비스의 질적 수준은 활동하고 있는 의사의 수로 결정되며 … |
| 기간 | 불명확한 서술<br>예: … 미래에 … | 구체적 서술<br>예: 2005년부터 2010년까지 … |
| 측정 | 비계량적 서술<br>예: … 국민들이 의사에게 접근을 용이하게 … | 계량적 서술<br>예: … 국민 1,000명당 1인의 의사를 확보하여 … |
| 정책 대상집단 | 포괄적 정의<br>예: … 의료 서비스가 필요한 사람들을… | 구체적 정의<br>예: 연봉 2,000만 원 이하의 가구를 대상으로 … |

출처: Dunn(1981: 144)에서 재구성.

셋째, 정책목표와 정책목적의 '시간적 범위(time period)'를 비교하면, 정책목표는 구체적이지 못한 데 비해, 정책목적은 구체적으로 시간의 범위를 설정한다.

넷째, 정책목표와 정책목적의 '측정' 가능성을 비교하면, 정책목표는 '계량화(quantify)'하기 어려운 반면, 정책목적은 계량화가 가능하다.

다섯째, 정책목표와 정책목적의 '정책 대상집단(policy target groups)'에 대한 서술을 비교하면, 정책목표는 정책 대상집단을 폭넓게 정의하는 반면, 정책목적은 구체적으로 정의한다.

## 2. 정책, 프로그램, 그리고 프로젝트

일반적으로 정책목표는 규범적으로 정의되어 정책의 방향을 제시하며, 정책목표를 성취하기 위해 구체화된 정책목적은 정책목표보다 가시적이고 세부적이며, 구체적이다. 이러한 정책목표와 정책목적의 관계는 '정책(policies)'과 '프로그램(programs)'의 관계로도 찾아볼 수 있다. 즉, 규범적 정책목표가 실현되기 위해 정책목적으로 구체화되는 것처럼, 포괄적인 '정책'은 실질적인 '프로그램'으로 구체화된다. 프로그램은 필요에 따라서 '프로젝트(projects)' 수준으로 다시 세분화되어 집행될 수도 있다. 즉, 정책은 프로그램, 프로젝트의 순서로 구체화되며, 이 과정에서 최종 정책수단이 결정되고 집행된다.

정책목표와 정책목적의 관계, 정책, 프로그램, 프로젝트와의 관계를 '대북정책'을 예로 들면 다음과 같다. 정부의 대북 정책목표는 평화 통일, 한반도 비핵화, 경제협력, 탈북자 지원 등과 같은 다양한 목표를 가지고 있으며, 이러한 다수의 정책목표들의 우선순위를 정한다는 것은 쉽지 않다. 어떤 이는 '한반도 비핵화'가 선결 과제라고 하고, 또 다른 이는 '경제 협력을 통한 평화적 통일'을 최우선순위로 꼽을 수도 있다. 다수의 정책목표에 대한 우선순위를 정한다는 것은 그 문제를 바라보는 관점에 따라 다를 수 있지만, 일반적으로 남북 관계의 현실을 무시할 수 없다. 즉, 남북 관계의 발전된 양상은 정책목표의 우선순위를 결정하는 데 큰 영향을 미친다.

킹던(Kingdon, 1984)식으로 말하면, 남북한 관계의 발전 양상은 특정 정책을 선호하는 사람에게 기회를 제공할 수 있는 '정책의 창(policy window)'이 열리게 되어 구체적인 정책 수단으로 이어지게 된다. 만약 '경제 협력을 통한 평화 통일'이 최우선순위를 점하게 되었다면, 그것은 대북정책의 목표가 된다. 포괄적으로 정의된 대북정책의 목표는 실현을 위해 '프로그램' 수준으로 구체화시켜 집행된다. '경제 협력을 통한 평화 통일'이라는 대북정책의 목표를 성취시키기 위해 '전력 공급 프로그램', '개성공단의 설립 프로그램', '북한 지역의 관광 프로그램' 등을 생각해 볼 수 있다. 이러한 프로그램들은 구체적인 '정책목적'을 가지고 있는 만큼, 가시적이고 측정 가능한 수준에서 실현될 수 있다. 이러한 개별적 프로그램들은 집행을 위해 세부사업계획으로 전환된다. 예를 들어, '개성공단의 설립 프로그램'의 경우, 공단의 설립 시기, 규모, 산업 유형, 산업체의 운영 방식, 물자의 유통 방법 등과 같은 세부적이고 구체적인 사업계획이 필요하다. 특정 프로그램을 실현시키고자 마련된 세부 계획을 '프로젝트(projects)'라고 한다.

이상에서 볼 수 있는 바와 같이, 정책목표는 정책목적으로 전환되어 실질적인 집행으로 이어지며, 정책목표가 구체적인 정책목적으로 전환되는 과정에서 정책대안이 최종적으로 선택된다. 물론 정책목표가 정책목적으로 전환되어 집행을 위한 세부 계획을 수립하는 과정이 단순히 기계적으로 이루어지지는 않는다. 특정 정책과 관련이 있는 정부기관, 정부 간 관계, 비정부단체(NGO), 이익집단, 산업체, 사회 분위기, 언론매체 등의 고도의 정치적 계산과 활동의 결과가 궁극적으로 정책 집행을 위한 세부전략으로 결정되기 마련이다.

## 제 2 절 정책목표 수립의 기본 전략

정책결정자들이 정책목표를 설정하는 과정을 일률적으로 설명할 수 없지만, 정책목표 설정에 필요한 기본적인 전략에 대해, 와이머와 바이닝(Weimer & Vining, 1992: 214)은 '본질적 목표(substantive goals)'와 '도구적 목표(instrumental goals)'라는 개념을 사용하고 있다. '본질적 목표'란 능률성이나 형평성과 같이 사회의 안정성을 확보하기 위한 기본적 가치들이며, 이 밖에도 인간의 '존엄성(human dignity)', '자아인식(self-perception)', '자아실현(self-actualization)'과 같은 것을 포함한다.

반면에 '도구적 목표'란 본질적 목표를 실현시키기 위한 '조건들(conditions)'이다. 도구적 목표는 '정치적 실현 가능성(political feasibility)'과 '예산의 이용 가능성(budget availability)' 등과 같이 '목표' 그 자체보다 목표를 '구속(constraints)'하는 요인이다. 이러한 '구속 요인'은 극복해야 할 '도구적 목표'가 된다.

'본질적 목표'를 성취시키는 데 작용하게 되는 구속 요인들은 상당히 많다. 예를 들어, 정부 예산의 한계, 자원의 제약, '행정구조(administrative infrastructure)'의 한계, 전문 인력의 부족 등이 그것이다. 정책목표를 성취시킨다는 것은 '본질적 목표'를 실현시키기 위해 '도구적 목표'를 구체화시키는 것으로부터 시작된다. 즉, 정책목표를 구속하는 요인들을 밝혀 극복해야 할 대상을 찾아내고, 그것을 '도구적 목표'로 만들어 구속 요인을 해결함으로써 본질적 정책목표를 완성시킨다.

'본질적 목표'를 성취시키기 위해 '도구적 목표'를 구체화한다는 것은 정책목표에 대한 '구속 요인의 목록(list of constraints)'을 만드는 것으로부터 시작한다. 이러한 정책목표에 대한 '구속 요인 목록'은 매우 유용하게 사용되는데, 기존의 정책을 현상 유지시키는 데 사용될 수 있으며, 정책의 집행 과정에서 발생할 수 있는 장애 요인을 밝히는 데도 유효하다. 이러한 구속 요인에 대한 목록은 정책목표를 궁극적으로 실현시키기 위해 극복해야 할 제약 요인으로 도구적 목표가 된다(Weimer & Vining, 1992: 215).

정책목표의 설정은 규범적으로 폭넓게 정의된 목표를 구체화시키는 과정이며, 목표를 실현시키는 데 장애가 되는 조건들은 '도구적 목표'가 되어 실질적인 정책 대안이 구체화된다. 아울러 와이머와 바이닝(Weimer & Vining, 1992: 215)은 정책목표 설정 과정에서 발생하는 갈등에 대해, "정책목표의 설정 그 자체를 놓고 큰 논쟁은 벌어지지 않는 것이 일반적이나, 정책목표가 변화한다든지, 정책목표가 대치될 때, 새로운 정책목표의 설정과 관련해 어려움이 생기고, 갈등이 빚어지기 쉽다"고 한다.

## 1. 정책목표의 원천

정책목표, 정책목적, 정책대안을 설정하는 방법들 가운데 하나는 그것들의 '원천(sources)'을 고려하는 것이다. 던(Dunn, 1981, 145)은 정책목표, 정책목적, 정책대안의 원천을 여섯 가지로 분류한다.

첫째, '권위(authority)'이다. 문제 해결을 위해 정책대안을 찾아 나가는 과정에서 정책 분석가들은 그 문제와 관련된 전문가들의 의견을 듣게 된다. 문제와 관련된 전문가의 의견은 정책목표의 원천이 된다.

둘째, '통찰력(insight)'이다. 정책분석가들은 그들의 '직관(intuition)'이나 '주관적 판단'에 의해 문제의 본질을 확인할 수 있으며, 이것은 정책목표와 대안의 설정에 중요한 원천이 된다.

셋째, '혁신적 분석전략(innovative methods of analysis)'이다. 혁신적 분석전략의 개발은 문제에 대한 바람직한 정책대안을 구체화시키고, 목표의 우선순위를 설정하는 데 큰 도움을 줄 수 있다.

넷째, '과학적 이론(scientific theory)'이다. 자연과학과 사회과학 분야에서 축적된 지식과 밝혀진 인과관계는 정책목표나 대안의 좋은 원천이 된다.

다섯째, '동기(motivation)'이다. '정책 관련 집단(policy stakeholders)'의 '신념(beliefs)', '가치(values)', '결핍(needs)' 등은 정책목표와 대안의 원천이 된다. 예를 들어, 특정 직종에 근무하는 근로자들이 공유하고 있는 신념, 가치, 결핍 등은 그들의 근로 기준을 설정하는 목표의 원천이 될 수 있다. 즉, 그들이 공유하고 있는 신념, 가치, 결핍의 변화는 근로 조건, 휴가, 유동적 근무 시간 등과 같은 부문에 새로운 '노동윤리(work ethic)'를 만들어 내는 계기가 될 수 있으며, 이것은 노동정책의 목표, 목적, 대안(代案)의 원천이 될 수 있다.

여섯째, '유사 사례(parallel case)'는 목표의 원천이 된다. 다른 나라나 사회의 유사한 정책 문제에 대한 경험은 정책목표, 목적, 대안의 좋은 원천이 될 수 있다. 비교 연구를 한다는 것은 비교 대상의 이질성과 동질성을 확인한다는 것이며, 비교의 결과 이질성은 설명의 대상이 된다. 예를 들어, '대구지하철 참사'를 겪은 후, 우리의 지하철 체제와 일본이나 유럽·미국의 지하철 체제를 비교해 우리나라의 지하철 체제의 문제점들을 지적하고 있는 것을 볼 수 있다. 즉, 비교 대상을 연구한 결과, 이질성은 곧 문제로 지적되어 정책목표, 목적, 대안으로 전환될 수 있다.

## 2. 정책목표의 설정 기준

정책이란 사회의 '바람직한 상태'를 유지·발전시키기 위해 사회에 소개된다. 여기서 '바람직한 상태'는 정책목표를 뜻하며, 정책목표는 우리의 사회에 대한 '소망성(desirability)'을 내포한다. 즉, 정책목표의 설정 기준은 우리가 공유하고 있는 사회에 대한 소망이며, 이것은 '적합성'과 '적정성'이라는 개념으로 구체화시켜 볼 수 있다.

### 1) 적합성

정책목표의 설정과 정책평가의 기준으로서, '적합성(appropriateness)'이란 정책문제를 해결해 성취하고자 하는 가치들 가운데 '바람직한' 혹은 '실현 가능한' 가치가 정책목표를 구성하고 있는 정도를 말한다. 우리는 일상적인 대화에서 "비행(非行)을 저지른 청소년에 대해 체벌을 가하는 것이 적합한가 혹은 부적합한가?"라는 질문을 한다. 이 예에서 목표는 '비행 청소년을 선도'하는 것이고, 채택된 대안은 '체벌'이며, 적합성은 목표와 채택된 대안과의 관계에서 찾아볼 수 있다.

와이머와 바이닝(Weimer & Vining, 1992: 214)은 정책목표 설정과 정책목표 평가 기준으로서 '적합성'을 '정치적 실현 가능성(political feasibility)'과 '경제적 실현 가능성(economic feasibility)'과 같은 '본질적 정책목표'의 제약 요인에서 찾고 있다. 즉, 정치적으로 합의를 이루지 못해 성취할 수 없는 목표, 자원의 부족, 전문 인력의 부족, 예산의 부족 등으로 성취하기 어려운 목표의 설정은 적합하지 못하다.

### 2) 적정성

정책목표를 설정하는 또 다른 기준으로 '적정성(adequacy)'이 있다. '적정성'이란 정책이나 프로그램이 초래하는 편익의 수준과 관련된 개념이다. 적정성에 대해, 모든 사람들이 동의할 수 있는 객관적인 측정 방법은 존재하지 않으나, 적정성은 매우 중요한 정책목표의 기준이 된다. 물론 경우에 따라서 적정성에 대해 합의할 수 있는 기준이 객관적으로 마련될 수도 있다. 예를 들어, 중산층을 위한 '표준 주택(standard housing)'의 기준을 마련할 때, 중산층이 가지고 있는 특성을 고려해 '표준 주택'의 규모를 결정한다면, 일반적으로 중산층이 가지고 있는 특성에 따라 '표준 주택'을 결정한 만큼, '적정한' 수준에서 표준 주택을 정의할 수 있다.

반면에 '적정성'에 대해 전혀 합의를 이룰 수 없는 정책이나 프로그램들도 있다. 예를 들어, '건강 진료 수준'에 대한 적정성은 사회적 합의에 도달하기 어렵다. 왜냐하면 모든 사람들이 동의할 수 있는 '건강 진료 수준'의 평균적 기대치를 산출하기 어렵기 때문이다. 일반적으로 정책목표의 적정성은 사회구성원의 정책에 대한 '평균적 기대치'에 의해 산출된다. 따라서 "정책 산출이 정책 대상집단들의 기대에 미치지 못했다"는 말은 정책이나 프로그램의 수준이 "적정치 못했다"고 할 수 있다. 정책목표는 앞서 설명한 것처럼, 문제를 해결하기 위해 '적합'해야 할 뿐만 아니라, '적정'해야 한다.

## 제 3 절 정책목표의 세 범주

정책목표는 달성하고자 하는 바람직한 상태에 대한 '청사진'을 제공하기도 하지만, 정책집행이 완료된 후, '바람직한 상태'가 어느 정도 성취되었는가를 평가하는 기준으로도 사용된다. 랭베인(Langbein, 1980: 14−29)은 정책목표의 특성으로 다양성, 모호성, 상호 경쟁성 등을 지적하면서, 이러한 특성은 정책결정자들로 하여금, 정책을 집행하거나 평가할 때 제약 요인으로 작용한다면서 정책을 집행하거나 평가하기 위해 명확히 해야 하는 '정책목표'와 '평가 기준'을 세 개의 범주로 나눈다. 첫 번째 범주는 '경제 성장(economic growth)'이고, 두 번째는 '분배적 형평성(distributional equity)'이며, 세 번째는 '시민들의 선호(citizen preference)'이다.

이들을 차례로 소개하면 다음과 같다.

## 1. 경제 성장

정부의 많은 정책이 '경제 성장'을 목표로 한다. 경제 성장을 목표로 하는 정책은 실질적으로 집행되어 경제 성장을 자극한 정도로 평가된다. 랭베인(Langbein, 1980: 14-29)은 경제 성장을 목표로 하는 정책과 평가 기준을 '자원의 생산성(resource productivity)' 증진에 미친 영향과 '경제적 효율성(economic efficiency)'에 미친 영향으로 나누어 소개한다.

### 1) 자원의 생산성 증진

정책목표로서 '자원의 생산성 증진(promote resource productivity)'이란 보유하고 있는 자원 가운데 이용되지 않는 토지, 노동력, 자본 등을 적절히 활용해 생산성을 증진시킨 정도를 말한다. 예를 들어, 도심재개발 정책이나 농어촌 지역 개발 정책의 목표는 이용되지 않고 있는 자원을 활용해 도시나 농어촌 지역의 생산성을 증진시키는 것이다. 이러한 정책의 경우, 휴면 상태의 자원을 어느 정도 활용하여 생산성을 증진시켰는지가 정책목표와 평가 기준이 된다.

또 다른 예를 들어, '직업교육 프로그램(manpower program)'이나 '농어촌 개발 프로그램'을 들 수 있다. 직업교육 프로그램의 목표는 직업교육 대상자들의 취업률을 증진시키는 것이며, 농어촌 개발 프로그램의 목표는 농촌 지역의 휴면 상태에 있는 자원을 활용해 그 지역의 생산성을 높이는 것이다. 랭베인(Langbein, 1980: 15)은 "역사적으로 볼 때, 미국 정부가 '운하(canals)'를 건설하고, 철도를 건설한 것은 서부 지역의 '휴면 상태에 있는 자원'을 활용해 그 지역의 경제적 성장을 도모하기 위한 것"이라고 주장한다. '자원의 생산성 증진'이라는 목표를 가진 정책은 휴면 상태의 자원을 활용해 생산성을 증진시킨 정도로 평가된다.

### 2) 경제적 효율성

정부의 많은 정책이 '자원 배분의 효율성'을 제고하려는 목표를 가지고 있으며, 이러한 정책의 대부분은 '시장 실패' 요인에 의해 나타나는 '자원 흐름의 왜곡'을 바로잡기 위함이다. '완전경쟁시장' 이론은 공급자와 수요자 모두가 시장가격을 주어진 것으로 보고 그것에 반응하는 '가격 수용자(price-taker)'로 보며, '가격 설정자(price-maker)'가 아니라는 가정에서 출발한다.

완전경쟁시장이 불완전해지는 요인은 ① 불완전한 경쟁, ② 정보의 불충분성, ③ 공공재, ④ 외부 효과 등이다. '시장 실패 요인'은 '정부의 사회에 대한 개입의 고전적 근거'가 된다. 여기서 정부의 사회에 대한 개입은 '정책'이라는 수단을 통해 이루어지며, 불완전한 시장을 완전한 시장으로 전환시키기 위한 '정책'은 대부분 자원 흐름의 왜곡이 초래하는 경제적 비효율성을 바로잡기 위함이다. 램베인은 시장 실패 요인별로 정책목표와 정책평가 기준을 다음과 같이 설명한다.

#### (1) 불완전한 경쟁과 정부 개입

현실 시장에서는 자신의 공급량을 변동시킴으로써 가격에 영향을 미치는 공급자들이 있을 수 있으며, 이들을 독과점 기업이라고 한다. 한 개의 산업을 하나의 공급자가 모두 차지하고 있을 때 이를 '독점기업(monopolist)'이라 하고, 시장을 소수의 기업이 나누어 차지하고 있을 때 이들을 '과점기업(oligopolists)'이라고 한다. 이와 같이 한 개 혹은 소수의 기업이 독점력을 가지게 되는 이유는 ① 독점력이 희소자원의 독점적 소유에 기인하는 경우이다. 예를 들어, 보크사이트 광산을 소유한 기업은 알루미늄 산업에 독점력을 가질 수 있다. ② 특허 및 상표권을 통해 독점력을 확보할 수 있다. ③ 정부의 독점적 허가를 통해 독점적 기업이 된다. ④ 산업의 기술적 특성으로 인해 높은 규모의 경제 효과를 갖고 있는 산업의 경우, 하나의 산업에 하나의 독점기업이 출현하게 되며, 이것을 자연독점산업이라고 한다. 예를 들어, 전력, 상수도, 전화, 철도산업 등은 대표적인 자연독점산업이다.

독과점 상태가 시장에 나타나게 되면 일반적으로 자원 분배의 효율성이 떨어지게 된다. 시장에 독과점기업이 존재하여 발생되는 문제로는 첫째, 독점적 이윤으로 역진적 소득 분배가 발생하게 된다. 둘째, 기업은 독점적 지위를 유지하기 위해 진입 장벽을 구축하는 데 막대한 자금을 사용하게 된다. 셋째, 'X-비효율성(X-inefficiency)'의 문제가 발생된다. 즉, 개인이나 기업이 경영효율성을 추구하기 위한 노력이나 유인의 감소로 나태해지거나 방만해짐으로써 발생하는 비효율성이 나타날 수 있다. 넷째, 기술혁신을 위한 노력이 저하될 수 있다.

불완전한 경쟁이 초래할 수 있는 문제들을 해결하고자 정부는 다음과 같은 목적을 가지고 사회에 개입하게 된다. 첫째, 자연독점이 아닌 일반적인 독과점인 경우에는 반과점 및 기업 결합의 규제, 불공정 거래에 대한 규제와 같은 정책 수단을 동원한다. 둘째, 자연독점산업인 경우에는 정부가 독점기업의 가격과 이윤을 직접 규제하는 방법을 사용한다. 셋째, 독과점 산업을 공기업으로 전환하는 방법을 사용하기도 한다. 불완전한 경쟁으로부터 야기되는 경제적 비효율성을 해결하기 위한 정부의 개입은 앞서 설명한 정부의 각종 독과점의 금지뿐만 아니라, 직장에서의 성차별 제한 등에서도 찾아볼 수 있다.

### (2) 정보의 불충분성과 정부 개입

완전경쟁시장이론은 정보가 완전하다는 가정에서 출발하지만 정보는 매우 불완전하다. 정보가 완전하고 충분하다면 불량 식품, 불량 가전제품, 불량 건강식품 등이 존재할 수 없다. 왜냐하면 소비자들이 그 사실을 알고 불완전한 상품을 구매할 이유가 없고, 반면에 소비자가 현명하다는 사실을 알고 있는 생산자가 불량 상품을 생산하지도 않을 것이기 때문이다. 그러나 질이 나쁜 상품의 가격은 질이 좋은 제품의 가격에 비해 당연히 싸야 함에도 불구하고 그렇지 않은 경우를 많이 볼 수 있다. 이러한 사실은 정보가 불충분하기 때문에 또는 기업이 선전 활동을 통해 소비자를 기만할 수 있다고 생각하기 때문에 발생하는 문제이다.

불충분한 정보는 소비자를 기만하는 생산 활동을 조장할 뿐 아니라, 귀중한 자원이 효율적으로 사용되지 못하도록 한다. 다시 말하면, 좋은 제품을 만드는 데 사용되어야 할 인력과 자원이 불필요한 제품의 생산에 잘못 투입되어 자원 흐름을 왜곡시킨다. 일반적으로 정보는 다음과 같은 두 가지 특성을 가진다.

첫째, '비귀속성'을 들 수 있다. 정보의 비귀속성이란 정보의 공급자가 정보를 제공함으로써 발생하는 이득을 전부 흡수할 수 없는 것을 뜻하며, 공급자는 시장에 정보를 충분하게 공급하려는 유인을 갖지 못하게 한다.

둘째, 정보는 '공공재적인 특성'이 있다. 정보는 무형이지만 그것의 획득과 유통에는 비용을 수반하는 재화이다. 그러나 정보는 일반적인 재화와는 달리 일단 공급되면 소비자 모두가 아무 불편이나 효용의 감소 없이 공동으로 이용할 수 있는 특성, 즉 '비배제성'과 '비경합성'을 갖고 있는 공공재적 특성이 있다. 정보가 공공재적 특성을 가지고 있는 한, 공공재가 일반적으로 가지고 있는 무임승차 문제가 발생할 수 있다. 즉, 모든 소비자가 정보를 필요로 하지만, 모두 다른 누군가가 정보를 획득해 제공해 주기만을 바라며, 정보를 위해 시간과 비용을 투자하지 않는다.

정보의 불완전성은 정보의 비귀속성, 공공재적 특성 등으로부터 발생하고, 다른 한편으로는 인간의 합리적 한계로부터 나타난다. 정보의 부족, 정보의 부적실성 및 허위성으로 인해 야기되는 다양한 사회 문제를 해결하고자 정부는 시장에 개입하지 않을 수 없다. 정부가 정보의 불완전성으로 발생되는 문제를 해결하기 위해 취할 수 있는 방법은 첫째, 정부는 정보를 생산하여 제공하거나 교육을 통해 정보를 획득하거나 인지할 수 있는 방법을 제공할 수 있다. 둘째, 기업들로 하여금 정보를 공급하도록 의무화함으로써 소비자들이 부담해야 할 정보비용을 낮추는 방법을 생각해 볼 수 있다. 정보 흐름의 왜곡이 초래할 수 있는 경제적 비효율성을 최소화하는 것이 정책의 목표가 되며, 예를 들어 정부의 각종 인허가 및 면허 제도를 들 수 있다.

### (3) 공공재와 정부 개입

공공재는 다음과 같은 특성을 가진 재화나 서비스이다. 첫째, 공공재는 생산과 소비가 동시에 이루어지므로 축적되지 않는 특성을 가지고 있다. 예를 들어, 국방이나 방범 활동 등을 들 수 있다.

둘째, 어느 누구도 공공재의 소비로부터 배제될 수 없다. 예를 들어, 공기와 물과 같은 재화의 소비를 들 수 있다. 공공재의 '비배제성'이란 공공재가 공급되고 있는 한 모든 국민이 그것을 동시에 소비할 수 있는 공공재 고유의 경제적 특성을 말한다. 공공재의 비배제성은 '무임승차 문제'를 발생시킨다. 즉, 아무런 대가 없이 공공재의 소비와 이용에 전혀 지장을 받지 않으므로 대가를 지불하지 않고 사용하게 된다. 공공재의 이러한 특성 때문에 공공재는 시장을 통해 자율적으로 공급되기 어렵다. 공공재가 정부에 의해 생산되고 공급될 수밖에 없는 이유는 '무임승차 문제' 때문이다. 물론 공공재의 생산과 공급에 필요한 비용은 국민이 내는 세금으로 충당된다.

셋째, 공공재는 '비경합성'이라는 경제적 특성을 가진다. 여기서 비경합성이란 다른 사람의 소비로 인해 나의 소비가 지장을 받거나 소비에서 얻는 효용이 감소되지 않는 것을 말한다. 예를 들어, TV 시청을 들 수 있다. 그러나 공공재는 다른 사람이 사용하고 있어서 나의 소비에 지장을 받지는 않지만 나의 소비에서 얻는 효용이 감소될 수 있다. 예를 들면, 고속도로, 도로, 공원 등은 공공재로서 많은 사람이 함께 사용할 경우, '혼잡' 문제가 발생하게 되고, 이는 경제적 효율성을 저하시키게 된다.

공공재는 소비의 비배제성과 비경합성이라는 특성을 가지기 때문에 시장을 통해 충분히 공급되지 못한다. 또한 대가를 지불하지 않고 사용할 수 있기 때문에 무임승차 문제가 발생할 수 있다. 공공재는 유형적인 재화만을 의미하지는 않는다. 즉, 정책을 통해 달성하려고 하는 '바람직한 상태' 또는 정책을 집행해서 기대하는 효과는 모두 공공재적 특성을 가지고 있다. 예를 들어, 예방 접종, 공해 방지, 국민의 건강, 복지사회 구현 등이 그것이다.

이 밖에도 정책으로 인한 경제 · 사회 질서의 회복, 소비자 보호, 산업재해 방지, 차별 없는 사회 등은 모두 공공재적 특성을 지닌 무형의 재화라고 할 수 있다. 이와 같이 공공재의 범위를 무형의 재화와 서비스, 사회적 가치로 확대하면 공공재의 생산과 공급을 위해 정부가 사회에 개입할 필요성이 절감된다. 공공재의 특성으로 발생되는 혼잡 문제, '공유자원(common pool resources)'과 관련해 나타나는 '고갈 문제' 등을 해결하려 정부가 사회에 개입하게 되고, 이러한 정책의 평가 기준은 '자원의 효율적 배분'이라는 기준에 따른다.

#### (4) 외부 효과와 정부 개입

외부 효과란 어떤 사람이나 기업의 활동이 의도하지 않았는데도 불구하고, 다른 사람에게 이득이나 손해를 초래하는 것을 뜻한다. 외부 효과는 일반적으로 '외부 경제 효과'와 '외부 불경제 효과'로 나뉜다.

외부 경제 효과의 고전적인 예로는 과수원과 꿀벌 업자의 관계를 들 수 있다. 또 다른 예로는 교육과 기술혁신 등이 있다. 이와 같이 어떤 생산 활동의 결과로 의도되지 않은 사회적 편익이 그러한 생산 활동을 하는 자에 의해 충분히 흡수되지 않는다면 그와 같은 외부 경제 효과를 가지는 활동은 사회적으로 바람직한 수준으로 이루어지지 않게 된다.

'외부 불경제 효과'란 개인이나 기업의 생산 활동이 사회적으로 불이익을 초래하는 경우이다. 대표적인 예로는 공해를 들 수 있다. 즉, '사회적 비용'을 유발시키는 개인이나 기업의 경제 활동은 사회적으로 바람직한 수준보다 과다하게 이루어질 수 있으므로 정부가 개입하게 된다. 예를 들어, '원인자 부담의 원칙'에 따라 공해 배출 부담금이나 교통유발 부담금 등을 부과하는 것을 볼 수 있다.

### (5) 위험 부담의 분산과 정부 개입

'위험 부담의 분산(spread risk)'이 경제적 효율성을 추구하기 위한 정책의 목표가 될 수 있다. 예를 들어, 각종 사회보험 제도, 연금, 건강보험 제도 등이 그것이다. 효율적인 시장은 위험 부담이 없다는 것을 전제로 한다. 큰 위험 부담은 개인이나 기업들로 하여금 손실에 대한 부담을 과중하게 만들어 투자를 꺼리게 하는 원인이 된다.

따라서 정부는 개인이나 기업에게 저리의 무담보 대출과 같은 유인책을 활용해 경제적 효율성을 극대화시키고자 한다. 이러한 예로는 중소기업청이나 농촌진흥청 등과 같은 정부기관이 관련된 개인이나 기업의 투자를 촉진하고자 사용한 '위험 분산(risk-sharing)' 프로그램이나 정책을 들 수 있다. 따라서 '위험 부담의 분산'을 목적으로 한 정책은 개인이나 기업으로 하여금 투자를 자극한 정도로 평가될 수 있다.

## 2. 분배적 형평성

정부의 정책은 지금까지 살펴본 '경제적 효율성'과 '생산성'만을 추구하는 것이 아니라, '분배적 형평성(distributional equity)' 역시 중요한 정책목표가 된다. 일반적으로 분배적 형평성과 관련된 정책은 '적정성', '수평적 형평성', '수직적 형평성'과 같은 기준에 따라 목표와 평가 기준이 설정된다.

### 1) 적정성

'적정성(adequacy)'이란 정책이나 프로그램이 초래하는 편익의 수준과 관련된 개념이다. 적정성이란 개념에 대해, 모든 사람들이 동의할 수 있는 객관적인 측정 기준은 존재하지 않으나, 적정성은 매우 중요한 정책목표의 평가 기준이 된다. 정책은 의도한 결과를 초래할 수 있는 충분한 수준에서 이루어져야 한다. 여기서 충분한 수준에 대해 객관적인 기준을 설정하기란 매우 어렵지만 정책 문제의 특성에 따라 해결 가능한 수준에서 정책이 만들어지고 집행되는 것을 말한다. 일반적으로 적정성은 사회구성원의 정책에 대한 '평균적 기대치'에 의해 가늠된다.

### 2) 수평적 형평성

'수평적 형평성(horizontal equity)'이란 동일한 것은 동일하게 취급되어야 한다는 것을 뜻한다. 정부의 정책에 의해 혜택을 받을 수 있는 자격이 있는데도 불구하고 혜택을 받지 못하는 경우, 우리는 수평적 형평성이 결여되었다고 한다. 예를 들어, 실직 근로자들의 재취업을 위해 정부에서 행하는 직업교육 프로그램은 모든 실직자들을 대상으로 해야 하나, 제한된 수만이 혜택을 받는 경우에 수평적 형평성이 결여되었다고 한다. 수평적 형평성이란 정책 수혜자로서 자격이 있는 모든 사람들이 동등한 대우를 받은 정도로 평가된다.

### 3) 수직적 형평성

'수직적 형평성(vertical equity)'이란 정책을 평가하는 또 다른 기준으로서 '다른 것은 다르게 취급되어야 한다'는 기준이다. 정부의 정책에 의해 혜택을 받을 자격이 없는데 혜택을 받는 경우가 종종 있다. 즉, '정책 대상집단'이 아닌 다른 사람들이 정책의 혜택을 받게 되는 경우에는 수직적 형평성이 결여되어 정책이 의도한 목표를 성취하지 못했다고 한다. 이러한 수직적 형평성의 결여는 프로그램이나 정책의 정치적 지지를 이끌어 내기 위한 비용이라고도 설명된다.

## 3. 시민들의 선호

정책목표와 평가의 또 다른 기준으로 '시민들의 선호(citizen preference)'를 들 수 있다. 시민의 선호는 '만족 수준(level of satisfaction)'과 관계있으며, 이것은 '정책'과 '시민들의 선호'가 교감하는 정도를 뜻한다. 정부의 정책은 시민들의 요구에 반응해야 하며, 그들의 정책에 대한 만족 수준은 정책의 목표와 평가 기준으로 활용될 수 있다. 시민들의 선호와 관련하여, 최근 우리 정부는 정책이나 프로그램에 대한 평가를 제도화해, 설문조사를 통한 만족도 조사가 필수적인 기준으로 활용되고 있음을 볼 수 있다.

# 제 10 장

# 정책분석론

## 제1절 정책분석의 개념

라스웰(Lasswell, 1971: 1-13)은 정책연구를 '정책 과정에 대한 지식(knowledge of the policy process)'과 '정책 과정에 필요한 지식(knowledge in the policy process)'을 분석하는 것이라고 본다. '정책 과정에 관한 지식'은 의제설정, 정책결정, 정책집행, 정책평가로 이어지는 일련의 과정을 논리적으로 체계화한 것으로 대부분 '경험적 연구(empirical study)'에 의한다. 반면에 '정책 과정에 필요한 지식'이란 정책형성, 의사결정, 정책집행, 정책평가 과정에 필요한 지식으로 '정책 문제의 구성', '정책대안들의 결과 예측', '최적 대안의 추천', '정책 성과평가 기법' 등을 말한다.

'정책분석'은 학자에 따라 다양한 의미로 사용된다. 정책분석을 정책 과정에 대한 경험적 관찰을 통해 지식을 축적하는 모든 연구를 정책분석이라고 하는가 하면, '정책 과정에 필요한 지식'으로 제한하기도 한다. 일반적으로 정책분석이란 '정책 과정에 필요한 지식'을 말한다. 정책분석에 대한 정의는 크게 '기술적 정책분석'과 '규범적 정책분석'으로 나누어 볼 수 있다(Hogwood & Gunn, 1984: 3).

### 1. 기술적 정책분석

'기술적 정책분석(descriptive policy analysis)'이란 정책 문제, 의제설정, 정책결정, 정책집행, 정책평가로 이어지는 일련의 정책 과정을 통해 밝혀진 정책 관련 지식을 정책분석이라고 한다. 예를 들어, 다이(Dye, 1976: 1-3)는 정책분석을 "정부가 무엇을 하며, 왜 그 일을 하며, 그것이 어떤 차이를 초래했는가"를 규명하는 것이라고 한다. 호그우드와 건(Hogwood & Gunn, 1984: 3)은 기술적 정책분석을 "정책이 어떻게 만들어지는가"에 궁극적으로 답하는 것이라고 본다.

정책분석의 기술적 연구는 정책이 모양새를 갖추게 된 사회·정치·경제적 요인들의 상호작용을 체계적으로 다루는 것이다. 정책에 대한 체계적인 분석이란 후기 실증주의 관점에서 과학적 접근 방법을 사용하되, 실용적인 측면을 간과하지 않는 것을 뜻한다. 즉, '바람직한' 사회 상태를 유지시키고 발전시키기 위해 정책과정을 기술하는 체계적인 정책연구를 말한다.

## 2. 규범적 정책분석

'규범적 정책분석(normative policy analysis)'은 '처방적 정책분석(prescriptive policy analysis)'이라고도 하며, 이러한 관점에서 퀘이드(Quade, 1975: 4-5)는 "정책결정자들이 정책결정을 하는 데 필요한 정보를 산출하고 추천하는 모든 유형의 분석"이라고 한다. 호그우드와 건(Hogwood & Gunn, 1984: 3)은 처방적 정책분석을 정책이 어떻게 만들어져야 한다는 당위성에 대한 연구라고 한다. 규범적인 입장에서 드로(Dror, 1971: 223)는 정책분석을 정책 쟁점들 가운데 바람직한 정책대안을 탐색하고 추천하는 것이라고 본다.

와이머와 바이닝(Weimer & Vining, 1992: 1-3)은 정책분석을 정책결정자 집단에 대한 '충고(advice)'라고 하고, 다만 모든 '충고'가 정책분석은 아니며, 여기서 충고란 사회적 가치를 내포하고, 공공의 의사결정과 관련된 정책에 대한 것이라고 한다. 던(Dunn, 1981: 7-28)은 "정책분석이란 정책 문제를 해결하기 위해 정보를 산출하고, 이것을 정치적 맥락에서 사용할 수 있는 적절한 자료로 전환시키기 위해 탐색하고 논증하는 응용 사회과학의 한 분야"라고 본다. 규범적 정책분석은 정책 문제를 해결하는 데 필요한 정보를 수집하고, 분석하여 바람직한 정책대안을 추천하는 일련의 과정을 가능케 하는 모든 유형의 분석적 접근 방법이다.

## 3. 정책분석의 단계

에드워드 3세와 샤칸스키(Edward Ⅲ & Sharkansky, 1978: 6-7)는 정책분석을 위한 합리적 단계를 ① 문제의 정의, ② 목표의 우선순위 설정, ③ 대안들의 탐색과 자료 수집, ④ 대안들의 비교·평가, ⑤ 최적 대안의 추천으로 구분한다.

첫째, 문제의 정의 단계는 문제를 구성하고 있는 중요한 원인들을 밝혀 설명하고, 구성하는 단계이다. 이 과정에서 문제의 정의는 객관적이기보다는 인위적이고 주관적인 관점에서 다양한 쟁점들이 부각될 수 있다는 점을 감안하여 문제 상황을 인지하고, 문제를 구성할 것이 기대된다.

둘째, 목표들 간의 우선순위의 설정 단계이다. 정책목표는 다양하고 복잡할 뿐만 아니라 서로 상충되는 특성을 가지고 있다. 문제를 해결해 성취하고자 하는 가치들의 우선순위를 나열해 목표들의 우선순위를 가리게 된다. 목표들의 우선순위의 설정은 정책대안의 구체화 과정과 무관하지 않으며, 목표의 구체화는 실질적이고 가시적인 정책대안으로 이어지게 된다.

셋째, 목표를 성취시킬 수 있는 대안 탐색과 그 대안들에 대한 자료 수집 단계이다. 정책목표와 목표에 대한 우선순위가 구체적으로 설정된 다음, 목표를 성취시킬 수 있는 대안들을 탐색하게 된다. 대안의 탐색은 각 대안들에 대한 다양한 자료 수집과 대인들이 집행될 때 필요로 하는 자원 등과 같은 정보가 수집된다.

넷째, 정책대안을 비교 · 평가하는 단계이다. 각 대안들이 선택되어 집행되었을 때 초래할 수 있는 미래 상태를 예측하고, 각 대안의 예측 결과를 비교해 목표를 성취시킬 수 있는 최선의 대안을 찾는 단계이다. 이 단계에서 다양한 정책분석 기법들이 활용되는데, 구체적인 분석 기법은 대안의 특성과 수집된 자료의 속성에 의한다.

다섯째, 문제 해결을 위한 최적의 대안을 추천하는 단계이다. 정책대안들을 비교 · 평가해 최선의 대안을 모색한 후, 최선의 대안을 최종적으로 정책결정자들에게 추천하게 된다.

지금까지 살펴본 에드워드와 샤칸스키의 정책분석을 위한 단계는 '합리적 정책결정 과정'과 크게 다르지 않다. 이에 반해 호그우드와 건(Hogwood & Gunn, 1984: 171-194)은 정책분석을 위한 기본 과정을 ① 정책대안의 '탐색(identifying)'과 '모색(generating)' 단계, ② 정책대안의 정의 단계, ③ 정책대안의 비교와 평가 단계, ④ 정책대안의 추천 단계와 같이 네 단계로 분류한다. 이 밖에도 다수의 학자들이 정책분석의 단계를 다루고 있으며, 이들 간의 합의된 바는 없으나 대부분 유사한 논의를 하고 있다.

## 제2절 정책대안

정책 문제를 해결하기 위해 정책목표가 설정된 후 정책목표를 성취시키기 위한 구체적인 대안들에 대한 탐색과 모색 과정이 시작된다.[1] 정책대안이란 정책목표를 성취시키는 구체적인 방법을 찾아나가는 과정에서 취할 수 있는 일련의 문제 해결 방법이다.

호그우드와 건(Hogwood & Gunn, 1984: 171)은 정책대안을 탐색하고 모색하는 과정은 정책분석에서 매우 중요한 부분으로 여겨져 다양한 분석 기법들이 소개되고 있지만, 정작 정책대안들이 어디에서 기인하는지, 누구에 의해 만들어지고, 얼마나 많은 대안들이 최종적으로 검토되는지에 대해서는 논의되지 않고 있다고 주장한다. 이러한 관점에서 그들은 정책분석에 관한 논의에서 '정책대안의 탐색과 모색 과정'은 실질적으로 많은 부분이 설명되지 않은 '잃어버린 고리(missing links)'라고 본다.

### 1. 합리적 정책대안의 모색과 한계

'합리적 접근 방법(rational approach)'은 정책 문제를 해결할 수 있는 모든 대안들을 탐색하여, 각각의 대안들이 최종적으로 선택되어 집행되었을 때 초래할 수 있는 결과를 예측하고, 비교해 최선의 대안을 최종적으로 추천한다. 그러나 이러한 접근 방법에 의한 대안의 '탐색(identify)'과 '모색(generate)'은, 실제 상황에서는 거의 불가능할 뿐만 아니라, '스스로 좌절케(self-defeating)' 만들 뿐이다(Hogwood & Gunn, 1984: 172).

1) 정책대안의 '탐색(identifying)'은 모든 대안들 가운데 최선의 대안을 찾아내는 것이 아니라, 특정 대안을 선호하는 집단에게 '반응적(reactive)' 혹은 '수동적(passive)'으로 제한된 범위의 대안을 선택적으로 비교·평가하는 것이다. 반면에 정책대안의 '모색(generating)'은 정책 전문가들에 의해 모든 가능성을 열어 둔 가운데 최선의 대안을 찾아가는 '적극적(active)'인 방법이다. 즉, '정책대안의 모색'은 특정 대안에 대한 '후견자'들의 영향이나 특정 조직이 선호하는 제한된 범위의 '탐색'과는 다르다(Hogwood & Gunn, 1984: 171).

사이먼(Simon, 1976: 263－265)은 정책대안을 모색한다는 것은 '창의력(creative thinking)'이 요구되는 행위이며, 단순히 '기계적인 합리적 사고(mechanically rational thinking)'에 의한 행위로 설명될 수 없다고 본다. 새로운 대안을 모색해야만 하는 상황이라면, 합리성이란 기준은 제한적이지만, 주어진 상황을 고려해 합리성을 추구해 대안을 탐색하는 것은 문제 해결을 위해 발휘할 수 있는 창의력의 정도에 달려 있다(Dror, 1989: 198). 따라서 정책대안의 모색에서 가장 필요한 것은 문제 해결을 위한 '창의력'이며, 정책대안의 모색 과정에서 요구되는 창의력은 다음과 같은 정책대안의 원천들에서 찾아볼 수 있다(Hogwood & Gunn, 1984: 172).

## 2. 정책대안의 원천

호그우드와 건(Hogwood & Gunn, 1984: 172－173)은 창의적으로 정책대안을 탐색하는 방법으로 ① 브레인스토밍, ② 과거의 경험과 통찰력, ③ 과학·기술의 발전을 들고 있다.

### 1) 브레인스토밍

'브레인스토밍(brainstorming)'은 '델파이(delphi)'[2]와 상반되는 가정에서 출발한다(Hogwood & Gunn, 1984: 83). '브레인스토밍'이란 특정 정책 문제에 대한 해결 방법을 모색하기 위해 그 문제와 관련된 사람들이 모여 문제 해결을 통해 이루고자 하는 미래 상태를 나열하는 것으로부터 시작한다. 이 과정에서 문제 해결을 위한 다양한 제안이나 제의가 집단적으로 이루어지게 되며, 이러한 문제 해결 방법이 창의적 정책대안의 탐색 과정에 '상승 효과(synergy)'를 불러올 것이라고 가정한다.

특정 문제 해결을 위해 브레인스토밍에 참여한 사람들은 각각 문제를 해결할 수 있는 아이디어를 가지고 있으며, 이러한 아이디어는 서로 상충될 수도 있고, 다른

2) 델파이(delphi)에 대해서는 정책대안의 예측 기법 가운데 주관적 판단에 의한 예측의 한 유형으로 제3절에서 구체적으로 다룬다.

참여자들이 생각하지 못했던 새로운 측면이나 방법을 제안할 수도 있으므로 창의적 대안의 원천과 전략이 된다. 다양한 아이디어들이 참여자들로부터 제안되고 난 다음, 아이디어(정책대안)들은 그것이 초래할 미래 상태와 성공적으로 문제를 해결할 수 있는 '가능성(probability)'을 분석하는 과정을 거치게 된다. 참여자들이 제안한 정책대안의 '성공 가능성'은 그 아이디어나 정책대안이 최종적으로 선택되어 집행될 때, 직면할 수 있는 '가정적 제약 요인(hypothetical constraints)'을 기준으로 측정될 것이며, 이 과정을 통해 각각의 아이디어나 정책대안의 우선순위가 결정된다.

브레인스토밍에 참여한 사람들로부터 제안된 정책대안의 서열화가 완성되었다는 것은 참여자들 간에 정책대안의 탐색 결과에 대한 합의가 이루어졌다는 것을 뜻한다. 이러한 집단 토론의 결과가 문제의 미래 상태를 정확히 예측할 수 있는 정도는 참여자들이 문제 해결을 위해 중요하다고 생각한 '가치'가 얼마나 '미래 지향적'으로 탐색되었는가에 달려 있으므로, 참여자들이 추구하는 '가치(values)'와 '관점(perspectives)'이 정확히 무엇인가를 분석하는 것은 매우 중요하다.

브레인스토밍에 의한 집단 토론의 결과는 문제 해결을 가능하게 할 수 있는 '기회(opportunity)'와 문제 해결에 장애 요인이 되는 '위협 요인(treats)'들의 구체화이며, 이러한 기회와 위협 요인들의 구체화는 브레인스토밍 과정이 없었다면 간과될 수도 있는 중요한 요소들이다. 이러한 측면에서 브레인스토밍은 정책대안의 창의적 탐색에 크게 기여할 수 있다.

### 2) 과거의 경험과 통찰력

창의적 정책대안의 탐색은 '과거의 경험'과 문제에 대한 미래 상태의 통찰력에 의해 모색될 수도 있다. 정책대안의 원천에 대해 논의하고 있는 많은 학자들이 과거의 경험이나 외국의 사례 등을 정책대안의 원천으로 들고 있다. 외국 정책사례와 탐색된 대안을 비교함으로써 특정 정책에 대한 문제점을 파악할 수 있어 좀 더 창의적인 정책대안을 탐색하는 데 큰 도움이 된다.

### 3) 과학 · 기술의 발전

과학 · 기술의 발전은 사회혁신의 또 다른 원동력이 될 수 있다. 예를 들어, '핵융합 기술'의 새로운 발전은 에너지 정책에 큰 혁신을 불러일으킬 수 있다. 정책대안의 창의적 탐색과 관련하여, 드로(Dror, 1968: 179)는 "최근 컴퓨터 기술의 발달이 비교적 단순한 문제를 해결하는 데 창의적이고 새로운 정책대안의 탐색을 가능하게 한다"고 한다. 과학 · 기술의 발전은 창의적 정책대안의 원천이 된다.

## 3. 정책대안 탐색의 기본 전략

와이머와 바이닝(Weimer & Vining, 1992: 226－227)은 정책대안의 원천에 대한 논의에 이어 정책대안을 구체적으로 '발견(heuristic)'하는 데 필요한 전략들을 소개하고 있다. 정책대안의 탐색 과정에 필요한 전략은 실질적인 정책대안을 모색하는 과정에서 정책분석을 담당한 실무자들이 참고해야 할 사항으로 다음과 같다.

첫째, 정책분석을 통해 정책대안을 탐색할 때, '완전(perfect)'하거나 모든 정책목표를 만족시킬 수 있는 정책대안을 모색할 수 있다는 기대는 부적절하다. 정책분석의 대상이 되는 정책 문제는 복잡하고, 다수의 목표를 가지고 있다는 것을 상기할 필요가 있다. 따라서 모든 정책목표를 고려한 '이상적인(ideal)' 정책대안을 찾아낼 수 있다는 것은 거의 불가능에 가깝다. 또한 정책 문제 해결을 위해 제안된 많은 정책대안들 가운데 특정 대안이 모든 다른 대안들보다 월등히 좋은 혹은 우수한 대안이라고 단언하기 힘들다는 사실도 늘 염두에 두어야 한다.

둘째, 정책분석가로서 정책대안을 탐색할 때, '선호되는 정책대안'과 '형편없는 대안'을 비교하지 않아야 한다. 일반적으로 정책분석가들은 '매력적인 정책대안'과 '매력이 전혀 없는 정책대안'을 비교해 '매력적인 정책대안'의 우수성을 부각시키고 싶은 유혹에 빠져들기 쉽다. 이러한 비교를 통해 선호되는 정책대안의 우수성을 부각시킨다는 것은 '괴물'과 일반인을 비교해 누가 더 매력적이냐고 질문하는 것과 같다. 정책분석 과정에서는 문제 해결을 위해 제안된 다양한 정책대안들을 비교하는 과정을 거치게 된다. 그러나 이 과정에서 정책분석가들이 다른 어떤 대안보다 월등히 좋은 대안을 찾아내기란 매우 어렵다. 결국, 정책대안의 탐색 과정은 '위조된 확신(faked certainty)'을 대안으로 산출하기보다는 있는 그대로의 불확실성과 모호함을 받아들이고 대안을 탐색해야 한다.

셋째, "정책분석가들은 특정 대안을 선호하지 말 것"을 권한다. 특히 정책대안들을 비교하고 평가할 때, 특정 대안이 받아들여지고, 혹은 특정 대안은 거절될 것이라는 등의 '소문'이 난무하게 되는데, 이러한 '소문' 때문에 특정 대안에 대해 선입견을 가지고 있지 않아야 바람직한 정책분석을 할 수 있다.

넷째, 창의적 정책대안은 말 그대로 기존의 정책을 갈음할 수 있는 대안이어야 한다. 즉, 탐색된 정책대안은 '상호 배타성(mutually exclusive)'을 가져야 한다. 만약 '정책대안 A'와 '정책대안 B'를 혼합하여 '정책대안 C'를 만들었다면 '정책대안 C'는 '정책대안 A와 B'의 특성을 가지고 있기 때문에 창의적 정책대안의 대상에서 제외될 수 있다.

다섯째, '포괄적인 정책대안(doing-everything alternatives)'은 가능한 피해야 한다. 이러한 정책대안은 문제 해결을 포괄적으로 할 수 없는 경우가 대부분이며, 실현 가능성도 거의 없다. 왜냐하면 그 대안이 실현되기 위해 필요한 예산, 행정적 지원 범위, 정치적 지지 등을 고려하면 대안으로서 매력이 없다는 것을 쉽게 알 수 있기 때문이다.

여섯째, 정책대안은 법적 · 제도적 측면을 포함하는 것은 물론, '이용 가능한 자원(available resources)'에 의해서 탐색되어야 한다. 만약 정책대안이 기존의 법과 제도에 의해 실현될 수 없다면 새로운 법과 제도를 만들어야 하는데, 이러한 일은 쉽지 않다. 또한 이용 가능한 자원에 따라 정책대안이 모색되지 않으면, 새로운 예산, 전문 인력, 행정기구 등을 마련하기 위한 노력이 선행되어야 한다. 이러한 일들을 요하는 정책대안은 좋은 대안이라고 할 수 없다.

일곱째, 정책대안은 '일련의 구체적 행위들(a concrete set of actions)'을 포함해야 한다. 구체적인 정책대안은 실행 가능한 '일련의 정책 수단(sets of policy instruments)'을 제시해야 한다. 즉, 정책대안은 집행될 계획을 구체적으로 내포해야 하며, 그 대안의 집행에 필요한 자원도 명확히 명시되어야 한다. 따라서 정책대안을 구체화시킨다는 것은 정책 문제를 해결하기 위한 일련의 '시나리오(scenario)'

를 작성하는 것과 같으며, 정책을 '현실'로 전환시키는 것이다.

## 제 3 절 정책대안의 비교와 평가

정책대안들이 구체화된 다음, 정책대안을 비교·평가하기 위한 '기준(criteria)'을 마련해야 한다. 정책대안의 비교와 평가는 ① 정책대안이 초래할 결과를 예측하고, ② 정책대안들의 효과를 '가치'로 환산하여, ③ 정책대안들을 비교해 최선의 대안을 추천하는 정보를 제공하기 위함이다. 정책대안의 비교와 평가는 그것을 위한 '기준(criteria)'을 마련하는 것으로부터 시작하며, 대안의 비교·평가 기준은 최선의 대안을 선별해 내는 척도인 만큼, 보편성과 타당한 조건들을 만족시켜야 한다.

### 1. 정책대안의 비교와 평가 기준

#### 1) 평가 기준의 조건

정책대안의 평가 기준이란 정책대안들을 비교·평가하기 위한 척도이다. 이것은 다음과 같은 조건을 만족시켜야 한다.

첫째, 정책대안의 평가 기준은 명확해야 한다. '명확'하다는 의미는 정책대안의 평가 기준으로서 여러 가지 의미를 포함할 수 있기 때문에, 정책대안을 객관적으로 평가하는 기준으로서 적합하지 않을 수도 있다. 하지만 정책대안의 평가 기준을 명확히 한다는 것은, 정책목표가 다양하고, 모호할 수밖에 없다는 사실을 감안해, 가능한 정책대안의 평가 기준을 측정 가능한 수준으로 구체화시켜야 한다는 것을 말한다.

둘째, '일관성(consistency)'을 들 수 있다. 아무리 좋은 정책대안이라도 사회적으로 통용되는 이념, 가치, 관습 등을 반영한 기존의 정책을 무시할 수 없다. 물론 새로운 정책은 기존의 사회 질서에 어느 정도 변화를 초래하지만, 그 변화의 폭은 사회에서 수용될 수 있는 수준에서 이루어져야 한다.

셋째, '보편성'을 만족시켜야 한다. 보편성은 정책 문제를 해결할 수 있는 포괄적인 범주이며, 정책 문제 해결의 방향을 제공함으로써 좀 더 구체적이고 실현 가능한 대안을 탐색할 수 있게 한다. 정책대안을 평가하는 기준은 명확해야 하며, 일관성과 보편성을 띠고 있어야 한다.

### 2) 정책대안의 평가 기준

정책대안의 평가 기준은 '소망성(desirability)'과 '실현 가능성(feasibility)' 등을 들 수 있다.[3] 정책의 소망성이란 정책이 집행되어 초래할 정책 산출의 바람직한 정도를 말한다. 정책의 소망성은 '적합성(appropriateness)'과 '적절성(adequacy)'으로 구분된다. 이 밖에도 정책대안의 평가 기준은 '능률성', '효과성', '분배적 형평성' 등을 포함한 다양한 사회적 가치들이 있으며, 여기서 '능률성'이란 투입 대비 산출의 정도로 가늠되고, 투입 대비 산출의 양으로 나타낸다. '형평성'은 수직적·수평적 형평성으로 분류되며, 이 밖에도 삶의 질, 사회 정의, 민주성 등과 같은 사회적 가치가 특정 정책대안이 추구하는 궁극적인 목표에 따라 정책대안의 평가 기준이 된다.

부가적인 정책대안의 평가 기준으로 '실현 가능성'이 있다. 정책대안의 '실현 가능성'이란 정책목표를 실현시키는 데 방해가 되는 '제약 요인들의 상태'를 말한다. 예를 들어, 정책목표를 실현시키는 데 필요한 '정치적 지원의 결핍'은 '정치적 제약 요인'이 되며, 이러한 제약 요인은 정책대안의 '정치적 실현 가능성'을 낮추는 결과를 낳는다. '실현 가능성'은 '기술적 실현 가능성', '정치적 실현 가능성', '경제적 실현 가능성', '사회적 실현 가능성' 등으로 세분화시킬 수 있다. 정책대안의 평가 기준으로 '소망성'과 '실현 가능성'을 구분하는 학자들도 있으나 '소망성'과 '실현 가능성'을 엄격히 구분하기보다는 서로 밀접하게 연계된 개념들로, 정책대안의 최종 결정에 영향을 미치는 중요한 기준으로 이해하는 것이 바람직하다.

---

3) 정책대안의 평가 기준에 대한 논의는 이 책의 제9장 '정책목표'에서 같은 내용을 자세히 다루고 있으므로 중복 설명하는 것은 피한다. 다만 여기서는 정책대안의 비교와 평가에 대한 논의를 전개할 때 필요한 정책대안의 평가 기준을 상기하는 수준에서 살펴본다.

## 2. 정책대안의 결과 예측 방법

'정책목표(policy goals)', '정책목적(policy objectives)', '정책대안(policy alternatives)'들이 구체화된 다음, 정책대안들이 집행되어 초래하게 될 미래 상태를 예측할 수 있는 방법을 결정해야 한다. 미래 예측을 위한 접근 방법은 첫째, 예측의 대상과 관련해 '무엇을 예측할 것인지'를 결정해야 하고, 둘째, 예측의 '근거(base)'와 관련해 '어떤 근거에 의해 예측할 것인지'를 결정해야 하며, 셋째, 앞서 결정된 예측의 '대상'과 '근거'에 의해 가장 적합한 '예측 기법(forecasting techniques)'을 선택해야 한다(Dunn, 1981: 146).

일반적으로 미래를 예측하기 위한 접근 방법으로는 ① '투사(projection)'에 의한 미래 예측 방법, ② '이론적 가정(theoretical assumptions)'에 의한 '예견(prediction) 방법', ③ '주관적 판단(subjective judgements)'에 의한 미래 상태의 '추측(conjectures)' 방법이 있다. 이러한 미래 예측의 '근거(base)'와 대표적 예측 기법을 요약하면 <표 10-1>과 같다.

**표 10-1 정책대안의 예측 근거와 대표적 기법**

| 접근 방법 | 근 거 | 기 법 | 산 출 |
|---|---|---|---|
| 외삽법에 의한 예측 | 경향 투사 | 시계열 분석<br>최소자승 경향 추정<br>자료전환법 | 투사(projections) |
| 이론에 의한 예측 | 이론 | 선형기획법<br>경로분석<br>회귀분석<br>상관관계분석 | 예견(predictions) |
| 주관적 예측 | 주관적 판단 | 고전적 델파이<br>정책 델파이<br>교차영향분석<br>실현가능성 접근 방법 | 추정(conjectures) |

출처: Dunn(1981: 150)에서 재구성.

### 1) 추세 연장에 의한 미래 예측

'추세 연장에 의한 미래 예측 방법'은 '외삽법(extrapolation)'에 따른다. 외삽법은 과거로부터 지속되어 온 경향을 '투사'하여 미래의 사회 변화를 예측하는 방법이다. 즉, 과거부터 현재에 이르기까지 관찰된 역사적 경향을 미래의 특정 시기까지 연장시키는 것이다. 특정 정책에 주어진 조건이 같다면, 그 정책의 과거 상태가 미래에도 지속될 것이라는 가정 아래 미래를 예측하는 방법이다. 외삽법에 의한 미래 예측은 '귀납적 논리(inductive logic)'에 의한다. 다수의 시점에서 관찰된 개별적인 결과들이 종합적으로 보여주는 일정한 '경향(trends)'을 일반화시켜 미래를 설명하기 때문이다. 외삽법에 의한 예측 기법들은 다음과 같은 세 가지 가정에 의해 미래를 '투사'한다.

첫째, '지속성(persistence)'이다. 과거에 관찰된 경향은 미래에도 유지될 것이라는 가정이다.

둘째, '규칙성(regularity)'이다. 과거에 관찰된 경향의 '변량(variations)'은 미래에도 그대로 나타날 것으로 가정한다.

셋째, 자료의 '신뢰성(reliability)'과 '타당성(validity)'이다. 즉, 경향의 측정은 신뢰할 수 있을 뿐만 아니라, 타당성이 있어야 한다.

이상의 세 가지 가정을 만족시킨다면, 외삽법에 의한 미래 예측은 사회 변화의 동태성을 바라볼 수 있는 '통찰력(insights)'을 제공하는 것은 물론, 사회의 미래 상태에 대한 이해에 큰 도움을 줄 수 있다. 외삽법에 의한 미래 예측의 대표적인 '기법(techniques)'으로는 '전통적 시계열분석(classical timeseries analysis)', '최소자승 경향 추정(least－squares trend estimation)', '자료전환 기법(data transformation techniques)' 등을 들 수 있다. 전통적 시계열분석과 최소자승 경향 추정은 '선형 경향 추정(linear trend estimation)'을 위한 시계열분석 방법이며, 자료전환 기법은 '비선형 경향(nonlinear trend)'을 추정하기 위한 기법이다.

#### (1) 시계열의 개념과 유형

외삽법에 의한 대표적인 미래 예측 기법으로는 '시계열분석(time－series analysis)'

을 들 수 있다. 시계열분석이란 시간의 흐름에 따라 다수의 시점에서 측정 대상을 관찰해 수집한 자료를 분석하는 것이다. 이러한 추세 연장에 의한 예측 방법은 주로 경제 성장, 인구의 증감, 에너지 소비의 변화, 생활수준의 변화 등을 '투사'하는데 사용된다. 외삽법에 의한 미래 예측을 하는 경우, 우리는 일반적으로 '전통적 시계열 분석'을 사용하게 되며, 시계열의 유형을 ① '현실적 경향(secular trend)', ② '계절적 변동(seasonal variation)', ③ '순환적 변동(cyclical fluctuations)', ④ '불규칙한 변동(irregular movements)' 등으로 나누어 볼 수 있다.

여기서 '현실적 경향'이란 장기적인 시계열상에서 완만한 성장이나 감소를 나타내는 경우로 장기적인 안목에서 '인구의 증감 추이'를 예로 들 수 있다. '계절적 변동'이란 일년을 단위로 하거나 혹은 더 짧은 기간 동안에 일어나는 시계열상의 변화를 뜻한다. 가장 좋은 예로는 계절의 변화에 따라 변화하는 생산과 판매의 증감 추세를 들 수 있다. 또한 공원이나 특정 시설의 이용자 수의 증감은 계절의 변화에 민감하게 반응한다.

'순환적 변동'은 계절적 변동과 같이 특정 기간을 두고 반복되는 경향을 뜻하지만, 계절적 변동보다 장기간에 걸쳐 그 순환성을 찾아볼 수 있는 변동을 의미한다. 경제학에서는 이러한 순환성을 '경기순환(business cycle)'이라고 하며, 50년에서 60년의 주기를 갖는 '콘드라티예프 주기(Kondratiev cycle)', 9년에서 10년의 주기를 갖는 '주글라 주기(Juglar cycle)', 40개월의 주기를 갖는 '키첨 주기(Kitchem cycle)' 등을 순환적 변동의 예로 들 수 있다.

이러한 순환성이 불규칙한 변동을 야기시키는 예측 불가능한 요인의 작용에 의할 때, 시계열에 의한 경향분석은 어려워진다. 여기서 '불규칙한 변동(irregular movements)'이란 규칙성을 찾아볼 수 없는 시계열상의 변동으로서 대부분의 경우에 예측할 수 없는 혹은 기대하지 않았던 요인의 작용으로 인해 발생하는 변동을 말한다. 불규칙한 변동을 야기시키는 원인으로는 정권의 변화, 파업, 자연재난 등을 들 수 있으며, 이러한 사건들은 기존의 지속성, 규칙성, 시계열 자료의 신뢰성과 타당성을 저하시켜 경향 예측을 어렵게 만든다. 이러한 불규칙한 변동이 앞서 설명한 '현실적 경향', '계절적 변동', '순환적 변동'에 영향을 미치게 되는 경우 시계열의 '경향'은 다루기 어려워진다.

### (2) 최소자승 경향 추정

외삽법에 의한 미래 예측 방법 가운데 가장 정확한 미래 추정을 가능케 하는 기법으로 '최소자승 경향 추정(least-squares trend estimation)' 기법이 있다. 이 방법은 앞서 설명한 외삽법의 기본 가정인 지속성, 규칙성, 자료의 신뢰성과 타당성에 의하며, 이러한 경향의 추정은 선형에 의해 이루어진다. 즉, 특정 사항이 시계열로 보여주는 경향을 1차 함수로 요약해 미래를 추정한다. 그러나 특정 사항이 시간의 흐름에 따라 선형으로 증가하거나 감소하지 않는 것이 대부분이기 때문에 최소자승 경향 추정에 의한 예측은 어느 정도의 '오류(error)'를 감안해야 한다.

최소자승 경향 추정 방법에 의한 미래 예측을 지난 7년 간의 음주 운전으로 인한 교통사고에 대한 자료를 예로 들어 설명하면 다음과 같다. 먼저 1999년부터 2005년까지 음주 운전에 의한 교통사고 발생 빈도에 대한 자료를 <표 10-2>와 같이 수집했다고 가정한다.

<표 10-2>는 1999년부터 2005년까지 음주 운전에 의한 교통사고의 추이를 보여준다. <표 10-2>에서 볼 수 있는 바와 같이, 교통사고의 빈도는 시간이 지남에 따라 증가하는 추세이지만, 정확한 경향을 읽어 내기는 어렵다. 따라서 <표 10-2>의 자료를 '산포도(scatter diagram)'로 구성하면 [그림 10-1]과 같다.

최소자승법이란 [그림 10-1]에서 볼 수 있는 연도별 사고 건수를 나타내는 점들을 가장 잘 설명할 수 있는 '상상의 선(imaginary line)'이 있다고 가정하고, 그 직선과 실제 자료의 관찰된 점들의 거리를 측정하여 제곱한 것이 가장 작은 값을 갖는 직선의 함수를 구하는 것이다. [그림 10-2]는 최소자승법을 이용해 경향을 설명하는 직선을 함수로 나타낼 수 있는 논리를 보여준다.

**표 10-2 연도별 음주 운전에 의한 교통사고 발생 빈도(1999~2005년)**

| 연 도 | 발생 빈도 | 연 도 | 발생 빈도 |
|---|---|---|---|
| 1999 | 74 | 2003 | 105 |
| 2000 | 79 | 2004 | 142 |
| 2001 | 80 | 2005 | 122 |
| 2002 | 90 | | |

**그림 10-1 연도별 음주 운전에 의한 교통사고 산포도**

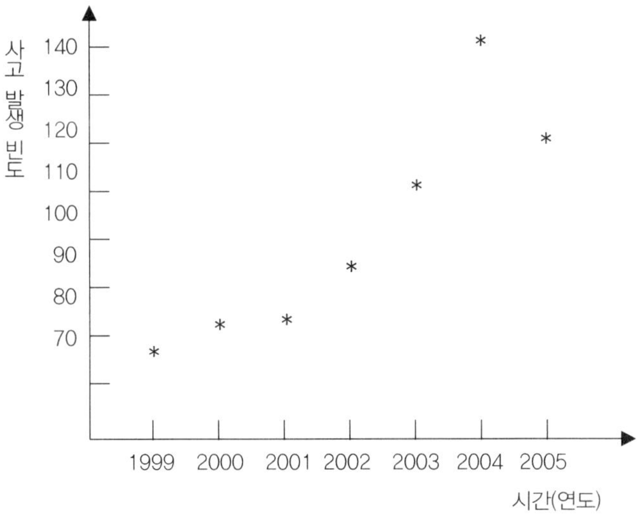


**그림 10-2 최소자승법에 의한 1차 함수 산출의 논리**

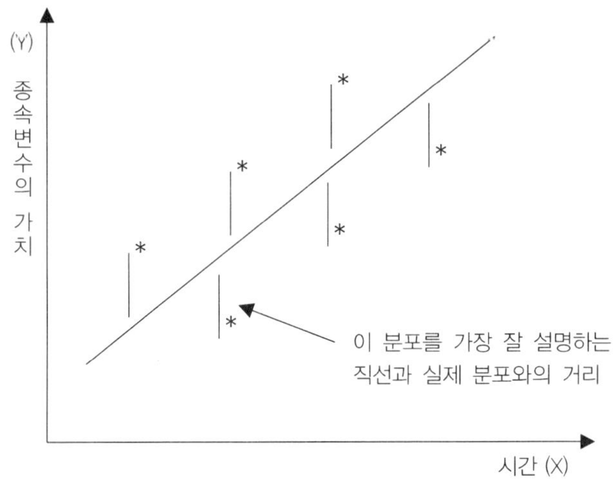


[그림 10-2]에서 볼 수 있는 바와 같이, 최소자승법에 의해 나타나는 '회귀선(regression line)'은 Y축의 절편(a)과 기울기(b)로 설명될 수 있으며, 회귀함수는

다음과 같은 1차 함수로 구성된다.

$$Y = a + bX$$

여기서 $Y$ : 종속변수의 측정치

$a$: Y축의 절편

$b$: 기울기

$X$ : 독립변수의 가치

1차 회귀함수의 기울기($b$)와 절편($a$)을 산출하는 공식은 다음과 같다.

$$b = \frac{\Sigma XY - n\overline{X}\overline{Y}}{\Sigma X^2 - n\overline{X}^2}$$

$$a = \overline{Y} - b\overline{X}$$

여기서 $b$: 직선의 기울기

$\Sigma$: 자료의 총합

$X$ : 독립변수의 가치

$Y$ : 종속변수의 가치

$X$ : X값의 평균치

$Y$ : Y값의 평균치

$n$: 수집된 자료의 수

회귀선의 기울기($b$)를 구한 다음, Y축의 절편은 다음과 같은 공식에 의해 산출할 수 있다.

$$\bar{a} = Y - bX$$

이상과 같은 '최소자승 경향 추정'에 의한 예측의 논리를 '음주 운전에 의한 교통사고의 증가'를 예로 들면 다음과 같다. 먼저 시계열 자료의 경우, 자료가 수집된 시간이 독립변수가 되며, 독립변수를 계량화해야 한다. 독립변수의 계량화는 각

**표 10-3 음주에 의한 교통사고 경향의 계산**

| 연 도 | $X$(시간) | $Y$(건수) | $X^2$ | $XY$ |
|---|---|---|---|---|
| 1999 | −3 | 74 | 9 | −222 |
| 2000 | −2 | 79 | 4 | −158 |
| 2001 | −1 | 80 | 1 | −80 |
| 2002 | 0 | 90 | 0 | 0 |
| 2003 | +1 | 105 | 1 | 105 |
| 2004 | +2 | 142 | 4 | 284 |
| 2005 | +3 | 122 | 9 | 366 |
| | $\Sigma X=0$ | $\Sigma Y=692$ | $\Sigma X^2=28$ | $\Sigma XY=295$ |

변수들 간의 간격을 일정하게 함으로써 시간이 지남에 따라 종속변수가 어떻게 변화했는지를 측정하기 위함이다. <표 10−2>에서 수집된 자료를 예로 들어 회귀함수를 계산하는 과정을 설명하면 <표 10−3>과 같이 나타낼 수 있다.

<표 10−3>으로부터 절편($a$)과 기울기($b$)를 계산하면 다음과 같다.

$$b=\frac{\Sigma XY-n\overline{X}\overline{Y}}{\Sigma X^2-n\overline{X}^2}-\frac{\Sigma XY-0}{\Sigma X^2-0}=\frac{\Sigma XY}{\Sigma X^2}=\frac{295}{28}=10.54$$

$$a=\overline{Y}-b\overline{X}=\overline{Y}-0=\overline{Y}=\frac{692}{7}=98.86$$

따라서 '음주 운전에 의한 교통사고의 경향'에 관한 최소자승 함수는 다음과 같다.

$$Y=98.86+10.54X$$

지금까지 1999년부터 2005년까지의 수집된 자료들이 보여주고 있는 경향을 최소자승 경향 추정의 논리에 의해 1차 함수로 요약할 수 있었다. 이 함수에 의해 2006년의 음주에 의한 교통사고의 예상 건수를 추정한다면 앞서 구한 최소자승 함수에 $X=+4$를 대입해 다음과 같이 계산해 낼 수 있다.

$$Y(\text{2006년 교통사고 예상 건수}) = 98.86 + 10.54(4)$$
$$= 141.02$$

따라서 2006년에 예상되는 음주 운전에 의한 교통사고의 건수를 약 141건으로 추정해 볼 수 있다. 또한 같은 방법에 의해 2007년이나 그 후의 교통사고 건수도 추정 가능할 것이다.

### (3) 최소자승 경향 추정의 한계

외삽법에 의한 경향 추정 방법은 다음과 같은 세 가지 조건을 갖추어야만 미래 예측이 가능하며, 이 세 가지 조건을 만족시키기 못한다면 다른 기법을 사용해야 한다.

첫째, '시계열'은 반드시 '선형(linear)'이어야 한다. 즉, 시계열로 관찰된 측정치는 지속적으로 증가하거나 감소하는 경향을 보여야만 한다. 만약, 시계열상에서 관찰된 측정치가 '비선형(nonlinear)'이라면 미래 예측을 위해서 다른 기법을 사용해야 한다. 여기서 '비선형'이란 관찰의 대상이 특정 주기에는 증가하는 추세를 보이다가 다음 주기에는 감소하는 경향을 보이는 경우를 말한다. 비선형 시계열분석에 사용되는 대표적인 기법으로는 '자료 전환(data transformation)' 기법을 들 수 있다. 이 역시 '최소자승법의 기본적 논리'를 응용해 비선형 시계열 경향을 추정하는 것으로 2차 함수 이상의 비선형 시계열 경향을 자료의 전환, 즉 '치환'을 통해 1차 함수로 전환시켜 비선형적 경향을 예측하는 방법이다.

둘째, 과거부터 현재까지의 경향이 미래에도 지속적으로 나타날 것이라는 것을 설득할 수 있어야 한다. 즉, 미래에도 과거와 같은 변화가 계속될 것이라는 사실을 확신할 수 없다면 최소자승법에 의한 미래 예측은 한계에 이른다.

셋째, 지속적으로 증가하거나 감소하는 경향이 규칙적이어야 한다. 만약 관찰된 시계열 경향이 '순환적 파동(cyclical fluctuations)'을 나타내거나 급격한 감소나 증가 경향을 보인다면 최소자승법에 의한 시계열분석은 의미가 없다.

이와 같은 조건을 만족시키기 못한다면, 최소자승법에 의한 회귀함수는 경향을 투사할 수 없다. 그러나 정책분석가들이 취급하는 복잡한 정책 문제들은 앞서 제시한 조건들을 만족시키지 못하는 경우가 대부분이며, 이러한 경우 정책분석가들은 비선형 시계열분석을 가능하게 하는 다른 '투사 기법(projection techniques)'을 찾아야 한다.

### 2) 이론적 가정에 의한 미래 예측

'이론적 가정(theoretical assumptions)'에 의한 미래 예측 기법은 다양한 이론들을 구조화하고 있는 '원인(cause)'과 '결과(effects)'에 대한 가정들에 '근거(base)'해 미래를 '예견(prediction)'하는 것이다. 앞서 살펴본 외삽법에 의한 미래 예측이 귀납적인 논리 전개에 의해 이루어지는 반면, 이론적 가정에 근거한 미래 예측은 '연역적 논리(deductive logic)'에 따른다. '예견'은 이미 일반화된 이론적 가정에 의해서 미래를 예측하는 방법이므로 이론을 구성하고 있는 변수들의 상호 관계에 의해 독립변수의 변화가 종속변수의 변화를 '예견'할 수 있을 것이라는 가정에서 출발한다.

정책분석에서 연역적인 논리 전개는 매우 흔하게 사용되는 방법이며, 연역적인 논리 전개에 의한 정책분석은 "사항(X)이 발생하면, 결과(Y)가 초래될 것이다"라는 인과 관계로써 설명된다. 물론 귀납적인 논리 전개와 연역적인 논리 전개가 불가분의 관계를 가지고 있다는 것을 상기할 때, 이론적 가정에 근거한 미래 예측은 모두 연역적인 방법에 의한다고 하기는 어렵다.

왜냐하면 변수들 간의 반복된 관찰이 이론적 가정을 가능하게 하고, 이러한 사실에 의해 특정 현상과 관련된 인과 관계를 연역적으로 접근하기 때문이다. 따라서 경험적 관찰이 반복되었을 때, 연역적인 '설득(persuasiveness)'이 가능하다 (Dunn, 1981: 170). 이론적 가정에 근거한 미래 예측 기법으로 '모의분석법(simulation)', '경로분석(path analysis)', '선형기획법(linear programming)', '회귀분석(regression analysis)', '상관분석(correlational analysis)' 등이 있다.

#### (1) 회귀분석

이론적 가정에 의한 미래 예측은 기존의 이론에 의해 '인과적 예측모형'을 만드는 것으로부터 시작한다. 회귀분석은 인과적 예측모형을 구성하고 있는 변수들 간의 선형 관계를 추정하는 데 유용한 방법이다. 회귀분석에 의한 미래 예측의 기본적인 논리는 앞서 설명한 시계열분석 방법의 '최소자승법'에 의한 회귀선을 구하는 것과 같다. 다만 시계열분석에서는 독립변수가 시간이 되는데 반해, 인과적 예측모형에서는 독립변수가 원인변수 혹은 설명변수가 된다.

회귀분석에서 독립변수가 한 개인 경우를 '단순회귀분석(simple regression analysis)'이라고 하고, 독립변수가 둘 이상일 때 '다중회귀분석(multiple regression analysis)'이라고 한다. 정책 현상이나 정책대안을 분석하기 위한 대부분의 인과 관계 모형은 독립변수가 한 개 이상으로 구성되어 있다. 회귀분석에 의한 미래 예측을 위한 단계를 단순회귀분석의 논리에 따라 설명하면 다음과 같다.

첫째, 독립변수와 종속변수 간의 관계를 설정해야 한다. 독립변수와 종속변수의 관계란 선형 관계 혹은 비선형 관계와 같이 여러 가지 형태가 있을 수 있으며, [그림 10－3]은 다양한 독립변수와 종속변수의 관계를 보여준다.

둘째, 예측하고자 하는 종속변수와 독립변수를 구체적으로 결정해야 한다. 종속변수에 대한 독립변수의 결정은 그 현상을 설명할 수 있는 기존의 '이론(theory)', '가설(hypothesis)', '명제(proposition)'로부터 유추된다. 물론 관찰된 두 변수 간의 관계에 대한 경험을 통해 독립변수와 종속변수가 결정될 수도 있으며, 수집된 두 변수들 간의 자료가 보여주는 '산포도(scatter diagram)'에 의해 두 변수 간의 상관관계를 유추해 낸다.

셋째, 독립변수와 종속변수가 확정되고 나면, 두 변수 간의 관계를 직선 관계로 볼 것인지 혹은 곡선으로 관계를 설정할 것인지를 결정해야 한다. 이 결정에 의해 두 변수 간의 관계함수를 설정하게 된다. 두 변수 간의 관계에 의한 관계함수는 신뢰성을 검증하여 인과 관계 모형의 적절성을 검증한다. 여기서 '신뢰성'이란 두 변수 간의 관계가 우연히 발생한 관계가 아니라 두 변수 간의 규칙적이고 지속적인 관계가 있음을 뜻한다.

넷째, 독립변수와 종속변수로부터 수집된 자료에 의해 산포도가 작성되고, 두 변수 간의 관계를 가장 잘 요약하여 설명할 수 있는, 즉 오차를 최소화할 수 있는 '회귀선(regression line)'을 구해야 한다. 회귀선의 산출은 단순회귀선의 경우, 직

**그림 10-3 두 변수의 관계가 선형 · 비선형인 경우의 예**

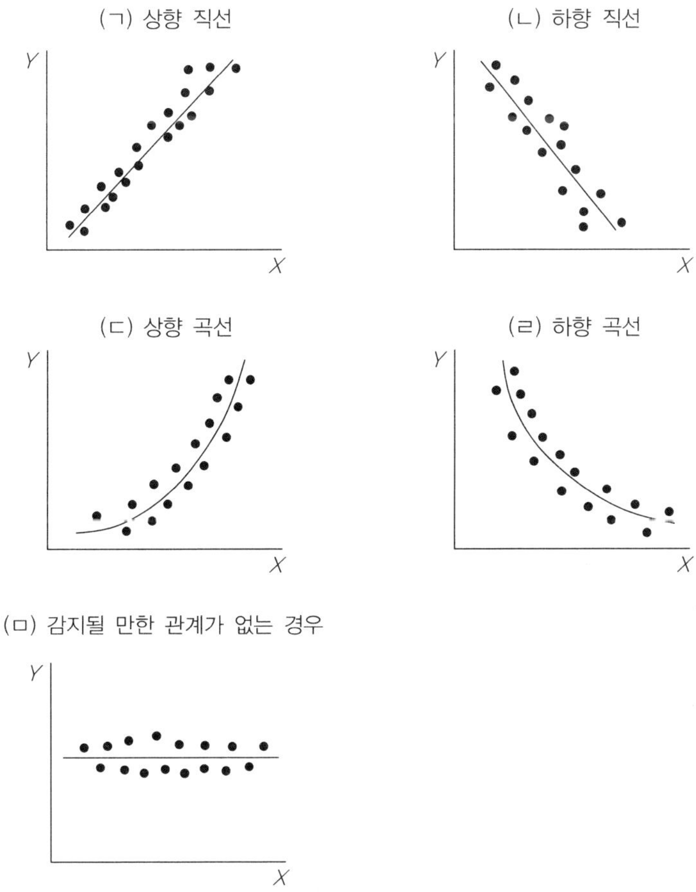


선의 기울기와 절편을 구하는 '최소자승법'에 의한다. 이미 설명한 바와 같이, 최소자승법이란 회귀선으로부터 분산된 자료들을 오차라고 할 때, 그 오차들의 자승의 합이 가장 작도록 해 두 변수 간의 관계를 나타내는 직선을 구하는 기법이다. 다시 말해서, 두 변수들의 관계를 나타내는 회귀선은 기울기와 절편으로 결정되므로 최소자승법에 의해 회귀선을 산출한다는 것은 오차의 합이 가장 작도록 기울기와 절편을 산출하는 것이다.

다섯째, 신뢰성이 검증된 변수들 간의 관계를 나타내는 회귀함수에 따라 독립변수의 변화에 의한 종속변수의 변화량을 산출해 종속변수의 미래 변화를 예측하게 된다.

#### (2) 상관관계분석, 상관계수, 결정계수

회귀분석에 의해 두 변수 간의 인과 관계를 설명할 수 있는 회귀함수를 구해 독립변수에 의한 종속변수의 변화를 설명할 수 있다. '상관관계분석(correlation analysis)'은 독립변수와 종속변수 간에 관계의 강도, 방향 등을 추정할 수 있도록 해 준다. 상관관계분석은 회귀분석의 자료를 사용해서 산출할 수 있으며, 상관관계분석의 결과는 '결정계수(coefficient of determination: $r^2$)'와 '상관계수(coefficient of correlation: $r$)'로 나타낸다.

상관계수는 $-1$에서 $+1$까지의 범위에서 측정되며, $\pm1$에 가까운 값이면 두 변수 간의 상관 관계가 매우 높다는 것을 말한다. 반면에 상관계수의 값이 0에 가까워지면 두 변수 간에 상관 관계가 거의 없음을 뜻한다. 또한 두 변수 간의 상관계수가 $+$이면 '양'의 상관 관계, $-$이면 '음'의 상관 관계가 있음을 나타낸다.

'결정계수(coefficient of determination)'는 상관계수의 제곱값($r^2$)으로 구할 수 있으며, 결정계수의 값은 0에서부터 1까지의 값을 가진다. 결정계수가 1에 가까울수록 두 변수 간의 관계는 크다. 결정계수($r^2$)가 0.8이라면 독립변수가 종속변수의 변화를 64%를 설명할 수 있음을 의미한다. 예를 들어, 아버지의 키는 아들의 키에 영향을 미칠 것이라는 가정 아래, 두 변수 간의 상관분석을 한 결과 두 변수 간에는 매우 강한 '양'의 관계로 판명되었고, 이와 더불어 결정계수($r^2$)를 0.8을 얻었다고 가정한다면, 이것은 아들의 키가 아버지의 키에 의해 64% 정도 설명될 수 있다는 것을 말한다. 물론 아들의 키에 영향을 미칠 수 있는 다른 독립변수로 '어머니의 키'도 있을 수 있고, 그 밖의 변수들도 있을 수 있다. 이러한 결정계수의 의미는 단순회귀분석일 때 결정계수에 대한 설명 방법이다.

### 3) 주관적 판단에 의한 미래 예측

정책대안의 미래 예측의 '근거(base)'로 '주관적 판단(subjective judgements)'이 있으며, 이러한 근거에 의해 예측된 미래를 '추측(conjectures)'이라고 한다. 주관적 판단에 의한 예측은 '직관(intuitive)'에 의한다. 직관에 의해 추측된 미래 상태를 증명하려는 자료 수집과 논리는 연역적 · 귀납적인 논리 전개 모두가 가능하다. 주관적 판단에 근거한 미래 예측 방법의 대표적인 기법으로는 '델파이(delphi) 기법', '교차영향분석(crossimpact analysis)', '실현 가능성 접근 기법(feasibility assessment technique)' 등이 있다.

### (1) 델파이 기법

'델파이 기법(delphi technique)'은 1948년 랜드연구소(RAND Corporation)에서 처음 개발된 미래 예측 방법이며, 그 후 민간 부문과 공공 부문에서 미래 예측을 위한 기법으로 널리 사용되어 왔다. 특히 델파이 기법은 군의 전략적 문제 해결을 하기 위한 방법으로 사용되기 시작했으나, 오늘날에는 교육, 과학 기술, 시장 개척, 교통, 대중매체, 의학, 정보처리, 연구개발(R&D), 주택, 예산, 삶의 질 등과 같은 모든 분야에 적용되어 문제 해결에 사용되고 있다(Dunn, 1981: 196).

델파이 기법이란 일단의 전문가들이 주어진 특정 문제에 대해 공동작업을 통해 문제의 다각적인 측면과 해결 방안에 대한 인식을 공유함으로써 얻을 수 있는 장점을 최대한 살려 주어진 문제에 대한 미래 전망은 물론 문제 해결을 할 수 있는 방안을 모색하는 것으로 대부분의 경우 전문가집단에 대한 의견 조사 방법으로 이루어진다(Turoff, 1975: 84−191).

### (2) 델파이 기법의 유형

델파이는 세 가지 유형으로 나눌 수 있다. 첫 번째 유형은 '계량적 델파이'이며, 이 기법은 주어진 문제의 '단일한 범주(a single range)'나 혹은 '최소한의 범주(a minimum range)'에 대해 계량적인 추정이나 예측을 통해 문제를 구체화시키는 방법이다. 두 번째 유형은 '정책 델파이'이다. 정책 델파이는 현재의 정책 문제에 대한 미래 예측을 통해 문제 해결 방안이나 정책대안의 범위를 정의하는 방법이다. 세 번째 유형은 '역사적 델파이'이다. 역사적 델파이의 목적은 구체적인 정책결정이나 문제 해결을 위해 정책대안을 탐색하는 것이며, 델파이에 참여하는 사람들은 역사적으로 저명한 사회과학자, 철학자들의 역할을 대신하는 전문가들로 구성된다.

#### ① 계량적 델파이

'계량적 델파이(numeric delphi)'는 델파이 기법의 가장 기본적인 유형이며, 이 방법은 주어진 문제나 대상에 대한 '자료(data)', '양(amount)', '가치(values)' 등을 계량적 수치로 추정해 내는 데 이용된다. 대표적인 예로 10년 후의 세계 총인구의 추정과 같은 것을 들 수 있으며, 이와 관련해 이미 세계 인구 증감 추세에 대한 자료가 수집되어 있어 컴퓨터가 비교적 쉽게 10년 후의 총인구 수를 추정해 낼 수 있다.

#### ② 정책 델파이

'정책 델파이(policy delphi)'는 계량적 델파이와는 달리 일상적인 '용어(verbal)'을 사용해 미래를 예측한다. 정책 델파이는 '특정 정책 문제에 관련된 모든 집단(policy stakeholder)'들이 그 문제와 연계되어 어떤 입장을 취하고 있는지를 델파이에 참여한 사람들이 '역할 분담(roll play)'을 통해 그들의 쟁점을 밝혀냄으로써 그 정책의 미래를 예측한다. 정책 델파이에 참여한 사람들은 주어진 정책 문제를 해결하거나 합의에 이르기 위해 토론하고 의견을 개진하는 것이 아니라, 정책 관련 집단의 입장에서 그들 간에 첨예하게 대립하는 쟁점이 무엇이고, 특정 정책대안에 대한 찬성과 반대는 왜 발생하는가를 밝히는 일을 한다.

정책 델파이를 통해 얻은 정책 문제에 대한 정보는 그 문제를 실질적으로 다루는 '위원회'에 큰 도움이 된다. 왜냐하면 정책 델파이는 그 정책 문제와 연계되어 나타나는 다양한 쟁점들에 대한 정보를 포괄적으로 제공하기 때문이다. 따라서 정책 델파이는 정책 문제 해결을 위한 실질적인 '위원회 활동'에 앞서 정책 문제와 관련된 자료와 정보를 수집하는 '예비적인' 수단으로 활용된다(Strauss & Zeigler, 1982: 37).

#### ③ 역사적 델파이

'역사적 델파이(historic delphi)'는 슈트라우스(Strauss, 1973)와 슈트라우스와 자이글러(Strauss & Zeigler, 1974)가 개발한 델파이 기법의 한 유형으로 비교적 새로운 기법의 델파이이다. 역사적 델파이는 "만약 현재의 사회 문제를 해결하고 예측하기 위해 역사적으로 저명한 정치철학자들이 모두 한자리에 모여 그들의 지혜와 논리를 모은다면, 현재의 문제를 정확히 파악할 수 있고 그 문제가 전개될 수 있는 미래를 명확히 예측할 수 있을 것이다"라는 가정에서 출발한다. 슈트라우스와 자이글러는 역사적으로 저명한 정치철학자들 10명을 선택하여 그들의 역할을 대신할 수 있는 학자들로 역사적 델파이를 구성해 10개의 델파이 집단을 운영한 연구로 유명하다. 참고로 그들이 선택한 저명한 정치철학자들은 아리스토텔레스(Aristoteles), 홉스(Thamas Hobbes), 마키아벨리(Niccolo Machiaevelli), 스위프트(Jonathan Swift), 버크(Edmund Burke), 루소(Jean-Jacques Rousseau), 로크(John Locke), 마르크스(Karl Marx), 프로이트(Sigmud Freud)이다.

지금까지 살펴본 세 가지 유형의 델파이 기법은 공통적으로 다음과 같은 네 가지 목적을 가지고 있으며, 델파이에 참여하는 사람들에게 요구되는 일곱 개의 특성이 있다(Strauss & Zeigler, 1982: 35-36).

### (3) 델파이 기법의 목적

첫째, 문제 해결을 위해 잠재되어 있는 가정이나 정보를 노출시켜 기존의 문제 해결 방법과는 다른 정책대안을 개발하고 탐색하기 위함이다.

둘째, 델파이에 참여하는 전문가들이 주어진 문제를 진단하고 해결하는 데 합의할 수 있는 방법을 찾기 위함이다.

셋째, 주어진 문제를 다학제 간의 혹은 다각적인 측면에서 조명하기 위함이다. 즉, 델파이에 참여하는 다학제 간의 전문가를 통해 문제의 다양한 측면을 고려하기 위함이다.

넷째, 델파이에 참여하는 전문가들에게 그들이 취급하는 문제를 바라보는 관점이 '다양할(diverse)' 뿐만 아니라, 상호 연계되어 있다는 것을 주지시키기 위함이다.

### (4) 델파이 기법의 특성

첫째, 모든 델파이 참여자는 그 분야의 전문가들이나 관련자들로 구성된다.

둘째, 모든 델파이 참여자들에게는 주어진 문제에 대해 문서로 의견을 개진할 것이 요구된다. 주어진 문제는 모든 델파이 참여자에게 동일한 것이며, 델파이가 수차례 반복되는 동안에 주어진 문제에 대해 발전된 혹은 변화된 의견이나 견해를 비교하고 평가할 수 있게끔 모든 의견의 개진을 문서화할 것이 요구된다.

셋째, 모든 델파이 참여자들은 그들이 개진한 의견에 대한 합의를 이루려는 노력을 체계적으로 해야 한다. 물론 합의에 이르지 못한 경우에는 델파이 참여자들이 합의에 이르지 못하게 된 '의견(opinion)'이 무엇인지를 구체적으로 명시해야 한다.

넷째, 모든 델파이 참여자들에게는 익명성이 보장되어야 하며, 그들이 작성한 '문서(statement)' 역시 익명으로 회람되고 처리된다.

다섯째, 델파이에 참여하는 모든 사람들은 주어진 문제를 '반복적(iterative)'으로 검토할 것이 요구된다. 즉, 델파이 참여자들은 다른 참여자들이 개진한 의견을 참고해 자신의 의견을 수정 · 보완할 수 있으며 동료들이 개진한 의견에 대해 평가도 할 수 있다. 델파이를 운영하는 데 이러한 방법을 사용하는 이유는 '실험 연구'에서 의도한 혹은 의도하지 않은 '방해 요인'을 최소화하기 위함과 같다. 델파이에 방해가 되는 요인이란 주어진 문제와 관련이 없는 쟁점이 창출된다거나, 비생산적이거나 혹은 델파이 참여자들을 당혹스럽게 만들 만한 일들이 발생해 델파이 본연의 목적을 왜곡시키는 것을 말한다.

여섯째, 델파이에 참여하는 사람들은 델파이가 계획한 '일련의 단계(a series of round)'를 거치게 된다. 즉, 모든 참여자들은 주어진 문제에 반응하게 되고, 다른 참여자들의 의견을 검토하며, 동료들에 의해 자신의 의견이 평가되는 일련의 단계를 계획대로 진행하게 되며, 이 과정에서 델파이 참여자들이 특정 문제에 대해 합의에 이를 수 있게 된다. 물론 이러한 델파이 과정이 최종적으로 합의에 도달하지 못하더라도, 최소한 이러한 델파이 과정은 '전혀 고려될 수 없는(disparate)' 의견이 무엇인지를 가려낼 수 있게끔 한다.

일곱째, 델파이 참여자들을 활용해 주어진 자료를 분석하고 문제 해결을 위한 대안을 모색하는 것은 다른 어떤 방법을 사용해 같은 일을 하는 것 보다 더 나은 방법으로 간주된다. 왜냐하면 ① 델파이 참여자들은 각자 주어진 문제 혹은 쟁점에 주의력을 집중시켜 주어진 문제를 해결하기 때문이다. 또한 ② 다양한 지적 배경을 가지고, 공간적으로 서로 다른 곳에 위치하는 델파이 참여자들이 같은 문제나 쟁점을 놓고 고심하는 과정에서 예상하지 못했던 창의적인 문제 해결 방안을 고안해 낼 수 있기 때문이다. 이와 더불어 다양한 델파이 참여자들이 주어진 쟁점에 대해 서면으로 자신의 의견을 개진함으로써 쟁점에 대한 정확한 문서화된 기록을 남길 수 있기 때문이다(Strauss & Zeigler, 1982: 36).

### (5) 델파이 기법의 단계

델파이 기법은 전문가집단으로부터 쟁점에 대한 의견을 체계적으로 추출하고 통계적으로 종합해 분석하는 일련의 과정이다. 터로프(Turoff, 1970: 88-94)에 따르면, 델파이는 다양한 방법으로 활용되고 있어 일률적으로 델파이 진행 과정을 다루기 어려우나, 일반적으로 다음과 같은 '단계'를 거치게 된다(Dunn, 1981: 198-202).

#### ① 쟁점의 구체화

델파이 운영자는 참여자들이 검토하게 될 구체적인 쟁점을 결정하고, 그들에게 설문할 질문지를 개발해야 한다. 델파이 운영자가 주어진 쟁점에 대해 잘 알고 있다면, 델파이 참여자들에게 쟁점과 관련된 정보의 목록을 만들 수 있으며, 델파이 참여자들은 운영자가 임의로 만든 쟁점과 관련된 정보의 목록을 자유롭게 가감할 수 있도록 한다.

#### ② 참여자의 선정

쟁점과 이해관계가 있는 집단으로부터 델파이에 참여할 사람들을 선정한다. 델파이 참여자들을 선정하는 방법은 표본 추출의 논리에 의하지만 가능한 쟁점과 관련된 모든 사람들이 참여할 수 있는 동등한 기회가 주어지도록 한다. 이러한 것을 가능하게 해 줄 수 있는 표본 추출 방법으로는 '눈덩이(snowballing)' 표본 추출 방법이 있다. 이 방법에 의한 표본 추출 방법은 먼저 쟁점과 관련된 사람들 가운데 가장 영향력이 있다고 생각되는 사람을 한 사람 추출한 후, 그 사람에게 다른 두 사람을 추천받되, 한 사람은 쟁점을 바라보는 관점을 공유하는 사람으로 추천받고 다른 한 사람은 전혀 다른 견해를 가진 사람으로 추천받는다. 같은 방법에 의해,

먼저 추천된 두 사람에게 같은 방법으로 반복해 필요한 표본의 수만큼 확보하는 방법이 '눈덩이' 표본 추출 방법이다. 일반적으로 10명에서 30명 사이에서 델파이 집단을 구성하나, 델파이 참여자 수는 주어진 쟁점의 특성에 따른다.

**③ 질문지의 작성**

델파이 참여자들은 수차례에 걸쳐서 질문지에 답해야 한다. 1차 질문지의 작성은 매우 중요하며 다음과 같은 내용이 포함되어야 한다. 첫째, 특정 사항이 발생할 수 있는 확률을 주관적으로 추측하도록 유도하는 항목이 필요하다. 둘째, 델파이 참여자들에게 주어진 쟁점들의 우선순위를 설정하도록 요구하는 항목이 필요하다. 셋째, 목표의 실현 가능성에 대한 판단을 하도록 유도하는 항목이 필요하다. 넷째, 목표와 목적을 달성할 수 있는 구체적인 대안을 제시하도록 유도해야 한다.

**④ 1차 응답의 결과 분석**

델파이 참여자들로부터 수집된 자료는 질문지에 포함된 쟁점, 목표, 대안 등과 같은 항목에 따라 분석된다. 델파이 참여자들의 반응은 매우 다양할 것이 기대되므로, 그들의 응답을 수집하여 통계 처리해 중앙경향과 분산도 등과 같은 요약된 정보를 산출한다. 물론 이 과정에서 불확실하거나, 바람직하지 않거나, 중요하지 않다고 판단되는 자료들은 분석에서 제외시킬 수 있다. 델파이 참여자들의 반응에 대한 통계적 요약은 델파이 참여자들에게 공지되며, 2차 질문지 작성에 기준이 된다.

**⑤ 후속 질문지의 개발**

델파이 과정은 같은 쟁점에 대해 참여자들의 합의를 유추해 내기 위함이다. 따라서 1차 질문지에 응답한 참여자들의 반응을 모든 참여자에게 알리고 다시 쟁점에 대한 후속 질문지를 작성하게 된다. 이러한 과정은 정책 델파이의 경우 3회에서 5회 정도까지 반복되는데, 후속 질문지의 설계는 직전 질문지의 결과에 의해 작성한다. 후속 질문지의 내용은 1차 질문지의 결과를 통계적으로 요약한 형태이어야 하며, 델파이 참여자들이 쟁점에 대해 반응한 이유를 논리적으로 증명하도록 유도해야 한다. 이러한 과정을 거쳐 마지막 질문지가 완성되면, 델파이 참여자들은 그들의 의견이 다른 참여자들과 어떤 면에서 얼마나 다른지를 평가함으로써 마지막으로 자신의 의견을 재평가해 수정할 수 있는 기회를 가진다.

**⑥ 델파이 참여자들의 회의**

앞서 설명한 모든 과정이 종료된 이후, 참여자들이 한 자리에 모여 그들의 쟁점에 대한 가정, 논증, 토론 등을 할 수 있는 기회를 만든다. 이러한 회의는 이미 델파이 참여자들이 다른 참여자들의 의견을 모두 알고 있기 때문에 단순한 자문회의와는 다른 성격을 띠게 된다. 왜냐하면 그들은 이미 쟁점에 대해 깊이 있는 생각과 다른 이들의 의견을 알고 있기 때문이다. 이 과정에서 쟁점에 대한 강도 높은 논의와 환류가 이루어질 것이 기대된다.

**⑦ 최종 보고서의 작성 준비**

지금까지의 정책 델파이 과정을 통해 특정 쟁점에 대해 참여자들이 합의를 이룰 수 있다고 단언할 수는 없지만, 그들은 델파이 과정을 통해 쟁점과 관련된 목표, 대안, 가치 등에 대해 창의적인 발상을 할 수 있게 되었으리라 본다. 정책 델파이의 최종 보고서는 델파이 참여자들이 검토한 다양한 쟁점들과 그들이 취할 수 있는 정책대안들 및 갈등을 야기하는 쟁점에 대한 견해 차이 등을 포괄적으로 담아야 한다. 이러한 정책 델파이의 결과는 최종적으로 정책결정자에게 전달되어 정책결정의 중요한 정보로 활용된다.

지금까지 델파이의 다양한 측면에 대해 살펴보았다. 델파이 기법은 아직까지 그 용도와 기법이 개발되고 있는 중이며, 델파이 기법의 활용은 단지 정책 문제를 해결하는 데 필요한 대안을 모색하고 대안의 결과를 예측하는 데 국한되는 것이 아니라, 정책 과정 전반에 걸쳐 활용될 수 있다. 즉, 의제설정 과정에서 필요한 정보를 수집하고 대안을 탐색하는 방법으로 사용될 수 있는 것은 물론, 정책집행 과정에서도 장애 요인이나 그것을 극복할 수 있는 방법을 모색하는 방법으로도 사용될 수 있다(Strauss & Zeigler, 1982: 39).

## 3. 정책대안의 추천

정책대안의 결과를 예측한다는 것은 정책 문제의 속성에 따라 사회의 미래 상태에 대한 실질적인 정보를 찾아내는 것이다. 정책대안이 초래할 결과는 지금까지 살펴본 정책분석의 기법들에 의해 예측되고, 비교될 수 있다. 그러나 정책분석 기법에 의한 '예측(forecasting)'은 실질적인 미래 상태를 보여줄 수는 있지만, 왜 그러한 결과가 발생하는지는 알려 줄 수 없다. 또한 정책분석에 의한 미래 예측은 예견되는 미래 상태에 대비해 우리가 무엇을 해야만 하는지를 명확히 하지 못한다(Dunn, 1981: 219).

다시 말해서, 특정 정책 현상이나 대상에 대한 시계열분석이나 회귀분석을 통해 얻은 미래에 대한 정보는 단지 그 현상이나 대상에 대한 미래 상태만을 나타내 줄 뿐 우리에게 무엇을 해야 한다는 구체적인 대안을 제시하지는 않는다. '정책 추천(policy recommendation)'이란 정책결정자들이 최종적으로 정책을 결정할 때 필요한 정보를 제공하는 것이며, 여기서 정책대안들에 대한 정보란 많은 정책대안들 가운데 어떤 대안이 가장 좋은 것이며, 그 이유는 무엇인지와 관련된 모든 것을 말한다.

### 1) 정책 추천의 기준

정책 추천을 위한 '기준(criteria)'으로는 '효과성(effectiveness)', '능률성(efficiency)', '적정성(adequacy)', '형평성(equity)', '대응성(responsiveness)', '적합성(appropriateness)' 등이 있다(Dunn, 1981: 232). 정책 추천의 기준은 이미 다뤘으므로 여기서는 효과성, 능률성, 대응성만을 살펴본다.

첫째, 효과성이란 공공정책이나 프로그램의 공식목표에 대한 접근 정도를 의미한다. 효과성은 '능률성'과 함께 정책을 통해 궁극적으로 극대화시켜야 할 가치로 받아들여진다. 드러커(Drucker, 1967)는 효과성이란 "의도한 일이 완성된 정도"를 말하며, 능률성과 효과성은 개념적으로는 분리되지만 실제 프로그램의 측정 과정에서 엄격히 구별하기 어렵다고 본다. "아무리 능률적인 조직이라 할지라도 잘못된 일을 열심히 하는 경우에는 조직의 성공을 장담할 수 없으며, 이러한 실패는 효과성의 결여에 따른다"(Drucker, 1988). 최근 '신공공관리(new public management)'는 효율성보다 효과성에 초점을 맞춘 정부의 업무 수행 능력을 관리하는 방법이다.

둘째, 능률성이란 투입에 대한 산출의 비율을 의미한다. '행정적 능률성(administrative efficiency)'은 모든 기계가 능률적으로 구조화되어 기능하듯이, 정부도 능률적으로 업무 수행을 하도록 정부구조에 각인되어 있어야 할 가치로 취급된다(Brownlow, Merriam, & Gulick, 1937: 92). 좁은 의미의 능률성은 정부가 업무를 수행할 때 사용하는 인적·물적 자원, 시간 등의 효율적 사용을 뜻하며, 넓은 의미로는 정부가 존재하는 궁극적인 이유가 된다.

셋째, '대응성(responsiveness)'이란 정부가 사회의 선호, 결핍, 요구 등에 반응하는 정도이다. 즉, 정부 정책에 대한 국민의 요구와 만족 수준은 정책대안을 추천하는 기준이 된다.

### 2) 정책 추천에 필요한 점검 사항

구체적이고 실질적인 정책대안을 추천할 때, 참고해야 할 여섯 가지 점검 사항으로 '목적(objectives)', '비용(costs)', '제약 요인(constraints)', '외부 효과(externalities)', '시간(time)', '위험 부담과 불확실성(risk and uncertainty)'이 있다(Dunn, 1981: 239).

첫째, 정책 추천은 정책의 '목적'에 따라 이루어져야 한다. 추천할 정책대안이 어느 정도 정책목적과 부합되는지는 정책 추천 시 반드시 참고해야 할 점검 사항이다.

둘째, 추천될 정책대안이 필요로 하는 예산은 매우 중요하며, 그것으로 어떤 목적을 성취할 수 있는지를 검토해야 한다. 정책의 목적은 다양하므로 주어진 예산으로 성취할 수 있는 목적과 성취시킬 수 없는 목적을 구분하는 것은 대안의 추천 시 반드시 참고해야 한다.

셋째, '제약 요인'은 정책을 추천할 때 반드시 염두에 두어야 한다. 정책대안들은 각기 다른 제약 요인들을 가지고 있으며, 제약 요인을 극복할 수 없는 대안은 실현 가능성이 희박하다. 여기서 '제약 요인'은 정치적 한계, 경제적 제약, 법적 한계, 사회적 제약, 기술적 제약 요인 등을 말한다.

넷째, 정책대안이 초래할 수 있는 '외부 효과'를 고려해야 한다. 외부 효과란 비본질적 목적이며, '긍정적인 외부 효과'와 '부정적인 외부 효과'로 나누어 볼 수 있다. '외부 경제 효과'와 '외부 불경제 효과'에 대해 살펴본 바 있으며, 이러한 외부 효과는 정책대안의 추천에 필요한 점검 사항이 된다.

다섯째, 정책대안이 가져올 효과의 '시기(timing)'이다. 정책 효과가 즉시 나타나는 대안도 있고, 장기간에 걸쳐 나타나는 대안도 있으며, 시간이 흐름에 따라 정책대안이 필요로 하는 비용과 효과가 다른 것도 있다. 따라서 정책 추천을 할 때, 정책대안이 초래할 효과에 대한 시기적 고려는 점검 사항이 된다.

여섯째, '위험 부담과 불확실성'은 정책 추천을 할 때 반드시 참고해야 한다. 정책대안이 의도한 결과를 초래할 확률은 어느 정도 '위험 부담'이 있으며, 성공할 수 있는 확률을 구할 수 있다면 불확실성을 최소화할 수 있다.

정책 문제 해결을 위한 정책대안들 가운데 최선의 정책을 추천하기 위한 '기준'과 '점검 사항'을 살펴보았다. 정책대안의 '기준'과 '점검 사항'에 따라 정책 추천을 가능케 하는 대표적인 기법으로 '비용 · 편익분석'과 '비용 · 효과분석'이 있다.

### 3) 비용 · 편익분석

'비용 · 편익분석(cost-benefit analysis)'은 정책 추천을 위한 기법으로 정책분석가들이 특정 정책대안과 관련된 비용과 편익을 '화폐 가치(monetary values)'로 환산해 정책대안을 옹호하고 추천하기 위해 사용된다. 비용 · 편익분석은 정책 추천뿐만 아니라 평가하는 기법으로도 활용된다.

비용 · 편익분석은 경제학에서 발전되어 오늘에 이르며, 특히 사회의 편익 극대화를 염두에 둔 경제학의 한 분야인 '후생경제학(welfare economics)'에서 사회의 만족 수준을 극대화시킬 수 있는 공공 투자와 밀접한 관련이 있다. 최근 비용 · 편익분석은 공공 부문의 다양한 정책이나 프로그램의 개발과 설계에 폭넓게 적용되고 있으며, 예를 들어 댐 건설과 같은 공공사업을 들 수 있다. 댐 건설을 통해 얻을 수 있는 편익은 수력 발전, 홍수의 예방, 농경지의 '관개', 휴양지의 개발 등이며, 댐 건설의 비용은 침수지역의 보상 등 그것의 건설과 관련된 총예산이다. 이러한 비용·편익분석은 교통·운송, 보건·인력 개발, 도심 재개발 등과 같은 공공사업에 적용되고 있다. 비용·편익분석은 다음과 같은 네 가지의 특성이 있다(Dunn, 1981: 244).

### (1) 비용·편익분석의 특성

첫째, 비용·편익분석은 공공 프로그램이나 정책이 초래할 모든 사회적 비용과 편익을 참고한다. 물론 공공 프로그램이나 정책의 비용과 편익을 모두 화폐 가치로 산출해 내기는 어렵지만 가능한 모든 비용과 편익을 화폐 가치로 환산한다.

둘째, '전통적인 비용·편익분석(traditional cost-benefit analysis)'은 '경제적 합리성(economic rationality)'을 추구한다. 비용·편익분석에서 정책대안을 추천하기 위한 기준은 경제적 능률성이며, 공공 프로그램이나 정책의 '순편익(net benefits)'이 '순비용(net costs)'보다 크다면 공공 프로그램이나 정책으로서 투자할 가치가 있는 것으로 생각한다.

셋째, '전통적인 비용·편익분석'은 정책대안의 추천을 시장의 논리에 따른다. 왜냐하면 공공 프로그램의 '기회 비용(opportunity costs)'의 산출은 민간 부문에서 투자해 얻을 수 있는 '총편익(net benefits)'을 산출하는 방법과 같기 때문이다.

넷째, '최근의 비용·편익분석(contemporary cost-benefit analysis)'은 '사회적 비용·편익분석(social cost-benefit analysis)'이라고도 하며, 그 이유는 비용·편익분석의 기준으로 '형평성(equity)'과 같은 '사회적 합리성(social rationality)'을 도입해 사회적 비용과 편익을 산출해 내기 때문이다.

이와 같은 특성을 가진 비용·편익분석이 공공 부문에 적용되어 정책대안을 추천하는 방법으로 활용될 때, 다음과 같은 장점과 한계를 생각해 볼 수 있다(Dunn, 1981: 245).

### (2) 비용·편익분석의 장점과 한계

비용·편익분석이 정책대안의 비교·평가를 위한 수단으로 활용되어 정책 추천을 할 수 있는 구체적인 기준을 제시할 수 있다는 것이 가장 큰 장점으로 생각된다. 이 밖에도 던(Dunn, 1981: 245)은 다음과 같은 세 가지 장점을 들고 있다.

첫째, 정책대안의 비용과 편익을 모두 가시적인 화폐 가치로 환산하여 측정한다는 것이다. 순비용과 순편익을 비교해 사회적 편익을 최대화할 수 있는 것을 추천할 수 있다.

둘째, 비용·편익분석은 단일한 정책이나 프로그램의 비용과 편익을 산출해 내는 데 그치지 않고, 적어도 이론적으로는 사회 전체로 확대시켜 산출하는 것이 가능하다는 점이다.

셋째, 비용·편익분석은 분야가 다른 정책이나 프로그램도 비교 가능한 기준을 제공해 줄 수 있다는 장점이 있다. 예를 들어, 보건 분야와 환경 분야에 대한 정책이나 프로그램의 사회적 편익을 화폐 가치로 산출 가능케 하므로 상이한 정책 분야의 프로그램을 비교 가능케 한다.

비용·편익분석은 각각의 정책대안이 초래할 비용과 편익을 금전적으로 환산해 가장 좋은 대안을 추천하는 객관적인 방법이나, 공공 부문의 특성으로 말미암아 정책이나 프로그램의 비교·평가 기준으로 적합치 않은 경우가 있다. 총비용과 총편익으로 모든 대안을 비교·평가하는 것은 민간 부문에서 편익을 극대화하려는 목적에는 적합하나, 공공 부문의 모든 정책대안에 동일한 기준을 적용해 비교·평가하는 데는 무리가 있다. 이와 관련해 던(Dunn, 1981: 125)은 다음과 같이 비용·편익분석의 한계를 지적한다.

첫째, 비용·편익분석은 경제적 능률성에 의존해 정책대안들을 분석하기 때문에 형평성과 같은 가치를 추구하는 정책이나 프로그램의 평가와 비교에는 적용할 수 없거나 의미가 없는 경우가 있다. 예를 들어, '칼도힉스 준거(Kaldor−Hicks criterion)'에 의한 비용·편익분석은 단순히 재분배적 편익을 무시하게 되며, '파레토 최적 기준(Pareto optimum criterion)'의 경우, 능률성과 형평성 간에 야기되는 갈등 문제를 다룰 수 없다는 한계가 있다.

둘째, '대응성(responsiveness)'과 같은 정책 산출을 금전적 가치로 환산해 정책의 영향을 산출하기 어렵다. 예를 들어, 특정 정책의 집행 결과로 정책 대상집단에게 돌아가는 금전적 효용성은 빈곤층과 부유층에게 같은 의미로 해석하기 어렵기 때문에 비용·편익분석에 의한 정책의 대응성을 일률적으로 다루기 어렵다. 즉, 비용·편익분석은 정책에 대한 개개인의 만족 수준을 비교하는 적절한 방법이 아닐 수 있다.

셋째, 정책이나 프로그램이 산출해 내는 무형의 재화들이 있다. 예를 들어, '맑은 공기'나 '보건 서비스'와 같은 공공재적 성격을 띤 재화들이 그것이다. 비용·편익분석은 이러한 무형의 재화가 초래하는 편익을 '잠재가격(shadow prices)'에 의해 산출하게 된다. 잠재가격은 일반 국민들이 '맑은 공기'나 '보건 서비스'와 같은 재화나 서비스를 이용할 때 '지불하고자 의도하는 금액이 얼마나 되는가를 기준(willingness to pay criterion)'으로 산출하게 된다. 이러한 주관적 추정에 의한 화폐 가치로 실질적인 정책이나 프로그램의 산출을 평가한다는 것은 설득력이 떨어진다.

이상과 같은 비용·편익분석의 장점과 한계를 감안해, 비용·편익분석이 정책에 대한 일반 국민들의 만족 수준으로 평가되는 정책의 분석에는 그 효용성이 덜하나, 대부분의 정부 정책이 분배적 차원에서 이루어지고 있는 것을 볼 때, 비용·편익분석은 정책대안을 비교하고 평가해 바람직한 정책대안을 추천하는 데 크게 기여할 수 있다는 사실을 부인할 수 없다.

### (3) 비용과 편익의 유형

비용·편익분석은 특정 정책이나 프로그램과 관련된 '모든' 비용과 편익을 대상으로 한다. 여기서 모든 비용과 편익을 산출한다는 것은 말처럼 쉽지 않다. 왜냐하면 정책과 관련되어 나타날 수 있는 비용과 편익은 매우 다양하기 때문이다. 여기서 '모든' 비용과 편익을 참고한다는 것은 직접적인 비용이나 편익은 물론, 기대하지 않았거나 예상하지 못한 비용과 편익 등을 모두 포함한다. 즉, 비용·편익분석은 다음과 같은 네 가지 비용과 편익의 유형을 모두 포함하여 산출해야 한다(Dunn, 1981: 245-248).

첫째, '내부적 · 외부적 비용과 편익(inside vs. outside costs and benefits)'이다. 내부적 · 외부적 비용과 편익의 구분은 정책분석가들이 비용 · 편익분석의 범위를 어떻게 설정하는지에 따라 달라진다. 예를 들어, 비용과 편익을 사회 전체로 확대시켜 분석한다면, 내부적 비용과 편익은 있지만, 외부적인 비용과 편익은 존재하지 않는다. 따라서 내부적 비용과 편익의 범위는 정책분석가들이 특정 정책과 관련해 비용과 편익의 범주를 어떻게 설정하는지에 따라 달라질 수 있다.

일반적으로 정책비용과 편익의 범주는 '정책 대상집단'으로 국한시켜 분석한다. 이때 정책 대상집단에 대한 비용과 편익은 내부적 비용과 편익이고, 그 외에서 발생하는 비용과 편익은 외부적인 것으로 본다. 외부적 비용과 편익은 '긍정적인(positive)' 것과 '부정적인(negative)' 것이 있다. 즉, 특정 정책에 의해 발생되는 '사회적 비용(social costs)'은 그 정책의 부정적 의미에서 외부적 비용이다.

둘째, '직접적(direct)' 혹은 '간접적(indirect)'으로 측정 가능한 비용과 편익이다. 여기서 '직접적' 혹은 '간접적'이란 '가시적(tangible)' 혹은 '비가시적(intangible)'인 것과 같으며, 가시적인 비용과 편익은 비교적 측정하기 쉬우나, 비가시적인 비용과 편익은 '잠재가격'의 추정에 의해 산출된다.

셋째, '본질적인(primary)' 혹은 '부수적인(secondary)' 비용과 편익으로 구분할 수 있다. 여기서 '본질적인 비용과 편익'이란 특정 정책이 궁극적으로 추구하는 목표나 이룩하고자 하는 가치를 실현하는 데 드는 비용과 그것이 가져올 편익을 뜻하며, '부수적인 비용과 편익'이란 그 정책과 관련되어 있는 다양한 목적들 가운데 최우선순위에 들지 못한 목적의 성취에 사용된 비용과 그것이 가져올 편익을 말한다. 예를 들면, 도심 재개발 프로그램의 '본질적 비용과 편익'은 도심 재개발을 하는 데 사용된 예산과 그것이 가져오는 편익이다. 반면에 도심 재개발 프로그램의 '부수적 비용과 편익'은 그 프로그램이 초래할 수 있는 '지역 공동체 의식의 붕괴'와 같은 비가시적인 비용이 있을 수 있으며, 또한 도심 재개발은 방범 활동이나 소방 서비스와 관련된 비용의 감소로 이어져 가시적 편익을 산출할 수도 있다.

넷째, 특정 정책대안이 초래하는 '능률성의 총계(net efficiency)'와 '재분배적 편익(redistributional benefits)'에 대한 분석이 필요하다. 특정 정책대안이 순편익을 증가시킬 수 있는지, 아니면 특정 정책에 의한 순편익은 일정하고 편익의 분배 형태만 변화하게 되었는지를 분석해야 한다. 여기서 '능률성의 총계'란 특정 정책대안으로부터 발생하는 순편익이 그 분야의 기존 정책보다 큰지, 아니면 순편익의 증가 없이 단지 한 집단으로부터 다른 집단으로 편익이 이전되었는지를 뜻한다. '능률성의 총계'를 증가시킬 수 있는 정책대안이 '재분배적 편익'을 동시에 증가시키기는 경우는 거의 찾아보기 어렵다. 왜냐하면 '능률성의 총계'와 '재분배적 편익'이라는 개념은 갈등 관계에 있기 때문이다. 따라서 비용 · 편익분석에 의한 정책대안의 평가는 누가 혹은 어떤 집단이 희생되고, 어떤 집단이 혜택을 입게 되는지를 분석해야 한다. 이상과 같이 특정 정책대안과 관련 있는 비용과 편익에 대한 유형이 모두 검토된 후 정책분석가들은 일반적으로 다음과 같은 절차를 통해 비용 · 편익분석을 완성하게 된다.

(4) 비용 · 편익분석의 절차

**① 목적의 구체화**

'정책목표(policy goals)'를 '정책목적(policy objectives)'으로 전환시키는 과정이 선행되어야 한다. 목표를 목적으로 전환시킨다는 것은 목표를 직접적 혹은 간접적으로 측정 가능하게 만든다는 것이며, 비용 · 편익분석에서 '목적의 구체화' 과정은 비용과 편익의 측정과 관련해 매우 중요하다.

**② 정책대안의 탐색**

구체화된 정책목적을 성취시키기 위한 정책대안들을 탐색하는 과정이다. 정책대안의 탐색은 정책 문제의 정의로부터 시작되고, 구조화된 정책 문제는 문제 해결을 위한 정책대안의 탐색으로 이어지게 된다. 이 과정에서 주의해야 할 것은 정책문제들이 상호 연계되어 있어 정책 목적에 의해 정책대안을 탐색하고 모색하는 일이 말처럼 쉽지 않다는 사실이다.

**③ 자료의 수집 · 분석과 정보의 해석**

정책대안이 탐색된 후, 각 대안을 비교 · 평가하기 위해 자료가 수집된다. 물론 정책대안에 대한 자료는 모든 '비용 · 편익의 유형'뿐만 아니라, 각 대안의 정치적 · 경제적 · 사회적 · 기술적 '실현 가능성(feasibility)'의 범주를 참고해 수집된다.

④ **정책 대상집단의 구체화**

추천될 정책대안에 의해 영향을 받게 되는 정책 대상집단의 목록을 만들어야 한다. 추천될 정책대안에 의해 영향을 받게 되는 집단은 수혜집단과 불이익을 받게 되는 집단으로 분류해 구체화시킨다.

⑤ **비용과 편익의 유형 탐색**

추천될 정책대안에 의해 영향을 받는 집단들의 입장에서 정책대안들이 초래할 '비용과 편익의 유형'을 탐색하고 구체적으로 결정해야 한다. 이 과정에서 실질적인 비용·편익분석을 위한 자료를 어떻게 수집하고 분석할 것인지가 결정된다.

⑥ **비용과 편익에 대한 할인율의 결정**

각기 다른 정책대안들은 서로 다른 시점에서 다양한 비용과 편익을 유발시킬 것이 기대된다. 특정 정책대안이 초래할 비용과 편익은 순현재 가치로 나타낼 수 있다. '순현재 가치'란 특정 정책대안이 초래할 총편익에서 총비용을 뺀 것으로 그 결과가 0 이상이면 추천할 수 있는 정책대안이 된다. 그러나 특정 정책대안이 초래할 비용과 편익이 10년 후에는 인플레이션이나 이자율의 변동 등으로 변화할 것이므로 이러한 변화를 참고해 미래의 비용과 편익을 조정해야 할 필요가 있다. '할인(discounting)'이란 특정 정책대안이 초래할 현재의 비용과 편익에 의해 미래의 비용과 편익을 예측하는 방법으로, '할인율(discounting rate)'을 어떻게 결정하는지는 특정 정책대안의 미래를 예측하는 데 큰 영향을 미친다. 일반적으로 공공사업에 적용되는 할인율을 사회적 할인율이라고 한다.

⑦ **위험 부담과 불확실성의 추정**

정책대안에 대한 편익과 비용의 산출은 늘 부정확할 수밖에 없다. 따라서 정책대안이 초래할 비용과 편익의 산출이 어느 정도 '위험 부담'과 '불확실성'을 가지고 있는지 추정할 필요가 있다. 정책대안의 비용과 편익에 대한 위험 부담과 불확실성을 추정해 내는 방법은 '민감도 분석(sensitivity analysis)'에 의한다. 민감도 분석이란 특정 정책대안이 필요로 하는 '순비용(net costs)'과 '순편익(net benefits)'이 취할 수 있는 값들은 알 수 있으나 어떤 값이 실제 발생할지 모르는 경우에 정책

대안이 초래할 다양한 순비용과 순편익을 고려해 정책대안을 비교·평가하는 방법이다. 즉, 민감도 분석은 정책대안이 초래할 비용과 편익이 다양하게 변할 때 대안들의 효과성이 어떻게 달라지는지를 분석하는 것이다. 만약 비용과 편익이 특정 값을 가지게 될 것이라는 것을 알 수 있다면, 즉 특정 값이 발생할 확률을 계산할 수 있다면, 정책분석가들은 대안들의 효과성에 대한 분석 결과를 확률적으로 설명할 수 있게 된다. 이러한 가정에서 대안들의 위험 부담을 분석하는 것을 '위험분석(risk analysis)'이라고 한다.

**⑧ 정책 추천을 위한 기준의 구체화**

정책대안들에 대한 비용·편익분석을 완료한 다음, 정책분석가들은 정책 추천을 위한 기준을 구체적으로 마련해야 한다. 정책 추천의 기준으로는 이미 설명한 바와 같이 능률성, 적정성, 형평성, 대응성, 적합성 등이 있다. 정책 추천을 위한 대안들의 비교 방법으로는 '순현재 가치(net present value)'에 의한 비교 방법, '비용·편익 비율(cost-benefit ratio)'에 의한 대안 비교 방법, '파레토 최적(Pareto optimum)' 기준, '내부 수익률(internal rate of return)'에 의한 대안 비교·평가 방법 등이 있다.

**⑨ 정책 추천**

정책 추천은 각 대안의 비용·편익분석 결과에 따라 대안들의 장·단점, 실현 가능성 등과 같은 정보를 정책결정자에게 제공하는 것이다.

### 4) 비용·효과분석

비용·편익분석은 공공사업의 비용과 편익을 모두 금전적으로 환산해 측정하고, 순비용과 순편익의 크기가 순현재 가치 기준이나 비용·편익 비율 기준과 같은 동일한 기준에 의해 비교·평가하는 것이다. 그러나 정책이나 프로그램의 비용은 화폐 가치로 산출되는 데 반해, 정책이나 프로그램의 결과는 화폐 가치로 환산할 수 없는 경우가 있다. 이때 비용·편익분석을 대체해 사용할 수 있는 방법이 '비용·효과분석(cost effectiveness analysis)'이다(Dunn, 1981: 250).

비용 · 효과분석은 앞서 설명한 비용 · 편익분석의 논리와 같다. 다만 비용 · 효과분석은 정책대안이 초래할 산출을 화폐 가치로 환산하기 힘들거나, '순현재 가치'나 비용 · 편익 비율과 같은 동일한 기준으로 양자를 비교하기 어려울 때 사용된다. 정책 산출을 화폐 가치로 환산하기 어려운 공공사업으로는 국방, 방범, 보건, 교통 등의 분야를 들 수 있다.

비용 · 효과분석의 절차는 비용 · 편익분석의 절차와 유사하나, 할인율이 적용되는 것을 비용에 국한시키고 '적정성'이 정책대안의 추천 기준이 된다는 것이 비용 · 편익분석과 다르다. 비용 · 효과분석의 정책 추천을 위한 기준으로 '적정성'은 다음과 같은 두 가지 기준에 따른다(Dunn, 1981: 251－252).

첫째, '최소비용 기준(least－cost criterion)'이다. 최소비용 기준이란 정책 산출에 대해 일정한 효과 수준을 정해 놓고, 이 수준을 만족시키는 몇 개의 대안들의 비용을 비교해 최소비용의 대안을 선정하는 방법이다.

둘째, '최대효과 기준(maximum－effectiveness criterion)'이다. 최대효과 기준이란 비용의 최고한도를 정해 놓고 이 기준에 맞지 않는 대안들을 제외한 다음 최대의 효과를 창출할 수 있는 대안을 선정하는 방법이다.

비용 · 효과분석은 비용 · 편익분석과 같이 동일한 기준에 의해 대안을 비교하고 평가해 최선의 대안을 선정하지는 못하지만 정책이나 프로그램을 통해 성취하고자 하는 효과의 수준과 이용 가능한 자원의 한도가 확정되어 있는 경우, 대안의 선정에 유용하게 사용될 수 있다.

# 제 11 장

# 정책결정론

## 제1절 정책결정의 개념

정책형성 과정을 통해 탐색된 정책대안들 가운데 특정 정책대안이 정책결정자들에 의해 최종 '승인(approve)', '가감(modify)', '거부(reject)'되는 일련의 행위를 정책결정이라고 한다(Anderson, 1978: 71). 정책결정은 일반적으로 입법부에 의해 법이 제정되거나, 정부의 행정명령을 통해 이루어진다. 정책결정 과정에서 검토되는 정책대안들은 정책결정을 앞두고 승인, 가감, 거부 등을 거치면서 선택의 폭을 좁혀 나가게 된다. 이러한 과정에서 정책결정자들은 최종 정책대안에 대해 합의에 이를 수도 있지만, 그렇지 못한 경우, 정책대안에 대한 '협상(bargaining)'이 벌어지기도 한다. 일반적으로 정책의 최종적인 결정은 입법기관이나 정부기관의 각종 위원회에서 다수의 원칙에 따라 결정된다.

정책결정 과정에 참여하는 사람들은 정책결정에 대해 공식적인 권한을 가지고 있는 국회의원, 선출된 고위관료, 행정관료, 사법기관 등이며, 민주주의 국가에서는 국민을 대표하는 입법기관이 정책을 최종적으로 결정하는 역할을 한다. 입법기관에서 특정 정책대안에 대해 다수의 국회의원들이 지지나 관심을 표명한다는 것은 다수의 국민들이 그 정책대안에 찬성한다는 것과 같다. 왜냐하면 국회의원들은 지역주민들을 대표하기 때문이다.

입법기관에 의해 결정된 정책은 '정통성이 부여된(legitimate)' 것으로 보고, 해당 정부기관은 집행될 정책에 대해 '합법적 권위(legal authority)'를 가지고 세부적인 활동지침을 마련하게 된다. 정부의 공식기관에 의해 결정된 정책이 일반 국민과 사회의 다양한 집단에게 수용되는 이유는 정부가 가지고 있는 '정통성'과 그것으로부터 나오게 되는 '권위'에 기인하며, 정책결정은 정부의 정통성과 권위의 본질을 살펴보는 것으로부터 시작한다.

### 1. 정부의 정통성과 정책결정

정책을 결정한다는 것은 정책 수단을 '합법화(legalizing)'시킨다는 뜻이다. '합법화'의 사전적 의미는 법에 의해 '정당화(justify)'되거나 법에 의해 '권위를 부여받는(authorize)' 것이다. 존스(Jones, 1984: 110－111)에 따르면, 정책의 합법화 과정은 다음과 같은 두 가지의 논의가 필요하다고 한다. 첫째, '기본적인 정치 과정에 대한 권위'이다. 여기서 '기본적 정치 과정의 권위'란 공공 문제를 해결하기 위한 정책대안들을 '승인(approve)'할 수 있는 '힘'을 뜻하며, 이러한 권위가 누구로부터, 어떻게, 혹은 어디로부터 나오게 되는가에 대한 논의이다. 둘째, 권위를 부여받은 정치 체제가 어떤 과정을 거쳐 정책을 '합법화'시키는가와 관련된 논의이다.

정통성은 국가를 존립시키는 핵심이며, 이것은 '권위(authority)', '합의(consent)', '의무(obligation)', '지지(support)'와 같은 개념을 포함한다. 이러한 개념들은 정부와 국민과의 관계를 규정해 주는 일련의 범주다(Jones, 1984: 111). 정부의 권위에 대해 국민들이 '의무'감을 가지게 되고, '복종'하게 되는 이유에 대해 많은 논의가 있지만 왜 국민들이 정부의 권위에 대해 복종하는지를 단적으로 설명하기는 어렵다. 베버(Max Weber)는 국가의 정통성에 기인한 권위에 국민들이 복종하는 이유를 '두려움(fear)'과 '희망(hope)' 때문이라고 했다.

존스(Jones, 1984: 111)는 '의무'라는 것은 개인과 공권력의 동태적 관계에서 찾아볼 수 있으며, 개인의 공권력에 대한 의무감은 국민의 공권력에 대한 인식, 가치, 정보, 직감 등에 의해 형성된다고 본다. 예를 들어, 우리는 간혹 신호등이 빨간색일 때 횡단 보도를 건너거나, 운전할 때 규정 속도를 위반하기도 한다. 이러한 행위는 사회적으로 통용되는 법규를 '위반(disobey)'한 것이지만, 정치 체제의 정통성을 부인한 결과는 아니며, 이러한 행위를 하는 동안에도 정해진 법이나 제도를 모른다든가 혹은 받아들이기 어렵다고 생각하는 사람은 거의 없다. 공권력에 대한 의무감은 우리들이 인지하고 있는 사회적 규범, 가치, 제도, 정보 등에 의해 형성된다.

정치 체제의 정통성은 정부와 정부가 만든 정책에 대한 일반 국민들의 '지지(supports)' 정도에 따라 가늠될 수 있다. 정치 체제가 정통성을 확보하는 데 필요한 일반 국민들의 지지를 이스턴(Easton, 1965: 273)은 '세부적(specific)' 지지와 '확산적(diffuse)' 지지로 나눈다. 그에 따르면, '세부적 지지'란 정치 체제의 '산물(outputs)'에 대한 체제 구성원들의 호의적인 태도나 그러한 경향이며, 이것은 정치 체제의 산물이 그들의 요구를 충족시키기 때문에 나타난다. 정치 체제의 산물이 특정 정책이라고 가정하면, 체제 구성원의 정책에 대한 호의적인 태도나 경향은 정책에 대한 '호응'으로 나타난다.

반면에 '확산적 지지'는 체제 구성원들로부터 정치 체제의 산물에 대한 '보류된 호의적 태도(a reserve of favorable attitudes)'이다. 즉, '확산적 지지'란 정치 체제의 산물이 체제 구성원들의 이해관계에 반하지만 그들에 의해 부정되지 않고 받아들여지는 것을 말한다. 체제 구성원들이 그들에게 불리한 정치 체제의 산물을 받아들이는 이유는 정부에 대한 사회의 폭넓은 신뢰 때문이다(Jones, 1984: 112).

이상에서 볼 수 있듯이, 정통성이란 모든 정치 체제가 가지고 있는 동태적 특성이며, 일반 국민들이 응집력을 발휘해 정부에게 정통성을 '부여'하기도 하고, '보류' 혹은 '박탈'할 수도 있다는 것을 상기할 필요가 있다(Jones, 1984: 114).

존스(Jones, 1984: 114)에 따르면, "정통성에 대한 논의는 정책연구의 기본이 되며, 만약 우리가 특정 정치 체제가 향유하고 있는 정통성을 고려하지 않고 정책연구를 하면, 그 연구는 가장 기본적 오류를 범하게 될 것이다. 왜냐하면 정통성을 무시한 채 정책연구를 한다는 것은 정책결정이 일어나는 맥락을 고려하지 않고 정책결정을 다루는 것과 같기 때문이다."

## 2. 정책 승인 과정과 다수의 원칙

민주주의 국가에서 '정책 승인(policy approval)'은 '다수 연합(majority coalition)을 형성'하는 것으로부터 시작하며, '다수의 원칙(majority rule)'은 오랫동안 민주주의의 기본적인 가치로 받아들여져 왔다. 실즈(Shields, 1958)에 따르면, 다수의 원칙에 의해 결정된 것은 그 사회를 위한 '올바른(right)' 것이다. 즉, 민주적 절차에 따라 결정된 정책을 집행한 정부의 '권위(authority)'는 합법적이며, 결국 정통성이란 권위가 어떤 과정을 거쳐 행사되었는가에 달려 있다. 그는 민주사회에서, 정통성과 권위는 '절차(procedures)'에 달려 있다고 주장한다(Jones, 1984: 115).

이와는 달리, 달(Dahl, 1956: 133)은 '다수의 횡포(majority tyranny)'에 대해 말한다. '다수의 횡포'란 사회구성원이 다수의 원칙에 따라 '동의'한 것이 사회구성원

모두가 '합의'한 것인 양 받아들여져 소수의 의견이 무시되는 것을 말한다. 그에 따르면, 민주사회에서 정책이 다수의 원칙에 의해 결정된다는 것은 "우리가 만들어낸 환상에 불과하며 실제 사회에서 '다수'가 존재하지 않는다." 이어서 그는 다수의 원칙을 대체하는 개념으로 '소수의 원칙(minority rule)'에 대해 말한다. 소수의 원칙에 의한 의사결정이란 의사결정에 접근할 수 있는 소수의 합법적 집단들 간의 '협상(bargaining)'을 통해 정책이 최종 결정되는 것을 말한다.

이에 대해 존스(Jones, 1984: 115)는 달(Dahl, 1956)이 말하고 있는 '소수의 원칙'을 부정할 수는 없지만, 민주사회에서 다수의 논리에 의해 정책이 결정된다는 것은 일반 국민 모두가 정책의 결정에 참여해 다수가 선호하는 정책이 최종 결정된다는 것이 아니라, 정책이 형성되어 실질적인 결정 단계에 이르기까지 다수의 원칙이 단계적으로 적용되어 최종적으로 정책이 만들어지게 되는 것을 뜻한다고 주장한다. 즉, 민주사회에서는 일반 국민들이 직접선거에 의해 정치지도자를 선출하고, 그 정치지도자들을 중심으로 특정 정책의제에 대해서 전문가집단을 비롯한 다양한 집단을 대표하는 사람들로 구성된 '자문회의(committee)'가 구성되어 정책대안을 모색한다. 또한 입법부와 사법부에서도 다수의 원칙에 의해 최종적으로 의사결정을 하는 것을 볼 때, 다수의 원칙은 특정 정책이 개발되는 과정에 단계적으로 적용되어 정책을 최종 결정하는 방법이라고 할 수 있다. 결국 정책결정은 최종적으로 소수의 정치 엘리트에 의해 이루어지지만 정책 과정 전반적으로 볼 때 사회의 다양한 집단들과 일반 국민의 의견이 수렴되어 결정된 것이며, 정책결정의 원리는 '다수의 원칙'이다.

## 3. 합리성과 정책결정

합리성이란 "목표 달성을 위해 고안된 의사결정의 원리에 부합하는 행위"로 정의된다(Simon, 1993: 393). 합리적이란 의미는 논리적인 것으로 이해되며(Babbie, 1983: 16), '과학적 관리(scientific management)'에서 취급하는 능률성과 동의어로 취급되기도 한다. 합리성과 관련해 반드시 기억해야 할 학자는 사이먼(Simon, 1955, 1957, 1978, 1993)이다.

사이먼은 의사결정 과정의 합리성을 다루어 '노벨상(Nobel Prize)'을 수상했으며, 합리성에 대해 다음과 같이 말한다. "대부분의 사회과학에서는 '합리적 행위란 무엇인가?' 혹은 '어떻게 합리성을 획득할 수 있을 것인가?' 등과 같은 질문에 답하기 위해 '합리성'이 연구되고 있으며, 모든 사회과학은 어떤 방법으로든 '합리성'이라는 문제를 다루고 있다"(Simon, 1993: 395). 그에 따르면, 합리성이란 조직이나 사회 체제에 대한 연구에서 흔히 찾아볼 수 있는 보편적인 개념이며, 특히 '행태론(behavioral sciences)'에 입각한 사회 연구의 핵심이 되는 개념이다.

사이먼은 합리성을 다음과 같이 정의한다(Simon, 1993: 393). "우리는 '행위(behavior)'나 그 행위를 이끌어 낸 '의사결정(decision making)'이 우리의 목표를 성취시키기에 적합한 것이라고 생각된다면, 그 행위나 의사결정은 합리적"이라고 할 수 있다. 즉, 그는 "합리성이란 목표 성취를 이끌어 내는 행위에서 찾아볼 수 있는 일련의 '기술(skills)'이나 '성향(aptitudes)'"이라고 한다.

엘스터(Elster, 1983: 10)는 "합리적 의사결정이란 다른 것이 아니라 … '일관된 선호(consistent preferences)'와 '일관된 기획(consistent plans)'이다"라고 말한다.

왓슨과 부에드(Watson & Buede, 1989: 12)는 "우리는 우리의 행위가 이미 채택된 규칙에 의해 일관성 있게 신행되고 있다면, 우리의 행위가 합리적이라고 할 수 있다"고 말한다. 고전적 행정학자인 왈도(Waldo, 1987: 232-233)에 따르면, 행정이란 "고도의 합리성을 수반한 협동적 인간 노력의 행태"로 다루며, 여기서 "합리적 행위란 주어진 목표를 성취하기 위해 최적의 수단을 선택하는 계산된 행위"를 말한다. 왈도에 따르면, 행정관료들은 관료조직 내에서 자신의 직급에 준한 정형화된 합리적 결정을 반복적으로 하게 되며, 이러한 행정관료들의 개별적 합리성의 추구는 궁극적으로 관료조직의 총체적 합리성으로 이어지게 된다고 한다. 이와 같이 합리성이란 '정부가 하는 일'과 분리하여 설명할 수 없는 개념으로 정책 과정을 통해 추구해야 할 가치 가운데 하나로 취급되며, 동시에 정책결정의 기준이 된다.

## 4. 의사결정의 합리성

의사결정은 합리적으로 될 것이 기대된다. 의사결정에 대한 논의는 객관주의 관점에서 '도구적 합리성'을 기준으로 '의사결정의 합리모형'이 한축을 이룬다.[1] 의사결정을 다루는 또 다른 축은 상대주의적 관점에서 '점증주의'에 입각해 의사결정을 다루는 방법이다. 양축은 '합리성'을 어떻게 취급하는지에 따라 의사결정 방법을 달리하며, 전자는 '진실(true)'이 하나라는 입장에서 '최선의 방법(one best way)'을 찾는 반면, 후자는 '진실'이 다양할 수 있다는 입장에서 인간의 인지능력의 한계를 감안해 합리성은 점증적으로 추구될 수 밖에 없다고 가정한다.

어떤 관점이 옳고 그름을 떠나서, '합리모형'은 '처방적 목적(prescriptive purpose)'으로 사용되며, 점증모형은 의사결정에 대한 '기술적 목적(descriptive purpose)'으로 사용된다. 합리모형에서 추구하는 "합리성이란 목표 성취를 이끌어 내는 행위에서 찾아볼 수 있는 일련의 '기술'이나 '성향'이며, 목표를 성취하기 위해 수립된 계획에 따라 성취된 정도"가 합리적인 정도를 가늠한다. 합리모형은 정책목표를 성취시키기 위해 필요한 모든 정보와 자료를 수집하여 정책대안을 찾아내고, 각각의 대안들이 초래할 결과를 예측해 최선의 대안을 최종적으로 결정하는 일련의 과정을 계획하는 것이므로, 정책결정을 처방적으로 다룬다.

반면에 점증모형에서 합리성이란 합리모형에서 추구하는 '이상형(ideal type)'이 현실적이지 못하다는 비판으로부터 시작한다(Rosenbloom, 1993: 331). 점증모형은 실질적인 정책결정 과정에서 합리성은 불완전할 수밖에 없다는 것을 인정하고 현실적인 정책결정 과정을 다룬다. 점증주의적 관점은 합리성을 간과하는 것이 아니라 현실적으로 추구하기 어렵다는 가정으로부터 시작한다. 점증주의적 관점에서 합리성은 그것의 비현실성을 인정하고 실질적인 정책결정 과정을 기술하는 방법을 사용한다.

합리성의 측면에서 바라보면, 합리모형은 비현실적이며, 점증모형은 불완전하다는 비판을 받고 있다. 의사결정에 대한 논의는 '합리성'을 기준으로 합리모형과 점증모형이 양축을 이루고, 이들 모형들의 한계는 다양한 의사결정 모형을 파생시킨다. 즉, 합리모형의 합리적 기준을 완화시키고 점증모형의 불완전성을 극복하기 위한 의사결정 모형으로 '최적모형(optimal model)', '만족모형(satisficing model)',

1) 도구적 합리성과 객관주의에 대한 논의는 제7장을 참고바람.

'쓰레기통모형(garbage can model)', '혼합주사모형(mixed scanning model)' 등이 있다. 이들 모형들은 합리모형과 점증모형의 한계를 극복하고 최선의 정책결정을 위한 대안적 의사결정 모형들이다.

## 제 2 절 합리모형

사이먼(Herbert A. Simon)은 그의 저서 『행정행태(*Administrative Behaviour*)』(1945)에서 의사결정이 행정이론의 중심이 되어야 한다고 주장한다. 그의 이러한 관점은 그 당시 대부분의 행정연구가 '능률적인 조직관리'에 초점을 둔 사실을 감안한다면 상당히 새로운 시각이었다. 즉, "행정이론은 '의사결정 과정(decision-making processes)'과 '집행 과정(processes of action)'에 초점을 맞추어 정부의 의사결정 과정에서 어떤 일들이 일어나고 있는지를 체계적으로 다루어야 한다"는 것이다(Simon, 1945: 1).

사이먼(Simon, 1945: 5)은 '결정(decision)'이란 다수의 대안들 가운데 하나의 대안을 '선택(choice)'하는 것이며, '합리적 선택(rational choice)'이란 이미 설정된 목표를 성취시키는 데 이바지할 수 있는 최선의 정책대안을 '취하는 것(selecting)'이다. 그는 모든 조직이 목표를 가지고 있으며, 이러한 목표가 행정 행태의 방향을 제시하는 중요한 지침이라고 주장한다.

이러한 관점에서, 조직의 의사결정은 목표를 성취시키기 위한 최선의 대안을 찾는 것으로부터 시작하며, 다수의 대안들 가운데 하나의 대안을 선택해야 하는 경우, '합리적인 의사결정자(rational decision-maker)'들은 바람직한 정책 결과를 가져올 수 있는 최선의 대안을 최종 선택하게 된다. 합리적 의사결정은 대안들과, 대안들이 초래할 결과에 대한 '포괄적인 분석(comprehensive analysis)'을 통해 이루어지게 되며, 이러한 의사결징을 '합리적 포괄적 모형(rational comprehensive model)'에 의한 의사결정이라고 한다.

린드블롬(Lindblom, 1959)은 합리모형을 '총체적 · 통합적 접근 방법(synopticcomprehensive approach)'이라고 하며, 마르쿠제(Marcuse, 1964)는 '기술적 합리모형(technical rationality model)'으로, 리치(Leach, 1982)는 '목적 지향적 합리모형(purposive rationality model)'이라고 했다. 합리모형에 대한 수식어에서 볼 수 있듯이 합리모형은 특정 학자에 의해 제안된 것이 아니라 18세기 계몽주의(Enlightenment) 시대에 발현한 합리적 선택과 연계된 사상으로 모든 사람들에게 동등하게 적용될 수 있거나 접근될 수 있는 '일련의 객관적 기준(a set of objective standard)'을 뜻한다. 우리는 이것을 '객관주의(objectivism)'라고 하며 '객관주의'에 입각한 '도구적 합리성'을 의사결정 방법에 대입한 모형을 '합리모형'이라고 한다. 합리모형에 의한 정책결정은 다음과 같은 특징을 가진다.

## 1. 합리모형에 의한 의사결정의 특성

린드블롬(Lindblom, 1959)에 따르면, 합리모형은 다음과 같은 전제 조건에 의해 의사결정을 한다. ① 대안 선택의 기준은 의사결정자가 인위적으로 만드는 것이 아니라 주어진 것으로 본다. ② 의사결정자들은 모든 정책대안의 결과를 정확하게 예측할 수 있는 능력이 있다. ③ 모든 정책대안에 대한 비용과 편익을 계산해 낼 수 있다. ④ 정책결정을 합리적으로 하는 정책결정 체제가 있다. ⑤ 최선의 대안을 선택하는 데 비합리적인 요인이 개입되지 않아야 한다. ⑥ 목표와 수단을 엄격히 구분할 뿐만 아니라, 가치와 사실도 엄격히 구분해 접근한다. ⑦ 이상의 모든 조건을 만족시키며, 동시에 모든 정책대안들에 대한 포괄적이고 총체적인 분석을 통해 의사결정을 한다. 합리적 의사결정을 위해, 의사결정자는 모든 문제를 완전히 이해하고, 정책 문제 해결을 위한 정책대안들을 포괄적으로 파악하고 있으며, 정책 문제 해결에 필요한 물적·인적 자원이 충분하다는 것을 기본 전제로 한다. 앤더슨(Anderson, 1978: 9–10)과 린드블롬(Lindblom, 1959)은 합리모형의 특성을 다음과 같이 말한다.

첫째, 정책 문제를 해결해 얻고자 하는 '가치와 목적'이 무엇인지를 명확히 한다. 가치와 목적을 명확히 하는 것은 실질적인 정책대안들에 대한 경험적 분석에 선행되어야 하는 일이지만, 정책대안들의 분석과는 별개로 정책 문제를 해결해 얻고자 하는 '가치와 목적'을 명확히 하는 것으로부터 시작한다.

둘째, 가치와 대안을 분리한다는 것은 정책결정을 '수단(means)'과 '결과(end)'로 나누어 접근한다는 것이며, 먼저 정책을 통해 성취하고자 하는 '결과'를 명확히 구성한 다음, 그것을 성취시키기 위한 수단들을 탐색한다.

셋째, 가장 '좋은(good)' 정책은 '바람직한 산출(desired ends)'을 이끌어 낼 수 있는 '적합한 수단(appropriate means)'으로 실현될 수 있다고 가정한다.

넷째, 정책대안들에 대한 분석은 포괄적으로 이루어져야 한다. 즉, 정책 문제와 관련된 모든 중요한 요인을 분석한다.

다섯째, 합리모형에 의한 의사결정은 이론에 크게 의존한다.

합리모형의 특징에서 볼 수 있듯이 합리적 접근 방법은 말 그대로 '총체적 · 통합적 접근 방법'이며, 정책결정자가 이성과 고도의 합리성에 따라 목표 달성의 극대화를 위해 합리적인 대안을 탐색하고 최종적으로 결정하는 이론이다.

일반적으로 정책결정 과정에서 합리성이 제고되는 단계들을 나열하면 다음과 같다. ① 문제의 인지, ② 자료의 수집, ③ 자료의 분석과 분류, ④ 정책 수단의 모색, ⑤ 정책대안의 목록 작성, ⑥ 정책대안들에 대한 평가, ⑦ 의사결정, ⑧ 정책집행, ⑨ 정책감시와 환류 등이며, 이러한 정책 과정의 각 단계에서 합리성을 추구해 총체적 합리성으로 연계한다.

여기서 기억할 것은 순수한 합리모형은 '환류(feedback)'고리가 없다. 왜냐하면 순수한 합리모형은 오류를 인정치 않기 때문이다. 다만 포퍼(Karl Popper)와 같은 '비판적 합리주의자(critical rationalist)'들은 오류를 감안한 합리성을 추구할 것을 권한다. '비판적 합리주의'의 대표적인 정책학자로 켐벨(Donald T. Campbell)을 들 수 있으며, 그의 '유사실험연구(quasi-experimentation)'는 오류(내적 타당성의 저해 요인과 외적 타당성의 저해 요인)를 인정하고 '순수실험연구설계'에 의하기보다 '유사실험연구설계'를 통해 문제를 해결할 것을 주장한다.

## 2. 합리모형의 유형

피프너(Pfiffner, 1961: 125-132)는 합리성을 정의하고 실천하는 방법에 따라 합리모형을 '고전적 모형', '규범적 모형', '행태적 모형'으로 구분한다. 이러한 '합리모형의 유형'에 관한 논의는 합리성이 정의되고 취급되는 다양한 관점을 이해하는 데 도움을 줄 수 있다.

### 1) 고전적 모형

'고전적 모형(classical model)'은 '관습적 모형(conventional model)'이라고도 하며, 이것은 전통적인 '수단과 결과에 의한 접근 방법(means-ends approach)'이다. 고전적 합리모형의 관점에서, 의사결정자들은 목표를 먼저 설정하고, 다음으로 목표를 성취시키기 위한 수단을 찾는다고 하여, 고전적 합리모형을 '수단과 결과에 의한 접근 방법'이라고 한다.

마치와 사이먼은 고전적 합리모형을 '기계 모형(machine model)'이라고 하며, 이러한 합리모형은 인간을 기계적 논리에 의해 주어진 상황에 자동적으로 반응하는 하나의 개체로 본다. '기계 모형'은 인간을 기계의 한 부품으로 취급하며, 인간의 동기는 단순히 금전적 보상에 반응하는 것으로 본다. 이러한 관점에서, '과학적 관리론'은 조직을 관리하는 방법으로 활용되어 오늘에 이르며, 의사결정은 문제 해결을 위해 '최선의 방법(one best way)'을 찾아내는 것이다. 고전적 모형에서 추구되는 합리성은 '능률성'과 분리하기 어려우며, 이러한 고전적 합리모형의 특성 때문에 우리는 이것을 '기계적 합리성' 혹은 '기계적 능률성'이라고도 한다.

### 2) 규범적 모형

'규범적 모형(normative model)'은 고전적 모형과는 달리 합리성을 '당위(oughts)'에 입각해 접근한다. 즉, 규범적 모형에서 '합리성'이란 특정 상황을 지배하는 도덕이나 윤리와 같은 규범에 따라 결정된다고 본다. 즉, 과학적 지식보다 과거로부터 전수된 권위나 전통에 의한 판단이 합리적 의사결정의 근거가 된다. 이러한 규범적 관점에서 합리성은 '사실과 가치 간의 논쟁(fact-values controversy)'의 핵심이 되며, 이것은 '왈도와 사이먼의 논쟁'으로 이미 잘 알려져 있다.

규범적 모형에서 '합리성'은 '관료들의 업무 수행 태도' 혹은 '정치인들에게 기대되는 행위' 등과 같이 특정 직업 분야에서 통용되는 '잘 정의된 신념(well defined convictions)'이다. 물론 이러한 신념이 반드시 과학적 지식에 근거한다고 할 수 없으나 비과학적이라고 할 수 없는 일반적으로 사회에서 사실로 받아들여지는 것들이다. 사회에서 통용되는 신념은 특정 분야의 전문가들의 주장이며, 예를 들어 수돗물에 불소를 첨가해 시민들의 구강 위생을 돌보아야 한다는 치과 의사들의 주장, 청소년 범죄를 엄격히 법에 의해 처벌하기보다는 선도해야 한다는 사회사업가들의 주장, 스파르타식 교육 방법에 대한 비판과 대안적 교육에 대한 교육자들의 옹호 등은 규범적 모형에서 '합리성'으로 받아들여진다.

### 3) 행태적 모형

'행태적 모형(behavioral model)'에서 합리성은 객관적 관점에서 인간의 행태를 탐구해, 기술하고, 설명하며, 예측하는 것이다. 인간의 행태를 객관적으로 설명한다는 것은 과학적인 방법에 의해 '가치(values)'와 '사실(facts)'을 엄격히 구분해 다룬다는 의미이다. 그러나 인간의 행위는 가치 지향적이기 때문에 가치나 목적을 배제하고, 행위 자체만을 객관적으로 다룬다는 것이 가능한지 의구심이 든다. 실제로 인간의 행태는 객관적으로 측정할 수 있고 예측 가능하다고 믿는 학자들이 있다. 행태주의자들은 인간의 행태를 과학적 연구의 대상이라고 본다. 즉, 인간의 행태는 규칙성을 가지고 반복하기 때문에, 타고난 기질에 따른 행태의 정형을 밝히는 과학적 연구가 가능하다고 본다.

이러한 관점에서, '유능한 행정관료들'은 그들의 의사결정과 행정 행위에 대해 일반 국민들이 어떤 반응을 보일지를 미루어 짐작할 수 있는 능력을 가진 사람들이며, 아울러 그들은 결정된 정책에 대한 일반 국민들의 적대감이나 반감을 최소화시킬 수 있는 능력을 겸비한 사람들이다. 행태적 모형에서는 관료들의 이러한 능력을 합리성으로 본다. 즉, 행정관료들의 전문적 직관은 행태적 모형의 합리성 기준이 된다(Pfiffner, 1961: 128). 이러한 행태적 모형의 합리성은 앞서 설명한 '고전적 모형'에 의한 합리성과는 상당히 다르다. 왜냐하면 관료들의 전문적 직관에 의한 합리성은 고전적 모형의 '기계적 합리성'과 상당히 다를 뿐만 아니라 규범적

모형의 객관적인 사실과 가치 문제 등과 관련해 갈등의 여지가 있기 때문이다.

행태적 관점에서 합리성을 논하고 있는 대표적인 학자로 사이먼을 들 수 있으며, 그가 행태적 모형에 의해 합리성을 추구하는 방법은 다음과 같다. 첫째, 조직의 목표는 주어진 것으로 보고, 그 목표를 성취시키기 위한 행정 행태는 목표 지향적이다. 둘째, 목표 지향적인 행정 행태는 합리적 의사결정자들이 바람직한 결과를 초래할 수 있는 정책대안을 탐색하는 것으로부터 시작하여 모든 정책대안들이 초래할 결과를 포괄적으로 분석해야 한다. 셋째, 최종적으로 결정될 정책대안은 의사결정자들의 가치를 극대화시킬 수 있어야 하며, 최종 정책결정 과정은 정책대안들이 초래할 결과에 대한 포괄적인 분석에 의해 합리적으로 결정되어야 한다.

앞서 살펴본 바와 같이 피프너(Pfiffner, 1961: 125-132)는 합리모형의 유형을 세 가지로 분류해 각각의 관점에서 합리성이 어떻게 개념화되고 추구되는지를 보여준다. '행정적 합리성(administrative rationality)'은 상기한 세 가지 유형의 합리성을 모두 포함한다. 물론 이들 세 가지 유형 가운데 고전적 모형에서 취급하는 합리성, 즉 '기계적 합리성'보다는 규범적 합리성과 행태적 합리성이 행정적 합리성으로 더 유용하다(Pfiffner, 1961: 128).

## 3. 합리모형의 한계

많은 학자들이 합리모형을 비판하고 있으며, 이들이 제기한 문제점은 크게 두 가지로 요약된다. 첫 번째는 합리모형의 '복잡성'과 관련된 것이며, 두 번째는 합리모형에서 취급하는 '가치'와 관련된 문제이다.

### 1) 복잡성

합리모형에 대해 가장 많이 지적되는 한계는 '복잡성(complexity)'이다. 합리모형의 복잡성은 합리모형이 요구하는 '포괄성(comprehensiveness)'에 기인한다. 많은 학자들은 순수한 합리모형은 정책을 담당하는 기관과 관료들의 능력 밖에 존재한다고 말하며, 합리모형을 좀 더 단순화시킬 필요가 있다고 한다. 순수한 합리모형의 한계로 복잡성을 들고 있는 학자로 사이먼(Simon, 1957: ch. V), 린드블롬(Lindblom, 1959: 152-153), 숀(Schon, 1973: ch. 5), 젠킨스(Jenkins, 1978: 138), 앨리슨(Allison, 1971: 254) 등이 있다.

이들은 공통적으로 합리모형의 '기술적 복잡성(technical complexity)'과 '완전한 정보의 요구(information hungry)'와 같은 특성이 비현실적일 수밖에 없다고 주장한다. 순수한 합리모형은 합리성과 포괄성을 항상 '연계'되어 있는 것으로 다룰 뿐만 아니라 합리성이 반드시 포괄성을 만족시켜야 한다는 가정으로부터 출발한다. 그러나 이러한 합리적 가정은 실제 정책결정 과정에서는 찾아보기 어렵거나, 추구할 수 없는 것으로 판단된다.

### 2) 가치 취급 문제

합리모형은 의사결정자들이 사회적으로 추구되는 가치들과 목표들의 우선순위를 합리적으로 설정할 수 있는 능력을 가지고 있다고 가정한다. 그러나 다원주의 사회에서 이해관계를 달리하는 다양한 집단들이 경쟁을 통해 자신들의 이익을 극대화하려고 노력하는 것을 볼 때, 사회적으로 추구되어야 할 목표들과 가치들에 대한 합의와 그것들의 우선순위를 결정한다는 것은 거의 생각하기 어렵다.

합리모형에서 취급하는 가치 문제와 관련하여, 린드블롬(Lindblom, 1959)은 정책이 결정되기 전에 정책을 통해 실현시키고자 하는 가치들과 그것들의 우선순위를 정한다는 것은 거의 불가능하기 때문에, 정책결정을 설명하는 의사결정 모형 가운데 '수단과 목표에 의한 접근 방법(means-ends approach)'을 근거로 하는 모형은 모두 현실의 의사결정을 설명하는 데 부적절하다고 주장한다. 또한 그는 합리모형에서 요구하는 가치와 목표에 대한 '합의'는 현실성이 없다고 본다.

합리모형에서 요구하는 '가치와 목표에 대한 합의'는 맥로글린(McLoughlin, 1969), 채드윅(Chadwick, 1971), 마치(March, 1994) 등의 합리모형에 대한 논의에서도 찾아볼 수 있다. 그들에 따르면, 합리모형에서 '가치와 목표에 대한 합의'란 사회의 다양한 집단들이 가치를 공유해야 하고, 갈등 관계에 있는 가치들 간에 조화를 이루는 것이 정책결정에 전제되어야 한다는 것을 반드시 의미하지는 않는다.

대신에 그들은 합리모형에서 다루는 가치와 목표에 대한 사회적 합의란 정책을 통해 추구될 목표와 가치에 대한 폭넓은 사회적 이해라고 주장한다.

합리적 의사결정 과정에서 가치 문제는 앞서 살펴본 합리모형의 세 가지 유형에 따라 달라질 수 있다. '고전적 모형'에서 합리성은 '가치'를 배제한 가운데 '기계적 능률성'을 추구하는 것으로 이해되는 데 반해, '규범적 모형'과 '행태적 모형'에서 가치는 합리적 의사결정의 핵심적인 기준을 제공한다. 따라서 합리모형에서 '가치'와 '사실'을 엄격히 구분해 의사결정을 하게 된다는 단순한 주장은 합리성을 추구하는 입장에 따라 달리 해석될 수 있음을 간과한 결과이다.

이 밖에도 합리모형의 한계는 앞서 다룬 '복잡성'과 '가치 문제'뿐만 아니라 의사결정자의 합리적 선택을 할 수 있는 '능력의 한계'와 '매몰비용'에서도 찾아 볼 수 있다. 매몰비용이란 기존의 정책이 이미 채택되어 많은 자원이 투입되어 있는 것을 뜻한다. 이러한 경우 합리적인 새로운 대안을 채택하기보다 과거의 대안을 지속하거나 수정하는 것이 일반적이다. 따라서 합리모형은 '복잡성', '가치 문제', '능력의 한계', '매몰비용' 등에 의해 실질적으로 추구하기 어려운 이상에 치우친 의사결정 방법이라고 비판된다.

## 4. 합리모형의 유용성

물론 합리모형에 대한 비판이 합리모형의 포기로 나타나지 않는다. 왜냐하면 우리는 어떤 경우라도 의사결정을 합리적으로 할 것을 기대하기 때문이다. 즉, 합리모형의 한계를 지적하는 학자들 가운데 합리적 의사결정을 포기해야 한다고 주장하는 사람은 없다. 대신 그들은 순수한 의미에서 합리모형의 현실 적용의 어려움을 지적하고, 이러한 문제를 해결할 수 있는 '대안적 의사결정 모형'을 제안한다. 합리모형에 대한 '대안적 의사결정 모형'으로는 사이먼(Simon, 1957)의 '제한적 합리성(bounded rationality)', 린드블롬(Lindblom, 1959)의 '점증주의(incrementalism)', 드로(Dror, 1968)의 '최적모형(optimal model)', 에치오니(Etzioni, 1967)의 '혼합주사모형(mixed scanning model)' 등이 있다.

합리모형은 상기한 '대안적 의사결정 모형'의 기준을 제공해 줄 뿐만 아니라 '처방적인 접근 방법'으로 의사결정 과정에 반드시 고려되어야 하는 점검 목록을 제공할 수 있다고 그 유용성을 주장하는 학자들이 있다(Leach, 1982: 6－23). 합리모형의 유용성은 순수한 의미의 합리성을 제한적으로 사용하거나 유연하게 적용함으로써 현실의 의사결정의 합리성을 높이는 방법을 생각해 볼 수 있다. 또한 최근 컴퓨터, 전자·정보기술의 발달은 과거에는 할 수 없었던 많은 일들을 가능케 함으로써 문제 해결을 위한 합리성의 추구를 더욱 현실감 있게 해 준다. 특히 잘 정의된 소규모의 문제에 대한 합리적 문제 해결을 가능케 하는 다양한 '기법(techniques)'과 '전략(strategies)'들이 개발되어 사용되고 있는 것을 볼 때, 합리모형은 '대안적 의사결정 모형'의 기준을 제공할 뿐만 아니라, 현실의 문제 해결에서도 그 유용성을 찾아볼 수 있다.

## 제 3 절 만족모형: 제한적 합리성

사이먼(Simon, 1957: 66)은 순수한 합리모형의 비현실성을 보완하기 위해 '대안적 행태 가능성(alternative behavior possibilities)'을 제안한다. '대안적 행태 가능성'이란 합리모형의 한계를 보완해 현실적 의사결정에 도움이 될 수 있는 방법을 찾는 것이다. '대안적 행태 가능성모형'의 세 단계는 다음과 같다. 첫째, 모든 정책대안들을 탐색하여 목록을 작성한다. 둘째, 정책대안들이 초래할 결과를 예측한다. 셋째, 정책대안들이 초래할 결과들을 비교·평가한다. 이러한 세 단계는 사이먼이늘 주장하던 바와 마찬가지로 '수단과 결과에 의한 합리모형'에 의해서 완성된다.

사이먼은 '대안적 행태 가능성' 모형을 현실에 적합한 의사결정 방법이라고 하지만, 현실에 적용하기엔 아직도 이상적이다. 물론 사이먼도 이러한 문제를 인식하고 이론과 실질적 행태는 다를 수 있다면서 '제한적 합리성(bounded rationality)'을 제안한다(Simon, 1957: xxiv).

'제한적 합리성'이란 의사결정자가 정책대안을 탐색할 때 그가 추구하는 가치를 최대화시킬 수 있는 대안보다 '만족할 만한' 수준에서 대안을 탐색하는 것이다. 여기서 '만족할 만한 수준'에서 대안을 탐색한다는 것은 합리모형에서 추구하는 '모든 대안의 탐색', '모든 대안이 초래할 수 있는 결과 예측', '정책대안들의 결과를 비교 · 평가'하는 과정에 적용된다.

즉, 의사결정자가 '수단과 결과에 의한 접근'을 무시하고, '주어진 현실을 감안해 대안을 찾는 방법(rules of thumb)'에 의해 의사결정을 할 수 있음을 뜻한다. 이러한 의사결정은 순수한 합리모형에서 추구하는 포괄적 합리성 기준을 현실적인 기준으로 대체한 것이다. 사이먼(Simon, 1957: xxvii)에 따르면, "인간 행태에 대한 일반적인 지식과 컴퓨터 시뮬레이션에 의한 의사결정의 면면을 살펴볼 때, '제한적 합리성'은 의사결정에 대한 '올바른 기술(a correct description)'이다." 즉, '제한적 합리성'은 이상적인 합리성을 고집해 현실의 문제 해결을 외면하기보다는 현실을 감안해 제한된 범위에서 합리성을 추구하는 방법이라고 소개하고 있다.

사이먼의 '제한적 합리성'은 마치와 사이먼(March & Simon, 1958), 사이어트와 마치(Cyert & March 1963), 마치(March, 1994) 등에 의해 '만족모형(satisficing model)'으로 발전되었다. 여기서는 마치의 '확장된 만족탐색 모형(expanded model of satisficing search)'을 통해 만족모형의 의사결정 방법을 살펴본다.

## 1. 만족모형의 기본 전제

순수한 합리모형에 의한 의사결정은 다음과 같은 가정에 따라 이루어진다(March, 1994: 3-4). 첫째, 모든 의사결정자들은 '선호하는 것을 공유'해야 한다. 즉, 추구하는 기본적 가치에 대한 합의 내지는 공동적으로 추구하는 목표를 공유해야 한다는 가정이다. 둘째, 대안들과 대안들이 초래할 결과를 모두 예측해 정의할 수 있다. 셋째, 의사결정자들은 각각의 대안들과 대안들이 초래할 결과에 대한 '완전한 지식(perfect knowledges)'을 가지고 있다. 넷째, 의사결정자들은 모든 대안에 대한 완전한 정보를 가지고 있다. 다섯째, 대안들이 초래할 결과 역시 의사결정자에게 명확히 알려져 있다. 여섯째, 의사결정의 기준이 되는 '선호(preferences)'는 정확히 정의되어 잘 알려져 있으며, 지속적이고 안정적인 것이다.

마치(March, 1994: 5)는 이러한 기본 전제를 만족시킬 수 있는 합리적 의사결정 과정은 개인이나 조직의 의사결정 과정에서 찾아보기 어렵다면서, 합리모형을 현실감 있게 수정할 필요가 있다고 주장한다. 즉, “실제의 의사결정 과정에서 ① 문제 해결을 위해 모든 대안들을 탐색할 수 없고, ② 탐색된 대안들이 초래할 결과를 정확히 예측할 수 없으며, ③ 문제 해결을 통해 추구되는 선호로써 가치와 목표들을 모두 인식하기 어려울 뿐만 아니라, 이들 간의 우선순위를 결정한다는 것은 더욱 어려우며, ④ 의사결정자가 모든 대안들을 동시에 고려하기보다는 소수의 대안만을 의사결정에 참고하게 된다”(March, 1994: 8−9).

현실의 의사결정을 다루는 모형들은 상기한 합리모형의 기본 전제들을 ‘변형(modification)’시켜 의사결정 과정에 접근한다. ‘합리모형의 기본 가정을 변형’시킨다는 것은 다음의 네 가지 범주에서 이루어진다(March, 1994: 7−8).

첫째, ‘지식’과 연관된 범주이다. 합리모형에서는 의사결정자들이 대안들과 그것이 초래할 결과에 대한 ‘완전한 정보’와 ‘지식’을 가지고 있다고 가정한다. 그러나 현실의 의사결정자들은 대부분의 경우 의사결정과 관련하여 완전한 지식이나 정보를 가지고 있지 않다.

둘째, 의사결정에 영향을 미칠 수 있는 의사결정자들의 ‘수(numbers)’와 관련된 범주이다. 합리모형에서는 소수의 의사결정자들만이 합리적 의사결정에 참여한다고 가정하나, 실제로는 ‘다수의 사람들(multiple−actors)’이 의사결정에 영향을 미치게 된다. 특히 다원화된 사회에서 상호 경쟁하는 이해관계를 관철시키기 위한 다양한 사회집단의 정치력 행사는 이미 잘 알려져 있다.

셋째, ‘선호(preferences)’와 관련된 범주이다. 합리모형에서는 의사결정자들이 대안들이 초래할 결과들을 평가하는 ‘기준’과 ‘선호’에 대해 합의하고 있다고 전제한다. 즉, 의사결정자들이 추구하는 가치와 목표를 동질의 주어진 것으로 본다.

넷째, ‘의사결정의 규칙(decision rule)’과 관련된 범주이다. 합리모형에서 최종적으로 대안을 선택하는 기준은 의사결정자들의 선호를 ‘극대화(maximizing)’할 수 있는 것이다.

마치(March, 1994: 7)에 따르면, 합리모형의 기본이 되는 네 범주들을 ‘이완’시킴으로써 현실에 부합되는 의사결정모형을 구성할 수 있다. 그는 이러한 네 가지 범주를 ‘극대화’시키면 순수한 의미에서 합리모형이 되고, 네 가지 범주가 ‘만족할 만한' 수준에서 이루어지면, 즉 '제한적 합리성(limited or bounded rationality)'을 적용하게 되면 '만족모형'이 된다고 한다. 따라서 만족모형은 합리모형을 기준으로 구성되며, 마치(March, 1994: 18-55)는 합리적 의사결정 과정을 단계별로 '극대화' 수준과 '만족할 만한' 수준으로 나누어 비교·대조를 통해 '만족모형'을 소개한다.

## 2. 만족모형의 특성

합리모형의 '의사결정 규칙'은 의사결정자가 고려한 모든 대안들 가운데 선호되는 가치를 극대화시킬 수 있는 대안을 최종적으로 결정하는 것이다. 그러나 '행태적 모형'의 의사결정 규칙은 '극대화 기준'에 의하기보다는 '만족할 만한 수준'에서 의사결정을 하는 것이다. 여기서 '극대화'란 '최선의 대안(the best alternative)'을 최종 선택하는 것을 뜻하며, '만족할 만한' 수준의 의사결정은 설정된 목표나 기준을 초과 달성할 수 있는 대안들 가운데 하나를 선택하는 것을 말한다(March, 1994: 18).

예를 들어, 새로운 설비 투자를 한다고 가정할 때, 어느 수준에서 설비 투자를 할 것인지를 '극대화' 기준에 의해 결정하면, 새로운 설비를 통해 생산될 제품, 가격, 광고비, 유통구조 등을 모두 감안해 최대의 이윤을 보장해 줄 수 있는 규모의 설비 투자가 최종 결정될 것이다. 반면에 '만족할 만한' 수준은 새로운 설비 투자를 하는 이유에 부합되는 기준에 의해 사용할 수 있는 예산의 범위 내에서 설비 투자에 대한 의사결정이 이루어지게 된다(March, 1994: 18).

## 3. 만족모형의 의사결정 방법

'극대화' 기준과 '만족할 만한' 기준을 비교·대조해, 마치(March, 1994)는 만족모형의 의사결정 방법을 다음과 같이 설명한다.

첫째, '극대화 기준'은 모든 대안들을 비교·평가해 최선의 대안을 결정하나, '만족할 만한 기준'은 '목표(target)'를 성취시킬 수 있는 만족할 만한 대안들로 제한해 비교 · 평가한다.

둘째, '극대화' 기준은 대안들이 추구하는 선호, 즉 가치와 목표들이 지속적으로 동질성을 가지고 있어 '단일한 척도(a single scale)'로 구성된다고 하지만, '만족할 만한 기준'은 '목표'를 세분화해 여러 범주로 나누고 다양한 범주의 '목표들'은 극복해야 할 '독립적인 제약 요인들(independent constraints)'로 취급된다.

만족모형의 의사결정은 각각의 범주들로부터 나타난 '독립적 제약 요인'을 해결할 수 있는 대안을 찾는 것으로부터 시작한다. 여기서 '독립적 제약 요인'이란 설정된 목표를 성취시키기 위해 필요한 조건들이다. 예를 들면, 기술적 · 경제적 · 정치적 · 사회적 조건 등은 설정된 목표를 성취시키기 위한 범주들이며, 각 범주들은 목표에 대한 제약 요인들로 구성된다. 예를 들어, 정책목표를 성취시키기 위한 경제적 범주는 '필요한 인적 · 물적 자원', '충분한 예산의 확보' 등과 같은 '제약 요인들'로 구성되며 이것들은 목표를 성취시키기 위한 경제적 조건이다. 이러한 경제적 조건은 '경제적 제약 요인'인 동시에 극복해야 할 목표가 된다.

'제약 요인'을 극복하기 위한 구체적인 방법은 세분화된 목표나 기준이 된다. 만족모형의 의사결정은 모든 기준을 극대화시킬 수 있는 수준에서 이루어지기보다는, 세분화된 목표 혹은 기준들을 만족시킬 수 있는 수준에서 이루어진다. 의사결정자는 주어진 문제의 특성을 감안해 다른 조건보다 '기술적 조건' 혹은 '경제적 조건'을 극복하기 위한 대안을 최우선순위에 두고 대안을 탐색할 수도 있다. 만약 세분화된 가치나 목표를 모두 만족시킬 수 있는 대안이 없다면, 의사결정이 이루어지지 않는다(March, 1994: 19).

셋째, '제한적 합리성'에 의한 의사결정 방법으로서 만족모형은 다음과 같은 두 가지 기준에 의해 목표를 달성하기 위한 의사결정을 하게 된다. ① '기대(aspiration)'는 '성취(performance)' 정도를 결정한다는 기준이다. ② '성취' 정도는 '기대'에 의해서 결정된다는 기준이다. 즉, 목표 달성을 실패했을 경우, '느슨함(slack)'은 줄이고, '탐색(search)' 수준은 늘려 기대에 부합되도록 해야 하며, 반면에 목표를 성공적으로 성취했을 경우, 탐색 수준은 낮추고, 느슨함을 높임으로써 성취 수준을 유지하게 된다.

이러한 가정에 따르면, '성취 정도'가 '기대 수준'을 넘게 되면, 새로운 대안의 탐색이 시작된다. 왜냐하면 목표가 성취되면, '느슨함'과 '기대'가 증가하기 때문이다. 반면에 '성취 정도'가 '기대 수준' 이하로 내려갔을 때에는 '탐색'이 새로 시작되어야 하고, 느슨함을 감소시켜야 하며, 기대 역시 축소해야 한다(March, 1994: 29).

'목표'가 성취되면 '탐색'은 멈추게 되지만, 만약 목표가 너무 낮게 설정되었다면, 목표를 성취하기 위해 이용 가능한 자원들이 효과적으로 쓰이지 못했다는 것을 뜻한다. 여기서 '탐색되지 않은 기회(unexploited opportunity)'와 '실현되지 않은 경제(undiscovered economies)'의 차이 혹은 괴리를 '느슨함'이라고 한다. 즉, '느슨함'이란 의사결정자에 의해 '실현된 성취 정도'와 '성취 가능성'의 차이이다. '느슨함'이란 실현되지 못했거나 탐색되지 않은 '기술적 기회(technological opportunity)'나 '판매전략(marketing)' 혹은 '비용 절감(cost reduction)'의 기회를 의미한다. 물론 이러한 '느슨함'에는 탐색되지 않았거나 실현되지 않은 '전략'들도 포함된다(March, 1994: 29).

이러한 기회에 대한 '지식'이 조직 내에 골고루 분산되어 있는 것이 아니기 때문에 '하위조직(subunits)' 수준에는 실현되지 않거나 탐색되지 않은 기회, 즉 '느슨함'은 늘 존재한다. 의사결정자는 '느슨함'을 관리해야 한다. 이러한 '느슨함'은 때로는 목표를 성취시키기 위해 극복해야 할 것이 되기도 하며, 때로는 비용에 대한 적정 이윤을 유지하는 '완충 장치'로도 이해된다. 의사결정자는 조직의 '느슨함'을 관리함으로써 조직의 성취 정도에 대한 기대 수준을 '조정(adjustment)'하는 역할을 한다(March, 1994: 30).

마치(March, 1994: 32)가 만족모형의 의사결정 방법을 구조화하면서 사용한 개념으로는 '기대의 변화(changes in aspirations)', '느슨함의 변화(changes in slack)', '탐색의 변화(changes in search)', '느슨함이 성취에 미치는 직접적 혹은 간접적 영향', '조직의 외생적인 효과' 등이며, 이러한 변수들의 상호작용이 최종적으로 검토되어 조직에서 필요로 하는 '만족할 만한 수준'에서 의사결정이 이루어지게 된다. 결국 만족모형의 의사결정 기준은 '만족할 만한 수준'이며 다음과 같은 과정을 거쳐 의사결정에 도달하게 된다.

첫째, 의사결정자들은 그들의 최근 경험에 비추어 문제 해결을 할 수 있는 대안들을 탐색하게 되며, 탐색된 대안들은 '만족할 만한 기준'에 의해 그것들이 초래할 결과를 예측한다.

둘째, 특정 대안이 '만족할 만한 기준'에 부합된다고 판단된다면, 부가적인 대안 탐색은 하지 않고 그 대안을 선택한다.

셋째, 만약 탐색한 모든 대안이 만족할 만한 수준을 넘지 못하면, 혁신적인 방법으로 다른 대안들을 탐색할 수 있다.

넷째, 이상과 같은 절차에 따라 의사결정을 하거나, 이미 설명한 바와 같이, '기대 수준'과 '느슨함'의 수준을 높이거나 낮춤으로써 '만족할 만한' 대안을 최종적으로 결정한다.

## 4. 만족모형에 대한 평가

'만족모형'은 사이먼과 마치의 '제한적 합리성'에 의해 실질적인 의사결정을 규범적인 차원보다 '행태적인 차원'에서 다루는 의사결정 모형이다. 만족 모형의 장점은 다음과 같다.

첫째, 실질적으로 의사결정이 이루어지는 과정을 사회심리학과 조직이론에 근거해 다루고 있다(Dror, 1989: 148). 실제로 정책결정자들이 '만족할 만한 수준'에서 정책이 결정되었다고 생각한다면, 더 이상의 대안을 모색하지 않는 것을 볼 때, 만족모형은 현실감이 있다.

둘째, 만족모형은 '만족할 만한 수준'을 변화시켜 정책결정의 질을 향상시킬 수 있다. 즉, 정책이 추구하는 '목표'를 주어진 조건들을 감안해 상향 조정하거나 하향시킴으로써 실질적으로 성취하고자 하는 수준을 결정한다는 것은 현실의 의사결정에 그대로 적용할 수 있는 장점으로 지적된다.

만족모형에 의한 의사결정의 한계로는 '만족할 만한 수준'을 주어진 것으로 보고, 그것을 구성하는 변수들이 무엇인지를 구체적으로 설명하지 못한다는 점이다(Dror, 1989: 148). 드로(Yehezkel Dror)는 모든 조직은 그 특성이 다른 만큼 조직을 '혁신'하기 위한 전략, 즉 '만족할 만한 수준'을 조직의 특성에 맞게 구체화시킬 필요가 있는데, 예를 들어 '만족 수준'이 구체적이지 못하면, 어떤 조직에서는 '만족 수준'을 현재 상태를 유지하는 것으로 이해해 '혁신'을 늦출 수 있으며, 또 다른 조직에서는 현재의 상태가 기대 수준에 못 미친다고 판단해 '혁신'을 가속화할 수 있다고 한다. 이 경우, 조직혁신을 너무 높은 수준에서 실행하는 것은 조직 전체를 '좌절(frustration)'시키거나 조직의 산출을 감소시킬 수 있다는 것을 감안해야 한다(Dror, 1989: 148).

만족모형은 '현재의 수준'과 '만족 수준'의 차이가 '조직의 혁신 수준'을 결정한다지만, '만족 수준'을 결정하는 변수들에 대해 구체적이지 못하다는 것이 한계로 지적되곤 한다(Dror, 1989: 148). 하지만 만족모형에 대한 한계는 이미 살펴본 바와 같이, 마치(March, 1994)에게 인식되어 '만족 수준'을 어떻게 조작해 의사결정에 도달할 것인지를 '기대의 변화'와 '느슨함의 변화'라는 개념 등을 통해 재구성해 보이고 있다. 마치는 '만족 수준'의 개념화를 통해 조작적 정의를 기존의 연구에서보다 명확히 함으로써 '확장된 만족탐색 모형(expanded model of satisficing search)'을 제시하고 있다(March, 1994: 33).

## 제 4 절 점증주의모형

합리모형의 비현실성과 사이먼의 '제한적 합리성'은 그 당시 많은 학자들에게 큰 관심을 불러일으켰으며, 린드블롬(Charles E. Lindblom) 역시 합리모형을 비판하면서, 그것을 대체할 수 있는 의사결정 모형을 소개한다. 그의 모형은 '연속적 · 제한적 비교(successive limited comparisons)'이고, 이것은 '합리적 포괄적 접근 방법(rational-comprehensive approach)'에 '근거한 접근 방법(root approach)'이며, '연속적 · 제한적 비교'에 의한 의사결정 모형을 합리적 포괄적 접근 방법으로부터 '파생된 접근 방법(branch approach)'이라고 한다. 이러한 의사결정은 현재의 상태로부터 점증적으로 변하는 것을 특징으로 한다.

## 1. 점증주의모형의 기본 전제

린드블롬(Lindblom, 1959)은 합리모형과 현실의 의사결정을 비교해 자신의 '점증주의적 의사결정 방법'을 제시한다. 특히 브레이브루크와 린드블롬(Braybrooke & Lindblom, 1963: 48-55)은 합리모형에 의한 의사결정을 '개괄적 이상형(synoptic ideal)'에 불과하다면서, 합리모형의 의사결정이 현실에 적용되기 어려운 이유를 다음과 같이 여덟 개로 요약했으며, 이러한 이유들은 '점증모형의 기본 전제'가 된다.

첫째, 합리모형에서 요구하는 문제 해결 방법은 인간의 능력을 벗어난 것이기 때문에 현실의 의사결정으로 적용하기 어렵다.

둘째, 합리모형에서는 포괄적인 대안의 탐색과 대안들의 결과 예측을 요구하고 있지만, 이것은 대안들에 대한 완전한 정보를 가졌을 때에만 가능하다. 현실의 의사결정은 완전한 정보에 의한 대안의 탐색과 결과 예측을 기대하기 어렵기 때문에 합리모형은 실질적인 의사결정 방법으로 보기 어렵다.

셋째, 합리모형의 '포괄적 대안의 탐색'과 '결과 예측'은 많은 비용을 필요로 한다. 현실에서는 모든 대안들을 탐색하고 예측하기 위한 예산이 늘 충분하다고 말하기 어렵기 때문에 현실적으로 합리모형에 의한 의사결정은 기대하기 어렵다.

넷째, 합리모형은 우리 사회가 '합리적 연역적 체제(rational deductive system)'를 구성할 수 있다고 믿고 합리모형을 수용해 적용할 수 있는 합리적 체제가 이상적으로 존재한다고 가정 하나, 이러한 '합리적 연역적 체제'가 구성된 적이 없고, 어느 누구도 '합리적 연역적 체계'를 구성할 수 있다고 믿지 않기 때문에 합리모형의 현실적 적용이 어렵다.

다섯째, 합리모형에서는 '가치'와 '사실'을 분리해 접근할 수 있다고 하지만, 실제 의사결정 과정에서 가치와 사실은 분리하여 접근할 수 없기 때문에 합리모형은 적용되기 어렵다.

여섯째, 합리모형에 의한 의사결정은 모든 가능성을 열어둔 가운데 변수들을 탐색한다. 그러나 문제와 관련된 모든 변수들을 포괄적으로 검토한다는 것은 거의 불가능하다. 대부분의 경우 문제를 구성하는 중요한 변수들로 제한해 그것들의 관계를 검토하는 것이 일반적인데 반해, 합리모형에서 요구하는 변수들의 포괄적 파악은 현실적으로 받아들이기 어렵다.

일곱째, 합리모형은 많은 것을 요구하는 대신 그것들을 완성시키기 위한 구체적인 방법의 소개가 많이 부족하다. 실제의 의사결정에서 직면하게 되는 문제적 상황은 매우 규모가 크고, 복잡하기 마련인데 반해, 합리모형은 이러한 문제를 어떻게 합리적으로 해결할 것인가와 관련해 구체적인 방법을 제시하지 못한다. 이러한 이유로 합리모형은 현실의 문제를 해결하는 전략으로 사용되기 어렵다.

여덟째, 의사결정자들이 다루는 문제의 유형은 일률적이기보다는 매우 다양한 형태를 가진다. 그러므로 현실에서는 합리모형에서 요구하는 단일한 방법에 의해 모든 문제를 해결하기 어렵다.

린드블롬은 이상과 같은 합리모형의 한계를 지적하고 합리모형에 대한 '대안적 의사결정 모형'의 기본 전제를 다음과 같이 설명한다.

첫째, 문제 해결을 통해 '추구되는 가치'와 '실질적으로 채택될 정책'은 분리되기 어렵다. 결국 가치와 사실은 동시에 모색된다.

둘째, 합리모형에서 요구하는 '수단과 결과에 의한 분석(means-ends analysis)'은 적절치 못한 것으로 취급한다.

셋째, '좋은 정책'은 모든 의사결정자들이 동의하는 정책이다.

넷째, 대안들의 분석은 제한적으로 이루어진다. 즉, 대안들의 탐색, 대안들의 결과 예측, 추구하는 가치 등에 대한 분석은 무시하거나 제한된 범위에서만 이루어진다.

다섯째, 과거의 정책과 현재의 정책, 그리고 앞으로 채택할 정책에 대한 '지속적인 비교'는 이론에 대한 의존성을 낮추거나 제거할 수 있다. 즉, 합리모형은 문제와 관련해 이미 밝혀진 변수들 간의 인과 관계에 의한 이론에 크게 의존해 대안들의 포괄적 탐색으로부터 시작하는 데 반해, 점증주의모형은 이론에 의하기보다는 과거, 현재, 앞으로 채택할 정책을 지속적으로 비교해 '좋은 정책'을 모색한다.

## 2. 점증주의모형의 특성

브레이브루크와 린드블롬(Braybrooke & Lindblom, 1963)에 따르면, 의사결정은 '연속적 · 제한적 비교'를 통해 이루어져야 한다. 그들에 따르면, '점증적 접근 방법'에 의한 의사결정은 합리모형의 기본 전제들을 완화시킨 것이며, 다음과 같은 특성을 가진다.

첫째, 대안의 탐색은 기존의 정책을 중심으로 '다소 다른' 대안들을 찾는다.

둘째, 정책대안들이 초래할 결과에 대한 예측은 하지 않는다.

셋째, 의사결정자들은 '가치'와 '정책'을 동시에 선택한다(Lindblom, 1959: 89). 즉, 의사결정자들은 목표를 먼저 구체화하고, 그 목표를 성취시킬 수 있는 정책을 찾기보다는 구체적인 정책들을 비교해 목표를 성취시킬 수 있다고 생각되는 정책을 최종 결정하게 된다.

넷째, '좋은 정책(good policy)'이란 합리모형에서 설명하고 있는 것처럼 '가치'를 극대화시키는 것이 아니라, 사회집단들이 문제에 대해 '합의'하는 것이다.

점증주의 모형은 정책결정을 '기술(description)'하는 방법인 동시에 복잡한 정책 환경 때문에 합리적 의사결정을 할 수 없을 때, 기존의 정책으로부터 부분적 변화만을 함으로써 심각한 실수를 피할 수 있다는 장점을 가진다. 린드블롬(Lindblom, 1959)은 다양한 사회집단들 간의 복잡한 이해 관계 속에서 의사결정에 도달하는 것을 '진흙탕을 헤쳐 나가는 것(muddling through)'에 비유해, 의사결정은 의사결정자들의 정책 문제에 대한 지혜와 경험을 통해 정책이 나아가야 할 '방향'과 '변화 정도'를 결정하는 것이라고 본다. 린드블롬은 점증주의모형이 '진흙탕을 헤쳐 나가는 데 좀 더 효과적이길 기대'하고, 이러한 방법은 '무익한 초인간적인 포괄성'을 대체할 수 있는 것이라고 주장한다(Lindblom, 1959: 88).

## 3. 점증주의모형의 수정: 분절된 점증주의와 당파적 상호 조정

브레이브루크와 린드블롬(Braybrooke & Lindblom, 1963)은 1959년 발표한 '연속적 · 제한적 비교'에 의한 의사결정 방법을 수정해 '분절된 점증주의모형(disjointed incrementalism)'을 제안한다. '분절된 점증주의모형'이란 기존의 점증주의모형이 '현상 유지'로부터 부분적 변화만을 추구하는 것에서 벗어나 문제의 본질을 반복적으로 다루는 적극적인 의사결정 전략이다. 물론 '분절된 점증주의모형'은 포괄적 합리모형이 요구하는 '고정된 목표에 대한 이상적인 미래 상태'를 추구하는 것이 아니라 '정책목표를 이용 가능한 정책 수단에 맞추어 조정하는 것'이다.

다원주의 사회에서 정책은 문제 해결을 위해 만들어지고, 변형되며, 재시도되어 다시 변형되는 과정을 반복함으로써 모양새를 갖추게 된다(Braybrooke & Lindblom, 1963: 73). 분절적 점증주의의 의사결정은 사회집단들의 다양한 이해관계를 수렴하여 사회의 균형을 찾아나가는 일련의 과정에 필요한 의사결정 방법이다. 윌다브스키(Wildavsky, 1979: 34)도 유사한 관점에서, "문제는, 특정 정책의 연속선상에서 해결되는 것이 아니라, 시간이 지남에 따라 변하거나 전환되기 때문에, 정책은 변하는 문제의 특성에 따라 민감하게 전환되어야 한다."

린드블롬은 그의 저서 『민주주의의 지혜(*The Intelligence of Democracy*)』(1965)에서 사회구성원들 간에 '조화(coordination)'를 이루는 방법으로 '당파적 상호 조정(partisan mutual adjustment)'이라는 개념을 소개한다. 여기서 '당파적 상호 조정'이란 의사결정자들이 그들의 행태를 '조정해' 가는 정치 과정이다. 이 과정에서 의사결정자들의 '수용적 조화(adoptive coordination)'가 이루어지는데, 그 형태로는 첫째, 의사결정자가 다른 이의 권유를 받아들여 합의에 이르는 방법, 둘째, '조작된 조정(manipulated adjustment)'의 형태로 의사결정자가 다른 의사결정자의 요구를 수용해 협력하는 방법이다(Lindblom, 1965: 33). 그에 따르면, '수용적 조화'는 의사결정자들 간의 '협의(negotiation)'와 '협상(bargaining)'을 통해 이루어진다(Lindblom, 1965: 33－36).

린드블롬(Lindblom, 1979)은 '당파적 상호 조정'과 '점증적 정치 발전'에 초점을 맞추어 '분절적 점증주의모형'을 제안한다. '단순한 점증모형'은 기존 정책의 현재 상태를 기준으로 다소 다른 정책대안들을 제한적으로 분석하는 것을 말하는 반면, '분절된 점증주의'란 의사결정자들에게 익숙한 소수의 정책대안들을 제한적으로 분석하는 것을 말한다.

분절적 점증주의모형에 의한 의사결정은 ① 문제 해결을 통해 얻을 수 있는 가치와 목표가 '상호 연계'되어 있다는 사실을 충분히 인지하고, ② 목표를 어떻게 설정할 것이지를 고민하기보다는 문제의 본질을 파악해 해결하기 위해 시행착오를 거치면서 정책을 반복적으로 '수정(revise)'과 '시도(trial)'하게 되며, ③ 최종 선택될 정책대안에 대한 결과 예측을 하고, ④ 의사결정 과정의 참여자들을 분석해 그들이 추구하는 바가 무엇인지를 구체화시키는 일련의 과정이다.

## 4. 점증주의모형의 평가

린드블롬의 점증주의모형은 합리모형을 대체할 수 있는 현실적 의사결정 방법으로 평가되며, 첫 번째 장점은 의사결정이 기존의 정책을 기준으로 부분적인 변화만을 추구하기 때문에 의사결정과 관련해 치명적인 오류로부터 자유로울 수 있다는 것이다. 두 번째 장점은 점증 모형이 의사결정 과정을 '기술(describe)'할 수 있는 것은 물론, 규범적인 관점에서 현실에 입각한 의사결정의 기준을 제공한다는 것이다.

반면에 점증주의모형은 다음과 같은 경우에 타당성을 잃게 된다(Dror, 1989: 145). 첫째, 과거의 정책이 불만족스럽다고 여겨질 때 과거의 정책에 준한 점증적 정책은 타당성을 잃게 된다. 둘째, 문제의 변화 속성이 점증주의적 관점에서 기술되거나 규범적으로 설명할 수 있는 범위를 지나쳐 버린다면 점증주의에 의한 의사결정을 기대하기 어렵다. 셋째, '급진적인 혁신'이 필요한 경우, 점증주의모형에 의한 의사결정은 준거할 과거의 정책이 없기 때문에 타당성을 잃게 된다.

드로(Dror, 1989: 146)에 따르면, 우리 사회에서 요구하는 리더십이 사회를 좀 더 나은 곳으로 만들기 위해 점증적 변화를 뛰어넘는 '혁신적인 정책'을 펼칠 수 있는 능력임을 감안하면, 점증주의모형에 입각한 의사결정이 반드시 바람직한 것이 아닐 수도 있음을 간과해서는 안 된다. 점증주의모형에 대해 드로(Dror, 1989: 146)가 지적하는 또 다른 단점은 점증주의모형에서 의사결정의 기준으로 삼고 있는 의사결정자들 간의 '합의'에 대한 지나친 강조이다.

의사결정에 영향을 미칠 수 있는 집단들 간의 정책에 대한 합의, 즉 '정치적 실현 가능성(political feasibility)'은 '좋은 정책(good policy)'이 갖추어야 할 조건이지만 늘 '정치적 변화'가 의사결정자들의 합의에 의해 점증적으로 나타나게 된다고 보기 어렵다. 아울러 그는 '점증적'이라는 어휘의 의미가 모호하다는 것을 문제로 지적한다. 정책의 점증적인 변화는 사회구성원이나 집단에게 모두 같은 정도로 감지되는 것이 아니라 다른 집단이나 구성원들에게는 다르게 느껴질 수 있으므로 '점증적'이란 어휘가 가지고 있는 모호함은 점증주의모형이 가지고 있는 한계로 지적된다.

## 제 5 절 최적모형

드로(Yehezkel Dror)는 합리모형을 대체하려는 린드블롬의 논리를 한편으로는 폭넓게 수용하면서 다른 한편으로는 점증주의에 의한 의사결정의 한계를 지적한다. 린드블롬이 의사결정 과정을 '진흙탕을 헤쳐 나가는' 것에 비유한 것은 단지 전문가들에 의해 관습적으로 혹은 '반혁신(anti-innovation)'적으로 의사결정이 이루어지는 과정을 다루는 것이다(Dror, 1968: 153).

점증주의에 의한 의사결정은 기존의 정책이 만족할 만한 것이어야 하고, 문제의 변화 속성은 어느 정도 지속적으로 규칙적이어야 하며, 이러한 문제를 해결하기 위한 정책 수단 역시 문제의 변화를 해결할 수 있을 정도로 점증적으로 변화해야 한다는 가정 아래 출발하므로 이러한 가정들을 만족시키지 못한다면 점증주의모형은 적실성이 없게 된다(Dror, 1968: 153).

'최적모형(optimal model)'은 점증주의모형을 대체할 만한 것으로 '이상(idealism)'과 '현실(realism)'을 조화시킬 수 있는 의사결정 모형으로, 현실의 의사결정 과정을 기술하는 것은 물론, 처방할 수 있는 의사결정 모형이다. 즉, 최적모형은 합리모형과 점증모형의 한계를 감안해, '최적'의 수준에서 의사결정을 가능하게 한다(Dror, 1968: 157).

### 1. 최적모형의 기본 전제

드로(Dror, 1989: 154-162)는 최적의 의사결정을 위한 기본 전제나 기본 가정이 되는 최적모형의 특성을 ① '양적보다는 질적인(qualitative, not quantitative)

분석', ② '합리성과 초합리성(rationality and extrarationality)', ③ '경제적 합리성(economic rationality)', ④ '상위 정책결정(metapolicy-making)', ⑤ '내재된 환류 기능(built-in feedback)'으로 나눈다.

### 1) 양적보다는 질적인 분석

드로는 최적모형을 양적인 것과 질적인 것으로 나눈다. 양적 최적모형은 '이용 가능한 투입(available inputs)'과 '약정된 산출(stipulated outputs)'의 관계에서 파생되는 투입과 산출을 '금전적 가치'로 환산해 최적의 의사결정을 하는 것이다. 하지만 모든 투입과 산출을 금전적 가치로 환산해 최적의 대안을 찾는 것이 바람직하나 모든 투입과 산출을 '보편타당'하게 계량화해 나타낸다는 것은 우리가 예측할 수 있는 미래에 이루어지기 어렵다. 드로의 최적모형은 계량적인 측면을 감안하되 '최적의 정책결정'이란 각각의 정책결정 단계에서 요구되는 '이용 가능한 투입'과 '약정된 산출'에 대한 검토를 통해 '최적의 밀도(optimal intensity)'를 높이는 것이다(Dror, 1989: 156-157). 여기서 '최적의 밀도'는 '이용 가능한 투입'과 '약정된 산출'에 의해 결정된다.

이러한 논리에 따라 정책결정 단계별로 이루어지는 최적의 밀도는 계량적이기보다는 좀 더 포괄적인 의미로 사용되며, 예를 들어 "가능한 최적 상태를 유지하기 위해"라는 '질적인' 표현을 통해 의사결정 모형을 구성한다. 드로는 최적모형을 '양적 최적모형(quantitative optimal model)'과 '질적 최적모형(qualitative optimal model)'으로 나누며, 자신의 의사결정 모형을 '질적 최적모형'이라고 한다(Dror, 1989: 156-157).

### 2) 합리성과 초합리성

최적모형의 정책결정 기준은 합리성과 초합리성을 포함한다. 드로(Dror, 1989: 149)는 '초합리성'을 의사결정 과정에 나타나게 되는 '직관', '통찰력', '경험', '판단', '무언의 동의', '강조' 등으로 정책결정 과정에 긍정적인 역할을 하게 되는 요소들로 본다. 최적모형에 의한 정책결정 과정에는 합리적 · 초합리적 요소가 동시에 고려되며, 단지 초합리적 요소가 합리적 요소를 대체하는 것이 아니라 합리성의 한계를 보완하는 것이 초합리적 요소이다. 그는 합리성과 초합리성을 동시에 감안할 수밖에 없는 상황을 다음과 같이 설명한다(Dror, 1989: 157).

첫째, '제한된 자원', '불확실한 조건들', '지식의 부족' 등은 정책을 결정할 때 합리성의 제약 요인으로 작용하며, 이 경우 정책결정자들은 초합리적 정책결정에 의존하게 된다.

둘째, 특정 정책결정 단계는 '초합리성'만이 문제를 해결할 수 있는 방법임을 알아야 한다. 예를 들어, 정책결정자가 '창의력'이 요구되는 단계가 바로 그것이다.

셋째, 초합리적 과정에 의한 문제 해결 방법이 합리적 과정보다 더 나은 결과를 가져오는 경우이다. 정책 문제가 합리성을 기준으로 해결할 수 없는 구조를 가졌다면, 전문가의 경험은 의사결정의 기준, 즉 초합리성의 기준이 된다. 이러한 구조의 정책 문제의 예로 '형사 피의자의 딜레마(prisoner's dilemma)'를 들 수 있다(Dror, 1989: 149-150).

합리성과 초합리성을 동시에 감안한 정책결정은 먼저 '합리성'을 기준으로 시작하나, 합리성 기준을 적용하기 어렵거나 부적절할 때, 초합리적 요소들을 기준으로 정책결정의 '최적 밀도'를 높인다. 최적모형에서 정책결정의 수준을 결정하는 요소는 ① 이용 가능한 자원의 양과 질, ② 합리성을 추구할 수 있는 요소들의 밀도, ③ 특정 정책결정 단계에서 초합리적 요소가 효과적이라고 판단되는 정도, ④ 정책결정 과정에 필요한 '지식수준' 등이다(Dror, 1989: 159).

### 3) 경제적 합리성

정책결정은 전문인력, 시간, 직관, 지식, 시설물 등과 같은 늘 부족하기만 한 자원을 필요로 하며 이러한 자원을 어디에, 어떻게 최적으로 분배할 것인지는 중요한 문제이다. 즉, 정책들은 늘 다른 정책들과 자원 배분을 놓고 경합하기 때문에 이 문제를 합리적으로 해결하는 것은 중요하다. 순수한 합리모형에서는 정책이 가져올 '순산출'의 총계가 가장 큰 분배 방법 혹은 모든 정책에 분배될 자원의 '순산출'의 한계점에서 자원 분배가 이루어져야 한다고 주장한다. 하지만 이러한 이론에 의한 분배의 최적화는 실제 기대하기 어렵다(Dror, 1989: 159－160). 드로(Dror, 1989: 160)의 최적모형에서는 "모든 정책에 대한 자원 분배는 가장 경제적인 방법"을 통해 이루어지며, 여기서 자원 분배가 '최적'이라는 것은 '순한계 산출(net marginal output)'을 증가시킬 수 있는 최적 수준을 말한다.

### 4) 상위 정책결정

최적모형은 정책결정을 '상위 정책결정' 단계, '정책결정' 단계, '후기 정책결정' 단계를 거쳐 완성되는 것으로 본다. 다른 규범적 의사결정 모형과는 달리, 최적모형은 '상위 정책결정' 단계를 중요시 한다. 왜냐하면 최적모형은 각 단계를 분리해 단순히 종합하는 것이 아니라, 최적의 정책결정을 할 수 있는 '정책결정 체제'를 상위 정책결정 과정을 거쳐 구성한 다음, 그것에 의해 정책이 최적으로 결정될 수 있는 '정책결정'과 '후기 정책결정' 단계를 거쳐 완성된다고 보기 때문이다. 상위 정책결정 과정은 정책 문제뿐만 아니라, 정책 문제를 다루는 정치 체제를 분석・평가해 최적 대안의 모색 가능성을 높인다(Dror, 1989: 160). '상위 정책결정'은 '정책결정 체제(policymaking systems)'를 총체적으로 관리하는 것이며, 다음과 같은 특성을 가진다.

첫째, '정책결정 체제'가 다루게 될 문제, 가치, 이용 가능한 자원들을 구체화해 각각의 정책결정 단위에 분배한다. '상위 정책결정'은 주어진 정책 문제를 해결하기 위해 '정책결정 체제'가 다루어야 할 문제, 추구해야 할 가치, 문제 해결에 이용 가능한 자원 등을 명확히 파악해 그것을 필요로 하는 정책결정 단위에 최적으로 분배하는 결정을 한다. 즉, 주어진 정책 문제와 그것을 해결할 수 있는 체제의 능력을 분석해 정책결정과 집행에 필요한 자원을 적재적소에 배분한다.

둘째, 상위 정책결정은 정책결정을 최적화시킬 수 있는 '정책결정 체제'를 '설계(design)'하고 '평가(evaluation)'하며, '재설계(redesign)'하는 것이다. 주어진 정책 문제를 정의하고 그것이 추구하는 가치를 명확히 한 다음, 그 문제를 해결할 수 있는 기존의 정책 체제의 능력을 분석해 정책목표를 성취시킬 수 있는 '정책결정 체제'를 새로이 설계하고 평가하며, 잘못된 부분이 있다면, 재설계해 최적의 정책결정을 할 수 있는 체제를 구성한다.

셋째, 상위 정책결정은 정책을 결정할 때 필요한 전략을 수립한다. 상위 정책결정 단계에서는 정책 문제의 본질과 그것을 해결해 얻고자 하는 가치는 물론 정책 문제 해결에 필요한 정책 체제의 능력과 이용 가능한 자원 등을 총체적으로 분석해 실질적인 문제 해결 방법을 최적으로 할 수 있는 전략을 짠다.

### 5) 내재된 환류 기능

순수한 합리모형은 결정된 정책이 집행되기 전에 예상되는 정책 결과에 따라 집행될 정책을 '재조정(readjusting)'하기 위한 일련의 지침을 포함한 '완벽한 전략(perfect strategies)'을 수립하게 된다(Dror, 1989: 161). 이러한 합리모형의 특성은 '완벽한 정책결정 체제'가 존재한다는 것을 전제로 하며, 결과적으로 순수한 합리모형에 의한 정책결정은 '환류 기능'을 필요로 하지 않는다. 왜냐하면 합리모형은 정책결정 단계에서 불완전함을 인정하지 않기 때문이다. 반면에 '경제적 합리성', '합리성과 초합리성'을 동시에 추구하는 최적모형은 "실질적인 정책 결과는 예상한 정책 결과와 큰 차이가 있다"는 가정을 하고, 정책을 수정하기 위한, 또는 정책결정 체제의 능력을 향상시키기 위한 '환류 기능'을 중요시한다.

드로(Dror, 1989: 161)는 최적모형에서 '환류'가 필요한 이유로 다음과 같이 두 가지를 든다. 첫째, 각각의 정책들이 수정될 필요가 있는지를 확인하기 위한 것과, 둘째, 정책결정 체제가 '학습'하기 위한 목적으로 환류가 필요하다. 이러한 환류는 '정책결정 과정과 정책결정 이후'에 이루어지는 것으로 나누어 볼 수 있다.

정책결정 과정에 일어나게 되는 환류는 정책결정 단계를 거치는 동안에 발생되었거나 인지된 문제들을 다루는 것이며, '정책결정 이후'에 이루어지는 환류는 특정 쟁점에 대한 구체적인 정책 결과가 산출된 다음에 이루어지게 된다. 즉, '정책결정 이후'의 환류란 실질적인 정책 산출과 기대한 정책 산출을 비교해 정책결정을 수정·보완하기 위한 목적으로 이루어진다. 특히 '정책결정 이후'의 환류는 미래의 정책결정을 위한 정보를 제공하거나 수집하기 위해 혹은 정책결정의 단계들을 수정해 보강하기 위해 이루어진다(Dror, 1989: 161).

최적모형에서 '내재된 환류 기능'은 정책결정의 모든 단계와 연계되어 있으며, 다양한 '의사소통 장치'를 통해 정책결정 과정을 전반적으로 '재충전(reactivate)'한다(Dror, 1989: 161). 지금까지 살펴본 최적모형의 특성들은 최적모형을 구성하는 기본 전제가 되며, 이러한 기본 가정을 만족시키게 되면, '최적모형'에 의한 정책결정은 18단계로 세분화되어 '상위 정책결정 단계', '정책결정 단계', '후기 정책결정 단계', '의사소통과 환류 단계'를 거쳐 완성된다.

## 2. 최적모형의 정책결정 단계

최적모형에 의한 의사결정은 '상위 정책결정', '정책결정', '후기 정책결정' 단계로 구분되며, 각각의 단계를 완성시키기 위한 세부 과정을 통해 최적의 정책결정에 도달하게 된다. 또한 최적모형의 마지막 단계인 '의사소통과 환류' 단계는 '내재된 통로'를 통해 모든 정책결정 과정과 연계되어 최적의 정책결정에 도움이 되는 정보와 자료를 제공한다(Dror, 1989: 163).

### 1) 상위 정책결징 단계

'상위 정책결정'이란 '정책을 만들기 위한 정책'과 관련된 '정책 지식(policy knowledge)'을 뜻한다(Dror, 1989: 8). 드로에 따르면, '최적'의 정책결정을 위해서는 먼저 '상위 정책결정 단계'가 완성되어야 하며, 상위 정책결정 단계는 ① 가치의 검토, ② 현실 파악, ③ 문제의 인지, ④ 자원의 조사·검토·개발, ⑤ 정책결정 체제의 설계·평가·재설계, ⑥ 문제·가치·자원의 배분, ⑦ 정책결정 전략의 수립과 같은 일곱 단계를 거쳐 완성된다.

### 2) 정책결정 단계

정책결정을 최적으로 할 수 있는 '정책결정 체제'가 상위 정책결정 단계에서 완성된 후, 실질적인 정책결정 단계가 시작된다. '정책결정' 단계는 ① 자원의 구체적 분배, ② 우선순위를 고려한 운영 목표의 설정, ③ 우선순위에 따른 일련의 가치들을 설정, ④ 의미 있는 정책대안의 개발, ⑤ 개발된 정책대안들에 대한 비용 · 편익 분석 등을 통해 신뢰할 수 있는 미래 예측, ⑥ 정책대안들의 비용과 편익을 비교해 최적의 대안을 구체화, ⑦ 최적 대안의 비용과 편익에 따라 실질적으로 좋은 대안인지를 평가하는 단계로 완성된다.

### 3) 후기 정책결정 단계

최적모형의 세 번째는 '후기 정책결정' 단계이다. '후기 정책결정'은 ① 정책을 집행하기 위한 동기 부여, ② 정책집행, ③ 정책집행이 끝난 후, 정책에 대한 평가이다.

### 4) 의사소통과 환류 단계

'의사소통과 환류' 단계는 앞서 살펴본 최적모형의 정책결정의 각 단계들과 네트워크로 연계되어 최적의 정책결정에 필요한 자료와 정보를 제공한다. 의사소통과 환류를 위한 통로는 체제에 내재되어 있으며, '의사소통과 환류' 기능은 다음과 같다. 첫 번째 유형의 의사소통과 환류는 정책결정 과정에서 이루어지는 것이고, 두 번째 유형은 모든 정책결정이 끝난 후 일어나는 '학습적' 환류이다(Dror, 1989: 192).

'의사소통과 환류' 단계는 다음과 같은 세 가지 기능을 한다. 첫째, 집행되고 있는 정책의 '쇄신(remaking)'을 위해 이루어진다. 둘째, 정책집행 방법의 '변화'를 염두에 둔 의사소통과 환류 기능이다. 셋째, 상위 정책결정 단계, 정책결정 단계, 후기 정책결정 단계에 일어나게 되는 '학습적 환류(learning feedback)' 작용으로 현재의 경험에 따라 미래의 정책집행을 원활히 하기 위한 '의사소통과 환류 작용'이다(Dror, 1989: 193).

최적모형의 환류 작용은 모든 정책결정 과정에서 동시다발적으로 일어나기 때문에 '최적'의 정책결정을 위해서 '환류 기능'을 할 수 있는 제도적 장치와 통로를 확보하는 것이 무엇보다 중요하며, '의사소통과 환류'를 위한 '네트워크'를 효율적으로 구조화하여 이것으로부터 발생할 수 있는 '잡음(noise)'을 최소한으로 통제해야 한다. 여기서 환류 기능을 통제한다는 것은 최적모형이 필요로 하는 환류 기능을 운영하기 위한 설계와 관리를 말한다.

'최적'의 정책결정을 위해 정책결정의 각 단계를 연계하는 의사소통 통로와 '환류 고리(feedback loops)'를 기능할 수 있도록 유지하고 관리하는 것은 중요하다(Dror, 1989: 194). 또한 '학습적 환류'는 정책결정 체제가 장기적인 안목에서 정책결정의 질을 결정하는 데 중요한 역할을 하며, '학습적 환류'가 관리되지 못하면, 정책결정 체제는 '총체성을 결여하게' 된다.

## 3. 최적모형에 대한 평가

드로의 정책결정 과정은 '최적'의 정책이 만들어질 때 필요한 요소들을 중심으로 정책이 구체화되는 수준에 따라 이루어진다. 그가 설명하는 상위정책이란 '정책결정을 위한 정책결정(policymaking on policy-making)'으로 정책을 '잘' 만들기 위해 필요한 '정책 지식'을 의미한다.

정책이 잘 만들어지기 위해서 필요한 지식, 즉 '상위정책'은 사회에서 공유되고 통용되는 가치가 무엇인지 파악하는 것으로부터 시작해, 사회의 현실과 사회가 가지고 있는 문제들은 무엇이며, 나아가 사회가 가지고 있는 자원은 어느 정도인가를 파악하고, 이러한 환경 속에서 정책결정을 담당한 정치 체제는 실제 사회를 위해 올바른 정책을 설계할 수 있는 능력이 있는지를 평가하여, 만약 정책결정을 담당할 공식기관이 적절치 못하다면 재구조화해 올바른 정책결정을 할 수 있게 제도화하는 것이다. 결국 '상위정책'이란 정책결정을 가장 잘할 수 있는 정책 체제를 갖추는 일이며, 이러한 정책 체제에 의해 정책결정 과정이 완성된다면 '최적'으로 문제 해결을 할 수 있다고 본다.

드로의 정책결정 과정은 지속적인 수정과 보완을 통해 궁극적인 목표를 성취하는 것이며, 정책결정은 정책이 만들어진 다음 집행되는 과정에서도 '환류'를 통해 수정되고 보완된다. 이러한 것을 가능케 하는 '장치'는 '의사소통과 환류'로 정책결정의 모든 단계를 연계하여 문제를 '최적'으로 해결하기 위해 정책을 반복적 · 지속적으로 수정 · 보완해 나간다.

특히 '의사소통과 환류' 단계에서 요구되는 정책결정의 단계들을 연계하는 '네트워크'의 구조화는 다양한 '네트워크 분석과 설계(network analysis and design)'를 통해 '정보 처리 체제(data−processing systems)'를 종합할 수 있도록 설계되어야 한다(Dror, 1989: 196). 드로는 '의사소통과 환류'를 정책결정의 모든 단계에서 합리성을 추구하는 데 반드시 필요한 것이며, 이 과정에서 '합리적 요소'들뿐만 아니라, '초합리적 요소'들도 '최적'의 정책결정을 위해 자료를 수집하고 분석하는 데 기여하게 된다고 주장한다. 의사소통과 환류 과정에서 '초합리적 요소'들은 정책결정의 모든 단계를 연계해 정보의 흐름을 원활히 하는 데 큰 도움을 주며, 특히 정책결정 체제에서 필요로 하는 '긍정적인 인간 관계'를 형성하는 데도 한몫을 한다(Dror, 1989: 196).

최적모형은 '기술적 모형'과 '처방적 모형'의 특성을 모두 가지고 있는 정책결정 모형이며, 다른 어떤 정책결정 모형보다 정책결정 과정을 상세히 다루고 있다고 평가된다(Hogwood & Gunn, 1984: 55−56). 최적모형은 린드블롬의 점증주의모형보다는 사이먼의 '제한적 합리성'에 근접하며, 정책결정의 단계에서 추구되는 '제한적 합리성'을 뛰어넘기 위한 다양한 시도를 하고 있다. 즉, 드로의 정책결정 과정에서 '초합리성'과 '의사소통과 환류 기능'에 대한 강조는 점증주의적 정책결정과 제한적 합리성을 극복하려는 일련의 시도로 보인다.

특히 드로는 최적모형에 의한 정책결정 과정을 소개하면서 정책결정 모형이 "현실의 정책결정 과정을 설명할 수 있는 것은 물론 현실의 정책결정을 보다 나은 것으로 만들기 위한 것"이어야 한다고 주장한다(Dror, 1989: 129). 이러한 의미에서 최적모형은 순수한 합리모형, 경제적 합리모형, 점증모형, 만족모형 등을 참고해 이들 모형들이 가지고 있는 단점을 최소화하고, 장점을 최대한 살려 현실의 정책결정 과정을 다루는 것은 물론 정책결정의 질을 높이기 위한 정책결정 모형이라고 평가 된다.

최적모형에 대한 비판으로는 스미스와 메이(Smith & May, 1980)의 최적모형에 대한 평가를 들 수 있다. 그들은 드로의 최적모형을 단지 기존의 모형들이 설명하고 있는 정책결정의 단계를 좀 더 구체적으로 반복한 것에 불과하며, 최적모형이 비현실적이라는 한계를 피하고자 정책결정의 단계에서 현실성을 강조한 것에 불과하다고 혹평하고 있다. 특히 그들은 드로가 말한 '가치', '목적', '의사결정의 기준', '정책대안의 기대되는 효과에 대한 예비적 추정'을 구체적으로 어떻게 '조작(operationalization)'할 것인지 분명치 않다고 지적하면서 최적모형에 의한 정책결정은 '최적'으로 이루어지기 어렵다고 주장한다.

## 제 6 절 혼합주사모형

'혼합주사모형(mix-scanning model)'은 1967년 에치오니(Amitai W. Etzioni)에 의해 "의사결정을 위한 제3의 접근 방법"으로 소개되었으며, 제1의 접근 방법인 합리모형과 제2의 접근 방법인 점증모형의 한계를 극복할 수 있는 제3의 정책결정 모형으로 제안되었다. 에치오니(Etzioni, 1967: 385-392)에 따르면, 합리모형은 의사결정에 필요한 '자원'을 너무 과다하게 요구하기 때문에 현실성이 떨어진다고 하며, 점증모형은 합리모형의 한계를 감안해 현실의 의사결정 과정을 다룬다고 하지만 '기본적 사회의 혁신' 성향을 간과해 보수성이 강하다고 비판된다. '혼합주사모형'은 합리모형의 비현실적인 포괄적 측면을 제한해 극복하고, 점증주의모형의 보수적 성향을 '장기적인 안목'에서 대안들을 탐색해 극복하는 제3의 의사결정 방법이다(Etzioni, 1967: 385).

혼합주사모형은 '기본적인 정책결정 과정'의 설정과 설정된 기본적인 정책에 대한 '점증적 변화'에 따라 정책이 결정된다. 여기서 '기본적 정책결정 과정'은 정책의 '기본 방향(basic directions)'을 뜻하며, 설정된 정책의 기본 방향은 '점증적 의사결정의 맥락'을 제공한다. 에치오니(Etzioni, 1967: 385)에 따르면, 혼합주사모형의 의사결정은 점증주의모형과 비교했을 때 두 가지 장점을 가진다. 첫째, 결정된 정책을 '평가할 수 있는 전략(a strategy for evaluation)'을 제공한다는 것이고, 둘째, '숨겨진 구조적 가정(hidden structural assumptions)'을 내포하지 않는다는 것이다. 여기서 '숨겨진 구조적 가정'이란 린드블롬의 '당파적 상호 조정'에 의한 점증적 정치 변화와 같은 다원주의 사회의 구조적 특성을 말한다. 에치오니의 혼합주사모형의 기본 전제 혹은 가정과 특성을 구체적으로 살펴보면 다음과 같다.

## 1. 혼합주사모형의 기본 전제

혼합주사모형은 의사결정의 계층적 특성을 뜻하며, 혼합주사모형의 계층적 특성이란 '기본적인 정책결정(fundamental decision-making)'을 하는 '상층부'와 기본적인 정책결정에 의해 설정된 '정책 방향'에 따라 '점증적 의사결정'을 하게 되는 '하층부'로 나누어 이들이 조화를 이루어 궁극적인 정책결정이 도달하게 된다는 것을 말한다(Etzioni, 1986: 8). 혼합주사모형에서 '기본적인 정책결정'과 '점증적인 의사결정을 하게 되는 하층부'와의 조화를 가능하게 하는 것이 '주사(走査, scanning)'이며, '주사'라는 말은 정보의 '탐색(search)', '수집(collection)', '처리(processing)', '평가(evaluation)'뿐만 아니라 결론을 도출하는 것을 포함하며, 이 모든 요소들은 의사결정에 기여하게 된다(Etzioni, 1986: 8).

에치오니(Etzioni, 1967, 1986)는 '주사'를 인공위성의 '관측 렌즈'에 비유한다. 예를 들어, 인공위성에서 한반도 전체를 바라보게 되면 한반도의 전체적인 특성을 잘 파악할 수 있는 반면, 특정 지역을 세부적으로 파악하기 어렵다. 또한 인공위성에서 특정 지역을 '확대'해 관찰하게 되면 특정 지역의 자세한 정보를 얻을 수 있는 반면, 다른 지역은 파악하기 어렵다. 따라서 인공위성의 렌즈를 통해 전체를 파악하고, 필요한 경우 특정 지역을 확대해 정보를 수집 · 분석하는 것이 한반도의 전체적인 윤곽을 파악할 뿐만 아니라, 지역 문제를 해결할 수 있는 방법이 될 수 있다.

이러한 논리에 따라 렌즈를 '확대'하기도 하고, '축소'하기도 하여 필요한 정보를 수집하는 것을 '주사'라고 하며, '높은 수준의 주사'는 정책의 전반적인 측면을 파악하는 것을 가능케 하며, '낮은 수준의 주사'는 정책의 특정 측면을 제한적으로 상세히 검토하는 것을 가능케 한다. 여기서 '높은 수준의 주사'는 '기본적인 의사결정'을 말하며, '낮은 수준의 주사'는 제한된 범위에서 합리성을 추구할 수 있게끔 한다. 물론 에치오니는 낮은 수준에서 점증적 의사결정이 이루어진다고 말하고 있지만, 여기서 점증적 의사결정은 린드블롬의 그것과는 다르다.

에치오니(Etzioni, 1967: 325)는 혼합주사모형에서 의사결정자들이 대안들을 평가할 수 있는 능력에 대해 다음과 같이 말한다. "점증주의자들은 추구되는 가치들을 비교해 측정할 수 없기 때문에 '좋은 대안'이 무엇인지를 알지 못하는 반면, 혼합주사모형에서는 제한된 범위 내에서 대안들의 비교 평가가 가능하다." 예를 들어, 혼합주사모형에서 의사결정자들은 분명한 목표를 가지고 있으며, 그것을 실현시킬 수 있는 대안이 부수적으로 어떤 효과를 초래할 수 있다는 것을 알 수 있다면서, 합리모형에서와 같이 모든 대안들을 포괄적으로 비교·분석해 평가하는 것은 어렵지만, 혼합주사모형에 의한 의사결정은 최소한 '서열 척도 수준(ordinal scale)'에서 대안들 간의 평가가 가능하다. 물론 대안의 평가 수준은 주사의 수준에 의해 결정된다. 이러한 기본 전제에 따라 혼합주사모형의 의사결정은 '자원 분배(allocation of resources)'와 '평가(evaluation)'를 위한 의사결정의 '규칙'에 따라 이루어진다.

에치오니(Etzioni, 1986: 8)는 '자원 분배의 규칙'과 '평가' 방법을 '장기 게임'에 비유한다. 그에 따르면, 장기 게임은 주어진 시간 내에 처해 있는 어려움을 극복하고 공격할 기회를 만들어 내야 하기 때문에 취할 수 있는 모든 대안들을 검토한다는 것은 불가능하다고 전제하고, 이러한 상황에서 장기를 두는 사람은 먼저 현재 상황에서 공격할 것인지, 혹은 수비할 것인지를 먼저 결정하게 된다. 여기서 '공격' 혹은 '수비'를 결정하는 것을 혼합주사모형에서는 '기본적 의사결정'이라고 하며, 이러한 기본적 의사결정이 끝난 후, 이를 위한 '구체적인 대안의 검토'가 기본적 의사결정 방향에 따라 이루어진다고 한다. '장기 게임'을 다시 예로 들면, 먼저 기본적인 의사결정을 '공격'으로 결정했다면, 그 다음에는 무엇을 어떻게 공격할 것인지를 결정해야 하는데, 이 과정에서 취할 수 있는 제한적인 대안들에 대한 면밀한 검토, 즉 대안들에 대한 평가가 이루어진다는 것이다.

에치오니(Etzioni, 1986: 8)는 혼합주사모형에 의한 의사결정의 '자원 분배 원칙'을 역시 '장기 게임'을 예로 들어 말한다. 장기 게임은 주어진 시간 내에 끝내야 하므로 장기를 두는 사람은 주어진 자원, 즉 시간을 어떻게 분배할 것인가를 결정해야 하며, 제한된 시간 동안에 대안들을 모두 비교·분석할 수 없기 때문에 '높은 수준의 주사'보다는 낮은 차원에서 취할 수 있는 대안을 검토하게 된다. 왜냐하면 게임이 진행되면 될수록 주어진 자원, 즉 시간이 부족하기 때문이다. 이러한 혼합주사모형의 의사결정 방법은 '합리모형'이 요구하고 있는 모든 대안들에 대한 비교·평가보다는 덜 수고스러우면서도 '점증주의모형'의 보수성을 뛰어넘는 '혁신적'이고, '전략적'인 의사결정 방법이다(Etzioni, 1986: 8). 에치오니는 그의 저서 『적극적 사회(*Active Society*)』에서 다음과 같이 혼합주사모형의 의사결정 과정을 단계별로 다루고 있다(Etzioni, 1986: 9).

## 2. 혼합주사모형의 의사결정 단계

에치오니(Etzioni, 1968: 286-288)는 혼합주사모형에 의해 정책결정을 할 때 참고해야 하는 단계 혹은 점검 사항을 세 단계로 나눈다. 혼합주사모형의 단계는 '전략적 대안 탐색 단계', '정책집행 전 단계', '정책집행 과정의 검토 단계'이며, 이들 각 단계들을 완성시키기 위해 '주사(走査)'를 통해 필요한 자원과 시간을 분배하는 전략을 수립하게 된다. 혼합주사모형의 각 단계와 이를 완성시키는 '주사전략'을 살펴보면 다음과 같다.

### 1) 전략적 대안 탐색 단계

혼합주사모형은 정책결정을 위한 '전략적 대안 탐색'을 하는 것으로부터 시작한다. 전략적 대안의 탐색 과정은 다음과 같은 네 단계를 거쳐 완성된다.

첫 번째 단계는 특정 정책을 옹호하는 사람들이나 정책 전문가들이 추천하는 '대안들의 목록'을 작성하는 것이다.

두 번째 단계는 탐색된 대안들을 검토하는 과정이다. 이 과정에서 문제 해결에 적실성이 없다고 판단되는 대안들을 제외시키는데, 부적절한 대안들을 제거하는 기준은 ① '공리주의(utilitarian)'에 입각해 적당치 않은 대안들을 제외시킨다. ② '규범적 기준(normative objections)'에 의해 의사결정자들이 추구하는 기본 가치에 위배되는 대안들은 제거된다. ③ '정치적 기준(political objections)'에 의해 사회집단들이 추구하는 이해관계나 정치적으로 적극적인 집단들이 지지하는 가치와 대립되는 대안들은 제외된다.

세 번째 단계는 위의 단계에서 제외되지 않은 대안들에 대해 두 번째 단계를 반복하며, 이 단계에서 남아 있는 대안들에 대해 좀 더 구체적인 대안의 평가가 '다양한 주사 수준'을 통해서 이루어진다. 물론 이 과정에서 남아 있는 대안들 가운데 적합하지 않은 대안은 제외된다.

네 번째 단계는 남아 있는 대안들에 대해 세 번째 과정을 좀 더 구체적으로 반복하고, 다시 두 번째 단계의 기준을 좀 더 엄격히 적용해 대안들을 검토한다. 이러한 과정을 마지막 하나의 대안이 남을 때까지 반복해 최종 의사결정에 이르게 된다.

### 2) 정책집행 전 단계

'전략적 대안 탐색 과정'을 통해 최종적으로 결정된 정책은 집행되기 전에 다음과 같은 다섯 개의 기준에 의해 정책집행 가능성을 높이게 된다.

첫째, 정책을 집행하기 위해 집행 단계를 '몇 개의 단계(several sequential steps)'로 세분화한다. 이러한 과정이 필요한 이유를 에치오니는 행정적으로 집행 업무를 원활히 수행하기 위한 것이며, 이것을 '행정적 규칙(administrative rule)'의 적용이라고 한다.

둘째, 정책집행에 대한 '몰입(commitment)' 수준을 몇 개의 단계로 세분화한다. 집행에 대한 몰입 단계를 세분화하는 것을 '정치적 규칙(political rule)'이라고 한다. 집행될 정책에 대한 높은 정치적 몰입 수준은 정책을 성공적으로 집행할 수 있는 가능성을 높인다.

셋째, '공리주의적 원칙(utilitarian rule)'에 의해, 집행에 필요한 자원을 세분화해 구체화하고, 그것을 확보할 수 있는 전략적 방안을 마련한다.

넷째, 정책들 간의 집행 순서를 가능한 비용이 적게 들고, 비교적 쉽게 전환할 수 있는 것으로부터 비용이 많이 들고, 전환할 수 없는 것으로 나열해 집행이 용이한 것부터 시작한다.

다섯째, '예측하지 못한 상황'이 벌어져 정책집행이 기존의 자료에 의해 수행되기 어려운 경우를 대비해 부가적인 정보의 수집과 처리에 필요한 시간 계획을 따로 마련하여 실질적인 정책집행에 대비한다.

### 3) 정책집행 과정의 검토 단계

'정책집행 전 단계'에서 정책집행을 위한 다양한 검토가 충분히 이루어진 다음 정책이 집행된다. 정책이 집행되는 과정에서 지속적으로 정책에 대한 보완과 수정이 반복적으로 이루어지게 되는데, 이 과정을 에치오니는 다음과 같이 설명한다.

첫째, 결정된 정책의 집행이 시작되고 난 다음, 정책집행 과정을 좀더 높은 수준, 즉 '준상위 수준(semi-encompassing level)'으로 '주사'하여 정책이 '잘' 집행되고 있는지를 검토한다. 정책이 의도한 대로 잘 집행되고 있다고 판단되면 '주사'의 수준을 점증적으로 강화해 집행되고 있는 정책을 면밀히 검토하게 된다. 이 과정은 지속적·점증적으로 '정책의 모든 측면'에 이르기까지 '주사'하여 정책의 모든 면을 검토한다.

둘째, '주사'는 정책의 모든 수준으로 확대되어야 한다. 처음 정책이 집행될 당시, '주사' 수준은 가장 낮은 수준에서 이루어지지만, 어느 정도 정책이 성공적으로 집행되었다고 판단되면, '주사 수준'을 강화하여 기존의 정책을 점증적으로 쇄신해야 한다. 이러한 '주사 수준'은 정책이 잘 진행되고 있다고 생각되면 정책의 '모든 부분을 검토'할 수 있는 수준까지 점증적으로 확대되어야 한다. 왜냐하면 ① 처음 이루어졌던 '주사의 수준'에서 발견할 수 없었던 문제들이 '주사의 수준'을 높임으로써 발견될 수 있기 때문이다. ② 현재 집행되고 있는 방법보다 나은 전략을 발견할 수 있기 때문이다. ③ 정책목표가 성취되었다고 판단되면, 점증적으로 그 정책을 발전시켜야 하기 때문이다. ④ 만약 정책집행이 성공적으로 이루어졌다고 생각되면, 새로운 정책목표를 찾거나 정책을 종결시켜야 하기 때문이다.

### 4) '다양한 주사 수준'을 통해 '자원과 시간을 분배'하기 위한 규칙

에치오니는 '다양한 주사 수준을 통해 자원과 시간을 분배하기 위한 규칙'을 "이용 가능한 '파이(avaliable pie)'를 '조각'내는 규칙"이라고 비유적으로 말하며, 그

규칙은 다음과 같은 '주사 수준'을 따른다.

첫째, '일상적인 절차(normal routines)'에 의해 정책집행이 시작된다. 만약 그 정책이 점증적으로 잘 집행되고 있다고 판단되면 다음과 같이 주사 수준을 높이게 된다.

둘째, '준상위 검토(semi-encompassing review)'는 첫 번째 수준에서 정책이 '잘' 진행되고 있다고 생각되면 주사 수준을 높여 정책과 관련되어 나타날 수 있는 혹은 발견되지 않은 문제들을 탐색하게 된다. 이러한 과정, 즉 정책에 대한 주사 수준을 점증적으로 강화해 '최상위 검토'에 이를 때까지 반복한다.

셋째, '최상위 검토(overall review)'는 혼합주사모형에서 정책을 총체적으로 조명하는 '주사의 최고 수준'을 뜻한다. 이 과정에서 정책과 관련된 모든 문제들이 파악되고, 기존의 정책은 수정 · 보완된다.

넷째, 만약 전혀 새로운 정책이나 전략이 필요하다고 생각되면, 처음의 주사 수준으로 되돌아가 '새로운 검토(initial review)'를 다시 시작한다.

다섯째, 정책에 대한 주사는 일정한 '시간 구간(time interval)'을 정해 처음부터 '최상위 검토'까지 점증적으로 한다. 왜냐하면 정책과 관련해 야기될 수 있는 문제가 악화되어 나타나기를 기다리지 않고 미리 발견해 해결하기 위함이다.

여섯째, 정책 전반에 걸친 '간헐적 검토(occasional review)'와 자원분배의 유형을 수립하기 위한 '최초의 전략적 검토(initial strategic review)' 등을 필요한 경우 수시로 반복한다.

이와 같이 '다양한 수준의 주사'는 혼합주사모형에서 필요로 하는 정보의 '탐색(search)', '수집(collection)', '처리(processing)', '평가(evaluation)'를 위해 '최초의 수준'으로부터 시작해 점증적으로 확대해 '최상위 수준'까지 적용해, 다시 말해서 '혼합적'으로 '주사'해 정책을 완성한다.

## 3. 혼합주사모형에 대한 평가

에치오니의 혼합주사모형은 '기본적인 의사결정'과 '점증적인 의사결정'으로 구성되며, 기본적인 의사결정이란 '전쟁의 선포', '우주 탐사계획', '범죄와의 전쟁' 등과 같은 것이며, 이러한 '기본적 의사결정'은 '점증적 의사결정'의 맥락을 제공할 뿐만 아니라, '정책의 기본 방향을 설정'하는 지침이 된다(Etzioni, 1967: 388). 혼합주사모형은 정책의 기본 방향을 설정하고 장기적인 안목에서 정책의 면면을 점증적으로 수정 · 보완하는 것을 특성으로 한다. 혼합주사모형은 에치오니가 1967년 처음 발표한 이래 많은 학자들의 관심을 불러일으켰으며 이 모형에 대해 다양한 평가가 이루어지고 있다. 혼합주사모형에 대한 다양한 학자들의 평가를 요약하면 다음과 같다.

첫째, 에치오니가 주장하고 있는 것처럼 왜 '기본적 의사결정'이 정책결정에서 중요한 의미를 갖게 되는가와 관련되어 평가된다. 물론 특정 정책결정을 할 때, 정책의 기본 방향이 매우 중요할 수 있으나 대부분의 경우 정책은 구조적으로 과거 정책의 연속선상에서 만들어지고 집행되기 때문에 이미 '기본 방향'이 설정되어 있는 경우가 대부분이라는 것이다.

둘째, 스미스와 메이(Smith & May, 1980: 153)가 지적하듯이, 에치오니는 혼합주사모형을 '기본적인 의사결정'과 '점증적 의사결정'으로 나누지만 '기본적인 의사결정'을 점증적인 의사결정과 분리해 다루기 어렵다. 혼합주사모형이 두 종류의 의사결정을 구분할 수 있는 기준을 구체적으로 마련해야 하나 에치오니는 그러한 기준을 제시하지 않고 있다.

이러한 혼합주사모형에 대한 비판에도 불구하고, 많은 학자들이 혼합주사모형을 '기술적인 모형'보다는 '처방적인 의사결정 모형'으로 보고 그 실효성에 대해 언급하고 있다(Gershuny, 1978). 특히 그들은 혼합주사모형에서 다루는 의사결정의 두 차원이 실질적인 의사결정 과정을 잘 설명할 뿐만 아니라, '주사의 수준'에 따라 대안의 비교 · 평가가 가능한 처방적인 특성을 가진 의사결정 모형이라고 주장한다.

## 제 7 절 쓰레기통모형

'쓰레기통모형(garbage can model)'은 코헨, 마치와 올슨(Cohen, March, & Olsen, 1972)이 제안한 의사결정 모형으로, 의사결정 환경이 합리모형에서 전제하고 있는 것처럼 모든 대안들을 비교 · 평가해 최선의 대안을 최종적으로 선택할 수 있거나, 일반화된 절차에 따라 계획된 대로 이루어지는 것이 아니라고 전제하고 조직의 의사결정이 '불명확(ambiguity)', '불확실(uncertain)', '복잡(complexity)', '혼란(confusion)'한 상황 속에서 이루어진다고 주장한다.

마치(March, 1994: 192)는 의사결정 환경에 대해, "대부분의 의사결정 모형이 실질적인 의사결정 상황에서 야기되는 '상호모순(contradictions)', '불연속성(inconsistencies)', '혼동(fuzziness)'과 같은 불명확성을 간과"하고 있으며, 의사결정과 관련된 '선호(preferences)'와 '정체성(identities)'을 무시하고 의사결정을 다룬다고 한다. 또한 그는 현실의 의사결정 상황에서 찾아볼 수 있는 '모호함'과 '불확실성'은 의사결정 상황에서 매우 중요한 의미를 지니나 어떤 의사결정 모형에서도 이러한 문제를 실질적으로 취급해 의사결정 과정을 다루는 것은 찾아볼 수 없다고 말한다. 마치에 따르면, 이러한 의사결정의 '혼돈'과 '불명확성'을 감안해 의사결정을 설명할 수 있는 이론을 구조화한다는 것은 매우 어려운 일이라고 생각되지만, 기존의 의사결정 모형의 '가정(assumptions)'들을 현실에 맞게 수정한다면 현실의 의사결정을 설명할 수 있는 의사결정 모형을 구조화할 수 있다(March, 1994: 192).

마치(March, 1994: 192－193)는 "대부분의 조직론자들이 조직을 '표준운영 절차'와 '잘 구조화된 계층적 통제구조'에 의해 '조화로운 행위(coordinated action)'를 하는 것"으로 보지만, 이러한 조직의 '조화로운 행위'와 그 조직 내에서의 '지속적인 의사결정(consistent decision)'은 현실감이 없다고 주장한다. 왜냐하면 조직의 '의사결정'이 '행위'와 연계되어 있지 않을 뿐만 아니라, '어제의 행위' 역시 '오늘의 행위'와는 관련이 없어 보이기 때문이며, '신념(beliefs)'은 종종 '선택(choice)'으로 이어지지 않고, '과정'은 '결과'와 연계되어 나타나지 않기 때문이다. 결과적으로 조직은 '불명확한 선호와 정체성', '불명확한 경험과 역사', '불명확한 기술', '유동적 참여(fluid participation)'와 같은 상황에서 의사결정을 해야 하는, 즉 '느슨히 연계되어 있는' 것으로 보인다(March, 1994: 193). 이러한 조직의 의사결정에 영향을 미칠 수 있는 요소들의 '느슨한 연계'는 조직의 의사결정 체제를 '무질서(disorder)' 혹은 '혼돈(chaos)'과 같은 특성을 갖게 하며, 결국 이러한 의사결정 환경에서 이루어지는 의사결정은 조직의 '무질서'를 '질서'로 전환시키는 과정이다(March, 1994: 193).

코헨, 마치와 올슨(Cohen, March, & Olsen, 1972)은 '대학(university)'과 같은 조직은 '느슨한 연계', '불명확성', '불명확한 선호', '분권화(decentralization)', '위임(delegation)' 등과 같은 특성으로 인해 의사결정이 합리적으로 이루어지기 어렵다고 본다. 그들은 이러한 특성을 가진 조직의 의사결정을 설명할 수 있는 모형을 다음과 같은 몇 가지 기본 전제 아래 쓰레기통모형으로 구조화하여 컴퓨터 시뮬레이션을 통해 보여준다.

## 1. 쓰레기통모형의 기본 전제

코헨, 마치와 올슨(Cohen, March, & Olsen, 1972: 119)은 조직의 의사결정 상황을 '조직화된 혼란(organized anarchies)'으로 보며, 조직화된 혼란은 다음과 같은 세 가지 특성을 가진다.

### 1) 문제적 선호

'조직화된 혼란'으로 규정되는 조직은 그 조직이 선호하는 일련의 가치를 실현시키기 위해 합리모형에서 요구하는 모든 사항을 고려해 의사결정을 할 수 있으리라고 기대하기는 어렵다. 쓰레기통모형은 조직을 '다양하고 불확실한 선호'와 '불연속선상'에서 운영되고 있는 것으로 보고, 그 구조는 체계적이기보다는 '느슨한 형태'로 구조화되어 운영되기 때문에 조직구성원들의 '선호'에 따라 일사불란하게 운영될 수 없다고 한다. 쓰레기통모형은 다른 의사결정 모형처럼 명확한 목표와 가치들을 먼저 결정하고 그것에 의해 조직이 운영되는 것이 아니라, 조직의 운영 과정에서 그 조직의 '선호'가 나타나게 된다고 본다. 이와 같이 '선호'하는 것이 무엇인지 명확히 결정하지 못한 가운데 조직구성원들의 다양한 '선호'에 의해 조직이 운영되는 것을 '문제적 선호(problematic preferences)'라고 한다.

### 2) 불분명한 기술

'조직화된 혼란'을 구성하는 두 번째 조건은 '불분명한 기술(unclear technology)'이다. 조직화된 혼란으로 설명되는 조직은 조직 활동을 통해 생존하게 되고, 생산 활동도 하지만, 이러한 일들이 어떤 과정을 거쳐서 이루어지고 있는지를 조직구성원들은 잘 알지 못하는 경우가 대부분이다. 왜냐하면 조직을 운영하는 분명한 관리 방법이 존재하기보다는 단순히 '시행착오(trial－and－error)'를 겪으면서 운영되기 때문이다. 즉, 이러한 조직은 과거에 우연히 경험한 것과 필요에 따라 '실용적인' 방법에 의해 운영된다. 따라서 조직을 운영하는 '기술은 불분명'하다.

### 3) 유동적 참여

'조직화된 혼란'의 세 번째 조건은 '유동적 참여(fluid participation)'이다. '유동적 참여'란 의사결정에 참여하는 사람들이 바뀌거나 달라질 수 있는 상황을 말한다. '조직화된 혼란'을 특징으로 하는 조직은 의사결정에 참여하는 이들이 유동적으로 바뀔 수 있을 뿐만 아니라 그들이 의사결정을 위해 몰입하게 되는 정도도 의사결정의 '분야(domains)'에 따라 상당히 다르다. 즉, 의사결정의 참여자들은 시간이나 다른 조건에 따라 참여자의 폭과 양이 상당히 달라지기 때문에 조직의 의사결정에 참여할 수 있는 의사결정자의 '범위(boundaries)'가 불분명하고, 늘 변화한다. 즉, 조직에서 무엇을 결정하는지에 따라 의사결정자들이 달라질 수 있으므로, 이러한 조직은 늘 의사결정자들의 유동적인 특성을 가지게 된다. 이러한 '유동적 참여'에 의한 의사결정은 합리적으로 이루어지기보다는 '조직화된 혼란' 속에서 이루어진다.

코헨, 마치와 올슨(Cohen, March, & Olsen, 1972)에 따르면, 이상에서 설명한 '조직화된 혼란'은 '조직'을 연구하는 학자들에게는 이미 잘 알려져 있는 사실이며, 대부분의 조직들은 '조직화된 혼란' 요인들을 부분적으로 가지고 있다고 해도 과언은 아니다. 특히 공공조직, 교육기관, 비공식적인 소식 등은 이러한 특성이 다분하다.

조직을 '조직화된 혼란'으로 규정할 수밖에 없는 이유는 첫째, 조직들이 가지고 있는 '불명확한 목표'와 '합의하지 못한 의사결정'을 해야 하는 조직의 특성 때문이다. 합의에 이르지 못한 불명확한 목표와 불연속성 등은 복잡한 구조를 가지고 있는 조직의 특성이며, 이러한 특성은 조직의 의사결정 상황을 '조직화된 혼란'으로 만든다. 둘째, 조직구성원의 조직 활동에 참여 정도를 감안하면, '조직화된 혼란' 요인은 더욱 가중될 수밖에 없다. 즉, 조직구성원들은 조직의 의사결정의 모든 과정에 같은 정도로 주의력을 집중시키는 것이 아니라, 의제에 따라 혹은 주어진 시간과 여건에 따라 의사결정에 몰입하는 수준은 달라지고, 때로는 무관심할 수도 있다(Cohen, March, & Olsen, 1972: 119-120).

이러한 사실은 감안하면, '규범적 조직이론(normative organization theory)'은 '조직화된 혼란'을 감안해 다음과 같이 재구성되어야 한다(Cohen, March, & Olsen, 1972: 120).

첫째, 불명확한 상황에서 의사결정을 할 수 있는 지적인 방법을 개발해야 한다.

둘째, 의사결정자들이 의사결정에 '주의력(attention)'을 집중할 수 있는 정도를 감안해야 한다. 조직의 의사결정 상황이 '조직화된 혼란'으로 설명되는 이유 가운데 하나는 '시간적 제약(time constraints)'이다. 유동적으로 참여하게 되는 의사결정자들이 어떤 시점에서 누가 어떤 의사결정에 참여하게 되는지는 조직의 의사결정에 중요한 변수가 된다.

셋째, '조직화된 혼란'을 감안해 '관리이론(theory of management)'을 수정해야 한다. 기존의 관리이론들은 잘 정의된 목표와 그 목표를 성취시킬 수 있는 '기술(technologies)'이 잘 갖추어져 있다는 가정 아래, 조직을 통제하고 조화를 이루게 하는 방법들을 연구해 왔다. 그러나 조직의 목표가 불명확하고 조직구성원들의 합의를 이루지 못하는 가운데 의사결정과 조직을 관리해야 하는 상황이라면 기존의 관리이론들이 유효하다고 생각하기 힘들다.

'조직화된 혼란'을 감안해, 조직의 의사결정이 ① 분명한 목표를 설정하고, ② 추구하는 가치들의 우선순위를 결정한 다음, ③ 대안들을 비교·분석해, ④ 최선의 대안을 최종적으로 선택한다는 의사결정이론은 현실에 맞게 수정·보완되어야 할 필요가 있으며, 이러한 맥락에서 코헨, 마치와 올슨은 '느슨한 연계' 속에서 의사결정이 이루어지는 과정을 쓰레기통모형으로 구성한다.

## 2. 쓰레기통모형의 의사결정

조직의 현실을 감안해 코헨, 마치와 올슨(Cohen, March, & Olsen, 1972: 120)은 '조직화된 혼란' 속에서 의사결정이 이루어지는 방법을 소개한다. 그들에 따르면, "조직은 잘 정의된 문제들과 조직 내의 갈등을 타협이나 협상을 통해 해결할 수 있는 구조를 갖추고 있으며, 조직은 이러한 일들을 할 수 있는 '일련의 과정'을 제공하는 개체이다."

이러한 관점은 조직을 '선택의 집합체(a collection of choices)'로 생각하며, 여기서 선택이란 '해결을 위한 문제와 쟁점을 선택하는 일', '의사결정 상황을 만들어 내는 쟁점들과 의사결정을 위해 분위기를 조성하는 일', '문제 해결책이 문제와 관련된 쟁점들을 찾아다니는 일' 등이며, 이러한 모든 의사결정 상황은 나름대로 '떠돌아(aired)'다니는 것으로 본다. 이러한 관점에서 조직의 선택, 즉 의사결정은 시간의 흐름에 따라 변화하게 되는 선택의 상황에 초점을 맞추게 된다. 즉, 쓰레기통모형에 의한 의사결정은 '문제(problems)', '해결책(solutions)', '참여자(participants)', '선택의 기회(choice opportunities)' 등과 같은 비교적 독립적인 '흐름(streams)'들이 만들어 내는 복잡한 상호작용의 결과이다(March, 1994: 198).

쓰레기통모형에서 '쓰레기통'이란 '회의'나 '위원회'와 같은 의사결정을 위한 '선택의 기회'를 뜻한다. '선택의 기회'는 의사결정자들, 문제, 해결책 등을 '모아 놓은' 것이며, '문제'란 의사결정을 요하는 사람들의 관심사이다. 문제는 자원의 분배, 형평성, 정당성 등과 관련되어 나타나게 되며, 때로는 의사결정자들 간에 갈등으로부터 생성된다. '문제'는 '문제가 발생한 시기', '문제 해결에 필요한 에너지의 양', '문제가 선택의 기회에 접근할 수 있는 정도' 등에 따라 해결 가능성이 달라진다.

'해결책(solutions)'이란 문제에 대한 해결 방법으로, 인지되었거나 인지되지 못한 모든 것을 포함한다. 해결책은 '해결책이 모색된 시점', '선택의 기회에 대한 접근성', '해결책이 필요로 하는 자원' 등을 말한다. 쓰레기통모형에서 의사결정자들은 '의사결정 체제에 진입한 시점', '의사결정 기회에 접근할 수 있는 능력', '문제 해결 능력' 등에 의해 의사결정에 몰입하는 정도가 달라진다.

의사결정자들은 그들이 관여하고 있는 선택의 기회가 결정으로 이어지기 어렵다고 생각되면, 그들은 선택의 기회가 결정으로 이어지기 쉬운 곳으로 그들의 관심을 돌려 다른 의사결정에 참여하게 된다. 이러한 경우, 새로운 의사결정 상황은 새로운 의사결정자가 관심을 보임으로써 더 많은 에너지를 얻게 되어 최종 결정으로 이어지기 쉬워지게 되는 반면, 기존의 선택의 기회는 의사결정자가 떠남으로써 최종 결정에 도달하기 더욱 어려워진다.

이과 같은 '조직화된 혼란' 속에서 의사결정은 문제, 해결책, 의사결정자, 선택의 기회 등이 의사결정 상황, 즉 '쓰레기통'에 도달한 '시점(time)'에 의해 조건화되며, 이들의 연계는 시간이 지남에 따라 변화하게 된다. 즉, 문제, 해결책, 의사결정자들이 '선택의 기회'를 찾아 움직임으로써 의사결정 상황은 늘 변화하게 된다. 결과적으로, 쓰레기통모형에서 의사결정은 '문제의 흐름', '해결책의 흐름', '의사결정 기회의 흐름', '의사결정자들의 유동적 흐름'이 '교차하게 되는 접점'에서 이루어진다(March 1994: 201).

## 3. 쓰레기통모형의 의사결정 유형

쓰레기통모형의 기본적 가정은 "의사결정자들에게 문제를 해결할 수 있는 해결책과 함께 의사결정의 기회가 주어진다면, 의사결정은 이루어진다"는 것이다. 즉, 의사결정자들이 주어진 문제를 해결할 수 있는 충분한 '에너지'를 가지고 있다고 가정하므로, 의사결정자들이 문제 해결책을 가지고 있고, 선택의 기회가 주어진다면 의사결정은 이루어진다고 한다. 이러한 가정 아래 쓰레기통모형에 의한 의사결정은 다음과 같은 세 가지 유형으로 구분할 수 있다(March, 1994: 201−202).

첫째, '간과(oversight)'이다. '간과'란 빠뜨리고 인지하지 못한 것을 뜻하며, 의사결정 상황에서 이러한 '간과'가 나타나게 되면 비교적 쉽게 의사결정에 도달하게 된다. 즉, 의사결정의 기회가 주어졌으나, 기존의 문제들 그 '선택의 기회'와 연계되어 있지 않은 경우, 새로운 사안에 대한 의사결정은 최소의 시간과 '에너지'를 소모하며 의사결정으로 이어지게 된다. 즉, 의사결정을 위한 회의가 소집되었는데 회의에 상정된 기존의 안건들이 그 회의를 통해 의결될 만큼 성숙되지 않았거나, 시급하지 않아 뒤로 미루게 된 경우, 새로이 상정된 안건은 그 회의를 통해 비교적 쉽게 의사결정으로 이어질 수 있다.

둘째, '문제 해결(problem resolution)'이다. 즉, 해결되어야 할 문제들이 의사결정의 기회와 연계되어 있는 경우이다. 이러한 경우, 의사결정자들은 그 문제들의 해결을 위해 필요로 하는 조건들을 충족시킬 수 있는 충분한 '에너지'를 갖게 됨으로써 의사결정으로 비교적 쉽게 이어지게 된다.

셋째, '탈피(flight)'이다. 다수의 문제들이 하나의 의사결정 기회(의사결정을 위한 회의)에 연계되어 있는 경우, 의사결정자들은 그 문제들을 모두 해결하기 위해 필요한 '에너지'가 너무 과다하게 되어 실질적인 의사결정을 할 수 없는 상황에 직면하게 된다. 이러한 경우, 의사결정은 이루어지지 않는다. 그러나 문제들이 다른 의사결정 기회를 찾아 떠나게 된다면, 다시 말해서, 다른 의사결정의 기회가 만들어져 기존의 문제들이 그 기회와 연계되어 기존의 의사결정 기회로부터 '탈피'하게 된다면, 남은 문제들은 비교적 쉽게 의사결정 기회를 얻게 되어 의사결정으로 이어지게 된다. 물론 이러한 의사결정이 기존의 조직 문제들을 해결한 것이라고 볼 수 없으며, 단지 기존의 문제들이 새로운 선택의 기회에 연계되어 의사결정이 연기된 것이다.

쓰레기통모형에서 최종 의사결정은 대부분의 경우 '탈피'나 '간과'에 의해 이루어지게 되며, '문제 해결'에 의한 의사결정은 쓰레기통모형에 의한 의사결정의 대표적인 유형이라고 할 수 없다(March, 1994: 202). 이상과 같은 세 가지 유형의 쓰레기통모형에 의한 의사결정 유형에서 볼 수 있듯이, 의사결정자들이 기존의 의사결정의 기회를 포기하고 다른 의사결정의 기회로 이동하는 것과 같이, 문제들도 새로운 기회를 찾아 움직이게 된다. 결과적으로 쓰레기통모형에서는 '의사결정자', '문제', '해결책' 등이 조직 내에서 의사결정의 기회를 찾아 떠돌아다니는 것이다.

쓰레기통모형의 속성을 가진 조직의 의사결정이 얼마나 효과적으로 이루어졌는지를 가늠할 수 있는 방법에 대해 마치(March, 1994: 203)는 '문제의 활동', '문제의 잠재', '의사결정 시간'을 통해 조직의 업무 수행 능력을 평가할 수 있다고 주장한다.

첫째, '문제의 활동(problem activity)'이란 문제가 해결되지 않은 상태로 의사결정 상황에 연계되어 있는 기간을 뜻한다. 이러한 기간이 길면 길수록 문제와 관련해 조직 내의 갈등이 발생할 수 있는 가능성이 커진다.

둘째, '문제의 잠재(problem latency)'란 문제가 활성화되었으나 의사결정으로 이어지지 않은 상태가 지속된 기간을 의미한다. '문제의 잠재' 정도는 조직의 문제에 대한 '반응(responsiveness)' 정도를 가늠케 하는 척도로 사용된다. '문제의 잠재'가 길어지면 길어질수록 문제와 관련된 조직구성원들은 조직이 자신들의 문제를 '무시'한다고 생각해 '불만'스러울 수 있다.

셋째, '의사결정 시간(decision time)'이란 의사결정을 하는 데 소요된 기간을 말한다. '의사결정 시간' 기준은 조직의 '능률성(efficiency)'을 측정할 수 있는 척도로 사용된다. 즉, 조직을 운영하는 데 필요한 다양한 의사결정, 즉 예산·자원의 분배와 인력관리와 같은 문제를 해결하는 데 소요되는 시간은 그 조직이 얼마나 능률적으로 업무 수행을 하고 있는지를 가늠할 수 있는 척도가 된다.

가장 이상적인 조직은 문제가 발생하면 가능한 신속히 문제 해결을 위한 의사결정 상황을 만들어 궁극적으로 문제 해결을 위한 의사결정을 하는 것이며, 이러한 조직은 '문제의 활동', '문제의 잠재', '의사결정의 시간' 등과 같은 저해 요인들을 최소화하여 문제를 되도록 신속히 해결책으로 연계한다. 그러나 쓰레기통모형으로 설명되는 조직은 '문제의 활동', '문제의 잠재', '의사결정의 시간'과 같은 의사결정의 저해 요인을 단번에 최소화하기 어렵다. 왜냐하면 '조직화된 혼란' 상태를 유발하는 요인인 '문제적 선호', '불분명한 기술', '유동적 참여'로 인해 문제가 끊임없이 만들어지고, 해결하는 데 오랜 시간이 걸리기 때문이다. 마치(March, 1994: 205－206)는 쓰레기통으로 비유되는 조직의 상황에서 의사결정자들이 어떻게 업무를 수행하게 되는가를 다음과 같이 설명한다.

## 4. 조직화된 혼란과 의사결정자의 역할

쓰레기통모형으로 설명되는 의사결정 상황에 직면한 의사결정자들은 업무를 능률적이고 효과적으로 수행하기 위해 다양한 방법을 찾게 된다. 이러한 상황에서 의사결정자들이 취할 수 있는 업무 처리 방법은 다음과 같이 구분할 수 있다(March, 1994: 205－206).

첫째, '개혁적 성향을 띤 의사결정자(reformist)'들이다. 쓰레기통으로 설명되는 의사결정 상황을 극복하고 그들의 업무를 능률적이고 효과적으로 수행하기 위해 의사결정자들은 '개혁적 성향'을 띨 수 있다. 개혁적 성향을 가진 자들이란 그들이 속해 있는 조직의 '조직화된 혼란'을 제거시키거나 피할 수 있는 방법을 모색하는 부류의 의사결정자들이다. 이들은 조직의 목표를 정의하고, 조직환경을 이해하는 데 좀 더 체계적일 뿐만 아니라 의사결정 상황을 구성하고 있는 다양한 요소들이 조화를 이룰 수 있도록 노력하고 통제하는 역할을 주로 한다.

둘째, '실용주의자(pragmatist)'에 속하는 의사결정자들이 있을 수 있다. 이들은 조직의 쓰레기통 상황을 피할 수 없는 것으로 보고, 이러한 특성을 이용해 실질적으로 그들의 편익을 추구하는 의사결정자들이다. 즉, 실용주의자들은 의사결정에 필요한 조직의 '에너지'가 제한적이라고 보고 문제, 해결책, 의사결정의 기회들을 조정해 최종적으로 이루어지는 의사결정이 그들의 이해관계에 부합되도록 활동한다.

셋째, '열정적인 의사결정자(enthusiast)'이다. 이들은 쓰레기통과 같은 의사결정 상황에서 '새로운 비전'을 찾아내려고 노력하는 부류이다. 이들은 쓰레기통모형이 가지고 있는 특성을 반드시 조직 과정을 저해하는 것으로만 생각하지 않고 쓰레기통을 마치 '시장(market)'과 같다고 생각해 문제와 해결책의 흐름이 추구하는 '선호'는 다르지만 궁극적으로 선호하는 것을 찾아낼 수 있다고 생각한다. 또한 그들은 조직의 '조직화된 혼란' 상태의 장점인 '유연성(flexibility)'을 살려 조직 활동을 조화시켜 나가는 역할을 한다.

## 5. 쓰레기통모형의 특성과 평가

쓰레기통모형에 의한 의사결정에 대한 논의는 코헨, 마치와 올슨(Cohen, March, & Olsen, 1972)이 '대학 조직'을 관찰해 그 조직들이 가지고 있는 의사결정 상황의 특성에 따라 구조화한 것이다. 그들은 대학과 같은 조직에서의 의사결정은 기존의 합리모형이나 절차적 모형으로 설명될 수 없는 '조직화된 혼란'을 가지고 있으며, 이러한 상황에서 조직 활동을 설명할 수 있는 모형으로 '쓰레기통모형'을 제시한다. 쓰레기통모형에 의한 의사결정 상황의 기본 전제인 '조직화된 혼란'을 구체적으로 구성하고 있는 요소들은 '문제적 선호', '불분명한 기술', '유동적 참여' 등이며, 이러한 세 가지 요인들이 '의사결정의 기회'를 찾아 끊임없이 움직이는 것으로 본다.

쓰레기통모형에서는 문제, 해결책, 의사결정자, 의사결정의 기회 등이 시간의 흐름에 따라 서로를 찾아다니는 것으로 본다. 하지만 쓰레기통모형에서는 대부분의 경우 '문제'와 '의사결정 기회'가 만나지 못하며, 물론 문제가 의사결정의 기회를 찾아다니기는 하지만, 문제가 의사결정의 기회를 찾아 최종 결정으로 이어지지는 않는다. 쓰레기통모형에서 의사결정은 문제, 해결책, 의사결정자들의 '조합(combinations)'이 만들어질 때 이루어진다. 이러한 '조직화된 혼란' 상태의 변화는 '탈피'나 '간과'로 설명되며, 이것은 의사결정으로 이어지는 계기가 된다.

'쓰레기통 과정'을 통해 조직의 문제를 해결할 수 있다고 기대하기는 어렵다. 그러나 목표의 불명확성, 서로 대립되는 선호, 불분명한 문제와 문제 해결책 등으로 이해되는 쓰레기통 상황에서도 의사결정은 이루어지며, 문제는 쉽지는 않지만 해결된다. 이러한 '쓰레기통 상황'은 정도의 차이는 있지만 모든 조직에서 찾아볼 수 있으며, 그 특징을 완전히 제거할 수 없다. 쓰레기통모형의 유용성은 이러한 상황을 이해해 조직을 '설계하고', 의사결정에 임하며, 궁극적으로 이러한 상황을 관리해 나가는 방법을 찾는 것이다. 쓰레기통모형은 다른 의사결정 모형과 같이 의사결정 과정을 단계별로 다루는 것이 아니라, 조직이 처한 의사결정 상황을 이해하여 '조직화된 혼란'을 관리할 수 있는 방법을 찾기 위함이다.

## 제 8 절 앨리슨모형

앨리슨(Allison, 1971)은 1962년 10월 13일 동안 미국과 구소련 간의 쿠바 미사일 설치와 관련해 전개되었던 외교 문제에 대해 "왜 구소련은 쿠바에 공격용 전략적 미사일을 설치하려 했는가?", "왜 미국은 쿠바의 해상 봉쇄를 결정하게 되었는가?", "왜 그 당시 구소련의 지도자인 후루시초프(Nikita S. Khrushchev)는 쿠바에 미사일을 설치하는 것을 포기했는가?", "미국과 구소련 간에 고조된 미사일 위기의 교훈은 무엇인가?"에 대해 답하고자 다음과 같은 몇 가지 가정을 통해 정부의 정책결정 과정과 정책결정 상황을 논한다.

먼저 그는 이러한 외교적 문제에 직면하게 되면, 대부분의 외교 전문가들이 그 문제가 초래할 중요한 결과를 감안해 '폭넓은 개념적 모형'을 구성해 문제에 접근하게 된다고 주장한다. 즉, "문제가 무엇이며, 왜 발생하게 되었으며, 어떤 결과를 초래할 것인가?"와 같은 문제에 대해 자신이 가지고 있는 외교정책이나 군사정책의 범주 내에서 문제를 이해한다는 것이다. 물론 이러한 외교 전문가들의 '개념적 구성(conceptual model)'은 문제의 특성을 분석하여 해결하기 위함이다(Allison, 1971: 3-4). 앨리슨은 '미사일 위기'를 설명할 수 있는 세 개의 모형을 소개한다.

## 1. 합리적 행위자모형: 모형 Ⅰ

첫 번째 모형은 '합리적 행위자모형(rational actor model)' 혹은 '모형 Ⅰ(Model Ⅰ)'로 어떤 문제의 발생 원인과 결과를 '단일한 정부의 목표 지향적 행위(purposive acts of unified national government)'로 이해해 접근하는 것이다. 이러한 관점에서 정책을 분석하는 이들은 직면한 전략적 문제를 해결하기 위해 정부 혹은 국가가 선택한 행위가 어떻게 결정되었는가에 초점을 맞춘다.

합리적 행위자모형에서 분석의 단위는 '정부의 행위(governmental action)'이며, 정부의 행위는 전략적 목표를 극대화하기 위한 것이다(Allison, 1971: 32). 합리적 행위자모형을 구성하는 중요한 개념은 '국가적 행위자', '문제', '정적인 선택', '합리적 선택으로서의 행위' 등이다. 국가가 특정 활동을 할 때, 그 국가는 결과를 극대화시킬 수 있는 수단을 통해 목표를 지향한다고 가정한다. 합리적 행위자모형은 이러한 '추론적 형태(dominant inference pattern)'에 의해 성립되며, 문제 해결을 위한 국가의 활동은 '가치를 극대화하기 위한 수단(value-maximizing means)'이며, 동시에 목표 지향적인 성격을 띤다.

'합리적 행위자모형'을 구소련에 의해 야기된 미국과의 외교적 긴장 사례를 통해 살펴보면, 먼저 정책분석가들은 '문제를 구성'하는 것으로부터 시작한다. "왜 구소련은 쿠바에 전략적 미사일을 설치하려 했는가?"라는 문제를 먼저 제기하고, 이 문제에 궁극적으로 답하기 위해 첫째, '분석의 단위'를 결정하고, 둘째, 결정된 분석의 단위를 측정하기 위한 구체적 개념화 과정을 거쳐, 마지막으로 구체화된 개념들로부터 수집된 자료를 종합해 주어진 문제를 설명하기 위한 '추론(inference)'을 하게 된다. 이것을 '미사일 위기'의 사례를 통해 보면, 분석의 단위는 '정부의 선택(governmental choice)'이며, 분석의 단위를 구체적으로 측정하기 위한 개념으로는 문제 해결을 위해 정부가 수립한 '목표와 목적'이다. 마지막으로 문제와 목표 간에 인과 관계의 추론을 하게 되는데, 예를 들어, 정책목표에 의해 '쿠바의 해상봉쇄'라는 정책 수단을 연계해 설명하는 것이다.

## 2. 조직과정모형: 모형 Ⅱ

두 번째 모형은 '조직과정모형(organizational process model)' 혹은 '모형 Ⅱ(Model Ⅱ)'이다. '조직과정모형'을 통해 '미사일 위기'를 설명하려는 정책분석가들은 정부를 '일련의 표준운영 절차나 프로그램에 의해 고정된' 것으로 보고, "어떤 맥락이나 압력 아래서 이와 같은 정책결정이 이루어졌는가?"라는 질문에 궁극적으로 답하게 된다. 이러한 질문에 답하기 위해 정책분석가들은 조직의 '표준운영 절차', 조직의 '목록(repertories)' 등과 같은 개념에 초점을 맞추어 연구하게 된다. 이러한 개념들에 의한 연구 결과는 다음과 같은 추론으로 귀결되는데, "조직이 이러한 행태를 보이는 것은 그 조직이 가지고 있는 '특성(features)', '과정(processes)'과 조직이 가지고 있는 독특한 '목록' 때문이다." 즉, 모형 Ⅱ에 의해 정책분석을 하는 이들은 "조직 행위의 결과로부터 '조직 행태의 유형(patterns of organizational behavior)'을 찾아내어 조직의 의사결정 행위를 설명"하게 되며, 조직행위는 조직이 가지고 있는 운영 절차와 프로그램의 산물이므로 이에 따라 조직이 어떤 '경향(trends)'이나 '성향(orientations)'을 보일지 예측할 수 있다고 가정한다(Allison, 1971: 6).

## 3. 정부정치모형: 모형 Ⅲ

'미사일 위기'를 설명할 수 있는 세 번째 모형은 '정부정치모형(governmental politics model)' 혹은 '모형 Ⅲ(Model Ⅲ)'이다. 이 방법에 의해 외교정책을 설명하려는 정책분석가들은 정책을 '합리적 행위자모형'처럼 '선택(choices)'과 '결과(outputs)'의 관계로 설정하거나, '조직과정모형'에서처럼 조직의 구조화된 표준운영 절차의 산물로 이해하지 않고, 정부의 다양한 행위자들이 벌이는 '협상 게임의 산물'로 이해한다. '미사일 위기'를 예로 들면, 정부정치모형은 먼저 의사결정에 참여한 사람들이 누구인지를 밝히고, 그들의 문제에 대한 인식과 동기, 사용한 권력과 책략 등을 중심으로 사례에 접근한다.

정부정치모형은 의사결정을 '정치적 결과'로 보고 그것을 분석의 단위로 설정해, 정치적 결과를 야기시킨 중요 변수들, 즉 '인식(perceptions)', '동기(motivation)', '지위(position)', '권력(power)', '정치 행위자들의 책략(maneuvers of the players)' 등과 같은 변수들의 상호작용을 분석한다. 정부정치모형은 "정부의 의사결정은 정치 게임에 참여하는 사람들 간의 협상 결과이다"는 가정 아래, "누가 무엇을 왜 했는가?"에 초점을 맞추어, '정치 게임과 관련된 쟁점', '행위자', '행위자들의 권력과 전략'에 의해 어떤 의사결정이 이루어질 것인지를 예측한다.

앨리슨(Allison, 1971: 7)은 '장기 게임'에 비유해 '합리적 행위자모형', '조직과정모형', '정부정치모형'에 대한 이해를 다음과 같이 돕고 있다. '장기 게임'을 화상 중계를 통해 관전하는 사람들은 각각의 장기 게임을 하는 사람들이 게임에서 승리하기 위한 목표를 향해 준비된 전략과 계획에 의해 그 게임을 풀어나갈 것이라고 가정하게 되는데, 이러한 가정은 '합리적 행위자 모형', 즉 '모형 Ⅰ'로 설명된다. 그러나 장기 게임을 수차례 관전하게 되면, '장기 게임'이 가지고 있는 유형을 읽을 수 있게 되어 그 게임은 개인의 합리적 사고에 의해 진행되는 것이 아니라 일련의 '표준운영 절차'에 따라 공격과 수비의 유형을 가지게 된다는 것을 알아차리게 되며, 장기 게임을 '조직과정모형'으로 이해한다. '장기 게임'을 유형화된 조직 과정으로 볼 수 있게 된다면, 장기 게임을 '모형 Ⅲ'에 의해 이해할 수 있게 되는데, 예를 들어 다양한 게임의 주체들은 그들 나름대로 목표를 향해 게임에 임하게 되지만

'왕으로부터 졸'에 이르기까지 권력이 분산되어 있으며, 하나의 '말'을 움직인다는 것은 '전체적 협상의 결과'로 볼 수 있게 된다는 것이다. 즉, 경우에 따라서 '공격' 혹은 '수비'를 위해 특정 '말'은 희생될 필요가 있으며, 이것은 정치적 타협의 산물로 이해될 수 있다.

앨리슨(Allison, 1971: 8−9)은 '미사일 위기'와 같은 급박한 상황에서 의사결정은 관료조직을 통하지 않고 소수의 의사결정자들이 모여서 그들이 선택할 수 있는 대안들을 탐색하고 모색하는 것, 즉 모형 Ⅰ에 의한 의사결정이 가장 적합한 것이라고 생각되나, 모형 Ⅱ나 모형 Ⅲ도 모형 Ⅰ의 과정을 완성시키는 데 기여하게 된다고 본다. 즉, 앨리슨(Allison, 1971: 9)은 '미사일 위기'를 설명하는 데 '합리적 행위자' 중심의 설명은 물론 '조직 과정'과 '정치적 협상'과 같은 범주와 요인들을 포함하는 것이 적절하다고 주장한다.

## 4. 앨리슨모형의 평가

앨리슨은 구소련에 의해 야기된 '미사일 위기'를 해결하려는 미국 정부의 의사결정 과정을 '합리적 행위자모형', '조직과정모형', '정부정치모형'으로 나누어 각 모형들이 가지고 있는 특성을 사례를 통해 설명한다. '모형 Ⅰ'은 정부의 의사결정 과정을 포괄적으로 보여주고 있다. 예를 들어, 국가의 목표가 무엇이며, 이 목표를 성취시키기 위한 합리적 대안은 어떤 것들이 있으며, 단일한 의사결정체로서 정부 지도자는 어떻게 의사결정을 하게 되는지를 설명하고 있다. '모형 Ⅱ'는 정부조직들이 문제와 관련된 정보, 대안, 의사결정을 산출해 내는 정형화된 조직 과정을 이해할 수 있게 해 주며, 마지막으로 '모형 Ⅲ'은 개개인의 정부 지도자들에 초점을 맞추어 그들이 벌이는 정치 게임에 의해 의사결정에 도달하게 되는 과정을 다룬다(Allison, 1971: 258).

앨리슨의 의사결정 모형들은 각각의 모형을 구성하는 중요한 변수들이 다른 만큼, 정부의 의사결정을 다각적인 측면에서 분석할 수 있는 장점을 가진다. 앨리슨(Allison, 1971: 275)에 따르면, 각각의 모형이 정부의 의사결정을 부분적으로 접근하고 있으며, 이러한 '부분적 모형(partial model)'들이 모여 정부의 복잡한 의사결정 과정과 다양한 참여자들을 포괄적으로 다룰 수 있다.

'모형 Ⅰ'은 국가 혹은 정부 차원에서 이루어지는 정책결정 과정을, '모형 Ⅱ'는 조직 차원에서 정책이 결정되는 과정을, '모형 Ⅲ'는 정치 게임에 참여하게 되는 개인적 차원에서 정책에 영향을 미치는 것을 다루는 데 적합한 모형이다. 앨리슨(Allison, 1971: 276)은 세 가지 모형이 국가나 정부의 모든 정책에 적용될 수 있는 것은 아니며, 정책분석가들이 정책 사례의 특성에 따라 선별적으로 분석모형을 사용해야 한다고 주장한다. 예를 들어, '모형 Ⅰ'에 의한 정책분석은 '미사일 위기'와 같은 문제에 대해 국가 차원에서 동일한 문제 의식과 목표 및 가치를 지향하는 해결 방법을 찾는 데 적합한 모형이며, '모형 Ⅱ'는 정부조직의 일상적인 표준운영절차와 다양한 정부 조직 간에 상호작용을 통해 일어나게 되는 의사결정을 다루는 데 적합하며, 마지막으로 '모형 Ⅲ'은 정부조직 내에서 정치 지도자들이 벌이는 정치 게임이 의사결정에 어떻게 영향을 미쳐 최종적으로 정책이 만들어지는가를 설명하는 데 적합하다. 앨리슨모형은 정부가 정책결정에 도달하게 되는 다양한 방법을 다루고 있으나 정책결정을 좀 더 포괄적으로 다룰 수 있는 의사결정모형이 되기 위해서는 의사결정에 영향을 미칠 수 있는 사람들의 '인지 과정(cognitive processes)', '핵심적 의사결정자들의 심리적인 측면(the psychology of central players)', '외부집단의 역할(the roles of external groups)' 등이 부가적으로 분석되어야 한다(Allison, 1971: 277).

## 제 9 절 회사모형

고전적 경제이론에서는 '회사(firms)'를 단일한 인격체인 '경제인(economic man)'으로 취급해 합리적 경제 활동을 하는 것으로 본다. 즉, '일반 기업(business firms)'은 '완전 경쟁시장'의 논리에 따라 가격을 주어진 것으로 보고 그 범위 내에서 합리적 경제 활동을 하는 '경제인(economic man)'인 것이다.

고전적 경제이론의 기업 활동과 관련된 가정에 대해 다양한 비판이 있다. 예를 들면, 기업은 이윤의 극대화와 같은 단일한 목표만을 추구하지 않으며, 이윤 추구, 판매, 생존, 시장 점유율의 유지 등과 같은 다양한 목표를 가지고 활동하게 된다고 하는가 하면, 사이먼과 같은 학자는 '이윤의 극대화'라는 개념을 '만족할 만한' 수준으로 대체할 필요가 있다고 본다. 다른 부류의 학자들은 기업들이 '이윤의 극대화'를 위해 활동하기보다는 기업이 처한 다양한 제약 요인을 극복하기 위해 활동한다고 한다.

기업이 완전한 정보를 가지고 합리적인 의사결정을 할 수 있다는 가정 역시 비판된다. 즉, 기업들이 기업 활동과 관련된 모든 정보를 가지고, 문제 해결을 위한 대안들을 모두 탐색해, 각각의 대안들이 초래할 결과를 산출해 내고, 이들을 비교 · 평가해 최선의 대안을 결정한다는 것은 실질적으로 기대하기 어려우며 가능하지도 않다는 것이다. 이와 관련하여 사이먼과 마치(Simon & March, 1958)는 기업이 합리적 기업 활동을 위해 모든 정보를 소유할 수 없을 뿐만 아니라, 의사결정을 위한 모든 대안을 탐색할 수도 없으며, 기업에서 추구하는 가치에 따라 각각의 대안들이 초래할 결과를 예측하기도 어려우므로 조직의 의사결정은 '제한적 합리성'을 추구할 수밖에 없다고 한다. 이어서 그들은 의사결정의 '순차적 탐색(sequential search)' 모형을 제시한다.

합리적 기업 활동과 실질적인 기업 활동의 차이에 대한 논란은 기업을 경제적 논리보다는 조직의 논리에 의해 다루어져야 한다는 주장을 하기도 한다. 기업은 단일한 합리적 의사결정체로서 완전한 정보와 문제 해결을 위한 완전한 능력을 가지고 있지 않으며, 기업의 목표는 그 조직을 구성하고 있는 다양한 참여자들의 상호 작용에 의해 구체화되는 것이다(Cyert & March, 1963: 26). 그들에 따르면, '가격(prices)' 역시 시장에 의해 주어진 것으로 보지 않고, 생산 활동에 사용된 총비용에 의해서 산출되며, 기업의 혁신도 추정되는 수요를 대응하기 위한 것에 불과하다면서, 기업의 모든 활동은 '표준화된 기업 운영절차(standard business procedures)'와 간소화된 절차에 따라 이루어지는 것으로 본다.

## 1. 회사모형의 기본 전제

사이어트와 마치(Cyert & March: 1963)는 효과적인 조직구조와 그 조직의 목표 설정, 조직의 기대 형성, 결정된 사항의 집행 등을 중심으로 '회사모형'을 구성한다. 그들은 '조직의 기대'에 의해 형성되는 조직의 목표를 성취시키는 과정을 의사결정으로 보고, 이러한 논리로 '회사모형'에 의한 의사결정 과정을 세 개의 범주로 나눈다. 즉, 회사모형을 구성하는 세 가지 범주는 '조직의 목표', '조직의 기대', '조직의 의사결정'이다.

사이어트와 마치에 따르면, 조직의 의사결정은 조직의 기대에 따라 조직의 목표가 설정되고 설정된 목표를 성취시키기 위한 의사결정이 이루어지게 되는데, 이러한 과정에 영향을 미치는 사람들은 그 조직과 관련이 있는 '연합체(coalition)'라고 한다. 조직의 연합체는 조직의 구성원과 조직과 관련이 있는 외부 인사들로 구성되며, 이들은 조직의 기대를 형성하고, 이것에 의해 목표를 설정해, 의사결정에 영향을 미치게 된다. 이러한 의미에서 사이어트와 마치의 '회사모형'을 '연합모형'이라고도 한다.

'회사모형'은 조직의 의사결정에 영향을 미칠 수 있는 '연합체'가 조직의 '제약요인'을 극복하기 위한 협상 과정을 다룬다. 여기서 조직이 직면해 있는 제약 요인이란 인사, 재무, 생산, 판매 등과 관련된 한계와 불완전한 정보에 의해 설정된 조직의 목표 등을 뜻한다(Cyert & March, 1963: 26). 이와 같은 관점에서 조직의 기대는 완전하기보다는 이용 가능한 정보에 의해서 유추되며, 조직의 의사결정은 조직의 기대에 의해 설정된 조직의 목표에 따라 탐색된 최초의 대안이 최종적으로 선택됨으로써 이루어진다.

'회사모형'은 조직의 '기대', '목표', '선택'이 차례로 순환하는 과정을 거쳐 의사결정에 도달하게 된다고 보며, 이러한 과정을 특징짓는 중요한 범주를 네 가지로 분류한다. 조직의 기대, 목표, 선택에 영향을 미치는 요인들로 '갈등의 준해결(quasi-resolution of conflict)', '불확실성의 회피(uncertainty avoidance)', '문제성 있는 탐색(problemistic search)', '조직의 학습(organizational learning)'이 있다.

## 2. 회사모형의 의사결정

사이어트와 마치(Cyert & March, 1963)에 따르면, '회사모형'은 조직의 '기대', '목표', '선택'이 순차적으로 이루어지는 과정에서 의사결정이 이루어지며, 이러한 과정을 특징짓는 중요한 범주로 '갈등의 준해결', '불확실성의 회피', '문제 중심의 탐색', '조직의 학습'을 들고 있다. 의사결정에 영향을 미치는 네 가지 범주를 살펴보면 다음과 같다.

### 1) 갈등의 준해결

회사모형은 조직의 운영과 목표에 대해 합의를 이루는 경우는 거의 찾아볼 수 없다고 가정하며, 조직은 늘 잠재된 목표들이 갈등 상황을 연출시킨다고 본다. 이러한 갈등 상황은 조직을 지배하는 '연합'이 관리하게 된다. 조직의 갈등은 조직을 구성하는 하위조직들이 상이한 목표를 가지고 있기 때문에 발생하며, 이러한 갈등은 잠재되어 있다고 본다.

즉, 회사는 '이윤을 목표'로 하며, 판매를 담당하는 하위조직은 '판매 목표'가 있고, '시장 점유', '유통', '생산' 등과 관련된 하위조직들은 그들 나름대로 목표를 가지고 있다. 하위조직들은 제 나름대로의 목표를 가지고 그것을 제한하는 제약 요인들을 극복하기 위해 노력하게 되므로, 조직 전체 차원에서 합리성이 추구되기보다는 '부분적인 합리성(local rationality)'만이 추구된다. 목표가 상이한 하위조직들 간의 경쟁은 조직 전체의 갈등을 만들어 내며, 이러한 갈등은 '조직의 느슨함(organizational slack)'을 증가시켜 문제를 해결하기보다는 잠재하게 만든다. 즉, 갈등은 문제를 준해결 상태에 머물게 한다는 것이다.

여기서 '조직의 느슨함'이란 조직의 합리성을 극대화시킴으로써 야기되는 긴장과 갈등을 해소하기 위해 합리적 수준을 낮춤으로써 조직의 긴장과 갈등을 잠재시키는 것을 말한다. 따라서 조직의 '갈등의 준해결' 상태는 조직의 문제를 총체적으로 해결하기보다는 한번에 한 개씩 순차적으로 하게 된다. 즉 해결할 수 있는 것부터 시작해서 그것이 어느 정도 이루어지면 다른 문제로 넘어가는 식으로 잠재된 갈등을 해소하게 된다(Cyert & March, 1963: 117).

### 2) 불확실성의 회피

조직이 처해 있는 환경으로부터 초래되는 불확실성은 조직에게 큰 위협적인 요소가 된다. 대부분의 경우 조직들은 불확실성을 회피하려 하며, 불확실성의 회피는 조직의 의사결정의 특성이다. 조직이 불확실성을 회피하는 방법은 첫째, 장기적인 전략을 모색하기보다는 가장 시급한 문제들을 먼저 해결하여 단기일 내에 성취시킬 수 있는 전략을 모색해 환류시킴으로써 불확실성을 피한다. 둘째, 환경과의 협상을 통하는 방법이다. 불확실성을 흡수할 수 있는 계약을 체결하거나 표준운영절차의 확립, 기획, 기업의 관행 등을 통해 불확실성을 피한다(Cyert & March, 1963: 118−120).

### 3) 문제 중심의 탐색

사이어트와 마치에 따르면, 조직은 만족할 만한 수준에서 목표를 설정하고 그 목표를 성취시키기 위해 우선적으로 적합하다고 판단된 대안을 선택하는 경향이 있다. '회사모형'에서 조직의 탐색은 매우 중요한 의미를 지니는데, '조직의 탐색(organizational search)'은 문제 중심적으로 이루어진다. 조직의 탐색은 해결해야 할 구체적 문제에 의해 시작되고 대안의 탐색은 그 문제를 해결할 수 있는 것에 한정된다. 즉, 대안의 탐색은 '단순한 규칙(simple−minded rules)'에 의해 이루어지게 되는데, 여기서 단순한 규칙이란 유사한 문제를 가지고 있는 이웃 조직을 관찰해 그 문제를 규명하고, 이웃 조직이 문제 해결을 위해 탐색한 대안이 무엇인지를 검토하는 것이다. 하지만 이러한 탐색은 문제의 본질을 간과한 미봉책에 그쳐 또 다른 문제를 초래하기도 한다. 즉, 조직의 독특한 경험이나 전문성, 기대와 희망의 상호작용, 의사소통의 왜곡 등과 연계된 문제들이 발생되어 갈등을 해결하지 못하고 잠재하게 만든다(Cyert & March, 1963: 120−122).

### 4) 조직의 학습

'회사모형'의 핵심인 조직의 기대, 목표, 선택과 관련해 조직의 행태가 안정적인 이유는 조직의 학습에 기인한다. 조직은 동태적이며, 조직의 경험을 통해 늘 변화하게 된다. 시간이 지남에 따라 조직의 학습된 경험은 조직의 목표, 표준운영 절차, 탐색 과정 등을 변화시키고 조직은 이에 적응하게 된다(Cyert & March, 1963: 123−125).

앞서 살펴본 네 개의 범주는 상호작용을 통해 조직의 기대 수준을 결정하고, 조직의 기대에 의해 목표가 설정되며, 나아가 목표를 성취시키기 위한 대안이 단순히 탐색되어 의사결정으로 이어지게 된다. 물론 조직의 기대, 목표의 설정, 대안의 탐색은 조직구성원과 외부 인사들이 연합을 형성해 관리하게 된다.

## 3. 회사모형의 평가

사이어트와 마치의 회사모형은 조직에서 의사결정이 일어나는 과정을 설명한 모형으로 조직은 먼저 미래 상태에 대한 기대로부터 시작하여, 그 기대를 성취시킬 수 있는 목표를 가지게 되며, 이러한 목표를 실현시키기 위한 대안의 탐색 결과가 의사결정으로 이어진다고 본다. 물론 대안의 탐색은 문제 해결과 목표를 성취시키기 위해 최초로 탐색된 대안이 최종적으로 선택되며, 이러한 의사결정에 영향을 미치는 요인들로는 '갈등의 준해결', '불확실성의 회피', '문제 중심의 탐색', '조직의 학습' 등이다. 일반적으로 회사모형은 민간조직의 의사결정 과정을 설명하는 것으로 이해되지만, 공공 부문의 의사결정에도 그 유용성이 인정된다. 물론 공공 부문의 의사결정은 회사모형에서 다루고 있는 것보다 복잡하고 다양한 변수들의 상호작용으로 이해되나 소규모 쟁점에 대한 공공 부문의 의사결정은 회사모형에 의해 논의될 수 있다(Allison, 1971: 78).

# 제 12 장 정책집행론

결정된 정책은 자동으로 집행되어 결과로 이어지지 않는다(Edwards Ⅲ, 1980: 1). 정책을 결정하는 사람들과 집행하는 사람들은 다르기 때문에 정책을 결정한 사람들의 의도가 집행을 담당하는 사람들에게 충분히 이해되지 못하거나 왜곡될 가능성은 늘 있다. 이러한 관점에서 정책집행에 대한 연구는 특별한 의미가 있다. 정책집행은 일반적으로 입법부에 상정된 법안의 통과, 행정명령의 발동, 사법부의 판단 등과 함께 시작되며, 정책이 목표를 성취시키기 위해서 정책이 잘 만들어져야 할 뿐만 아니라, 잘 집행되기도 해야 한다. 만약 정책이 목표를 성취시키기 미흡하다면, 아무리 정책집행을 잘하더라도 의도한 정책 결과를 기대하기 어렵다. 반면에 아무리 잘 만들어진 정책도 잘못 집행된다면, 의도한 정책 결과를 기대하기 어렵다.

일반적으로 정책집행 과정에는 다양한 정부의 행위가 포함되며, 그 행위들은 '행정명령', '예산의 지출', '재원의 조달', '계약', '자료의 수집', '정보의 보급', '문세 분석', '전문 인력의 확보', '집행을 담당할 조직 단위의 구성', '미래에 대한 기획', '시민', '기업', '이익집단', '관료조직', '외국과의 협상' 등이다(Edwards Ⅲ, 1980: 4). 정책집행은 다양한 요인들이 만들어 내는 복잡한 과정이기 때문에, 제도화된 관행이나 표준운영 절차에 따라 단순히 집행하면 성공적일 것이라고 기대하기 어렵다. 따라서 정책을 집행한다는 것이 결정된 정책을 결과로 전환시키는 과정이라는 단순한 인식은 정책집행의 복잡성과 다양성을 간과한 것이며, 정책집행은 정책결정과 정책평가 사이의 '괴리(gap)'를 설명하려는 의도로 시작된다.

## 제 1 절 정책집행의 개념

정책집행이란 만들어진 정책을 실현시키는 일련의 과정을 뜻한다. 결정된 정책은 집행 과정에서 '가감되고(modified)', '정교하게 만들어지기도 하며(elaborated)', 때로는 '무효화(negated)'되기도 한다(Hill & Hupe, 2002: 7). 정책은 결정된 대로 집행되기도 하지만, 집행 과정에서 재구성되기도 한다(Anderson, 1975: 79). 많은 학자들이 지적하고 있듯이, 결정된 정책은 자동으로 집행되어 정책 산출로 이어지지 않는다. 이것은 엄격한 의미에서 집행 과정을 정책결정 과정과 분리해 설명할 수 없다는 말이다. 정책의 모든 과정이 그러하듯이 정책집행도 다른 정책 과정과 밀접한 연계 속에서 이루어진다.

마즈마니안과 사비티어(Mazmanian & Sabatier, 1983: 20-21)는 정책집행을 다음과 같이 정의한다. "정책집행이란 결정된 정책을 실행하는 것으로, 대부분의 경우, 제정된 법의 실현, 행정명령, 사법부의 법적 판단 등을 실천하는 과정이다." 이와 비슷한 관점에서, 프레스만과 윌다브스키(Pressman & Wildavsky, 1984: xxiv)는 "정책집행이란 단순히 정책 과정의 '하위 과정(subprocess)'으로 생각하기에는 너무나 복잡하며, 정책은 집행 과정에서 잘못되는 수가 종종 있다. 정책집행 과정의 '사슬(chain)'이 길면 길수록, 그 과정에 영향을 미칠 수 있는 변수들의 상호 연계가 복잡하게 되어 집행은 어려워지나, 집행 과정의 '사슬'은 늘 길게 마련이다." 또한 그린들(Grindle, 1980: 5-6)은 집행연구는 '정책 내용(policy content)'과 정책환경이 집행 과정에 어떤 작용했는지를 밝히는 것이라고 하면서, 정책집행이란 "다양한 정책 관련 집단들에 의한 지속적인 의사결정 과정이며, 정책집행의 산물은 정책 내용과 주어진 '정치 · 행정적 맥락(politico-administrative context)'에서 다양한 의사결정자들에 의한 상호작용의 결과"라고 정의한다.

이 밖에도 던사이어(Dunsire, 1978: 178)는 정책집행을 '실용화(pragmatization)'시켜 가는 과정으로, 존스(Jones, 1984: 27, 204)는 정책집행 과정을 '의사결정의 후기 입법화 단계(post-legislative stages of decision making)'로서 '정책 의도(policy intentions)'를 실질적 '행위(action)'로 전환시키는 과정이라고 한다. 오툴(O'Toole, 2000: 273)은 정책집행 연구를 "결정된 정책이 산출로 이어지는 과정에서 어떤 일들이 일어났는지를 설명하는 것"이라고 전제하고, 정책집행이란 "공포된 정부의 의도와 정부의 실질적인 행위를 연계시키는 것"이라고 정의한다. 유사한 관점에서 드레온(DeLeon, 1999: 330)은 정책집행 연구란 "기대된(expected) 것과 실현된(achieved) 것을 비교"하는 것이라고 전제하면서, 정책집행이란 "기대되는 가치를 실현시키는 과정"이라고 정의한다.

이상에서 볼 수 있듯이, 정책집행은 단순히 만들어진 정책을 기계적으로 전환시키는 표준화된 과정이 아니라, 매우 복잡하고 다양한 형태로 나타나게 되는 하나의 정책 과정이다. 여기서는 집행연구를 '정책 내용이 집행 과정에 미친 영향'과 '행정적 업무 수행 과정의 정치적 맥락'이 집행 과정에 어떻게 작용했는지를 분석하는 것"이라고 정의한다. 아울러 정책집행이란 다양한 정책 관련 집단들에 의한 지속적인 의사결정 과정이며, 정책집행의 산물은 정책 내용에 따라 추구된 결과와 주어진 '정치 · 행정적 맥락'에서 다양한 의사결정자들에 의한 상호작용의 결과로 보고, 정책집행 과정에 영향을 미칠 수 있는 다양한 변수들의 상호작용을 살펴보고자 한다.

## 1. 정책집행 연구의 연혁

정책집행은 정책분석가들에 의해 오랫동안 등한시되었다. 정책학자들이 정책집행 과정의 중요성을 깨닫지 못한 이유는 다양하다(Edward Ⅲ, 1980: 5−7). 가장 큰 이유로는 정책 과정에 대한 연구가 이스턴(Easton, 1965)의 정치 체계 모형에 큰 영향을 받았기 때문이다(Hill & Hupe, 2002: 41). 이스턴은 정책 과정을 투입과 산출을 연계하는 '블랙 박스(black box)'와 환류로 구조화하고 있으며, 여기서 '블랙 박스'는 투입이 산출로 전환되는 과정으로 이해되나, 그 안에서 어떻게 투입이 산출로 전환되는지를 다루지 않는다.

정책집행 연구는 1970년대에 시작되었다. 집행연구의 대두와 함께 제시되는 학자로는 프레스만과 윌다브스키(Pressman & Wildavsky, 1973)의 『집행론(*Implementation*)』, 하그로브(Hargrove, 1975)의 『잃어버린 고리(*The Missing Link*)』, 반 미터와 반 호른(Van Meter & Van Horn, 1975)의 연구 등이 있으며, 고긴과 동료들(Goggin et al., 1990)은 정책집행에 대한 연구가 처음 시작되어 오늘에 이르기까지를 제1세대, 제2세대, 제3세대 집행연구로 분류해 다룬다.

## 2. 정책집행 연구의 특성

정책집행에 대한 연구가 다른 정책 과정보다 늦게 시작된 이유에 대해, 에드워드 3세(Edward Ⅲ, 1980: 5-7)는 선출된 관료들이 정책집행 과정에 큰 관심을 두지 않기 때문이라고 한다. 즉, 선출된 관료들은 대부분의 경우 정책 전문가이기보다는 정치인들이므로 정치적인 이유에서 정책형성 과정에는 큰 관심을 보이나, 일단 정책이 만들어진 후에는 그들의 전문적 지식이나 관심의 부족 등으로 집행 과정이 어떻게 전개되고 있는지를 알지 못하는 경우가 대부분이기 때문에 정책집행 과정을 다른 정책 과정보다 등한시하는 경향이 있다.

고긴과 동료들(Goggin et al., 1990: 10-12)은 정책집행 연구가 비교적 늦게 시작되거나 지금까지 많은 학자들이 관심을 갖지 않는 이유를 정책집행 연구의 어려움에서 찾고 있는데, 그 이유와 집행연구의 특성을 다음과 같이 설명한다.

첫째, 정책집행에는 많은 변수들이 영향을 미치기 때문에, 모든 변수들을 참고한 일반화된 집행 과정을 구성하기 어렵다. 인(Yin, 1982)은 정책집행 과정을 연구하기 위해서는 통계적·실험적 기법은 물론 사례연구 방법과 비교연구 방법을 종합적으로 활용해야 실질적인 집행 과정에 대한 포괄적인 연구를 할 수 있다면서, 집행연구를 위해 집행 과정의 모든 것을 총체적으로 통합해 만족할 만한 연구를 하기 어렵기 때문에 '집행'에 대한 연구가 다른 분야의 정책연구보다 등한시되어 왔다고 본다.

둘째, 집행 과정에 대한 사례연구가 절대적으로 부족하다(Goggin et al., 1990: 10). 집행 과정에 대한 사례연구가 부족한 만큼, 소수의 집행 사례연구를 통해 일반화된 지식을 축적하기 어려울 뿐만 아니라, 집행 사례연구의 결과에 대해서도 모든 학자들이 공감하지 않게 됨으로써 정책집행 과정에 대한 연구는 늘 혼란과 논란이 존재하게 된다. 집행 과정에 대한 사례연구가 많은 학자들로부터 공감대를 불러일으키지 못하는 이유는 집행 과정에 영향을 미칠 수 있는 변수 혹은 요인들이 너무 많기 때문이다. 즉, 정책집행 과정에 영향을 미칠 수 있는 변수가 너무 많고, 집행 사례마다 중요한 변수들이 다를 수 있기 때문에 제한된 범위의 변수 혹은 요인에 의해서 연구된 집행 사례연구 결과에 대해 많은 학자들이 공감할 수 없게 된다. 고긴과 동료들은 집행 과정에 대한 연구가 '과다한 변수 문제와 과소한 사례 문제'에 직면해 있으며, 이러한 집행연구에 대한 현실이 정책집행 연구를 전체적으로 '지나친 결정론'적 문제를 갖게 한다고 주장한다. 여기서 '지나친 결정론적 문제'란 많은 변수들 가운데 제한적인 변수만을 고려해 집행 과정을 연구하거나, 소수의 집행 사례연구로부터 집행 과정에 대한 일반화를 시도함으로써 발생하게 되는 오류를 뜻한다.

셋째, 고긴과 동료들(Goggin et al., 1990: 11)은 집행연구가 많은 학자들의 관심을 끌지 못한 또 다른 이유를 집행의 효과를 측정할 수 있는 방법의 부재에서 찾는다. 그들에 따르면, 집행 과정에 대한 대부분의 연구가 효과적 집행을 위한 '점검 목록(checklist)'이나 '성공적인 집행을 위한 지침(how to manual)' 수준에 그침으로써 실질적으로 집행 과정이 얼마나 의도한 바를 성취시키고 있는지를 설명하지 못한다. 또한 그들은 많은 집행 과정에 대한 연구에서 제시하고 있는 '집행 모형'들이 폭넓은 집행 현상을 포괄적으로 다루기보다는 전체적인 윤곽만을 보여주고 있다면서, 집행 현상에 대한 연구는 집행 과정에 영향을 미치는 중요한 요인들에 대한 '분명한 개념적 정의', '각 개념들을 측정할 수 있는 구체적인 수단의 개발', '집행 과정에 영향을 미치게 되는 중요한 요인들 간의 관계에 대한 정확한 규명' 등이 선행되어야 집행 과정의 전반적인 것을 보여줄 수 있다고 주장한다.

넷째, 정책집행에 대한 연구는 '하향식 접근 방법(top-down approach)'이나 '상향식 접근 방법(bottom-up approach)'에 의해 이루어지며, 이들 접근 방법은 각기 다른 접근 방법에서 다루는 측면을 취급하지 못한다는 한계가 있어, 집행 과정을 총체적으로 다루지 못한다.

집행연구는 '과다한 변수와 부족한 사례연구', '방법론적 문제', '통합적 접근 방법의 부재'와 같은 이유로 등한시되어 왔다. 그러나 집행 과정은 정책의 성패를 가늠할 만큼 중요한 정책 과정이며, 많은 학자들이 집행 과정을 새로이 조명하려는 학문적 노력이 있었다. 예를 들어, 고긴과 동료들(Goggin et al., 1990)에 의한 '제3세대 집행연구(third-generation research)', 그린들(Grindle, 1980)에 의한 정책내용과 정책환경을 고려한 포괄적 집행연구, 힐과 허프(Hill & Hupe, 2002)의 총체적인 정책집행 연구설계에 대한 논의 등이 그것이다.

## 제 2 절 하향식 접근 방법과 정책집행 연구

정책집행 연구의 접근 방법은 '정책 중심적 접근 방법(policy-centered approach)' 혹은 '하향식 접근 방법'과 '행위 중심적 접근 방법(action-centered approach)' 혹은 '상향식 접근 방법'으로 구분해 볼 수 있다(Barrett & Fudge, 1981: 12). 이러한 접근 방법의 차이는 집행 과정을 보는 관점의 차이에서 비롯되며, 집행 현상을 설명하는 두 가지 접근 방법은 상호 배타적이라기보다는 상호 보완적이라고 할 수 있다. 또한 이상의 두 가지 접근 방법을 접목해 집행 현상을 설명하는 통합적 접근 방법이 있다. 따라서 정책집행 과정을 설명하는 접근 방법은 모두 세 가지로 요약될 수 있으며, 이상의 세 가지 접근 방법을 대표적인 학자들의 연구와 함께 소개하면 다음과 같다.

### 1. 하향식 접근 방법

'하향식 접근 방법(top-down approach)'이란 '정책 중심적 접근 방법'이라고도 하며, 이것은 정책이 처음 결정되어 결과로 이어지는 과정을 시간의 흐름에 따라 기술하는 것이다. 또한 '하향식 접근 방법'은 '정책결정자의 관점에서 집행 현상을 설명하는 방법이라고도 하며, 정책이 결과로 이어지는 과정에서 정책결정자들이 무엇을 혹은 어떤 역할을 했는지를 분석한다.

하향식 접근 방법에 의한 집행연구는 정책집행을 조직의 계층적 체계를 통해 다룬다. 즉, 조직의 상층부 혹은 중심부에서 만들어진 정책이 하위조직에 의해 실현되는 것을 집행 과정이라고 보고, 결정된 정책의 실현을 위해 세부 프로그램이나 프로젝트 수준으로 구체화되는 과정과 집행을 위한 세부 규칙이 만들어지는 과정을 말한다.

하향식 접근 방법에 의한 집행연구는 중앙정부 혹은 정부의 상층부에서 만들어진 정책을 일선행정 부서에서 집행하는 것으로 보고, 중앙정부는 정책집행에 대한 감독을 한다(Barrett & Fudge, 1981: 12). 하향식 접근 방법과 같이, 정책집행을 조직의 계층적 관점에서 분석하는 접근 방법은 정책결정 기관과 집행기관이 상당히 밀접하고 만족할 만한 관계를 유지하고 있다고 전제한다.

고긴과 동료들(Goggin et al., 1990: 11)에 따르면, "하향식 접근 방법에 의한 집행연구는 중앙정부에서 결정된 정책이 지방정부나 하위정부에 의해 실현되는 과정을 연구하는 것이다." 즉, 하향식 접근 방법은 정책집행에 영향을 미칠 수 있는 다른 변수들은 제외시킨 가운데, 중앙정부에 의해 통제된 정책적 변수들에 대한 집행 효과에 초점을 맞추어 연구하게 된다. 이러한 접근 방법에 의한 집행연구의 대표적인 학자들로는 벌록(Bullock, 1980), 건(Gunn, 1978), 호그우드와 건(Hogwood & Gunn, 1984), 마즈마니안과 사바티어(Mazmanian & Sabatier, 1981), 로센바움(Rosenbaum, 1980), 사바티어와 마즈마니언(Sabatier & Mazmanian, 1979) 등의 연구가 있다(Goggin et al., 1990: 11). 하향식 접근 방법은 집행 과정을 제한적인 변수, 즉 정책 내용적 변수만을 취급하기 때문에 전반적인 집행 과정을 분석하지 못한다고 비판되기도 한다. 대표적인 학자들의 하향식 집행연구를 소개하면 다음과 같다.

## 2. 프레스만과 윌다브스키의 집행연구: 집행연구의 필요성

프레스만과 윌다브스키는 집행연구를 처음 시작한 학자들이며, 그들의 저서 『집행론(*Implementation*)』(1973)은 하향식 집행연구의 대표적인 것으로 기억된다(Goggin et al., 1990; Parsons, 1995; Hill & Hupe, 2002). 프레스만과 윌다브스키는 '집행'을 정책결정과 분리하지 않고 연속선상에서 정의하고 있는데, 그들에 의하면, '집행하다(implement)'라는 동사는 '정책'이라는 목적어를 수반하는 개념이며, '집행(implementation)'이란 정책을 '진행'시키는 것을 말한다(Pressman & Wildavsky, 1984: xxi). 그들은 연방정부에서 주도된 경제 발전 프로그램이 캘리포니아 주에 소재한 오클랜드 시에서 어떻게 전개되었는가를 사례로 들어 집행 과정을 다룬다. 그들에 따르면, 성공적인 정책집행은 지방정부의 다양한 조직과 각 부서들이 어떻게 연계되어 운영되는가에 달려있다. 프레스만과 윌다브스키(Pressman & Wildavsky, 1984: xxiii)는 정책을 다음과 같이 이론에 비유한다.

"정책이란 이론과 같은 것이며, 이론이 다양한 변수들의 인과 관계로 연계되어 있는 것처럼, 정책도 '인과 관계의 사슬(chain of causation)'로 연계되어 있다." "이러한 '사슬'은 정책의 '애초의 상태(initial condition)'와 정책이 집행되어 초래할 미래의 결과에 대한 인과 관계이며, 이러한 관점에서, 만약 정책(X)이 결정된다면 결과(Y)가 초래될 것이라고 기대할 수 있다." 이론을 검증하기 위해 이론을 구성하고 있는 변수들을 측정 가능한 수준으로 조작해 자료를 수집하는 것과 마찬가지로, "정책을 실현시키기 위해 프로그램으로 세분화되는데, 여기서 정책을 프로그램 수준으로 세분화한다는 것은 정책이 의도하는 바, 즉 목표에 의한다. 따라서 정책을 프로그램으로 세분화할 때, 정책목표와 정책 산출에 대한 첫 번째 인과 관계가 형성된다. 즉, 정책(X)이 주어졌을 때, 정책 결과(Y)를 성취시키기 위해 행동을 취하게 되는데, 정책집행이란 바로 이러한 '행동'이며, 정책과 결과 간의 인과 관계를 연결하는 '사슬'로서 '바람직한 결과'를 얻기 위한 실질적인 행위라고 할 수 있다."

오클랜드 시의 사례에서처럼, 연방정부에서 만들어진 정책은 "예산이 배당되고, 집행을 담당하게 될 지방정부 차원에서 프로그램이 구체화된 다음, 실질적으로 '소수민족'의 고용을 확대해 그 지역의 경제 발전을 꾀하려는 다양한 프로그램들이 집행된다. 예를 들어, 새로운 사업의 전개는 소수민족에게 새로운 일거리를 제공하게 되어 정책의 목표를 성취시키게 된다"는 것이다.

프레스만과 윌다브스키(Pressman & Wildavsky, 1984: xxiii-xxiv)는 이러한 정책집행에 대한 설명이 '지나치게 일반화'된 감이 없지 않으나, "정책집행이란 정책이 지방정부 차원에서 프로그램으로 세분화됨으로써 시작된다"고 본다. "물론 그 정책은 시간이 지남에 따라, 정책환경이 변하는 만큼, 집행 상황은 변화하게 되며, 정책 상황이 변화하는 만큼 목표는 수정되고, 결과적으로 정책의 '애초의 상태(initial condition)'는 현재의 정책과 '편차(slippage)'를 보이게 된다." "정책집행 도중에 정책의 '애초의 상태'와 실질적인 상태가 큰 편차를 보이게 됨으로써 처음 기대했던 정책목표와 정책 결과 간의 인과 관계는 점차 희석되기 시작한다." 집행을 담당하는 관료들은 "정책의 '애초의 상태'를 유지하여, 정책목표를 성취시킬 책임이 있으나 정책목표와 정책 산출의 '인과 관계의 사슬'이 길어지면 길어질수록, 정책집행은 점점 더 복잡해지게 되고 원래의 기대를 성취시키기 어렵게 된다."

프레스만과 윌다브스키에 따르면, 정책집행 과정을 통해 정책목표를 성취하지 못하게 되는 경우, 그 원인은 첫째, 정책집행이 잘못되어 의도한 결과를 초래하지 못했거나, 둘째, 정책목표를 너무 높게 책정하여 의도한 결과에 도달할 수 없는 경우이다. 이와 같은 관점에서, 정책집행에 대한 연구는 정책목표의 설정 과정을 포함해 정책이 실현되는 전반적인 과정에 초점을 맞추어야 한다(Pressman & Wildavsky, 1984: xxiii–xxiv). 즉, 정책집행에 관한 연구는 첫째, 정책을 결정하는 데 큰 영향을 미치는 고위 공직자들이 주어진 자원을 활용해서 무엇을 성취하려고 했으며, 둘째, 정책집행을 담당하는 사람들은 누구이며, 그들은 어떻게 의도한 정책목표와 결과를 연계시키게 되는가에 초점을 맞추어야 한다.

고긴과 동료들(Goggin et al., 1990: 13)은 프레스만과 윌다브스키(Pressman & Wildavsky, 1973; 1984)의 집행연구를 '제1세대 연구(first–generation research)'라고 한다. 제1세대 정책집행 연구는 정책집행 과정의 중요성을 처음 소개했으나, 사례 중심적이고, 집행 과정에 대한 축적된 지식이 많지 않지만, 다음과 같은 기여를 했다.

첫째, '법안(bill)'이 입법화되는 과정과 '법(law)'이 집행을 위해 프로그램으로 세분화되는 과정에 초점을 맞추어 집행 과정을 구체화하고 있다.

둘째, 집행 과정은 결정된 정책을 산출로 전환시키는 단순한 과정이 아니라 매우 복잡하고 역동적인 특성을 가진다는 것을 밝혔다.

셋째, 정책을 집행하는 하위조직의 중요성을 깨닫고 집행을 담당하는 하위조직들 간에 '조화(coordination)'와 '통제(control)'가 매우 어렵다는 것을 지적했다.

넷째, 정책집행을 담당하는 관료들이 프로그램의 집행 과정에 직면할 수 있는 어려움과 중요한 요인들을 찾아내었다.

다섯째, 정책집행의 장애가 될 수 있는 요인들을 관리할 수 있는 방법과 집행 과정의 문제점을 진단할 수 있는 전략들을 제시했다.

## 3. 반 미터와 반 호른의 집행연구: 집행 체계의 구조화

하향식 접근 방법에 의한 대표적인 연구로 반 미터와 반 호른(Van Meter &

Van Horn, 1975)의 연구를 들 수 있다. 그들은 프레스만과 윌다브스키(Pressman & Wildavsky, 1973)의 집행 현상에 대한 일반적인 접근에서 한 걸음 더 나아가 정책집행 과정을 설명할 수 있는 모형을 제안한다. 그들의 정책집행모형은 다양한 학자들의 선행연구 검토로부터 시작된다. 그들은 프레스만과 윌다브스키의 집행 사례연구는 물론 카우프먼(Kaufman, 1960), 베일리와 모셔(Bailey & Mosher, 1968), 더딕(Derthick, 1970; 1972), 버크 등(Berke et al., 1972) 등의 연구를 검토한 후, 집행과 관련된 선행연구가 제안하는 바는 매우 크나, 집행 현상을 설명할 수 있는 '이론적 관점(theoretical perspective)'이 결여되어 있다면서, '집행모형'의 필요성에 대해 말한다(Van Meter & Van Horn, 1975: 451).

그들의 정책집행모형은 '결정된 정책이 요구하는 변화의 양(amount of change required)', '결정된 정책에 대한 합의의 수준(level of consensus)', 집행에 '필요한 자원의 양(resources available)' 등과 같은 변수들로 구성되며, 정책은 만들어진 형태에 따라 기대한 결과를 초래할 수 있는 정도가 달라진다(Van Meter & Van Horn, 1975: 475). 그들의 집행모형은 다음과 같은 가정으로부터 출발한다. "새로운 정책이 요구하는 변화의 양이 과거의 정책으로부터 최소한이라면, 정책은 비교적 성공적으로 집행될 수 있다", "결정된 정책에 대한 합의의 수준이 높으면 높을수록, 집행을 통해 의도한 바를 성취시킬 수 있다" 등이다. 이상과 같이, 정책집행은 결정된 정책의 특성에 좌우되며, 결정된 정책이 요구하는 변화의 양이 크고, 그 정책에 대한 합의의 수준이 낮다면, 그 정책의 집행은 의도한 결과를 얻기 어렵다.

정책집행은 "이미 결정된 정책목표를 성취시키기 위한 민간 부문과 공공 부문의 조화로운 행위"이며, 집행 과정은 정책이 만들어지는 시점으로부터 시작된다. 또한 그들은 결정된 정책의 목표가 일련의 정책 과정을 통해 실현되기 때문에 정책집행 연구는 '횡단면적(longitudinally)'으로 이루어져야 바람직하다고 주장한다(Van Meter & Van Horn, 1975: 474). 그들은 집행을 정책이 결정되어 산출로 이어지는 연속적 과정으로 파악하고, 그 과정에서 일어나는 일들을 단계별로 다루고 있다. 그들의 집행연구는 '하향식 접근 방법'으로 이루어졌으며, 그들이 사용한 집행 과정에 영향을 미치는 중요한 변수는 모두 여섯 개의 범주로 구성되어 있다. 정책집행 과정을 설명하는 여섯 개의 범주를 살펴보면 다음과 같다.

첫째, '정책 기준과 목표(policy standards and objectives)'이다. 결정된 정책의 목표와 그 목표를 실현시키기 위한 구체적인 집행 기준은 집행에 영향을 미치는 중요한 변수이다(Van Meter & Van Horn, 1975: 464). 즉, 정책집행을 위한 목표의 명확한 정도와 그것을 실현시키기 위한 구체적인 수단의 가시성은 집행의 성패를 가늠하는 중요한 척도가 된다.

둘째, 정책집행에 '필요한 자원(resources available)'과 '부여된 동기(incentives available)'이다. 정책집행에 사용 가능한 자원의 정도와 정책집행을 담당하는 정부기관의 몰입 정도가 정책집행의 성패를 좌우하는 중요한 변수가 된다.

셋째, 집행을 담당하는 '정부 간 관계의 질(quality of inter-organizational relationships)'이다. 대부분의 정책집행은 정부의 다양한 부서의 상호 협력 속에 이루어지게 되므로, 특정 정책의 집행을 담당하는 기관과 유관 정부기관과의 관계는 매우 중요하다.

넷째, 집행을 담당하는 집행기관의 특성이다. 정책집행을 담당하는 기관의 특성은 '조직의 통제(organizational control) 방법'과 '정책집행기관과 정책결정기관' 간의 '공식적 · 비공식적 관계'를 말한다. 즉, 집행기관이 통제되고 감독되는 방법은 특정 정책의 집행에 큰 영향을 미칠 수 있다. 또한 정책집행기관과 정책결정기관과의 공식적 · 비공식적 관계가 어떻게 형성되어 있는지는 특정 정책이 어떻게 집행될 것인지에 큰 영향을 미친다(Van Meter & Van Horn, 1975: 471).

다섯째, 경제 · 사회 · 정치적 환경이다. 특정 정책이 집행되는 경제 · 사회 · 정치적 맥락은 특정 정책집행의 성패를 좌우할 만큼 중요한 의미를 지닌다.

여섯째, '정책집행자의 성향(disposition of implementers)'이다. '정책집행자의 성향'이란 정책집행자의 정책에 대한 '반응'으로서 그들의 정책에 대한 '인지(cognition)', '숙지(comprehension)', '이해(understanding)' 정도로 나타난다. 또한 정책집행자의 정책에 대한 구체적인 반응으로는 '승낙(acceptance)', '중립(neutrality)', '거부(rejection)' 등으로 세분화해 볼 수 있으며, 이러한 반응의 강도는 정책집행에 큰 영향을 미치는 요인이 된다(Van Meter & Van Horn, 1975: 472).

상기한 여섯 개의 범주로 구성된 집행모형은 [그림 12-1]로 요약되며, 이 집행모형은 우리들에게 정책집행 연구를 위한 매우 귀중한 출발점을 제공한다. 즉, 그

**그림 12-1** 정책집행 과정모형

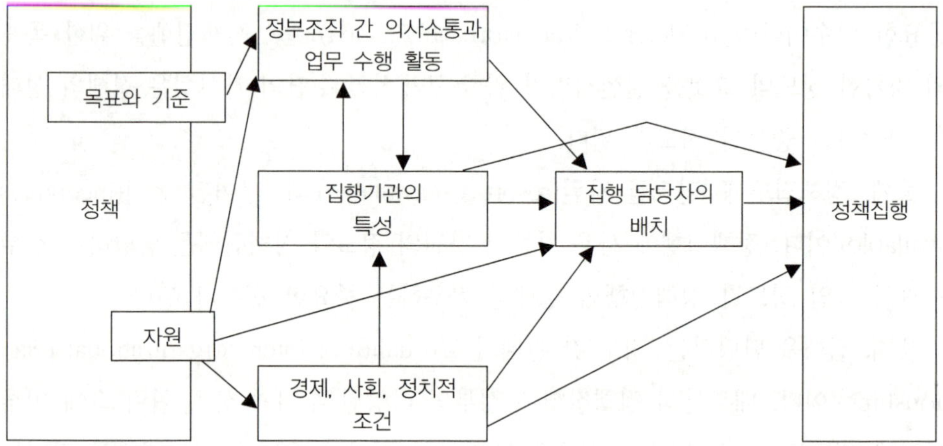


출처: Van Meter & Van Horn(1975: 463).

들의 집행연구는 정책결정자들에게 정책 문제 해결을 위한 '처방(prescriptions)' 방법보다 집행모형을 제공하고 있다는 점에서 그 의의를 찾을 수 있다. 반 미터와 반 호른의 집행연구와 유사한 정책집행 연구자들로 사바티어와 마즈마니언(Sabatier & Mazmanian, 1979, 1980)을 들 수 있으며, 이들의 집행연구는 반 미터와 반 호른의 집행연구보다 '처방'적이라는 특성을 띤다.

## 4. 사바티어와 마즈마니언의 집행연구: 집행모형의 구성

사바티어와 마즈마니언(Sabatier & Mazmanian, 1979, 1980)과 마즈마니언과 사바티어(Mazmanian & Sabatier, 1981, 1983)의 집행연구는, 반 미터와 반 호른의 집행연구와 같이, 정부의 상층부에서 결정된 정책이 '하향식 접근 방법'에 의해 실현되는 것으로 본다. 사바티어(Sabatier, 1986: 22)는 집행연구를 다음과 같은 연구 질문에 답하는 것이라고 한다.

첫째, 정책집행을 담당한 관료들의 행위와 정책집행 대상집단들의 행위가 결정된 정책과 어느 정도 일치하는가? 둘째, 정책목표가 어느 정도 성취되었는가? 혹은 집행의 결과가 정책목표와 어느 정도 일치하는가? 셋째, 결정된 공식적인 정책과 그 정책의 정치적 중요성을 감안할 때, '정책 산출'과 '정책 효과'에 영향을 미친 중요한 요인은 무엇인가? 넷째, 경험에 비추어 볼 때, 시간이 흐름에 따라 정책이 어떻게 재구성되었는가?

사바티어와 마즈마니언(Sabatier & Mazmanian, 1980: 544)의 정책집행모형은 크게 세 가지 범주의 변수들로 구성되어 있으며, 첫째, '취급하기 쉬운 문제', 둘째, '정책집행을 구조화할 수 있는 법·제도적 능력', 셋째, '정책집행에 영향을 미치는 비법적 변수'이다. 이상의 세 가지 범주를 구성하고 있는 변수들을 살펴보면 다음과 같다.

첫째, 정책집행 과정에서 야기되는 비교적 '취급하기 쉬운 문제(tractability of the problems)'들이다. 집행 과정은 지속적인 문제 해결 과정이며, 이 과정에서는 해결하기 어려운 문제도 있고, 비교적 쉽게 해결될 수 있는 문제들도 있다(Sabatier & Mazmanian, 1980: 544). 대체적으로 집행 과정에서 감안해야 할 문제는 ① '기술적인 문제', ② '정책 대상집단 행태의 다양성', ③ 정책 대상집단의 총인구에서 차지하는 비율, ④ '정책이 요구하는 행태 변화의 정도'이다. 이러한 문제들은 정도의 차이는 있지만 대부분 정책집행 과정에서 감안해야 하는 것이며, 이것은 다음의 두 번째와 세 번째 영역에 영향을 미치게 된다.

둘째, '정책집행을 구조화할 수 있는 법·제도적 능력(ability of statute to structure implementation)'이다. 정책집행은 '집행에 필요한 예산', '전문인력', '충분한 시간적 배분' 등을 확보하는 것으로부터 시작한다. 즉, 정책목표를 성취시키기 위해 정책은 프로그램으로 세분화되고, 프로그램의 집행에 필요한 예산, 인력, 시간 등을 분배해야 한다. 정책목표를 실현시키는 데 필요한 모든 것을 구조화할 수 있는 능력은 정책집행의 성패를 가늠하는 중요한 잣대가 된다. '정책집행을 구조화할 수 있는 능력'은 ① 명확한 정책목표와 목표들의 우선순위의 설정, ② 인과 관계 논리의 타당성, ③ 재정 확보, ④ 정책집행기관 내의 계층적 협조와 집행기관 간의 조화, ⑤ '집행기관의 의사결정규칙(decision rules of implementing agencies)', ⑥ 목표에 대한 집행관료들의 몰입 정도, ⑦ 집행기관 외의 공식적인 참여자들과 같은 정책집행의 요소들을 점검함으로써 완성된다.

셋째, 정책집행에 영향을 미치게 되는 '비법적 변수(nonstatutory variables)'들이다. 정책을 집행한다는 것은 제정된 법을 실현하는 것이나, 집행 과정에는 단순히 법적인 문제뿐만 아니라 정치 · 경제 · 사회적 변수 등과 같은 다양한 요인들이 영향을 미치게 된다. 이러한 관점에서 마즈마니언와 사바티어(Mazmanian & Sabatier, 1983: 18-48)는 '정책집행에 영향을 미치는 비법적 변수들'을 다음과 같이 다섯 개로 요약하고 있다. ① 사회 · 경제적 조건과 기술, ② 정책에 대한 국민들의 지지, ③ 유권자 집단 혹은 후원자 집단의 정책에 대한 태도와 그들이 가지고 있는 자원, ④ '주권자로부터의 지원(support from sovereigns)', 여기서 주권자란 집행기관에서 필요로 하는 법적 · 재정적 자원으로 통제할 수 있는 기관들이며, 일반적으로 입법부, 행정부, 사법부, 상위행정기관, 정부 간에 추구되는 프로그램 등이다(Mazmanian & Sabatier, 1983: 18-48). ⑤ 집행담당 관료의 정책에 대한 몰입과 리더십 기술이다.

마즈마니언와 사바티어는 원활한 정책집행의 걸림돌이 되는 요인들을 밝혀 내고, 그 요인들을 통제함으로써 성공적인 집행을 할 수 있다고 본다. 따라서 지금까지 설명한 세 가지 범주의 변수들은 정책집행에 영향을 미치는 독립변수들이며, 이상의 독립변수에 의해 영향을 받게 되는 종속변수는 집행 과정이 된다.

마즈마니언와 사바티어(Mazmanian & Sabatier, 1983: 18-48)는 정책집행에 영향을 미치는 변수들과 다양한 변수들의 영향을 받게 되는 집행 과정을 다루면서, 집행 과정은 다양한 변수들의 상호작용의 결과로서 매우 동태적인 성향을 띤다고 주장한다. 마즈마니언와 사바티어의 집행 과정에 대한 개념화는 [그림 12-2]로 요약된다. [그림 12-2]와 같은 정책집행모형은 집행 과정에 대한 전반적인 청사진을 제공하며, 이를 통해서 마즈마니언와 사바티어는 '효과적인 정책집행(effective implementation)'을 위한 여섯 개의 조건을 다음과 같이 제시한다.

첫째, 정책집행이 효과적이기 위해서는 정책목표가 명확하고, 일관성을 가져야 한다. 여기서 정책목표의 명확성과 일관성은 최소한 정책목표로 인해 야기되는 갈등을 해결할 수 있는 실질적인 기준을 제공할 수 있어야 한다.

둘째, 정책집행 수단은 정책목표를 성취시킬 수 있는 인과성을 가지고 있어야 하며, 이러한 집행과 목표 간의 인과적 연계가 정책 대상집단은 물론 집행관료, 사

**그림 12-2 정책집행 과정과 변수**

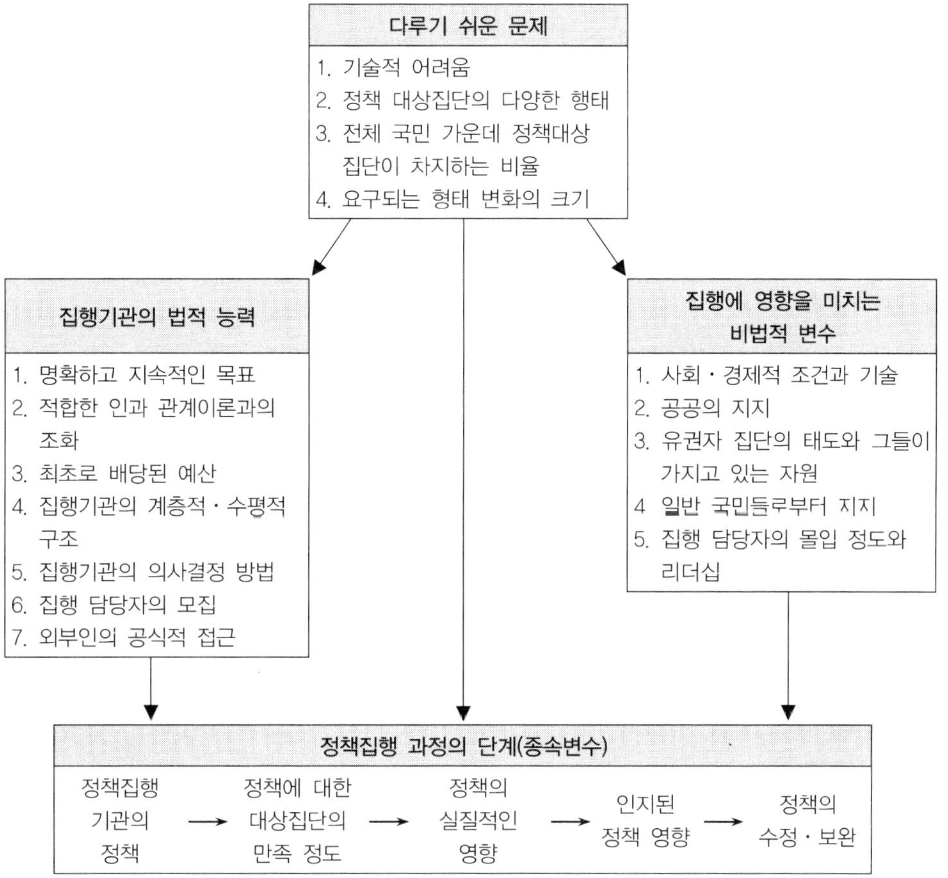


출처: Mazmanian & Sabatier(1983: 23).

법부, 입법부 등과 같은 정책 관련 집단에게도 충분히 이해되어야 한다.

셋째, 집행기관 간의 조화, 집행기관과 정책 대상집단의 정책에 대한 공감대의 형성, 충분한 재원, 정책에 대한 지지 등이 갖추어져야 효과적인 집행을 기대할 수 있다.

넷째, 집행기관의 장은 정책목표를 성취시키는 데 도움이 될 수 있는 정치적 역량이 있어야 효과적인 집행을 기대할 수 있다.

다섯째, 정책집행을 위해 세분화된 프로그램에 대한 사법, 입법, 행정부의 지지가 확보되어야 효과적인 집행을 기대할 수 있다.

여섯째, 효과적인 정책집행은 경합 혹은 대립되는 정책에 의해 집행될 정책목표의 우선순위가 변화하지 않아야 한다는 조건을 만족시키는 것은 물론, 그 정책이 집행되는 사회·경제적 조건의 변화에 의해 집행 수단과 목표 간의 인과 관계가 변화하지 않아야 한다는 조건을 만족시켜야 한다.

## 5. 바르다크의 집행연구: 집행 게임

바르다크(Eugene Bardack)는 저서 『집행게임(*Implementation Game*)』(1977)에서 집행은 '조립하는 과정(assembly process)'이며, 이 과정에는 기계의 부속품들을 조립하고, 그것을 운영하는 것을 포함한다고 비유적으로 말한다. 그러나 그는 집행 과정을 단순히 기계의 부속품들을 조립해 운영하는 자동적인 체계로 보기보다는 좀 더 복잡한 인간적 요인들이 포함되는 일종의 '게임'으로 보았으며, 이 게임에는 협상, 설득, 타협, 조작 등이 작용하게 된다고 주장한다. '집행 게임'에는 참여자들이 있고, 각각의 참여자들은 그들 나름대로의 전략과 전술, 게임에 활용할 자원, 게임의 규칙 등을 가지고 '게임'을 진행한다. 따라서 '집행 게임'에는 집행을 위한 통제가 필요하며, 통제는 집행기관의 집행을 위한 규칙에 따른다.

바르다크는 그의 저서에서 "어떻게 '집행 장치(implementation machines)'를 좀 더 나은 것으로 만들 것인가?"라는 연구 문제에 답하기 위해, 처방적인 관점에서 집행 현상에 접근한다. 더 나은 정책집행을 위해서, 그는 첫째, '사회이론(social theories)'의 불충분한 점을 감안해 정책목표를 '제한'할 것과, 둘째, 다양한 집행 게임에 의해 집행 과정에 나타나게 되는 어려운 문제들을 감안해 집행계획을 세워야 할 것을 주장한다(Nakamura & Smallwood, 1980: 15－17). 바르다크(Bardack, 1977)는 정책집행이 '정치 과정(political process)'이며, '하향식 접근 방법'에 의한 성공적인 정책집행은 정부의 상층부에서 "정책결정부터 집행되어 결과로 이어지기까지를 총괄"해야 가능하다고 주장한다.

## 6. 호그우드와 건의 집행연구: 정책집행의 조건

호그우드와 건(Hogwood & Gunn, 1984: 196-218)의 집행연구의 특징은 '하향식 접근 방법'에 의해 정책집행을 정책결정의 한 부분으로 설명하고 있다는 것이다. 그들은 정책형성과 정책집행을 엄격히 구분하기 어려우며, '완전한 집행(perfect implementation)'을 위해 필요한 '점검 목록'을 정책결정자에게 제안하고 있다. 여기서 '완전한 집행'이라는 개념은 후드(Hood, 1976)의 '완전한 행정(perfect administration)'을 위한 조건에서 차용했으며, '완전한 행정'이란 개념은 경제학의 '완전 경쟁시장'이라는 개념에서 가져온 것이다. 즉, '완전 경쟁시장'이 이상적이긴 하지만 존재하지 않는 것처럼, '완전한 행정'은 이상적이지만 실현되기 어려운 상태이다. 같은 맥락에서 '완전한 집행'은 '효과적인 정책집행'을 하는 데 필요하나 현실적이지 못한 상태라고 할 수 있다. 하지만 '완전한 집행'의 조건에 현실이 집행 상황을 대비함으로써 현실의 집행 문제를 점검할 수 있다. 이와 같은 관점에서 호그우드와 건(Hogwood & Gunn, 1984: 199-206)은 '완전한 집행'을 위한 조건을 다음과 같이 설명한다.

첫째, 정책집행기관은 정책환경으로부터 나타나는 제약 요인으로부터 자유로워야 한다. 예를 들어, 농업정책은 가뭄이나 홍수, 기타 병충해와 같은 환경적 제약 요인으로부터 자유로워야 한다.

둘째, 효과적인 정책집행을 위해 충분한 시간과 자원이 지원되어야 한다. 실질적으로 예산의 편성과 집행은 1년 단위로 이루어지게 되고, 분기별로 나누어 예산이 배당되는 관행은 실질적인 정책집행을 제약하는 요인으로 작용할 수 있다.

셋째, 앞서 설명한 두 번째 조건과 같은 맥락에서, 정책집행에 실질적으로 필요한 자원을 동원할 수 있어야 한다.

넷째, 집행될 정책은 타당한 인과 관계에 의해서 구성되어야 한다. 즉, 정책목표와 그 목표를 성취시키기 위한 수단은 타당한 인과 관계를 가지고 있어야 한다.

다섯째, 이러한 인과 관계는 직접적인 것으로, 다른 변수에 의해 조건화되지 않아야 한다.

여섯째, 하나의 집행기관에 의해 수행되는 프로그램의 성패가 다른 기관에 의해 좌우되서는 안 된다. 다른 집행기관과 함께 정책집행을 하는 경우, 그 기관의 역할은 최소화되어야 하며, '주집행기관'에 종속적이어야 한다.

일곱째, 정책목표에 대한 완전한 이해 혹은 완전한 합의가 집행 전반적인 과정을 통해 지속되어야 한다.

여덟째, 정책목표를 실현시키는 모든 과정은 세부적으로 구체화되어 집행에 참여하는 모든 사람들에 의해 완수되어야 한다.

아홉째, 집행될 프로그램과 관련된 모든 요소들이 '완전한 대화(perfect communication)'와 '완전한 조화(perfect coordination)'가 이루어져야 한다.

열째, 정책집행을 담당한 기관은 집행을 담당하는 모든 관료들로부터 '완전한 복종(perfect obedience)'을 확보해야 한다.

호그우드와 건(Hogwood & Gunn, 1984)은 정책집행을 '하향식 접근 방법'에 따라 상기한 바와 같은 '완전한 정책집행을 위한 조건'들을 제안하면서 바렛과 퍼지(Barret & Fudge, 1981)로 대표되는 '상향식 접근 방법'에 의한 정책집행 연구를 비판한다. 호그우드와 건에 따르면, 정책집행이란 정책결정의 한 부분이기 때문에 정책결정자들이 정책집행을 통해 의도한 목표가 성취될 수 있도록 점검해야 한다. 물론 그들이 제안한 '완전한 집행'의 조건들은 이상적인 개념이지만 효과적인 정책 집행 과정에서 빈번히 야기되는 문제들의 본질과 해결 방향을 제시해 줄 수 있다고 생각된다.

## 7. 나카무라와 스몰우드의 집행연구: 정책환경과 정치 과정

나카무라와 스몰우드는 그들의 저서 『정책집행의 정치(*The Politics of Policy Implementation*)』(1980)에서 정책집행은 정책의 모든 과정과 분리할 수 없다고 전제하고, 정책형성, 정책집행, 정책평가를 연계해 다룬다. 정책형성, 정책집행, 정책평가 과정은 서로 다른 '정책환경(policy environment)'에서 서로 다른 '행위자(actor)'와 '영역(arenas)'에 영향을 받게 된다고 주장한다. 그들은 정책 과정별로 중요한 역할을 하게 되는 요인들을 찾아내고, 정책 과정별 변수들을 종합적으로 연계해 다룸으로써 정책집행을 논한다. 나카무라와 스몰우드의 집행연구의 특징은 앞서 살펴본 학자들의 연구와 마찬가지로 '정책 중심적' 접근, 즉 정책이 만들어져서 집행되어 결과로 이어지는 정책 과정에 초점을 맞춘다.

### 1) 환경 Ⅰ: 정책형성

그들은 정책형성을 '환경 Ⅰ(environment Ⅰ)'이라 하고, 정책형성은 정책을 합법화하는 과정이며, 이 과정에서 중요한 역할을 하게 되는 변수로 대통령, 국회, 지방자치단체장, 지방의회와 같은 공식적인 참여집단을 든다. 또한 정책형성의 비공식 참여집단으로는 이익집단, 언론, 각종 산업을 대표하는 위원회 등을 꼽는다. 정책형성 과정은 결정된 정책이 합법화됨으로써 종료되나, 공식화된 정책은 정책집행 단계에서 재구성되기 마련이다(Nakamura & Smallwood, 1980: 22).

### 2) 환경 Ⅱ: 정책집행

'환경 Ⅱ(environment Ⅱ)'는 정책집행 단계로 정책집행 환경에 영향을 미치는 변수들, 즉 '집행을 담당하는 관료들의 정책에 대한 몰입 정도', '집행될 정책에 대한 자원 동원력', '정치적 시시' 등이 있으며, 이들의 상호작용이 정책집행이다. 그들은 정책집행을 주도하는 '환경 Ⅱ' 역시 정책형성 단계를 주도했던 정책결정자 집단들이 큰 영향을 미치게 되나 "어떤 유형의 정책이 집행되는지에 따라 집행환경을 구조화하는 변수들은 달라지게 마련"이라고 말한다. 정책집행은 단순한 과정으로 보기 어렵고 다른 정책 과정과 연계하여 분석하는 것이 바람직하다. 즉, 정책집행은 어떤 '행위자'들에 의해, 어떤 정책환경에서 이루어지는지에 따라 상당히 다른 결과를 가져온다. 정책집행은 정책집행에 참여하는 행위자들과 정책환경과의 '조화(composition)', '배치(disposition)', '상호작용(interaction)'의 결과물이다(Nakamura & Smallwood, 1980: 23).

### 3) 환경 Ⅲ: 정책평가

'환경 Ⅲ'은 정책평가 단계를 뜻하며, 앞서 설명한 두 개의 환경에 비해 '무정형

(amorphous)'임과 동시에, 추상적인 특성을 띤다(Nakamura & Smallwood, 1980: 23). '환경 Ⅲ'에 영향을 미치는 '행위자'로는 환경 Ⅰ과 Ⅱ에서 정책에 관여한 사람들과 학자를 포함한 정책 전문가들이며, 정책평가는 정책집행이 끝난 후에 이루어지는 것이 일반적이다. 정책평가의 목적은 집행된 정책의 성패를 가늠하는 것이고, 평가 결과를 활용해 새로운 정책대안을 개발하는 것이다. 따라서 새로운 정책대안이 '환경 Ⅲ'으로부터 제안되며, 새로운 정책대안의 합법화 과정은 '환경 Ⅰ'에서 다시 이루어지게 된다. 이와 같은 관점에서, 환경 Ⅰ, Ⅱ, Ⅲ은 순환적인 특성을 지니며, 서로 연계되어 정책 문제를 해결한다(Nakamura & Smallwood, 1980).

### 4) 연 계

지금까지 살펴본 '환경 Ⅰ, Ⅱ, Ⅲ'은 '의사소통'과 '순응'의 고리로 '연계(linkage)'되어 '정책 체제(policy system)'를 구성한다(Nakamura & Smallwood, 1980: 23-26). 정책 체제에서, 의사소통의 연계는 매우 중요하며, 특히 그들은 에드워드 3세와 샤칸스키(Edward Ⅲ & Sharkansky, 1978)를 인용해 '환경 Ⅰ'과 '환경 Ⅱ', 즉 정책형성과 정책집행의 연계는 매우 중요하다고 주장한다. "효과적인 정책집행을 위해 가장 중요한 조건은 정책집행을 담당하는 관료들이 정책목표를 실현시키기 위해 무엇을 해야 하는지를 정확히 인지하는 것이다. 즉, 정책집행은 결정된 정책을 '일관성(consistency)', '명확성(clearance)', '정확성(accuracy)' 등을 감안해 수행되어야 한다"(Edward Ⅲ & Sharkansky, 1978: 295). 그러나 정책 체제는 다양한 이유로 이러한 기대를 충족시키지 못하게 되는데, 가장 큰 이유는 정책 과정의 단계들이 제대로 연계되지 못했기 때문이다. 정책 체제 간의 '연계'가 제대로 이루어지지 못하는 이유를 나카무라와 스몰우드(Nakamura & Smallwood, 1980: 24-25)는 다음과 같이 설명한다.

첫째, '왜곡된 의사 전달(garbled messages)'이다. 왜곡된 의사 전달은 정책 체계 간의 의사소통을 가로막는 요인이 된다. 불명확한 표현이나 모호한 용어가 사용되었을 때, 정책 체제 간의 의사 전달은 왜곡되고, 나아가 이것은 정책 단계의 연계를 부실하게 만드는 원인이 된다. 또한 '잘못된 해석(misinterpretation)'은 정책 체제 간의 연계를 부실하게 만든다. 의도적 혹은 비의도적으로 정보를 왜곡시킴으로써 정책 체제의 연계에 문제를 일으킬 수 있다. 물론 이러한 문제는 단순히 잘못 이해한 경우와 전달받은 집단이나 개인의 이해관계, 인식의 차이, 상충되는 견해 등에 의해 발생할 수 있다. '왜곡된 의사 전달'은 정책 체제 내의 의사소통 장치에 결함이 있는 경우에도 발생한다. 즉, 정책형성과 정책집행을 연계하는 제도적 장치가 미흡하거나, 제도적 장치가 있어도 잘못 기능하는 경우 정책 체제의 연계에 문제가 발생하게 되어 효과적인 정책집행을 어렵게 만든다.

둘째, 정책 체제 간의 연계 문제는 '과도한 정보의 유입'으로부터 발생할 수 있다. 과다한 정보가 동시에 유입되거나, 같은 문제에 대해 상반되는 정보가 유입되었을 때, 정책 체제 간의 원활한 의사소통은 기대하기 어렵다.

셋째, 전달된 정보를 처리할 수 있는 '제도적 장치의 부재'는 정책 체제의 연계를 어렵게 만든다. 즉, 전달된 정보를 올바로 인식하고 정책 단계에 적용할 수 있는 제도적 장치와 능력은 효과적인 정책집행으로 이어질 수 있다.

**그림 12-3 정책집행에 영향을 미치는 환경과 연계**

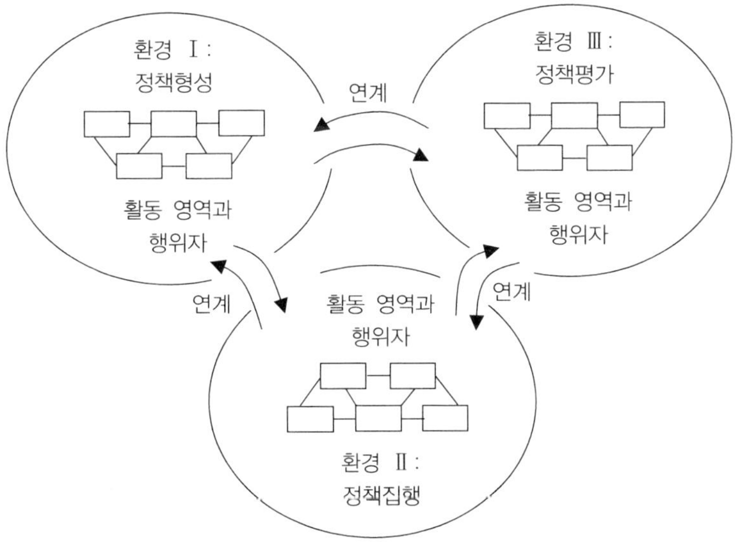


출처: Nakamura & Smallwood(1980: 27).

넷째, 정책 체제와 정책환경 간의 연계가 미흡하다면 정책은 의도한 결과를 초래하기 어렵다. 대부분의 정책은 정책 체제 내에서 만들어지지만, 집행은 정책환경에서 이루어진다. 효과적인 정책집행을 위해서는 정책 체제와 정책환경이 연계되어 정책에 대한 이해와 요구 등을 반영시키기 충분해야 한다. 이상과 같은 나카무라와 스몰우드의 정책환경에 의한 효과적인 정책집행에 대한 논의는 [그림 12−3]으로 요약된다.

## 제 3 절 상향식 접근 방법과 정책집행 연구

### 1. 상향식 접근 방법

상향식 접근 방법에 의한 집행연구의 대표적 학자들은 헤른과 헐(Hjern & Hull, 1982), 핸프(Hanf, 1982), 바렛과 퍼지(Barrett & Fudge, 1981), 엘모어(Elmore, 1979) 등이 있다. 이들의 '상향식 접근 방법'에 의한 집행연구는 하향식 접근 방법에 대한 비판으로부터 시작된다(Sabatier, 1986: 21−48). 이들은 공통적으로 '하향식 접근 방법'에 의한 집행연구가 정책결정자들의 관점에서 집행 과정을 설명하므로 집행 과정에 영향을 미치는 다른 요인들을 간과한다고 주장한다. '하향식 집행연구'의 한계는 다음과 같다(Sabatier, 1986: 30).

첫째, '하향식 접근 방법'에 의한 집행연구는 '정책 대상집단', '일선집행기관과 관료(street level bureaucrats)', '정책과 연계되어 있는 다른 집행기관' 등의 영향력을 간과함으로써 총체적인 집행 현상을 다루지 못한다.

둘째, 결정된 정책을 주도하는 집단이 없거나, 다양한 정부기관에 의해 주도되는 정책집행의 경우, 하향식 접근 방법이 그 집행 과정을 설명하기 어렵다.

셋째, 하향식 접근 방법에 의한 집행연구는 '일선집행관료들'이나 '정책 대상집단들'이 집행 과정에서 자신들에게 유리하도록 정책을 변화시키는 전략을 간과할 수 있다. 정책 대상집단은 정책에 의해 영향을 직접 받는 집단이므로, 그들의 정책에 대한 순응 혹은 불응을 다루지 않고 집행 과정을 설명한다는 것은 불완전할 수밖에 없다.

넷째, 하향식 접근 방법은 정책형성과 정책집행을 분리하고 있는데, 이것을 분리하는 것은 실질적으로 어려울 뿐만 아니라, 실익이 없다는 비판을 받는다. 특히 정책형성과 정책집행 과정을 분리해 다루는 것은 단일한 조직이 정책을 만들고 집행하는 모든 과정에 관여할 수 있음을 간과한 것일 뿐만 아니라, '일선 집행기관'과 '정책 대상집단'들이 때로는 중앙정부 차원에서 결정된 사항을 무시하거나 간과하는 사실을 설명하지 못한다.

하향식 정책집행 연구의 한계를 감안해 정책집행 연구는 정책 과정의 모든 '행위(action)'와 행위에 대한 '반응(reaction)'에 초점을 맞추어야 한다(Barrett & Fudge, 1981). 또한 결정된 정책과 집행되는 정책은 상당히 다를 수 있기 때문에, 정책집행은 '정책 전개(policy evolution)' 과정으로 이해해야 한다고 주장하는 학자들도 있다(Majone & Wildavsky, 1978).

사바티어(Sabatier, 1986: 34)에 따르면, 하향식 접근 방법과 상향식 접근 방법에 의한 집행연구의 특성은 정책집행을 바라보는 관점의 차이에서 비롯되며, 어떤 방법에 의한 접근이 일률적으로 우월하다고 말하기 어렵다. 그는 하향식 접근 방법에 의한 집행연구가 첫째, 정부의 구체적인 프로그램의 효과성, 둘째, 선출된 관료

**표 12-1 하향식 접근 방법과 상향식 접근 방법의 특성 비교**

| | 하향식 접근 방법 | 상향식 접근 방법 |
|---|---|---|
| 연구 대상 | (중앙)정부의 정책결정과 정책집행 | 정책 영역 내의 일선 집행 네트워크 구조 |
| 집행 과정의 중요 행위자 | 정책결정을 하는 정부의 상층부로부터 일선집행 담당기관과 정책 대상집단을 대상으로 하향적 조명 | 정책집행기관과 정책 대상집단으로부터 정부의 정책결정 집단으로 상향적 조명 |
| 평가 기준 | 공식 목표를 성취시킨 정도<br>정치적 기준<br>의도하지 않은 결과<br>정책 효과 | 일반적으로 불분명하지만, 기본적으로 평가자가 선택한 정책 쟁점과 정책 문제를 다룸. 공식적인 정책목표에 대한 분석은 요구되지 않음. |
| 전반적인 연구 초점 | 정책결정자들의 의도한 정책목표를 집행기관이 어느 정도 성취시켰는가? | 정책 네트워크를 구성하고 있는 다수 행위자들 간의 전략적 상호작용 |

출처: Sabatier(1986: 32)에서 재구성.

가 일선관료들과 정책 대상집단의 행태를 정책목표에 의해 '제한(constrain)'하고 '지향하는(guide)' 능력을 연구할 때 적합하다고 본다.

반면에 상향식 접근 방법은 정책 문제와 관련 있는 '행위자'들의 전략을 정확히 '그려내는' 것이다. 즉, 상향식 집행연구의 관심은 특정 분야의 정책에 참여하게 되는 '행위자'들의 상호 작용에 주어진다(Sabatier, 1986: 34). 하향식 접근 방법과 상향식 접근 방법의 특성은 <표 12-1>로 요약된다.

## 2. 립스키의 집행연구: 일선집행기관과 관료

립스키(Lipsky, 1971, 1980)는 상향식 접근 방법에 의한 집행연구의 대표적인 학자이며, 그는 1971년의 논문과 1980년의 저서에서 정책집행기관에 종사하는 '일선관료(street-level bureaucrats)'들의 업무환경과 그들의 정책집행에 미치는 영향에 대해 논의하고 있다. 그의 연구의 많은 부분이 "집행기관의 일선관료들에 대한 통제의 어려움"에 관한 것으로, '일선관료에 의한 의사결정(decisions of street-level bureaucrats)', '집행을 위한 표준운영 절차의 개발', '집행 과정에서 직면하게 되는 불확실성에 대처하는 방안', '업무 수행을 둘러싸고 야기되는 압력' 등이 일선집행관료들이 참고해야만 하는 요인들이라고 주장한다(Lipsky, 1980: xii). 일선관료들은 이상과 같은 요인들을 감안해, 그들의 업무 수행 과정에서 야기되는 '압력(pressures)'에 대처해 나감으로써 업무를 처리하게 된다. 여기서 그들에게 주어지는 '압력'이란 그들의 업무 수행에 필요한 인적·물적 자원의 결핍, 촉박한 시간, 정책 대상집단의 요구, 정치·사회적 기대 등이다.

일선관료들은 그들에게 주어진 목표를 단순히 성실하게 수행하는 역할만으로는 이러한 업무환경을 모두 만족시키기 어렵다는 것을 깨닫게 되며, 그들은 그들의 업무 수행을 할 때 직면하게 되는 압력, 어려움, 문제 등을 해결하거나 회피하기 위한 그들 나름대로의 업무 수행 절차 등을 만들게 된다. 립스키(Lipsky, 1980: xii)는 일선관료들이 이러한 업무 수행을 할 수밖에 없는 이유를 다음과 같이 설명한다. "그들이 처음 관료가 되었을 때, 그들은 시민들에게 최선의 공공 서비스를 제공할 것이라고 다짐하지만, 시간이 지남에 따라 업무 수행 과정에서 야기되는 다양한 압력과 불확실성은 그들로 하여금 소신을 가지고 시민들에게 봉사할 수 없다는 것을 깨닫게 됨으로써 그들은 업무 수행 절차를 '제도화하고(routine)', '정형화(stereotype)'하여 집행 과정에서 야기되는 불확실성과 압력으로부터 벗어나려고 한다."

립스키(Lipsky, 1971, 1980)는 일선관료들의 업무환경과 그들의 특성에 대한 논의를 통해 정책집행 과정에서 일선관료들의 역할이 얼마나 중요한 것인지를 보여준다. 그들은 정책결정기관과 전혀 다른 환경에서 업무를 진행해야 한다는 사실을 잘 안다. 즉, 중앙정부가 목표에 따라 일선관료들의 업무 활동을 통제하려 하지만 일선관료들은 그들의 업무를 '정형화'시키고, 제도화시켜 업무 수행을 하게 된다. 중앙정부가 그들에 대한 효과적인 통제를 원한다면, 일선관료들의 집행환경을 감안해 책임감을 고취시키는 방법을 생각해야 한다.

## 3. 헤른과 동료들의 집행연구: 집행구조

헤른(Benny Hjern)은 스위스 학자로서 그의 동료인 포터(David Porter), 핸프(Ken Hanf), 헐(Chris Hull) 등과 함께 1975년부터 1983년까지 정책집행을 새로운 방법론에 의해 접근했다. 그들은 '하향식 접근 방법'에 의한 집행연구를 대체할 수 있고, 동시에 '상향식 접근 방법'에 의한 집행연구의 단점을 극복할 수 있는 집행연구에 대한 대안적 방법론을 생각했다(Sabatier, 1986: 31).

그들은 집행연구를 "정책이 어떻게 결정되고, 결정된 정책의 목표가 시간이 지남에 따라 어떻게 변화하게 되었는지"에 초점을 맞추어 '하향식 접근 방법'에 의해 수행하기보다, 정책집행에 관여하게 되는 모든 '행위자'를 찾아내어 그들이 추구하는 '목표', 사용하는 '전략'과 '활동' 및 '계약' 등을 설문을 통해 자료를 수집하여 집행 과정을 살펴본다(Sabatier, 1986: 31). 특히 그들은 특정 정책의 집행과 관련된 '지역, 지방, 중앙(local, regional, and national)' 차원의 모든 '행위자'들을 연계하는 방법, 즉 '정책 네트워크(policy network)'를 구성하는 가장 좋은 방법은 '계약'이며, 계약을 통해 정책집행에 필요한 재정, 기획, 정부 간 혹은 민간 부문과의 조화로운 관계를 확보할 수 있다고 주장한다. 즉, 정책 네트워크를 구성하여 특정 정책의 집행에 필요한 자원, 전문가, 정책 대상집단, 다양한 차원의 집행기관 등의 정책에 대한 의견을 수렴해 궁극적으로 효과적인 집행을 이루어 낼 수 있다고 주장한다(Sabatier, 1986: 31).

헤른과 포터(Hjern & Porter, 1981: 211−227)는 '집행구조(implementation structure)'라는 개념이 집행연구의 새로운 '분석의 단위(units of analysis)'가 되어야 한다고 주장한다. 여기서 '집행구조'란 정책집행을 연구할 때, 그들이 사용한 분석의 단위로, 정책목표를 성취하기 위해 정책 집행자들이 사용하는 '행정적 실체(administrative entity)'를 뜻한다. 즉, 이것은 특정 정책의 집행과 관련된 모든 행위자들과 행위자들이 사용하는 자원, 전략, 협상, 계약 등을 포함한 개념이며, 그들은 정책집행을 단일한 조직에 의해 수행되는 것이 아니라, 다양한 정책 관련 집단들의 동태적 관계 속에서 이루어진다고 본다(Hjern et al., 1981: 211). 그들은 정책집행이 단일한 조직에 의해 이루어지지 않으며, 다양한 차원의 정부 간 관계, 정책과 이해관계가 있는 사람들 등의 총체적 집합에 의해 이루어지기 때문에, 집행연구는 '집행구조'를 분석의 단위로 해야 한다고 주장한다.

그들에 따르면, '집행구조'는 권위적인 방법에 의해 설계되는 것이 아니라, 집행될 정책과 관련하여 자생적으로 구성된다(Hjern et al., 1981: 216). 즉, '집행구조'란 집행을 담당할 단일한 조직이 아니며, 집행될 정책과 관련된 '의도적 행위의 단위(units of purposive action)'이다. 특정 정책의 집행과 관련하여 구성되는 '집행구조'는 '행위자들'과 '조직들'로 구성되며, 어떤 행위자나 조직이 특정 정책의 집행에 참여하게 되는지는 행위자나 조직의 '동기(motive)'에 의해 결정된다. 다시 말해서, 특정 정책과 관련하여 특정 행위자나 조직이 업무상 혹은 이해관계에 의해 '집행구조'에 참여하게 되는 '동기'가 있다면, 그들은 그 정책의 집행과 관련된 공동체를 형성해 집행에 영향을 미치게 된다는 것이다.

일반적으로 '집행구조'에 참여하게 되는 행위자와 조직은 다양한 목표와 동기에 의해 참여하게 되어, 정책집행을 위한 의도적 행위가 일어나게 된다. 여기서 집행을 위한 의도적 행위는 '집행구조'에 참여한 행위자나 조직이 가지고 있는 예산을 포함한 자원을 '동원하고', '제공하는' 역할을 말한다. 특정 정책을 집행하기 위해 구조화된 '집행구조'에서 행위자들과 조직들 간의 '권위적 관계(authority relationships)'는 전문성, 협력적 경쟁, 잠재적 혹은 실질적 권력, 자원의 통제 등을 통해 형성되며, 전통적인 계층적 관료제의 영향은 매우 제한적이다. 또한 '집행구조'에서는 지역의 일선 집행기관들에 의해 재량권이 매우 크게 작용하게 되며, 중앙정부에서 일선 집행기관의 재량권을 통제하려는 시도는 하나, 그러한 시도는 늘 제한적으로 이루어질 뿐이다. 이러한 맥락에서, '집행구조'는 많은 하위 조직과 행위자들로 구성되는데, 이러한 '집행구조'의 '하위 구조'는 정책결정, 기획과 정보 수집, 자원의 분배, 중개자 혹은 조화를 유도하는 역할, 공공 서비스의 제공, 평가 등으로 세분화되어 전체적으로 정책의 집행을 가능하게 한다(Hjern et al., 1981: 217).

헤른과 동료들의 집행연구는 정책집행을 단순히 결정된 목표를 성취시키기 위한 수단으로 시간의 흐름에 따라 의도한 목표가 어느 정도 성취되었는가를 분석하기보다는, 정책집행을 '집행구조'를 구성하고 있는 다양한 행위자와 조직들 간의 특정 목표를 성취시키기 위한 '의도적 행위'라고 본다. 또한 그들은 정부의 단일한 권위가 정책집행에 매우 제한적인 역할만을 담당하게 되며, 대부분의 정책 산출은 '집행구조'를 구성하고 있는 다양한 행위자와 조직들 간의 상호작용에 의해 이루어진다고 주장한다.

헤른과 동료들(Hjern et al., 1981: 219)에 따르면, '집행구조'를 분석의 단위로 정책연구를 한다면 기존의 정책연구와는 상당히 다른 맥락에서 사회과학적 의미를 유추해 낼 수 있다. 즉, 특정 정책의 집행과 관련된 모든 행위자들과 조직들로 구성된 '집행구조'의 연계와 상호 작용에 대한 연구는 행정학의 범주를 벗어나 사회학, 정치학, 심리학 등을 포함한 폭넓은 연구가 될 것이며, 이러한 관점에서 '집행구조'를 구성하는 행위자들과 조직들의 행태를 기술하고, 범주화하며, 분석함으로써 집행 현상을 포괄적으로 다룰 수 있다(Hjern et al., 1981: 220).

## 4. 바렛과 퍼지의 집행연구: 정책과 행위

바렛과 퍼지는 그들의 공저 『정책과 행위(*Policy and Action*)』(1981)에서 상향식 접근 방법에 의한 집행연구를 위한 개념을 구성한 후, 다양한 학자들의 사례연구를 통해 '정책과 행위의 관계(policy–action relationship)'에 대해 논한다. 그들의 정책집행에 대한 논의는 '하향식 접근 방법'에 의한 집행연구의 한계로부터 시작한다. 즉, 그들은 전통적으로 계층적 구조를 가진 정부가 정책집행을 효과적으로 할 수 없도록 구조화되어 있다면서, 계층적 관료조직은 공공 업무를 처리하는 데 비능률적이며, 비효과적일 뿐만 아니라, 경쟁이 결여되어 효과적인 집행을 기대하기 어렵다고 주장한다.

하향식 접근 방법의 일반적인 연구 경향은 조직구조를 개편하고 조직구성원들에게 적절한 동기를 부여하는 등 조직 차원에서 업무 수행 능력을 극대화하는 전략을 모색하는 것이다. 이러한 관점에서, '효과적인 정책집행'은 일선 집행기관에 대한 적절한 통제와 집행에 필요한 자원의 동원 등을 통해 이룰 수 있다. 하지만 정책집행 과정에 나타나게 되는 '사회 · 경제적 변수들'과 '사회집단들과 상호 연관되어 나타나는 복잡성' 등은 정책목표를 성취하는 데 불확실성을 증가시키며, 이러한 불확실성의 증가는 늘 정책실패로 이어지게 마련이다. 이러한 맥락에서 바렛과 퍼지(Barrett & Fudge, 1981: 4)는 '정책실패(policy failure)'가 단순히 비효과적인 정책집행에 기인하지는 않는다고 말한다. 즉, 정부가 독점적인 지위에서 경쟁을 배제한 채 정책을 집행하게 되므로, 정부는 집행될 정책에 대해 '무책임(unresponsiveness)' 혹은 '부적절한 반응(inappropriate responses)'을 보인다는 것이다. 이러한 정부에 대한 비판에도 불구하고, 많은 행정관료들과 학자들은 정부를 좀 더 반응적이고, 책임감 있게 만들기 위해, '정책결정 과정'을 합리적으로 만들고, 공공조직과 기관들을 효과적으로 '관리'하는 방법들을 연구하고 있다(Barrett & Fudge, 1981: 4).

정부를 좀 더 효과적으로 만드는 방법을 연구하는 것이 하향식 집행연구이며, 하향식 접근 방법에서 정책집행은 '정책을 효과로 전환하는 것'으로 취급해 집행 과정의 문제에 초점을 맞춘다. 여기서 집행 과정의 문제에 초점을 맞춘다는 것은 효과적인 집행을 위한 '전제 조건' 혹은 '기본 요소'들을 말한다.

바렛과 퍼지(Barrett & Fudge, 1981: 4−20)는 하향식 접근 방법에 의한 집행연구의 특징과 한계에 대해 논의한 후, 하향식 접근 방법이 가지고 있는 고유한 문제들을 극복할 수 있는 대안적 접근 방법으로 첫째, '협상 과정으로서 정책집행(implementation as a negotiation process)'과 둘째, '행위와 반응으로서 정책집행(implementation as action and response)'에 초점을 맞추어 집행 과정을 개념화하고 있다. 바렛과 퍼지(Barrett & Fudge, 1981: 20)에 따르면, 정책집행은 '조직의 내·외적 권력 관계'와 '집행기관과 일선관료들의 이해관계' 등에 의해서 설명되어야 하며, 정책집행을 개념화한다는 것은, '협상 과정으로서 정책집행'과 '행위와 반응으로서 정책 집행'에 초점을 맞추어 집행 과정을 연구한다는 것이라고 주장한다.

## 제4절 통합적 접근 방법과 집행연구

### 1. 통합적 접근 방법

정책집행 연구의 '통합적 접근 방법(synthesizing the approaches)'이란 하향식 접근 방법과 상향식 접근 방법의 요소들을 종합해 집행 과정을 연구하는 방법을 뜻한다(Hill & Hupe, 2002: 56). 하지만 통합적 접근 방법은 두 개의 접근 방법을 단순히 혼합한 것이 아니라, 두 개의 접근 방법에서 중요하게 취급한 요인들을 감안해 포괄적으로 집행 과정을 설명하려는 시도이다. 이러한 통합적 접근 방법을 '혼합적 접근 방법(mixed approach)'이라기보다 '더 나은 접근 방법(the better approach)' 혹은 '올바른 접근 방법(the right approach)'으로 일컫기도 한다. '통합적 접근 방법'을 통해 연구하는 학자들은 집행 과정을 설명하는 '더 나은 접근 방법'이나 '올바른 접근 방법'이 정형화되어 있는 것이 아니라, 집행될 정책에 의해 그 방법이 결정된다고 본다. 통합적 정책집행 연구의 대표적인 학자들로는 엘모어(Elmore, 1978, 1980, 1985), 샤프(Scharpf, 1978), 사바티어(Sabatier, 1986), 그린들(Grindle, 1980), 고긴과 동료들(Goggin et al., 1990) 등이 있다.

### 2. 엘모어의 집행연구: 후방향적 접근과 전방향적 접근

엘모어(Elmore, 1978, 1980, 1985)는 '통합적 접근 방법'에 의한 집행연구를 소개한 학자로 잘 알려져 있다. 그의 저서 『사회 프로그램 집행의 조직모형(*Organizational Models of Social Program Implementation*)』(1978)은 정책형성과 정책결정에 영향을 미치는 중요한 요인들과 앨리슨(Allison, 1971)의 연구를 인용해 정책집행 연구의 실마리를 풀어 나가고 있다. 그는 정책집행이 매우 복잡한 현상이기 때문에, 집행 과정에서 무슨 일들이 일어났는가를 설명하기 위해서 다양한 이론적 모형들을 사용할 필요가 있다고 전제한다. 그는 정책집행을 ① '체계 관리로서 정책집행(implementation as systems management)', ② '관료적 과정으로서 정책집행(implementation as bureaucratic process)', ③ '조직 발전으로서 정책집행(implementation as organization development)', ④ '갈등과 타협으로서 정책집행(implementation as conflict and bargaining)'으로 나누어 접근한다.

그가 정책집행을 네 가지로 분류한 이유는 집행 과정을 단순히 평면적으로, 즉 목표가 결과로 연계되는 일방적인 과정으로 보기보다는, 매우 복잡하고 다양한 요인들이 상호 연계되어 영향을 주고받는 과정으로 보기 때문이다. 엘모어(Elmore, 1980)는 앞서 살펴본 립스키(Lipsky, 1971)의 연구에 착안해 정책집행에 대한 연구는 일선 집행기관에서 어떤 일들이 일어나고 있는지를 이해하고 다루는 것이 중요하다고 주장하면서, '후방향적 접근(backward mapping)'에 의한 집행연구에 대해 논한다.

'후방향적 접근'이란 '상향식 접근 방법'과 같은 맥락에서 이해되며, 구체적으로 엘모어(Elmore, 1981: 1)는 '후방향적 접근'을 "정책 문제를 해결하기 위해 만들어진 정책대안들 가운데 정책결정자나 정부조직이 최종적으로 한 개의 정책대안을 선택하게 된 이유를 정부조직의 구조, 과정, 규칙 등에 의해 분석하고, 최종적으로 결정된 정책을 성취시키기 위해 채택된 '정책 수단'이 정책 문제에 어떤 영향을 미치게 되며, 궁극적으로 어느 정도 정책목표를 실현시킬 수 있는지를 설명하는 것"이라고 말한다." 즉, '후방향적 접근'에 의한 집행연구란 정책 문제와 관련된 개인이나 정부조직의 행위에 초점을 맞추어 어떻게 정책대안이 최종적으로 결정되었는지를 분석하는 것으로부터 시작하며, 이러한 관점은 정책형성뿐만 아니라 정책집행 과정도 다양한 행위자들에 의해 영향을 받아 원래의 정책이 조정 · 재조정되는 과정으로 다룬다.

지금까지 설명한 바와 같이, 엘모어는 정책집행을 '후방향적 접근' 혹은 '상향식 접근'을 통해 설명한 학자로 인식되나, 그의 1985년 연구는 집행연구를 '전방향적'인 관점에서 논의하고 있음을 볼 수 있다. 즉, 그는 정책형성 과정에서 정책이 잘 만들어져야 정책집행 과정에서 좀 더 정교하게 목표 달성을 할 수 있다고 주장한다. 엘모어의 집행연구는 후방향적 접근, 즉 상향식 접근 방법에 의한 집행연구의 타당성에 대해 논하고 있지만, 정책집행은 형성 과정에 의해 조건화될 수 있다고 함으로써 집행연구의 양 측면의 중요성에 대해 말한다.

## 3. 샤프의 집행연구: 정책 네트워크

샤프(Fritz Scharpf)는 '정책 네트워크(policy networks)'라는 개념을 정책연구에 도입해 정책집행에 영향을 미치는 사람들과 그들을 연계하는 공식 · 비공식 조직들에 의한 정책집행에 대해 논한다. '정책 네트워크'라는 개념은 1980년대 정치학과 '조직사회학'에서 상당히 중요시되던 개념으로 앞서 설명한 헤른과 동료들의 상향적 접근 방법에 의한 집행연구에서도 제시되고 있다.

샤프(Scharpf, 1978: 347)에 따르면, 정책형성과 정책집행에 대한 연구는 다양한 목표와 전략을 가진 행위자들과 요인들의 상호작용의 결과이기 때문에 그들 간의 관계에 초점을 맞추어 연구되어야 한다. 또한 그는 그의 저서에서 다양한 정부조직들이 정책집행과 어떻게 연계되어 있는가를 살펴보고 있으며, 이러한 연구 주제가 정책형성과 집행연구의 핵심이 되어야 한다고 주장한다.

샤프는 정책연구에 대한 상향식 · 하향식 관점 때문에 야기되는 문제를 해결하는 방법으로 '조화(coordination)'와 '협력(collaboration)'에 대해 제시한다. 정책형성과 집행을 원활히 하는 방법은 정책 네트워크를 통해 정책집행을 하는 것이며, 특정 정책과 관련된 정책 네트워크를 구성한다는 것은 그 정책과 관련된 이해 당사자들의 정책에 대한 관점과 정책집행에 필요한 자원 등을 감안해 정책목표를 설정하고, 성취시키는 일련의 과정이다. 정책 네트워크라는 개념은 물론 샤프에 의해 처음 소개된 것은 아니며, 많은 학자들이 정책 네트워크를 통한 정책형성과 집행에 대해 논의하고 있다. '정책 공동체(policy community)'를 구성해 그들로 하여금 네트워크를 형성케 하여 정책을 만들고 집행해야만 하는 이유에 대해, 스미스(Smith, 1993), 조던과 리처드슨(Jordan & Richardson, 1987)은 다음과 같이 설명한다.

첫째, 정책 공동체의 구성을 통한 정책 네트워크의 형성은 정책과 관련된 갈등을 최소화할 수 있으며, 그 정책과 관련된 쟁점들을 '탈정치화(depoliticize)'시킬 수 있다. 정책 관련 집단들을 중심으로 형성된 정책 공동체에 의해 정책과 관련된 다양한 측면들이 정책이 만들어지는 과정에 반영되기 때문에 정책으로부터 야기되는 갈등을 최소화할 수 있을 뿐만 아니라, 정책과 관련된 쟁점들이 특정 부류의 집단에 의해 정치화되지 않는다. 따라서 정책을 둘러싸고 벌어지는 소모적인 논쟁과 불협화를 최소화시킬 수 있으므로 원활한 집행을 기대할 수 있다.

둘째, 정책 네트워크를 통한 정책은 예측 가능한 수준에서 형성되고 집행될 수 있다. 정책이 형성되고 집행되는 과정에서 이미 그 정책과 관련해서 야기될 수 있는 문제나 쟁점들이 충분히 인지될 수 있기 때문에 정책 과정이 예측 가능한 수준에서 이루어질 수 있다.

셋째, 정책과 관련된 구체적인 요구나 필요한 자원 등이 정부의 어느 부서와 관련이 있는지를 비교적 쉽게 파악할 수 있게 해 주며, 책임의 소재 역시 분명히 할 수 있다.

정책 네트워크에 의한 정책형성과 집행에 대한 논의는 정부와 정책 공동체를 '정책 협력자(policy partners)'로 보아 정책형성과 정책집행을 연속선상에서 설명 가능케 해 준다는 장점이 있으며, 이것은 '하향식 접근 방법'에 의한 정책연구가 정책형성과 집행을 불연속선상에서 다룸으로써 적절성이 떨어지는 문제를 해결할 수 있다(Hill & Hupe, 2002: 61).

## 4. 그린들의 집행연구: 정책 내용과 정책 맥락

그린들(Merilee Grindle)은 제3세계 국가들의 정책집행을 다루고 있으며, 특히 그는 제3세계 국가들의 정책집행 과정을 서구 사회의 그것과 비교할 때, 특별한 의미를 지니고 있다고 주장한다. 그에 따르면, 제3세계 국가들의 정책 과정은 정책형성 과정의 미성숙, 즉 정치적으로 다양한 사회집단의 활동이 미흡하거나, 권위적인 정권에 의해 강제되어 사회적으로 합의된 정책목표보다는 정부에 의한 일방적인 목표의 수립과 집행을 그 특징으로 한다(Grindle, 1980: 4-5).

그린들은 정책집행의 정치적 맥락을 염두에 두고, 정책집행을 '정책 내용(policy content)'과 '정책 맥락(policy context)'을 감안한 정치·행정적 과정으로 분석한다. '정책 내용'이란 정책이 구조화된 특성이며, 정책 내용과 관련된 변수들을 사용해 "정책 내용이 정책집행에 어떤 영향을 미쳤는가?"를 분석한다. '정책 맥락'이란 정책이 형성되고 집행되는 정치·경제·사회적 환경을 의미하며, 궁극적으로 "정부 활동의 정치적 맥락이 정책집행에 어떤 영향을 미쳤는가?"를 분석하는 것이다(Grindle, 1980: 5).

그린들(Grindle, 1980: 5-6)은 정책집행을 "다양한 행위자들에 의한 지속적인 의사결정 과정"이라고 정의하면서, 이 과정은 "추구하는 정책 내용에 의해 영향을 받게 될 뿐만 아니라, 주어진 '정치·행정의 맥락(politico-administrative context)'에서 의사결정자들에 의한 상호작용의 결과가 집행된다고 본다. 따라서 그는 정책 내용적 변수와 정책 맥락적 변수를 총체적으로 고려해 집행 현상을 포괄적으로 접근하고 있으며, 이러한 관점에서 그의 집행연구는 '통합적 접근 방법'에 의한 집행연구로 분류된다. 특히 그린들은 로위(Lowi, 1964)가 주장한 바와 같이, "결정된 정책이 정책형성 과정의 정치 활동에 의해 크게 영향을 받게 된다"는 가정에 따라 정책집행은 그 정책이 어떻게 결정되었는지에 의해 성패가 좌우될 수 있다고 주장한다. 그린들(Grindle, 1980: 8)에 따르면, '집행력(implementability)'은 정책이 어떻게 만들어졌는가에 크게 좌우되며 정책의 '집행력'은 정책 내용적 변수에 의해 결정되므로, 집행될 정책이 어떻게 구조화되어 있는지를 분석한다면, 그 정책이 집행되기 전이라도 집행의 성패를 가늠할 수 있다.

### 1) 정책 내용

정책 내용이란 정책이 어떻게 구성되었는가와 관련된 것으로, 그 정책의 집행에 큰 영향을 미친다. 그린들(Grindle, 1980: 8-10)의 정책 내용 변수를 구체적으로 살펴보면 다음과 같다.

첫째, '이해관계의 영향(interest affected)'이다. 정책이 초래할 이해관계에 따라 정책은 의도한 목표를 성취할 수도 있고, 집행 과정에서 어려움에 직면할 수도 있다. 정책으로부터 혜택의 폭이 큰 집단은 정책에 대해 매우 만족할 것이나, 불이익을 받게 되는 집단은 그 정책에 대한 반발이 클 것이 예상되어 집행 과정에 어려움으로 작용할 수 있다.

둘째, 정책이 초래할 '혜택의 유형(types of benefits)'이다. 그린들은 혜택의 유형을 '포괄적 혜택(collective benefits)'과 '분할적 혜택(divisible benefits)'으로 나눈다. '포괄적 혜택'이란 정책집행 결과가 '정책 대상집단'에게 골고루 분배되는 정책이며, '분할적 혜택'이란 정책집행의 결과가 정책 대상집단의 개인에게 돌아가는 것을 말한다. 예를 들어, '포괄적 혜택'을 산출하는 정책은 상 · 하수도, 전기 공급, 도로, 항만을 건설하는 것과 같이 특정 지역에 거주하는 모든 이들에게 정책 결과, 즉 혜택이 골고루 돌아가는 정책을 뜻하며, '분할적 혜택'을 추구하는 정책이란 도심 재개발 프로그램과 같이 정책 결과가 그 지역주민 '개인'에게 귀속되는 정책을 말한다. 따라서 '포괄적 혜택'을 추구하는 정책이 '분할적 혜택'을 추구하는 정책보다 정책집행 과정에서 정책 대상집단들 간의 갈등이 작을 것이 예상되므로 정책집행이 의도한 산출로 이어질 수 있는 확률이 높다.

셋째, 정책으로부터 기대되는 '변화의 양(extent of change envisioned)'이다. 새로운 정책은 어떤 경우라도 기존의 사회 질서 혹은 사회집단들 간의 균형을 변화시킨다. 따라서 정책 대상집단들의 행태 변화를 크게 요구하는 정책은 그렇지 않은 정책보다 어려울 수 있다.

넷째, '장기적인 목표(long-range objectives)'를 추구하는 정책은 단기적인 목표를 추구하는 정책보다 집행을 통해 의도한 목표를 성취시키기 어렵다. 가시적이고 단기적인 결과가 초래되는 정책은 정책 대상집단들의 큰 호응이 기대되므로 장기적이고 추상적인 목표를 가진 정책보다 비교적 쉽게 집행될 수 있다.

다섯째, '정책결정의 위치(site of decision making)'이다. 정책결정에 관여하는 정부기관의 폭이 크고, 그 정책의 집행에 참여해야 할 정부조직의 폭이 크면 클수록 의도한 정책목표는 집행을 통해 성취되기 어렵다. 즉, 정책결정과 정책집행에 관여하는 정부의 폭이 지역적으로 넓게 분포되어 있고, 다양한 정부조직이 간여해야 한다면 그 정책은 의도한 대로 집행되기 어렵다는 것이다. 반면에 정책결정과 정책집행에 관여하는 정부조직의 폭이 좁고 집행되는 장소가 협소하다면 그 정책은 비교적 쉽게 의도한 목표를 이룰 수 있다.

여섯째, 집행을 담당하는 '정부조직의 능력'이다. 정책형성 과정에서 그 정책을 집행할 정부조직이 구체화된다. 그러나 관료조직은 그 조직이 가지고 있는 고유한 전문성과 적극성 등으로 인해 집행력이 다를 수 있다. 정부조직 가운데 어떤 조직은 정치적 지원을 비교적 많이 받고, 집행에 필요한 자원을 비교적 쉽게 조달하는가 하면, 또 다른 조직은 전문성도 부족하고 자원의 동원력도 떨어지는 경우가 있을 수 있다. 따라서 집행을 담당할 관료조직의 전문성, 정책에 대한 적극성, 정치적 활동성 등은 정책집행에 큰 영향을 미치는 중요한 변수가 된다.

일곱째, 집행에 필요한 '자원의 양(resources committed)'이다. 결정된 정책목표를 성취시키기 위해 조달할 수 있는 자원의 양은 정책집행의 성패를 좌우할 수 있다. 예를 들어, 동일한 정책목표를 1억 원의 예산으로 집행하는 것과 10억 원의 예산으로 집행하는 것과는 큰 차이가 있을 수 있다. 물론 집행에 필요한 자원은 물적 자원뿐만 아니라, 충분한 시간을 비롯한 인적 자원 등을 포함한다.

여덟째, '정책목표의 명확성'이다. 정책목표가 분명히 무엇을 어떻게 집행해야 할지를 명확히 규정하고 있다면, 집행을 담당한 관료조직들은 집행 과정에서 큰 어려움 없이 의도한 목표를 비교적 쉽게 성취시킬 수 있다.

이상과 같이 정책 내용적 변수는 정책이 어떻게 구성되어 있는가에 따라 그 정책이 집행될 수 있는 정도를 미루어 짐작케 함으로써 효과적인 집행을 가늠케 한다. 정책 내용 외에 정책집행에 영향을 미치는 범주로 그린들은 '정책 맥락(policy contexts)'을 들고 있다. 그는 정책집행을 '다양한 집단의 지속적인 의사결정 과정'이라고 정의하고 있는 만큼, 정책집행에 영향을 미칠 수 있는 정책 맥락적 변수를 중요시한다.

### 2) 정책 맥락

정책 내용은 정책집행에 큰 영향을 미친다. 그러나 정책 내용, 즉 정책이 어떻게 구성되는가는 정책 맥락에 의해 조건화된다. 그린들(Grindle, 1980: 10)에 따르면, 정책 내용은 그 정책의 정치 · 경제 · 사회적 환경에 영향을 받아 형성되므로 정책 집행에 대한 논의는 정책 맥락에서 이루어져야 한다고 주장한다.

집행될 정책과 관련해 다양한 '정책 관련 집단(policy stakeholder)'들이 정책형성과 집행에 영향을 미치게 되는데, 정책에 영향을 미칠 수 있는 구체적인 행위자들로는 중앙정부 차원의 고위관료, 중앙과 지방의 정치인, 경제 엘리트집단, 정책 수혜집단, 정책집행기관과 일선관료 등을 들 수 있다(Grindle, 1980: 11－12). 이들은 모든 국가 정책이나 지역 프로그램에 균등히 참여해 영향력을 행사하는 것이 아니라, 그들의 이해관계에 따라, 즉 형성될 정책 내용에 따라, 정책결정과 집행 과정에 참여 정도를 달리한다. 만약 많은 행위자들의 이해관계가 첨예하게 대립되는 정책이 형성되고 집행되는 과정이라면, 누가 무엇을 얼마나 차지하게 될 것인가를 놓고 정책의 형성과 집행 과정은 갈등과 반목으로 이어질 것이 예상된다.

이러한 정책결정과 집행 상황에서 어떻게 정책이 형성되고 집행되는지는 정책 관련 집단들이 그들의 이해관계를 정책을 통해 실현시키고자 사용할 수 있는 '전략(strategies)', '자원(resources)', '권력(power)' 등에 의해 좌우된다. 따라서 궁극적으로 집행될 정책은 다양한 정책 관련 집단이 부족한 자원을 놓고 벌이는 고도의 '정치적 계산의 결과'이며, 누구의 '정치적 계산'이 실현되는가는 누구의 '권력능력(power capability)'이 정치 엘리트와 정책집행을 담당하는 관료들을 반응하게 만들 수 있는가에 달려 있다. 그린들(Grindle, 1980: 10－15)은 정책 맥락을 구성하는 중요한 변수들을 다음과 같이 나눈다.

첫째, 정책 관련 집단들이 가지고 있는 '전략', '이해관계', '권력' 등이다. 특정 정책 분야와 관련된 집단이나 개인들이 자신의 이해를 관철시키기 위해 사용할 수 있는 전략, 자원, 권력 등은 그 분야의 정책이 어떻게 구성될 것인가를 결정하는 데 큰 영향을 미치게 된다.

둘째, '정권(regime)'과 '집행기관(institution)'의 특성이다. 앞서 설명한 다양한 정책 관련 집단의 대립되는 혹은 갈등을 일으키는 이해관계 가운데 누구의 이해가 최종적으로 받아들여져 정책형성과 집행에 반영되는가는 정권과 집행기관의 특성에 크게 좌우된다. 그린들은 다양한 정책 관련 집단들의 이해관계가 정책형성과 집행 과정에서 타협 · 협상 · 중재 과정을 거쳐 최종 정책목표에 도달하게 되며, 이러한 과정이 어떤 결론에 도달하게 되는지는 정치 엘리트들이 어떤 정책 관련 집단에게 반응하는지에 달려 있다고 주장한다.

이러한 관점에서, 정권의 특성은 정책형성과 집행 과정에 큰 영향을 미치게 되는데, 예를 들어, 정권이 추구하는 이념적 편향은 정책 내용의 결정에 매우 중요한 영향을 미치게 된다. 즉, 정권의 '보수와 진보적 성향', '분배와 성장의 추구 성향', '민주와 권위적 성향' 등은 정책 내용을 구성하는 데 중요한 핵심이 된다. 또한 집행기관의 특성 역시 정책집행 과정에 중요한 영향을 미치게 된다. 예를 들어, 집행을 담당하는 일선 집행기관이나 일선관료들이 누구에게 반응하는지는 정책집행의 결과에 큰 영향을 미칠 수 있다. 일선관료가 '정책 대상집단'의 요구에 반응해 업무 수행을 하는 것과 '정치 엘리트집단'에게 반응하는 것은 매우 다른 집행 결과를 초래할 수 있다. 따라서 정책 내용을 좌우할 수 있는 정책 맥락적 변수로 정권의 유형과 집행기관의 특성을 들 수 있다.

셋째, '순응(compliance)'과 '책임(responsiveness)'이다. 정책집행을 통해 의도한 목표를 성취시킬 수 있는 정도는 구성된 정책 내용에 대한 정책 관련 집단의 순응 확보에 달려 있다. 정책에 대한 순응은 '정치 엘리트', '집행기관', '집행을 담당하는 일선관료', '지방 혹은 지역정치 엘리트' 등은 물론 정책 대상집단을 포함해 확보되어야 한다. 이러한 순응을 확보하기 위해 정책에 대한 협상과 타협이 다양한 정책 관련 집단을 대상으로 지속적으로 이루어지나, 정책은 늘 갈등의 중심에 있게 마련이다. 따라서 정책과 관련되어 나타나는 다양한 정책 관련 집단의 갈등을 해소하기 위한 순응 확보는 정책집행을 성공적으로 이끌어 내는 데 필수적인 요소이다.

순응 확보와 더불어, 일선관료들의 정책집행에 대한 책임 역시 매우 중요하다. 집행을 담당하는 일선관료들은 정책집행을 담당할 때, 일정한 책임이 따르게 마련이고, 그들에게 요구되는 책임은 크게 법적 · 계층적 · 정치적 · 전문적 책임으로 나눌 수 있다. 일선집행관료들은 정책을 법적인 테두리 안에서, 상사의 명령과 선출된 관료의 정치적 이해관계를 고려해, 그 분야의 전문가로서 집행할 책임이 있다. 따라서 일선관료들이 법적 · 계층적 · 정치적 · 전문적 책임에 어떻게 반응하는가는 집행 결과를 좌우할 수 있는 중요한 요인이 된다.

그린들은 정책집행 연구에서 정책 내용과 정책 맥락을 고려해 정책집행을 포괄적으로 다루고 있다. 특히 그린들(Grindle, 1980: 15)에 따르면, 집행을 담당하는 일선관료들은 주어진 자원을 효율적으로 활용해 정책집행을 할 것이 기대될 뿐만 아니라, 정책환경을 이해하고 정책 맥락과 관련해 나타나게 되는 문제들을 원활히 해결할 수 있는 '정치적 기술(political skills)'이 필요하다. 그는 제3세계 국가들의 정책환경이 서구 유럽 국가들이나 북미 국가들과 다른 점을 감안해 정책 과정을 연구할 필요가 있다고 주장한다. 특히 서구 유럽 국가들과는 달리 정책형성 과정이 활성화되지 못한 제3세계 국가에서 정책집행 과정에 대한 연구는 매우 중요한 의미를 가지게 된다.

## 5. 고긴과 동료들의 집행연구: 제3세대 집행연구

고긴(M. L. Goggin), 보먼(A. M. Bowman), 레스터(J. P. Lester), 오툴(L. J. O'Toole, Jr.)은 『집행이론과 실제: 제3세대 집행연구를 향하여(*Implementation Theory and Practice: Toward a Third Generation*)』(1990)라는 저서에서 통합적 집행연구를 선보이고 있다. 그들의 집행연구는 제3세대 집행연구를 위해 필요한 다양한 측면을 제1세대 집행연구와 제2세대 집행연구의 특성과 한계를 대비해 제안한다. 그들의 집행연구는 선행연구의 검토로부터 시작되며, 선행연구의 특성에 따라 제1세대, 제2세대로 분류해 논의하고 기존 연구의 한계를 극복하기 위한 제3세대 집행연구를 제안한다.

### 1) 제1세대 집행연구

'제1세대 집행연구(first-generation research of implementation)'란 집행연구

를 처음 시작한 초창기 학자들의 연구를 말한다. 대표적인 학자로는 프레스만과 윌다브스키(Pressman & Wildavsky, 1973)를 들 수 있으며, 이들은 "정부에 의해 결정된 단일한 정책이 어떤 과정을 거쳐 실현되는가"에 대해 답하고 있다. 또한 하그로브(Eriwin C. Hargrove)는 정책집행을 '잃어버린 고리(the missing link)'에 비유해 집행 과정을 형성 과정과 평가 과정을 이어 주는 중요한 '고리'지만 학문적 관심을 끌지 못해 '잃어버린 부분'이 되었다고 주장하면서 정책집행 연구의 중요성과 필요성은 물론 그것의 영역과 방법에 대해 체계적으로 논의하고 있다.

'제1세대 집행연구'는 사례 중심적이고, 집행 현상에 대한 일반화된 지식을 축적하지 못했다는 한계를 안고 있으나, 가장 큰 기여로는 처음으로 집행 과정의 중요성을 인식시켰다는 것이다. '제1세대 집행연구'의 학문적 기여를 살펴보면 다음과 같다(Goggin et al., 1990: 13－14).

첫째, 결정된 정책의 합법화 과정과 법제화된 정책이 집행을 위해 프로그램으로 세분화되는 과정을 보여준다. 즉, 정책은 결정만 되면 자동적으로 결과로 이어질 것이라는 기대와는 달리 제1세대 집행연구자들은 결정된 정책이 집행되기 위해 거쳐야 하는 과정을 사례연구를 통해 밝힘으로써 정책집행 과정이 단순히 정책목표를 결과로 전환시키는 과정이 아니라, 다양한 정책 관련 집단의 상호작용을 통해 목표를 수정해 가는 일련의 과정이라는 것을 보여준다.

둘째, 정책집행은 매우 동태적일 뿐 아니라 지속적인 의사결정 과정이라는 것을 사례를 통해 보여준다. 정책목표가 결정되면 고정되어 있지 않고 정책환경과 주어진 조건에 따라 늘 변화한다는 사실과, 동시에 정책집행 과정은 다양한 정책 관련 집단에 의해 지속적인 의사결정이 일어나는 것을 사례를 통해 보여준다.

셋째, 정책집행을 담당하는 일선기관의 중요성을 인지케 했을 뿐 아니라, 중앙정부에서 그들을 통제하고 관리하기가 매우 어렵다는 사실을 보여준다. 즉, 결정된 정책은 집행을 위해 프로그램 수준으로 세분화되는데, 이 과정에서 집행을 담당한 일선기관은 나름대로 정책을 해석해 본래의 의도와 다른 정책을 만들어 집행할 수 있다는 사실과 이러한 일들이 일어나지 않게 하기 위해 중앙정부에서 일선기관을 통제하고 관리하려 하나 그 일이 매우 어렵다는 사실을 사례연구를 통해 보여준다.

넷째, 사례연구를 통해 집행과정에 영향을 미치는 중요한 요인들을 찾아내어 보여준다. 즉, 효과적인 정책집행을 위한 조건들을 사례연구를 통해 밝힘으로써 집행 과정에 대한 일반화된 지식을 축적하는 데 기여했다.

다섯째, 성공적인 정책집행을 위한 조건들뿐만 아니라, 원활한 집행을 방해하는 장애 요인들을 찾아내어 집행 담당자들에게 제시함으로써 효과적인 정책집행을 위한 지침을 제공했다.

### 2) 제2세대 집행연구

'제2세대 집행연구(second-generation research of implementation)'는 집행 과정에 영향을 미치는 독립변수들을 찾아내어 집행 현상을 설명할 수 있는 '분석적 개념 틀(analytical framework)'을 구성해 집행 과정을 처방적인 관점에서 접근하는 연구를 말한다(Goggin et al., 1990: 14). 제2세대 집행연구의 특징은 초창기 집행연구에서 축적된 지식과 집행 과정에 영향을 미치는 중요한 변수들을 찾아내 복잡한 집행 현상을 단순한 모형으로 형상화한 것이다. 집행 과정에 영향을 미치는 변수가 다양하고 복잡한 만큼, 제한적인 변수의 상호작용만을 통해 구성된 집행모형은 다음과 같은 '예측변수(predictor variables)'들을 감안해 구성된다.

첫째, 하향식 접근에 의한 집행모형은 정책 내용 변수들을 중심으로 모형을 구성한다. 정책 내용 변수란 정책목표, 집행에 필요한 인적 · 물적 자원, 정책집행에 관여하는 집행기관의 범위 등이다. 반면에 상향식 접근은 정책환경 변수에 초점을 맞추며, '정책환경 변수'란 정책이 집행되는 정치 · 경제 · 사회적 맥락을 뜻하고, 구체적으로 정치 체제의 특성, 집행기관의 책임과 반응, 시민들의 선호 등이다.

둘째, 정책 유형이다. 정책은 그 특성에 따라 분배, 재분배, 규제, 구성정책 등으로 유형화시킬 수 있고, 정책은 그 유형에 따라 집행 과정에 영향을 미치는 변수가 다르다.

셋째, 집행을 담당하는 정부조직의 특성과 이용 가능한 자원의 질과 양이다. 집행기관의 전문성, 정책에 대한 몰입 정도, 이용 가능한 자원 등은 집행을 좌우하는 요인이 된다.

넷째, 정책결정과 집행 과정에 관련된 사람들의 능력, 동기, 성향과 그들 간의 의사소통 방법 등은 정책집행을 좌우하는 변수가 된다.

제2세대 정책집행 연구의 대표적인 학자로는 마즈마니언과 사바티어(Mazmanian & Sabatier, 1981, 1983), 잉그램과 만(Ingram & Mann, 1980), 반 호른과 반 미터(Van Horn & Van Meter, 1976) 등이 있으며, 이들의 집행연구는 다음과 같은 학문적 기여를 했다(Goggin et al., 1990: 14-15).

첫째, 정책집행은 정책이 집행되는 시간, 정책 유형이나 내용, 장소에 따라 매우 다양한 형태를 가질 수 있다는 것을 보여준다. 둘째, 정책집행의 다양성을 설명할 수 있는 변수들을 구체화시켰다. 이과 같은 학문적 기여에도 불구하고, 제2세대 집행연구는 정책집행 과정을 설명할 수 있는 총체적 관점을 제시하는 데 부족하다는 평가를 받으며, 이러한 이유로는 제2세대 정책집행 연구자들에 의해 제시된 집행모형에 의한 집행사례 연구가 거의 이루어지지 않아 그 분야의 지식을 축적하는 데 크게 기여하지 못했기 때문이다. 즉, 제2세대 집행 연구자들에 의해 제시된 집행모형으로부터 유추된 명제나 가설들이 실제 정책집행 사례연구로부터 검증되지 못했기 때문이다. 고긴과 동료들(Goggin et al., 1990: 15)에 따르면, 이러한 제2세대 집행연구의 한계를 극복하고 새로운 집행연구의 출발점을 제시하는 것이 제3세대 집행연구이다.

### 3) 제3세대 집행연구: 과학적 접근 방법

'제3세대 집행연구(third-generation research of implementation)'는 "집행 행태(implementation behavior)를 새로운 관점에서 조명하는 것이며, 집행 행태에 대한 새로운 조명은 구체적으로 왜 집행 행태가 시간, 정책, 정부조직의 단위가 다름에 따라 달리 나타나게 되는가를 설명하는 것"이다(Goggin et al., 1990: 17-18). 이러한 관점에서, 제3세대 집행연구는 기존의 집행연구가 가지고 있던 개념적·방법론적 문제들을 극복할 수 있는 연구 설계를 한다. 즉, 제3세대 집행연구란 집행연구를 기존의 접근 방법보다 좀더 '과학적'으로 수행하는 구체적인 방법에 관한 논의이다(Goggin et al., 1990: 18). 제3세대 집행연구에서 '과학적 접근'이란 다음과 같은 맥락에서 이해될 수 있다.

첫째, 정책집행 과정을 설명할 때 사용하는 '중심 개념들(key concepts)'을 '명확히' 한다. 이와 관련해, 고긴과 동료들(Goggin et al., 1990: 18)은 정책집행 과정을 설명하는 데 사용되는 중요한 정치 · 행정적 개념들을 명확히 하고, 조작하여 측정 가능한 수준으로 구체화시킬 수 있는 전략들을 구체화하고 있다.

둘째, 다양한 정책집행 사례를 충분히 검토할 수 있는 '청사진'을 제공하는 것이다. 즉, 정책집행과 관련하여 나타나게 되는 '행태와 유형'을 범주화시키는 것이다. 이러한 행태나 유형의 범주화는 정책집행에 영향을 미치는 중요한 변수들의 '인과관계의 경로들(causal paths)'을 찾아냄으로써 가능하다.

셋째, 정책집행을 과학적으로 한다는 것은 집행에 대한 선행연구들이 취급하고 있는 다양한 변수와 요인들을 종합하여 정책집행모형을 구성하고, 집행모형을 구성하고 있는 다양한 변수와 요인들을 측정 가능하도록 조작함으로써 정책집행모형으로부터 유추된 가설들을 검증하는 것이다.

이러한 관점에서, 고긴과 동료들은 정책집행을 '과학적으로 접근'할 수 있는 '중범위(middle-range)' 모형을 '정부 간 정책집행의 의사소통모형(communication model of intergovernmental policy implementation)'이라고 하고, 그들의 집행모형은 중앙정부보다 '주정부(state governments)'와 '지방정부(local governments)'에 초점을 맞추어 중앙정부에서 결정된 정책이 주정부나 지방정부 차원에서 어떻게 집행되는가를 논한다.

고긴과 동료들의 집행모형에서 정책집행에 영향을 미치는 변수, 즉 독립변수는 첫째, '연방정부 차원'에서 집행을 위해 사용하는 '유인책과 제약 요인'이며, 둘째, '주정부 차원'에서 사용하는 '유인책과 제약 요인'이다. 이러한 중앙정부와 지방정부의 집행을 위한 다양한 형태의 유인책과 제약 요인들은 정책집행에 큰 영향을 미치게 된다. 그들은 정책집행에 영향을 미칠 수 있는 '매개변수(intervening variables)'로 다음과 같은 세 개의 범주를 들고 있다.

첫째, 집행을 담당하는 '조직의 능력(organizational capacity)'이다. 집행을 담당할 정부조직의 전문성, 집행에 필요한 충분한 시간과 자원의 조달 등은 조직의 능력으로써 정책집행에 큰 영향을 미치는 매개변수가 된다.

둘째, 정책집행을 담당하는 '주정부' 혹은 '지방정부'의 '생태적 능력(ecological

capacity)'이다. 정책집행을 담당하는 지방정부의 생태적 능력이란 지방정부가 처해 있는 정치 · 사회 · 경제적 조건들과 관련하여, '지방정부의 재정 능력', '정치적 진보 혹은 보수 성향의 정도', '경제적 조건', '정치문화', '여론', '정책이 지방정부에 중요한 정도', '당파적 지지', '정책에 대한 대중 매체의 관심 정도' 등에 따라서 결정된다(Goggin et al., 1990: 39).

셋째, '환류와 정책 재설계(feedback and policy redesign)'이다. 중앙정부와 지방정부가 원활한 정책집행을 위해 사용하는 각종 유인책과 중앙과 지방정부의 특성으로부터 야기되는 제약 요인들에 대한 정보는 환류를 통해 정책을 재설계하는 데 활용된다. 집행될 정책으로부터 기대되는 정책 결과에 따라 정책에 주어지는 유인책과 제약 요인은 다르다. 특히 집행될 정책과 관련해 조직이나 개인들에게 요구되는 변화는 그들이 변화에 적응할 수 있는 능력에 따라 정책에 순응할 수도 있고, 크게 반발하거나 불만족스러워할 수도 있다. 이와 관련된 다양한 정보들은 '정책 환류 고리'를 통해 정책이 재구성되는 데 기여하게 된다. 따라서 집행될 정책에 대한 '환류 고리'는 고긴과 동료들의 집행모형을 구성하는 중요한 요소가 되며, 정책을 재설계하는 데 중요한 정보를 제공한다.

중앙정부에서 결정된 정책을 다양한 지방정부 차원에서 집행해야 할 경우, 각 지방정부 간의 정책에 대한 '조화와 협조'는 원활한 정책집행을 위해 반드시 필요하다. 특히 중앙정부 차원에서 정책을 통해 성취시키고자 설정한 다양한 목표들의 우선순위는 지방정부의 우선순위와 다를 수 있고, 정책집행에 관여하게 되는 일선 관료들과 일선 집행기관들이 정책을 집행할 때 필요하다고 생각하는 유인책과 제약 요인들이 다를 수 있으므로 정책집행 과정은 늘 갈등 상황이 연출된다. 집행될 정책에 대한 정부 간의 '조화와 협조'는 매우 중요한 요인이며, 이러한 사실은 결과적으로 정책집행을 담당한 일선기관과 관료들이 집행될 정책을 재설계하는 데 가장 큰 영향을 미칠 수밖에 없다는 것을 말한다(Goggin et al., 1990: 40). 고긴과 동료들은 지금까지 논의한 독립변수와 매개변수에 의해 집행 결과가 크게 좌우된다고 하면서 이들의 관계를 [그림 12-3]과 같이 요약한다.

고긴과 동료들은 [그림 12-3]과 같이 집행 과정에 영향을 미칠 수 있는 독립변수와 매개변수들을 범주화하여 각각의 범주로부터 17개의 '가설'을 유추한다. 집행

그림 12-3 정부 간 정책집행의 의사소통모형

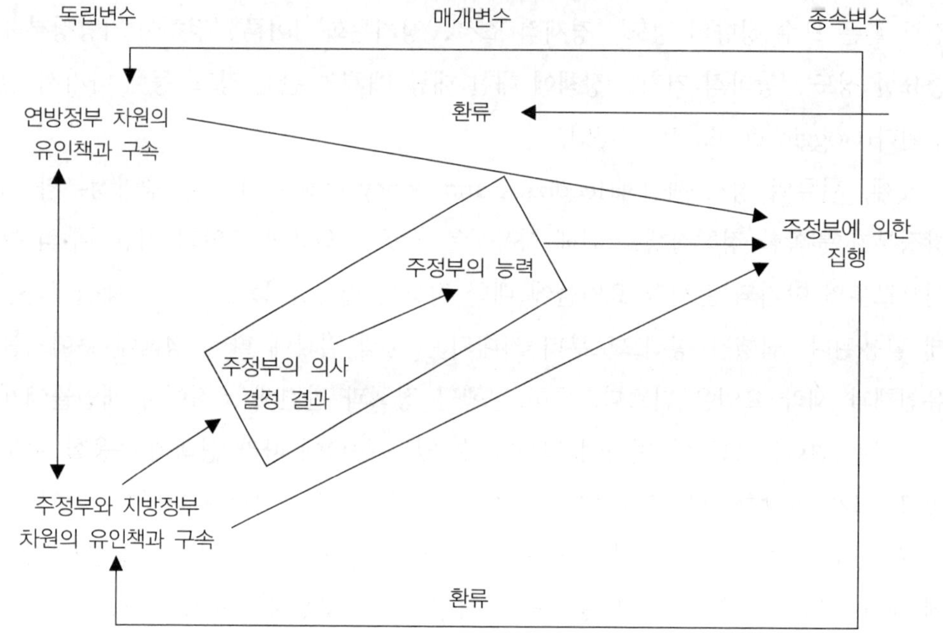


출처: Goggin et al.(1990: 32).

모형으로부터 유추된 17개의 가설들은 그들이 제시한 '과학적인 방법'에 의해 측정 가능한 수준으로 구체화되어 실제 사례를 통해 검증된다. 그들이 설정한 가설은 정책 내용과 정책환경 변수로 나누어지며, 예를 들어 "정책목표가 명확하면 할수록 정책집행은 의도한 결과를 초래할 것이다"는 가설은 정책목표의 명확함을 측정할 수 있는 척도를 개발해 제시함으로써 과거와 차별된 집행연구 방향을 제시한다.

## 6. 오툴의 집행연구: 정부 간 네트워크모형

오툴(Laurence O'Toole, Jr.)은 정책집행의 초기부터 최근까지 정책집행 분야에 큰 기여를 한 학자로 기억된다. 그는 몬트조이(Robert Montjoy)와 함께 『정책집행에 대한 이론적 모색(*Toward a Theory of Policy Implementation*)』(1979)이라는 저서를 발표한 이래, 자신을 "행정학과 민주주의 이론에 관심을 가지고 있는 조직 이론가"라고 소개하고, 이러한 입장에서 정책집행을 매우 다양한 관점에서 접근한다(Montjoy & O'Toole, Jr., 1979: 465).

오툴(O'Toole, 1986: 204)은 "정책집행 연구는 사회과학이라는 이름 아래 군집되어 있는 모든 학문 체계를 통해 총체적인 측면이 연구되어야 한다"고 주장한다. 오툴의 집행연구는 '하향식 혹은 상향식' 접근을 통한 집행 이론이나 연구모형을 제안하기보다는 '복잡한 집행 과정에서 다양한 행위자들이 벌이는 상호작용'에 초점을 맞추어 의도한 목표를 성취시키기 위해 어떻게 정책을 집행할 것인지를 거시적인 차원에서 다룬다.

특히 1990년대 이후, 오툴(O'Toole, 1996; 1997)은 정책집행을 위한 '조직 간 과정모형(inter-organizational processes model)'을 구성해 '네트워크에 의한 관리(management by networks)'를 제시하고, 이에 따라 사례로부터 수집한 자료를 계량분석을 통해 타당성을 검증하고 있다. 그의 집행연구는 다원주의 사회에서 정책결정과 집행을 놓고 다양한 이해 관계가 첨예하게 대립되는 정치적 상황을 감안해 정책목표를 성취시키기 위한 중앙·지방정부의 노력을 '정부 간 관계'와 '정책 네트워크'에서 찾고 있다.

## 7. 팔람보와 칼리스타의 집행연구: 정책 과정으로서 정책집행

팔람보(Dennis J. Palumbo)와 칼리스타(Danald J. Calista)는 그들의 저서 『집행과 정책과정(*Implementation and Policy Processes*)』(1990)에서 정책집행을 정책형성 과정과 분리하는 것은 현실과 괴리감이 있다고 주장하면서, 정책집행 과정을 광범위한 정책결정 과정 속에서 찾아야 한다고 주장한다(Palumbo & Calista, 1990: xii). 팔람보와 칼리스타(Palumbo & Calista, 1990a: 14)는 전통적인 집행연구가 '정치·행정이원론'에서부터 출발하고 있으며, 이러한 관점에서 결정된 정책은 자동적으로 정책 결과로 이어질 것이라는 가정 아래, 정책집행을 단순히 결정된 정책을 기계적으로 전환시키는 과정으로 보았다. 즉, 정책형성은 정책 쟁점과 관련된 다양한 행위자들의 정치적 과정으로 보고, 정책집행은 기존의 관료적 조직에 의해 결정된 정책을 효과적으로 전환시키는 과정으로 보았다. 그러나 최근에는 정책집행을 정책결정의 한 과정으로 보아 그것을 구분하지 않고, '지속적인 의사결정 과정'으로 취급한다.

팔람보와 칼리스타(Palumbo & Calista, 1990a: 15)에 따르면, 정책집행을 담당하는 관료들은 정책결정을 담당하는 관료들과 엄격히 구분되어 있는 것이 아니라, 정책결정에 관여한 관료들이 집행에도 관여하기 때문에 정책집행을 정책결정과 분리해 설명하는 것은 현실적으로 옳지 못하다. 이들의 집행연구의 특징은 '후기 근대화론(post-modernism)'에 근거하여 정책집행을 '실용주의적 관점'에서 다루는 것이다.

**표 12-2 집행연구의 세 가지 접근 방법과 시기별 대표적인 학자**

| 연 도 | 하향식 접근론자 | 상향식 접근론자 | 통합적 접근론자 |
|---|---|---|---|
| 1973 | Pressman & Wildavsky | | |
| 1975 | Van Meter & Van Horn | | |
| 1977 | Bardach | | |
| 1978 | Gunn | | Elmore |
| | | | Scharpf |
| 1979 | Sabatier & Mazmanian | | |
| 1980 | | Lipsky | |
| | | Elmore | |
| 1981 | | Hjern & Porter | |
| | | Barrett & Fudge | Ripley & Franklin |
| 1982 | | Hjern & Hull | |
| 1984 | Hogwood & Gunn | | Sabatier |
| 1986 | | | O'Toole(multi-actor implementation) |
| | | | Lane |
| 1987 | | | Goggin et al. |
| 1990 | | | Palumbo & Calista |
| 1991 | | | Stoker |
| 1995 | | | Matland |
| 1997 | | | Kickert et al. |
| 1998 | | | Rothstein |

출처: Hill & Hupe(2002: 82).

지금까지 정책집행을 설명하고 있는 대표적인 학자들의 관점을 '하향식 집행연구', '상향식 집행연구', '통합적 집행연구'로 분류해 살펴보았다. 힐과 허프(Hill & Hupe, 2002: 82)는 대표적인 집행연구를 그들의 특성에 의해 분류하여 <표 12-2>와 같이 요약해 보여준다.

## 제5절 정책집행의 성패를 좌우하는 요인

정책집행 연구는 1973년 프레스만과 윌다브스키에 의해 공식적으로 시작된 이래, 많은 학자들에 의해 다양한 측면이 연구되어 왔다. 정책집행 연구는 그 특성에 따라 '하향식 접근 방법', '상향식 접근 방법', '통합적 접근 방법'으로 분류할 수 있고, 고긴과 동료들과 같이 정책집행 연구의 방법론적 특성에 따라 '제1세대 집행연구', '제2세대 집행연구', '제3세대 집행연구'로 나눌 수 있다.

정책집행 연구의 연혁이 다른 정책 분야보다 일천한 것은 사실이지만, 집행연구가 체계적으로 시작된 이후 약 30여 년이 지난 현재, 많은 학자들에 의해 집행 현상을 설명할 수 있는 다양한 관점과 지식이 축적되어 오늘에 이른다. 여기서 다루는 소재, 즉 '정책집행의 성패를 좌우하는 요인'에 대한 논의는 단일한 학자의 주장을 소개하기보다는 지금까지 살펴본 다양한 학자들의 집행연구를 종합해 살펴보면 다음과 같다.

### 1. 정책 내용적 요인

정책 내용이란 첫째, 정책을 구성하는 요소들의 특성이나, 정책 유형에 의해 분류할 수 있다. 리플리와 프랭클린(Ripley & Franklin, 1982)은 로위(Lowi, 1972)의 "정치 행태는 정책 유형에 의해 결정된다"는 명제를 받아들여, 집행될 정책은 유형별로 다른 정치 행태를 유발시킬 수 있다고 주장한다. 그들은 정책 유형을 '분배', '경쟁적 규제', '보호적 규제', '재분배' 정책으로 나누어, 정책 유형별로 그 정책이 집행될 때, 직면할 수 있는 다양한 상황들에 대해 논한다.

그린들(Grindle, 1980) 역시 로위(Lowi, 1972)의 각기 다른 정치 행태를 유발시키는 정책 유형에 대한 주장을 인용하면서 정책의 '집행 능력(implementability)'에 대해 설명한다. 그는 정책 내용이 어떻게 구성되었는가는 그 정책의 '집행 능력'을 가늠할 수 있는 잣대가 될 수 있다고 주장한다. 이 밖에 정책환경적 요인으로 '정책에 대한 순응', '집행기관과 관료의 책임과 반응', '정치 체제의 구조와 정권의 특성' 등이다. 이들을 차례로 살펴보면 다음과 같다.

### 1) 정책목표

정책집행을 담당하는 일선기관이나 관료들에게 정책목표는 매우 중요하다. 고긴과 동료들(Goggin et al., 1990: 174－175)에 따르면, 정책목표와 관련해, "목표가 분명하고, 지속적이며, 반복되고, 일선집행기관과 의사소통이 잘 이루어진다면 정책은 가감 없이 효과적으로 집행될 수 있다." 정책목표가 집행의 성패에 영향을 미치는 요인으로 작용하게 되는 경우는 다음과 같이 나누어 볼 수 있다.

#### (1) 목표의 명확성

집행될 정책목표가 명확하지 않다면, 집행을 담당한 일선기관과 관료들은 집행과정에서 큰 어려움에 직면하게 될 것이다. 왜냐하면 목표가 명확하다면, 그것을 성취시키기 위해 무엇을 해야 할지 분명하기 때문이다. 따라서 정책목표가 무엇을 의미하는지 분명한 정책은 추상적이고 불분명한 목표를 가진 정책보다 효과적으로 집행될 수 있다(Mazmanian & Sabatier, 1983: 18－48; Goggin et al., 1990: 176－177).

#### (2) 목표에 대한 합의

정책목표와 목표들 간의 우선순위에 대한 정책 관련 집단들의 '합의'이다. 정책 관련 집단 간의 목표에 대한 합의 정도는 정책집행을 좌우하는 요인이 된다. 성공적인 정책집행은 정책 관련 집단들의 정책에 대한 합의와 순응을 전제한다. 정책에 대한 합의와 순응이 확보되지 못한 가운데 정책을 집행한다는 것은 집행 과정이 의도한 대로 진행되기 어렵다는 것을 뜻한다. 많은 학자들이 집행될 정책에 대한 순응과 합의를 성공적인 정책집행의 필수적인 요인으로 설명하고 있다(Mazmanian & Sabatier, 1983: 18-48; Hogwood & Gunn, 1984: 204; Goggin et al., 1990: 174-175).

#### (3) 정책목표의 지속성

새로운 정책은 기존의 사회 질서에 변화를 전제하고 소개된다. 정책목표가 기존의 정책목표와 크게 다르다면, 그 정책은 집행 과정에서 큰 어려움에 부딪칠 수 있다. 왜냐하면 정책에 대한 합의와 순응이 전제되지 않았기 때문이다. 만약 새로운 정책이 기존의 정책으로부터 점진적인 변화만을 추구한다면, 그 정책은 의도한 대로 비교적 쉽게 집행될 수 있다(Goggin, 1990: 174, 177).

#### (4) 장기적인 목표와 단기적인 목표

많은 학자들이 지적하고 있듯이, 장기적인 목표를 가진 정책은 단기적인 목표를 가진 정책보다 의도한 대로 집행되기 어렵다. 정책집행 결과가 가시적이고 단기적으로 나타날 때 집행은 쉽게 이루어진다. 예를 들어, 예방 프로그램은 실질적인 집행 효과가 장기적으로 나타날 뿐만 아니라 그 실효성도 가시적이지 못해 정책 대상집단의 호응을 얻어내기 어렵고, 집행을 위해 필요한 자원의 동원 역시 매우 제한적일 때가 많다. 따라서 정책목표가 단기일 내에 가시적으로 나타날 수 있는 정책이 더욱 효과적으로 집행될 수 있다(Mazmanian & Sabatier, 1983: 18-48; Grindle, 1980: 8-10).

### 2) 정책이 요구하는 변화의 크기

새로운 정책은 그 정책과 관련된 이해 관계자들의 기존 균형을 변화시킬 것이 예상된다. 기존의 정책으로부터 변화의 양이 큰 정책은 점증적으로 변화하는 정책보다 집행 과정에서 어려움에 봉착하기 쉽다(Van Meter & Van Horn, 1975: 475;

Mazmanian & Sabatier, 1983: 18－48; Grindle, 1980: 9).

### 3) 혜택의 유형

그린들(Grindle, 1980)은 정책이 초래할 혜택의 유형을 '포괄적 혜택(collective benefits)'과 '분할적 혜택(divisible benefits)'으로 나눈다. '포괄적 혜택'이란 정책 집행 결과가 '정책 대상집단'에서 골고루 분배되는 정책이다. '포괄적 혜택'을 추구하는 정책이 '분할적 혜택'을 추구하는 정책보다 정책집행 과정에서 정책 대상집단들 간의 갈등을 최소화시킴으로써 정책집행이 의도한 산출로 이어질 수 있는 확률이 높다.

### 4) 집행에 관여하는 행정기관의 범위

많은 학자들이 정책집행에 관여하게 되는 행정기관의 범위를 중요한 변수로 다루고 있다. 호그우드와 건(Hogwood & Gunn, 1984: 202－203)은 '완전한 집행(perfect implementation)'의 조건 가운데 하나로 "다양한 집행기관에 의하지 않고 단일한 집행기관에 의해 정책이 수행되었을 때, 완전한 집행이 될 수 있다"고 한다. 그는 이어서 만약 다른 집행기관이 관여하게 되더라도 그 집행기관과 최소한의 종속 관계가 유지되었을 때 가장 '완전한 집행'을 기대할 수 있다고 부언한다.

그린들(Grindle, 1980: 9)은 정책집행에 관여하게 되는 행정기관의 범위가 좁은 정책, 예를 들어 재정정책과 같이 제한적인 범위의 의사결정자들만이 참여하게 되는 정책은 교육정책과 같이 의사결정에 참여하는 범위가 넓고, 전국적인 교육기관을 대상으로 하는 정책보다 효과적으로 집행될 수 있다고 주장한다. 의사결정의 범위가 비교적 넓은 '정책 네트워크'를 통해 정책이 형성되고 집행되는 정책은 가장 복잡한 양상을 띠게 되어 가감 없이 집행되기 어려울 뿐 아니라 '집행 장소(site of implementation)'가 지역적으로 넓게 분산되어 있고 많은 정부조직이 관여하게 되면 될수록 정책은 의도한 대로 집행되기 어렵다(Grindle, 1980: 9－10).

### 5) 집행기관과 집행담당 관료의 능력

정책은 집행을 담당할 기관과 관료들의 능력에 의해 크게 좌우될 수 있다. 예를 들어, 중앙정부에 의해 결정된 정책이 다수의 지방정부에 의해 집행되어야 한다면, 각 지방정부마다 같은 정책집행이 기대되나, 실제로는 그렇지 못하다(Pressman & Wildavsky, 1973: xxii－xxvi). 즉, 중앙정부에 의해 폭넓게 정의된 정책은 지방정부 차원에서 프로그램으로 세분화되어 집행되게 마련인데, 이 과정에서 집행을 담당한 기관의 정책에 대한 전문성, 적극성, 정치적 지원을 유발시킬 수 있는 능력, 재량권 등은 정책집행을 좌우하는 요인이 된다(Van Meter & Van Horn, 1975: 471; Mazmanian & Sabatier, 1983: 18－48; Grindle, 1980: 10).

### 6) 집행에 필요한 자원의 양

정책집행에 필요한 자원의 양은 정책집행에 직접적인 영향을 미치는 중요한 요인이 된다. 아무리 목표가 명확하고, 모든 정책 관련 집단이 합의를 이루고 있으며, 집행 능력을 갖춘 집행기관이 정책을 담당하더라도, 집행에 필요한 충분한 시간, 물적·인적 자원의 양이 충분치 못하다면, 그 정책은 의도한 대로 실행되기 어렵다(Mazmanian & Sabatier, 1983: 18－48; Grindle, 1980: 9; Van Meter & Van Horn, 1975: 464).

## 2. 정책환경적 요인

같은 정책이라도 정책이 집행되는 환경에 따라 다른 결과를 초래할 수 있다. 정책집행의 환경 혹은 맥락적 요인에 관한 논의의 대부분은 상향식 집행 연구자들의 연구 주제이다. 그린들(Grindle, 1980: 10)은 정책 내용에 의해 집행의 결과가 크게 좌우되는 것은 사실이나 특정 정책의 정책 내용은 그 정책이 집행되는 맥락 혹은 환경에 의하여 조건화된다고 주장한다. 특히 정책이 집행되는 과정에서 많은 '행위자(actor)'들이 관여하게 되는 사실은 부정할 수 없으며, '행위자'들은 정책에 필요한 예산을 배정하고, 구체적으로 그 예산이 어디에 사용될 것인가를 결정하는 데 큰 영향을 미치게 된다. 결국 정책 내용은 정책환경에 의해 조건화되며, 집행 과정에 대한 연구의 완성은 정책 내용과 함께 정책환경적 요인이 감안되었을 때 가능하다.

정책 내용에 영향을 미칠 수 있는 '행위자'들은 중앙정부 차원의 고위관료, 중앙, 지역, 지방정부 차원의 정치인들, 경제 엘리트집단, 정책 수혜집단, 일선집행관료 등이며, 이들은 정책집행에 전적으로 혹은 부분적으로 관여하게 되는데, 이것은 집행될 정책 유형이나 내용이 그들의 이해관계와 얼마나 연계되어 있는가에 달려 있다. 정책과 관련된 행위자가 다양한 만큼, 정책형성과 집행은 늘 다양한 행위자들이 누가 무엇을 얼마나 가질 것인가를 놓고 벌이는 갈등과 경합으로 점철되어 있다.

아무리 다양한 행위자들이 벌이는 갈등과 경합이 혼란스럽더라도, 정책은 결정되고 집행되어야 한다. 어떤 정책이 만들어지고 최종적으로 집행되는가는 다양한 행위자들이 이해관계를 관철시키려 사용한 전략, 그들이 가지고 있는 자원 및 정치력에 의해 결정된다. 즉, 최종적으로 집행되는 정책은 ① 늘 부족한 자원, ② 일선 집행관료들의 반응, ③ 정치 엘리트들의 활동 등을 놓고 벌어지는 다양한 이익집단과 사회단체들의 '정치적 계산의 결과'이다(Grindle, 1980: 11－12). 늘 부족한 자원의 분배를 놓고 갈등하고 경합하는 이해관계, 집행을 담당하는 관료들의 반응, 이와 동시에 정책과 관련해 정치인들이 어떤 활동을 하게 되는가는 모두 그 정책의 결정과 집행을 둘러싼 '제도적 맥락' 속에서 이루어지게 된다. 즉, 정책 내용은 ① 다양한 행위자들의 '권력 능력(power capability)', ② 다양한 행위자들의 '이해관계'와 이들이 목표를 성취시키기 위해 사용한 '전략', ③ 행위자들과 정치 엘리트 간의 상호작용 등에 의해 결정된다(Grindle, 1980: 12).

### 1) 정책에 대한 순응

정책목표를 성취시키기 위해, 집행을 담당하는 관료들에게 필요한 것은 정책과 관련된 다양한 행위자들의 '순응(compliance)'이다. 정책에 대한 긍정적인 반응과 협조를 구할 수 있다는 것은 집행 과정이 어떻게 전개될 것이라는 것을 미루어 짐작할 수 있는 중요한 잣대가 된다. 정책에 대한 순응을 확보한다는 것은 말처럼 쉽지 않다. 이것은 곧 정책에 의해 피해를 입게 되는 집단들의 반발을 완화시키는 것은 물론, 정책 수혜집단에서는 배제되었지만 정책을 변화시켜 정책으로부터 수혜를 받고 싶은 집단들의 끊임없는 정치적 관여를 감안해야 하기 때문이다(Grindle, 1980: 12). 정책 관련 집단의 순응을 확보한다는 것은 정책에 대한 지속적인 '협상(bargaining)'을 통해 정책적 '조화(accommodation)'를 이루어 내는 정치적 과정임을 염두에 두어야 한다.

효과적인 정책집행을 위한 순응 확보에 대해 많은 학자들이 논의하고 있다. 고긴과 동료들(Goggin et al., 1990: 179)은 "크고, 강하며, 잘 결속되어 있는 정책 옹호집단으로부터 강한 지지를 받는 정책과 지방의회와 같은 입법기관의 지지를 받는 정책은 가감 없이 순조롭게 집행될 수 있다"고 한다. 바렛과 퍼지(Barrett & Fudge, 1981: 257−258)는 정책집행을 정책결정자와 정책집행자들의 고유한 기능인 '통제'와 '순응' 확보를 통한 지속적인 '타협 과정(negotiation process)'으로 본다.

정책집행에 필요한 '통제와 순응'에 대해 많은 학자들이 논의하고 있다. 대표적인 학자로는 다운스(Downs, 1967: ch. 11−12)와 카우프먼(Kaufman, 1973) 등이다. 그들은 정책집행을 관료적 행정 업무 수행의 연장선상에서 '잘 개발된 표준운영 절차', '제한된 재량권의 범위', '순응 확보를 위한 전략' 등을 다루며, 순응을 확보하기 위한 구체적인 통제 수단으로 '설득(persuasion)', '유인(incentives)', '보상(rewards)', '처벌(penalty)', '강제(coercion)' 등을 들고 있다.

'하향식 관점'에서와 같이, 만약 정책집행을 결정된 "정책을 산출로 전환시키는 과정"이라고 정의한다면, 집행 과정에서 결정된 정책목표에 대한 타협과 협상은 곧 정책실패로 생각된다. 왜냐하면 정책목표가 집행 과정에서 가감되었다는 것은 원래의 목표를 성취하지 못했다는 것을 뜻하기 때문이다. 그러나 '상향식 관점'에서와 같이, 만약 정책집행을 "무엇인가를 성취하려는 것"이라고 정의한다면, 정책에 대한 순응보다는 주어진 업무의 '수행'이 정책집행을 통해 성취하고자 하는 궁극적인 목표가 될 수 있다. 물론 이러한 관점에서 업무 수행의 수단은 정책에 대한 타협, 협상, 조화 등이다. 이러한 입장은 정책결정자와 정책집행자를 상하 간의 수동적인 관계로 생각하기보다는 정책을 통해서 무엇인가를 성취하려는 협력자의 관계로 본다. 따라서 정책집행 과정에서 정책에 대한 순응 확보는 '설득', '유인', '보상', '처벌', '강제'에 의하기보다는 '타협(negotiation)', '협상(bargaining)', '조화(compromise)'를 통해 이룰 수 있다.

### 2) 집행기관과 관료의 책임과 반응

#### (1) 집행기관과 관료들의 책임

집행기관과 관료들의 책임과 관련해 많은 학자들의 논의가 있다. 일반적으로 행정책임은 행정관료 스스로 통제할 수 있다고 보는 견해(Fredrich, 1940)와 외부로부터 강력한 관리 감독이 필요하다고 보는 입장이 있다(Finer, 1941). 롬젝(Romzek, 1996: 93-114)은 정책집행을 담당하는 기관과 관료들이 대내·외적으로 자신들이 수행할 업무에 대해 책임감을 가져야 한다고 주장하며, 책임의 유형을 다음과 같이 설명한다.

첫째, '계층적 책임(hierarchical responsibility)'이다. 이는 강한 내부적 통제 수단으로서 조직의 상사에 의해 감독되고 통제되는 것을 말한다. 계층적 책임은 조직 상층부의 하위관료에 대한 기대감이며, 이것은 명령에 대한 복종, 표준운영 절차에 따른 업무 수행, 직접적 감독에 대한 순응 등으로 나타난다. 계층적 책임 관계에서 요구하는 행태는 '명령에 대한 복종'이며, 이는 군 조직이나 반복적으로 제도화된 업무를 수행하는 조직에서 가장 크게 요구되는 책임 관계이다. 이러한 업무환경에서는 관료들에게 재량권이 주어지지 않는다.

둘째, '법적 책임(legal responsibility)'이다. 이는 집행기관이 정책집행을 수행할 때 헌법, 법률, 법정, 계약에 따라야 할 의무가 있다는 것을 말하며, 외부에 의한 강한 통제의 대상이 된다. 법적 책임 관계는 집행 업무를 수행할 때 요구되는 합법적인 정도로 가늠된다.

셋째, '정치적 책임(political responsibility)'이다. 이는 집행을 담당하는 기관이나 관료들이 정책환경에 반응하는 것을 뜻한다. 정치적 책임 관계는 관료들에게 재량권을 어느 정도 보장하고 외부로부터 투입되는 요구에 어떻게 반응할 것인가를 결정하는 것이다. 정치적 책임 관계와 관련해, 집행을 담당하는 기관과 관료들은 정책환경의 요구에 법적인 한계를 고려해 재량권을 행사할 수 있다.

넷째, '전문적 책임(professional responsibility)'이다. 이는 집행을 담당하는 정부조직의 전문성에 크게 의존해 문제 해결을 하는 것을 말한다. 이 경우, 상당한 재량권이 업무 수행에 허용된다. 전문적 책임 관계의 기본은 전문가에 대한 신뢰와 전문가들의 자신감이다. 그들에 대한 통제는 전문가들의 규범이나 동료전문가 집단에 의해 이루어진다. 집행과 관련해 요구되는 네 가지 책임 관계로부터 집행을 담당하는 기관과 관료들에게 주어지는 기대감은 구체적으로 계층적 책임 관계에서는 '복종', 법적 책임 관계에서는 '의무', 정치적 책임 관계에서는 '반응', 전문적 책임 관계에서는 '신뢰'로 주어지게 된다.

집행을 담당한 기관과 관료들이 직면하게 되는 어려움은 이상의 네 가지 책임 관계가 중복되어 나타나는 경우이다. 예를 들어, 계층적·법적 관계의 중복, 법적·정치적 책임 관계의 중복, 또는 계층적·전문적 관계의 중복은 관료들을 어려운 상황에 빠트린다. 상사에게 복종해야 하나 전문적인 입장에서는 그럴 수 없는 경우도 있고, 법적으로는 타당성이 없으나 정치적 요구로 인해 반응하지 않을 수 없는 상황에 처하기도 한다. 이러한 업무환경을 이해하고 주어진 업무를 효과적으로 수행하기는 매우 어려우며, 이러한 환경에서 성공하기란 더욱 어렵다. 그러나 복잡하고, 다양할 뿐만 아니라, 갈등 관계에 있는 책임과 기대 사이에서 성공적인 관료가 되기 위해서는 먼저 그들이 직면한 상황을 잘 파악하는 것이 필요하다. 여기서 업무환경을 이해하고 파악한다는 것은 지금까지 설명한 책임과 기대의 관계를 이해하고 자신의 업무환경을 파악함으로써 직면한 문제에 효과적으로 대응하는 것을 말한다(Romzek, 1996: 100－103).

### (2) 집행기관과 관료들의 반응

집행을 담당한 기관과 관료들은 그들의 업무를 수행할 때, 정책 관련 집단의 '기대에 부응'해야 한다. 집행을 담당하는 기관과 관료들을 대상으로 이미 다양한 통제 방법들이 제도적으로 마련되어 있고, 아울러 그들에 대한 많은 기대감이 중복적으로 주어진 상황에서 모든 정책 관련 집단의 기대에 부응한다는 것은 쉬운 일이 아니다. 이러한 상황에서, 집행을 담당하는 기관과 관료들은 누구의 기대에 부응하고 누구의 기대를 저버릴 것인가와 관련해 어려운 결정을 해야만 한다. 누구의 기대에 부응해 정책이 집행될 것인가는 누구로부터 얼마만한 기대를 받고 있고, 또 통제를 받고 있는지에 따라 행정관료들의 행태, 즉 '반응'은 달라지게 마련이다(Romzek, 1996: 111-112).

집행을 담당하는 관료들은 목표를 성취시키기 위해 다양한 정책 관련 집단들의 기대와 요구에 적절히 반응해 유연하고, 지지를 받으며, 그들의 요구를 환류시켜 정책에 반영해 목표를 달성해야 한다. 그러나 이러한 일들을 어려움 없이 수행한다는 것은 쉬운 일이 아니다. 이러한 일들을 효과적으로 해내기 위해, 일선관료들은 먼저 자신들이 처한 업무환경을 이해해야만 하고, 다양한 기대와 요구에 반응하여 집행될 정책과 관련해 정치적 균형 감각을 유지할 수 있는 정치적 기술을 습득해야 한다(Grindle, 1980: 13).

### 3) 정치 체제의 구조와 정권의 특성

정책집행에 영향을 미칠 수 있는 환경적 요인으로 '정치 체제의 구조'와 '정권의 특성'을 들 수 있다. 더딕(Derthick, 1972; 1975)은 미국 존슨(Lyndon B. Johnson) 행정부의 '위대한 사회 프로그램(Great Society Programs)'이 의도한 결과를 성취하지 못한 이유를 들면서 그 정책의 목표, 집행을 위한 설계, 이용 가능한 자원 등이 어떻게 연계되어 실패로 이어졌는지를 설명한다. 더딕(Derthick, 1972; 1975)의 연구에 따르면, 정책집행은 정치 체제의 특성에 의해 크게 좌우될 수 있다. 특히 미국의 경우, 연방정부의 정치 체제의 특성은 정책이 어떻게 집행될 것이가를 결정하는 중요한 변수가 된다고 한다.

그린들(Grindle, 1980: 14)은 정치 체제가 중앙집권적인 성향, 혹은 지방분권적인 성향을 가지는가에 따라 상당히 다른 정책 결과가 나온다고 본다. 그에 따르면, 대부분의 제3세계 국가들이 정책집행을 성공적으로 마무리하기를 바란다면, 정치권력을 중앙집권화할 필요가 있으며, 그 이유는 정책집행에 대한 책임과 순응을 확보할 수 있는 중앙정부 차원의 통제 수단, 즉 순응에 대한 보상과 불응에 대한 징계를 할 수 있는 권한을 필요로 하기 때문이다. 물론 중앙집권화된 정치 권력이 정책집행에 긍정적인 기여를 할 수 있지만, 정책 내용에 따라서 지방분권화된 정치 권력에 의한 정책집행이 효과적일 수도 있다(Grindle, 1980: 14).

정치 체제의 특성은 정책집행의 중요한 환경적 요인이 되며, 정책집행의 결과를 좌우한다. 정치 체제의 특성으로는 앞서 설명한 중앙집권화와 지방분권화 이외에도 정치 체제의 진보성과 보수성을 들 수 있다. 특히 정치 체제의 진보적 혹은 보수적 성향은 '정권(regime)' 차원에서 논의될 수 있으며, 이러한 관점에서, 그린들(Grindle, 1980: 14)은 '정권의 유형 혹은 특성'이 정책 내용에 영향을 미치는 중요한 환경적 요인이 된다고 주장한다.

정치 체제의 구조적 특성과 병행하여, '정권의 특성 혹은 유형(regime types or characteristics)'은 정책집행을 좌우하는 환경적 요인이 될 수 있다(Grindle, 1980: 14). 정권의 특성은 권위주의, 민주주의, 진보 성향, 보수 성향 등으로 나눌 수 있으며, 동일한 정책이라도 어떤 유형 혹은 정치적 특성을 가진 정권에서 추구되는가에 따라 정책형성과 집행은 크게 달라지기 마련이다. 정책집행에 영향을 미칠 수 있는 요인으로서 정책환경적 요인들은 정책 내용의 구성에 영향을 미침으로써 정책형성과 집행 과정을 좌우한다. 정책환경적 요인으로는 이미 설명한 바와 같이, '정책에 대한 순응', '집행을 담당하고 있는 기관과 관료들의 책임과 반응', '정치 체계의 특성과 정권의 유형' 등이 있다.

## 제 6 절 정책집행 연구의 미래 전망

### 1. 새로운 의제와 1990년대 집행연구

1980년대 이후, 공공 부문에 대한 연구는 과거와 차별되는 새로운 의제로 실용주의가 폭넓게 자리잡기 시작한다. 영국의 경우, 1979년 대처(Margaret Thatcher) 수상이 집권한 이후 현실의 정치적 쟁점뿐만 아니라, 학문적 관심도 실용주의를 받아들여 변화하기 시작했다. 이러한 경향은 집행연구는 물론 사회과학 전반에 걸친 것으로 '신관리주의(new managerialism)', '뉴거버넌스(new governance)', '포스트모더니즘(post modernism)' 등과 같이 다양한 형태로 나타난다. 공공 부문을 바라보는 관점 역시 과거 전통적 관료제의 획일적 통제로부터 벗어나 오늘날 우리 세태에 걸맞은 지배 형태를 찾아 '민주적 거버넌스', '참여민주주의', '민주적 숙의' 등이 활발히 논의되어 공공 부문으로 하여금 과거와 차별된 역할을 하도록 한다.

이러한 우리 사회의 학문적 · 정치적 경향을 반영해 '정책학 분야'도 많은 변화가 있었다. 정책학 분야의 변화는 그간 지배적 사상인 '도구적 합리성'과 '객관주의'로부터 탈피해 다채로운 관점에서 정책 현상을 다룸으로써 애초의 정책연구의 목적인 '민주주의 정책학'을 실현하려는 시도로 이어졌다. 이러한 시도는 정책연구의 '논변적 접근방법'이나 '참여적 접근방법'과 '도구적 합리성'을 '의사소통적 합리성'으로 대체하려는 비판이론가들의 지적 노력에서도 찾아볼 수 있다.

이러한 학문적 · 사회적 분위기는 공공 부문과 민간 부문의 구별을 의미 없게 만들었으며, 공공 부문은 더 이상 공공 서비스를 독점적으로 '제공'하는 주체가 아니라, 우리 사회가 필요로 하는 공공 서비스를 민간 부문으로부터 '구매'하며, 일방적으로 우리 사회를 '규제하고 통제하는 것'이 아니라 사회구성원과 사회 문제를 공동으로 해결하는 '협력자의 역할'을 하는 것이다"(Dunsire, 1995: 34). 이와 같은 사회 분위기의 전환은 '정치에 대한 신뢰감의 상실'로부터 비롯되며, 필연적으로 공공 부문을 변화시키고 있다. 벨라미와 테일러(Bellamy & Taylor, 1992: 39)에 따르면, "이러한 사회 · 문화적 변화는 공공 부문에게 과거보다 복잡하고 섬세한 사회적 통제를 요구하며, 새로운 사회통제 방법은 과거 전통적인 계층적 관료제의 방법과는 무관한 것이어야 한다."

1990년대 집행연구는 1970~1980년대와 비교할 때 과거와 같은 동력을 잃어 "모두가 합의할 수 있는 이론을 구성하는 데 실패해, 지적인 종말을 고했다"(DeLeon, 1999: 311－338). 하지만 많은 학자들이 지적하듯이, 미래의 집행연구는 관료조직을 통해 목표를 달성하려는 일률적인 방법을 지양하고, 대신에 사회의 다양한 의견이 충분히 반영해, 사회에서 지향하는 거시적인 목표에 따라, '정부(government)'가 아닌 새로운 '거버넌스(governance)'에 의해 정책이나 프로그램이 만들어지고 집행되는 새로운 방법을 찾아야 한다"(Dunsire, 1995: 34).

## 2. 뉴거버넌스와 집행연구

'거버넌스'라는 개념의 가장 큰 매력은 포괄성이다. 과거와 같이 '정부'라는 한정된 '장소'를 벗어나, 다양한 조직들과 비정부단체들과 협력을 통해 사회를 통제하는 방법을 찾는 것은 과거에는 생각지 못한 일이며, 뉴거버넌스는 사회적 통제를 수직적인 권위보다 '수평적인 관계'에서 찾는다. 뉴거버넌스 관점은 행정 업무 수행의 주체를 정부로 제한하지 않고 사회의 다양한 정책 관련 집단을 포함한 정책공동체가 능률적으로 공공사업을 전개해 나가는 새로운 방법이다.

하지만 '뉴거버넌스' 관점에서 정책집행을 분석한다는 것은 말처럼 쉽지 않다. 그 이유는 '뉴거버넌스'라는 개념이 지니고 있는 거시적 포괄성 때문이다. 여기서 '거시적 포괄성'은 집행에 영향을 미칠 수 있는 요인들이 많다는 것을 뜻하며, 이에 대해 오툴(O'Toole, 2000: 74, 279)은 "뉴거버넌스라는 개념에 의한 공공 부문의 통제는 '단순한 이론 구성(parsimonious theory building)'을 거의 불가능하게 만들며, 그 이유는 너무나 많은 변수들을 감안해야 하기 때문"이라고 한다.

힐과 허프(Hill & Hupe, 2002: 105)는 '뉴거버넌스' 관점에서 정책집행 연구를 좀 더 생산적으로 할 수 있는 방법에 대해 설명한다. 그들은 '거버넌스' 개념을 세 개의 차원으로 세분화해 거버넌스의 차원별로 중요한 요인들을 구조화해 집행 과정과 연계하고 있다. 그들에 따르면, 모든 정책이 일률적으로 '계층적 관료조직'을 통해 집행되는 것은 바람직하지 않지만, 모든 정책이 '시장'이나 '네트워크'를 통해 집행되는 것 역시 바람직하지 않다고 전제하고, 정책의 특성을 감안해 집행될 거버넌스의 유형을 찾을 것을 권한다. 그들의 '거버넌스의 세 차원과 정책집행의 연계'를 살펴보면 다음과 같다.

## 3. 거버넌스의 세 차원과 정책집행

힐과 허프(Hill & Hupe, 2002: 200)는 '사회의 특성'을 감안해 정책집행을 다룰 수 있는 '관점(perspective)'을 '거버넌스'와 연계해 제시한다. 여기서 '사회의 특성'이란 중앙집권적, 지방분권적, 분화된 사회집단들에 의해 통제되는 다양한 사회 형태를 뜻하며, 이것은 국가 중심으로부터 시장 중심으로 사회 권력 관계가 이동하는 정도에 따라 다채로운 거버넌스 형태를 띠게 된다. 이러한 사회에서 정책이 형성되고 집행되는 과정을 다루는 것은 복잡할 뿐만 아니라, 모든 정책이 같은 경로를 통해 결과로 이어지는 것이 아니기 때문에, 정책집행은 국가와 사회의 권력관계의 다양한 차원을 감안해 입체적으로 다루어야 한다(Hill & Hupe, 2002: 160－167).

이러한 관점에서 힐과 허프는 '거버넌스'를 세 차원으로 나누어, 각각의 차원에서 정책이 만들어지고 집행되는 데 영향을 미치는 중요한 요인들을 밝혀 집행 과정을 설명하는 개념을 구성한다. 힐과 허프(Hill & Hupe, 2002: 160－167)가 말하고 있는 세 차원의 '거버넌스'는 ① '계층제'에 의한 '거버넌스', ② '시장'에 의한 '거버넌스', ③ '네트워크'에 의한 '거버넌스'이다.

### 1) 계층제에 의한 거버넌스

'계층제(hierarchies)에 의한 거버넌스'는 법에 의해 규정되는 국가와 사회의 관계를 뜻한다. '국가와 사회'가 어떤 관계를 갖는지는 '정책 설정(policy setting)'에 큰 영향을 미치게 되며, 이것에 의해 그 사회의 '제도적 장치(institutional setting)'가 구체화된다. 이와 같은 '거시적 환경 요인(macro－environmental factors)'은 종속변수인 '정책의 특성', '정책형성', '정부 간 관계', '정부기관의 성격', '일선관료들의 행태', '수평적 정부 간 관계', '정책 대상집단에 대한 반응' 등에 영향을 미친다. 계층제에 의한 거버넌스의 유형은 '사회 · 문화 · 경제적 발전', '정치적 이데올로기', 정부의 '혁신 성향' 등에 의해 결정되며, 헌법에서 보장한 '권위(authority)'에 의해 사회에 책임과 의무를 진다(Hill & Hupe, 2002: 182－183).

### 2) 시장에 의한 거버넌스

'시장(market)에 의한 거버넌스'는 '거래(transaction)'에 의해 설정되며, 거래의 구체적인 방법은 조직들 간의 수직적 · 수평적 관계에 따라 설명된다. 즉, 정부조직의 '계층(layers)' 구조, '정부조직들 간의 관계', '조직들 간의 관계' 등은 사회의 '제도적 장치'가 어떻게 설정되었는가에 의해 좌우된다. 예를 들어, 수요와 공급에 따른 시장과 정부의 관계, 네트워크의 형성 등이 정부조직과 사회조직들 간의 교류방법을 규정한다(Hill & Hupe, 2002: 185). 이는 시장에 의한 거버넌스를 통해 정책이 형성되고 집행되는 것이 정부와 사회의 다양한 집단의 '거래'를 통해 이루어진다는 것이며, 여기서 정책집행은 그들 간의 교류 형태를 결정하는 '계약'에 의한다.

### 3) 네트워크에 의한 거버넌스

'네트워크(network)에 의한 거버넌스'란 특정 정책 분야와 관련된 '정책 관련 집단'들에게 정책형성과 집행 과정에 필요한 사항을 '자문(consultation)'하고, '합의(consensus)'를 유도하기 위해 이들을 '연계하여(networking)' 관리하는 것을 뜻한다. 정책 네트워크에 의한 관리는 '정책 공동체(policy community)'를 중심으로 이루어지며, 여기서 '정책 공동체'는 특정 정책과 이해관계를 같이하는 집단과 개인들로 구성된다. 이들은 서로 연계되어 있기보다는 개별적 관심을 가지고 활동하는 개체들이다. 이러한 정책 공동체를 '연계'해 필요한 자원을 공유하거나 나눔으로써 정책 공동체의 이해관계를 극대화시킬 수 있는 방법을 정부 차원에서 제도화하거나 구조화해 운영하는 것을 '네트워크에 의한 거버넌스'라고 한다. 네트워크에 의한 거버넌스는 정책 공동체를 구성하고 있는 집단이나 개인을 명령하고, 통제하기보다는 '설득(persuasion)'해 관리한다(Hill & Hupe, 2002: 200).

특정 산업에 대한 정책 공동체는 '정부기관' 혹은 '정부출연연구소', '재정적 지원이 가능한 금융기관', '첨단산업과 관련된 전문가', '첨단정보와 기술교육을 담당할 수 있는 교육기관' 등으로 구성된다. 이러한 정책 공동체가 유기적인 연계 속에서 기능하게 된다면 진정한 의미에서 새로운 '정부와 산업과의 관계'가 형성될 수 있다고 본다. 물론 정책 공동체는 정책의 특성에 따라 구성되며, 정부는 정책 공동체가 활동할 수 있는 환경을 조성함으로써 네트워크에 의한 정책형성과 집행의 장점을 살릴 수 있다.

힐과 허프(Hill & Hupe, 2002: 200)에 따르면, 정책집행 연구는 거버넌스의 세 차원에서 정책의 형성과 집행에 영향을 미칠 수 있는 요인들을 중심으로 이루어져야 하는 것은 물론, 복잡성과 다양성을 감안해 이루어져야 한다. 힐과 허프의 거버넌스 차원을 감안한 집행연구는 집행 현상을 설명할 수 있는 '단순한(parsimonious)' 모형이라기보다는 많은 변수들의 상호작용을 다양한 차원에서 다루는 것이다.

이 밖에도 집행연구의 미래 전망을 감안해 향후 정책집행 연구는 '거시적 의제(broad agenda)'와 '미시적 의제(narrow agenda)'로 구분할 필요가 있다. '거시적인 관점'에서 집행연구는 새로운 패러다임을 받아들여 집행과 연계된 다채로운 논의를 지속적으로 발전시켜 나가는 것을 말한다. 반면에 '미시적인 관점'은 정책이 만들어지고 집행되는 과정을 연구하는 것이다, 거시적 차원뿐만 아니라 미시적 수준에서 결정된 정책이 효과적으로 집행될 수 있는 방법을 체계적으로 연구할 필요가 있다. 다만, 미시적 수준에서의 집행연구는 과거와 차별되는 '과학적인 방법'에 의해 좀 더 세련시킬 필요가 있다. 물론 이러한 일들이 자동적으로 이루어지는 것은 아니며, 정책집행을 연구하는 학자들의 끊임없는 지적 노력이 필요하다(Hill & Hupe, 2002: 111－112).

# 제 13 장

# 정책평가론

만약 우리가 문제에 대해 완전한 정보를 가지고 정책을 결정하고 집행할 수 있다면, 정책평가는 필요치 않을 것이다. 왜냐하면 완전한 정책결정은 '최선의 대안(the best option)'을 뜻할 뿐 아니라, 정책 결과에 대한 정확히 예측을 말하기 때문이다(Hogwood & Gunn, 1984: 219). 하지만 우리는 완전한 지식을 가지고 있지 않으며, 더욱이 정책 결과를 정확히 예측한다는 것은 더욱 생각하기 어렵다. 정책평가란 '정책 결과와 과정'에 대한 '가치'를 논하는 것이며, 평가의 목적은 집행 중이거나 종결된 정책 결과에 대한 정보를 향후 만들어질 정책에 반영하기 위함이다.

## 제 1 절 정책평가의 개념

### 1. 평가의 정의

와이스(Weiss, 1972: 1)에 따르면, "평가(evaluation)는 다양한 대상을 '판단(judgement)'하는 포괄적이며 탄력적인 의미를 가지고 있는 개념"이며, 이것의 핵심적 의미는 '가치 판단(judging merit)'이다. 그는 "평가를 위한 가치 판단은 사람, 사물, '사고(ideas)'의 가치를 측정하거나 검토하기 위한 것으로 일반적으로 '명확한 혹은 불명확한 기준'에 의해 측정된다"고 한다. 존스(Jones, 1984: 198-199)는 평가가 결과뿐만 아니라, '과정(process)'까지를 포함하는 것이며, 이러한 관점에서, 정책평가란 "프로그램의 결과와 과정에 대한 가치를 논하는 것"이라고 한다. 앤더슨(Anderson, 1979: 151-153)은 정책을 "평가한다는 것은 '정책 내용', '정책 집행', '정책영향(policy impact)' 등에 대한 가치를 '추정해' 판단하는 것"이라고 한다.

정책평가와 정책분석의 구분이 늘 용이하거나 필요한 것은 아니지만 정책분석가들은 다음과 같이 구별한다. 일반적으로 정책분석의 미래 지향적 특성을 감안해 "정책분석이란 정책대안들이 초래할 결과에 대한 예측"이다(Backman, 1977: 222). 반면에 폴란드(Poland, 1974: 333)는 정책평가를 정책의 '영향'을 '회상해(retrospective)' 검토하는 것이라고 한다. 즉, 정책평가는 미래의 정책적 '조언(advices)'을 위해 과거를 돌이켜보는 것이다. 정책분석은 미래 지향적인 특성을 지니는 반면에, 정책평가는 과거 회상적인 특성을 가진다(Dunn, 1981: 54−55). 이상의 논의를 감안하면, 정책평가는 정책이 초래한 결과를 유추해내는 작업이며, 평가의 대상은 정책이 초래한 '산출(outputs)', '결과(outcomes)', '영향(impacts)', '성과(performances)' 등이다.

## 2. 정책 산출과 정책 결과

'정책 산출(policy outputs)'이란 정책의 '가시적(tangible)'이고 '상징적인 표현(symbolic manifestation)'이다(Nachmias, 1979: 3). 반면에 '정책 결과(policy outcomes)'란 의도된 정책목표를 성취한 정도이다(Anderson, 1979: 153). 예를 들어, 정부의 청년 취업률 향상을 위한 직업교육 프로그램의 '정책 산출'은 얼마나 많은 청년들이 그 프로그램에 등록해 직업교육을 받았는지로 측정되며, '정책 결과'는 정부 프로그램을 이수한 청년들 가운데 얼마나 많은 청년들이 취업되었는가로 나타난다. 정책을 평가하기 위해 '정책 산출'을 측정한다는 것은 정책이 초래한 영향을 측정한다는 것과 다르다. 이것은 "정책집행을 위해 얼마나 많은 예산을 지출했는가?", "얼마나 많은 인력이 공공 서비스를 제공하기 위해 투입되었는가?", "얼마나 많은 수혜자들에게 공공 서비스를 제공했는가?" 등의 질문에 답하는 것과 같이 정책이 어떻게 구성되는지를 살펴보는 것과 같다. '정책 산출'을 측정해 정책목표가 실현된 정도를 가늠하는 것은 적절치 못하다(Weiss, 1972: 3).

'정책 결과(policy outcomes)'와 '정책영향(policy impacts)'은 동의어로 사용되며, 앤더슨(Anderson, 1979: 153)은 '정책 결과'를 정책이 집행되어 실질적으로 우리 생활에 미친 영향을 가늠하는 것이라고 본다. 반면에 던(Dunn, 1981: 45, 60, 333)은 정책 결과, 정책 성과, 정책영향을 구분한다. 그에 따르면, '정책 결과'란 정책 행위를 관찰한 '결과'이며, '정책 성과(policy performance)'란 '정책 산출'이 추구하는 가치를 성취하는 데 기여한 정도이고, '정책영향'은 '정책 산출'에 의해 초래된 정책 대상집단의 행태와 태도의 실질적인 변화이다. 예를 들어, 정책 대상집단의 건강 증진을 위한 프로그램의 정책영향은 정책 대상집단의 향상된 건강 상태다(Dunn, 1981: 333).

'정책 결과'의 측정은 '정책 산출'을 측정하는 것보다 어렵다. 왜냐하면 정책이 집행되어 초래한 실질적인 '영향'은 의도한 정책목표에 대한 성취 정도뿐만 아니라 의도하지 않은 결과까지 포함하기 때문이다. 일반적으로 정책영향평가는 다음과 같은 범주에서 이루어진다.

## 3. 정책영향평가의 범주

### 1) 공식적 정책 대상

정책의 공식적인 대상인 '공공 문제'나 '대상자'들은 평가의 범주에 속한다. 정책을 평가한다는 것은 정책의 대상을 정의하는 것으로부터 시작해 그들이 의도한 '영향'을 받았는지 평가된다. 정책은 '빈곤', '중소기업', '저소득층' 등과 같이 구체적인 대상을 가지고 있으며, 이들이 정책에 의해 변화된 정도는 정책영향으로 평가된다. 예를 들어, '빈곤과의 전쟁'이라는 프로그램의 영향으로는 저소득층에 대한 '소득 증가', '취업 기회의 확대', '저소득 계층의 태도와 행태의 변화' 등이 있다.

### 2) 외부 효과 혹은 부수적 효과

정책평가는 '의도한 목표'의 성취 정도뿐만 아니라, '의도하지 않은 영향'까지도 포함한다. 예를 들어, 농촌의 안정적 수입을 위해 실행되었던 '이중곡가 제도'는 농촌의 안정적 수입은 보장할 수 있었지만, 과잉 생산으로 이어짐으로써 의도하지 않은 결과도 부수적 효과로 나타났다. 외부 효과는 긍정적인 것과 부정적인 것이 있으며, 긍정적인 것을 '외부 경제 효과'라 한다. 반면에 부정적인 효과로 사회적 비용을 유발시키는 것을 '외부 불경제 효과'라 한다. 정책평가는 의도한 영향뿐만 아니라, 의도하지 않은 외부 효과도 포함해 평가한다.

### 3) 미래에 대한 영향

정책은 단기적인 목표뿐만 아니라 장기적인 목표를 위해 집행되기도 한다. 정책평가는 현재뿐만 아니라, 미래에 미칠 영향도 평가의 범주가 된다. 예를 들어, 저소득층 자녀들의 학습 효과를 높이기 위한 프로그램은 단기적으로 기대되는 효과뿐만 아니라, 장기적으로 그 프로그램이 그들에게 어떤 영향을 미쳤는지가 평가의 범주가 될 수 있다. 또한 경제정책들이 초래할 단기적 · 장기적 영향은 평가연구의 범주가 된다. 금융정책, 교육정책, 재개발정책 등은 단기적인 안목과 장기적인 측면에서 그 정책의 영향을 평가할 필요가 있다.

### 4) 정책의 직접비용과 간접비용

정책영향을 평가하는 범주로 정책에 소요된 직접비용과 간접비용이 있다. 정책집행에 소요된 직접적인 비용을 산출한다는 것은 비교적 쉬운 일이다. 정책의 직접비용은 '소요된 예산의 총량', '국민총생산(GDP)'에서 특정 정책에 소요된 예산이 차지하는 비율, 혹은 '정부예산 가운데 차지하는 비율' 등으로 나타내어진다. 물론 정책에 소요된 직접비용을 산출하기 어려운 경우도 있다. 예를 들어, 대기오염을 방지하기 위한 프로그램 가운데 민간 부문에서 출자한 투자 총량과 같은 직접비용은 정확히 산출해 내기 어렵다.

정책의 간접비용 역시 정책이나 프로그램의 평가 범주가 된다. '정책영향'이 초래한 간접비용을 측정한다는 것은 쉬운 일이 아니다. 예를 들어, '정책 지연(policy delay)'으로 초래된 '불편함(inconvenience)', 도심 재개발과 관련해 야기된 분쟁, 정책실패로 인한 공공 부문의 신뢰감 상실 등을 비용으로 환산해 내기는 매우 어렵다. 정책이 초래한 영향을 평가한다는 것은 정책집행에 직접 사용된 비용뿐만 아니라, 정책이 초래한 영향에 대한 간접비용까지를 포함한다(Anderson, 1979: 155).

## 4. 정책평가의 기능과 기준

### 1) 정책평가의 기능

던(Dunn, 1981: 341－142)은 정책평가의 '기능(function)'으로 '정책 성과에 대한 정보 제공', '정책이 추구하는 가치의 명료화와 가치에 대한 비판', '정책 문제를 분석하는 방법에 대한 기여' 등을 들고 있다.

첫째, 평가는 '정책 성과'에 대한 신뢰할 수 있고 타당한 정보를 제공하는 기능을 한다. 정책평가는 정책 행위를 통해 실현시키고자 하는 욕구, 가치, 기회 등을 성취시킨 정도를 측정해 이에 대한 정보를 제공하는 기능을 한다.

둘째, 정책목표는 문제 해결을 통해 얻고자 하는 가치들이며, 정책평가는 그 가치가 무엇인지를 명확히 하고, 과연 그 가치가 정책 문제를 해결하는 데 어느 정도 '적절'했는지를 가늠하는 기능을 한다. 정책평가를 통해 정책이 지향하는 가치의 적절성을 검토하려면, 모든 사람들이 추구하는 가치를 분석하는 것은 물론, 그들이 추구하는 가치가 정책 문제 해결을 위해 얼마나 합리적인지를 '기술적(technical)', '경제적(economic)', '법적(legal)', '사회적(social)', '실질적(substantive)' 기준에 따라 평가해야 한다.

셋째, 정책평가는 '정책분석 방법(policy－analytic methods)'을 세련시키는 기능을 한다. 정책평가를 통해 '정책 성과(policy performance)'가 미흡하다고 분석되면, 정책 문제를 '재구성(restructuring)'하고 정책목표와 수단을 다시 수립해야 한다. 이 과정은 기존의 '문제 구성 방법'과 '정책 추천 기법'을 세련시키는 계기가 된다.

### 2) 정책평가의 기준

정책을 평가하기 위해 먼저 평가 기준을 마련해야 한다. 정책평가 기준으로는 효과성, 능률성, 적정성, 형평성, 반응성, 적절성 등이 있으며, 이미 제9장 정책목표에서 다뤘으므로 평가 기준에 대한 논의는 <표 13－1>로 갈음한다.

표 13-1 정책평가의 기준

| 기준의 유형 | 평가를 위한 질문 | 평가 기준의 예 |
|---|---|---|
| 효과성 | 의도한 가치는 성취되었는가? | 서비스의 단위 |
| 능률성 | 의도한 가치 창출을 위한 비용은? | 비용의 단위<br>순편익<br>비용·편익 비율 |
| 적정성 | 정책 결과가 문제를 해결한 정도는? | 고정비용<br>고정효과 |
| 형평성 | 정책 대상집단에게 비용과 편익은 공정하게 분배되었는가? | 파레토 최적 기준<br>칼도 힉스 기준<br>라울의 기준 |
| 반응성 | 정책 결과는 정책 대상집단의 요구, 기호, 가치를 만족시키고 있는가? | 시민의 만족도<br>조사와 일치 정도 |
| 적절성 | 정책 결과의 실질적인 가치는 어느 정도인가? | 적합성과 효율성 |

출처: Dunn(1981: 343)에서 재구성.

## 제 2 절 정책평가의 유형

1970년대 중반 이후, 정책평가에 대한 관심과 필요성이 과거 어느 때보다 증가함에 따라, 많은 공공 및 민간기관, 전문가, 학자들에 의해 평가연구가 이루어져 오늘에 이른다. 일반적으로 평가의 유형은 '과정평가(process evaluation)', '영향평가(impact evaluation)', '종합평가(comprehensive evaluation)'로 나뉜다. 포사박과 카레이(Posavac & Carey, 1989: 10－14)는 평가 유형을 사회적 '요구 혹은 결핍(need)'에 대한 평가, '과정(process)'평가, '결과(outcome)'평가, '능률성(efficiency)'평가와 같이 네 가지로 구분하며, 나크미아스(Nachmias, 1979: 5－6)는 과정평가, 영향평가와 이 둘을 합한 종합한 평가로 구분한다.

평가의 유형과 관련해, 1982년 미국 '평가연구학회(Evaluation Research Society)는 평가연구의 접근 방법을 여섯 개의 유형으로 소개한다. 그들의 평가연구 유형은 '착수직전분석', '평가성 사정', '형성적 평가', '효과 혹은 영향평가', '프로그램과 문제에 대한 모니터링', '메타평가 혹은 평가종합'이다(Evaluation Research Society Standards Committee, 1982: 7－19).

## 1. 사회적 요구 혹은 결핍에 대한 평가

'사회적 요구 혹은 결핍에 대한 평가'란 미국 평가연구학회의 분류에 따르면 '착수직전분석(front－end analysis)'이며, 일반적으로 정책이나 프로그램을 수립하기 위해 필요한 정보를 수집하고 분석하는 것을 말한다. 포사박과 카레이(Posavac & Carey, 1989: 11)에 따르면, '요구 혹은 결핍에 대한 평가'란 다음과 같은 연구 질문에 답하는 것이라고 한다. "특정 '지역사회'의 '사회경제적' 특성은 무엇인가?", "특정 지역사회에서 특별히 결핍되는 혹은 요구되는 것은 무엇인가?", "특정 지역사회에서 가장 매력적인 공공 서비스는 어떤 것인가?" 등과 같은 질문을 염두에 둔 평가연구이다. 사회적 '요구' 혹은 '결핍'을 검토한다는 것은 효과적인 '프로그램 기획(program planning)'을 위해 반드시 선행되어야 하는 것이며, 이러한 관점에서 '평가'와 '기획'은 매우 밀접한 관계를 가지고 있는 것으로 보인다. 즉, 유능한 프로그램 기획담당자는 '요구'나 '결핍'에 대한 올바른 정보를 가지고, 프로그램을 기획할 것이 기대된다. '사회적 요구 혹은 결핍'을 추정해 내기 위한 구체적인 '방법(method)'으로는 '실행 가능성 분석(feasibility analysis)'과 'MAUT(Multi－Attribute Utility)' 기법 등이 있다(Posavac & Carey, 1989: 87－108).

## 2. 평가성 사정

'평가성 사정(evaluability assessment)'이란 실질적인 평가연구에 앞서 프로그램에 대한 평가연구가 얼마나 유용하고 신뢰할 수 있게 이루어질 수 있는지를 분석하는 것이다. 즉, '평가성 사정'은 실질적인 평가연구에 앞서 그 평가연구의 목적, 연구 방법, 비용, 장애 요인 등이 무엇인가를 구체적으로 검토해 평가연구의 실효성을 검증하는 것이다(Rutman, 1984: 27－28).

러트만(Rutman, 1984: 28)에 따르면, '평가성 사정'은 '프로그램의 구조'와 '바람직한 방법론(desired methodology)'의 적용과 관련된 '기술적 실현 가능성(technical feasibility)'이며, 여기서 프로그램의 구조와 관련된 '평가성 사정'이란 평가 대상인 프로그램이 평가될 정도로 잘 정의되고 구조화되어 있는가를 밝히는 것이다. 러트만(Rutman, 1984)에 따르면, 대부분의 프로그램들이 평가를 할 만큼 잘 정의되어 있지 못하다.

'평가성 사정'은 프로그램이 계획된 대로 집행되는 정도를 분석하는 방법으로도 사용된다. 집행 과정에서 예상치 못한 문제의 발생으로 프로그램이 실패하는 경우 프로그램의 효과성을 잘못 분석했기 때문에 발생하게 된다. 물론 이러한 경우, 잘 만들어진 프로그램이 잘못 집행되어서 실패로 이어졌는지 혹은 프로그램 자체가 잘못 구성되어 실패로 이어졌는지 단언하기 어렵지만, 프로그램에 대한 '평가성 사정'을 통해 프로그램의 구조와 집행 과정을 검토함으로써 프로그램의 실패 원인들을 밝혀낼 수 있다(Rutman, 1984: 29).

## 3. 과정평가

'과정평가(process evaluation)'는 '형성적 평가(formative evaluation)'라고도 하며, 정책이 '공식화된 지침(stated guidelines)'에 따라 집행된 정도를 말한다. 정책은 집행 과정에서 애초에 만들어진 정책 내용과 다르게 '수정(modify)', '확대(elaborated)', 혹은 '무효(negated)'가 되기도 한다(Nachmias, 1979: 5). 집행 과정은 단순히 결정된 정책을 기계적으로 전환시키는 과정이 아니다. 바르다크(Bardach, 1977: 5)에 따르면, "집행 과정은 매우 복잡하고, 집행 과정에 나타나는 문제들은 예측 불가능하며 때로는 잘 만들어진 정책도 실패할 수 있다." 정책 과정평가는 정책집행이 공식화된 지침에 부응하는 정도로 가늠된다.

'과정평가'는 정책집행에 초점을 맞추어 다음과 같은 문제에 답해 나가는 것이다(Posavac & Carey, 1989: 11-12). 첫째, 정책의 수혜자 가운데 얼마나 많은 사람들이 그 정책에 매력을 느끼는가?, 둘째, 정책이나 프로그램의 수혜자들은 실질적으로 의도한 사람들인가? 셋째, 집행담당자들은 얼마나 자주 고객들과 접촉하는가?

넷째, 집행담당자들의 업무는 정책이 의도한 것과 조화를 이루는가? 이러한 질문에 답함으로써 정책이 어느 정도 성공적으로 집행되었는지를 가늠한다. 과정평가는 "구성된 정책이 부적절하게 집행되지 않았는가?" 혹은 "정책이 의도한 수혜집단에게 올바른 공공 서비스를 제공하고 있는가?"와 같은 문제를 지속적으로 관리함으로써 정책집행 과정에 나타날 수 있는 문제에 대한 '조기경보(early warnings)'로 이용될 수 있다. 물론 이러한 집행 과정에 대한 평가는 진행 중인 프로그램을 필요에 따라 재조정해 성공적인 목표 달성을 꾀하기 위함이다.

## 4. 영향평가

'영향평가(impact evaluation)' 혹은 '효과성 평가(effective evaluation)'란 정책이 초래한 변화가 의도한 방향으로 전개된 정도를 분석하는 것이다. 영향평가는 먼저 정책목표에 대한 구체적인 조작적 정의로부터 시작해, 성패를 측정할 수 있는 구체적 기준을 마련한 다음, 정책이 집행되어 목표에 접근한 정도를 측정한다 (Nachmias, 1979: 5). 즉, 정책집행이 종료된 후, 그 정책이 가져온 '결과'가 의도한 목표를 어느 정도 성취했는지를 가늠한다(Posavac & Carey, 1989: 12−13).

정책이 가져온 영향이나 결과를 추정해 낸다는 것은 쉽지 않다. 왜냐하면 그 프로그램에 참여한 사람들의 행태를 변화시킨 요인들을 정확히 밝혀내기 어렵기 때문이다. 정책이나 프로그램의 영향 혹은 결과를 유추해 내기 위해 체계적이고 과학적인 평가 방법이 필요하다.

## 5. 능률성평가

정책이나 프로그램의 '비용'은 평가 기준이 된다. 일반적으로 정책의 능률성을 평가한다는 것은 다음과 같은 질문에 답하는 것이다. 첫째, 정책의 집행은 '적당한 비용(reasonable cost)'으로 이루어졌는가?, 둘째, 정책이 가져온 결과는 금전적 가치로 환산한다면 어느 정도인가?, 셋째, 우리가 관여하는 정책에 소요된 비용은 유사한 다른 정책보다 더 많이 들었는가?, 비슷한 수준에서 이루어졌는가?, 혹은 더 적은 비용으로 더 많은 것을 성취했는가? 이상의 연구 질문에서 볼 수 있듯이, 능률성평가는 정책이나 프로그램의 결과를 금전적 가치로 환산한다.

모든 정책의 결과를 금전적 가치로 환산하기는 어렵지만, 이것은 정책이나 프로그램의 당위성을 검증하는 기준이 된다. 능률성평가를 위한 기법으로 '비용·편익분석'이 있으며, 정책이나 프로그램의 결과를 금전적 가치로 측정하기 어려운 경우, '비용·효과분석'을 통해 평가한다(Posavac & Carey, 1989: 13-14).

## 6. 프로그램 모니터링

'프로그램 모니터링(program monitoring)'은 프로그램 평가의 가장 기본적인 유형으로, 프로그램의 '활동(activities)', '대상 집단(target group)'에 대한 공공 서비스의 공급 상태와 '프로그램의 기능(program function)'을 감시하는 것이다(Posavac & Carey, 1989: 109). '프로그램 모니터링'이란 '인적·물적 자원이 프로그램에 투입된 정도'와 프로그램이 '계획된 대로 진행되는 정도'를 감시하는 것이며, 이것은 '행정적 모니터링(administrative monitoring)'이라고도 한다(Posavac & Carey, 1989: 109).

프로그램 모니터링을 진행 중인 프로그램에 대한 '행정적 모니터링'으로 제한해 다루는 학자들이 있는가 하면, '성과 모니터링(performance monitoring)'까지를 포함하는 학자들도 있다. 포사박과 카레이(Posavac & Carey, 1989)는 '성과 모니터링'을 '효과평가' 혹은 '영향평가'와 같은 것으로 보는 반면, 던(Dunn, 1981), 홀리(Wholey, 1983)와 같은 학자들은 프로그램 모니터링에 '성과 모니터링'까지를 포함시킨다. '성과 모니터링'이란 계획된 프로그램이 진행되는 과정에서 성취시킨 프로그램의 결과나 성과를 주기적으로 검토하는 것을 말한다. '프로그램 모니터링'과 '성과 모니터링'을 엄격히 구분하는 것은 쉽지 않지만, 일반적으로 '프로그램 모니터링'이란 계획된 대로 프로그램이 진행된 정도, 즉 프로그램의 '활동'과 '기능'에 대한 정보를 수집·분석하는 것이고, '성과 모니터링'이란 프로그램의 '성과'나 '결과'를 주기적으로 측정하는 것을 의미한다.

## 7. 메타평가와 평가종합

평가연구가 프로그램에 미치는 영향을 증진시키기 위해서는 '평가' 그 자체의 질적 수준을 높여야 한다. '메타평가(metaevaluation)'는 평가의 질적 수준을 감안하기 위해 '평가'를 평가하는 것이다. 스터플빔(Stufflebeam, 1978)은 메타평가를 '형성적 메타평가'와 '총괄적 메타평가'로 구분한다. '형성적 메타평가(farmative mata-evaluation)'란 평가가 시작되기 전에 평가 담당자들이 평가 업무를 효과적으로 수행할 수 있도록 평가계획의 질적 향상을 위한 목적으로 평가 목적, 방법, 기법 등을 검토하는 것이다. 반면에 '총괄적 메타평가(summative metaevaluation)'는 종결된 평가의 '가치(merits)'에 대한 평가이다. '형성적 메타평가'와 '총괄적 메타평가'는 모두 ① 평가연구가 기술적으로 적절한 방법으로 이루어졌는지, ② 평가연구가 프로그램이 이사결정 지침이 될 수 있을 정도로 유용성이 있는지, ③ 평가 방법이나 목적이 프로그램을 담당하는 조직구성원들을 올바르게 대우했으며, 그것은 윤리적이었는지, ④ 프로그램의 자원은 실질적으로 분배되었는지와 관련된 문제에 답해 가는 것이다(Posavac & Carey, 1989: 282).

'평가종합(evaluation synthesis)'은 학자에 따라 메타평가와 같은 것으로 취급되며, 기존의 프로그램들에 대한 평가연구 결과를 종합해 정책 과정에 필요한 정보를 제공하는 것을 말한다. 메타평가를 '형성적 메타평가'와 '총괄적 메타평가'로 구분하는 것과 같이, '평가종합'에 의한 평가 역시 진행되고 있는 프로그램에 대한 수정·보완을 목적으로 사용되기도 하며, 과거의 프로그램 결과에 대한 평가정보를 종합해 새로운 프로그램의 효과성을 높이는 방법으로 사용되기도 한다.

지금까지 평가연구의 다양한 유형에 대해 살펴보았다. 평가연구는 평가의 목적, 대상, 시기에 따라 매우 다양하게 분류될 수 있으며, 이러한 평가 방법들은 상호 배타적인 고유한 방법들이기보다는 상호 보완적이고 중복되는 것이 대부분이다. 그 이유는 실질적인 평가연구에서, 앞서 설명한 모든 것을 엄격히 구분해 평가하기 어렵기 때문이다.

## 제 3 절 정책평가의 절차

정책을 평가하는 방법이 다양하듯이, 평가절차 역시 다양하다. 정책평가는 그 정책이나 프로그램을 담당하고 있는 기관에 의해 이루어질 수도 있으며, 외부 평가기관에 의해 이루어질 수도 있다. 정책이나 프로그램의 평가가 누구에 의해 시작되든지, 평가 담당자는 업무를 시작하기 전에 참고해야 할 몇 가지 사항이 있다. 평가 담당자는 먼저 평가를 의뢰한 사람들이 무슨 목적으로 평가를 원하고 있으며, 평가 대상이 되는 프로그램은 어떻게 구조화되었는지를 파악해야 한다. 즉, 평가를 의뢰한 사람들의 평가 목적, 평가 대상이 되는 프로그램 담당자들의 특성, 프로그램의 평가에 저항하는 집단 등을 파악해야 한다. 이와 관련된 정보를 수집한 후, 평가 담당자는 평가 업무가 의도한 대로 수행될 수 있는지를 결정해야 하며, 만약 프로그램과 관련된 모든 것이 평가에 적합하다고 판단된다면, 프로그램에 대한 평가가 시작된다(Posavac & Carey, 1989: 26).

평가 절차는 프로그램의 특성, 평가 담당자와 평가 대상기관, 평가 의뢰인 혹은 기관 등과의 관계, 적시성 등에 따라 다양하게 구성될 수 있다. 프로그램 평가의 절차는 일반적으로 다음과 같은 여섯 단계를 거친다(Posavac & Carey, 1989: 27-38; Rutman, 1984: 16-24).

### 1. 정책과 관련된 사람과 집단에 대한 탐색 단계

평가 담당자들이 가장 먼저 해야 할 일은 프로그램과 관련된 사람들이 누구인지를 확인하는 것이다. 즉, 평가될 프로그램과 가장 밀접한 이해관계가 있는 사람들은 누구이며, 평가에 의해 영향을 받게 되는 사람이나 집단은 누구인지를 탐색해야 한다. 일반적으로 프로그램과 이해관계가 있는 사람들을 '정책 관련 집단(policy stakeholders)'이라고 하며, 이들은 정책에 의해 영향을 받게 되는 수혜집단, 피해집단, 프로그램 담당자 등을 포함한다. 러트만(Rutman, 1984: 16)은 평가계획의 첫 번째 단계가 '평가의 고객(clients)을 정의하는 것'이며, 평가가 프로그램과 관련된 모든 집단의 이해관계에 부응할 수 없기 때문에 평가를 위한 주요 고객을 정의한다는 것은 매우 중요하다고 주장한다. 평가는 평가 결과를 필요로 하는 '주요 고객(primary client)'을 결정하는 것으로부터 시작된다.

## 2. 평가 목적의 결정 단계

프로그램 평가를 위한 '제안서(proposal)'를 작성하기 전에, 평가를 어떻게 수행할 것인가에 대해 세부적인 사항들을 결정해야 한다. 즉, ① 누가 평가를 원하는가?, ② 어떤 유형의 평가가 바람직한가?, ③ 왜 그들은 평가를 원하는가?, ④ 어느 시점에서 평가를 원하는가?, ⑤ 평가를 위해 어떤 자원이 이용 가능한가? 등과 관련된 문제에 대해 답함으로써 평가의 목적, 유형, 시점 등을 구체화한다(Posavac & Carey, 1989: 28-31).

러트만(Rutman, 1984: 16-19)은 이 단계를 '평가의 목적을 결정'하는 것이라고 하며, 평가의 목적은 '공개적 혹은 비공개적 목적(overt or covert purposes)'으로 나눈다. 대부분의 경우, 평가 담당자는 '공개적 목적'에 따라 업무를 수행하며, 이러한 일은 평가와 관련된 프로그램의 '재정', '계획된 시간', '평가 방법', '평가 결과 보고서의 작성' 등을 결정하는 것을 말한다.

## 3. 평가성 사정 단계

프로그램 평가는 적절하고 신뢰할 수 있도록 계획되어야 한다. '평가성 사정(evaluability assessment)'은 프로그램을 평가할 수 있는 방법과 기준을 정하는것이다(Rutman, 1980; Wholey, 1979; Posavac & Carey, 1989). '평가성 사정'은 프로그램의 구조에 초점을 맞춰, "프로그램은 잘 정의되었는가?", "프로그램의 목적과 그것이 초래할 영향은 잘 다루어졌으며, 그것들은 바람직한 것인가?"와 같은 문제에 답하는 것이다. 이러한 문제에 답해 나감으로써 프로그램의 효과를 평가하기에 적합하도록 잘 구조화되었는지를 검토하게 된다. 이 밖에도 평가성 사정 단계는 가장 적합한 '방법론(methodology)'을 찾아내는 것은 물론, 평가를 위한 재정 확보 방안, 평가 수행 기간의 설정, 평가를 위한 자료 수집 방법, 평가와 관련된 장애 요인들, 법적 · 정치적 · 도덕적 · 행정적 요인들을 감안해야 한다.

포사박과 카레이(Posavac & Carey, 1989: 32)는 평가성 사정을 통해, "평가를 위한 이론이 명확치 않고, 평가를 위한 재정적 뒷받침과 평가 의뢰인의 평가를 위한 실질적인 관심이 결여되어 있다면, 평가는 시작되지 않는다"고 본다. 이와 더불어, 평가연구는 평가성 사정에 따라, 프로그램 평가가 부적절하다고 판단되거나, 프로그램의 효과성을 입증할 자료를 수집할 수 없을 때 역시 평가는 시작될 수 없다.

## 4. 평가의 행정적 합의 단계

평가성 사정이 완료된 후, 평가 담당자와 프로그램 관리자 간에 평가와 관련된 몇 가지 쟁점에 대해 합의를 도출하는 것은 앞으로 진행될 평가에 매우 중요하다. 평가 담당자와 프로그램 관리자 간의 평가와 관련해 합의할 내용은 ① 프로그램 지출 내역 공개, ② 평가의 범위 확정, ③ 평가 수행 과정에서 프로그램 관리자의 책임, ④ 프로그램 수행 방법에 대한 관리 자문, ⑤ 평가를 계획대로 진행하기 위한 통제 방법, ⑥ 평가 후 결과에 대한 자문 과정, ⑦ 보고서의 공개 여부 등이다 (Rutman, 1984: 20). 이러한 쟁점에 대한 구체적인 합의는 '평가 과정'은 물론 '평가 결과의 활용'과 관련되어 나타날 수 있는 갈등을 최소화할 수 있을 뿐만 아니라, 평가를 원활히 진행시키는 데 큰 도움이 된다.

## 5. 프로그램 평가 단계

프로그램 평가 단계는 실질적인 평가에서 요구하는 ① '측정(measurement)', ② '연구설계(research design)', ③ '자료분석(data analysis)' 등을 어떻게 구체화하는 작업이며, 프로그램 평가의 구성 요소들을 살펴보면 다음과 같다.

### 1) 측정의 대상

'측정(measurement)'은 평가를 위해 필요한 정보의 양과 유형을 결정하는 것이며, 측정의 대상, 즉 자료의 수집 대상은 일반적으로 ① '프로그램', ② '목표와 효과', ③ '전제 조건', ④ '간여 조건' 등이 있다.

#### (1) 프로그램

프로그램 측정은 프로그램 과정의 자료를 수집하는 것이며, 수집될 자료의 구체적인 정도는 프로그램에 의해 제공될 서비스의 양과 유형에 따라 달라진다. 프로그램 과정에 대한 자료는 ① 프로그램이 어떻게 집행되었는가?, ② 프로그램의 집행은 계획된 대로 진행되었는가?, ③ 프로그램이 집행된 방법은 결과에 어떤 영향을 미쳤는가?, ④ 비용 · 효과 측면에서, 프로그램을 운영하는 가장 바람직한 방법은 무엇인가? 등과 같은 질문에 답함으로써 필요한 자료가 수집될 수 있다(Rutman, 1984: 21).

#### (2) 목표와 효과

프로그램 평가는 프로그램의 효과를 측정하기 위함이며, 이러한 효과는 프로그램의 목표를 얼마나 성취시켰는지를 가늠하는 것이다. 프로그램의 '목표와 효과(objectives & effects)'에 대한 측정은 프로그램 평가의 핵심이 된다(Rutman, 1984: 21).

#### (3) 전제 조건

'전제 조건(antecedent conditions)'이란 프로그램이 운영되는 맥락을 의미하며, 프로그램의 대상인 고객의 특성과 프로그램의 '담당자(practitioners)'의 업무 수행 능력을 포함한 그들의 특성을 뜻한다. 프로그램의 전제 조건에 대한 자료는 평가 결과에 의미를 부여하는 데 큰 도움이 되며, 프로그램의 전제 조건이란 프로그램 집행 결과 "어떤 부류의 고객이 프로그램으로부터 가장 혜택을 많이 받았으며", "어떤 부류의 프로그램 담당자가 최상의 결과를 산출했고", "프로그램의 목적을 성취시키는 데 이바지한 가장 좋은 프로그램의 맥락은 무엇인가"와 관련된 자료를 말한다(Rutman, 1984: 21).

#### (4) 간여 조건

'간여 조건(interveting conditions)'이란 프로그램이 집행되는 과정에 돌출된 사건이나 환경적 요소로서 프로그램 운영에 중요한 영향을 미친다. 예를 들어, 프로그램의 관리 책임이 있는 조직의 변화, 프로그램과 관련된 사회 · 경제 · 정치적 요인의 변화는 프로그램의 결과에 영향을 미치게 된다. 프로그램의 간여 조건을 측정하는 것은 프로그램과 프로그램의 결과를 연계시키는 좋은 방법 가운데 하나이므로 프로그램의 운영과 관련된 간여 조건들을 파악하고 그 영향을 측정하는 일은 매우 중요하다(Rutman, 1984: 21-22).

### 2) 측정 방법

프로그램의 측정 대상이 구체화된 다음, 측정 방법에 대해 논의해야 한다. 측정 방법을 결정하는 데 가장 중요한 것은 물론 연구의 목적이다. 연구 목적에 따라, 평가 방법, 비용, 자료의 접근성, 자료에 대한 신뢰성과 타당성과 같은 기술적인 문제, 자료 수집 방법 등이 결정된다. 일반적으로 자료 수집 방법은 '설문지 조사', '직접 경험에 의한 관찰', '조직의 내부 기록 및 문서', '정부 통계' 등에 의한다.

자료 수집 방법과 관련해 가장 중요한 일은 자료의 '타당성(validity)'과 '신뢰성(reliability)'을 기술적으로 확보하는 일이다. 프로그램에 대한 평가는 프로그램이 초래한 결과, 효과, 영향을 측정해, 그것이 목표를 어느 정도 성취했는가를 추정해 내는 일이다. 따라서 프로그램이 초래한 효과를 정확히 측정해 내는 것은 평가연구에서 매우 중요한 일이며, 이와 관련해 논의되어야 할 것은 '측정의 질(measurement quality)'이다. '측정의 질'은 측정의 '타당성'과 '신뢰성'에 대한 논의로 완성된다.

### (1) 타당성

측정의 '타당성'이란 '측정하고자 하는 것을 측정해 낸 정도'다(Rutman, 1984: 22). 즉, 타당성이란 경험적 측정이 측정하고자 하는 개념의 실제 의미를 정확히 나타낸 정도를 말한다(Babbie, 1986: 112). 프로그램의 효과를 정확히 측정한다는 것은 말처럼 쉽지 않다. 왜냐하면 우리가 일상 생활에서 늘 경험하는 것과 같이, 우리의 인지 능력은 늘 제한적이기 때문이다. 특히 우리가 관찰해야 하는 것이 추상적이거나 관념적인 형태로 존재할 때는 더욱 그렇다. 평가를 위해 측정을 할 때, 타당성의 여부는 '액면 타당성(face validity)', '내용 타당성(content validity)', '개념 타당성(construct validity)', '예측 타당성(predictive validity)' 등을 통해 이루어지며, 타당성의 각 개념을 살펴보면 다음과 같다.

#### ① 액면 타당성

액면 타당성이란 측정 대상이 가지고 있는 의미에 대한 우리들의 '공통된 지각(common agreement)'이다(Babbie, 1986: 112). 즉, 측정이 액면 타당성이 있다는 말은 우리들의 일상적인 논리로 설득 가능한 정도를 뜻한다. 예를 들어, "소득 수준은 교육 수준에 의해 설명될 수 있다"는 말은 우리들의 일상적인 논리로써 이해가 되기 때문에 액면 타당성이 있다고 할 수 있다.

#### ② 내용 타당성

내용 타당성이란 '실질적인 측정이 측정 대상의 의미를 포함하는 정도'를 말한다. 예를 들어, 학생들의 '수학 능력(mathematical ability)' 평가를 덧셈 능력만을 측정해 산출한다면, 측정 대상의 의미, 즉 수학 능력을 포괄적으로 측정했다고 말하기 어렵다. 학생들의 수학 능력평가는 덧셈은 물론, 빼셈, 곱셈, 나누기 등을 포함해 포괄적으로 이루어져야 한다(Babbie, 1986: 113). 따라서 측정이 내용 타당성이 결여되었다는 것은 측정 대상을 포괄적으로 측정하지 못했다는 것을 뜻한다.

#### ③ 구성 타당성

일반적으로 측정은 평가 혹은 연구 대상을 구성하고 있는 속성을 중심으로 '개념화 과정(conceptualization process)'을 거쳐, '명목적 정의(nominal definition)'

를 만들고, 그것을 측정 가능한 수준으로 다시 구체화해 '조작적 정의(operational definition)'를 구성한 다음, 실질적인 측정이 이루어지게 된다. 이러한 '개념 구성(conceptual construct)' 과정은 측정 대상이 가시적이거나 실존하는 것이라면, 우리들의 오감을 통해 큰 어려움 없이 대다수의 사람들이 동의할 수 있는 '척도(measurement)'를 구성해 낼 수 있다. 그러나 존재하기는 하되, '동의된 실체(agree reality)'로만 존재하는 많은 개념들이 있다. 이러한 추상적인 개념들의 측정 역시 앞서 설명한 개념화 과정을 거쳐 구체적이고 논리적인 측정전략을 마련하게 된다. 예를 들어, 정치적 보수성 혹은 진보성에 대해 측정하고자 할 때, 그 개념들의 추상적인 특성 때문에, 직접 측정할 수 없으므로, 정치적으로 보수적인 혹은 진보적인 사람들이 공통으로 가지고 있는 '특성(characteristics)', '성향(orientation)', '행위(action)' 등과 같이 측정 가능한 수준의 '속성(attribute)'들에 의해 연구 대상의 정치적 보수 혹은 진보 정도를 가늠하게 된다. 이때 정치적 보수 혹은 진보적인 사람들을 관찰할 수 있는 척도가 매우 적실성이 있다고 판단되고, 대다수의 사람들이 동의해 준다면, 구성된 개념은 '구성 타당성'이 높다고 할 수 있다. 결국 '구성 타당성'은 평가 혹은 연구 대상을 측정하고자 구성된 척도가 측정 대상을 실질적으로 측정해 내는 정도이다.

#### ④ 예측 타당성

예측 타당성은 '기준 타당성(criterion−related validity)'이라고도 하며, 측정 대상을 직접 관찰을 통해 측정하기보다는 외부의 기준을 사용해 측정할 때, 그것의 정확한 정도를 말한다. 예를 들어, 운전면허시험 응시자 가운데 필기시험에서 높은 점수를 얻은 사람이 실제 운전 능력이 더 나을 것이라고 가정하고 일정 수준 이상의 필기시험 점수를 받을 사람들에 한에 실기시험을 치르면, 운전 능력을 측정하기 위한 외부 기준을 사용해 예측 타당성을 구성한 것이다. 즉, 필기시험과 같은 외부의 기준이 실제 운전 능력을 예측하기 위해 사용되었으며, 이러한 기준의 정확한 정도를 '예측 타당성' 혹은 '기준 타당성'이라고 한다.

#### (2) 신뢰성

측정의 신뢰성이란 측정을 위해 고안된 도구가 같은 것을 반복 측정했을 때, 매번 같은 결과가 나오는 정도이다. 즉, 측정의 신뢰성은 측정의 '안정성(stability)'과 '지속성(consistency)'과 관련이 있으며, 측정 결과가 불안정하다거나 혹은 지속적이지 못하다는 것은 측정 도구가 잘못 구성되었거나, 제대로 측정하지 못한 결과이다. 즉, 측정 도구인 설문지가 잘못 구성되었거나, 설문을 수행하는 과정에 오류가 포함되거나, 수집된 자료를 의식·무의식적으로 누락시켜 초래한 결과이다. 프로그램 평가를 위한 측정은 앞서 설명한 바와 마찬가지로 타당성과 신뢰성을 확보할 수 있는 구체적인 전략을 통해 이루어져야 한다.

### 3) 연구설계

연구설계는 '연구의 목적', '분석의 단위', '시간대의 설정' 등을 감안해 연구를 기획하는 것이다. 평가연구 설계는 평가를 위한 기본 계획이며, 이것은 프로그램의 '속성(attribution)'에 대한 자료를 수집해 분석하는 방법을 체계적으로 구성하는 것이다(Rutman, 1984: 23). 평가연구는 평가할 프로그램의 결과를 정확히 측정할 수 있도록 설계되어야 하며, 동시에 평가연구 결과에 의미를 부여할 수 있는 전략을 감안해야 한다.

프로그램의 결과를 측정할 때, 순수한 프로그램의 영향만을 측정할 수 있도록 설계되어야 한다. 순수한 프로그램의 결과만을 측정하기 위한 평가연구 설계 방법은 '사전·사후측정설계', '통제집단을 이용한 비교 방법'이 있다. 결국 평가연구는 '프로그램의 속성'과 '평가 결과를 일반화시킬 수 있는 정도'를 감안해 설계되어야 한다. 프로그램 평가 결과의 '일반화 정도'는 프로그램과 관련된 '고객(clients)', '장소(locations)', '상황(situations)'이 '다른 고객', '다른 장소', '다른 상황'을 대표하는 정도이다.

### 4) 자료분석

자료분석은 수집된 자료를 분석하기 위해 적합한 통계 기법을 사용해 프로그램 성과를 유추해 내는 일련의 작업을 뜻한다. 구체적인 자료분석 방법은 평가연구의 목적, 수집된 자료의 특성, 연구설계 등에 의해 결정된다. 프로그램의 평가를 위해 수집된 자료를 어떤 방법으로 분석할 것인가는 매우 중요하며, 부적절한 자료분석 방법은 프로그램 성과에 대해 잘못된 결론에 도달케 하거나 오류를 범하게 만들어 평가연구의 적실성을 의심하게 만들 수 있다.

## 6. 평가 결과의 활용 단계

프로그램 평가는 프로그램 성과에 대한 신뢰할 수 있는 정보를 산출해 향후 프로그램과 관련된 의사결정에 도움이 될 수 있는 정보를 제공하는 것이다. 와이스(Weiss, 1972b: 10-11)에 따르면, "평가연구는 프로그램의 질적 수준을 높이기 위한 수단으로서, 그 결과는 빠르고 직접적으로 활용되어야 한다." 그러나 "평가연구들을 검토한 결과, 평가 결과는 프로그램의 결정에 아무런 영향을 미치지 못하고 있다." 와이스(Weiss, 1984: 176-186)는 평가 결과의 활용 가능성을 높이기 위해 평가연구 단계에서 참고해야 할 사항을 다음과 같이 설명한다.

첫째, 평가계획을 수립하는 단계에서 평가연구 결과를 이용할 사람들을 참고해야 하며, 가능한 그들을 평가계획과 평가 과정에 참여할 수 있도록 유도해야 한다. 즉, '프로그램 관련 집단(program stakeholder)'들에게 평가의 목적, 방법, 시기, 기여, 활용 등을 미리 알리고 가능한 그들을 평가 과정에 참여시켜 평가 결과에 대한 관심과 이해를 높여야 한다.

둘째, 평가 담당자들은 평가 대상인 프로그램이 전개되는 상황과 프로그램 관련 집단에 주의력을 집중시켜 평가할 프로그램과 관련해 나타나는 모든 일을 알고 있어야 한다. 즉, 평가 담당자는 ① 일일 점검을 통해, 프로그램과 관련되어 나타나는 모든 일들을 숙지하여야 하고, ② 프로그램과 관련되어 야기될 수 있는 새로운 문제에 대해 평가연구를 통해 답할 수 있도록 프로그램, 관련 집단, 환경의 변화에 민감해야 하며, ③ 프로그램의 변화를 초래하는 예산 규모의 변화, 프로그램 관리자의 교체 및 변화, 조직의 변화 등을 숙지하여 평가연구에 반영해야 한다.

셋째, 평가연구의 초점은 프로그램을 변화시키는 조건들에 주어져야 한다. 평가연구 결과가 활용되지 못하는 이유 가운데 하나는 평가연구가 변화된 프로그램의 특성을 제대로 반영하지 못한 채 이루어졌기 때문이다. 평가연구는 프로그램의 내용, 관련 집단, 시기와 같은 프로그램의 조건 변화를 반영한 실질적인 연구가 될 수 있도록 해야 한다.

넷째, 평가 결과에 대한 보고서는 명료하고, 논리적이어야 하며, 시의적절해야 한다. 평가보고서는 단순하고 명료할 뿐만 아니라, 읽는 사람들로 하여금, 평가 결과를 쉽게 이해할 수 있도록 구성되어야 한다. 또한 평가연구 결과는 시의 적절해야 한다. 즉, 프로그램을 평가한 정보는 프로그램의 질적 수준을 증진시키는 데 기여할 수 있는 시점에서 작성되어야 한다.

다섯째, 평가 담당자는 평가 결과에 의해 명확한 '추천(recommendation)'을 할 수 있어야 한다. 프로그램 평가 결과가 단지 프로그램과 관련된 문제들을 나열하거나 프로그램의 상황을 기술하는 데 그치지 않고 지적된 문제에 대해 대안을 제시한다면 평가연구 결과의 활용을 높일 수 있다.

여섯째, 평가 결과의 배포는 평가 결과의 활용을 높일 수 있다. 평가 결과 보고서를 정책이나 프로그램 관련 집단에게 배포함으로써 프로그램에 대한 이해를 한층 더 높일 수 있을 뿐만 아니라 프로그램에 대한 정보를 향후 정책형성 과정에 반영할 수 있다.

지금까지 평가연구를 수행하는 절차를 여섯 단계로 나누어 살펴보았다. 평가연구는 먼저 평가와 관련된 사람들을 구체적으로 찾아내는 것으로부터 시작해, 평가 목적으로 결정하고, 평가될 프로그램에 대한 평가성 사정을 통해 프로그램이 어느 정도 체계적으로 구성되었는지를 가늠한 다음, 프로그램 평가를 위한 행정적 합의를 거쳐, 평가 설계를 하고 프로그램에 대한 실질적인 평가를 하게 된다. 평가 결과는 문서로 작성되어 배포될 것이며, 프로그램과 관련된 모든 사람들에게 향후 프로그램의 질적 향상을 위한 구체적인 정보를 제공하게 된다. 이상과 같은 프로그램의 평가 절차는 모든 프로그램 평가에 일률적으로 적용되는 공식적인 것이라고 생각하기보다는 평가연구를 수행할 때 참고해야 할 중요한 요인들을 단계별로 나열한 것이며, 프로그램 평가 절차는 프로그램의 특성과 평가연구의 목적 등에 따라 다소 다른 과정을 거칠 수 있다.

## 제 4 절 인과 관계의 추론과 평가연구 설계

### 1. 인과 관계의 추론

정책이나 프로그램 평가연구의 핵심은 '인과적 사고(idea of causality)'이다(Nachimias, 1979: 7). '인과 관계(causality)'란 '원인(cause)'과 '결과(effect)'의 관계이며, 결과는 원인에 의해 촉발된다는 가정으로부터 시작된다. '인과 관계의 추론(causal inferences)'이란 결과를 가져온 원인들을 규명해 그들의 관계를 유추해 내는 것이다. 프로그램 평가연구의 인과 관계 추론이란 정책이나 프로그램이 가져온 변화의 방향과 양을 규명하는 것이다. 즉, 정책이나 프로그램은 독립변수이며, 정책이나 프로그램에 의해 변화하게 되는 정책 수혜집단은 종속변수가 되어, 그것들의 인과 관계를 규명하는 것이 평가연구의 인과관계 추론이다.

하지만 실제 프로그램이 집행되어 그 프로그램의 목표를 성취시킨 정도를 관찰할 때, 프로그램과 목표 사이에 원인과 결과의 관계가 반드시 존재하지 않는다. 블래록(Blalock, 1964: 9)에 따르면, "만약 X가 Y를 초래한 원인이라면, 우리는 X의 변화가 Y의 변화를 초래할 것이라고 가정하게 되나, 단순히 X의 변화가 Y의 변화를 초래하거나 연계되어 있을 것이라는 가정은 옳지 않다"고 한다.

예를 들어, '범죄와의 전쟁' 프로그램은 범죄를 통제하기 위한 수단으로 범죄를 억제하는 것을 목적으로 한다. '범죄와의 전쟁' 프로그램이 범죄를 '억제'한다는 것은 '행위를 제한'한다는 것이며, 실질적으로 이러한 행위의 억제가 가능한 것으로 간주한다. 그러나 어떤 사람이 범죄를 저지르지 않았다는 것은 그 프로그램이 그에게 효과적으로 범죄를 저지르려는 행위를 '억제'했기 때문이라고 보기 어렵다.

왜냐하면 어떤 사람이 범죄를 저지른다는 것은 그 개인의 범죄적 성향에 크게 좌우되기 때문이다. 또한 '범죄와의 전쟁' 프로그램이 범죄자들을 가중 처벌하고, 검거할 수 있는 확률을 높여 범죄율을 낮춘다 하더라도, 그 프로그램이 특정 부류의 사람들의 범죄적 성향이나 기질에 영향을 미쳐 범죄율이 낮아졌다고 설명하기는 어렵다. 즉, '범죄와의 전쟁' 프로그램이 범죄율을 감소시켰다는 사실만으로 두 변수, 즉 '프로그램'과 '범죄'가 인과 관계가 있다고 확언하기 어렵다(Nachmias, 1979: 7). 인과 관계의 추론과 관련해서 가장 큰 문제로 지적되는 것은 변수들 간의 인과 관계는 단지 이론적 범주에서만 존재하고 실제 상황에서 원인과 결과의 관계를 찾아보기 힘들다는 것이다(Blalock, 1964: 5).

## 2. 단순인과모형

사이먼(Simon, 1957: 10−13)은 '인과 관계'의 의미를 제한적으로 사용해 '단순모형(simple model)'을 구성해 실제 사례에 적용할 것을 제안한다. 사이먼이 말하는 '인과 관계의 단순모형'이란 제한적인 숫자의 구체화된 변수들로 인과 관계 모형을 구성하고, 이것으로부터 검증 가능한 가설을 유추해 실제 사례의 인과 관계를 검증하는 것이다. 제한된 숫자만의 변수들로 구성한 인과관계모형을 검증한 결과, 부적합하다고 판단된다면, 다른 변수들을 새로 찾아내어 인과관계모형을 재구성하게 된다. 이러한 과정을 거쳐서 원인과 결과를 연계해 설명할 수 있는 단순모형을 구성하게 된다. 인과 관계의 단순모형의 기본적 가정은 다음과 같다(Blalock, 1964: 15).

첫째, 인과 관계를 총체적으로 설명할 수 있는 하나의 모형은 기대하기 어렵다. 둘째, 각기 다른 변수들로 구성된 두 개의 인과관계모형이 같은 인과 관계를 설명할 수 없다. 즉, 아무리 제한적인 변수만을 감안한 인과모형이지만, 다른 변수들로 구성된 두 개의 모형이 같은 인과 관계를 설명할 수 있다고 보기 어려우며, 적어도 한 개의 모형은 잘못 구성된 것이다.

인과 관계를 설명하기 위해, 제한된 숫자의 변수들을 찾아낸 다음, 우리들은 인과 관계를 '결정론적(deterministic)' 관점 혹은 '확률적(stochastic)' 관점에서 구성하게 된다. '결정론적 모형'이란 원인(X)이 결과(Y)를 초래하는 변수라고 밝혀졌다면, 또한 결과(Y)에 영향을 미칠 수 있는 모든 다른 변수들이 통제된 상황이라면, 원인(X)의 변화는 결과(Y)의 변화를 완전히 설명할 수 있다는 가정이다. 결정론적 인과모형은 원인(X)에 의한 결과(Y)를 설명할 때, '오류(error)'를 인정하지 않는다. 이러한 인과모형은 이자 계산과 같이 정해진 이자율과 기간만을 대입하면 결과를 계산해 낼 수 있는 함수와 같다.

사회 현상을 설명하기 위한 인과모형은 결정론적 모형으로 잘 설명되지 않는다. 왜냐하면 이자의 계산과는 달리 사회 현상은 매우 복잡한 변수들의 상호작용의 결과이기 때문이다. 특정 사회 현상을 일으킨 모든 변수들을 감안하기에는 우리들의 지식은 매우 제한적이며, 제한된 변수들만을 중심으로 모형을 구성했더라도 그 모형을 구성하고 있는 변수들의 측정 역시 부정확할 수밖에 없기 때문이다. 따라서 인과 관계의 추론의 부정확함을 고려한, 즉 '오류'를 인정할 수 있는 인과모형의 구성이 필요하다.

결정론적 인과모형과는 달리, '확률적 모형(stochastic model)'은 인과 관계의 추론에서 오류를 인정하고 구성된다. 즉, 인과모형을 구성하고 있는 변수들에 의해 설명되지 않을 수 있는 '변량(variation)'과 그 변수들에 의한 측정에 포함될 오류를 인정한다. 이러한 인과모형의 대표적인 것으로 '회귀함수(regression equation)'를 들 수 있다.

## 3. 효과모형

인과관계모형의 구성은 원인과 결과의 관계를 유추해 내는 체계적인 방법이며, 이것은 평가를 위한 '효과모형(impact models)'의 기본이 된다. 일반적으로 '모형'은 공공정책 연구의 기본 틀을 제공한다. 즉, '모형'은 실제 상황에 대한 추상적 구성이며, 연구 문제와 관련된 부분의 '실제(reality')를 정확히 나타낼 수 있도록 구성되어야 한다. 모형은 설명하고자 하는 문제를 구성하고 있는 중요한 변수들로 구조화되며, 그 변수들 간의 인과 관계에 대한 설명 혹은 '기대(expectation)'는 평가연구의 지침을 제공한다.

모형은 실제를 구성하고 있는 중요한 변수들을 제한적으로 사용해 단순화시킨 것으로, 이러한 모형의 특징인 '단순화(simplification)'는 복잡한 실제 상황을 이해하는 데 큰 도움을 줄 수 있다. 그러나 '모형'을 구성한다는 것은 쉬운 작업이 아니며, 이와 관련하여, 퀘이드(Quade, 1975: 141)는 다음과 같이 말한다. "의사결정은 시간이 지남에 따라 연속적으로 일어나게 되는 일련의 과정을 거쳐 완성된다. 이 과정에서 의사결정자들은 해결해야 할 문제를 때로는 직관적인 방법에 의해, 때로는 치밀하게 구성된 모형을 통해 접근하기도 한다. 최종적으로 결정될 정책이나 프로그램은 단순한 모형에 의해 구성되기보다는 매우 복잡한 과정과 방법을 거쳐 만들어진다. 그러나 만들어진 정책이나 프로그램이 집행되어 초래한 결과를 분석·평가하기 위한 과정에서는 이러한 일들을 찾아보기 어렵다." 즉, 만들어진 정책이나 프로그램이 단순한 모형에 의해 구성되지 않았음에도 불구하고, 그것이 초래한 결과를 분석·평가하기 위해 단순모형을 구성한다는 것은 설득력이 떨어진다.

일반적으로 모형의 구성은 다음과 같은 절차를 거친다. 첫째, 연구 문제와 관련된 중요한 변수들을 찾아내어 구체화시킨다. 둘째, 중요한 변수들의 관계를 설명한다. 셋째, 변수들 간의 관계에 따라 '명제(proposition)'를 구성한다.

효과모형은 그 모형을 구성하는 중요한 변수들의 관계를 설명하는 명제들로 구성되며, 각각의 명제들은 '조작화(operationalization)' 과정을 거쳐 측정 가능한 수준으로 구체화된다. 일반적으로 명제는 '연구기대(research expectation)'이며, 이것은 '가설(hypothesis)'로 전환되어 검증된다. 즉, 효과모형은 그 모형을 구성하고 있는 중요한 변수들의 관계를 설명한 명제들로 구성되며, 각각의 명제들은 정책이나 프로그램에 의해 초래될 산출에 대한 '기대'라고 할 수 있다. 즉, 효과모형을 구성하고 있는 명제들은 정책이나 프로그램에 의해 변화하게 될 행태나 사회적 조건들에 대한 구체화된 '기대(expectation)'이며, 이러한 기대에 대한 현실적합성은 수집된 자료에 의해 검증된다.

효과모형의 구성을 예를 들면 다음과 같다. 교통혼잡 문제를 완화시키고, 에너지를 절약하기 위해, 현재 정부는 대중교통 체제를 개편해 시민들의 이용률을 높이고자 다양한 프로그램을 개발해 시행하고 있다. 이러한 공공 프로그램의 목적은 대중교통 체제의 이용률을 높이는 것이며, 이를 위해 대중교통을 이용하는 시민들에게 경제적 보상을 하는 프로그램을 시행하고 있다고 가정하자. 이 프로그램은 '경제적 보상'이 사람들의 행태를 변화시킬 것이라는 가정 아래, 대중교통 체제의 활용이 크게 증가할 것이라고 기대하고 있으며, 나아가 대기오염의 감소, 에너지 절약, 혼잡 완화 등을 가져올 것을 기대한다.

대중교통의 이용률을 높이기 위한 경제적 보상 프로그램에 대한 효과모형은 다음과 같은 세 가지 명제로 설명될 수 있다. 첫째, '경제적 보상' 프로그램은 대중교통 이용에 대한 시민들의 '태도(attitudes)'를 변화시킬 것이다. 둘째, 태도의 변화는 '행태(behavior)'의 변화로 이어질 것이다. 셋째, 모든 조건이 동일하다면, 행태의 변화는 대중교통의 이용률을 높일 것이다. 이와 같은 명제들은 각각의 명제들을 구성하고 있는 중요한 개념들을 측정 가능한 수준으로 조작해 실질적인 변화가 있었는지 측정하게 된다. 자료는 태도의 경우 설문조사를 통해, 실질적인 행태의 경우 대중교통 이용빈도의 증감 추이를 통해 수집될 수 있으며, 수집된 자료는 분석되어 실질적인 프로그램의 효과를 평가하게 된다.

효과모형을 구성할 때, 정책 수혜집단의 구체화와 정책집행과 정책 효과가 나타난 시점을 구체적으로 나타내 주는 '시간의 지체(time lag)' 역시 고려해야 한다. 또한 효과모형의 기본이 되는 변수들 간의 이론적 관계를 모색할 때, 직접적인 인과 관계를 가진 변수들과 간접적인 인과 관계를 가진 변수들을 구별해야 하며, 이 밖에도 효과모형의 중요한 변수들의 '순환적 혹은 비순환적(recursive or nonrecursive relationships)' 관계 역시 참고해야 한다. 여기서 변수들의 '순환적 관계'란 한 변수의 변화가 다른 변수의 변화를 초래하나 그 반대의 경우는 성립하지 않는 경우를 뜻한다. 또한 비순환적 관계란 한 변수의 변화가 다른 변수의 변화를 초래하고, 그 반대의 경우도 성립되는 관계를 말한다.

정책이나 프로그램의 평가를 위해 효과모형을 구성한다는 것은 지금까지의 논의에 비추어 볼 때 쉽지 않아 보인다. 이와 관련하여 프리먼과 셔우드(Freeman & Sherwood, 1970: 7－9)는 평가연구에 대한 선행연구들을 면밀히 살펴볼 때, 완전한 효과모형을 구성한 예는 거의 찾아볼 수 없다고 말하면서 "프로그램 평가를 위해 구성된 효과모형은 프로그램 '운영(operation)'의 기본이 되는 명확치 않은 가정들로 구성된 것에 불과하며, 대부분의 경우 그 가정들은 기존의 연구로부터 가지고 왔거나, 충분치 않은 표본들로부터 유추되었거나, 혹은 과거에 수행된 적은 있으나 검증되지 않은 것들로 구성되어 있다." 이러한 관점에서 그들은 효과모형에 의해 프로그램의 효과적인 정도를 평가해 프로그램의 질적 수준을 통제한다는 것은 기대하기 어렵다고 한다.

이러한 비판에도 불구하고, 정책이나 프로그램의 평가연구는 효과모형의 구성을 통해 이루어지고 있다. 그 이유로는 평가연구를 위한 이론이 현재로는 존재하지 않기 때문이다. 나크미아스(Nachmias, 1979: 12)는 효과모형에 대한 비판에도 불구하고, 프로그램 평가를 위한 효과모형은 평가연구의 '쓸모 있는 일꾼(work-horses)'이 된다고 비유적으로 말한다.

## 4. 평가연구 설계

정책평가연구는, 과학적 연구와 마찬가지로, '불변(constant)'의 '지속적인' 과정으로 취급된다(Nachmias, 1979: 12). 평가연구 과정은 여섯 단계로 나눌 수 있으며, 각각의 단계들은 서로 연계되어 평가연구를 완성시킨다. 평가연구 설계를 위한 단계는 ① 목표의 구체화, ② 효과모형의 구성, ③ 평가에 적합한 연구설계, ④ 측정과 표준화, ⑤ 자료의 수집, ⑥ 자료분석과 해석 등이며, 각각의 단계를 살펴보면 다음과 같다.

### 1) 목표의 구체화

평가연구 설계는 평가 대상이 되는 정책의 목표를 구체화하는 것으로부터 시작한다. 평가연구는 프로그램이 목표를 어느 정도 성취시켰는가를 유추해 내는 것을 목적으로 하는 만큼, 평가 대상이 되는 정책이나 프로그램이 의도한 바, 즉 목표가 무엇인지를 명확히 하는 것으로부터 시작한다. 그러나 평가를 위해 프로그램의 목표를 명확히 한다는 것은 말처럼 쉽지 않다. 왜냐하면 대부분의 정책이나 프로그램의 목표는 '모호하고', '산만하며', 다양하기 때문이다. 정책이나 프로그램의 목표가 불명확할 수밖에 없는 이유는 해결해야 할 문제와 관련된 다양한 이해관계를 가진 집단들과 타협, 협상, 협의를 거쳐 정책이 만들어지기 때문이다. 정책형성 과정은 주어진 문제를 합리적으로 해결할 수 있는 최선의 대안을 최종적으로 선택하는 과정으로 기대되나, 실제 정책이 결정되는 과정은 다양한 정책 관련 집단의 상호작용의 결과인 만큼, 최종적으로 결정된 정책의 목표는 구체적이지 못하고, 불명확하며, 다양할 수밖에 없다. 따라서 이러한 목표를 가진 정책이나 프로그램을 평가한다는 것은 매우 곤혹스러운 일이 아닐 수 없다. 평가연구를 위해, 목표의 구체화 과정은 앞서 설명한 목표의 특성을 감안해 이루어져야 하며, 평가를 위해 목표를 구체화하는 과정에 도움이 되는 몇 가지 방법이 있다(Nachmias, 1979: 13–15).

첫째, 정책이나 프로그램의 목표를 '직접적인(immediate)' 목표, '중간(intermediate)' 목표, '궁극적인(ultimate)' 목표로 구분해 접근하는 것이다. '직접적인 목표'란 정책이나 프로그램이 집행되어 초래할 즉각적인 결과이며, 청소년 수련관을 설립하는 프로그램의 경우, 직접적인 목표는 청소년 수련관의 설립 그 자체가 된다. '중간 목표'란 궁극적인 목표를 성취시키는 데 필요한 수단들이며, 예를 들어 청소년 수련관에서 실질적으로 운영될 청소년 프로그램들이라고 할 수 있다. '궁극적인 목표'란 중간 목표가 성취한 효과를 뜻하며, 평가연구를 위한 실질적인 목표가 된다.

둘째, 평가 대상이 되는 정책이나 프로그램 관리자들에게 그들이 집행하고 있는 프로그램의 목표를 구체화시킬 것을 요구하는 방법이다. 이러한 목표 구체화 방법은 프로그램 관리자들 간에 목표에 대한 합의를 이루지 못하거나, 그들이 제안한 목표가 구체적이지 못해 평가연구의 기준으로 사용될 수 없는 경우가 있다. 이러한 일이 발생하는 이유는 정책이나 프로그램의 목표가 가시적이지 못하고 다채로운 경우, 그들의 전문성이나 이해관계에 따라 목표를 자의적으로 설정하기 때문이다. 이러한 방법에 의해 목표를 설정하고 평가연구가 진행된다면 평가 결과에 대해 폭넓은 지지를 받지 못하게 될 수도 있다. 즉, 모든 프로그램 관리자들이 동의할 수 없는 목표에 대한 평가는 결과에 대한 신뢰성과 타당성을 떨어뜨리게 된다.

셋째, 평가연구를 위해 목표를 구체화하기 위한 가장 좋은 방법은 아마도 평가연구자가 프로그램을 처음 구성한 사람들과 프로그램이 집행되는 각 단계에 관여하게 되는 모든 사람들과 함께 그 프로그램이 의도한 바, 즉 목표를 설정하는 것이다. 프로그램과 관련된 모든 사람들과 부단히 접촉하여 프로그램이 의도한 목표를 구체화시키는 과정을 모든 프로그램 관련자들이 동의할 때까지 반복한다면 프로그램의 목표에 근접할 수 있을 것이다. 이 과정에서 프로그램 관련자들로 하여금, 반복적으로 프로그램의 목표에 대한 토론을 통해 가감하도록 하여, 모든 이들이 동의할 수 있는 목표에 도달하게 만든다. '델파이(delphi)' 기법은 목표에 대한 합의를 이끌어 낼 수 있는 공식적인 방법이다.

### 2) 효과모형의 구성

평가 대상이 되는 정책이나 프로그램의 목표를 구체화한 다음, 평가연구자는 효과모형을 구성해야 한다. 효과모형의 구성 방법에 대해서는 이미 살펴보았으므로 재론은 피하고, 평가를 위한 효과모형의 구성은 평가 대상이 되는 정책이나 프로그램의 의사결정자와 집행 담당자들과 밀접한 관계를 가지고 가능한 모두가 동의할 수 있는 수준에서 효과모형의 구성 과정, 구성된 효과모형에 의해 자료 수집 및 분석 과정, 연구 결과의 유추 과정에 모든 프로그램 관련자들이 참여할 수 있도록 해야 한다.

### 3) 연구설계

평가를 위한 효과모형이 구성된 다음, 평가연구자들은 자료를 수집해, 측정하고, 분석해 의미를 유추해야 한다. '연구설계(research design)'란 이러한 일들을 어떻게 할 것인가를 구체적으로 계획하는 것이다. 즉, 연구설계는 평가연구자에게 연구의 각 단계에서 요구되는 지침을 제공하는 체계적인 방법이다.

연구설계 과정은 효과모형을 구성하고 있는 명제들로부터 가설들을 유추해 내고, 그 가설들을 검증하는 체계적인 계획이며, '실험연구설계(experimental research design)'를 기본으로 한다. '실험연구설계'의 가장 기본적인 유형으로는 '완전실험(perfect experiment)'이 있으며, 완전실험이란 "다른 모든 조건이 동일하다면, 정책과 목표 간의 완전한 인과 관계에 의한 설명이 가능하다는 가정 아래, 효과모형을 구성하고 있는 독립변수와 종속변수의 관계를 기술"하는 방법이다(Nachmias, 1979: 16). 그러나 효과모형을 구성하고 있는 독립변수와 종속변수들은 사회적·정치적·도덕적·경제적 이유 때문에 완전한 관계를 이루지 못하는 경우가 대부분이며, 대안적 접근 방법으로 '준실험연구설계(quasi-experimental design)'가 있다. 완전실험연구설계를 비롯한 준실험연구설계에 대해서는 다음 절에서 좀 더 자세히 다룬다.

### 4) 측정과 표준화

정책목표는 측정 가능한 수준으로 구체화되어야 한다. 측정은 '직접적인' 목표, '중간' 목표, '궁극적인' 목표를 정확히 측정하기 위한 구체적인 전략을 찾는 것으로부터 시작하며, 특히 '직접적인 목표'와 '중간 목표'에 대한 측정전략은 정책평가 결과, 즉 궁극적인 목표를 유추해 내는 데 큰 영향을 미치므로 매우 중요하다. 일반적으로 목표가 설정된 다음, 효과모형을 구성하고, 효과모형을 구성하는 중요한 변수들의 관계를 측정할 수 있는 전략을 수립하게 된다. 측정의 전략은 측정 대상의 특성과 무관하지 않으며, 이 과정에서 측정의 표준화가 이루어져 목표의 성취 정도를 가늠하게 된다. 측정과 관련하여 논의되어야 할 중요한 개념으로는 '측정의 기본 논리', '측정의 수준', '타당성', '신뢰성' 등이며, 이상의 개념에 대한 구체적인 논의는 다음 절에서 다룬다.

### 5) 자료의 수집

평가연구를 위한 자료는 다양한 방법으로 수집될 수 있다. 자료 수집 방법은 평가될 정책이나 프로그램의 특성에 의해 결정된다. 자료가 수집되는 대상과 방법은 일반적으로 '설문조사(survey)', '실험(experiment)', 직접 경험, 정부 문서나 기록물, 각종 사회지표 등을 통해 수집된다. 어떤 자료가 어떻게 수집되어 평가연구를 수행하게 되는가는 연구 결과에 큰 영향을 미칠 수 있으므로 평가연구자들은 자료 수집 대상과 방법이 가지고 있는 고유한 장점과 문제점들을 미리 파악해 평가연구에 사용해야 한다.

### 6) 자료분석과 해석

자료를 분석하기 위한 '기법(techniques)'은 평가연구를 위한 설계와 수집된 자료의 특성에 따라 결정된다. 일반적으로 심리학자들은 '변량분석(analysis of variance)'을 주로 사용하고, 사회학이나 정치학 연구에서는 '상관관계분석 방법(correlational analysis methods)'이 주로 사용되고 있음을 볼 수 있으며, 정책평가연구는 변화, 예측, 인과 관계 등과 관련이 있는 만큼, '회귀분석(regression analysis)'이 가장 적합하고 효과적인 자료분석 기법으로 사용되고 있다.

회귀분석 기법은 '단순 선형회귀분석(simple linear regression analysis)', '비선형회귀분석(nonlinear regression analysis)', '다중회귀분석(multiple regression analysis)' 등이 있으며, 회귀모형은 정책평가를 위한 기본 모형이다. 즉, 효과모형을 구성하는 독립변수와 종속변수는 회귀분석 기법에 의해 독립변수인 정책이나 프로그램이 초래한 정책 대상집단, 즉 종속변수의 변화를 설명하는 방법이다. 평가연구를 위한 자료분석 방법으로 회귀모형 이외에 '구조방정식 체계(structural equation systems)'에 의한 분석 방법이 있으며, '구조방정식 체계'에 의한 자료분석은 복잡하게 구조화되어 있는 효과모형을 검증하는 데 유용하다.

수집된 자료의 분석 결과는 정책이나 프로그램의 목표를 성취한 정도를 의미하며, 평가연구가 의도한 대로 잘 수행되었다면, 연구 결과는 체계적이고 경험적으로 정책이나 프로그램이 그 목표를 성취한 정도와 관련된 유익한 정보를 제공할 것이라 생각된다. 이와 같은 평가 결과는 정책결정자들에게 새로운 정책을 결정하는 과정에 활용되어 좀 더 나은 정책결정에 기여하게 된다. 정책평가 연구는 자료분석 결과와 분석된 결과의 활용으로 종결되며, 이러한 과정은 새로 만들어질 정책에 다시 적용되어 기존의 목표에 대한 수정·보완이 이루어지게 한다.

## 제 5 절 정책실험연구

효과모형은 하나의 '개념 틀(conceptual framework)'로서 정책과 목표들 간의 인과적 가정으로 구성된다. '인과 관계의 추론'은 정책변수와 정책 대상변수 간의 체계적인 관계로부터 수집된 자료에 따라 이루어지며, 연구설계는 자료의 수집, 분석, 해석하는 과정에 대한 일련의 계획이다. 평가연구를 구조화하는 방법으로 정책실험연구가 있다. 여기서 다루게 될 평가연구 방법은 '비실험적 접근(nonexperiental approaches)'과 '실험적 접근(experimental approaches)'이며, 비실험적, 실험적 접근 방법의 구분은 평가연구를 '통제할 수 있는 정도(levels of control)'에 의해 결정된다(Posavac & Carey, 1989: 135). 즉, 정책이나 프로그램이 초래한 순수한 결과만을 측정해 낼 수 있는 정도는 그 정책이나 프로그램의 특성에 의해 결정되며, 평가연구자들은 연구의 외적 요인에 의한 영향을 최소화시킬 수 있는 적절한 연구설계 방법을 선택해야 한다. 캠벨과 스탠리(Campbell & Stanley, 1963)는 평가연구를 위한 실험연구의 유형을 16개로 소개하고 있으며, 여기서는 실험연구 유형을 비실험연구, 준실험연구, 진실험연구로 분류해 살펴보고자 한다.

## 1. 비실험적 평가연구

비실험적 평가연구는 실험 외적인 요인을 연구자가 통제하지 않은 혹은 통제하지 못한 상태에서 수행하는 연구를 말한다. 캠벨과 스탠리(Campbell & Stanley, 1963)는 비실험적 연구를 실험연구에 앞선 연구라는 의미에서 '실험연구 이전설계(preexperimental design)'라고 하면서, 이러한 유형의 실험연구는 전문적인 평가연구로서 추천할 것은 못 되지만 일상적으로 많이 사용된다고 한다. 그들이 소개하고 있는 비실험 연구설계는 '단일사례연구(one-shot case study)', '단일집단 사전·사후측정설계(onegroup pretest-posttest design)', '정적 집단비교(static-group comparison)'이다(Babbie, 1986: 188-189).

### 1) 단일사례연구

단일사례연구란 단일집단을 대상으로 정책이나 프로그램에 의해 변화하게 된 종속변수의 양을 측정하여 그 효과를 추정하는 방법을 말한다. 단일사례연구는 정책이나 프로그램이 집행되기 이전의 상태를 측정하지 않고 사후측정만을 하기 때문에 정책이나 프로그램의 순수한 효과를 추정해 내는 데 한계가 있다. 포사박과 카레이(Posavac & Carey, 1989: 136)는 '단일사례연구'를 '단일집단 사후측정설계'라고 한다. 그들에 따르면, 이 방법에 의한 프로그램의 평가는 프로그램이 종료된 후, 프로그램 참여자들이 프로그램에서 요구하는 정도를 단지 높은, 중간, 낮은 수준으로 측정하게 되며, 이러한 방법으로는 프로그램 참여자들이 프로그램을 통해 얼마나 변화했는지를 평가하기에는 부족하다.

### 2) 단일집단 사전 · 사후측정 연구설계

'단일집단 사전 · 사후측정 방법'은 통제집단을 사용하지 않고 단일집단을 프로그램에 의해 영향을 받기 전과 후를 측정해 프로그램에 의해 변화하게 된 정도를 추정해 내는 평가연구설계의 한 유형이다. '단일집단 사전 · 사후측정 설계' 방법은 앞서 설명한 '단일집단 사례연구'와는 달리, 정책 대상집단을 그 정책에 영향을 받기 전과 후를 비교해 정책의 영향 정도를 가늠하도록 설계되나, 이 설계 방법 역시 정책의 순수한 영향을 측정해 내기에는 충분치 않다.

이 방법에 의해 평가연구를 설계하더라도 독립변수인 정책과 종속변수인 정책 수혜집단의 순수한 인과 관계를 밝히기는 어렵다. 왜냐하면, 캠벨과 스탠리(Campbell & Stanley, 1963)가 지적하듯이, 평가연구의 '내적 타당성(internal validity)'을 위협하는 요인들을 충분히 고려하지 못했기 때문이다. 내적 타당성이란 독립변수가 종속변수의 변화를 설명할 수 있는 정도이다.

### 3) 정적 집단비교설계

캠벨과 스탠리(Campbell & Stanley, 1963)는 비실험연구의 한 유형으로 실험집단과 통제집단을 사용하되, 두 집단에 대한 사전측정은 하지 않은 채, 사후측정의 결과만을 비교해 정책이나 프로그램의 효과를 평가하는 방법을 '정적 집단비교(static-group comparison)'설계라고 한다. 이 방법에 의한 평가연구 역시 앞서 설명한 '단일사례연구'와 '단일집단 사전 · 사후측정설계'와 같이 평가연구설계의 내적 타당성을 저해하는 요인들을 제거하지 못함으로써 연구 결과의 신뢰성을 떨어뜨릴 수 있다. 즉, '정적 집단비교설계'는 비록 실험집단과 통제집단을 사용하기는 하지만, 두 집단들 간에 존재할 수 있는 차이를 간과함으로써, 즉 두 집단 간의 동질성을 확보하지 못함으로써 야기될 수 있는 오류를 간과하여 평가연구의 내적 타당성을 의심케 할 수 있다.

이상의 비실험연구의 세 가지 유형은 [그림 13-1]로 요약되며(Babbie, 1986: 190), 이들 세 가지 유형의 비실험연구가 가지고 있는 공통적인 단점은 '내적 타당성의 결여'로 귀결된다. 평가연구의 내적 타당성의 결여와 관련해, 쿡과 캠벨(Cook & Campbell, 1979)은 '내적 타당성을 저해하는 요인(sources of internal invalidity)'에 대해 말한다. 평가연구는 내적 타당성을 확보할 수 있도록 설계되어야 함은 물론 '외적 타당성(external validity)' 역시 고려해야 한다. '외적 타당성'이란 '실험

**그림 13-1 비실험연구설계의 유형**

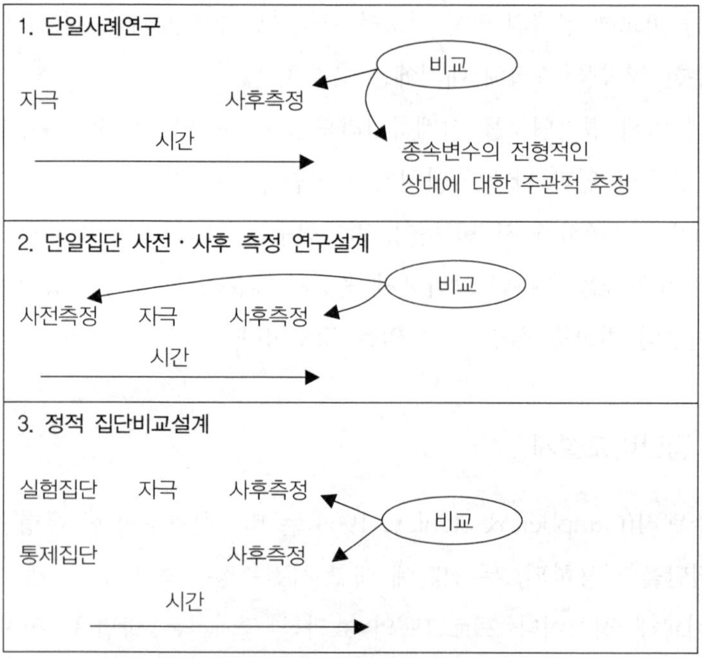


출처: Babbie(1986: 190).

연구결과를 실제 사례들에 적용할 수 있는 정도', 즉 실험연구 결과를 '일반화'시킬 수 있는 정도이다. 다음으로 평가연구 결과의 내적 타당성과 외적 타당성을 저해하는 요인들을 살펴보고, 이러한 요인들을 최소화한 가운데 평가연구를 수행할 수 있는 '실험연구' 설계에 대해 논의한다.

### 4) 내적 타당성의 저해 요인

'내적 타당성의 결여(internal invalidity)'란 실험연구 결과로부터 유추된 결론이 실험 그 자체로부터 기인하지 않을 가능성이다(Babbie, 1986: 189). 캠벨과 스탠리(Campbell & Stanley, 1963: 5-6), 쿡과 캠벨(Cook & Campbell, 1979: 51-55), 포사박과 카레이(Posavac & Carey, 1989)는 평가연구의 타당성을 저해하는 요인을 다음과 같이 소개한다.

#### (1) 역사(history)

실험연구가 진행되는 과정에 실험연구에 영향을 미칠 수 있는 역사적 사건이 발생할 수 있으며, 이러한 역사적 사건은 실험연구 결과를 왜곡시킬 수 있다. 실험실에서 진행되는 연구는 '역사적 사건'과 같은 타당성의 위협 요인은 통제될 수 있으나 정책이나 프로그램의 영향을 측정하기 위한 연구에서는 이러한 실험 외적 요인을 적절히 통제할 수 있는 방법을 찾아보기 힘들다(Cook & Campbell, 1979: 51).

#### (2) 성숙(maturation)

사람들은 끊임없이 성장하고 변화하기 마련이고, 사람들의 이러한 변화와 성장은 실험 도중에도 일어난다. 특히 장기간에 걸쳐 진행되는 실험연구의 경우, 실험대상자들이 나이를 먹고, 좀 더 현명해질 수 있으며, 나아가 풍부한 경험을 쌓게 되어 실험연구 결과에 영향을 미치게 된다(Cook & Campbell, 1979: 52). 정책이나 프로그램을 평가하기 위한 실험연구의 사전·사후측정 사이에 일어날 수 있는 사람들의 '성숙'은 실험연구자들에 의해 통제되기 어려운 실험 외적 요인이다.

### (3) 측정(testing)

평가연구를 위해 실험집단을 반복 측정하게 되면, 그 측정 항목과 측정 방법에 익숙하게 되어 '재측정' 시 실험집단의 행태에 영향을 미치게 된다. 유사한 측정을 반복함으로써 실험집단의 프로그램에 대한 반응을 왜곡시키는 결과를 초래하는 것을 '측정 · 재측정' 요인에 의한 내적 타당성의 결여라고 한다.

### (4) 도구(instrumentation)

실험연구를 수행하는 과정에서 사전측정에 사용한 '측정도구(measuring instrument)'와 사후측정에 사용한 측정 도구가 다르다면, 그것은 내적 타당성을 저해하는 요인이 된다. 또한 실험연구의 연구자가 사전측정과 사후측정 과정을 거치는 동안 측정과 관련해 경험을 쌓게 되어 사전측정과 사후측정 간에 다른 기준을 적용하게 되는 경우, '도구(instrumentation)'에 의한 내적 타당성 위협 요인이 발생하게 된다(Cook & Campbell, 1979: 52).

### (5) 통계적 회귀(statistical regression)

실험연구의 내적 타당성을 위협하는 요인으로 '통계적 회귀'가 있다. '통계적 회귀'란 실험연구를 위해 무작위로 추출된 집단의 특성이 그 특성과 관련된 모집단의 평균에 근접하게 된다는 가정이다. 실험연구에서, 모집단과 실험집단의 동질성이 충분히 확보되어 있다면, 즉 모집단과 실험집단 간의 측정된 '파라미터(parameter)'가 신뢰도가 높고, 차이가 작다면, 통계적 회귀 현상은 최소화될 것이다(Cook & Campbell, 1979: 53).

바비(Babbie, 1986: 191)는 '통계적 회귀'를 '실험집단의 특성이 그 집단이 속하는 모집단의 특성의 '평균(mean)'으로 회귀하게 된다'는 것을 뜻한다면서, 극단적으로 키가 큰 사람들은 그들보다 키가 작은 자녀를 가질 확률이 더 크며, 반대로 극단적으로 키가 작은 사람들의 자녀는 그들보다 큰 자녀를 가질 확률이 더 크다고 주장한다. 즉, 실험집단의 연구와 관련된 특성은 모집단의 평균으로 '실험적 자극(experimental stimulus)'이 없어도 회귀하게 된다.

### (6) 추출(selection)

실험연구를 위해 실험집단과 통제집단을 모집단으로부터 추출해야 한다. 실험집단과 통제집단은 동일한 특성을 가지고 있을 것이 기대되지만, 실험집단과 통제집단의 차이는 내적 타당성을 저해하는 요인으로 작용한다. 실험집단과 통제집단이 큰 차이를 보인다면, 두 집단의 비교는 거의 무의미하다.

### (7) 상실(mortality)

평가연구를 위한 실험의 내적 타당성을 저해하는 요인으로 '실험적 상실(experimental mortality)'을 들 수 있다. 실험적 상실이란 실험연구 대상이 실험연구가 끝나기 전에 연구 대상이 되기를 포기함으로써 나타나는 오류다. 즉, 연구 대상이 사전측정에는 참여했으나 사후측정은 포기함으로써 연구의 내적 타당성을 저해할 수 있나. '상실 요인'은 실험집단과 통제집단의 비교는 물론 연구 결과를 유추해 내는 데 큰 영향을 미치게 된다.

### (8) 불분명한 인과 관계의 방향 (ambiguity about direction of causal influence)

허위변수나 혼란변수와 같은 제3의 변수에 의해 실험연구의 인과 관계가 성립된다는 사실을 완전히 배제하지 못한다면, A가 B의 원인이 된다거나, 혹은 B가 A의 원인이 된다는 결론을 쉽게 내리기 어렵다. 예를 들어, 생산 라인에서 관리 감독을 덜해서 생산성이 증가하게 되었는지 아니면, 생산성이 증가해서 관리 감독을 덜하게 되었는지, 관리 감독의 정도와 생산성의 증감의 관계는 인과 관계의 방향이 불분명하여 인과 관계 연구에 혼란을 가져온다(Cook & Campbell, 1979: 54). 쿡과 캠벨(Cook & Campbell, 1979)은 '기온이 내려가면 에너지의 소비를 증가시킨다'는 예와 같이, 인과 관계가 일정한 방향으로 설명되는 경우가 있는가 하면, 앞서 들은 예와 같이 인과 관계의 방향이 불분명한 경우가 있다면서, 불분명한 인과 관계의 방향은 실험연구의 내적 타당성을 저해하게 된다고 주장한다.

(9) 실험적 자극의 확산 혹은 모방(diffusion or imitation of treatments)

실험집단과 통제집단은 철저히 통제된 상태에서 실험집단에게만 실험적 자극이 주어질 것이 기대되지만, 만약 실험연구 도중, 실험집단과 통제집단이 접촉해 통제집단이 실험집단을 모방하여 실험적 자극 효과가 통제집단으로 확산된다면, 순수한 실험적 자극에 의한 실험집단과 통제집단의 변화 혹은 영향을 측정할 수 없게 된다. 이러한 경우 실험집단과 접촉을 통해 모방 혹은 확산 효과를 보이는 통제집단을 '오염되었다(contaminated)'고 한다. 이러한 통제집단의 '오염'은 실험연구의 내적 타당성을 저해하게 된다.

(10) 보상(compensation)

실험연구에서 실험집단에 대한 실험적 자극으로 새로 개발된 치료제나 새로운 학습 방법 등을 실험집단에게 적용해 그 효과를 측정하게 되나, 통제집단은 '가짜약(placebo)'이나 기존의 학습 방법을 통해, 혹은 아무런 자극을 가하지 않은 채, 사전 · 사후측정을 하게 된다. 이 경우, 실험연구자가 통제집단을 측은히 여겨 통제집단에게 '보상'을 하게 된다면, 실험연구의 내적 타당성을 저해하는 결과를 초래하게 된다.

(11) 보상적 경쟁(compensatory rivalry)

실험연구에서 통제집단이 자신들이 어떤 목적의 연구에 실험 대상이 되고 있다는 것을 알고, 실험집단과 차별되지 않으려는 보상적 경쟁 심리가 작용해 부가적인 효과를 초래하게 되는 경우, 실험연구의 내적 타당성은 저해된다. 예를 들어, 새로운 학습 방법에 의한 효과를 평가하기 위해 실험연구설계를 하고, 실험집단과 통제집단을 운영하는 경우, 통제집단이 연구의 목적을 인지하고 보상적 경쟁 심리가 작용해 부가적인 노력을 하게 된다면, 연구의 내적 타당성이 결여되어 새로운 학습 방법의 실질적인 효과를 측정하기 어렵다.

(12) 통제집단의 사기 저하(demoralization)

통제집단이 실험연구의 목적을 알게 되면, '보상적 경쟁' 심리가 작용해 실험연구 결과에 영향을 미칠 수도 있지만, 자포자기하거나 사기가 저하되어 실험연구의 내적 타당성을 저해시킬 수도 있다. '통제집단의 사기 저하'는 앞서 설명한 '실험적 자극의 확산 혹은 모방', '보상', '보상적 경쟁'과 같이, 실험연구에서 통제집단을 완전히 통제하지 못해 발생한 실험연구의 내적 타당성과 관련된 문제들이다.

### 5) 외적 타당성의 저해 요인

실험연구의 결과에 영향을 미치는 요인으로 '외적 타당성 문제(external invalidity)'가 있다. 캠벨과 스탠리(Campbell & Stanley, 1963)는 외적 타당성 문제를 실험연구 결과의 현실에 대한 '일반화 정도(generalizability)'와 관련되어 나타나는 오류라고 한다. 즉, 외적 타당성 문제란 평가연구 결과를 모집단 전체로 확대할 수 있는 정도와 관련되어 나타나는 문제이다. 캠벨과 스탠리는 외적 타당성의 저해 요인을 '표본의 대표성'과 '실험연구의 인위적 설정'에서 찾는다. 실험연구의 외적 타당성이란 제한된 수의 표본으로부터 얻은 연구 결과가 그 표본이 속해 있는 모집단 전체를 정확히 설명할 수 있는 정도이며, 실험연구의 외적 타당성이 결여는 일반적으로 첫째, '표본의 대표성(representativeness of the sample)'과 관련되어 나타나기도 하고, 둘째, 실험연구의 인위적 설정에 대한 '반응(reactive)'에 기인하기도 한다.

#### (1) 표본의 대표성

일반적으로 실험연구의 외적 타당성 문제는 연구 결과의 일반화 정도와 관련이 있으며, 표본의 대표성과 관련해 야기되는 실험연구의 외적 타당성 문제는 크게 두 가지로 나누어 볼 수 있다.

첫째, '연구를 위한 모집단(study population)'으로부터 추출된 표본을 연구한 결과를 그 모집단 전체로 일반화해 설명할 수 있는 정도이다. 즉, 표본추출은 '확률표본 추출의 논리(logic of probability sampling)'에 입각해 표본의 모집단에 대한 대표성을 높이게 된다. 그러나 실질적인 연구에서 추출되는 표본은 늘 대표성에 문제가 있기 마련이다. 그 이유는 이론적으로 구성된 모집단과 실질적으로 표본이 추출되는 모집단과는 차이가 있기 때문이며, 실질적으로 추출된 표본을 대상으로 연구한 결과를 이론적으로 구성된 모집단에게 일반화시킬 수 있는 정도는 실험연구의 외적 타당성에 영향을 미치는 요인으로 작용할 수 있다(Cook & Campbell, 1978: 70–71).

둘째, 연구 결과를 일반화시킬 수 있는 정도와 관련해, 또 다른 문제는 표본이 추출된 '이론적 모집단', 즉 '연구를 위한 모집단' 이외의 다른 모집단에게까지 연구 결과를 일반화시킬 수 있는 정도이다. 쿡과 캠벨(Cook & Campbell, 1978: 71)에 따르면, 이론적으로 잘 구성된 모집단으로부터 표본을 추출해 연구한 결과를 '그 집단에게 한정해 일반화시키는 것'과 같은 연구 결과를 '다른 모집단에게 일반화시키는 것'과는 구별해야 한다. 또한 그들은 두 가지 모두가 연구의 외적 타당성과 관련되어 있으며, 전자의 경우, 즉 표본이 추출된 모집단에 대해 연구 결과를 일반화시킬 수 있는 정도는 연구의 목적과 부합되는 정도를 확인한다는 측면에서 매우 중요하며, 후자는 실험연구의 자극이 다른 모집단 혹은 하위 모집단에 미친 영향을 확인하는 일이라고 한다. 특히 이 경우는 연구 결과를 다른 모집단에게 확대해 적용할 수 있는 정도를 가늠하는 것으로 연구의 외적 타당성과 관련이 있다. 연구 결과의 외적 타당성이 높다는 것은 연구를 위한 표본의 모집단에 대한 대표성이 크다는 것을 뜻하며, 표본의 모집단에 대한 대표성이 크다는 것은 연구 결과의 일반화 가능성이 높다는 것을 말한다.

### (2) 실험연구의 인위적 설정에 따른 외적 타당성 저해 요인

실험연구 결과를 일반화시킬 수 있는 범위에 대한 논의는 중요하다. 특히 실험연구 결과를 다양한 '사람(persons)', 다양한 '설정(settings)', 다양한 '시간(times)' 대로 일반화의 범주를 확대시켜 연구 결과에 의미를 부여하는 것은 때때로 '통계적 상호작용 효과(statistical interaction effects)'에 의한 연구의 외적 타당성 저해 요인으로 작용할 수 있다. 쿡과 캠벨(Cook & Campbell, 1979: 73–74)에 따르면, 연구의 외적 타당성의 저해 요인은 다음과 같다.

첫째, 특정 부류의 사람들을 추출해 연구한 결과를 다른 부류의 사람들에게까지 일반화시킬 때 외적 타당성이 결여될 수 있다. 특정 집단에 대한 연구로 찾아낸 인과 관계를 인종, 지역, 성별, 연령 등이 다른 집단에게 적용하려는 시도에서 비롯되는 오류는 연구의 외적 타당성을 저해하게 된다. 이러한 외적 타당성의 저해 요인을 '추출과 시도의 상호작용(interaction of selection and treatment)'이라고 한다.

둘째, 특정 연구에서 설정한 상황으로부터 찾아낸 인과 관계를 다른 상황에 적용하려는 시도는 연구의 외적 타당성을 저해하게 되며, 이러한 외적 타당성 저해 요인을 '설정과 시도의 상호작용(interaction of setting and treatment)'이라고 한다. 예를 들어, 특정 기업을 연구하여 찾아낸 인과 관계를 군 조직이나 대학조직 등과 같은 다른 조직의 인과 관계에 적용해 일반화시키는 것은 연구의 외적 타당성 문제로 이어질 수 있다.

셋째, 특정 시기에 연구된 결과를 다른 시기에 적용해 설명하려는 시도는 연구의 외적 타당성을 의심케 할 수 있으며, 이러한 오류를 '역사와 시도의 상호작용(interaction of history and treatment)'에 의한 외적 타당성의 저해 요인이라고 한다.

## 2. 실험적 평가연구

'효과모형(impact models)'이란 정책과 그 정책이 추구하는 목표들 간의 가정적 인과 관계에 의해 구성된 '개념 틀(conceptual framework)'이다. 인과 관계의 '추론'은 '일화적(anecdotal)' 혹은 '상황적(circumstantial)' 증거에 의해 유추되기보다는 정책 변수와 그 정책의 변수들 간의 엄격하고도 체계적인 양질의 자료에 의해 유추되어야 한다. '연구설계(research design)'란 바로 이러한 일들을 할 수 있게끔 유도하는 하나의 계획으로써 자료의 수집, 분석, 해석 과정의 '지침(guide)'을 제공한다. 즉, 연구를 수행한다는 것은 이론적으로 이해된 독립변수와 종속변수의 인과 관계를 논리적으로 증명하는 것이며, 같은 맥락에서, 정책평가연구를 수행한다는 것은 효과모형에 의해 정책이 초래한 순수한 결과를 엄격하고 체계적인 방법에 의해 자료를 수집, 분석, 해석하는 일련의 과정이다. 정책평가 연구를 위한 설계는 매우 다양할 수 있으나 여기서 살펴볼 것은 '진실험연구설계'와 '준실험연구설계'이다.

### 1) 진실험연구설계

'진실험연구설계(true experimental design)'는 '고전적 실험설계(the classic experimental design)' 혹은 '전통적 실험설계(the traditional experimental design)'라고도 하며, '독립변수와 종속변수', '사전측정과 사후측정', '실험집단과 통제집단'과 같은 세 개의 요소로 구성된다(Babbie, 1986: 182−184). 먼저 진실험연구를 구성하고 있는 요소들을 먼저 다루고, 다음으로 그것들이 어떻게 연계되어 실험연구를 가능케 하는지를 살펴본다.

#### (1) 독립변수와 종속변수

실험연구설계의 목적은 독립변수에 의한 종속변수의 영향을 유추해 내기 위함이며, 실험연구에서 독립변수는 '실험적 자극(experimental stimulus)'이다. 정책실험연구에서 실험적 자극은 독립변수로서 정책이나 프로그램이 되며, 종속변수는 실험적 자극, 즉 정책이나 프로그램에 의하여 영향을 받게 되는 '정책 수혜집단'이다.

#### (2) 사전측정과 사후측정

'사전측정(pretesting)'이란 실험적 자극이 주어지지 않은 상태에서 연구 대상인 종속변수를 측정하는 것이다. 정책실험의 경우, 평가 대상이 되는 정책이나 프로그램이 집행되기 이전에 그 정책이나 프로그램의 대상 집단을 관찰하는 것을 말한다. '사후측정(posttesting)'이란 실험적 자극이 가해진 후, 실험집단과 통제집단을 관찰하여 자료를 수집하는 것을 말한다.

#### (3) 실험집단과 통제집단

'실험집단(experimental group)'이란 실험적 자극이 가해지는 집단이며, '통제집단(control group)'이란 실험적 자극이 가해지지 않는 집단이다. 가장 기본적인 실험연구설계는 실험집단을 실험적 자극이 주어지기 전과 후를 비교해 실험적 자극의 영향을 측정한다. 실험연구에서 통제집단의 운영은 중요한 의미를 지니는데, 통제집단은 실험적 자극이 가해지지 않은 가운데 사전·사후측정을 하여 실험집단과 비교하게 된다. 통제집단을 운영하는 이유는 '호손 효과(Hawthorne effect)'를 최소화하기 위함이며, 호손 효과란 실험 외적 요인에 의해 실험연구 결과가 영향을 받게 되어 순수한 실험적 자극에 의한 영향을 유추해 내지 못하게 되는 것을 뜻한다.

[그림 13-2]에서 볼 수 있듯이, 기본적인 실험연구설계는 앞서 살펴본 세 개의 요소들로 구성되어 있으며, 실험집단과 통제집단은 동질적이어야 하며, 실험적 자극이 가해진 후, 실험집단과 통제집단을 비교해 그 차이를 실험적 자극에 의한 영향으로 본다. 실험연구설계에 의한 연구 과정에 고려해야 하는 것으로 '비교(comparison)', '조작(operationalization)', '통제(control)', '일반화 정도(generalizability)' 등이 있다(Nichmias, 1979: 23-29).

첫째, 정책실험연구설계는 정책과 그 정책의 대상변수는 상관 관계가 있으며, 독립변수의 변화가 종속변수의 변화를 초래할 것이라는 가정을 검증하기 위함이다. 이러한 정책과 정책 대상변수 간의 관계 검증은 '비교'를 통해 이루어지며, 비교는 정책 대상변수에 대해 정책이 집행되기 이전과 이후를 비교해 변화 정도를 정책이 초래한 영향으로 본다. [그림 13-2]에서 볼 수 있듯이, 실험집단은 통제집

**그림 13-2 실험연구설계의 기본 모형**

출처: Babbie(1986: 184).

단과 비교되며, 그 후 실험집단의 사전 · 사후측정 결과가 비교되어 정책이 초래한 영향을 분석 · 평가하게 된다.

둘째, 실험연구에서 '조작(operationalization)'이란 실험적 자극, 곧 새로 소개된 정책에 의해 변화하게 될 정책 대상변수를 측정할 수 있는 구체적인 전략을 수립하는 것이다. 정책 대상집단은 시간이 지남에 따라 변화할 것이 기대되는데, 그 변화의 양과 질을 측정하기 위한 구체적인 방법을 찾아야 한다. 실험연구에서 실험집단과 통제집단에 대한 설문조사가 필요하다면, 설문항의 개발은 조작 과정을 거쳐 구체화된다.

셋째, 실험연구에서 '통제'는 연구의 '내적 타당성(internal validity)'을 확보하기 위해 사용된다. 실험연구의 내적 타당성이란 실험연구 결과가 순수한 실험적 자극에 의해 설명될 수 있는 정도이며, 내적 타당성이 결여되었다는 것은 실험연구가 실험 외적인 요인에 영향을 받아 연구 결과에 오류가 포함되었음을 뜻한다.

넷째, 실험연구 결과의 '일반화 가능성(generalizability)'이다. 일반화 가능성이란 실험연구의 연구 결과를 '다른 상황(different settings)' 혹은 다른 모집단에 적용해 설명할 수 있는 정도를 뜻하며, 이것을 연구의 '외적 타당성(external validity)'이라고 한다. 연구의 외적 타당성을 저해하는 요인으로는 '연구를 위한 모집단(study population)'으로부터 추출된 표본의 '대표성(representativeness)' 결여와 실험연구를 위해 추출된 실험집단과 통제집단의 인위적 설정에 의한 상호작용의 결과로 실험적 자극 이외의 영향을 받아 실험연구 결과에 오류를 포함하는 경우이다.

진실험연구설계는 순수한 실험적 자극에 의한 종속변수의 변화를 유추해 내는 가장 신뢰할 수 있고 타당성있는 설계 방법이며, 실험집단과 통제집단의 동질성을 확보한 가운데 그들 집단을 대상으로 사전 · 사후측정의 결과를 비교하는 연구설계이다. 일반적으로 진실험연구설계는 연구의 내적 타당성을 확보할 수 있는데 반해, 연구의 외적 타당성 문제에 비교적 취약하다(Nichmias, 1979: 30). 이러한 실험연구의 문제를 해결하고자 실험집단과 통제집단을 각각 두 개씩 사용하는 '솔로몬 네 집단 설계(solomon four-group design)'를 사용해 연구의 내적 타당성과 외적 타당성을 확보하기도 한다.

### 2) 준실험연구설계

진실험연구설계로 모든 정책을 평가할 수 있다면, 정책을 평가하는 공식적인 방법에 대한 논의는 더 이상 필요치 않을 것이다. 그러나 진실험연구설계는 모든 정책의 평가에 사용되기 어렵다. 왜냐하면 정책은 통제 불가능한 사회적·정치적·경제적 요인들이 늘 정책 과정에 산재하기 때문이다. 이러한 경우, 즉 진실험연구설계가 불가능하거나 비현실적이라고 판단되며, 준실험연구설계(quasi-experimental design)는 하나의 대안이 될 수 있다.

준실험연구설계는 평가 연구자가 연구에 영향을 미치는 '본질적·비본질적 변수들(intrinsic or extrinsic variables)' 혹은 내재적·외재적 변수라고 불리는 요인들을 통제할 수 없을 때 대안적 방법으로 사용된다. 실험연구설계 시 내재적·외재적 변수를 통제하지 못하는 경우는 일반적으로 실험연구 대상을 '무작위'로 추출하지 못한 때와 통제집단을 운영할 수 없을 때 발생하게 된다(Nachmias, 1979: 47).

정책 평가자가 정책 참여자들을 변화시킨 원인을 찾아내기 위해서는 좀 더 복잡한 연구설계가 필요하다. 일반적으로 독립변수가 종속변수를 변화시킨 원인이 된다는 것을 증명하기 위해서는 첫째, 시차적으로 원인이 결과에 앞서야 한다는 '시간적 선행 조건', 둘째, 원인과 결과가 공동으로 변화해야 한다는 '공동 변화의 조건', 셋째, 결과는 원인에 의해서만 설명되어야 하며, 제3의 변수에 의하여 설명될 가능성이 배제되어야 한다는 '경쟁 가설 배제의 원칙'에 부합되어야 한다.

포사박과 카레이(Posavac & Carey, 1989: 154)는 인과 관계의 세 조건 가운데 두 조건은 비교적 쉽게 만족시킬 수 있으나 세 번째 조건을 만족시킨다는 것은 매우 어려운 일이라면서, 준실험설계는 세 번째 조건을 만족시켜 연구의 타당성을 높이는 방법이라고 주장한다. 경쟁 가설을 배제시켜 연구의 타당성을 높이는 구체적인 방법으로는 첫째, 프로그램 참여자들의 사전·사후측정의 횟수를 늘리는 방법, 둘째, 프로그램에 전혀 영향을 받지 않는 사람들을 추가적으로 관찰해 자료 수집을 하는 방법, 셋째, 프로그램에 의해 영향을 받을 것으로 기대되거나 혹은 기대되지 않는 다양한 변수들을 사용하는 방법 등을 생각해 볼 수 있다. 캠벨과 스탠리는 이와 같은 방법에 의한 실험설계를 '준실험'이라고 하면서, 그 유형을 연구의 타당성을 위협하는 요인들을 통제하는 방법에 따라 크게 '분절적 시계열분석', '비동질적 집단설계', '회귀불연속분석' 등으로 나눈다.

### (1) 분절적 시계열분석

정책이나 프로그램의 영향을 유추해 내기 위해, 정책이나 프로그램이 집행되는 동안 관찰의 횟수를 늘리게 되면, 정책이나 프로그램에 대한 영향평가연구의 내적 타당성을 높일 수 있다. 캠벨과 스탠리(Campbell & Stanley, 1963)는 프로그램 평가를 위한 준실험설계의 한 방법으로 '시계열설계(time-series designs)'를 적극 추천하고 있는데, 이 방법은 정책이나 프로그램이 집행되는 과정에서 단 한 차례만의 관찰을 통해 자료 수집을 하는 것이 아니라, 여러 번 관찰하여 자료 수집을 함으로써 평가연구의 내적 타당성을 높인다.

대부분의 정책평가 연구는 시계열설계를 통해 정책이 집행된 때를 기점으로 수 차례의 사전측정과 사후측정으로 정책의 영향을 평가하게 된다. 이러한 시계열설계를 '분절적 시계열설계(interrupted time-series analysis)' 혹은 '간여 시계열설계'라고 한다. 이러한 분절적 시계열설계는 연구의 내적 타당성을 저해하는 '성숙(maturation)' 요인을 최소화할 수 있을 뿐만 아니라 정책에 영향을 미치는 '역사적 요인'을 감지할 수 있어 정책 대상집단의 변화가 정책에 의한 것인지 아니면 정책 외적인 요인에 반응한 것인지를 가늠할 수 있게 해 준다.

포사박과 카레이(Posavac & Carey, 1989: 137, 158)는 정책평가를 위한 분절적 시계열설계를 포함한 정책평가 연구의 유형을 소개하면서 각 설계에 합당한 연구문제를 <표 13-2>와 같이 구분하고 있다. <표 13-2>에서 볼 수 있듯이, 분절적 시계열설계는 정책이 소개된 시점을 기준으로 사전·사후측정을 반복해 "정책이 소개된 이전과 이후의 차이를 정책영향으로 볼 수 있는가?" 혹은 "역사적 사건은 종속변수의 변화를 초래했는가?"라는 질문에 답하는 것이다.

일반적으로 분절적 시계열설계에 의한 연구 결과는 [그림 13-3]과 같이 몇 가지로 생각해 볼 수 있으며, 포사박과 카레이(Posavac & Carey, 1989: 159-160)는 다음과 같이 설명한다. '그림 A'는 정책이 소개되기 전과 후를 비교할 때, 종속변수의 변화를 감지할 수 없는, 즉 정책영향이 없는 경우를 뜻한다. 반면에 '그림 B'는

**표 13-2 정책평가 연구설계의 유형과 연구 질문**

| 평가 연구설계 유형 | 연구 질문 |
| --- | --- |
| 단일사례연구: 사후측정<br>× ○ | 프로그램 참여자들은 프로그램이 끝난 후 어떤 반응을 보였는가? 최소한의 목표는 성취되었는가? |
| 단일집단 사전・사후 측정 연구설계:<br>○ × ○ | 위의 두 질문 이외에 부가적으로, 프로그램 참여자들은 프로그램 참여 전과 후를 비교할 때 어떤 변화를 보이게 되었는가? |
| 분절적 시계열설계:<br>○ − ○ −…○ − × − ○…− ○ − ○ | 위의 질문 이외에 부가적으로 성숙 효과가 프로그램 효과로 추가되지 않았는가? 역사적 요인이 종속변수의 변화를 야기시키지 않았는가? |
| 통제되지 않은 통제집단을 활용한 사전・사후측정:<br>○ − × − ○　　○ − − ○ | 위의 질문 이외에 부가하여 역사, 성숙, 추출, 상실 등과 같은 요인이 정책 효과에 영향을 미치지 않았는가? |

**그림 13-3 분절적 시계열설계에 의한 연구 결과의 유형**

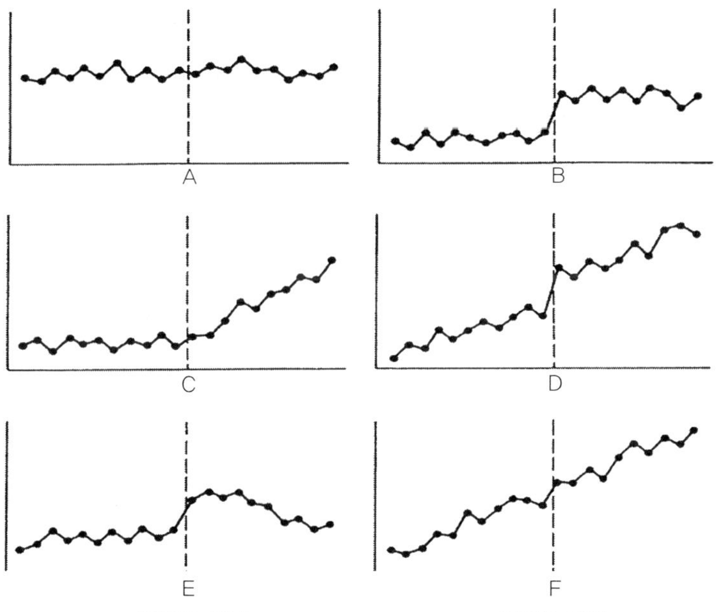


출처: Posavac & Carey(1989: 159).

가장 기대되는 분절적 시계열분석 결과를 보여준다. '그림 B'는 정책적 간여가 이루어지기 전과 후를 비교할 때, 정책영향으로 인해 종속변수가 안정적으로 향상되어 변화한 경향을 보여준다.

'그림 C, D, E, F'는 모두 정책적 간여 이후 종속변수의 향상된 변화를 보여주고 있으나, 이러한 변화는 단순히 정책영향이라고 단언하기 어려운 경우이다. 즉, '그림 C'는 정책적 간여에 의한 향상이라기보다는 TV 시청률이나 영양 상태의 향상과 같이 기존의 경향이 정책이 소개된 시점에서 우연히 '확산된' 혹은 '축적된' 결과로 보여지며, '그림 D'는 정책적 간여에 의해 부분적인 향상은 있으나 전체적으로 향상되는 추세이기 때문에 전반적인 향상을 단지 정책적 간여의 결과로 해석하기 어렵다. '그림 E'는 정책적 간여에 의해 일시적으로 향상된 정책적 영향을 볼 수 있다. 이러한 경향은 정책이 처음 실시될 때, 정책을 담당하는 사람들이 정책에 몰두하여 종속변수가 이에 반응하여 일시적인 향상은 보였지만 시간이 지남에 따라 일상으로 되돌아가는 경향을 보여준다. '그림 F'는 정책적 간여가 있기 전부터 점진적인 향상 경향을 보여주기 때문에 관찰된 향상이 단지 정책영향에 기인한다고 말하기 어렵다. '그림 F'의 경우, 정책적 간여에 의한 영향을 유추할 때, 정책적 간여 이전의 평균과 정책적 간여 이후의 평균을 산출해 비교하게 되는데, 비교 결과는 통계적으로 유의미하다고 할 수 있지만, 이러한 결과가 반드시 정책적 간여의 영향이라고 단언하기 어렵다.

### (2) 비동질적 통제집단설계

앞서 살펴본 시계열설계에 의한 준실험연구는 시간의 흐름에 따라 관찰을 수 차례 반복함으로써 정책영향에 대한 '설명 가능성(interpretability)'을 높이는 방법이다. 반면에 '비동질적 통제집단설계(nonequivalent control group designs)'에 의한 준실험설계는 자료를 수집하는 집단의 수를 증가시킴으로써 정책이 초래한 영향에 대한 설명 가능성을 높이는 방법이다. 예를 들어, 정책에 영향을 받지 않는 집단을 '사전 · 사후측정실험설계(pretest－posttest experimental design)'를 통해 수집된 자료와 정책집단으로부터 수집된 자료를 비교할 수 있도록 설계한다면, 이러한 방법의 준실험설계는 연구의 내적 타당성을 높일 수 있다. 즉, 그 집단이 정책 대상

**그림 13-4 비동질적 통제집단설계에 의한 준실험연구**

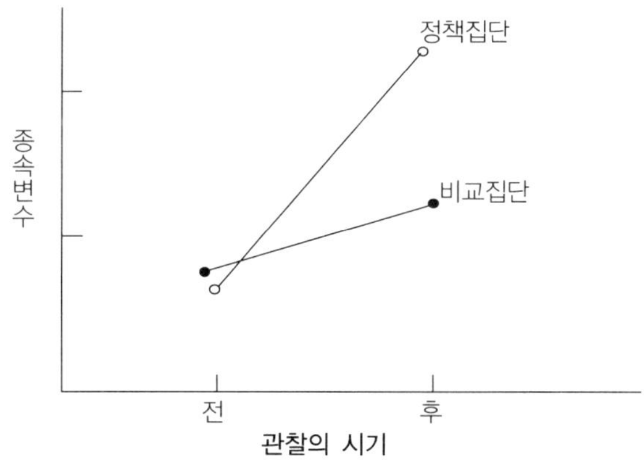


출처: Posavac & Carey(1989: 163).

집단과 비교될 수 있을 정도로 구성될 수 있다면, 이러한 연구설계는 대부분의 내적 타당성을 만족시키기에 충분하며, 이러한 준실험설계를 '비동질적 통제집단설계'라고 한다. 여기서 '비동질적 통제집단'은 '비교집단'이라고 불리기도 한다.

'비동질적 통제집단설계'를 통한 준실험연구에서는 정책 대상집단에 대한 사전측정과 사후측정 간에 차이와 '비교집단'에 대한 사전·사후측정 간의 차이를 비교해 정책영향을 추론한다. 포사박과 카레이(Posavac & Carey 1989: 162−163)는 비동질적 통제집단설계를 통한 준실험연구를 [그림 13−4]를 통해 보여준다.

만약 [그림 13−4]와 같이, 정책집단과 비교집단이 관찰되었다면, 정책이 성공적으로 의도한 영향을 가져왔다고 할 수 있으며, 변량분석을 통해서 유의미한 결과를 얻을 수 있을 것이다. 여기서 비교집단의 운영은 연구의 내적 타당성을 저해할 수 있는 성숙 요인과 역사적 요인을 최소화하기 위함이다. 즉, 비교집단은 정책집단과 같은 시점에서 사전·사후측정되기 때문에, 같은 정도의 성숙 요인과 역사적 요인에 노출되어 있어 측정으로부터 야기되는 내적 타당성의 저해 요인으로부터 자유로울 수 있다.

'비동질적 통제집단설계'의 취약점은 선정된 비교집단이 정책집단과 동질적이지 못할 때 나타난다. 이러한 문제를 극복하기 위해, 비교집단을 선정할 때, '짝짓기

(matching)' 방법을 통해 정책집단과 유사한 비교집단을 선정하기도 한다. 여기서 '짝짓기'란 비교집단을 선정할 때, 정책집단과 유사한 속성을 가진 집단을 선택하는 것을 뜻하며, 예를 들어 비슷한 '소득 수준', '시험 점수', '교육 수준', '주거지' 등과 같은 기준에 의해 정책집단과 비교집단을 유사하게 구성하는 방법을 말한다. 이러한 '짝짓기' 방법에 의한 비교집단의 구성은 '통계적 회귀(statistical regression)' 요인에 의한 영향을 감안해야 한다고 많은 학자들이 지적하고 있다(Crano & Brewer, 1986; Posavac & Carey, 1989). 그러나 '회귀 요인'에 의한 내적 타당성의 결여는 비단 '비동질적 통제집단설계'만이 가지고 있는 고유한 문제이기보다는 준실험설계의 모든 유형에 적용될 수 있는 문제이다. '비동질적 통제집단설계'는 준실험설계의 한 유형으로 정책집단과 비교 가능한 집단이 있을 때 정책의 영향을 평가할 수 있는 매우 유용한 방법이다.

### (3) 회귀불연속설계

정책이나 프로그램은 모든 수혜집단을 포함해야 하지만, 정치적 · 경제적인 이유 때문에 제한적인 범위에서 집행되기도 한다. 이러한 경우, 즉 제한적인 범위 내에서 이루어진 정책의 영향을 평가할 때, 또 다른 유형의 준실험설계를 생각해 볼 수 있다. 이와 유사한 정책이나 프로그램의 예로는 '파일럿(pilot)' 프로그램으로 새로운 정책이나 프로그램이 정치적 · 경제적인 이유 혹은 불확실한 효과 등의 이유로 정책 대상집단 전체를 대상으로 실시되기 이전에 제한된 범위 내에서 실험적으로 운영되는 정책이나 프로그램을 들 수 있다. '회기불연속설계'는 이러한 정책이나 프로그램의 평가연구에 사용될 수 있는 좋은 방법이다.

회귀불연속설계는 정책이나 프로그램이 실질적으로 혜택을 받을 수 있는 모든 대상을 포함하지 못하고 제한된 범위 내에서 이루어졌을 때, 정책에 의해 혜택을 받을 자격은 있지만 받지 못한 부류를 통제집단으로 활용해 정책이나 프로그램의 영향평가를 수행하기 위해 구성된다(Nachmias, 1979: 66). 즉, 정책이나 프로그램의 대상이 되어 실질적으로 영향을 받은 집단을 '실험집단(experimental group)'으로 보고, 자격은 있으나 정책이나 프로그램의 영향을 받지 못한 집단을 '비교집단(comparative group)'으로 활용해 정책실험을 할 때, 회귀불연속설계에 의한 준실험연구를 하게 된다.

회귀불연속설계는 앞서 설명한 바와 같은 방법으로 실험집단과 비교집단을 구성하게 되나, 이들 집단의 구성은 무작위로 이루어지기보다는 명확한 '구분점(cutting point)'에 의해 선별된다. 이러한 '구분점(cutting point)'에 의한 회귀불연속설계의 기본 논리는 티슬레웨이트와 캠벨(Thislethwaite & Campbell, 1960)의 '장학금이 수혜자의 미래에 대한 영향에 관한 실험연구'에서 찾아볼 수 있으며, 그들은 학생들이 장학금을 받은 지 10년 후 그 영향에 대해 다음과 같이 설명한다(Nachmias, 1979: 67).

[그림 13-5]에서 X축은 장학금 수여 이전의 학업성취도이며, Y축은 졸업한 지 10년이 지난 시점의 연봉이다. [그림 13-5]에서 볼 수 있듯이, 높은 학업성취도를 보인 학생들이 장학금을 지급받았으며, 이들 학생들은 졸업 후 10년이 지난 시점에서 다른 학생들보다 더 높은 연봉을 받고 있는 것으로 나타났다. 물론 장학금의 수여가 졸업 후 사회 생활에 영향을 미친다는 인과적 관계는 문제가 있다. 왜냐하면 일반적으로 학업성취도가 높은 학생이 사회에서 성공할 수 있는 확률이 더 높기 때문에 장학금을 수여하지 않더라도 졸업 후 높은 연봉을 받을 수 있기 때문이다.

**그림 13-5 회귀불연속설계와 구분점**

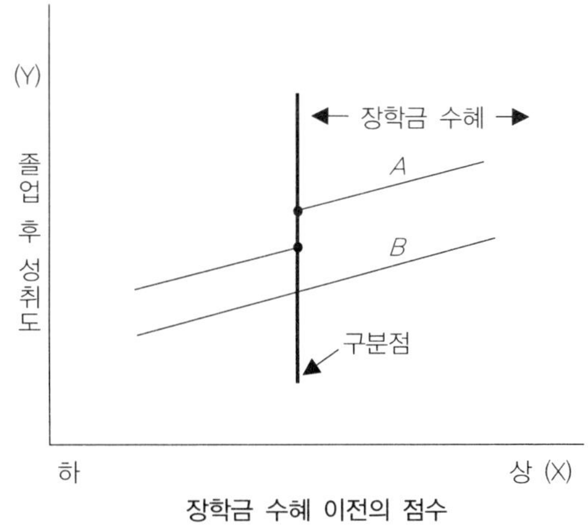


출처: Nachmias(1979: 67).

캠벨(Campbell, 1969)은 장학금의 수여 여부에 따라 '구분점'을 기준으로 장학금을 받은 집단과 받지 못한 집단으로 구분하고 그들의 졸업 후 연봉을 조사함으로써 장학금의 영향을 유추해 내고 있다. [그림 13−5]에서 볼 수 있듯이, '불연속 회귀선 A'는 장학금 수여 이전에 학업성취도가 높은 집단이 장학금 수여와 관계없이 높은 학업성취도를 보이며, 그들 집단에게 장학금 수여가 실질적으로 부가적 영향을 미쳤다는 것을 보여준다. 반면에 '회귀선 B'는 장학금 수여가 학업성취도에 영향을 미치지 않는 경우를 말한다.

이상과 같이, 장학금 수여의 영향을 평가하기 위해 장학금을 수여한 집단을 구분점으로 측정한 결과, 장학금을 수여한 집단과 그렇지 못한 집단은 학업성취도 측면에서 불연속 회귀선으로 나타났으며, 이것은 졸업한 지 10년이 지난 후 그들의 연봉에도 그대로 반영되어 장학금의 영향을 추정할 수 있었다. [그림 13−5]에서 볼 수 있듯이, 정책집단, 즉 장학금 수여집단의 불연속 회귀선과 장학금을 수여하지 못한 집단의 회귀선의 수직적 차이가 장학금의 영향으로 평가된다. 정책이 초래한 영향을 평가하기 위해 이상의 예에서와 같이 특정 기준에 따라 구분점을 두어 회귀선이 연속 혹은 불연속하는지를 관찰해 그 정책의 영향을 평가하는 방법을 '회귀불연속설계'에 의한 준실험연구라고 한다.

# 제 14 장

# 정책종결과 정책연구의 미래 전망

## 제 1 절 정책종결의 개념

브레워와 드레온(Brewer & DeLeon, 1983: 4)은 공공 부문의 '종결(termination)'을 정부의 특정 기능, 프로그램, 정책, 조직 등에 대한 계획적인 '중단(cessation)'이라고 한다. 즉, '종결'은 계획된 행위로서 의도적으로 특정 공공조직이나 정책을 중단하는 것을 말한다. 이러한 브레워와 드레온의 종결에 대한 정의는 '정책의 변화'나 '법의 개정' 등과 같이 정부의 기능이나 역할을 재조정하는 것을 포함하지 않을 뿐만 아니라, 실질적인 정부 예산의 삭감으로 인해 조직 규모를 축소하거나 정책 대상 범위를 제고하는 등의 '감량경영(cutback management)' 등도 포함하지 않는다. 같은 맥락에서, '종결'은 중앙정부에서 지방정부로 행정 업무가 이관된 것과 같이, 특정 정책이나 프로그램의 집행조직이 변경된 것을 뜻하지 않는다. '종결'은 말 그대로 '결론'이며, 정부의 기능, 조직, 정책, 프로그램 등의 중단을 뜻한다. '종결'은 정부 예산의 삭감과 같은 실질적인 이유 때문에 변화하게 되는 정책, 프로그램, 조직의 재조정이나 정부에서 제공하던 공공 서비스를 민간 부문에서 제공하게 되는 전환 등은 포함하지 않는다.

정책종결은 인지된 정책 문제를 해결하는 마지막 정치 과정인 동시에, 합리적 의사결정으로 취급된다. 정책종결 단계는, 많은 학자들이 지적하고 있다시피, 정책이나 프로그램을 재조정하거나, 해결해야 할 문제를 재정의, 재구성하는 새로운 정책 과정이 시작되는 단계로 인식되기도 한다(Brewer & deLeon, 1983: 7).

### 1. 정책종결의 원인

드레온(DeLeon, 1983: 631-647)은 정책종결 사례들을 검토한 후, 그 '이유' 혹은 '범주'를 세 가지로 나눈다. 그에 따르면, 정책을 종결하는 첫 번째 원인은 '예산의 부족이나 결핍(financial imperatives)'으로부터 기인한다. 정책이나 프로그램이 감당하기 어려울 정도로 적자가 누적될 때, 혹은 정부 예산이 삭감되어 기존의 정책이나 프로그램을 감당할 수 없을 때, 정책이나 프로그램은 종결된다. 둘째, '정부

능률성(governmental efficiency)'이 문제가 되어 정책이나 프로그램이 종결될 수 있다. 즉, 정책이나 프로그램에 소요되는 비용과 공급되는 서비스의 질과 양을 감안해 과다한 비용이 드는 정책이나 프로그램은 종결될 수 있다. 셋째, 정책은 '정치적 이념(political ideology)' 때문에 종결되기도 한다. 예를 들어, 진보적인 정권이 추구하던 정책은 보수적인 정권이 집권하게 되면 정치적인 이유로 종결될 수 있다.

정부 예산, 정부 능률성, 정치적 이념 등의 이유로 정책이나 프로그램이 종결될 수 있다. 벤(Behn, 1976: 151−171)과 대니얼스(Daniels, 1995: 301−316)는 공통적으로 '공공 서비스의 제공 방법'이 변화하게 되면 기존의 정책이나 프로그램이 종결된다고 주장한다. 따라서 정책종결의 네 번째 원인은 '공공 서비스의 전달 방법에 대한 관점의 변화'이다. 예를 들어, 기존의 관료제에 의한 일률적인 서비스 제공 방식에서 민영화, 공공 부문의 위탁 운영, 민간 부문과의 합작 등과 같은 새로운 방법에 의해 공공 서비스가 제공된다면, 기존의 방법에 의해 제공되던 서비스는 종결된다.

오스본과 게블러(Osborne & Gaebler, 1993)는 기업가적 정부 경영에 의한 정부의 재구성을 제안한다. '신공공관리(new public management)'와 시장에 의한 '거버넌스(governance)'는 기존의 관료제로부터 새로운 공공 서비스의 제공 방법에 대한 논의이며, 이러한 공공 서비스의 생산과 소비에 대한 관점의 변화는 기존의 정책을 종결시키는 이유가 된다. 다섯째, 정책종결은 정책결정자들에게 '중요한 학습(critical learning)'의 일환으로 일어날 수도 있다. 즉, 후기 산업화 사회의 특징 가운데 하나인 빠른 사회 변화와 이로 인한 불확실성의 증가는 정책결정자들로 하여금, 정책의 성패를 가늠할 수 있는 예측 능력을 현저히 저하시키기 때문에 그들은 과거 혹은 현재의 실패를 통해 얻은 경험에 따라 기존의 정책을 종결시키기도 한다. 정책적 시행착오를 거듭하면서 정책결정자들은 정책 문제 해결을 위한 학습을 하게 되고, 실패한 정책이나 프로그램이라고 판단된다면, 그 정책이나 프로그램은 과감히 종결시킨다. 이상에서 볼 수 있듯이, 정책이나 프로그램은 다양한 이유에서 종결되며, 구체적으로 정책은 '예산의 부족', '능률성의 저하', '정치적 이념 문제', '공공 서비스의 제공 방식의 변화', '시행착오' 등에 의해 종결된다.

## 2. 정책종결의 유형

정책을 종결한다는 것은 '정부의 기능'이나 '조직'을 종료시킨다는 것과 같기 때문에 정부조직과 기능을 구별하는 것은 실질적으로 어렵다. 드레온(DeLeon, 1978)은 정책종결의 유형 혹은 대상을 정부의 기능, 조직, 정책, 프로그램으로 나눈다.

첫째, '정부의 기능(government functions)'이란 정부조직과 정책을 통해서 제공되는 공공 서비스를 말한다. 즉, 기능이란 서비스를 뜻하며, 여기서 공공 서비스는 공익의 범주에서 공적으로 정의된 것으로, 정부에 의해 제공되는 것, 제공되지 않는 것, 제공되기 불가능한 것 등을 포함한다. 정부의 기능은 '정부의 역할'과 '정부의 책임'이라는 개념과 밀접한 관계를 가진다. 즉, 정부의 역할과 책임 가운데 하나는 공공 서비스를 제공하는 것이며, 이러한 정부의 특정 기능을 종결시킨다는 것은 정부에 의해 제공되던 시비스를 중단하는 것을 말한다. 드레온은 정부의 특정 기능의 종결은 큰 저항을 가져오게 된다고 주장한다.

둘째, '조직(organization)'의 종결이다. 조직이란 정부기관을 구성하고 있는 고용자 집단이며, 조직은 공공 서비스를 제공하기 위한 정부의 기능과 밀접한 관계가 있다. 정부조직은 일반적으로 영속하는 것을 특징으로 하지만 앞서 설명한 '정부의 기능'을 중단시키는 것보다 쉽게 종결시킬 수 있다. 왜냐하면 정부조직은 종결되더라도 그들이 수행하던 기능은 다른 조직에 의해 수행될 수 있기 때문이다.

셋째, '정책(policy)'의 종결이다. 정책이란 정부 기능을 실현하는 전략이며, 드레온은 정책종결의 이유를 다음과 같이 네 가지로 나눈다. ① 조직은 일반적으로 조직 자체를 희생시키기보다는 실패한 정책을 종결시켜 조직을 보존하려 한다. 따라서 조직을 해체시키기보다는 실패한 정책을 종결시키고 새로운 정책을 추진하려는 경향이 있다. ② 일반적으로 정부조직은 정치적 지지자들을 고정적으로 가지고 있기 때문에 조직보다는 정책을 종결시키기 쉽다. ③ 정책은 조직보다 평가가 수월한 만큼, 조직보다는 정책종결이 비교적 쉽다. ④ 조직에 대한 불만의 표출은 조직 그 자체에 주어지기보다는 조직이 담당하는 정책에 주어지기 마련이다. 따라서 불만 해소가 필요한 경우, 조직보다는 정책을 종결시켜 조직을 존속시키게 된다. 정책종결에 대한 논의는, 대부분의 경우 '정부 기능'이나 '조직'과 같은 근본적인 문제보다는 정부가 문제 해결을 위해 선택한 구체적인 전략인 '정책'에 초점을 맞추어 연구되고 있다.

넷째, '프로그램(program)'의 종결이다. 프로그램은 정책보다 비교적 종결시키기 쉽다. 즉, 프로그램은 정부가 결정한 정책을 집행하기 위해 구체적으로 고안된 세부계획인 만큼, 만약 프로그램이 능률적이지 못하거나 효과적이지 못하다면, 다른 프로그램으로 대체하거나 종결시키기 쉽다.

대니얼스(Daniels, 1997: 8−9)는 정책종결의 대상과 유형을 설명하면서, 종결시킬 때 가장 어려운 것으로 '정부의 기능'을 들고 있고, 그 다음으로 '조직', '정책', '프로그램'의 순서로 종결의 수월성을 계층적으로 말한다. 그는 종결의 수월성이 저항의 강도와 관련이 있으며, 저항의 강도가 가장 큰 것은 역시 '정부의 기능'이라고 주장한다.

## 제 2 절 정책종결의 연구 경향

정책종결에 대한 연구는 사례 중심으로 이루어져 일반화된 지식 축적이 미흡한 것으로 알려져 있다. 정책종결 분야가 중요한 주제로 부각된 적은 없지만, 다양한 학자들에 의하여 끊임없이 논의되어 오늘에 이르고 있다. 정책종결에 대한 연구의 중요한 전환점이 된 중요 계기와 대표적인 학자들의 연구를 중심으로 정책종결 분야에 대한 학문적 경향과 특성에 대해 살펴보면 다음과 같다.

### 1. 1976년 정책종결에 대한 심포지엄

1976년 바르다크가 주관한 심포지엄은 정책종결에 대해서 지금까지 알려진 사실과 선행 연구들을 종합하는 계기가 되었으며, 심포지엄의 결과는 『정책학(*Policy Sciences*)』 논문집으로 발표되었다. 바르다크(Bardach, 1976: 123−131)는 심포지엄의 서두에서, 심포지엄을 개최하게 된 동기를 정책종결과 관련된 모든 논의를 종합해 “종결이 왜 일어나고 그것의 장애 요인은 무엇인가?”를 체계적으로 논의하기 위함이라고 하였다. 그에 따르면, 정책종결이란 ‘정책 채택(policy adoption)’의 특수한 사례이다. 즉, “정책 A를 채택하기 위해서는 정책 B를 종결시킬 필요가 있기 때문에 종결은 다른 정책의 채택으로 이어진다.” 이러한 정책 채택 방법은 ‘정책 B’를 옹호하는 사람들에게는 큰 관심사가 아닐 수 없다. 왜냐하면 다원적 민주주의 사회에서 기존의 정책은 그 분야에 대한 균형을 의미하기 때문이다. 즉, 특정 정책이 종결되었다는 것은 그 문제와 관련된 분야에 새로운 균형점이 생겼다는 것을 뜻하기 때문에, 그 문제와 이해관계가 있는 사람들은 큰 관심을 갖지 않을 수 없다.

바르다크(Bardach, 1976: 123－131)에 따르면, 정책종결은 일시적으로 일어나는 폭발과 같이 이루어지는 방법과 시간을 두고 점진적으로 일어나는 방법이 있으며, 전사는 종결에 대한 저항을 물리적 강제력에 의해 일시적으로 제압하는 방법이고, 후자는 종결 대상이 되는 정책에 필요한 자원을 점차적으로 줄여 종결에 이르게 하는 방법이다.

바르다크(Bardach, 1976: 123－131)는 정책종결에 반응을 보이는 사람들을 세 가지 유형으로 분류해 첫째, 특정 정책에 대한 ‘반대론자(oppositionists)’, 둘째, 특정 정책을 종결시킴으로써 다른 정책에 대한 자원의 재분배를 고려하려는 ‘능률주의자(economizer)’, 셋째, 기존의 정책을 종결시키는 것은 새로운 혹은 더 나은 정책을 만들 수 있는 기회가 될 수 있다는 입장에서 정책종결을 옹호하는 ‘혁신론자(reformer)’가 있을 수 있다고 주장한다.

### 1) 정책종결의 어려움

정책이 종결되기 어려운 이유를, 바르다크(Bardach, 1976: 123－131)는 다음과 같이 다섯 가지로 말한다. 첫째, 정책은 처음 만들어질 때부터 그 정책이 필요로 하는 자원을 장기적으로 확보하고 있기 때문이다. 둘째, 정책은 나름대로 그 정책을 지지하는 계층이 있기 마련이며, 그 정책을 종결시킨다는 것은 지지자들과 종결하려는 사람과의 정치적 · 경제적 · 사회적 마찰을 의미하기 때문에 종결은 늘 어렵다. 셋째, 정치인들은 자신들이 결정한 정책이 실수였다는 사실을 받아들이지 않는 경향이 있기 때문에 정책은 종결되기 어렵다. 넷째, 정책이나 프로그램을 종결시킨다는 것은 단순히 기존 정책을 중단시키는 것에 그치지 않고, 그와 관련된 사람들이 일자리를 잃게 된다는 것을 말하므로 종결은 쉽지 않다. 다섯째, 특정 정책이나 프로그램을 종결시켜야 한다는 정치적 동기가 충분치 않을 경우 기존의 정책이나 프로그램은 종결시키기 어렵다.

### 2) 정책종결의 조건

바르다크(Bardach, 1976: 123-131)는 정책종결을 유인해 내는 '조건들(conditions)'을 다음과 같이 설명한다. 첫째, '행정부의 변화(administrative changes)'는 종결을 촉진하는 조건이 된다. 즉, 기존의 정책결정에 관여하지 않았던 사람들이 새로이 정책을 담당하게 되면 기존의 정책은 종결되기 쉽다. 둘째, 특정 정책이나 제도가 '정치적 이념(political ideology)'과 관련된 문제에 직면하게 되면, 그 정책이나 제도는 종결되기 쉽다. 셋째, '정치적 혼란(political turbulence)'은 정치지도자에게 새로운 정책이나 제도를 모색케 함으로써 기존의 정책이나 제도가 종결되기 쉽다. 넷째, 기존의 정책이나 제도가 현실 문제를 개선할 수 있는 가능성이 없다고 판단되면, 종결은 쉽게 일어날 수 있다. 다섯째, 정책목표가 성취된 경우, 또한 그 정책이나 프로그램이 종결되도록 설계되어 있는 경우, 정책이나 프로그램은 쉽게 종결될 수 있다.

빌러(Biller, 1976: 133-149)는 1976년 '정책종결에 대한 심포지엄'에서 정책종결에 대한 논의가 "정책이나 조직을 종결시킬 것인가 혹은 존속시킬 것인가라는 문제보다는 정책이나 조직이 언제, 어떻게, 어떤 조건 하에서 종결되어야 하는가라는 문제에 초점을 맞추어 이루어져야 한다"고 주장한다. 특정 정책에 대한 종결은 새로운 정책에 필요한 자원을 마련할 수 있는 계기가 되기 때문에 필요하며, 정책이나 프로그램이 공공 문제를 해결 혹은 완화시키거나 과업을 완수했다면, 종결되어야 한다. 또한 그는 정책이 종결되어야 하는 이유를 정책의 실패에서 찾고 있다. 그는 정책이 실패했다면, 역시 새로운 정책에 필요한 자원을 제공하기 위한 수단으로 그 정책은 종결되어야 한다고 본다.

빌러(Biller, 1976: 133-149)는 정책종결을 '관료적 접근에 의한 정책종결'과 '시장 중심적 접근에 의한 정책종결'로 나누며, '관료적 접근에 의한 정책종결'이란 관료제에 의하여 제공되는 공공 서비스의 중단을 뜻하며, '시장 중심적 접근에 의한 정책종결'이란 대부분의 경우 한시적으로 제공되는 공공 서비스의 중단을 말한다. 예를 들어, '관료적 접근에 의한 정책'은 도로 보수와 같이 영구적인 속성을 지니며, '시장 중심적 접근에 의한 정책'은 '뉴딜 정책'과 같이 불경기에 시행되었던 직업교육 프로그램과 같이 한시적인 특성을 지닌다. 정책을 종결하는 방법은 그 정책의 특성에 따라야 한다.

## 2. 카우프먼의 조직퇴출

카우프먼은 '조직종결'에 대한 연구를 처음한 학자이며, 그는 1976년과 1985년 두 권의 저서에서 조직을 '생명체(living organism)'에 비유한다. 만약 조직이 생명체와 유사하다면, 조직은 출생, 성숙, 노화, 사망과 같은 순환을 가지고 있어야 하며, 조직의 '사망(death)'은 조직의 탄생으로부터 시작해 조직이 최종적으로 겪어야 할 자연적이고 필연적인 결과이다. 그러나 조직은 생명체와 유사하게 탄생과 성숙은 하지만, '사망'에 쉽게 도달하지는 않는다. 따라서 조직을 유기체에 비유해 조직종결을 논의하려면, '사망' 단계는 유기체와 구분될 필요가 있다(Kaufman, 1976: 25).

카우프먼(Kaufman, 1976: 25)은 정부조직의 종결을 연구하기 위해, 1923년부터 1973년까지 미국 정부조직을 조사해 50년 동안 얼마나 많은 공공조직이 탄생하고 종결되었는지를 검토했다. 그 결과 1923년의 175개의 조직이 1973년에도 존재했으며, 약 15%인 27개의 조직만이 종결되었음 알게 되었다. 또한 그는 사기업을 대상으로 같은 기간 동안 얼마나 많은 조직이 종결되었는지를 검토한 결과 공공조직보다 2배가 넘는 수의 조직이 종결되었다고 보고한다. 이러한 사실에 따라 카우프먼은 "왜 공공조직이 사조직보다 수명이 긴가?"라는 문제에 대해 '점진적인 의사결정에 의한 부분적인 변화가 공공조직을 종결로부터 자유롭게 만든다'고 결론맺는다. 또한 그는 정부조직의 종결 이유를 살펴보면 다른 어떤 이유보다도 그 조직이 '불운(bad luck)'했기 때문이라고 한다.

1985년 조직종결에 대한 카우프먼의 후속연구에서, '조직이 종결되는 이유는 조직의 생존을 위한 에너지와 필요한 자원이 고갈되었기 때문'이라는 가정에 의해, '조직진화(organization evolution)'의 한 형태로 '조직발전(organization development)'에 대해 말한다. 카우프먼(Kaufman, 1985: 27)에 따르면, 조직의 '종결' 혹은 '퇴출'은 '체제 유지의 실패', '조직의 진화 능력 부족', '새로운 환경에 대한 부적응' 등으로부터 비롯된다. 물론 조직은 타의에 의해 종결되기도 하는데, 즉, 조직이 체제 유지, 진화, 환경에 적응 잘하더라도 정치 · 이념 · 사회 · 경제 등의 이유 때문에 종결되기도 한다. 그에 따르면, 이러한 정부조직은 불운한 조직이며, 대체로 정부조직은 영속하기 마련이라고 주장한다. 정부조직이 영속할 수 있는 이유는 그 조직의 '탄력성(resiliency)' 때문이다. 카우프먼(Kaufman, 1985: 141)은 정부조직의 탄력성을 다음과 같이 설명한다.

"정부조직은 '탄력성(resiliency)', 즉 '제자리로 돌아오는 힘'을 가지고 있는데, 정부조직의 탄력성의 정도는 그 조직의 '분업(division of labor)', '직업적 전문성(occupational expertise)', 조직의 '교육 수준(educational level)', 연구기관과 도서관과 같은 '문화기관(cultural institutions)'과의 상호작용, '의사소통의 양과 속도', 조직이 소비하는 '에너지의 양', '조직의 밀도' 등에 의해 결정된다." 대부분의 경우, 정부조직은 시간이 지남에 따라 조직의 탄력성을 결정하는 요인들이 증가하게 되어 위기나 충격에도 잘 견디는 탄력성을 지니게 되며, 그는 조직이 종결될 수 있는 확률이 가장 큰 시기는 이러한 요인들이 '두툼해지기(thicken)' 이전인 조직의 창립 초기라고 주장한다.

카우프먼(Kaufman, 1976; 1985)의 '정부조직의 퇴출' 혹은 '사망'에 대한 가설이 이론으로 받아들여지기까지는 더 많은 검증이 필요하다. 이와 관련하여, 다수의 학자들이 그의 가설을 사례연구를 통해 검증하고 있다. 예를 들어, 뮬러(Mueller, 1988: 719−725)는 카우프먼의 조직종결이론을 1974년 '국가건강계획과 자원개발법(National Health Planing and Resources Development Act)'의 사례를 통해 검증하고 있다. '국가건강계획과 자원개발법'은 처음 제정된 이후, 20여 년 동안 미국의 대표적인 사회정책으로 사회의 각계각층으로부터 폭넓은 지지를 얻어 장수하던 정책이었다. 카우프먼(Kaufman, 1976; 1985)의 조직종결에 대한 이론에서 제시하고 있듯이, 그 정책은 의회 주도로 결정되었기 때문에 의원들의 강력한 정치적 지지를 확보하고 있을 뿐만 아니라, 전문가 집단의 폭넓은 지지와 비교적 작은 예산을 필요로 해, 소수의 비판에도 불구하고 장수하는 법안으로 인식되었다. 그러나 1980년대 중반 레이건(Ronald Reagon) 행정부가 그 정책을 대체할 수 있는 법안을 제정하고, 관련 위원회에 그 정책에 반대하는 의원들을 배속시킴에 따라, 그 정책에 반대하거나 적대적인 이익집단들이 나타나게 되어, 결국 그 정책은 행정부에 의해 예산이 대폭 삭감되어 종결에 이르게 된다. 뮬러(Mueller, 1988: 719-725)는 그 정책이 종결된 이유를 변화하는 환경에 적응하지 못했기 때문에 예산 삭감이라는 결과를 초래하게 되었고, 결국 카우프먼의 조직종결이론에서 설명한 여러 증상이 나타나 종결에 이르게 되었다고 지적한다.

채커리언(Chackerian, 1996: 25-47) 역시 카우프먼의 조직종결이론에 의해 미국 주정부 차원의 조직 쇠퇴와 종결에 대해 말한다. 그에 따르면, 주정부 차원의 대대적인 '조직 재구성(reorganization)'은 약 25년 주기로 반복되며, 매년 대대적인 조직 재구성이 일어날 확률은 약 3%에 이른다. 또한 그는 카우프먼이 지적하고 있듯이, 공공조직은 사조직보다 오랫동안 존속하나, 85년 간을 살펴보았을 때, 공공조직이 사기업보다 영속한다는 주장은 옳지 않다고 말한다. 결론적으로, 채커리언(Chackerian, 1996: 45-46)은 주정부 차원에서 조직혁신의 일환으로 일어나는 조직종결이 사회·경제적 변수와 연계되어 있다고 확언하기는 어렵지만 이러한 변수들은 장기적으로 정부조직 종결에 영향을 미치는 것으로 판단되며, 정부조직 종결 역시 정확한 시간이나 그것을 야기시키는 요인을 밝히기는 어렵지만, 조직종결은 주기적으로 반복된다고 주장한다. 아울러 그는 정부조직 종결의 시기는 모든 상황을 종합하여 정치지도자들에 의한 것이며, 카우프먼의 정부조직 종결이론이 정부조직의 쇠퇴나 퇴출을 설명하는 데 매우 유용하다고 결론맺고 있다.

## 3. 드레온의 종결의 정치

정책종결에 대한 논의에서, 드레온(DeLeon, 1978a; 1978b; 1983; 1987; 1997)의 연구를 빼놓을 수 없다. 그는 정책종결을 '합리적 의사결정의 결과'라기보다 '정치적 결정에 의해 크게 좌우되는 정치 현상'으로 본다. 드레온은 '정책종결(policy termination)'을 정부의 기능, 조직, 정책, 프로그램 등에 대한 계획적인 '중단(cessation)'이라고 한다. 그는 정책이 종결되는 이유를 '예산의 부족이나 삭감', '정책의 비능률성', '정치적 이념' 등에서 찾고 있으며, 정책종결의 장애 요인을 다음과 같이 여섯 가지로 나눈다(DeLeon, 1978: 379-386).

첫째, '지적 꺼림(intellectual reluctance)'이다. 사람들은 정책의 결함을 지적하거나, 더 이상 적실성이 없다고 말하기보다, 그 정책으로부터 얻을 수 있는 것에 관심을 갖는다. 이러한 '지적 꺼림'은 효과적인 정책종결을 가로막는다.

둘째, '제도의 항구성(institutional permanence)'이다. 공공조직과 정책은 다수의 지지자들이 있기 때문에 대체적으로 항구성을 띤다. 다원적 민주사회에서 한번 만들어진 제도는 다수의 지지자들 때문에 영속하는 경향이 있으며, 이러한 관료적 혹은 제도적 항구성은 정책종결을 가로막는다.

셋째, '동태적 체계(dynamic systems)'는 종결의 걸림돌이 된다. 조직이나 정책은 환경의 변화에 민감하게 반응한다. 빠르게 변화하는 환경에 적응하는 조직의 동태성은 종결을 어렵게 만든다.

넷째, '종결에 반대하는 연합(antitermination coalitions)'의 존재이다. 정치적으로 영향력이 큰 집단이 정책의 종결에 부정적일 때, 정책종결은 어려움에 직면한다. 종결 예정인 정책과 이해관계가 있는 집단들은 '연합'을 구성해 조직적으로 반대할 수 있으며, 이러한 정책은 종결되기 어렵다.

다섯째, '법적 장애 요인(legal obstacles)'을 들 수 있다. 종결을 요하는 정책이 때로는 법적·제도적 종결 절차 때문에 지연될 수 있다.

여섯째, '고비용(high start-up cost)'은 정책종결을 가로막을 수 있다. 기존의 정책이 종결되어야 함에도 그 정책에 이미 투자된 상당한 매몰비용은 그 정책을 지속적으로 추진하도록 한다. 이 경우, 정책종결은 쉽지 않다.

드레온(DeLeon, 1987; 1997)에 따르면, 정책종결은 합리적이기보다 정치적인 경우가 많기 때문에, 정책이 종결되는 근본적인 이유를 '능률성의 결여', '예산의 부족' 등에서 찾기보다 정치 체제가 추구하는 '기본적 가치와 이념'에서 찾는 것이 옳다.

## 4. 1997년 정책종결에 대한 심포지엄

1976년 심포지엄이 처음 열린 이래, 1997년 두 번째 정책종결에 대한 심포지엄이 개최되었다. 1997년 심포지엄에서는 모두 다섯 편의 논문이 발표되었으며, 『*International Journal of Public Administration*』에 수록되었다. 이들 논문들은 카우프먼과 드레온의 정책종결이론과 그간의 연구에서 축적된 정책종결 분야에 대한 일반적인 지식을 사례연구를 통해 검증하는 것은 물론 종결에 대한 다채로운 면을 다루고 있다.

첫 번째 논문의 저자들인 베스트, 테스크와 민트롬(Best, Teske, & Mintrom, 1997)은 '주간 통상위원회(Interstate Commerce Commission)'의 종결 사례를 통해서 '종결의 시기(timing of termination)'에 대해 연구했다. 그들은 '종결의 시기'는 '종결 방법'보다 분석해내기 어려우며, '종결의 시기'는 '정책 변화(policy change)'와 연계해 그 실마리를 찾을 수 있다고 주장한다. 정책종결의 적절한 시기는 정책의 균형점이 깨질 때, 즉 정책을 담당하고 있는 조직에 대한 지지와 지원이 점점 더 불안정해질 때이며, 이때 조직과 정책은 종결의 시점을 심각히 생각하게 된다.

프란츠(Frantz, 1997)는 '정책종결의 비용'을 공공의료시설의 종결 사례를 들어 다루고 있다. 그녀에 따르면, 정책종결이 비용 절감을 가져올 것이라는 기대는 잘못된 것이며, 대부분의 종결 사례를 감안할 때, 종결은 단기적으로 비용을 증가시킨다고 한다. 즉, '정책의 비능률성'과 '재정적자' 등은 정책종결의 큰 이유가 되나, 조직이나 정책을 종결시켜 전반적인 비용 절감 효과를 기대하기는 어렵다. 오히려 정책종결은 종결에 필요한 예산을 단기적으로 증가시킨다

그린우드(Greenwood, 1997)는 1980년대와 1990년대 영국의 정책종결 사례를 다루고 있다. 그는 드레온의 정책종결에 대한 '개념 틀'이 영국의 종결 사례를 조명

하는 데 설득력이 있다면서, 정책종결에 대한 연구는 그 정책의 종결뿐만 아니라, 종결된 이후에도 관심을 기울일 필요가 있다고 주장한다. 즉, 대부분의 프로그램들은 종결되더라도 유사한 프로그램으로 대체되므로, '종결'보다는 '정책 변화'나 '정책승계'에 관심을 가지고 종결 문제를 다루어야 한다는 것이다. 이러한 관점에서 그는 종결된 프로그램의 '사후 상태(life after death)'인 '정책승계'를 다루고 있다.

해리스(Harris, 1997)는 이스라엘 정부의 '키부츠짐(Kibbutzim)'이 심각한 예산 문제에 당면하게 되어 그 제도에 대한 정치적 지지를 잃었으나, 키부츠짐이 추구하는 이념이 그 당시 이스라엘의 집권당인 노동당이 추구하는 사회주의적·인본주의적 가치와 연계되어 있시 때문에 종결되지 않고 명맥을 유지해 가는 과정을 검토하고 있다. 해리스(Harris, 1997)의 이스라엘 사례연구 역시 "정치 엘리트집단이 추구하는 가치와 이념에 부합되는 조직이나 정책은 종결되기 어렵다"는 드레온의 정책종결에 대한 명제를 긍정적으로 입증하고 있다.

노리스-티렐(Norris-Tirrell, 1997)은 '비영리단체(nonprofit agency)'의 종결 사례를 다루고 있다. 그녀는 드레온의 정책종결모형과 카우프먼의 조직순환이론을 참고해 '아동재활 프로그램'의 종결 사례를 분석하고 있다. 그녀에 따르면, 비영리단체의 종결도 정부조직과 같이 드레온과 카우프먼의 종결모형에 의해 설명이 가능하며, 비영리단체의 종결은 그것을 결정하는 의사결정자의 역할이 공공조직의 경우보다 더 크다고 주장한다.

1997년 정책종결에 대한 심포지엄에서, 드레온(DeLeon, 1997)은 정책종결의 정치적 맥락을 다룬다. 최근 '종결'에 대한 논의는 매우 '역설(paradox)'적인 측면이 있으며, 일반 시민들은 정부에게 '균형예산(balanced budget)'과 그들에게 부과된 세금을 삭감할 것을 요구하지만, 그들에게 직접적인 영향을 미치는 정부 프로그램을 축소하거나 종결시키는 것은 강력히 반대한다. 예를 들어, 미국 국민들은 '스텔스 전폭기'의 개발과 유지에 필요한 예산을 대폭 삭감할 것을 요구하지만, 그 프로그램이 종료되어 지역사회에 미칠 경제적 영향을 감안해 그 프로그램의 폐지를 반대하는 역설적인 장면이 연출되는 것을 볼 수 있다. 드레온(DeLeon, 1997)은 "정책종결에 대한 이중성은 다원적 민주사회에서 늘 있기 마련이며, 이러한 이중성이 종결을 어렵게 만들며, 결과적으로 종결에 대한 결정은 늘 정치적인 속성을 띨 수

밖에 없다"고 한다.

## 5. 일몰법과 정책종결

'일몰법(sunset legislation)'이란 미국 연방정부의 모든 프로그램은 의회가 그 프로그램을 비준하지 않는 한 자동으로 종결되는 법안을 말한다. 일몰법은 1976년 미국 연방의회 의원인 머스키(Edmund Muskie)에 의해 발의된 법안으로, 일명 '머스키법안'이라고도 하며, 이 법의 목적은 예산의 점증적 증가를 방지하기 위한 제도이다(Behn, 1977: 103-118). 일몰법의 취지는 과거 미국 연방정부 프로그램의 기본인 '점증주의적 사고(incremental thoughts)'로부터 탈피해 '균형예산'을 이루려는 것이다. 모든 정책에 대한 종결·지속·축소·확대의 결정은 그 정책에 대한 '성과평가(performance evaluation)'에 따라 이루어지며, 일몰법은 모든 정책을 매 8년을 주기로 성과평가해 예산편성을 재검토한다.

벤(Behn, 1977: 104)에 따르면, 이 법은 특정 프로그램을 지속한다는 의회의 비준이 없는 한, 종결되는 것을 원칙으로 하지만, 특정 프로그램을 종결한다는 의회의 비준이 없는 한, 모든 프로그램은 지속한다는 가정으로 변질되는 경우, 그 법의 취지가 무색해 진다고 주장한다. 미국 연방의회의 수차례에 걸친 예산개혁에도 불구하고, 일몰법은 의회의 승인을 받은 적이 없다. 그 이유는 일몰법에 대한 비판 때문이다. 대표적인 비판으로는 연방정부의 모든 프로그램을 주기적으로 모두 성과평가를 한다는 것은 관료들에게 큰 부담일 뿐만 아니라, 만약 모든 프로그램을 주기적으로 평가하더라도 그 업무량을 감안한다면, 형식적인 평가 수준에서 그칠 수밖에 없기 때문이다. 이와 같은 이유에서 미국 연방의회는 일몰법을 승인한 적이 없으나, 미국 '주정부(state governments)' 차원에서 채택되어 정책종결의 제도적 장치로 활용되고 있다.

미국 주정부 차원에서 채택된 일몰법은 주 정부기관이나 프로그램을 일시에 종결시키기 위한 목적으로 활용되기보다는 기존의 공공기관과 프로그램을 총체적으로 평가하기 위한 제도로서 자리잡았다. 일몰법은 1976년 미국 콜로라도 주에서 처음 채택했으며, 6년 후 총 271개의 공공기관이 종결되었고, 많은 수의 공공기관이 재구성되거나 재창조되어 오늘에 이르고 있다. 일몰법은 1976년 처음 미국 주정부에 의해 채택된 이래, 미국 36개 주에서 운영되고 있으며, 모든 기관과 프로그램에 대한 평가주기는 6년에서 12년까지로 다양하다.

## 제 3 절 정책종결 연구의 과제

드레온(DeLeon, 1978b: 279－300)에 따르면, 정책종결 분야는 다음과 같은 세 가지 과제에 초점을 맞추어 연구되어야 한다. 첫째, 다양한 사례연구를 통해 종결의 다양한 유형을 범주화시켜야 한다. 둘째, 사례연구를 통해 조직과 정책을 종결시키는 요인들을 찾아내어, 정책종결을 설명할 수 있는 이론을 구성해야 한다. 셋째, 상기한 두 개의 과업을 통해 조직과 정책을 종결시킬 수 있는 실질적인 전략을 구체화해야 한다. 지금까지 '정책종결의 이유', '정책종결의 방법', '정책종결의 장애요인' 등의 논의는 다음과 같은 일곱 개의 일반화된 사실로 요약된다(Daniels, 1997: 69－80).

첫째, 정책종결은 경제적인 이유로 정당화될 수 없다. 일반적으로 성과평가를 통해 비능률적이라고 판단되는 정책은 종결되리라 생각되지만, 경제적인 기준은 종결의 기준이 되지 못한다. 즉, 정책은 다양한 범주의 공익을 목적으로 하는 만큼, 경제적 기준만을 감안한 종결 결정은 설득력이 떨어진다.

둘째, 정책종결은 정치적으로 이루어지며, 성공하기 어렵다. 종결되는 정책은 대부분 사회에서 '정치적 인기(political popularity)'가 없거나, 체제의 정치 이념과 부응하지 못하는 정책이다.

셋째, 정책종결은 종결에 반대하는 집단의 협조가 있어야 가능하다. 정책이 종결되지 못하는 이유는 그 정책의 종결에 반대하는 집단이 정치적 영향력을 행사하기 때문이다. 따라서 정책이 계획대로 종결되기 위해서는 그 정책의 종결에 반대하는 집단의 협조가 있어야 하고, 그 집단의 협조를 얻는 과정에서 타협과 협상이 이루어지기도 하며, 타협과 협상의 결과로 또 다른 비슷한 정책이 만들어지기도 한다.

넷째, '이념적 전환(changing ideologies)'은 정책종결로 이어진다. 예를 들어, 정권 교체로 인한 정치적 이념의 변화는 기존의 정책을 종결시킬 수 있다. 정치적 보수와 진보적 이념은 확연히 구분되며, 이러한 이념적 특성은 기존의 정책을 변화시킬 뿐만 아니라 종결시키기도 한다.

다섯째, 정책종결은 새로운 정책을 창출한다. 정책은 그 분야에 대한 사회적 균형을 말한다. 특정 정책이 종결되었다는 것은 그것을 대체할 또 다른 정책의 필요성으로 이어진다.

여섯째, 성공적인 정책종결을 예견하기란 매우 어렵다. 모든 정책이 유사한 종결 과정을 거치지 않기 때문에, 정책종결에 영향을 미치는 변수들의 상호작용을 분석하여 정책종결의 성패를 가늠하는 것은 어렵다.

일곱째, 정책종결은 역설적인 측면을 가지고 있다. 모든 이들이 찬성하고, 모든 이들이 반대한다. 효과가 없는 정책의 종결은 모든 사람들이 찬성하지만, 그 정책이 그들과 이해관계가 있다면, 종결에 반대하는 입장이 된다. 이러한 사실은 종결 업무를 담당하는 관료의 입장에서 보면 모든 이들이 찬성과 반대를 동시에 하는 것처럼 보인다. 대부분의 정책은 그 정책에 의해 혜택을 보는 집난과 불이익을 감수하는 집단이 있기 마련이며, 정책종결이 어떤 결과를 초래하는지는 그 정책의 종결에 어떤 입장을 취할 것인지에 영향을 미치게 된다.

대니얼스(Daniels, 1997: 80)는 "정책종결 분야는 아직 미완이며, 상기한 일곱 개의 '가정(hypotheses)'들을 사례연구를 통해 반복적으로 검증해 일반화된 지식을 축적할 필요가 있다"고 주장한다. 또한 오늘날 정치지도자들은 그들이 추구하고 있는 정책들을 조만간에 종결시키거나 전환시켜야 할 필요성에 직면하게 될 것이며, 그때 올바른 결정을 위해서 종결에 대한 다양한 지식과 전략을 습득할 필요가 있으며, 바람직한 정책종결에 대한 지식과 전략의 모색은 비교연구를 통해 이루어질 수 있다. 즉, 다양한 정책종결 사례를 분석해 중요한 변수들로부터 정책종결을 설명할 수 있는 이론을 구성하는 것은 물론, 국가 간 혹은 사회의 다양한 정책종결 사례를 비교하고 이들 사례들이 가지고 있는 유사성과 이질성을 찾아내 실제 정책종결에 응용할 수 있다면 의도한 정책종결을 성공적으로 집행할 수 있다.

## 제 4 절 정책연구의 미래 전망

### 1. 정책연구의 현주소

1951년 라스웰(Harold D. Lasswell)과 러너(Daniel Lerner)가 『정책학(*The Policy Sciences*)』을 발표한 이래, 많은 학자들의 정책적 사고와 논의는 정부의 기능과 역할을 연구하는 데 중심이 되었으며, 사회 문제 해결을 통해 축적된 경험과 지식은 정책연구의 근간이 되고 있다. 오늘날 이러한 정책학적 접근에 의해 일반화된 사실들에 대해 큰 의문을 제기하는 사람은 거의 없는 것 같다(Dryzek, 1989, 1990; Stone, 1988). 실제로 정책연구는 공공 부문이 직면한 문제를 해결하는 데 필요한 지식과 문제 해결 과정에 필요한 지식을 제공하는 데 기여했다.

이러한 경향은 21세기에도 크게 변하지 않고 있는 듯하다. 특히 정부관료제에 의해 공공 서비스가 일률적으로 제공되던 방법으로부터, 다양한 주체들이 경쟁을 통해 공공 서비스를 제공하게 됨으로써 정책분석과 평가에 대한 중요성은 한층 더 커졌다. 이러한 변화는 정부의 정책이나 프로그램의 효과를 분석하고 평가하는 전문기관과 학자들의 사회적 역할을 증대시켰으며, 그들의 활동 영역 역시 공공 부문에 한정되지 않고 사회의 다양한 분야에 '정책적 조언과 감시(policy advices and monitoring)'를 하는 것으로 인식되기에 이르렀다(Goldsmith & Eggers, 2004: 7−10).

이러한 정책연구의 사회에 대한 기여에도 불구하고, 기존의 정책연구에 대한 의미 있는 비판도 상당수 있다. 대표적인 비판으로는 첫째, 합리적 사고에 의한 정책과정에 대한 연구가 실질적으로 현실과 괴리되어 있음에도 불구하고 정책연구는 전통적으로 정부의 정책 과정을 정책형성, 정책집행, 정책평가 등으로 나누어 접근하고 있다는 사실이다.

둘째, 정책연구의 사회에 대한 기여와 관련된 문제이다. 오늘날과 같은 정책연구는 '후기 행태주의적 관점'에서 라스웰이 말한 바와 같이 '사회의 근본적인 문제해결'과 '인간 존엄성의 좀 더 충실한 실현'을 목적으로 수행되었다. 그러나 그 목적이 정책연구를 통해 얼마나 실현되었는지는 다시 생각해 볼 필요가 있다.

오늘날 정책연구의 문제는 정부의 정책학적 접근에 대한 수용 여부가 아니라, 정책연구로 '우리의 정부를 좀더 나은 것으로 만들 수 있는가'라는 유용성의 문제이다. 정책학을 포함한 응용 사회과학이 우리 정부를 좀 더 나은 것으로 만들 수 있다고 주장하는 학자들이 많이 있지만(Lasswell, 1951; Lynd, 1939; Kaplan, 1963; Merton, 1982), 실질적으로 정책학이나 응용사회과학이 우리 정부를 과거와 차별화시켰다는 증거는 찾아보기 힘들다고 주장하는 학자들도 있다. 정책연구가 민주적 가치의 실현에 도움이 된다고 생각되기보다는 문제 해결 시에 전문성에 의존해 기술적 · 관료적 횡포를 부추길 수 있다는 연구도 있다. 린드블롬과 코헨(Lindblom & Cohen, 1979: 7-8)은 우리 사회를 좀 더 나은 곳으로 만들기 위한 사회정책의 기본이 되는 '전문적 사회연구(professional social inquiry)'가 단지 '일상적인 지식(ordinary knowledge)'에 불과하다면서, 린드블롬(Lindblom, 1990: 17)은 사회과학적 연구의 사회적 기여에 대하여 다음과 같이 말하고 있다. "사회과학적 연구의 중요성과 유용성을 감안하더라도, 사회과학적 연구 결과가 사회에 기여한 부분은 단 한 곳도 찾아볼 수 없다." 물론 그의 주장이 과장되어 있지만, 오늘날 정책연구는 '학문적 목적' 이외의 다른 기여를 찾아보기 힘들다고 하는 학자들이 있다(DeLoen, 1994: 77-95). 드레온(DeLeon, 1994: 79)에 따르면, 정책연구가 사회문제 해결에 도움을 준 분명한 예도 찾아볼 수 있지만, 정책연구의 사회적 기여는 미미하고 단순한 사례 중심적인 연구 경향이 커서 앞서 설명한 정책연구에 대한 비판을 반박하기는 어렵다. 이러한 관점에서, '정책연구의 향후 과제'에 대한 논의는 정책연구 결과의 유용성을 증가시킬 수 있는 방법을 탐색하는 것이며, 이러한 논의의 완성은 먼저 '정책연구의 현황', '제기된 문제', '제기된 문제를 극복할 수 있는 새로운 가능성'을 차례로 살펴봄으로써 가능하다.

## 2. 정책연구의 경향과 과제

정책학의 목적이 '사회의 근본적인 문제 해결'과 '인간 존엄성의 충실한 실현'을 통해 우리 사회를 좀 더 민주적인 것으로 만드는 것인 만큼, 정책연구는 다학제 간에 매우 다양한 방법으로 연구된다. 정책학의 인접 학문으로는 경제학, 정치학, 행정학, 사회학, 사회심리학, 인류학 등이 있으며, 정책연구에 가장 큰 영향을 미친 학문으로는 경제학과 정치학을 들을 수 있다. 정책학의 연구 경향으로 먼저 경제학적 관점은 미시경제를 중심으로 '방법론적 논쟁'과 '실용성 문제'에 대해 많은 논쟁이 진행 중이며, 특히 정책대안의 비교 분석과 정책평가를 위한 '비용 · 편익분석'의 방법론과 실용성이 그 논쟁의 중심이 된다. 정치학적 관점에서는 가치 문제와 관련된 규범적 논쟁이 있으며, 특히 정책형성과 관련된 민주성, 형평성, 사회정의 등이 그 중심이 된다. 또한 행정학적 관점에서는 법 · 제도 · 표준운영 절차 등의 관리 차원에서 효과성, 능률성, 실현 가능성 등을 논제로 정책연구가 이루어지고 있다.

최근 정책연구의 경향은 '비용 · 편익분석' 중심으로 경제학적 관점에서 이루어지며, 정책연구가 이러한 경향을 띠게 된 이유는 미국 레이건(Ronald Reagon) 정부에서 모든 연방정부 프로그램에 대해 '비용 · 편익분석'을 의무화시킨 것이 큰 이유겠지만, 정책학을 연구하는 학자들이 행정학을 연구하는 학자들과 의식적으로 차별화시켜 온 탓이기도 하다(DeLeon, 1994: 79–80). 근래 들어, 다수의 학자들이 이러한 정책연구 경향에 대해 비판과 문제점을 제기하고 정책학의 향후 과제를 다음과 같이 제안하고 있다.

첫째, 경제학적 접근 방법으로 정치성이 농후한 정책연구를 한다는 것은 비논리적일 수밖에 없다. 왜냐하면 경제학적인 관점에서 정책을 연구하는 것은 실질적으로 정책 문제를 구성하고 있는 비경제학적 측면을 왜곡시킬 수 있기 때문이다. 즉, 정부의 정책으로 해결해야 할 많은 사회 문제들의 특성은 경제학적 특성도 있지만 강한 정치적인 특성을 갖는다(Jenkins–Smith, 1990: ch. 5).

둘째, '비용 · 편익분석'을 통한 정책연구는 비교적 그 분석 방법이 잘 적용되는 범주에 한정되어 이루어지고 있다. 이와 관련해, '비용 · 편익분석'의 체계적인 활용을 다시 생각해야 하며, 비용 · 편익분석에 의한 정책 결과에 대한 추론의 정확성을 확보할 수 있는 방법이 모색되어야 한다(DeLeon, 1994: 80).

이러한 정책학의 학문적 경향은 '실증주의(positivism)'의 영향에 기인한다. '실증주의'란 서구의 '계몽주의 시기(Age of Enlightenment)'에서 그 연혁을 찾아볼 수 있으며, 이러한 관점은 사회 현상이나 현실을 분석하는 데 좀 더 객관적이고, 합리주의적 발상을 말한다. 그러나 실증주의적 발상에 따라 추구되는 '합리성'이 얼마나 비현실적인지 우리는 잘 알고 있다. 즉, 정책연구의 합리성은 정책의 '정치적 맥락의 복잡성'과 '변화에 대한 저항'에 직면하게 되며, 실질적인 정책 문제 해결은 늘 '의도하지 않았던', 혹은 '고려하지 못했던' 결과들이 '의도한 합리적 결과'를 왜곡시킬 수 있다는 것을 알아야 한다.

셋째, 정책연구는 과학적 연구 대상이 아니라는 비판이 있다. 왜냐하면 정책결정을 위한 대안의 탐색과 최선의 대안을 최종적으로 추천하는 데 필요한 이론이 부재하기 때문이다. 즉, 정책연구를 위한 일련의 '명제(propositions)'는 존재하는데 그 명제들을 검증하기 위한 이론이 존재하지 않는다. 결국 이러한 문제에 직면한 정책연구는 더 이상 관심을 끌지 못하거나, 할 필요가 없는 분야로 생각될 수 있다.

넷째, 정책연구에 정책 수혜집단의 요구를 배제시킴으로써 발생하는 문제이다. 이러한 정책연구는 정책분석가들이 정책 수혜자들의 '요구', '결핍', '추구하는 가치' 등을 잘못 이해함으로써 발생한다. 피쉬킨(Fishkin, 1991: 57)은 이러한 현상을 "정책의 정치로부터의 단절"이라고 말한다. 정책연구가 관료들에게 정책결정의 구실을 마련해 주는 역할만 하기 보다는 실질적인 정책 문제 해결에 '정책 수혜자들의 요구'를 반영해 '민주적 가치를 실현'할 수 있는 방안이 검토되어야 한다.

## 3. 정책연구의 향후 과제

드레온(DeLeon, 1994: 83-85)은 미래의 정책연구 방향을 다음과 같이 제안한다. 첫째, 정책 문제에 대한 실질적인 '다학제 간의 접근 방법(interdisciplinary approach)'을 찾아야 한다. 현재 정책연구는 경제학적 관점에서 합리적인 정책결정을 위한 대안들의 분석·평가가 주종을 이루고 있으며, 이러한 경향은 정책의 다른 과정에 대한 연구를 상대적으로 등한시하는 결과를 가져왔다. 정책 문제가 매우 복잡하고 다양한 만큼, 합리적인 정책 수단에 대한 분석과 평가만으로 해결을 기대하기 어려우며, '광범위한 사회과학자(a wider spectrum of social scientists)'들에 의해 지금까지 상대적으로 무시되었던 분야들을 포함해 포괄적으로 이루어져야 한다.

예를 들어, 사회심리학자들은 정책결정자 집단과 정책 대상집단의 행태에 관한 연구를 통해 그것을 유형화시켜야 하며(Kahneman et al., 1982; Stern, 1986), 정치학자들은 제도와 가치 문제를 정책 문제와 결부해 폭넓게 연구해야 하고(Moe, 1984, 1990; March & Olsen, 1989), 행정학자들은 '공공관리(public management)'와 '정부 간 관계(intergovernmental relations)'에 초점을 맞추어 연구할 필요가 있으며, 마지막으로 사회학자들은 '사회 · 경제분석(socio-econimic analysis)'을 통해 사회 변화를 체계적으로 다룰 수 있어야 한다. 이러한 다학제 간의 연구가 정책 문제 해결에 적용되었을 때, 실질적인 사회 문제 해결을 기대할 수 있다.

둘째, 정책은 하버마스(Jürgen Habermas)류의 '비판이론(critical theory)'과 '후기 실증주의(post-positivism)'에 입각해 연구되어야 한다(DeLeon, 1994: 85). '비판이론'은 '타당성 있는 정책연구의 범주'를 매우 폭넓게 정의하고 있으며, 그 가운데에는 정책학의 전통적이고 지배적인 '자연과학적 패러다임(natural sciences paradigm)'과 경제학적 관점의 '합리적 행위자 모형(rational actor model)'도 포함되며, 광범위한 사화과학 분야가 정책연구에 관여해야 한다고 주장한다.

이와 병행해, '후기 실용주의 패러다임'은 '평등주의적 관점(egalitarian perspective)'에서 기존의 정책연구에서 다루고 있는 '정책행위자(policy actors)'보다 더 다채로운 정책참여자들을 감안해 정책을 연구할 것을 권하고 있다. 이러한 관점은 드레온(DeLeon, 1990)과 더닝(Durning, 1993)에 의해 '참여적 정책분석(participatory policy analysis)'이라고 불리기도 한다.

정책연구를 '비판이론'과 '후기 실용주의'에 입각해 수행해야 한다는 것은 기존의 '합리적 정책분석'이나 '경제학적 관점'을 포기하라는 것이 아니다. '후기 실용주의'의 관점에서 정책연구는 '규범적(normative)' 혹은 '가치 비판적(value-critical)' 정책분석을 뜻하며(Rein, 1978; 1983), 이러한 접근에 의한 정책연구는 정책분석과 정책결정을 위한 전략과 기법에 정치적 요소를 가미한 것으로 보인다(Stone, 1988). 이러한 맥락에서, 드레온(DeLeon, 1994: 86)은 위에서 논의한 정책연구의 새로운 방향을 '정책 전문관료의 독점'으로부터 탈피해 정책연구의 창시자인 라스웰이 주장한 '민주주의 정책학(policy sciences of democracy)'으로 회귀하는 것이며, '정책 과정에 대한 지식'과 정책 과정에 필요한 지식'을 축적해 궁극적으로 '인간의 존엄성을 좀 더 충실하게 실현'하기 위함이라고 주장한다. 또한 그는 정책연구의 새로운 방향을 실현할 수 있는 방안을 제안한다.

첫째, '기존 정책연구 패러다임의 수정'이다. 이것은 전통적인 과학적 접근 방법의 포기를 말하지 않는다. 다만 정책연구를 할 때, 익숙한 연구 도구나 방법에 정책 문제를 맞추지 말고, 정책 쟁점에 따라 문제 해결 방법을 달리하는 것을 말한다. 즉, 앞서 설명한 '비판이론'과 '후기 실용주의' 관점을 받아들여 '다학제 간의 접근 방법'을 수용해야 한다. 이와 관련하여, 카플란(Kaplan, 1963: 92)은 다음과 같이 말한다. "정책은 효과적이기 위해서 과학적이어야 한다. 그러나 여기서 '과학적'이라는 말은 단순히 실험실의 '도구(paraphernalia)'나 '기법(techniques)'을 뜻하지 않는다. '과학적'이란 말은 경험에 바탕을 둔 것으로 그것을 적용해 스스로 모순을 제거하는 실질적인 합리성을 말한다. 이러한 관점에서 정책은 경험을 통해 축적된 모든 지식이 자유롭게 활용되어 문제를 해결했을 때 과학적이라고 할 수 있다." 따라서 정책연구는 '경제적 합리성'만을 고집하지 말고, 그것을 포함한 '다학제 간의 연구 경험에 의한 축적된 지식'을 활용해 정책에서 다루어야 할 '문제의 맥락', '과정', '정책 수혜집단' 등의 특성을 포괄적으로 감안해야 한다.

둘째, 정책연구는 '민주적 정책 과정의 발전'에 기여해야 한다. 민주적 정책 과정의 발전을 위한 연구는 '참여적 정책연구'를 통해 이룰 수 있다. 참여적 정책연구는 새로운 정책을 설계할 때 다양한 사회집단을 참여시켜 정책에 대한 호응을 이끌어내는 것을 의미하며, 이러한 관점에서, 정책연구는 문제 해결의 합리성만을 고집하지 말고 문제가 해결되는 '정책환경'을 늘 감안해야 한다. 즉, 정치적 영향력이 큰 집단의 이해관계뿐만 아니라, 정책과 관련된 모든 이들의 의견을 수렴할 수 있는 정책연구가 이루어져야 한다.

셋째, '정책의 정의와 설계'에 비중을 두어 연구할 필요가 있다. '정책의 정의와 설계'에 비중을 더 둘 필요가 있다는 것은 앞서 설명한 '민주적 정책 과정의 발전'의 연장선에서 그 필요성을 찾아볼 수 있다. 정책 문제를 해결하기 위해 먼저 정책 문제를 구성해야 한다. 정책 문제의 구성은 다양한 정책 대상집단의 이해관계를 반영해 민주적으로 이루어질 것이 기대되지만, 실질적인 문제의 정의와 구성은 소수의 정책 전문가들에 의해 이루어지기 마련이다. 아론(Aaron, 1978: 17)은 정책 문제를 해결하기 위한 노력은 시간이 지날수록 보수적인 특성을 강하게 띠게 된다면서, 그 이유로 '사회 문제의 복잡성', '다원주의 사회의 균형', '새로운 정책에 대한 실패의 두려움' 등을 들고 있다. 이러한 이유로 정책은 '점증적(incremental)', '만족(satisficing)'할 만한 수준, '진흙탕을 헤쳐 나가는(muddling through)' 등으로 표현되는 과정을 거쳐 단지 '부분적인 변화(marginal changes)'만을 추구하는 것이 정책 문제를 성공적으로 해결하는 방법으로 생각되었다. 이러한 경향은 정책 문제 해결을 보수적으로 만들뿐만 아니라, 전문가 집단에 크게 의존하는 결과를 만든다. 정책연구는 정책과 관련된 모든 이들의 의견을 수렴해 반영하는 '민주적 정책 과정의 발전'에 큰 비중을 두어 연구되어야 한다.

# 참고문헌

[국내 문헌]

손철성(2003). 마르크스 『독일 이데올로기』. 서울대학교 철학사상연구소.

______(2004). 마르크스 『자본론』. 서울: 서울대학교 철학사상연구소.

신중섭(1992). 포퍼와 현대의 과학철학. 서울: 서광사.

안해균(1990). 정책학원론. 서울: 다산출판사.

______(1992). 정책학원론. 서울: 다산출판사.

이유선(2012). 실용주의. 경기: 살림출판사.

______(2006). 미국의 철학적 유산, 프래그머티즘: 듀이 & 로티. 경기: 김영사.

유 훈(1986). 정책학원론. 서울: 법문사.

정정길(2001). 정책학원론. 서울: 대명출판사.

채경석 · 김성윤 · 류지성(1996). 정책학원론. 서울: 대왕출판사.

______(1997). 정책학원론. 서울: 대왕출판사.

최장집(1987). 현대 한국정치와 국가. 서울: 법문사.

한상진(1984). 제3세계 정치체제와 관료적 권위주의. 서울: 한얼출판사.

[국외 문헌]

Allison, G. T.(1971). *Essence of Decision: Explaining the Cuban Missile Crisis*. Boston: Little, Brown.

Allmendinger, Philip(2002). "Towards a Post-Positivist Typology of Planning Theory." *Planning Theory*, 1(1): 77-99.

Almond, G. & Powell, G.(1966). *Comparative Politics: Developmental Approach*. Boston: Little, Brown.

______(1978). *Comparative Politics: System, Process, and Policy*. Boston: Little and Brown.

Anderson, James E.(1979). *Public Policy Making*(2nd ed.). New York: Holt, Renehart and Winston.

______(1984). *Public Policy Making.* New York: Holt, Rinehart and Winston.

Anthony, Robert N.(1965). *Planning and Control Systems: A Framework for Analysis.* Cambridge: Harvard University Press.

Arnstein, Sherry(1969). "A Ladder of Citizen Participation." *Journal of the American Institute of Planners*, 35(4): 216–224.

______(1971). "A Ladder of Citizen Participation in the USA." *Journal of the Town Planning Institute*, 57(4): 176–182.

Babbie, Earl(1983). *The Practice of Social Research*(4th ed.). Belmont, CA.: Wadsworth Publishing Co.

Bachrach, P.(1963). *The Theory of Democratic Elitism.* London: University of London Press.

Bachrach, P. & M. S. Baratz(1962). "Two Faces of Power." *American Political Science Review*, 56.

______(1970). *Power and Poverty.* Oxford: Oxford University Press.

Backman, Noeman(1977). "Policy Analysis in Government: Alternatives to Muddling Through." *Public Administration Review*, Vol. 37(May/June).

Bailey, S. K. & Mosher, E. K.(1968). *ESEA: The Office of Education Administers a Law.* Syracuse, N.Y.: Syracuse University Press.

Barber, Benjamin J.(1984). Strong Democracy: Participatory Politics for New Age. Berkeley: University of California Press.

Bardach, Eugene(1977). *The Implementation Game: What Happens After a Bill Becomes a Law.* Cambridge, Mass.: MIT Press.

Barrett, Susan M. & Fudge C.(eds.)(1981). *Policy and Action: Essays on the Implementation of Public Policy.* London: Methuen.

Bellamy, C. & Taylor J.(1992). "Informatisation and New Public Management: An Alternative Agenda for Public Administration." *Public Policy and Administration*, 7(3).

Bentley, Arthur F.(1967). *The Process of Government.* Cambridge, Mass.: Harvard University Press.

Berke, J. S., Kirst, M. W., Bailey, S. K. & Britell J. K.(eds.)(1972). *Federal Aid to Education: Who Benefits? Who Governs?.* Lexington, KY: Heath.

Bernstein, Richard J.(1976). *The Restructuring of Social and Political Theory*. Philadelphia: University of Philadelphia Press.

______(1983). Beyond *Objectivism and Relativism: Science, Hermeneutics, and Praxis*. Philadelphia: University of Pennsylvania Press.

Bertalanffy, Ludwig von(1968). *General Systems Theory*. New York: George Braziller.

Bevir, Mark(2010). *Democratic Governance*. Princeton: Princeton University Press.

Bishop, Patrick & Glyn Davis(2002). "Mapping Public Participation in Policy Choices." *Australian Journal of Public Administration*, 6(1): 14–29.

Black, Laura W., Burkhalter, Stephanie, Gastil, John, & Stromer–Galley, Jennifer (2009). "Methods for Analyzing and Measuring Group Deliberation." in *The Sourcebook of Political Communication Research: Methods, Measures, and Analytical Techniques*(ed.). R. Lance Holbert, New York: Rouledge: 323–345.

Blalock, Hubert M., Jr.(1964). *Causal Inferences in Nonexperimental Research*. Chapel Hill: University of North Carolina Press.

Bobrow, D. & Dryzek John S.(1987). *Policy Analysis by Design*. Pittsburgh: University of Pittsburgh Press.

Boswell, John, Hendriks, Carolyn M. & Selen A. Ercan(2016). "Message Received? Examining Transmission in Deliberative Systems." *Critical Policy Studies*, 10(3): 263–283.

Bottomore, T. B.(1966). *Elites and Society*. Harmondsworth: Penguin.

Boulding, Keneth(1958). *Principles of Economic Policy*. Englewood Cliffs: Prentice–Hall.

Braybrooke, David & Charles E. Lindblom(1963). *Strategy of Decision: Policy Evaluation as a Social Process*. New York: Free Press.

Brunner, Ronald D.(1991). The Policy Movement As a Policy Problem. *Policy Sciences*, 34: 65–98.

Buchholz, Rogene A.(1992). *Business Environment and Public Policy: Implications for Management and Strategy*. Englewood Cliffs, N.J.: Prentice–Hall.

Campbell, Donald T.(1969). "Reforms as Experiments." *American Psychologist*, Vol. 24 (April).

______(1982). "Experiments as Arguments." *Knowledge: Creation, Diffusion, Utilization*, Vol. 3: 327–337.

Campbell, Donald T. & Julian Stanley(1963). *Experimental and Quasi−experimental Designs for Research*. Chicago: Rand McNally College Publishing Co.

Cardoso, Fernando H. & Enzo Faletto(1978). *Dependency and Development in Latin America*. L.A: University of California Press.

Chadwick, G.(1971). *A System View of Planning*. Oxford: Pergamon.

Chelimsky, Eleanor(1985). *Program Evaluation: Patterns and Directions*. Washington D.C.: American Society for Public Administration.

Cobb, Roger W. & Charles D. Elder(1972). *Participation in American Politics: The Dynamics of Agenda Building*. Boston: Allyn and Bacan, Inc.

Cobb, Roger W., Jennie−Keith Ross, & Marc Howard Ross(1976). "Agenda Building as a Comparative Political Process." *APSR*, Vol. 70.

Cohen, Michael D., James G. March, & Johan P. Olsen(1972). "A Garbage Can Model of Organizational Choice." *Administrative Science Quarterly*, 17(March).

Cook, Thomas. D. & C. L. Gruder(1978). "Meta evaluation." *Evaluation Quarterly*, Vol. 2.

Cook, Thomas. D. & Donald T. Campbell(1979). *Quasi−Experimentation: Design & Analysis Issues for Field Settings*. Chicago: Rand McNally College Publishing Co.

Crano, W. D. & M. B. Brewer(1986). *Principles and Methods of Social Research*. Newton, Mass.: Allyn and Bacan.

Curato, Nicole, Dryzek, John S., Ercan, Selen A., Hendricks, Carolyn M. & Niemeyer, Simon(2017). "Twelve Key Findings in Deliberative Democracy Research." Daedalus, *The Journal of The American Academy of Arts & Sciences*, 146(3): 28−38.

Cyert, Richard M. & James G. March(1963). *A Behavioral Theory of the Firm*. Englewood Cliffs, N.J.: Prentice−Hall.

Dahl, Robert A.(1956). *A Preface to Democratic Theory*. Chicago: University of Chicago Press.

______(1957). "Concept of Power." *Behavioral Science*, Vol. 2: 201−205.

______(1958). "A Critique of the Ruling−Elite Model." *American Political Science Review*, Vol. 52.

______(1961). *Who Governs?*. New Haven: Yale University Press.

______(1972). *A Preface to Democratic Theory*. Chicago: University of Chicago Press.

Davies, B. B., Scherlock, K. & Rauschmayer F.(2005). "Recruitment, Composition, and Mandate Issues in Deliberative Processes: Should We Focus on Arguments Rather Than Individuals?." *Environment and Planning C–Government and Policy*, 23(4): 599–615.

DeLeon, Peter(1999). "The Missing Link Revisited: Contemporary Implementation Research." *Policy Studies Review*, 16(3).

Derthick, M.(1970). *The Impact of Federal Grants: Public Assistance in Massachusetts.* Cambridge, Mass.: Harvard University Press.

______(1972). *New Towns In–Town: Why a Federal Program Failed.* Washington, D.C.: Urban Institute.

______(1975). *Uncontrollable Spending for Social Services Grants.* Washington, D.C.: The Brookings Institution.

Dewey, John(2014). *The Public and Its Problems.* 정창호 · 이유선 옮김, 공공성과 그 문제들. 서울: 한국문화사

Downs, Anthony(1967). *Inside Bureaucracy.* Boston: Little, Brown & Co.

Dror, Yehezkel(1964), "Muddling Through–'Science' or Inertia?." *Public Administration Review*, Vol. 24.

______(1968). *Public Policymaking: Reexamined.* New Brunswick, N.J.: Transaction Publishers, 1989; Original Edition, Chandler Publishing Company.

______(1971). *Design for Policy Science.* New York: American Elsevier Publishing Company.

Dryzek, John S.(1989). "Policy Science of Democracy." *Polity*, XXII(1): 97–118.

______(1990). *Discursive Democracy: Politics, Policy, and Political Science.* Cambridge: Cambridge University Press.

______(1993). "Policy Analysis and Planning: From Science to Argument." in Fischer, Frank & Forester, John(ed.)(1993). *The Argumentative Turn in Policy Analysis and Planning*. Durham: Duke University Press: 213–232.

______(2000). *Deliberative Democracy and Beyond.* Oxford: Oxford University Press.

______(2005). "Handle with Care: The Deadly Hermeneutics of Deliberative Instrumentation." *Acta Politica*, 40(2): 197–211.

______(2009). "Democratization as Deliberative Capacity Building." *Comparative Political Studies*, Vol. 42: 1379–1402.

Dryzek, John S. & Hendriks, Carolyn M.(2012). "Fostering Deliberation in the Forum and Beyond." in Fischer, Frank & Herbert Gottweis(ed.). *The Argumentative Turn Revisited: Public Policy as Communicative Practice*. London: Duke University Press.

Dryzek, John S. & Niemeter, Simon(2008). "Discursive Representation." *American Political Science Review*, 102(4): 481－493.

Dunn, William N.(1981). *Public Policy Analysis*. Englewood Cliffs, N.J.: Prentice－Hall.

______(1993). "Policy Reform as Arguments." in Fischer, Frank & John Forester(ed.)(1993). *The Argumentative Turn in Policy Analysis and Planning*. Durham: Duke University Press.

Dunsire, A.(1995). "Administrative Theory in the 1980s: A Viewpoint." *Public Administration*, 73(1).

______(1978). *The Execution Process, Volume 1: Implementation in a Bureaucracy*. Oxford: Martin Robertson.

Dye, Thomas R.(1966). *Politics, Economics, and the Public Policy Outcomes in Fifty States*. Chicago: Rand McNally.

______(1976). *Policy Analysis*. Alabama: The University of Alabama Press.

______(1978). *Understanding Public Policy*. Englewood Cliffs, N.J.: Prentice－Hall, Inc.

______(1981). *Understanding Public Policy*(4th ed.). Englewood Cliffs, N.J.: Prinrice－Hall, Inc.

Easton, David(1953). *The Political System*. New York: Knopf.

______(1957). "An Approach to the Analysis of Political Systems." *World Politics*, No. 9(April).

______(1965). *Systems Analysis of Political Life*. New York: Wiley.

______(1969). *The Political System*. New York: Knopf.

Edwards III, George C.(1980). *Implementing Public Policy*. Washington D.C.: Congressional Quarterly Press.

Edwards III, George C. & Ira Sharkansky(1978). *The Policy Predicament: Making and Implementing Public Policy*. San Francisco: CA.: W. H. Freeman and Company.

Elmore, Richard(1978). "Organizational Model of Social Program Implementation." *Public Policy*, Vol. 26(Spring).

______(1980). "Backward Mapping." *Political Science Quarterly*, Vol. 94(Winter).

______(1985). "Forward and Backward Mapping: Reversible Logic in the Analysis of Public Policy." in K. Hanf & T. A. J. Toonen(eds.). *Policy Implementation in Federal and Unitary Systems: Questions of Analysis and Design*. Dordrecht: Nijhoff.

Elster, Jon(1983). *Sour Grapes: Studies in the Subversion of Rationality*. Cambridge, England: Cambridge University Press.

______(1986). "The Market and Forum: Three Varieties of Political Theory." *Foundations of Social Choice Theory, Jon Elster and Hylland Aanund*(ed.). Cambridge: The MIT Press.

Ercan, A., Hendriks, Carolyn M. & Boswell, John(2017). "Studying Public Deliberation After the Systemic Turn: The Crucial Role for Interpretive Research." *Politics & Policy*, 45(2): 195–218.

Estelle, James(1983). "How Nonprofits Grow." *Journal of Policy Analysis and Management*, Vol. 2: 350–375.

Etzioni, A.(1961). *A Comparative Analysis of Complex Organizations: On Power, Involvement, and Their Correlates*. New York: Free Press.

______(1967). "Mixed–Scanning: A Approach to Decision–Making." *Public Administration Review*, Vol. 27(December).

______(1968). *The Active Society: A Theory of Societal and Political Processes*. New York: The Free Press.

______(1986). "Mixed Scanning Revisited." *Public Administration Review*, Vol. 68(January/February).

Evaluation Research Society Standards Committee(1982). "Evaluation Research Society Standards for Program Evaluation." in *Standards for Evaluation Practice, New Directions for Program Evaluation*, No. 15(September). San Francisco: Jossey–Bass.

Evans, Peter(1979). *Dependent Development: The Alliance of Multi–national, State, and Local Capital in Brazil*. Princeton: Princeton University Press.

Evans, Peter, Rueschemeyer, Dietrich & Skocpol, Theda(ed.)(1985). *Bringing the State Back in*. Cambridge: Cambridge University Press.

Eyestone, Robert(1978). *From Policy Issues to Public Policy*. New York: Wiley.

Fay, Brian(1975). *Social Theory and Political Practice*. London: George Allen & Unwin Ltd.

Finer, Herman(1941). "Administrative Responsibility in Democratic Government." *Public Administration Review*, Vol. 1.

Fischer, Frank & Forester, John(ed.)(1993). *The Argumentative Turn in Policy Analysis and Planning*. Durham: Duke University Press.

Fischer, Frank(1985). "Critical Evaluation of Public Policy: A Methodological Case Study." in Forester, John(ed.)(1985). *Critical Theory and Public Life*. Cambridge. MA.: The MIT Press: 231−257.

Fischer, Frank & Herbert Gottweis(ed.)(2012). *The Argumentative Turn Revisited: Public Policy as Communicative Practice*. Durham: Duke University Press.

Forester, John(ed.)(1985). *Critical Theory and Public Life*. Cambridge MA.: The MIT Press.

______(1989). *Planning in the Face of Power*. Berkeley, CA.: University of California Press.

Foucault, Michel(1972). *The Archaeology of Knowledge*. London: Tavistock.

Fox, Charles J. & Miller, Hugh T.(1995). *Postmodern Public Administration: Toward Discourse*. London: Sage Publications, Inc.

Freeman, Howard E. & C. Clarence Sherwood(1970). *Social Research and Social Policy*. Englewood Cliffs, N.J.: Prentice−Hall.

Friedrich, Carl J.(1940). "Public Policy and the Nature of Administrative Responsibility." *Public Policy*, Vol. 1.

Frohock, Fred M.(1979). *Public Policy: Scope and Logic*. Englewood Cliffs, N.J.: Prentice−Hall.

Fuller, Steve(2003). *Kuhn vs Popper*. 나현영 역(2007), 쿤/포퍼 논쟁. 서울: 생각의 나무.

Funtowicz, S. B. & Ravetz, J. R.(1993). "Three types of Risk Assessment." in S. Krimsky & Golding(ed.). *Social Theories of Risk*. Praeger, Westport.

Gershuny, J. I.(1978). "Policymaking Rationality: A Reformulation." *Policy Sciences*, Vol. 9.

Giddens, Anthony(1972). *New Rules of Sociological Method*. New York: Basic Books.

Goggin, Malcolm L., Ann O'M. Bowman, James P. Lester, & Laurence J. O'Toole, Jr.(1990). *Implementation Theory and Practice: Toward a Third Generation*. Glenview, Ill.: Scott, Foresman and Company.

Golembiewski, Robert T.(1977). *Public Administration as a Developing Discipline, Part*

*I: Perspectives on Past and Present*. New York: Marcel Dekker.

Gough, I.(1979). *The Political Economy of the Welfare State*. London: Mcmillan.

Grindle, Merilee S.(ed.)(1980). *Politic and Policy Implementation in the Third World*. Princeton, N.J.: Princeton University Press.

Gouldner, Alvin W.(1980). *The Two Marxisms: Contradictions and Anomalies in the Development of Theory*. New York: The Seabury Press.

Habermas, Jürgen(1971). *Knowledge and Human Interests*. Jeremy J. Shapiro(tr.), Boston: Beacon Press.

Hall, Stuart(1977). "The Work of Representation." in Stuart Hall(ed.). *Representation: cultural Representation and Signifying practices*. London: Sage, in association with the Open University.

______(2013). "The Work of Representation." in Hall, Stuart, Jessica Evans & Sean Nixon(ed.)(2013). *Representation*. London: SAGE Publications Ltd: 1–60.

Hall, Stuart, Evans, Jessica & Nixon, Sean(ed.)(2013). *Representation*. London: SAGE Publications Ltd.

Haugaard, Mark(2002). *Power: A Reader*. Manchester: Manchester University Press.

Hague, Rod & Martin Harrop(1982). *Comparative Government: An Intorduction*. London: Macmillan Press.

Hanf, Kenneth(1982). "The Implementation of Regulatory Policy: Enforcement as Bargaining." *European Journal of Political Research*, Vol. 10(June).

Hargrove, Erwin C.(1975). *The Missing Link: The Study of the Implementation of Social Policy*. Washington D.C.: The Urban Institute.

Ham, Chritopher & Hill, Michael(1984). *The Policy Process In the Modern Capitalist State*. Sussex: Harvester Press.

Helco, H.(1972). "Review Article: Policy Analysis." *British Journal of Political Science*, 2.

______(1974). *Modern Social Politics in Britain and Sweden: From Relief To Income Maintenance*. New Haven: Yale University Press.

Hendriks, Carolyn M.(2007). "Praxis Stories: Experiencing Interpretive Policy Research." *Critical Policy Analysis*, 1(3): 278–300.

Hill, Michael & Peter Hupe(2002). *Implementing Public Policy*. London: Sage Publications.

Hjern, Benny & Chris Hull(1982). "Implementation Research as Empirical Constitutionalism." *European Journal of Political Research*, Vol. 10(June).

Hjern, Benny & David O. Porter(1981). "Implementation Structures: A New Unit of Administrative Analysis." *Organization Studies*, 2(3).

Hjern, Benny, Kenneth Hanf, & David O. Porter(1978). "Local Networks of Manpower Tranining in the Federal Republic of Germany and Sweden." *Interorganizational Policy Making: Limits to Coordination and Central Control*. London: Sage Publications.

Hogwood, Brian W. & Lewis A. Gunn(1984). *Policy Analysis for the Real World*. New York: Oxford University Press.

Hoppe, Robert(1999). "Policy Analysis, Science and Politics: From 'Speaking Truth to Power' to 'Making Sense Together.'" *Science and Public Policy*, 26(3): 201–210.

______(2011). "Institutional Constraints and Practical Problems in Deliverative and Participatory Policy Making." *Policy & Politics*, Vol. 10: 1–25.

______(2005). "Rethinking the Science–Policy Nexus: From Knowledge Utilization and Science Technology Studies to Types of Boundary Arrangements." *Poiesis Prax*, 3: 199–215.

Howarth, David & Geiggs, Steven(2012). "Poststructuralist Policy Analysis: Discourse, Hegemony, and Critical Explanation." in Fischer, Frank & Herbert Gottweis(ed.)(2012). *The Argumentative Turn Revisited: Public Policy as Communicative Practice*. Durham: Duke University Press.

Hunter, F.(1953). *Community Power Structure*. Chapel Hill: University of North Carolina Press.

Huntington, Samuel P.(1968). *Political Order in Changing Societies*. London: Yale University Press.

Ingram, Helen & Dean E. Mann(eds.)(1980). *Why Policies Succeed or Fail*. Beverly Hills, CA.: Sage Publication.

Jacobs, Lawrence R. & Skocpol, Theda(2005). *Inequality and American Democracy: Wat We Know and What We Need to Learn*. New York: Russell Sage Foundation.

Jenkins, W.(1978). *Policy Analysis*. London: Martin Robertson.

Jones, Charles O.(1984). *An Introduction to the Study of Public Policy*(3rd ed.). Monterey, CA.: Brooks/Cole Publishing Co.

Jordan, A. G. & J. J. Richardson(1987). *British Politics and the Policy Process: An Area Approach*. London: Allen & Unwin.

Kaplan, Abraham(1963). *American Ethics and Public Policy*. New York: Oxford University Press.

Kaufman, H.(1960). *The Forest Ranger: A Study in Administrative Behavior*. Baltimore: Johns Hopkins University Press.

______(1973). *Administrative Feedback: Monitoring Subordinates' Behavior*. Washington, D.C.: The Brookings Institution.

Kecskemeti, Paul(1952). The "Policy Sciences": Aspiration and Outlook. *World Politics*, 4: 520–535.

Kettl, D. F.(2000). "Public Administration at the Millennium: The State of the Field." *Journal of Public Administration Research and Theory*, 10(1).

Kingdon, John W.(1984). *Agenda, Alternatives, and Public Policies*. Boston: Little, Brown and Company.

Krasner, Stephen D.(1978). *Defending the National Interest: Raw Materials Investments and U.S. Foreign Policy*. Princeton: Princeton University Press.

Kuhn, Thomas S.(1970). *The Structure of Scientific Revolutions*. Chicago: The University of Chicago Press.

Langbein, Laura Irwin(1980). *Discovering Whether Programs Work: A Guide to Statistical Methods for Program Evaluation*. Santa Monica, CA: Goodyear Publishing Co., Inc..

Lasswell, Harold D.(1941). "The Garrison Sate." *American Journal of Sociology*, 46: 455–468.

______(1951). "The Policy Orientation." in Daniel Lerner(ed.). *The Policy Sciences*. Stanford: Stanford University Press.

______(1968). Policy Sciences. *International Encyclopedia of the Social Sciences*, Vol. 12: 181–189.

______(1951, 1971). *A Pre–View of Policy Sciences*. New York: Elsevier Publishing Co.

______(1970). The Emerging Conception of the Policy Sciences. *Policy Sciences*, 1(1): 3–14.

______(1971). *A Pre–View of Policy Sciences*. New York: American Elsevier Publishing Company, Inc.

Lasswell, Harold D. & Abraham Kaplan(1950, 1970). *Power and Society: A Framework for Political Inquiry*. Yale University Press.

Latham, E.(1952). *The Group Basis of Politics*. Ithaca: Cornell University Press.

Leach, Steve(1982). "In Defence of Rational Model." in Steve Leach & John Stewart (eds.). *Approaches in Public Policy*. London, UK.: George Allen & Unwin.

Levine, Charles, B. Guy Peters, & Frank J. Thompson(1990). *Public Administration Challenges, Choices, Consequences*. Glenview, IL: Scott, Foresman.

Lindblom, Charles E.(1959). "The Science of Muddling Through." *Public Administration Review*, Vol. 9(Spring).

______(1965). *The Intelligence of Democracy: Decesion Making through Mutual Adjustment*. New York: Free Press.

______(1977). *Politics and Markets: The World's Political−Economic Systems*. New York: Basic Books.

______(1979). "Still Muddling: Not Yet Through." *Public Administration Review*, 29(6).

Lindblom, Charles E. & Cohen, David K.(1979). *Usable Knowledge: Social Science and Social Problem Solving*. New Haven: Yale University Press.

Lipsky, Michael(1971). "Street−level Bureaucracy and the Analysis of Urban Reform." *Urban Science Quarterly*, Vol. 6.

______(1980). *Street−Level Bureaucracy: Dilemmas of the Individual in Public Services*. New York: Russell Sage Foundation.

Lowi, Theodore J.(1964). "American Business Public Policy, Case Studies and Political Theory." *World Politics*, Vol. XVI(July).

______(1969). *The End of Liberalism: Ideology, Policy and Crisis of Public Authority*. New York: Norton.

______(1972). "Four Systems of Policy, Politics, and Choices." *Public Administration Review*, 32(4)(July−August).

Lukes, S.(1974). *Power: Radical View*. London: Macmillan.

______(2005). *Power: A Radical View*(2nd ed.). New York: Palgrave.

______(2011). "In Defense of False Consciousness." University of Chicago Legal Forum: Vol. 2011, Article 3.

Majone, Giandomenico & Aaron Wildavsky(1978). "Implementation as Evolution." in *Policy Studies Review Annual* 1978(ed.). Beverly Hills: Sage Publications.

Malloy, James M.(1977). *Authoritarianism and Corporatism in Latin America*. Pittsburgh: University of Pittsburgh Press.

March, James G.(1994). *A Primer on Decision Making: How Decision Happen*. New York: The Free Press.

March, James G. & Herbert A. Simon(1958). *Organizations*. New York: John Wiley & Sons, Inc.

Marcuse, Herbert(1964). *One Dimensional Man*. London: Sphere Books.

Marx, Karl & Engels, Frederick(1967). *The German Ideology: Parts I & III*. New York: International Publishers.

______(1975). *Karl Marx and Frederick Engels: Collected Works*. Moscow Progress Publishers.

Mayer, I. S., van Daalen, C. E. & Bots, P. W. G.(2004). "Perspectives on Policy Analyses: A Framework for Understanding and Design." *Int. J. Technology, Policy and Management*, 4(2): 169–191.

Mazmanian, Daniel A. & Paul Sabatier(eds.)(1981). *Effective Policy Implementation*. Lexington, Mass.: Lexington Books.

______(1983). *Implementation and Public Policy*. Glenview, Ill.: Scott, Foresman.

McConnell, Grant(1966). *Private Power and American Democracy*. Berkeley: University of California Press.

McCoy, Matthew(2014). "False Consciousness and Democracy." Prepared for the Annual Meeting of the WPSA: 1–40.

McLellan, D.(1971). *The Thought of Karl Marx*. London: Macmillan.

McLoughlin, J. B.(1969). *Urban and Regional Planning*. London, UK: Faber.

Merton, Robert K.(1982). *Social Research on the Practicing Professions*. Cambridge: Abt Books.

Middlemas, K.(1979). *Politics In Industrial Society*. London: Andre Deutsch.

Miliband, R.(1969). *The State in Capitalist Society*. London: Weidenfeld & Nicolson.

______(1977). *Marxism and Politics*. Oxford: Oxford University Press.

Miller, G. A.(1956). "The Magical Number Seven, Plus or Minus Two: Some Limits on Our Capacity for Processing Information." *Psychological Review*, Vol. 63.

Mills, C. Wright(1956). *The Power Elite*. Oxford: Oxford University Press.

______(1963). "Culture and Politics." in C. Wright. Mills, *Power, Politics and People*.

Oxford: Oxford University Press.

Milward, H. B. & R. A. Francisco(1983). "Subsystem Politics and Corporatism in the United States." *Policy and Politics*, 11(3).

Misgeld, Dieter(1985). "Education and Cultural Invasion: Critical Social Theory, Education as Instruction, and the 'Pedagogy of the Oppressed": 77-118. in Forester, John(ed.)(1985). *Critical Theory and Public Life*. Cambridge, MA: The MIT Press.

Mitchell, Joyce M. & William C. Mitchell(1969). *Political Analysis and Public Policy*. Chicago: Rand McNally.

Mitroff, Ian I. & Francisco Sagasti(1973). "Epistemology as General Systems Theory: An Approach to the Design of Complex Decision-Making Experiments." *Philosophy of the Social Sciences*, Vol. 3.

Miyakawa, Tadao(ed.)(1999). *The Science of Public Policy*. New York: Routledge.

Montjoy, Robert S. & Laurence J. O'Tool, Jr.(1979). "Toward a Theory of Policy Implementation: An Organizational Perspective." *Public Administration Review*, 40(5).

Moon, J. Donald(1975). "The Logic of Political Inquiry: A Synthesis of Opposed Perspectives." in Fred I. Greenstein & Nelson W. Polsby(ed.). *Handbook of Political Science*, Vol. 1 Reading. MA: Addison Wesley: 131-228.

Mosca, Gaetano(1939). *The Ruling Class*. trans. H. D. Kahn. London: McGraw Hill.

Nachmias, David(1979). *Public Policy Evaluation: Approaches and Methods*. New York: St. Martin's Press.

Nagel, Stuart S.(1990). "Introduction: Bridging Theory and Practice in Policy/Program Evaluation." in Stuart S. Nagel(ed.). *Policy Theory and Policy Evaluation: Concepts, Knowledge, Causes, and Norms*. New York: Greenwood Press.

Nakamura, Robert T. & Frank Smallwood(1980). *The Politics of Policy Implementation*. New York: St. Martin's Press.

Nelkin, Dorothy(1984). *Controversy: Politics of Technical Decisions*(2nd ed.). Beverly Hills, CA: Sage Publications Ltd.

Nienaber, Jeanne & Aaron Wildavsky(1973). *The Budgetting and Evaluation of Federal Recreation Programs*. New York: Basic Books.

Nordlinger, Eric A.(1972). *Conflict Regulation in Divided Societies*. Cambridge, Mass.: Harvard University Press.

______(1981). *On the Autonomy of the Democratic State*. Cambridge, Mass.: Harvard University Press.

O'Connor, J.(1973). *The Fiscal Crisis of the State*. New York: St. Martin's Press.

O'Donnell, Guillermo A.(1973). *Modernization and Bureaucratic–Authoritarianism: Studies in South American Politics*. Berkeley: Institute of International Studies, University of California.

O'Toole, Laurence J., Jr.(1986). "Policy Recommendations for Multi–actor Implementation: An Assessment of the Field." *Journal of Public Policy*, 6(2).

______(1996). "Hollowing the Infrastructure: Revolving Loan Programs and Network Dynamics in the American States." *Journal of Public Administration Research and Theory*, 6(2).

______(1997). "Networking Requirements, Institutional Capacity, and Imple mentation Gaps in Transitional Regimes: The Case of Acidification Policy in Hungary." *Journal of European Public Policy*, 4(1).

______(2000). "Research on Policy Implementation: Assessment and Prospects." *Journal of Administration Research and Theory*, 4(1).

Ostrom, Vincent & Elinor Ostrom(1971). "Public Choice: A Different Approach to the Study of Public Administration." *Public Administration Review*, 31(2)(March/April).

Palumbo, Dennis J. & Donald J. Calista(eds.)(1990). *Implementation and the Policy Process: Opening Up the Black Box*. New York: Greenwood Press.

Paris, D. C., & Reynolds, J. F.(1983). *The Logic of Policy Inquiry*. New York: Longman.

Parry, G.(1969). *Political Elites*. London: Allen & Unwin.

Patton, Michael Quinn(1978). *Utilization–Focused Evaluation*. Beverly Hills, CA.: Sage Publications.

Pfiffner, John M.(1961). "Administrative Rationality." *Public Administration Review*, Vol. 20.

Poland, Orville(1977). "Program Evaluation and Administrative Theory." *Public Administrative Review*, Vol. 37(May/June).

Polsby, N. W.(1963). *Community Power and Political Theory*. New Haven: Yale University Press.

Posavac, Emil J. & Raymond G. Carey(1989). *Program Evaluation: Methods and Case*

*Studies*(3rd ed.). Englewood Cliffs, New Jersey: Printice-Hall.

Poulantzas, N.(1973). *Political Power and Social Classes*. London: New Left Books.

Pressman, Jeffrey L. & Aaron Wildavsky(1973). *Implementation*. Berkeley, CA.: University of California Press.

______(1984). *Implementation*(3rd ed.). Berkeley: University of California Press.

Quade, E. S.(1968). "Principles and Procedures of Systems Analysis." in E. S. Quade & W. I. Boucher(eds.). *System Analysis and Policy Planning*. New York: American Elsevier Publishing Co., Inc.

______(1975). *Analysis for Public Decisions*. New York: American Elsevier Publishing Co.

Richardson, Jeremy(1982). *Policy Styles in Western Europe*. Londeon: George Allen & Unwin Press.

Richardson, J. J. & A. G. Jordan(1979). *Governing Under Pressure*. Farnborough: Saxon House.

Ripley, Randall B. & Franklin, Grace A.(1982). *Bureaucracy and Policy Implementation*. Homewood, Ill.: The Dorsey Press.

Rist, R. C.(ed.)(1995). *Policy Evaluation: Linking Theory to Practice*. Aldershot: Edward Elger.

Robert, N.(2004). "Public Deliberation in an Age of Direct Citizen Participation." *American Review of Public Administration*, 3(1): 76-94.

Romzek, Barbara S.(1996). "Enhancing Accountability." in James L. Perry(ed.). *Handbook of Public Administration*(2nd ed.). San Francisco, Jossey-Bass Publishers.

Rosenbloom, David H.(1993). *Public Administration: Understanding Management, Politics, and Law in the Public Sector*(3rd ed.). New York: McGraw-Hill.

Rutman, Leonard(1980). *Planning Useful Evaluations: Evaluability Assessment*. Beverly Hills, CA: Sage Publications.

______(1984). "Evaluability Assessment." in Leonard Rutman(ed.). *Evaluation Research Methods: A Basic Guide*(2nd ed.). Beverly Hills, C. A.: Sage Publications, Inc.

Sabatier, Paul A.(1986). "Top-Down and Bottom-up Approaches to Implementation Research." *Journal of Public Policy*, 6(1)(January-March).

Sabatier, Paul A. & Daniel A Mazmanian(1979). Mazmanian, "The Conditions of Effective Implementation: A Guide to Accomplishing Policy Objectives." *Policy*

*Analysis*, 5(4).

______(1980). "The Implementation of Public Policy: A Framework of Analysis." *Policy Analysis Journal*, Vol. 8(Special Issue).

Salamon, Lester M.(1992). *America's Nonprofit Sector*. New York: Foundation Center.

Salisbury, Robert H.(1968). "The Analysis of Public Policy: A Serch for Theories and Roles." in Austin Ranney(ed.). *Political Science and Public Policy*. Chicago: Markham.

Sass, Jensen & Dryzek, John S.(2014). "Deliberative Culture." *Political Theory*, 42(1): 3−25.

Saunders, P.(1981). *Social Theory and Urban Question*. London: Hutchinson.

Schmitter, Philippe C.(1971). *Interest Conflict and Political Change in Brazil*. Stanford: Stanford University Press.

Schoderbek, Peter P., Asterios G. Kefalas, & Charles A. Schoderbek(1975). *Management Systems, Conceptual Considerations*. Dallas: Business Publications.

Schon, D. A.(1973). *Beyond the Stable State*. Harmondsworth: Penguin.

Schumpeter, J.(1949). *Capitalism, Socialism and Democracy*(2nd ed.). London: Allen & Unwin.

Scott, James(1969). "Corruption, Machine Politics and Political Change." *American Political Science Review*, 63(4)(December).

Simon, Herbert A.(1945). *Administrative Behavior*. Glencoe, Ill.: Free Press.

______(1947). "A Comment on The Science of Public Administration." *Public Administration Review*, 7(Summer).

______(1955). "A Behavioral Model of Rational Choice." *Quarterly Journal of Economics*, Vol. 69.

______(1957). *Administrative Behavior*(2nd ed.). New York: MacMillan.

______(1957). *Models of Man*. New York: John Wiley and Sons.

______(1976). *Administrative Behavior*(3rd ed.). New York: Free Press.

______(1978). "Rationality as Process and as Product of Thought." *American Economic Review*, Vol. 68.

______(1993). "Decision Making: Rational, Nonrational, and Irrational." *Educational Administrative Quarterly*, Vol. 29(August).

Skidmore, Thomas E.(1977). "The Politics of Economic Stabilization in Post War Latin

America." in James M. Malloy(ed.). *Authoritarianism and Corporatism in Latin America.* Pittdburgh: University of Pittsburgh Press.

Skocpol, Theda(1985). "Bringing the State Back in: Strategies of Analysis in Current Research." in Evans, Peter, Dietrich Rueschemeyer & Theda Skocpol(ed.). *Bringing the State Back in.* Cambridge: Cambridge University Press.

______(1979). *State and Social Revolution: A Comparative Analysis of France, Russia, and China.* Cambridge: Cambridge University Press.

______(1995). *Social Policy in the United States.* Princeton: Princeton University Press.

Skocpol, Theda & Rueschmeyer, Dietrich(ed.)(1996). *State, Social Knowledge, and the Origins of Modern Social Policies.* Princeton: Princeton University Press.

Smith, M. J.(1993). *Pressure, Power and Policy: State Autonomy and Policy Networks in Britain and the United States.* New York: Harvester Wheatsheaf.

Smith. G. & D. May(1980). "The Artificial Debate Between Rationalist and Incrementalist Models of Decision-Making." *Policy and Politics*, 8(2).

Stepan, Alfred(1978). *The State and Society: Peru in Comparative Perspective.* Princeton: Princeton University Press.

______(2001). *Arguing Comparative Politics.* New York: Oxford University Press.

Stepan, Alfred, Linz, Juan J. & Yadav, Yogendra(ed.)(2011). *Crafting State- Nations: India and Other Multinational Democracies.* Baltimore: The Johns Hopkins University Press.

Strauss, Harlan J. & L. Harmon Zeigler(1982). "The Delphi Technique and Its Uses in Social Science Research." in Bingham, Richard D. & Marcus E. Ethridge. *Reaching Decisions in Public Policy and Administration: Methods and Applications.* New York: Longman.

Stufflebeam, D.(1978). "Metaevaluation: An Overview." *Evaluation & the Health Professions*, Vol. 1.

Surowiecki, James(2005). *The Wisdom of Crowds.* New York: Anchor.

Thislethwaite, Donald L. & Donald T. Campbell(1960). "Regression-Discontinuity Analysis: An alternative to the Ex Post Facto Experiment." *Journal of Educational Psychology*, Vol. 51(December).

Thomas, J. C.(1990). "Public Involvement in Public Management: Adopting and Testing a Borrowed Theory." *Public Administration Review*, 82(4): 435-445.

Tilly, Charles(1985). "War Making and State Making as Organized Crime." in Evans, Peter, Dietrich Rueschemeyer & Theda Skocpol(ed.). *Bringing the State Back in*. Cambridge: Cambridge University Press.

Toulmin, Steven(1958, 1969). *Uses of Argument*. Cambridge: Cambridge University Press.

Truman, David B.(1953, 1959). *The Governmental Process: Political Interests and Public Opinion*. New York: Alfsed A. Knopf.

Turoff, Murry(1975). "The Policy Delphi." in Harold A. Linstone & Murry Turoff. *The Delphi Method*. Reading, Mass.: Addison-Welsley Publishing Co.

Van Meter, Donald & Carl Van Horn(1975). "The Policy Implementation Process: A Conceptual Framework." *Administration and Society*, 6(4).

Waldo, Dwight(1987). "What is Public Administration?" in Jay M. Shafritz & Albert C. Hyde. *Classics of Public Administration*. Chicago: The Dorsey Press.

Wallerstein, Immanuel(1976). *The Modern World-System: Capitalist Agriculture and the Origins of the European World-Economy in the Sixteenth Century*. New York: Academic Press.

Watson, Stephen R. & Dennis M. Buede(1989). *Decision Synthesis: The Principles and Practice of Decision Analysis*. Cambridge, England: Cambridge University Press.

Weber, Max(1958). "Politics as a Vocation" in *From Max Weber: Essays in Sociology* (ed.). H. H. Gerth & C. Wright Mills. New York: Oxford University Press.

______(1964). "The Fundamental Concepts of Sociology." in *The Theory of Social and Economic Organizations*(ed.). Talcott Parsons. New York: The Free Press.

______(1968). "Economy and Society: An Outline of Interpretive Sociology." Roth, Guenther & Claus Wittich(ed.). New York: Bedminster Press.

Weimer, David L. & Aiden R. Vining(1992). *Policy Analysis: Concepts and Practice*(2nd ed.). Englewood-Cliffs, N.J.: Prentice-Hall.

Weiner, M.(1962). *The Politics of Scarcity*. Chicago: University of Chicago Press.

Weir, Margaret & Skocpol, Theda(1985). "State Structures and the Possibilities for 'Keynesian' Responses to the Great Depression in Sweden, Britain, and the United States." in *Bringing the State Back in*. Cambridge: Cambridge University Press.

Weiss, Carol H.(1972a). *Evaluation Research*. Englewood Cliffs, N.J.: Preintice-Hall.

______(1972b). "Evaluating Educational and Social Action Programs: A Treeful of

Owls." in Carol H. Weiss(ed.). *Evaluating Action Programs*. Boston, MA.: Allyn and Bacon.

______(1984). "Increasing the Likelihood of Influencing Decisions." in Leonard Rutman (ed.). *Evaluation Research Methods: A Basic Guide*(2nd ed.). Beverly Hills, C.A.: Sage Publications, Inc.

Wheeler, William M.(1910). Ants: Their Structure, Development and Behavior. New York: Columbia University Press.

Wholey, Joseph S.(1979). *Evaluation: Promise and Performance*. Washington, D.C.: The Urban Institute.

______(1983). *Evaluation and Effective Public Management*. Boston: Little Brown and Company.

Wildavsky, Aaron(1969). "The Political Economy of Efficiency: Cost–Benefit Analysis, Systems Analysis, and Program Budgeting." *Public Administration Review*. (March/April).

______(1979). *Speaking Truth to Power: The Art and Craft of Policy Analysis*. Boston: Little Brown.

______(1979). *The Art and Craft of Policy Analysis*. London: Macmilan.

______(1984). *The Politics of the Budgetary Process*. Boston: Little, Brown and Company.

______(1987). *Speaking True to Power: the Art and Craft of Policy Analysis*. New Brunswick: Transaction Books.

Winkler, J.(1976). "Corporatism." *Archives Europeennes de Sociologie*. XVII(1).

Wolfe, A.(1977). *The Limits of Legitimacy*. New York: The Free Press.

Yin, Robert K.(1982). "Studying the Implementation of Public Programs." in Walter Williams & Associates(eds.). *Studying Implementation: Methodological and Administrative Issues*. Chatham, N.J.: Chatham.

# 찾아보기

## 인 명

## ㅁ



## ㅂ

ㅅ



ㅇ



ㅈ

ㅎ



## 사 항

ㄱ

ㄴ

ㅂ

ㅇ

## ㅈ

## ㅊ

## 류지성(柳志成)

[약 력]

단국대학교 법정대학 행정학과 졸업(행정학 학사)
단국대학교 대학원 행정학과 졸업(행정학 석사)
미국, 애리조나 주립대학교 대학원 졸업(행정학 석사)
미국, 애리조나 주립대학교 대학원 졸업(행정학 박사)
현재 단국대학교 사회과학대학 행정학전공 교수
행정고등고시 출제・채점・선제・면접 위원 등 역임
입법고시 출제・선제 위원 등 역임
행정・법무 대학원 원장, 특임부총장 역임
한국 동북아학회 부회장

[주요 저서 및 논문]

『신정책학 원론』(공저), 대왕사, 1994.
『신행정학 개론』(공저), 법문사, 1995.
『정책학 원론』(공저), 대왕사, 1996.
『사회과학 방법론』, 금왕출판사, 1999.
『정책학』, 대영문화사, 2007.
"정부혁신에 대한 지방공무원의 인식에 관한 연구"
"지방정부 혁신의 역동성 요인에 관한 연구"
"다원적 남북교류 협력 활성화를 위한 지방자치단체의 역할에 관한 연구"
"통일환경의 변화에 따른 전략적 정치사회화 방안에 관한 연구"
"한국 역대정권의 대북정책에 관한 비교연구"
"간여 시계열 분석에서 분산의 비정상성과 Log 변형"
"공공부문의 경쟁력 강화를 위한 조직발전전략"
"사례연구의 방법론적 고찰: 연구설계와 방법"
"문화콘텐츠 산업정책에 관한 연구: 정책공동체 연계 방안을 중심으로" 외 다수

전정판
**정책학**

**펴낸날** 제1판 제1쇄 2007년 2월 28일
전정판 제1쇄 2019년 3월 11일
**지은이** 류지성
**펴낸이** 임춘환
**펴낸곳** 도서출판 대영문화사
**주소** (본사) 사무실: 경기도 고양시 일산서구 주화로 70
우신프라자 307호 (㊐ 10387)
(본사) 물류센터: 경기도 고양시 일산서구 덕산로
107번길 68-50 (㊐ 10205)
**등록** 1975년 12월 26일 제3-16호
**전화** (031)913-3062, (031)914-3884~5
**팩스** (031)913-3839
**홈페이지** http://www.dymbook.co.kr

ⓒ 류지성, 2019
ISBN 978-89-7644-733-3
**값 32,000원**

* 잘못된 책은 바꾸어 드립니다.
* 이 책의 내용은 저작권법의 보호를 받습니다.